品味·印迹

（上册）

程存洁 著

文物出版社

图书在版编目（CIP）数据

品味·印迹/ 程存洁著 . —北京：文物出版社，
2023. 7

ISBN 978 – 7 – 5010 – 7378 – 8

Ⅰ.①品… Ⅱ.①程… Ⅲ.①文物工作 – 研究 – 广州
②博物馆事业 – 研究 – 广州 Ⅳ.①G269. 276. 51

中国版本图书馆 CIP 数据核字（2022）第 055380 号

品味·印迹

著　　者：程存洁

责任编辑：李　睿
封面设计：王文娴
责任印制：张　丽

出版发行：文物出版社
地　　址：北京市东城区东直门内北小街 2 号楼
邮　　编：100007
网　　址：http：//www. wenwu. com
经　　销：新华书店
印　　刷：宝蕾元仁浩（天津）印刷有限公司
开　　本：889mm×1194mm　1/16
印　　张：35. 5
版　　次：2023 年 7 月第 1 版
印　　次：2023 年 7 月第 1 次印刷
书　　号：ISBN 978 – 7 – 5010 – 7378 – 8
定　　价：380. 00 元（全二册）

从来一别又经年

莫望长风送去船

我有一言应记取

文章得失不由天。

　　　　　鲁迅

不妨借察为内衣

填饲宁居腹中饥

寻师转益开生面

自理琴弦意一缘文。

　　　　　姚雪垠

书鲁迅诗二首，贝吕别存给同学。

　　　　　邵鸿书 1987.7.13.

1987年笔者大学毕业时，
邵鸿老师书赠两首诗，
以明治学路径

程郁洁同学：

　　数年来学习努力，踏实。希望
今后在研究工作中愈加勤奋。注
意详细地占有史料，辨析史料。以
历史唯物论为指导，探讨唐或历
史的发展规律。

　　　　　梁淼泰

　　　　　八七年七月一日

1987年笔者大学毕业时，
梁淼泰老师书赠寄语

序

姜伯勤

一九四五年，唐长孺先生撰《唐书兵志笺证》，其卷二论及"方镇兵亦即边防军"，"原其始起于边将之屯防者"，由此论及唐代边防及门行。在1992年出版的唐长孺先生的压卷之作《魏晋南北朝隋唐史三论之第三章中，情文总论述了隋及唐初

朱雷教授于《吐鲁番出土天宝年间马料文卷中所见封常清之顽西北庭行》一文中，论述了"立功边陲"的名将封常清。而于《唐开元二年西州府兵——'西州营'赴陇西御吐蕃始末》一文中，揭示了西州营"劲节之垂（陲）"的史迹。

在唐先生和朱雷教授的启发下，程存洁博士在武汉大学攻读博士学位期间，也把注意力放到"边州"中的"边城"。本书下篇《唐王朝边城研究》，即是继承唐长孺先生和朱雷先生学术传统的可贵努力。

本篇在注重唐代城市史、职官史、兵制史

置至关、边兵强盛"的情势，由此启发我们注意"边州"边防的研究

为了切入这一重大主题，作者又写作了《上篇：唐代东都研究》，尤其是在《东都建城礼制》一节，着力阐述了作者前述的发想。

东南大学建筑史专家郭湖生教授，是国际知名的中国都城史专家。当年在日本京都《东方学报》发表了名篇《子城制度》，文章研究了唐安的州军级地方城市的构成的方式。1997年郭湖生先生又于台北空间出版社出版了《中华古都——中国九代城市史论文集》。程存洁于1987年前于中山大学历史学攻读硕士学位时以来，一直在研读郭湖生先生的著作。因而能在本书中提出一些饶有新意的见解。本书引用《仝唐文》卷173记载："大匠吴淳掌造东都罗城"又论述道："《新唐书》卷103《张玄素传》云："帝顾房玄龄曰：洛阳朝贡天下中，朕营之，贵欲便四方百姓"，这种突破《周礼》礼制，按实际情况来规划都城及城市的举措，对城市的规划带来新的契机，使唐朝在规划其它城市时，主要在罗城子城制度的原则下，可很据实际情况进行规划。

2002年姜伯勤老师为笔者拙著《唐代城市史研究初篇》撰写序言，以资鼓励

程存洁

2016年麦英豪老师书赠书法作品，宽慰笔者

2017年8月13日黄展岳老师致笔者函

笔者 2016 年在广州大元帅府旧址

2010 年 6 月考察交河古城

修复通草画

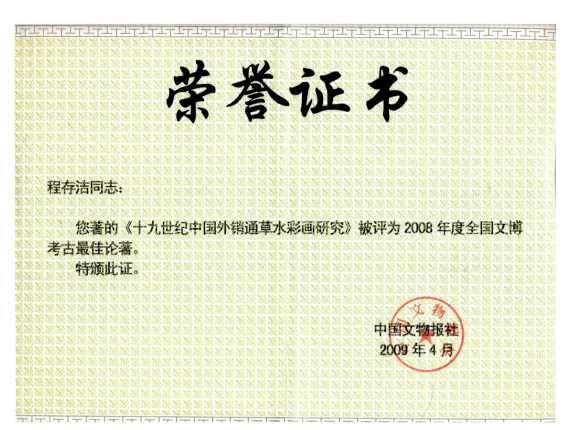

《十九世纪中国外销通草水彩画研究》2008年全国文博考古最佳论著证书

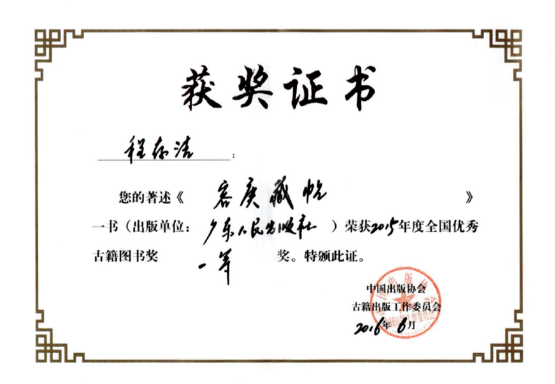

《容庚藏帖》2015年全国优秀古籍图书奖一等奖证书

目录
contents

◎　上　◎

思贤见齐篇

雪泥鸿迹篇

一、遗产保护

二、博物馆建设

导　言

回首往事，感慨万千。笔者至今仍珍藏着 1987 年大学毕业时邵鸿老师书赠的两首诗：

从来一别又经年，万里长风送客船。

我有一言应记取，文章得失不由天。

不着僧家百衲衣，墦间宁忍腹中饥。

多师转益开生面，自理琴弦定一徽。

前者为鲁迅先生的诗，后者为江西籍历史学家姚公骞先生的诗。邵老师以前辈的两首诗相赠，勉励我，鞭策我。近四十年来，我一直铭记于心，不敢稍忘，把它作为学习工作的指路明灯。大学毕业后，我先后考入中山大学历史系、武汉大学历史系，师从著名历史学家姜伯勤教授、朱雷教授，攻读隋唐史专业硕士、博士学位。工作后，我又得到著名考古学家麦英豪、黄展岳、傅举有等研究馆员以及朱启新、陈玉环、葛承雍等文博专家学者的指导。在学习工作中，确是"多师转益开生面"。惭愧的是，如今我已年过半百，却还做不到"自理琴弦定一徽"。回望过去的学习工作经历，我觉得自己虽谈不上很有成就，倒也做到了勤勉尽力，不断向前，在文博行业做了几件事，积累了一些经验。

本书是笔者从事文博工作的一份阶段性工作小结，虽有些杂乱，不成体系，却是本人三十多年工作的真实印迹。

时光如流，岁月不居。眨眼间，笔者从事文博工作已整整 32 个春秋。在此期间，我亲身经历了文博行业的一些重大事件，见证了改革开放以来祖国文物博物馆事业的巨大发展变化。

笔者入职文博行业不久，即有幸参加了"97 广州秦造船遗址发掘Ⅱ"项目的考古发掘工作，见证了修建于两千多年前，位于南越国宫署内的大型曲流石渠遗址神奇呈现的一刻。1999 年至 2000 年千禧年交替之际，笔者受广州市委组织部和人事局选派，赴美国一年，实地学习美国博物馆的公共文化服务运行管理经验，极大地拓宽了视野。回国后不久，又被广州市文化局选调至文物处挂职，参与文物行政的管理，学习文物保护政策与规划的编制。从 2003 年起至今，笔者一直担任基层博物馆馆长一职，每天都在与文物打交道。

笔者曾主持和参与了一系列与文物安全和博物馆建设有关的项目，先后主持完成了黄花岗起义指挥部旧址、仲元图书馆、镇海楼、平英团旧址（三元古庙）等多处省市级和国家级文物保护单位的修缮工作，极大地改善了这些历史建筑的保存状况及环境风貌。如今，这些历史建筑已成为反映红色广州、英雄广州和文化广州最为重要的历史证物。在修缮过程中，我们不仅严格遵守文物保护法，而且对置换下来的有纪念意义的建筑旧构件如木樑、砖瓦等予以妥善保护。如今，从三元古庙置换下来的木樑作为陈列品，一直陈列在三元古庙大堂。此外，我们在这几处不可移动文物的修缮过程中，也有一些新收获，比如在三元古庙北侧墙壁中新发现一块立于清乾隆五十年（1785）的维修碑记，至为难得。

2006 年笔者还主持完成了广州博物馆与广州美术馆的整合工程。当时由于广州博物馆新馆建设遥遥无期，广州市文化局决定整合越秀山上的广州博物馆与广州美术馆，将两处场馆合并使用，按花园型博物馆规格进行提升改造。改造完成后，在时任广州市委常委、宣传部部长陈建华同志的大力支持下，新入藏了一批古生物化石标本和清代广州外销艺术品，推出"海贸遗珍——18 至 20 世纪初广州外销艺术品"和"地球历史与生命演化"两大常设展览，并初步完成了"自然科学馆"的建设。这座展馆虽然陈列面积不大，但展示内容丰富，系统展示了地球发展史和生命起源与演化史。该馆是当时广州市第一家自然科学馆，馆名由中国地质大学原校长、中国科学院院士翟裕生先生题写。

笔者还及时完成了一批重要文物的征集工作，包括：转制中的广州新华图片社藏十余万张反映新中国成立后相关历史的图片底片、英国瑞典等地徽章瓷研究专家和古董商藏千余件套清代广州出口瓷外销画、广州市文物总店藏数百件套晚清民国广式满洲窗等，以及百余件套民国广式家具等国有资产的调拨工作。

当然，我的工作中也留有许多遗憾。比如，2013 年我们在时任广州市市长陈建华同志的大力支持下，从英国著名纹章瓷研究大家戴维·S·霍华德先生处购入了一批清代广州外销纹章瓷近千件套。这批新入藏文物具有较高的历史与艺术价值，我原计划作系统整理研究，后因工作调动而被迫中断。还有广州博物馆新馆的建设问题，更是令人感到伤感和遗憾！从 20 世纪 90 年代起，我们就一直在呼吁建设广州博物馆新馆，直到 2012 年，广州市政府才决定在广州塔南岭南广场东西两翼兴建广州博物馆新馆、广州美术馆新馆和广州科学馆三大文化设施。广州博物馆新馆是三馆中最早获批立项的，可如今却迟迟未见动土开工！

2021 年 5 月 18 日《中国文物报》第 3 版刊登了李让、赵夏《信息时代永久保存文博工作者工作资料的建议》一文，文章呼吁："这让我们联想到我们文博行业的一些专家学者。他们中的绝大多数人几乎在这一领域倾注了一生的精力，基于长期的工作实践和理论思考，积累了极为丰富的资料和成果。有的可能已经公之于众，有的可能因为多种原因，还存储于办公室、家里或电脑中，也许是'结晶'，也许还只是'母液'或'半成品'，也可能还只是大量来不及精细整理的'素材'或第一手调研资料。这些成果和资料，是他们勤勤恳恳工作的见证，甚至是他们一辈子的心血，其实也是重要的文化资源，是行业发展中一些重要工作的珍贵记录，还可能会成为'接班人'赖以继续前进不可或缺的凭借和基石，可是由于主人工作变动或者个人原因乃至自然规律，而不得不告别了。……一个人从事一项事业一辈子或者很多年，总会留存下来一些有价值、有意义的东西和资料。"此文给了我极大的鼓舞，于是我决定将自己在工作和学习当中的所见所闻、所思所想及所经历的事整理出来，将发表在不同报刊上的杂文收集起来，分门别类进行编排，力求留存下"一些有参考价值、有意义的东西和资料"。

本书分"见贤思齐""雪泥鸿迹""积铢累寸"三个部分。

第一部分主要是回忆与前辈的点滴交往、学习前辈论著的心得体会以及前辈给予笔者的教诲等有关内容。

第二部分重点围绕遗产保护、博物馆建设、文博交流、文物考古等方面的内容，提出自己的观点，总结个人的经历。

第三部分主要是对馆藏文物及散落于民间的文物进行研究，力求找出历史的真相。因为文物里的一砖一瓦，都需要精心呵护，需要研究，需要有科学的解读。只有当历史事件中的每个细节、每件文物背后蕴藏的历史线索都弄清楚了，"深藏在禁宫里的文物、陈列在广阔大地上的遗产、书写在古籍里的文字"才能真正活起来，更好地造福民众。

书中收集的旧稿在各刊物发表时，得到了编辑们的大力支持与关爱，他们纠正了文稿中的不少错漏，使文章更趋完美。在此，笔者真诚地感谢他们！此次旧稿能得以整理集结出版，则要特别感谢李睿先生，从立项到审校，他费力劳神，付出了许多心血。令笔者十分感佩！

本书受文博工作性质的影响，内容略显庞杂。这里收录的每篇文章长短不一，除少数文章未发表过外，其余的每篇篇末都注上了写作或初次发表的日期或刊物。但各篇的排列，并不完全以写作或发表时间的先后为序。这是笔者三十多年来文博工作的缩影，恳切希望能够得到前辈们、同行们、读者们的批评指正。

本书的编写与出版得到 2022 年广州市宣传思想文化领军人才资助培养经费资助。

思贤见齐篇

重溪水淙淙

——寻找外公的革命足迹

1934年1月，毛泽东在瑞金召开的第二次全国工农兵苏维埃代表大会上，高度赞扬赣东北革命根据地的同志："赣东北的工作同志，赣东北的广大群众，他们也有很好的创造，同样是苏维埃工作的模范。……他们是苏维埃工作最光荣的领袖。"（1934年1月31日《红色中华》第二次全苏大会特刊第二版刊登毛泽东《关于中央执行委员会报告的结论》）这一革命根据地是在第二次国内革命战争时期由方志敏开创的，我的家乡江西德兴正是根据地的中心区域，素有"红色土地"之称。这里山川秀丽，民风淳朴，留下了许多革命遗迹，流传着许多革命故事，也留下了我外公的革命足迹。

母亲生前曾多次跟我提起外公。母亲邓春娇是外公的遗腹子，从未见过生父，很小就随外婆离开了外公的老家要山村。她没有上过学，不识字，也不知自己父亲的名字，然每次谈到外公，她的眼里满是泪水。我虽说是历史专业的，却一直无法弄清楚外公的情况，直至母亲去世，也没能完成其心愿。为此我心中充满自责和愧疚。

2011年的4月，母亲去世后的第一个清明节。我请假回乡为母亲扫墓。老家的亲戚朋友见我回来，纷纷来家探望。有一天，要山村的表兄邓珍忠告诉我：族中长辈曾多次提及我外公在土地革命战争时期参加了红军，可后来一直杳无音讯，生死不明。

表兄提供的情况，为寻找外公的革命足迹带来了希望。经过多次走访族中长辈，我终于确认外公的名字叫邓长满，是家中最小的儿子，排行第九，乡里人都称他"老九"。获知这一新情况，我下定决心要查清事情真相，以告慰母亲在天之灵。

在德兴市博物馆馆长叶淦林、副馆长吴雨林和德兴市民政局优抚股股长宋草福的帮助下，我不仅在"德兴革命烈士纪念碑"上的"龙头山乡烈士"一栏找到外公的名字，而且在德兴市民政局珍藏的红色档案资料《江西德兴县暖水乡革命烈士登记审查评反记录登记清册》里找到了外公的相关资料。这份清册是1957年11月由德兴县暖水乡人民委员会组织完成，是通过全乡老革命代表会议一致审查的结果。这次审查共有22名老革命代表参加，评定的革命烈士有213名，其中牺牲186名，误杀8名，无音讯19名。清册上共列社名、村名、烈属姓名、是烈士何人、烈士姓名、性别、职务、年龄、是非党员团员、参加革命时间地点、革命简历、何时何地牺牲或病故及其原因、是非抚恤、乡老干部代表会审查意见和备考15个栏目。清册上记录：邓长满，红星社上呈村人，妻程金翠，1934年在本地参加工作，任化务德六区文书，同年在重溪误杀牺牲。

清册中的"务"字，是指婺源的"婺"，这是当地人的习惯写法。"化务德"即"化婺德"，是指隶

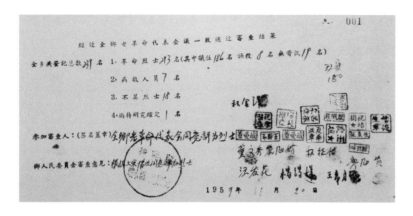

江西德兴革命烈士审查登记表

母亲邓春娇　父亲程仁植

外婆程金翠

属中共闽浙赣省委领导的中共化婺德特区委及其之后的中共化婺德中心县委,六区是其下辖的一个区。据德兴市地方志编纂委员会编《德兴县志》记载:

民国二十二年3月,中共闽浙赣省委决定,划出德兴东部5个区委(即六区暖水、七区陈充、九区杜村、十区李宅、十一区银岭畈)和浙江开化油溪口、玉山岭头山2个直属支部,单独成立中共(开)化婺(源)德(兴)特区委,成为向浙西、皖南发展的领导核心。余熙庆(后叛变)任特区委书记。特区委机关设德兴暖水,隶中共闽浙赣省委和中共德兴县委双重领导。特区委成立后,即派出骨干,在婺源、开化等边际地区发展党组织,开展游击战争,巩固和扩大了革命根据地。民国22年11月,根据中共闽浙赣省委指示,化婺德特区委撤销,成立中共(开)化婺(源)德(兴)中心县委。首任县委书记程云。中心县委设组织部、宣传部、妇女部等工作部门,县委机关仍设德兴暖水,隶中共闽浙赣省委领导。中共化婺德中心县委成立后,除辖原化婺德特区委所属的5个区委外,又先后建立了杨塘特区委、化玉特区委、婺源中心区委和开化区委。根据省委指示,化婺德中心县委仍以白区工作为重点,在巩固苏区的同时,积极向浙西、皖南发展。23年11月,国民政府军采取"步步为营、堡垒推进"的战略,大肆向苏区进攻。12月20日,暖水失守。化婺德中心县委机关转移到三十里岗,坚持领导游击战争。民国24年4月,中共闽浙赣省委在德兴大田苏家召开了省委扩大会，决定将化婺德中心县委调整为（开）化婺（源）德（兴）特委，团省委书记邵长河兼特委书记，隶中共闽浙赣省委领导。25年4月解体。（光明日报出版社1993年版第558页）

从上面这段记载可知"化婺德"建于1933年3月，1936年4月解体，前后3年时间。县委机关和六区机关均设在暖水，即今龙头山镇政府所在地。据《苏维埃组织简述》，乡和城市苏维埃是苏维埃政权的基本组织，区县省各级执委会是由各级苏维埃代表大会选举产生，下设总务处及土地、财政、劳动、军事、文化、卫生、工农检查、粮食、内务等部，其中总务处设文书股、印刷股、会计股、收发部、事务股、交通股。因此，外公的革命工作岗位应是苏维埃中共化婺德中心县委六区总务处文书股文书，是一名苏维埃工作人员。

要山是一座仅有几户人家的自然村，是外公出生长大的地方；邻村暖水是个大自然村，是外公工作的地方。重溪现属德兴绕二镇，位于暖水西南方向，与暖水相隔几座大山，是外公牺牲的地方。外公是在中共化婺德中心县委担任六区文书，工作地点在暖水，可为什么会牺牲在重溪呢？

1933至1934年，国民党向苏区发动第五次"围剿"。1934年7月上旬，红七军团改编为北上抗日先遣队，开赴闽浙皖赣边区活动，10月同方志敏领导的红十军会师重溪，组成红十军团。外公有可能是在这次反"围剿"失利后随"化婺德"大部人马转移至重溪参加会师整编，在这里遭误杀而牺牲。

查到外公的革命材料后，我又先后走访了要山及其邻村程家湾。程家湾是外婆的老家，是方志敏、粟裕率领中国工农红军北上抗日先遣队浴血突围之地，也是方志敏被俘之地。在要山，我找到了外太公的墓地。外太公叫邓樟林，生于同治六年（1867）二月，民国24年1月去世，育有长兴、长顺、长发、长标、长喜、长金、长贵、长玉和长满九子。外太公去世时，家里人尚不知外公已牺牲，墓碑上依然刻着外公的名字。

2012年5月3日，中华人民共和国民政部补发了外公的《革命烈士证明书》。外公生于1907年，1934年牺牲，牺牲时年仅27岁！

革命烈士证明书

（原刊《中国文物报》2021年5月4日第3版"综合"。本文写作过程中得到吴武林先生的帮助，谨致谢忱！）

唯有师恩日月长

——怀念我的中学老师

我的初中三年都是在江西老家的村办中学度过的。高中阶段，我先后就读过两所中学。当时，我们县两所最好的中学，一所设在县城，是县办德兴中学，现已改名德兴一中；另一所是海口中学，设在海口公社。高一的上学期我是在公社办的海口中学度过的，在我就读前，海口中学曾因培养了一名高考物理状元而名扬全县。我早早离开海口中学的主要原因，是这里的交通实在太不方便了。从我家到海口公社要翻越好几座大山，那时虽然已修通了公路，但路上却极少能见到车。记得高一上学期开学时，我们本村几位同学合伙租用了一辆手扶拖拉机，才将行李送去了学校。

我之所以能在高一下学期顺利转学到县城德兴中学就读，主要归功于我的中学老师邵淑敏先生（1935~1996）。她曾积极响应党的号召，在20世纪70年代初下放到我们公社当中学老师。她在我们公社有着崇高的声誉，深受当地百姓的喜爱，也极受学生们的爱戴。邵老师有一颗慈母般的心，对乡下学生们的生活和成长都十分关心，我的姐姐就是她特别关爱的学生。由于有着这样的一层关系，当我姐姐将我的求学处境如实向邵老师汇报后，她积极说服校方接收我，使我从高一下学期起就正式转入了德兴中学读书。

在德兴中学，我们这一年级共设有五个班，其中最为优秀的是五班和四班，其余三个班均是普通班。我被安排在普通班的二班就读，起先是被安排在课室的最后一排就坐，后来因为班上的课堂纪律不好，为了不影响我的学习，邵老师与班主任沟通，将我调到课室的第一排就坐。我们班的同学主要来自县城，特别顽皮，上课时总喜欢打打闹闹，几乎没有哪位老师能够驯服他们，唯独邵老师除外。

邵老师个头不高，但气质威严，柔中带刚，在学生群里威信很高。她给我们二班上的是语文课。她上课时，学生们便不敢吵闹，她的眼光十分犀利，能在授课过程中，发现任何一位不遵守纪律的学生。她惩罚学生的手法，也是出奇的高明，能一边讲课，一边准确无误地将粉笔抛到那个不遵守课堂纪律的学生面前，警示他要遵守课堂纪律。邵老师的课是我们二班课堂纪律最好的课。

从高二开始，学校分文科班和理科班。理科共有四个班，文科仅有一个班。二班就是文科班，我选择了文科，仍然留在二班。经过重新分配的二班，课堂纪律已经发生了巨变，同学们的学习热情空前地高涨。

高中阶段，因为家贫，我的伙食主要是以母亲腌制的小菜为主菜，营养不足，导致个子长不高，身材清瘦。改革开放初期，人民群众的生活虽然有了改善，但物质依旧匮乏。在这个阶段，我能时常受邀到邵老师家，品尝她亲手制作的馒头、油条和饭菜，这不仅极大地改善了我的生活，也让我深深地体会到了老师的关爱和鼓励。邵老师的家坐落在县城最高处的铁石山上，风景秀美，空气清新。我站在老师家的门前，每每有一览众山小的感觉，心情特别舒畅。邵老师是皖北人，面食是她的主食，她制作的馒头特别的可口香甜。每次到老师家，我虽然都略感拘束，但内心的幸福感却是满满的，无法用言语来表达。在那个时代，对于学生来说，能到老师家吃饭，是一件多么荣幸的事情啊！

邵老师虽然只教过我一个学期，但她对我的关心却始终无微不至。从高中二年级开始，我和邵老师的孩子同在文科二班学习，两人建立了深厚的友情。邵老师总是嘱咐她的孩子要多关心我。他不仅将他置换下来的衣服留给我穿，还带领县城的同学利用暑期到我家，参加农业双抢，帮助我们收割稻子。同学们在田间热火朝天劳动的情景，至今仍深深地印在我的脑海里，宛如昨日，历历在目。

我记得名字里的"洁"字，是邵老师帮忙改的。"四人帮"倒台后，全国上下欢欣鼓舞，大家都在讲安定团结。有一次，邵老师叫我到家里吃饭，在饭桌上，她跟我说，现在全国都在讲安定团结，我名字里的"结"字虽有团结之意，但也带有"拉帮结派"之意，她觉得最好改成"纯洁"的"洁"，警示自己今后做人做事要"堂堂正正""洁白如玉"。

高中毕业后，我离开了家乡，前往南昌、广州、武汉读书，后又留在广州工作，与邵老师的来往也就越来越少了。后来，我听说邵老师生病住院了，我心里想着，这么好的老师一定会没事的，应该很快就能康复的。那时我姐夫还专程去南昌医院看了她，他当时告诉我，邵老师的精神还挺好的。可是，没过多久，家里人就告诉我，邵老师走了。

我一直很自责，责怪自己没有请假及时赶回南昌去看望她，总以为邵老师还年轻，不会有太大的问题，肯定会好起来的。

我和邵老师的最后一次见面应该是在广州。那是1991年的4、5月份。我记得4月28日星期天的上午，我骑自行车去广州火车站接到了邵老师，将她的行李搬到流花招待所。不久，她们一家人就去海南岛游玩了。后来他们又从海南岛回到了广州，5月17日上午，邵老师带着她的小外孙在她先生的陪同下，专程来我单位看我。这一天，我们一起游览了广州的五层楼、五羊雕像，还逛了商场。我一直珍藏的这几幅照片，就是在这一天游玩时用邵老师自带的相机拍摄的。这也是我与邵老师唯一的合影照。

邵老师在镇海楼五楼观看广州风貌

邵老师在镇海楼前与学生合影　　　　　　　　邵老师在广州五羊雕像前与学生合影

　　望着这几幅珍贵的照片，我简直不敢相信有着慈母般爱心的邵老师就这么真的离开了我们。后来听同学们说，她走时很安详，没有任何剧痛。岁月无痕而有情，虽然时间越走越远，她的高贵品质和独特的人格魅力却永远留在了我的心里。她是我最敬重的老师。值此清明节前夕，撰此小文，以此表达我对老师的深深怀念。

（原刊徐南铁主编《记忆》第 319 期 2018 年 4 月 3 日）

岁月遗痕

——"纪念陈寅恪教授国际学术讨论会"琐记

前几日，因调换办公室，在整理图书时，我意外地发现了一张彩色老照片及与之相关并放在一起的几份资料。照片是我和一些同学在中山大学担任"纪念陈寅恪教授国际学术讨论会"会务组工作人员，陪同季羡林先生于1988年5月29日瞻仰东莞虎门林则徐纪念像时拍摄的；资料就是有关这次会议的一些文献和记录。当年，季羡林先生已是大名鼎鼎的专家，我们这些学生（当时均是会务组工作人员）当时很调皮，在征得季先生同意后，便争先恐后地围过去和他合影留念，结果却把季教授挤到了一边，我们反而成了照片中的主角。望着这张主次不分的照片、看着这些发黄的资料，那次讨论会的一幕幕情景顿时涌上心头。

1988年5月25~29日，中山大学在广州隆重举行了"纪念陈寅恪教授国际学术讨论会"。作为一名在读研究生，我有幸参与了会务接待工作，首次见到寅恪先生生前受业弟子、陈氏亲属以及来自全国11个省、市、香港地区和美国、日本等国家的知名专家学者70余人，使我异常兴奋，受到很大启发和教育。

这次讨论会的赞助单位是中华人民共和国教育委员会、中国史学会和广东省史学会，赞助人是中山大学历史系海内外校友联谊会（筹）名誉会长陈汉基先生。讨论会设有执行委员会，季羡林教授任主任，邓广铭教授、王永兴教授、石泉教授、刘大年研究员、李佩总编、陈胜粦教授、周一良教授、林甘泉研究员、金应熙教授、胡守为教授、唐长孺教授、蒋天枢教授、蔡鸿生教授（以上按姓氏笔画为序）为委员，中大副校长胡守为任秘书长。唐长孺教授虽未能赴会，但他托人带来了他的题诗，表达了对寅恪先生这位一代宗师的怀念和赞誉。这

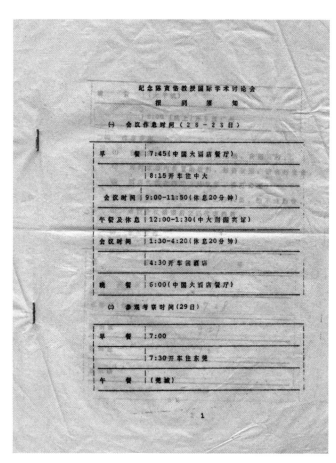

报到须知

代表合影

篇著名的"教外何妨有别传"题诗现在就悬挂在中山大学图书馆四楼。

25日代表正式报到。我只记得我和蔡冬梅同学负责当日下午3点起在广州火车站的接站工作，傍晚又陪同姜伯勤先生去白云机场迎接厦门大学韩国磐教授及其公子韩昇。听说那天发生了一件不愉快的事情：郑州大学高敏教授在广州火车站出口外等候接站工作人员时，他放在自己脚下的行李（里面全部装着会议论文油印本）却被小偷从他身后给偷走。

从我保存的记录资料看，当时代表们入住改革开放初期广州最好的酒店之一，也是接待外宾重要场所的中国大酒店第九层。除季羡林住926房、美国汪荣祖住927房、日本池田温住922房、陈封雄住921房外，美国张春树偕夫人住928房，周一良和王永兴住953房，邓广铭和田余庆住957房，王尧和李铮住925房，朱大渭和方积六住901房，刘大年和蔡美彪住956房，黄烈和谢方住958房，史苇湘偕夫人住916房，杨志玖和张国刚住960房，李鸿生和罗宏曾住963房，袁光英和唐森住967房，唐耕耦和赵捷住902房，庄昭和高敏住903房，香港黄约瑟和朱雷住911房，万绳楠和吴枫住906房，韩国磐和韩昇住959房，杜绍顺和刘斯奋住910房，蔡鸿生和汤明檖住912房，姜伯勤和谭世保住918房，香港章群偕夫人住929房，香港刘健明和台湾逯耀东住919房，香港李玉梅和黄萱住920房，陈汉基和陈胜粦住941房。两人入住一室，主要就是为了便于

唐长孺先生的题诗

相互交流、沟通情谊。看得出，当时与会专家学者们也都非常高兴。913、914、915房为会务工作用房。

26日至28日为学术交流，四场学术报告会都是在中山大学举行的；29日与会代表参观了东莞虎门史迹并考察珠江三角洲乡镇企业。

26日那天是星期四，上午，与会代表在中山大学怀士堂参加开幕式。仪式于9时隆重举行，由中大副校长胡守为主持，校长李岳生致开幕词，广东省副省长卢钟鹤和中国史学会主席团成员刘大年分别致贺词，北京大学周一良代表受业弟子、陈寅恪长女陈流求代表亲属分别发言。开幕式上的发言由王禧和甘正猛负责记录。仪式结束后，代表们前往中大图书馆参观新揭幕的"陈寅恪教授纪念室"。午餐安排在中大荆园宾馆。下午，王永兴主持第一会议室学术报告，发言代表及论文有石泉和李涵《追忆先师寅恪先生》、王起《我们如何借鉴陈先生》、王仲翰《陈寅恪先生杂记》、陈智超《史学二陈（陈垣、陈寅恪）的学术和友谊》。记录员为黄菊艳和李郁。胡守为主持第二会议室学术报告会，发言代表及论文有季羡林《从学习笔记本看陈寅恪先生的治学范围和途径》、赵令扬《陈寅恪之史学》、刘健明《论陈寅恪先生的比较方法》、汪荣祖《陈寅恪与乾嘉考据学》。记录员为李绪柏和王承文。下午还安排了代表瞻仰寅恪先生骨灰。

次日上午，蔡美彪主持第一会议室学术报告，发言代表及论文有饶宗颐《论敦煌莫高窟中之誐尼沙》、池田温《陈寅恪先生与日本》、齐陈骏《陈寅恪先生与敦煌学》、唐耕耦《八至十世纪敦煌的物

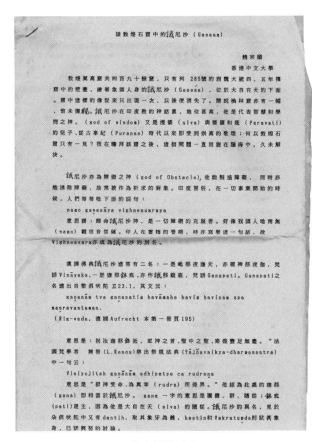

饶宗颐的论文

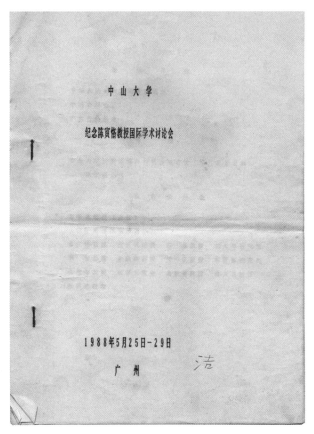

讨论会行程表

价》、姜伯勤《唐令舞考——兼论陈寅恪先生〈元白诗证史〉的文化阐释》。记录员为程存洁。杨志玖主持第二会议室学术报告，发言代表及论文有卜慧新《陈寅恪先生史学蠡测》、吴枫《关于中国古史研究的反思》、李锦全《陈寅恪先生的治学精神风貌》、胡戟《一代宗师陈寅恪先生对隋唐史研究的贡献——谈"关陇集团"问题提出的学术意义》、张荣芳《陈寅恪与王国维》。记录员为曾宪礼。下午，张春树主持第一会议室学术报告，记录员为黄菊艳和李郁，发言代表及论文有田余庆《北府兵研究》、黄烈《汉唐西域四个文化区汉文流行述略》、万绳楠《廓清曹操少年时代的迷雾》、朱大渭《陈寅恪对南朝历史研究的一个重要观点》、谭世保《牟子〈理惑论〉撰年新探》。蔡鸿生主持第二会议室学术报告，发言代表及论文有杨志玖和张国刚《试论唐代"蕃兵"的组织和作用》、袁英光《略论陈寅恪对隋唐史研究的贡献》、章群《从属国到羁縻州府》、方积六《论唐代河朔三镇的长期割据》、杜绍顺《唐代均田地段四至辨疑》。记录员为李绪柏和甘正猛。

28日上午，黄烈主持第一会议室学术报告，发言代表及论文有蔡美彪《陈寅恪对蒙古学的贡献》、史苇湘《陈先生史学思想和敦煌佛教艺术研究》、福井文雅《慈贤译〈梵本般若波罗密多心经〉之发现及其意义》、王尧《陈寅恪先生对我国藏学研究的贡献》、蔡鸿生《陈寅恪与中国突厥学》。记录员为甘正猛。田余庆主持第二会议室学术报告，发言代表及论文有韩国磐《唐诗证补唐史述论稿——兼论唐诗复古口号的演变》、汤明檖《〈柳如是别传〉与晚明社会》、刘梦溪《陈寅恪先生的文学观念和批评方法》、刘斯奋《陈寅恪晚年诗文及其它》。记录员为杨晓棠和程存洁。下午闭幕式。闭幕式上，邓广铭、王永兴、金应熙、胡守为、池田温、汪荣祖、朱雷、黄约瑟先后发言，缅怀寅恪先生。

记得来自宝岛台湾的学者逯耀东先生和寅恪先生晚年助手黄萱先生在大会期间也作了发言。黄先生的发言以《怀念陈寅恪教授——在十四年工作中的点滴回忆》为题发表在讨论会论文集上，而逯先

我们和季羡林教授在一起

生的发言既未见论文集，也没有油印本。但逯先生的发言却提到如何加强沟通海峡两岸史学界信息、中国史学如何创新，以及如何评价陈寅恪等学术问题。

这次讨论会开得很成功，代表们不仅对陈寅恪先生的了解加深了，而且通过"以文会友，以友辅仁"，不仅加强学术交流，更加深了友谊，正如季羡林先生在闭幕辞中所说："参加这次会的是老中青学者，这次我们认识了，我相信以后我们还是朋友。"

这次研讨会是自陈寅恪先生去世 19 年后"在大陆举行的第一次纪念这位文化大师的大型国际学术讨论会"（《陈寅恪的最后 20 年（修订本）》第 485 页），我躬逢其盛，能亲身感受到前辈学者们的学识素养、道德风范，真是幸甚！尽管这张老照片和几份原始资料，只是我生活中的些微遗痕，但却是闪烁在我人生岁月中的永恒星光。

（原载《中国文物报》2015 年 4 月 21 日第 6 版"收藏鉴赏周刊·收藏"）

《岑仲勉先生史学论文》略考

  岑仲勉先生（1885—1961年）是我国20世纪最杰出的隋唐史专家之一，他的学术成就早已为学术界所公认。早在1933年，陈寅恪先生在12月17日夕《致陈垣函》中写道："岑君文（按指《圣心季刊》刊登的岑仲勉撰写的论文）读讫，极佩（便中乞代致景慕之意）。此君想是粤人，中国将来恐只有南学，江淮已无足言，更不论黄河流域矣。"[1] 1958年，陈垣先生在收到岑仲勉先生惠寄大著《墨子城守各篇简注》后，于7月5日致函岑仲勉先生："在今日朋辈中，出板著作堪称为多快好省者，阁下实其中之一人，敬仰之至。"[2]

  20世纪90年代初，我在广州北京路广州市古籍书店二楼旧书室买到一本《岑仲勉先生史学论文》精装本残册。这册精装本横18.4厘米，纵24厘米，厚7.3厘米，封套为朱红色硬卡纸（图一）。在封面及书脊处，均凹印"岑仲勉先生史学论文"等字，还在书脊处凹印"第一辑"三字，并填上金色（图二）。书中未编统一页码，依旧保留各篇论文在原出版刊物里的页码。这册精装本所收论文均为抽印本汇编。显然，这是供正式出版时参考使用的一本论文集，属非正式出版的读物。

  那么，这本论文集到底编于何时？由于这本论文集编辑年代久远，保管又不善，致使原装封套霉烂，

图一

图二

封套和内文发生脱落剥离。我们在封套书脊部位裸露在外的内贴纸上看到贴有一张残存印刷体文字（图三）：

ATHÉMATIO/PURES ET APPLIQUÉE/……PARIS/……1954/（ce Recueil paraît tous les trios mois）/（FASG. III.——Juillet à Septembre 1954）

表明这是 1954 年 9 月在法国巴黎印制的一份印刷品。由此我们可推断，这本论文集的编辑时间不会早于封套书脊部位内贴纸上显示的 1954 年 9 月。

在这本论文集的封底内页，还贴有两张剪报，一张是岑仲勉先生逝世"讣告"，另一张是 1961 年 10 月 8 日《南方日报》刊登的《省人民代表、中山大学教授岑仲勉在穗逝世》简讯（图四）。这两张剪报是后人张贴上去的。由此可见，这本论文集编辑时间的下限当不会晚于岑先生逝世时。可见，这本论文集是在岑仲勉先生生前编辑并经他本人审阅过的合订本。因此，这本论文集虽未正式出版发行，但弥足珍贵。

在论文集的第一页和第二页，各贴有一张用钢笔抄写整理的目录（图五、六），是反映本册论文集所收全部论文的一份目录。目录内容如下：

读全唐诗札记	集刊 9 本
续劳格读全唐文札记	集刊 9 本

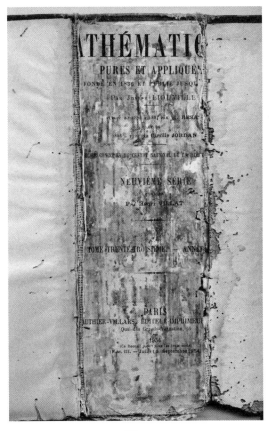

图三

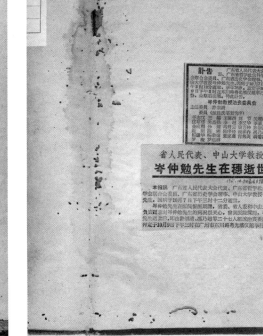

图四

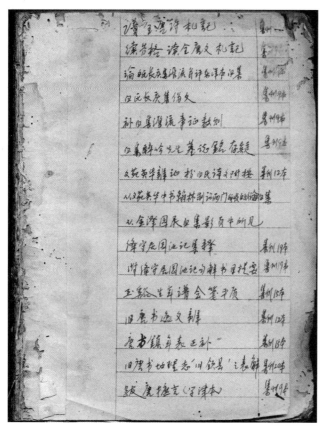

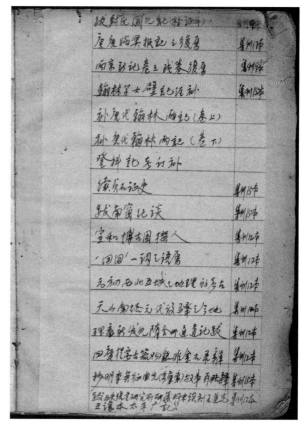

图五 图六

论白氏长庆集源流并评东洋本白集	集刊 9 本
白氏长庆集伪文	集刊 9 本
补白集源流事证数则	集刊 9 本
白集醉吟先生墓志铭存疑	集刊 9 本
文苑英华辨证校白氏诗文附按	集刊 12 本
从文苑英华中书翰林制诏两门所收白氏文论白集(笔者按：集刊 12 本)	
从金泽图录白集影页中所见	(笔者按：集刊 12 本)
绛守居园池记集释	集刊 19 本
附绛守居园池记句解书目提要	集刊 19 本
玉谿生年谱会笺平质	集刊 15 本
旧唐书逸文辨	集刊 12 本
唐方镇年表正补	集刊 15 本
旧唐书地理志"旧领县"之表解	集刊 20 本
跋唐摭言（学津本）	集刊 9 本
跋封氏闻见记（校证本）	集刊 9 本
唐唐临冥报记之复原	集刊 17 本

两京新记卷三残卷复原	集刊 9 本
翰林学士壁记注补	集刊 15 本
补唐代翰林两记（卷上）	（笔者按：集刊 11 本）
补唐代翰林两记（卷下）	（笔者按：集刊 11 本）
登科记考订补	（笔者按：集刊 11 本）
续贞石证史	集刊 15 本
跋南窗纪谈	集刊 15 本
宣和博古图撰人	集刊 12 本
"回回"一词之语原	集刊 12 本
元初西北五城之地理的考古	集刊 12 本
天山南路元代设驿之今地	集刊 10 本
理番新发见隋会州通道记跋	集刊 12 本
四库提要古器物铭非金石录辨	集刊 12 本
抄明李英征曲先（今库车）故事并略释	集刊 15 本
跋历史语言研究所所藏明末谈刻及道光三让本太平广记 集刊 12 本	

按上引"集刊"是指"国立中央研究院"历史语言研究所集刊（图七）。从上引目录，可知这本论文集所收论文全部取自岑仲勉先生发表在《"国立中央研究院"历史语言研究所集刊》上的论文。通过比对，我们发现岑仲勉先生发表在《"国立中央研究院"历史语言研究所集刊》上的论文尚有以下几篇未被这本论文集收录：

蒙古史札记	集刊 5 本
郎官石柱题名新著录	集刊 8 本
外蒙于都斤山考	集刊 8 本
贞石证史	集刊 8 本
唐集质疑	集刊 9 本
吐鲁番一带汉回地名对证	集刊 12 本
吐鲁番木柱刻文略释	集刊 12 本

根据岑仲勉著《郎官石柱题名新考订（外三种）》"引言"介绍："《郎官石柱题名新考订》是岑先生在耄耋之年的最后著述，写于一九六一年上半年。……鉴于遗篇系岑先生对《郎官柱》最后一次的全面性考证，与他早年的考证文章《郎官石柱题名新著录》属姊妹篇。"

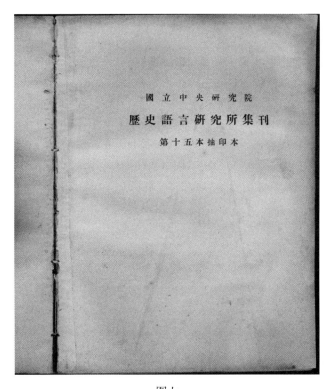

图七

可知岑仲勉先生直至逝世前都一直有对郎官石柱题名进行修订的意愿，故岑先生在编辑这本论文集时始终没有考虑收进《郎官石柱题名新著录》一文。另据岑仲勉著《唐人行第录》一书"自序"记录："旧著读全唐诗、文札记及唐集质疑三篇，与此录多可互相发明，因取殿其末，是为序。时一九六〇年五月三日。"其中，读全唐诗、文札记，均被收进《岑仲勉先生史学论文》中，这就表明《岑仲勉先生史学论文》的编辑时间当早于《唐人行第录》一书的编辑时间，即 1960 年 5 月前。

又据岑仲勉著《金石论丛》一书"自序"记录："此书收拙稿大小二十一篇，除一、二、三、四、五、八、十四、十五、十七、十八等十篇外，余十一篇或属旧作，或为近稿。"该序写于 1959 年国庆后。其中，一（《宣和博古图撰人》）、二（《四库提要古器物铭非金石录辨》）、五（《续贞石证史》）、八（《理番新发现隋会州通道记跋》）等四篇论文均见于《岑仲勉先生史学论文》中。由此可知，《岑仲勉先生史学论文》的编辑时间应早于《金石论丛》一书的编写时间，即 1959 年国庆前。

《外蒙于都斤山考》一文被岑仲勉先生收进 1958 年 10 月中华书局出版的岑仲勉著《突厥集史》一书中。据该书《引言及编例》一文写道"一九五六年十一月岑仲勉记于广州"，表明《突厥集史》一书实际完稿时间是在 1956 年 11 月。由此可进一步推论，岑仲勉先生在编辑《岑仲勉先生史学论文》时，《外蒙于都斤山考》一文已被考虑或已编入《突厥集史》一书中，《岑仲勉先生史学论文》的编辑时间当在 1956 年 11 月之后。

岑仲勉先生在《中外史地考证》一书的"前言"里介绍："这个册子编成于 1957 年，初分为（上）本国、（中）西域、（下）海外三编，以空间性为主，其中显有不妥当的地方，现接纳中华书局编辑同志的提议，取消地域划分，约以时间先后为主，定名曰《中外史地考证》，1960 年 5 月重编告成。"虽然《中外史地考证》一书重编时间是 1960 年 5 月，但完稿时间是在 1957 年。在《中外史地考证》一书里，既收录了《岑仲勉先生史学论文》未收录的《吐鲁番一带汉回地名对证》一文，也收进了《岑仲勉先生史学论文》已收录的《天山南路元代设驿之今地》《元初西北五城之地理的考古》和《抄明李英征曲先（今库车）故事并略释》等三篇论文。由此可判断，《岑仲勉先生史学论文》的编辑时间也应早于《中外史地考证》一书的编辑时间，即 1957 年。

结合以上所述若干个时间节点，我们可判断《岑仲勉先生史学论文》的编辑时间应在 1956 年 11 月至 1957 年这段时间。

在《岑仲勉先生史学论文》中，还夹有一张钢笔书写《岑氏著作，先后发表于下列杂志或学报》和《岑氏著作先后在下列书局（店）或出版社出版》便笺（图八）：

1. 圣心 1、2 期；

2. 中大史学专刊从 1 卷 1 期起

3. 辅仁（大学）学志从 4 卷起

4. 史语所集刊从 8 本到 20 本

5. 东方杂志从 40 卷 17 号到 42 卷 11 号

6. 南京文史周刊从 40 期到 70 期

7. 重庆真理杂志从 1 卷 1 期起

8. 史语所专刊之 29

9. 香港大公报新史学

10. 民族学研究专刊 6 期

11. 新疆论丛

12. 金陵大学边疆研究论丛

13. 珠海（大学）学报 1 集

14. 历史教学 2 卷 5、6 期起

15. 中学历史教学

16. 新黄河

17. 历史研究

18. 安徽学报从 1 期起

19. 史料与史学下

20. 中山大学壁报

21. 中山大学学报社会科学版从 1955 期（误，应为"年"字）1 期起

岑氏专著先后在下列书局（店）或出版社出版

1. 新知识出版社

2. 上海人民出版社

3. 三联书店

4. 高等教育出版社

这张便笺为我们全面了解和收集岑仲勉先生发表的学术论著提供了重要线索。其中，"史语所专刊之 29"是指岑仲勉撰《元和姓纂四校记》。

2016 年 11 月 26 日，中山大学举办"纪念岑仲勉先生诞辰 130 周年国际学术研讨会"。为配合研讨会，中山大学图书馆在该馆 4 楼举办"岑仲勉著作手稿展"。我们有幸欣赏到岑先生的手迹。通过比对《岑仲勉先生史学论文》钢笔字迹和"岑仲勉著作手稿展"展出岑先生笔迹（图九、十、十一），我们不难看出，《岑仲勉先生史学论文》钢笔字迹应属岑先生本人笔迹。现将二者做一比较：

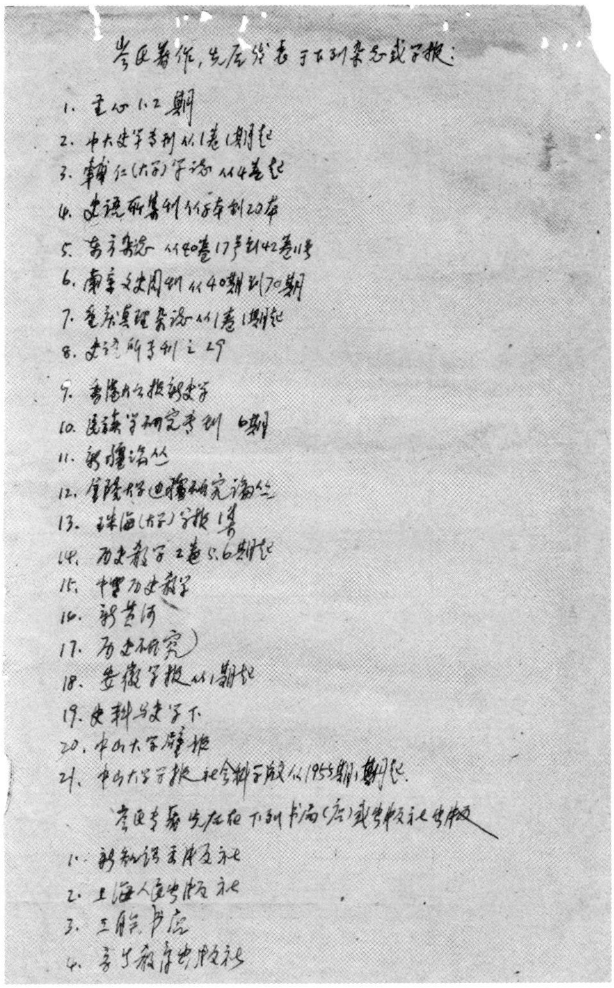

图八

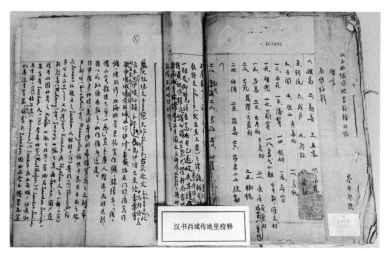

图九

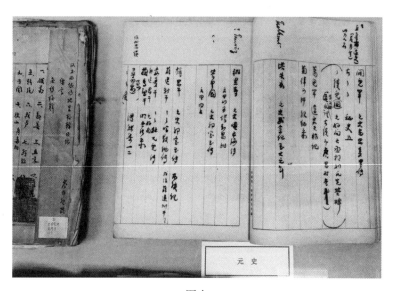

图十

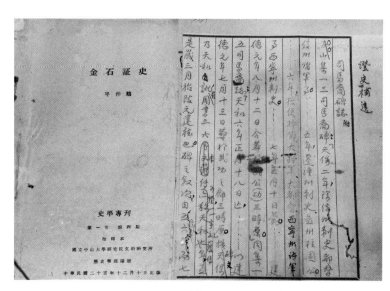

图十一

《岑仲勉先生史学论文》
钢笔字迹

"岑仲勉著作手稿展"展出岑先生笔迹

由此可以判断，笔者所藏《岑仲勉先生史学论文》是由岑先生本人编辑并作注释的一部未刊论文集。

《岑仲勉先生史学论文》所收论文主要集中在以下几大领域：一是关于对唐代文献和唐人诗歌文集著作进行考证等方面的内容，重点是关于白居易、樊宗师、李商隐等人的著作和事迹；二是对清人唐史著述的再补充和再考订；三是有关金石方面的考证；四是关于西北史地方面的考证。

这些论文在写作时间上均有一个共同点，主要是写于抗战期间。岑仲勉先生在每篇论文里均保留有写作时间的介绍文字。如：

《读全唐诗札记》："时民国二十八年二月，顺德岑仲勉识。"

《续劳格读全唐文札记》："前年秋，余从校《元和姓纂》，为搜唐代史料，取《英华》泛览之，随录所见，甫数十条而抗战之役作。湘、桂转徙，图籍分散，去秋九月，始得取《全唐文》为之代。忆往岁陈前辈援庵函诏，其书多舛误，不可恃。及此观之，意专为编中之小传发也。""时民国二十八年一月，顺德岑仲勉识于昆明。"

《论白氏长庆集源流并评东洋本白集》："顺德岑仲勉记于昆明龙头村，时民国二十八年六月月半。""民国二十八年十一月六日再识"。

《白氏长庆集伪文》："民国二十八年十一月下旬，草成于昆明龙泉镇。"

《补白集源流事证数则》："时三十一年八月先师诞日撮记"。按"三十一年"是指民国三十一年，下同。

《文苑英华辨证校白氏诗文附按》："民国三十年三月，识于四川之南溪。"

《从文苑英华中书翰林制诏两门所收白氏文论白集》："三十一年七月下旬，仲勉识于板栗隘张氏新房。"

《从金泽图录白集影页中所见》："前岁之秋，据《明刊马本白氏集》《汪辑香山诗集》等，完成《白集源流》一作。顷以图书迁川，在叙受渍，协助曝晾间，得见《金泽文库本图录》景印彼中所藏古残零本若干页，亟移录如次（唯旁注无关重要者不录）。今春图书再启，乃取各本校其同异，末复略抒管见云。民国三十年三月下旬记于南溪。"

《绛守居园池记集释》："民国三十七年一月上旬顺德岑仲勉识"。

《附绛守居园池记句解书目提要》："三十七年一月中旬谨识"。

《玉谿生年谱会笺平质》："卅一年九月中旬稿成，偶检得近人朱偰氏《李商隐诗新诠》一文……同年十一月下旬仲勉再识于南溪。"

《旧唐书逸文辨》："中华民国三十一年五月，国家总动员日写起，越二日成篇。"

《唐方镇年表正补》："时中华民国三十二年六月夏至后一日，顺德岑仲勉识于南溪板栗隘。"

《旧唐书地理志"旧领县"之表解》："卅六.十二.一.南京"。

《跋唐摭言（学津本）》："时民国二十七年十二月云南起义纪念后四日，顺德岑仲勉跋于昆明。"

《跋封氏闻见记（校证本）》："时民国二十七年十二月，云南起义纪念前十日，顺德岑仲勉跋于昆明。"

《唐唐临冥报记之复原》："三四.一.十九.南溪李庄。"

《两京新记卷三残卷复原》："抗战三年十一月朔，顺德岑仲勉识。稿创于长沙，案头只得粤雅本及毕校长安志，功甫半而辍。……抗战第三年除旧布新之前夕，校文写毕，因念原卷次序，或前后互错，或同节而离析为二，几不可循读，今经钩补，已非复昔之陵躐无序，故命名曰复原云。仲勉再识。"

《翰林学士壁记注补》："丁丑七月，余抵南京，重新整录《郎官题名》既竟（见本所《集刊》八本一分），即拟著手为之校注。无何，抗战军兴，本所播迁，是岁岁底居湘，翼年入滇，时所中图籍在转运中，乃据知不足斋鲍本，就手存参考书一一钩稽，画分为十二宗，粗成注补两钜帙，庋之行篋。今岁季夏，小瘳初愈，覆阅旧稿，略事修缀。……时中华民国三十一年七月，抗战五周年纪念日，顺德岑仲勉自识。"

《补唐代翰林两记（卷上）（卷下）》："时中华民国三十一年七月小暑日，顺德岑仲勉识。"

《登科记考订补》："中华民国卅年三月中旬，四川南溪。"

《续贞石证史》："三十一年六月，顺德岑仲勉识。"

《跋南窗纪谈》："抗战军兴，本所迁湘，余因便旋里，乡居一月，翻先人手泽，偶及《南窗纪谈》，则觉其书凡二十三条……因比较同异，成一短篇，阅一岁入滇，承友人示以余氏新著，乃知所计条数相合。""中华民国二十六年九月，初写于敝居桂洲裹村乡，三十一年四月，修正于四川南溪板栗坳。稿成，同事傅君乐焕见告，徐自明《宰辅编年录》引《纪谈》，似有出见本外者，呕猎一过，约得六条，皆涉官制事。……同年八月念一日仲勉再识。"

《宣和博古图撰人》："民国二十八年十一月下旬，草于昆明龙头村。"

《"回回"一词之语原》："右引文件，公布于抗战军兴之后，尚未为学者注意，爰揭出之。三十一年双十节前二日，记于四川南溪。"

《元初西北五城之地理的考古》："篇内涉斡罗孩研究，系民二十三旅沪时所撰《达旦考》（未刊）之一节，灵州考证，系去春迁阳朔后略成轮廓，至本月乃拼合续成之者。民二十八年四月月半，仲勉附记。"

《天山南路元代设驿之今地》："三十一年三月下旬，南溪板栗坳"。

《理番新发现隋会州通道记跋》："三三·一·二六"，"三十四年十一月，旧同事李方桂先生新自理番归成都，曾亲见此碑，贻书相告。（三六·五·七附识）"

《四库提要古器物铭非金石录辨》

《抄明李英征曲先（今库车）故事并略释》："三十一年八月下旬顺德岑仲勉识"，"卅二年一月中旬仲勉附识"。

《跋历史语言研究所所藏明末谈刻及道光三让本太平广记》："中华民国三十一年五月四日，继《御览》跋写成。"

通过以上所述，我们可理清岑仲勉先生在抗战期间撰写并发表在《"国立中央研究院"历史语言研究所集刊》上的这批论文的大致撰写经历。在这批论文当中，除《旧唐书地理志"旧领县"之表解》一文于1947年12月1日在南京完稿、《绛守居园池记集释》一文于1948年1月上旬完稿、《附绛守居园池记句解书目提要》一文于1948年1月中旬完稿外，抗战期间最早完成的一篇论文是1938年12月在昆明完稿的《跋封氏闻见记（校证本）》，随后完成的论文是1938年12月在昆明完稿的《跋唐遮言（学津本）》、1939年1月在昆明完稿的《续劳格读全唐文札记》、1939年2月完稿的《读全唐诗札记》、1939年4月月半完稿的《元初西北五城之地理的考古》、1939年11月6日完稿的《论白氏长庆集源流并评东洋本白集》、1939年11月下旬在昆明龙泉镇完稿的《白氏长庆集伪文》、1939年11月下旬在昆明龙头村完稿的《宣和博古图撰人》、1940年11月朔《两京新记卷三残卷复原》、1941年3月在四川南溪完稿的《文苑英华辨证校白氏诗文附按》、1941年3月在四川南溪完稿的《登科记考订补》、1941年3月下旬在四川南溪完稿的《从金泽图录白集影页中所见》、1942年3月下旬在南溪板栗坳完稿的《天山南路元代设驿之今地》、1942年5月完稿的《旧唐书逸文辨》、1942年5月4日完稿的《跋历史语言研究所所藏明末谈刻及道光三让本太平广记》、1942年6月完稿的《续贞石证史》、1942年7月7日抗战五周年纪念日完稿的《翰林学士壁记注补》、1942年7月小暑日完稿的《补唐代翰林两记（卷上）（卷下）》、1942年7月下旬在南溪板栗陇张氏新房完稿的《从文苑英华中书翰林制诏两门所收白氏文论白集》、1942年8月完稿的《补白集源流事证数则》、1942年8月下旬《抄明李英征曲先（今库车）故事并略释》、1942 年 8 月 21 日在南溪板栗坳完稿的《跋南窗纪谈》、1942 年 9 月中旬在四川南溪完稿的《玉谿生年谱会笺平质》、1942 年 10 月 8 日在四川南溪完稿的《"回回"一词之语原》、1943 年 6 月夏至后一日在南溪板栗隘完稿的《唐方镇年表正补》、1944 年 1 月 26 日完稿的《理番新发见隋会州通道记跋》。

在这批论文当中，一部分论文是岑仲勉先生在云南昆明完稿的（从 1938 到 1940 年），一部分是在四川的南溪完稿的（从 1941 年到 1944 年）。岑仲勉先生是随中央研究院从南京避难到云南、四川等地。在战火纷飞的艰苦岁月里，岑仲勉先生为寻求学术真理，克服重重困难，辛勤耕耘，始终没有停下学术脚步。

从这批论文中，我们还可学习到岑仲勉先生的治学精神和优良品质。在学术上，他既尊重前辈学者的学术成就，又能坚持真理，实事求是，勇于纠正学术错误。如他在《唐方镇年表正补》一文中说到："自道光中徐松氏著《登科记考》，近百年来，能于唐史一部分作有系统之整理者，莫吴廷燮氏《方镇年表》若（劳氏《郎官柱题名考》搜采之功勤，而编制之事少）。唐代制诏，除少数篇章外，率尚四六，糟粕旧文者辄视为无足重轻，吴氏独能出其所长，为之疏解，以骈俪供考证之具，尤一般新史家所望而却步。余年来涉猎唐史，闲有参稽，亦便利弗少，此则吾人对吴书不能不深致歌颂者也。"他进一步说到："吾国学术界流传一错误观念，迄于今莫能郭清，致为文化进步之大碍，则所谓'为贤者讳'是也。此种见解，施于个人私德，吾无间然，若以律问学求知，夫岂孔门当仁不让之旨。顾或知之而嗫口不言，甚且曲予廻护（前贤曲辨班史，是其著例）。遂使沿讹扯谬，贻累无穷。闲尝谓覆瓿之文，犹可等诸自郐，苟为名著，则有应纠正者断不宜拱手默尔。盖古今中外，都无十分完全之书，其声誉愈高，愈易得人之信受，辨证之旨，非抑彼以自高，亦期学术日臻于完满而已。如《方镇表》等，性属参考工具一类，检之者尤易据为结论，弗事深求，则辨误之更不可已者也。"

岑仲勉先生治学极为勤奋、严谨，著作等身。他留下的史学论著是我国一笔丰厚的文化遗产，值得后人永远学习；他的治学精神和学术风范，值得后人永远敬仰。

注释：

[1] 陈寅恪：《陈寅恪集·书信集》，北京：生活·读书·新知三联书店，2001 年 6 月第 1 版，第 129 页。

[2] 陈智超主编：《陈垣全集》第二十三册，合肥：北京师范大学出版集团、安徽大学出版社，2009 年 12 月第 1 版，第 462 页。

（原刊《纪念岑仲勉先生诞辰 130 周年国际学术研讨会论文集》编委会编：《纪念岑仲勉先生诞辰 130 周年国际学术研讨会论文集》，广州：中山大学出版社，2019 年 2 月第 1 版，第 133~142 页）

唐长孺先生开设的最后一门课

　　唐长孺先生（1911年7月4日—1994年10月14日），江苏吴江人，武汉大学教授，兼任国务院古籍整理出版规划小组成员、国家文物局古文献研究室主任等，是我国著名历史学家。唐先生学识渊博，精通文、史，于魏晋南北朝隋唐史、古籍整理、敦煌吐鲁番文书整理与研究等领域皆造诣颇深，贡献卓著，被海内外学术界同仁公认为二十世纪最杰出的史学大家之一。

　　1992年，我有幸考取了武汉大学历史系中国古代史专业研究生，攻读博士学位，师从朱雷先生，专攻魏晋南北朝隋唐史方向。与我同年就读的还有石云涛同学。至今，我仍清晰记得，这年的9月14日中午，我在长沙坐上火车，晚上8点左右就到达了武昌火车站。开学初，学校安排了校车迎接来自全国各地的新生。我怀着敬畏和无比喜悦的心情，坐上了校车，来到了美丽的珞珈山。第二天晚上，朱雷先生就带着我和石云涛同学去唐先生家拜望唐先生。我记得，那天晚上我的心情特别地激动！

　　开学后不久，在朱先生的请求下，唐先生专门为我们同学俩开设了《魏晋南北朝隋唐史三论》一课（见何德章《回忆唐长孺先生》一文，载2004年武汉大学中国三至九世纪研究所编《魏晋南北朝隋唐史资料——唐长孺教授逝世十周年纪念专辑》第二十一辑第83页）。记得10月7日晚，唐先生的助手、青年教师何德章来到我们宿舍，通知我们第二天上午去唐先生府上听唐先生讲课。当时，我们既高兴，又有点紧张。第二天（即10月8日星期四）上午9点，我们准时来到了唐先生家。这是唐先生给我们上的第一堂课，讲的是"汉代的社会结构"。开课前，朱先生将我们俩的情况向唐先生作了简单介绍。从那天起，直到次年的6月，唐先生每周安排半天时间给我们上课，总共开设了两个学期的课程。课程一般安排在每周的星期四上午9点到11点半，中间约有十分钟的休息时间。在这十分钟的时间里，我们可以自由地向唐先生提问，请教，交流学习心得。

　　唐先生的居室很简朴，入门右侧的小客厅就是我们上课的课室。我们入座后，唐先生会从书房移步到这里，坐在靠窗的沙发上给我们讲课。唐先生讲课时，腰板挺直，声音洪亮，十分认真。由于唐先生的双目已几近失明，所以他无法板书，但他记忆力惊人，历史材料常常脱口而出，背诵如流。唐先生讲课逻辑性强、推论严谨，直奔主题，我们听起来饶有兴味，丝毫不觉得枯燥。他将魏晋到隋唐数百年间错综复杂的历史发展脉络梳理得清晰易懂，真是令人赞叹不已！

　　唐先生讲课的内容共有三部分：论魏晋时期的变化、论南北朝的差异和论唐代的变化。先生给我们上课时，《魏晋南北朝隋唐史三论》一书的书稿虽已完成，并交付武汉大学出版社，但正式出版的时间一直到1992年的12月，而我们拿到武汉大学"魏晋南北朝隋唐史研究室"赠送的该书已是1993年第二学期的开学初了。记得有一次上课时，我们俩拿着刚出版的这本《魏晋南北朝隋唐史三论》，请唐先生签名留念。唐先生问是否是他本人赠送的。我们回答说，这是研究室赠送的书。唐先生说，那他就不能在上面签字了，以免假公济私。这让我们失去了一次留下先生墨宝以作纪念的机会。

唐先生在《魏晋南北朝隋唐史三论》一书的"后记"里写道："本书虽说完成，实际上缺漏甚多，比如职官、法律的变化全未述及，思想学术方面理当说明佛道两教的发展。事实上对于佛道二教，业已积稿数万言，却因自己感到这方面的修养太差，终于删除。"这篇后记写于 1992 年 9 月 2 日。这一方面表明唐先生治学十分严谨，同时也说明了《魏晋南北朝隋唐史三论》一书确实未详细说明"职官法律的变化"和"佛道两教的发展"。而事实上，唐先生一直在思考这一问题。他在给我们上课时，也讲到了这些问题。有关这些问题的课堂记录，我将另文整理（根据当年日记记录，第一学期最后一堂课，因期末考试而改在 1993 年 1 月 5 日星期二上午。在这堂课，唐先生讲授的内容是"魏晋南北朝时期的道教"。第一学期，因我的小孩于 1992 年 11 月 21 日出生，所以我请了一段时间的假回了长沙，致使 11 月 19 日和 26 日、12 月 3 日和 10 日共缺课四堂，留下深深遗憾。第二学期是从 1993 年 3 月 4 日星期四上午开始的，第二堂课因故改在了 3 月 9 日星期二下午）。

唐先生给我们上课时已是 82 岁高龄，而且双目几近失明，但他看上去精神好，身体还算健康。事后，我们才得知，"随着课程的进展，唐先生越来越显得疲惫""这时肝癌早已侵蚀着先生"（见何德章《回忆唐长孺先生》一文，第 83 页）。但他凭着巨大的毅力和对祖国教育事业的执着，坚持给我们上完了全部课程。这门课是唐先生开设的最后一门课。我能亲得先生教诲，实乃此生之大幸。今日回想，先生的音容笑貌仍仿如昨日。今撰此短文，以怀念可亲可敬的唐先生。

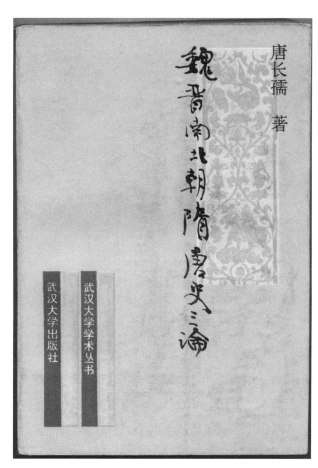

唐长孺著《魏晋南北朝隋唐史三论》书封

（原载《中国文物报》2013 年 4 月 10 日第 8 版"收藏鉴赏周刊·大观"）

唐长孺先生谈佛道两教的发展

唐长孺先生（1911年7月4日—1994年10月14日），江苏吴江人，武汉大学教授，曾兼任国务院古籍整理出版规划小组成员、国家文物局古文献研究室主任等，是我国著名的历史学家。唐先生学识渊博，精通文、史，于魏晋南北朝隋唐史、古籍整理、敦煌吐鲁番文书整理与研究等领域皆造诣颇深，贡献卓著，被海内外学术界同仁公认为二十世纪最杰出的史学大家之一[1]。

1992年，我有幸考取了武汉大学历史系中国古代史专业研究生，攻读博士学位，师从朱雷先生，专攻魏晋南北朝隋唐史方向。与我同年就读的还有石云涛同学。开学后不久，在朱先生的请求下，唐先生专门为我们同学俩开设了《魏晋南北朝隋唐史三论》一课[2]。从1992年10月8日起，直到次年的6月，唐先生每周安排半天时间给我们上课，总共开设了两个学期的课程。这门课是唐先生生前开设的最后一门课。

唐先生讲课的内容共有三部分：一论魏晋时期的变化、二论南北朝的差异和三论唐代的变化。先生给我们上课时，《魏晋南北朝隋唐史三论》一书的书稿虽已完成，并交付武汉大学出版社，但正式出版的时间是1992年的12月，而我们拿到武汉大学"魏晋南北朝隋唐史研究室"赠送的该书已是1993年第二学期的开学初了。唐先生在《魏晋南北朝隋唐史三论》一书的"后记"里写道："本书虽说完成，实际上缺漏甚多，比如职官、法律的变化全未述及，思想学术方面理当说明佛道两教的发展。事实上对于佛道二教，业已积稿数万言，却因自己感到这方面的修养太差，终于删除。"这篇后记写于1992年9月2日。这一方面表明唐先生治学十分严谨，同时也说明了《魏晋南北朝隋唐史三论》一书确实未详细说明"佛道两教的发展"。而事实上，唐先生一直在思考这一问题。他在给我们上课时，也讲到了这些问题。

在纪念唐长孺先生一百周年诞辰之际，本人将自己聆听唐先生讲课时所记录到的有关佛道两教发展方面的片断内容整理出来，供学界参考，并以此怀念我们可亲可敬的唐先生。这里需要特别说明的是，由于下面呈现的内容是本人听课时所做的课堂笔记，当中定有遗漏、笔误、甚至有不符合唐先生观点甚至可能有错误，所有这些均要由我本人负责。

唐先生在讲授《魏晋南北朝隋唐史三论》这门课时，主要是在讲"一论"中的"第四章思想的变化"和"二论"中的"第四章南北学风的差异"时讲到"佛道两教的发展"这一问题。

在"一论"中的"第四章思想的变化"里，唐先生讲道：

东汉时期讲名教。狭义的名教就是儒家提倡的道德。儒家的经典分为两大派：今文经派和古文经派。经本身是有的，但如何解释，却未留传下来，仅是口口相传而已，直到汉代才将其写在卷本上。今文经就是用当代文字来写的经文和注释。汉朝时，易、诗、书、礼、春秋五部儒家经典为五经。汉武帝立太学，置五经博士，博士之下设学生。到东汉光武帝时，形成了今文经十四博士。今文经的特点不是纯粹的儒家经典。今文经派都承认谶纬。

西汉后期东汉时代，兴起了古文经派。据说汉武帝时，鲁恭王要扩大自己的宫室，于是将孔子的老巢（据说孔子的老巢一直保存到汉）拆掉，在墙壁里发现了一些墨迹，是儒家经典，是用秦以前的古文字"篆书"书写的。东汉时代，有人提议设立古文经博士，但人们反对。古文经学始终在民间流行，未能取得正统官学的地位。

与此同时，调和派出现，提出择二善而从，因为已有人对古文经进行解释了。古文经派认为孔子并非预言家。从这一点看，古文经派比今文经派进步。东汉中叶以后，马融是当时的大儒，他的弟子郑玄学通今古，以古文经为主，补助今文经，但仍难免芜杂，亦未能摆脱谶纬迷信的影响。河北山东青州一带盛行郑玄之学，以古文经为主，兼采今文经。今文经派认为郑玄杂乱了今古文经。袁绍不太尊重郑玄。汉末大乱，北方战争不休，南方较为安定。刘表，《三国演义》说他是一个平庸之人，但他实际上是名士的领袖。刘表在荆州安定百姓，与曹操关系较好。刘表在战乱时占据荆州（今湖北），是全国较为安定的地区。他利用外来的势力，全国很多流民，包括许多经学家逃到荆州来。这里，工商业也是最发达的。他模仿洛阳太学，来投奔他的四方学者都到他设立的学校任课。古文经学本来只是私传，并不为官府承认，但到刘表时，他承认了古文经。古文经学在荆州成为了一个中心。《周易》在学术上有一次大改变。其它各经的情况则不太清楚。

荆州之学是反对郑玄之学的。到曹操大兵南下吞并荆州时，荆州遭到了极大破坏。那些名士被带到了许昌。曹操反对名教，对儒家不感兴趣。他讲究法家的统治学。从汉武帝以来的儒家独尊的学风到此时也随之消失了，形成了法家的兴起。诸葛亮也注意法家。曹操也是一个大学问家，他说"先刑后礼"。"中央选什么人才"又是一个讨论的题目。曹操提出"唯才是举"的口号。学术界展开了"道德、才能"二者的讨论：才性合一和才性异，以及"名、实"的关系。曹魏后期出现了所谓玄学。玄学是一种新的道教，与荆州学派有很大的关系。

名理学。东汉末年，太学已不是一个读书的地方，而是议政之处。曹魏时，更是如此，儒家之学已相当衰落。魏晋时期，黄老之学兴起。道教提倡无名本体论。凡是有名的东西，都有合法性。无名即无为。新道家兴起。司马氏是河内儒家大族，世代治儒学。司马氏继位时，要求服丧三年，特别提倡孝道（虚伪的礼教），这说明司马氏当国后，重新恢复儒家礼教。此时，儒家已开始复兴。

曹操曹丕统治时，门阀贵族多是儒家大族。汉代讲宇宙，只讲其构成历史，而此时讲宇宙本体论，认为无是最高的。治乱与名教的关系，治乱为本，名教为末。"天法道，道法自然"，最高的是自然。自然与名教的关系。

玄学分两派：王弼、何晏等在朝的正统玄学家综合儒道、统一名教与自然的学说，重新为名教找到了理论根据，也正好适应了司马氏当国后儒学复兴的要求。《无为论》《论语注》是何晏等集体编注的。清谈不是空谈，有它的实际政治意义，与清代的清议类似。王弼是清谈哲学家，著有《周易注》《老子注》。汉代的《周易》之学大体上都是今文学家之说。古文学家讲训诂。王弼的《周易注》不讲这些，专从理论上进行解释，是一个非常大的改革。《老子注》是发挥王弼自己的见解，完全摈弃了汉代的迷信。这两本注都说明本体。名教本于自然，名教是自然的体现。后来出现了崇有派。崇有派主张天地本体是有，目的是肯定名教。而经过汉末之后，名教是被轻视了。

然而，在野的激进派玄学家大概都是不愿意与司马氏政权合作的人，代表人物是嵇康、阮籍。嵇康公开表示反对当今的尧舜，最后被司马氏杀掉。阮籍，《世说新语》记载了他许多不孝的事情，其事未必尽皆可信，但所表现的总的精神风貌却大体不错。阮籍早年写的文章并不反对礼学，但是到了后来司马懿与曹爽激烈斗争时，他完全反对名教。之后，这一派玄学又分化为两种派别，一派如葛洪《抱朴子》所说，他们无视礼法规范，奢侈荒淫，不问世事，号为自然；另一派发展下去，必然危及现存统治。这一派发展到极端便是鲍敬言。他的理论是无君论，公然提出无君的主张。他的思想来源于嵇康。

同时，我们也看到，汉代今古文经派重新解释经文学的有《春秋左传集解》。王肃是儒学之家，其父亲是汉末名士，经学家。王肃本人是个博学家，注五经。西晋时设博士来教授王肃注释的五经。魏晋时对汉代的解释不满。

当时玄学风气成为主流，以洛阳为中心的河南一带完全崇尚玄学、崇尚对儒家的新解释。黄河以北以郑玄为主。洛阳是魏晋两代国都。当时的名家贵族崇尚玄风。东汉初年，佛教已经传入中国。这一点，我们可以确定。光武帝儿子楚王英已经信仰佛教。佛教的传入，已经翻译佛经。佛教中心有二：洛阳和江南。有人认为汉代已经从海道传入佛教了。当时的佛教虽然已经翻译了一些佛经，但是汉代佛教被认为是诸神中的一种。佛教到魏晋时也发生了很大变化，成为中国化的佛教。当时是多神，佛教也被认为是诸神中的一种。魏晋时，西域来的佛教徒增多了。这时也有汉人当和尚。第一个出家汉人是朱士行，他也是第一个去西域求经的人。这时主要是佛教的大乘教。当时中国流行玄学，为了传播佛教，佛教徒与名士往来。本来佛、道有些共同之处，因此出现了"格义"（便于理解）。"格义"不免是要歪曲佛教原义，但是这是不得已的方法。佛教可以流行，也是中国化的第二步。东晋时期，有人认为佛教是玄学的附庸。

唐先生讲完这一章后，又指导我们要阅读陈寅恪、汤用彤、汤一介、任继愈等先生的有关论著。在讲"二论"中的"第四章南北学风的差异"时，唐先生又讲道：

魏晋盛行的玄学兴起于以洛阳为中心的河南地区，盛行郑玄的注释，以古文经学为主。从东汉后期的马融时起即已如此。今文经学家王肃反对郑玄，但又很崇拜古文经学家马融。王肃写的书很少流传下来。由于王肃是晋文帝的亲戚，加上他的学说已经系统化，所以他开新经学之风。王肃介于郑玄、王弼之间，属荆州学派。今文经学的衰亡早在东汉时已有萌芽，到西晋时已经衰亡，到永嘉之乱时，连章句之学都没有了，除《春秋公羊传》一部外，全都失传了。

当时经学里出现了王弼的《周易注》。河北地区盛行郑玄之学。三国时期，江南盛行汉代流传下来的学派，表现是遵循汉代治学轨辙，既反对郑玄之注，也反对王弼的《周易注》。江南学风偏于保守。三礼，在北方盛行郑玄礼，江东盛行汉代流传下来的秦和礼，与郑玄礼不同。魏晋时，江南地区与河南地区很不相同。简言之，河北，玄学不流行，江南同样如此。孙吴灭亡后，晋武帝时，因要平定江南而将江南世家大族名士迁到洛阳，这批人必然受到洛阳风气的影响。永嘉之乱后，大量北方名士渡江，他们带着他们的学术思想进入江南，这必将对江南学风带去很大影响，由于他们渡江而将洛阳学风带到了江南。

东晋，太学里，王弼注的《周易》处于优势；东晋后，江南流行孔安国撰写的《古文尚书》。本来《尚书》只有28篇，而孔的注多了好多篇，而且他的注在汉代并没有。清代人怀疑孔注是王肃伪造，但也有人认为他们固然有相同之处，也有不同之处，而且在时间上王肃在前，因而不是王肃伪造。孔注在西晋时并不流行，到东晋时才流传。

东晋时，尧典舜典合为一篇。《春秋左传集解》是郑玄的学生杜预作的注，这个流行于北方，而南方流行孔安国撰写的《古文尚书》。以上三部书是南北经学很大的不同。

为什么伪孔撰在青齐地区不流行？为什么杜预撰与伪孔撰是新经学？因为他们摈弃了繁琐。

《论语集解》是曹魏时期何晏与其他人一起作的集解，其中采纳了郑玄的注。这部论语讲孔子与弟子的问答之辞。到梁朝，皇侃根据何晏的集解加以注释，作《论语义疏》，里面含有佛教的东西。何晏的集解还不能说是经学之作，而皇侃的书却是。这部书在中国早已佚传，后传到日本，到清代又传回本国。皇侃是贺玚的弟子。贺玚生于儒学世家。王弼与贺玚的意见不一样。贺玚注释《中庸》。贺玚皇侃使儒学玄学化。贺玚注的《中庸》本是《礼记》里的一篇。《论语》里说孝、神，不是形而上的哲学问题。《中庸》之所以特别受到重视，原因在于儒学玄学化，是因为篇中所述诚明之体、天命之性等义理，是玄学家感兴趣的命题，可以藉之阐发玄义。此外，《孝经》是人人必读之书，连和尚也注释《论语》《孝经》，用佛教哲学来解释。

从学风方面来说，佛教受到清谈的影响，往往聚集人来进行讨论。大儒典越是到后来越是受到玄学的影响。如贺玚，世代相传经学。宋齐之间，周颙在佛教哲学里是个大师，是振兴般若学的重要人物，是三论宗的大师先驱，同时又是一位玄学家。他对齐梁时期儒学风尚有颇大影响。他做的官是国子博士，他的儿子周舍也讲儒学。他的侄儿周弘正在梁陈间是位儒学大师，是位玄学化的儒学家，曾作国子祭酒，对《周易》《论语》《孝经》作注。可见，周家是一个玄学世家。从南朝流派来看，是经学化的儒学，继承了魏晋以来的演变传统。

南北不同：一、北方盛行郑玄之注，南方盛行魏晋流传下来的学风；二、儒经中是玄学化的经学；三、讲儒经的人更像一个玄学家。

佛教学风：

佛教的传入必须与中国文化相适应。西晋时，佛教头在外要宣传佛教，佛教的教义必须借助于通行的语言，叫"格义"。"格义"相当流行，无非是便于解释。释道安不准他的徒弟用"格义"，因为它往往脱离原义。他的一个弟子慧远用庄子的话来解释佛经。汤用彤、陈寅恪先生都认为佛学是玄学的一个附庸。东晋后期，佛教逐渐摆脱了玄学的附庸地位。虽然如此，但佛教仍然受到玄学的影响。在江南主要讲经，叫"义经"，来解释佛经。讲经，讲哲学方面的较多，讲宗教信仰的较少。佛教崇尚义学，属玄学化，也是中国化的过程，第一步就是佛道结合（唐先生讲到这里时，要求我们阅读汤用彤《汉魏两晋南北朝佛教史》、吕澂《中国佛学源流略讲》及任继愈的相关文章）。

道教：

道教最早在江南流行的是太平道，其后是神仙道。太平道以符水治病来吸引群众。到晋代统一全国时，在中原流行的天师道（天师道原来在四川流行，由于曹操灭川，张鲁投降，曹魏时才流行于中原）通过北方和四川两条道路传入江南。

神仙道，葛洪传播。葛洪认为较好的是李家道（原在四川，孙吴时传入江南，东晋时则广泛传入江南）。还有帛家道，是在民间流传，也有世家大族信仰。帛家道是北方乃至江浙一带的道士以帛和的名义在民间巫俗的基础上发展起来的道派。

三国时期，我们未看到天师道在江南传播。东晋后期，天师道传入江南。杜子恭，名炅，在杭州传播天师道，在下层民众中影响很大，据说，他的人员有好几万。王羲之是五斗米道、天师道的信徒。陈寅恪先生认为凡是名字中有"之""道"字者就是天师道徒，因为六朝时人最重家讳、最讲究避讳，"之""道""灵"字是道教的标志。王羲之是从北方带来天师道的。王氏、陈氏等等与天师道徒都有往来，他们与上层、下层都有来往联系。杜子恭将天师道传给孙泰，世家大族也信奉孙泰。司马道子杀掉孙泰。孙泰死后，其子孙恩继承。孙恩起义，八郡响应，后被镇压。这三代都是继承天师道的旧规，都是在下层民众中活动。太平道与天师道在下层民众中活动，以符水为人治病，可以知道一个人的吉凶，因而有影响力。天师道与道家没有多大关系。孙恩三代都在传教。天师道与太平道一样，都是崇奉老子。《老子想尔注》在敦煌发现，他们的老子与道教中的老子是不一样的。曹丕曾下令修理老子庙，后又停诏。他说，孙恩一伙以为我信奉天师道。

道教徒以为老子西度流沙，佛是老子的化身，《老子化胡经》。

神仙教派都跑到深山老林里去了，成为一个小团体。他们是散漫的，并不是宗教。他们有各种办法：土纳、灵草、炼丹。他们属上层人士，因为炼丹需要结交一些有钱的人来支持。他们与天师道、太平道不一样，彼此间没有什么联系。

南北道趋势：天师道与神仙道二者结合。神仙道在东晋时有上清派，从其自身编制系统看，魏夫人是北方人，他的传承弟子是杨羲。杨羲是晋简文帝的老师，之后传给了丹阳的许家（许迈、许谧），到梁朝时出现了一个大师陶弘景。另一派是灵宝派。他的经典是自身编造的，此点与上清派一致，但上清派更高层一点。据说灵宝派是葛洪旁支的一个人编造的（佛经也有编造），他模拟佛经。他们主要是要求长生不死。《道经》里也吸收有佛经的内容。

我们看到，天师道发展到宋文帝时，出了个陆修静。他的老师是谁，我们不知道，但《道经》中的《罗先生道门科仪》里讲到他是位天师道徒。五斗米道不遵守教规，于是陆修静整顿教规。到宋代，天师道还在流行，但已很散漫，于是陆修静要求有严格的组织。当时，灵宝派的道经真伪相杂，陆修静花了很大功夫来整理《灵宝经》。陆修静以天师道的身份来整理《灵宝经》，表明二者开始结合。陆修静也尊重上清经。他的最大贡献是编修了《道经总目录》，目的是要与佛教相抗衡。佛教到南北朝后期产生了叛教，认为大、小乘等教都要统一起来，只有高低之别，没有真伪之分。我说，陆氏就是受这种思潮影响。他把道经分为三洞（洞真、洞玄、洞律）和四辅。我们可以推断，他把所有教派统一起来，且将所得的道教经诀总括为《三洞》，对道教的发展做出了很大贡献。陆修静到晚期统一道教，尊重上清、灵宝派，将道家拉入道教里去；模拟佛经，整理道经。此后，我们看到，天师道还在下层民众中流行，但是神仙道和上清道也开始在流行。总之，南方道教发展趋势：天师道的组织逐渐趋向神仙派。

顾欢曾经注释《老子》，作《夷夏论》，引起轰动。顾是道家信徒。玄学家讲老子，《夷夏论》里讲老庄是道教，居然把老庄拉入道教。上清派大师陶弘景相信太平经，表明道教徒将道家拉了进来，这一过程到唐代才完成。道教五经模仿儒家五经。周武帝时有一次佛道之争。

北朝道教：

天师道设置二十四治，本在关中四川一带。曹操平定汉中后，将张鲁迁到北方，后天师道也传到了北方，二十四治也在北方设置。三大治也照样存在。治的最高道官是天师，世代相传。最早看到，早期道经《太上家戒令》痛斥道教组织腐败，"开皇"也是道教年号，唯一见到的纪年是曹操时，因此，这部令虽然不一定是曹操时制定，但可以看出时间较早。这些组织依然存在，但已相当腐化。关中是天师道传布地区，道教盛行。后秦信佛教，佛教大盛。到后秦后期，寇谦之先在关中，后去河南嵩山，声称太上老君授他天师之位，要他出来清理整顿道教。《太上洞渊神咒经》的主要点是：现在的天师道已很腐败，三张之法有很多伪法要予以清除。寇谦之自称后天师，与佛教相争，但又不认为佛教是邪教。由于寇谦之与北魏大臣崔浩交结很好，寇谦之说受到上天的嘱咐，要崔浩帮助他，尊拓跋焘为太平真君。拓跋焘有与天师道结合的痕迹。北魏皇帝从拓跋珪起就相信长生不死。拓跋焘信仰道教，废佛教，且杀佛教徒。"三武之祸"第一祸是崔浩的主意。拓跋焘死后，恢复佛教。北魏皇帝每次登极，都要接受道箓，表明他们信道教。但是，北方未有像南朝那样信神仙道。北魏，寇谦之的天师道盛行。北齐，寇谦之的教派衰微。北齐皇帝信奉佛教。寇谦之在北方的活动时间不长。关中地区兴起楼观道。北周时，受南朝上清派影响很大。北周武帝平定北齐，把道教影响到了北齐。北周武帝信奉道教，废除佛教。这是"三武之祸"的第二祸。隋唐时期，关中一带流行楼观道，其它地区流行崇玄派，即用佛教教义来解释道经。

唐先生从今文经派与古文经派之辩谈起，讲到玄学的出现、黄老之学的兴起、佛教的传入，以及道教的发展和演变。他讲授的这些课程不仅丰富了《魏晋南北朝隋唐史三论》一书的内容，而且对研究魏晋南北朝隋唐时期佛道两教的思想学术发展具有十分重要的指导意义。

注释：

[1] 唐长孺著：《唐长孺文集·讲义三种·前言》，北京，中华书局，2011 年，第 1 页。

[2] 亦见何德章：《回忆唐长孺先生》一文，载武汉大学中国三至九世纪研究所编《魏晋南北朝隋唐史资料——唐长孺教授逝世十周年纪念专辑》（第二十一辑），武汉，武汉大学文科学报编辑部编辑出版，2004 年，第 83 页。

（原载中国博物馆协会城市博物馆专业委员会、上海市历史博物馆编：《城市文化的共享：中国博物馆协会城市博物馆专业委员会论文集：2011~2012》，上海交通大学出版社，2012 年 11 月第 1 版，第 164~171 页）

读新发现国立蓝田师院《隋唐五代史》油印本讲稿论唐长孺先生早年学术精神

唐长孺先生（1911年7月4日—1994年10月14日），江苏吴江人，我国著名历史学家。1932年毕业于上海大同大学文科，后在多所中学任教。1940年任上海光华大学历史系讲师。1942年春任湖南蓝田国立师范学院史地系副教授。1944年受聘于迁至四川乐山之国立武汉大学历史系副教授，1946年晋升为教授，此后一直执教于武汉大学。[1]"他学识渊博，精通文、史，于魏晋南北朝隋唐史、古籍整理、敦煌吐鲁番文书整理与研究等领域皆有卓越贡献，被海内外学术界公认为二十世纪杰出的史学大家之一。"[2]

唐先生一生著作等身，特别是在魏晋南北朝隋唐史等方面，建树了卓越的业绩。唐先生仙逝时，北京大学周一良、田余庆教授合作挽联云："论魏晋隋唐，义宁（按指陈寅恪先生）而后，我公当仁称祭酒。"[3]

唐先生早年研治宋辽金元史，受聘蓝田国师后，特别是于武汉大学执教期间，由于教学和科研工作的需要，在兼治辽金元史的同时，研究重心转为魏晋南北朝隋唐史诸领域。[4]

唐先生一生虔诚执教，潜心治学，除留有大量学术论著外，其课堂讲义亦是一笔丰厚的学术遗产。目前我们可以阅读到的唐先生在魏晋南北朝隋唐五代史方面的课堂讲稿已出版的有两种，一种是1960年为研究生讲课撰写的讲稿[5]；另一种是20世纪60年代初受邀在中央党校及中国社科院历史所讲授魏晋南北朝隋唐史及专题课，其讲授内容曾由中央党校中国史资料组的同志们根据录音（速记稿）整理而成，以《魏晋南北朝隋唐史》之名铅印（内部）发行[6]，1987年该讲义被求实出版社收进《中国古代史讲座》一书，2007年1月又被中共中央党校出版社收进《大师讲史》中册。

2013年，在妻子的帮助下，我从"孔夫子旧书网"买到一册油印本讲稿，是用蜡纸手刻印制的，用红色油墨油印。讲稿横21.8厘米，纵29.2厘米，每两面为一页，正文有62页，另有两页目录，是用毛笔楷体抄写。整部讲稿共有64页，分九章。在正文首页，首句写有"《中国中古史大纲》下卷《隋唐五代史（西历五八九至九六〇）》"字样，表明本讲稿的主要内容是隋唐五代史。

这部油印本讲稿既没有写明著者姓名，也没有留下具体写作时间。我们从稿本里留下的一些蛛丝马迹，判断此稿本的作者是唐长孺先生。

稿本里的目录列有九章：第一章 统一政府之再建；第二章 大唐帝国之建立；第三章 武韦之乱；第四章 帝国内部诸矛盾相上；第五章 大动乱；第六章 大动乱之后果；第七章 唐代中叶以后之各种变迁；第八章 唐朝中叶以后之政府；第九章 大唐帝国的崩溃。这些章目与唐长孺先生家属保存的唐长孺先生手稿《中国中古史大纲（中卷）》的章目基本一致[7]。此外，还有两个重要证据，一是在油印本正文每页的骑缝处印有"中国近古史（唐）"，二是在油印本"第七章唐代中叶以后之各种变迁（一）赋税制的变迁（甲）两税制"中的注释里，有"长孺按"一段：

> 注七：《陆宣公奏议》卷四《均节赋税》第一条曰："本惩赋役繁重，所以变旧从新。新法既行，已重其旧。复以供军为名，每贯加征二百。（长孺按《会要》八十三，建中三年五月，初加税。时淮南节度使陈少遊请于当道两税钱，每一千加税二百，度支因请诸道悉如之。）"

由此可知，"唐""长孺"即指唐长孺。由此可推断这是唐长孺先生撰写的一部隋唐五代史讲稿。

在这部油印本里，在正文每一页的骑缝处，还刻有"国师 31 九 15 103 丁 60"等类似的文字。据统计，正文每页骑缝处所刻文字有下列：

> 国师 31 九 15 103 丁 国师 31 九 16 103 丁 60 国师 31 九 17 103 丁 60 国师 31 九 18 103 丁 60 国师 31 九 25 103 丁 60 国师 31 九 26 103 丁 60 国师 31 九 29 103 丁 60

> 国师 31 十 5 103 丁 60 国师 31 十 8 103 丁 60 国师 31 十 19 103 丁 60 国师 31 十 21 103 丁 60 国师 31 十 27 103 丁 70 国师 31 十 30 103 丁 70

> 国师 31 十一 4 103 丁 70 国师 31 十一 7 103 丁 60 国师 31 十一 13 103 丁 60 国师 31 十一 23 103 丁 60 国师 31 十一 30 103 丁 60

> 国师 31 十二 4 103 丁 60 国师 31 十二 9 103 丁 60 国师 31 十二 14 149 丁 60 国师 31 十二 15 103 丁 60 国师 31 十二 26 103 丁 60 国师 31 十二 28 103 丁 60

> 国师 32 一 6 103 丁 60 国师 32 一 7 103 丁 60 国师 32 一 13 103 丁 60 国师 32 一 14 103 丁 60 国师 32 一 15 103 丁 60 国师 32 一 16 103 丁 60 国师 32 一 19 103 丁 60 国师 32 一 20 103 丁 60 国师 32 一 21 103 丁 60 国师 32 一 22 103 丁 60

这些文字应有特别的含义。我认为，"国师"应是"国立蓝田师院"的简称；"31"和"32"分别是指民国 31 年和 32 年，即 1942 年和 1943 年。"九""十""十一""十二""一"分别指 9 月、10 月、11 月、12 月、1 月；"15""16""17"等等数字应指日期；"103 丁 60""103 丁 70"应指上课的课室。根据《新编万年历》（8），上述文字可换成日期以下：

> 1942 年 9 月 15 日（星期二），课室：103 丁。
> 1942 年 9 月 16 日（星期三），课室：103 丁 60。
> 1942 年 9 月 17 日（星期四），课室：103 丁 60。
> 1942 年 9 月 18 日（星期五），课室：103 丁 60。
> 1942 年 9 月 25 日（星期五），课室：103 丁 60。
> 1942 年 9 月 26 日（星期六），课室：103 丁 60。

1942 年 9 月 29 日（星期二），课室：103 丁 60。

1942 年 10 月 5 日（星期一），课室：103 丁 60。

1942 年 10 月 8 日（星期四），课室：103 丁 60。

1942 年 10 月 19 日（星期一），课室：103 丁 60。

1942 年 10 月 21 日（星期三），课室：103 丁 60。

1942 年 10 月 27 日（星期二），课室：103 丁 70。

1942 年 10 月 30 日（星期五），课室：103 丁 70。

1942 年 11 月 4 日（星期三），课室：103 丁 70。

1942 年 11 月 7 日（星期六），课室：103 丁 60。

1942 年 11 月 13 日（星期五），课室：103 丁 60。

1942 年 11 月 23 日（星期一），课室：103 丁 60。

1942 年 11 月 30 日（星期一），课室：103 丁 60。

1942 年 12 月 4 日（星期五），课室：103 丁 60。

1942 年 12 月 9 日（星期三），课室：103 丁 60。

1942 年 12 月 14 日（星期一），课室：103 丁 60。

1942 年 12 月 15 日（星期二），课室：103 丁 60。

1942 年 12 月 26 日（星期六），课室：103 丁 60。

1942 年 12 月 28 日（星期一），课室：103 丁 60。

1943 年 1 月 6 日（星期三），课室：103 丁 60。

1943 年 1 月 7 日（星期四），课室：103 丁 60。

1943 年 1 月 13 日（星期三），课室：103 丁 60。

1943 年 1 月 14 日（星期四），课室：103 丁 60。

1943 年 1 月 15 日（星期五），课室：103 丁 60。

1943 年 1 月 16 日（星期六），课室：103 丁 60。

1943 年 1 月 19 日（星期二），课室：103 丁 60。

1943 年 1 月 20 日（星期三），课室：103 丁 60。

1943 年 1 月 21 日（星期四），课室：103 丁 60。

1943 年 1 月 22 日（星期五），课室：103 丁 60。

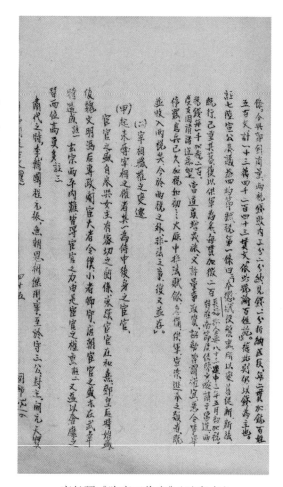

唐长孺《隋唐五代史》（油印本）

由上可知，唐先生在国立蓝田师院讲授《隋唐五代史》一课的准确时间是在 1942 年 9 月至 1943 年 1 月间，即相当于现今高校九月开学后的第一学年。除有三次是在 103 丁 70 课室上课之外，其余的课均在 103 丁 60 课室上，相对固定。但课程安排的时间却没有固定，从星期一至星期六均有，有时一周连续上四次课，有时一周仅上一次课。这不仅表明当年的学校是实行六天作息制，而且表明在抗战期间，兵荒马乱，社会动荡不安，上课时间无法固定。

在这部油印本里，还保留有一些毛笔批注。从字迹看，很像是唐先生本人的笔迹。如果判断无误，那么这部油印本当是唐先生亲自审阅校读过的本子，至为难得。在这批毛笔批注当中，亦有许多真知灼见，如：

在"第二章（三）尚法的文化上（丁）官制"里，在谈及"唐初中书舍人六人，各押尚书省事一行"时，认为这是"沿南朝制"。

在"第二章（八）煊赫的武功下"里，在谈及唐朝的马政时，认为"东汉六厩，三国及晋，以晋之灭东吴，归功于马之多。又北魏之马亦多，太武时有三百万匹，橐驼十万；南朝牧马闽中，低湿不宜。马句川湘，而川属南朝，为时甚短，故马来自荆湘，势力压倒中央亦有由矣（南朝有一生不见马者，嘶贡陈梁。梁时侯景率马队来，政人见而避之）。《隋书·屈突通传》受命陇右牧薄隐马三万匹。唐初马少，得隋马三千匹，突厥送二千。贞观仅五千匹，后以张万岁为太仆少卿，至高宗时有四十万六千马，亟掳自边族。麟德以后，吐蕃扰境，至于仪凤时，魏元忠尚书上疏开放马禁，令民得养马。永隆时，仅夏州一地奏云，每年损马一万五千。开元时马少，命人至六胡州买马，以'空名告身'易之，每匹为一游击将军，至毛仲为闲厩使，马数隐。天宝时有三十三万。禄山乱后，马政全坏，向回纥买马，成为虚事。"

由此可知，这部油印本应是现今所知唐先生在魏晋南北朝隋唐五代史方面的第三种讲稿，也是唐先生在魏晋南北朝隋唐五代史方面撰写的首部讲稿。这部讲稿对于了解和研究唐先生早年治学经历和学术精神具有重要的价值。

一、唐先生早年研治宋辽金元史，从受聘国立蓝田师院时起，开始研治和讲授魏晋南北朝隋唐五代史。他在国师讲授隋唐五代史一课时刚迈入 32 岁，正是年富力强、风华正茂之时。读这部油印本讲稿时，我们可以深切地感受到唐先生治学严谨，踏踏实实，一丝不苟。讲稿中没有空话大话，每一句话的背后都有坚实的史料做基础。正文和注释的篇幅基本对半，在每一节正文之后都附有丰富的注释，真正做到言之有理、论之有据。

二、这部油印本讲稿基本上是使用白话文撰写的，文风朴实，结构严谨，层次分明。全稿共分九章，除第三章和第五章外，第一章目下分四节，第二章目下分八节，第四章、第六章、第八章和第九章目下均设三节，第七章目下分两节。

三、通读讲稿，我们可以感悟到，唐先生在讲授隋唐五代史一课时，正值我国处在抗日战争时期；国难当头，唐先生希望以史为镜，力图找到中华民族壮大、国家统一、政权兴亡的历史原因。

在分析隋朝兴亡的原因时，唐先生指出"隋朝的理财政策，采取一种干涉的态度，以统一政府所建立的中央威权，发展农业，管理民食，调查户口，整饬纲纪，使涓滴归公，以求国力的充实"；"借其充实之国力，迎得降突厥、吐谷浑及獠俚诸族，营建都邑，开凿漕渠，造成煊烂的事业"；而"隋朝君臣皆承周齐之旧，他们毕竟保存着一种腐败因素""文帝死后，这种腐败因素——的暴露出来""隋朝王室之腐化""中枢政府之腐败""战争、巡游、建筑及民生之痛苦"等"民力的浪费"促成了国家大乱，引起"群雄并起"，最后导致隋朝灭亡。

在分析大唐帝国兴亡的原因时，唐先生又从政治、经济、军事、制度、文化等多方面予以探讨。认为大唐帝国之所以兴盛，是因为有"一个值得信赖的政府"，有一套尚法的政治制度，包括一个整齐严密的均田和租庸调制度、一种优良的府兵制、一个健全的选举制度、一个系统的官制，还设有军区以控制外族，边郡充实，有严密的烽堠，有巨量的马匹。"中华民族的盛运如日中天，文化沾溉了整个亚洲，政治制度奠定了以后一千年的政局。""中国在统一的盛运下建设了一个空前的大帝国"，"在七世纪至八世纪时，中国皇帝同时也是整个亚洲的共主（至少十分之七八）与保护者。"中唐以后，随着军事矛盾（军费的扩大、胡人握兵权与节度使的设置、府兵制的破坏）、政治矛盾（选举制度的破坏、俸禄之优厚引动人家得官之念、冗官之多）和社会矛盾（官吏拥有大宗土地、高利贷之普遍、贵族大臣之殖货经商、大土地之兼并）的突显和激化，政府开始脱离民众（皇室日益腐败、科举与门第合流），农民失去土地，最后引起大乱，农民暴动，唐朝灭亡。

四、在本部讲稿中，唐先生还有许多精彩的论述。比如：

唐先生认为隋朝统一政府的再建，意味着中华民族之再度扩大。同时认为，民族的扩大体现在三方面："一曰人种之混合。所以混合者有二：甲为血统上之混合，乙为姓氏上之混合。""二曰文化上之同化。在精神上常为外族之汉化，在表面上亦有汉族之胡化。""三曰疆域之扩展及开发（虽不能复两汉之旧，而远过于三国、西晋。至于内地之开发，则南朝颇为努力）。"

唐先生不仅充分肯定农民暴动的历史功绩，认为推翻腐败的隋政府的原动力"无疑是农民（在中国历史上永远是这样）"，而且也毫不隐晦地指出农民暴动的局限性，认为"农民暴动没有计划，没有将来，他们只是素朴地要求农村小生产制的恢复（一方面没有暴君污吏的诛求，一方面没有大地主的兼并）。在西洋，他们是失败了，因为没有了大地主（西洋中古时期无统一政府），却来了资本家。在中国，他们形式上失败了（因为政权落不到他们手中），然而在精神上却是胜利的（因为在中国那时的工商业不够力量变换这生产关系）。""暴动的农民军根本不了解政治（然赤眉绿林等但称三老祭酒，而黄巢称帝备百官，犹是个不第进士也）。他们没有组织，没有理想，只是顺着情感的冲动胡做。结果自然非失败不可。"

对于唐代贞观之治，唐先生亦有独到的看法，认为"所谓贞观之治，就因为有一个值得信赖的政府"；"贞观年间，从经济上看，并非盛世，而从政治上看，不害为治世"；"中国儒家思想指导君主如何认清他的责任。唐太宗接受了这个指导（一方面也是农民的要求），因此他勤于听政。而当时亲信的大臣，大抵为隋时卑官或平民，故能充分认识农民的痛苦，而尽沟通上下之责。太宗又能尽量的鼓励与容纳直言。因此，水旱之灾与经济状况的凋敝，绝不足摇动人民对于政府的信任。而政府亦尽最大的力量以安抚百姓。"

对于从魏晋到宋人的学术文艺，唐先生作了对比分析，认为"魏晋之学术文艺，当观其创新，观其流变。唐人的学术文艺，则当观其综合，观其法度。宋人的文艺学术，当观其立意，观其标致。单就唐氏一代论之，则开元以前结束了汉末以来的诸种法则，开元以后则替后人并下一条没有人走过的大道"。所以"孔颖达之与韩愈、沈宋之与李杜元白、四杰之与韩柳、颜柳之与欧褚，就等于租庸调制之与两税制、府兵制之与募兵制。这样我们显然的可以体会到政治制度与学术文艺的共同性。"

对于武则天的评价，唐先生认为，"武韦之乱只是胡俗隔日疟的复发，高宗之立武后也是夷狄父死妻其诸母之俗"，"武后是一个机警绝人的女子，一方面受南朝文学的陶冶（故好诗赋），一方面有政治的热情（故力谋为政治活动），但是具备了一个北朝骄怒犷悍的性格"。"自永徽六年至太平公主之诛，共计五十七年，始把北魏女主擅权的风气一扫而空。此后唯辽之睿知萧后、清之孝钦那拉后可与武韦相比，则皆胡人也。采之章献明肃、宣仁圣烈两太后，虽亦执朝政，而皆委政宰相，曷尝如此放恣。太平、安乐之专权，可与成吉思汗之女阿姬别乞相比，余无其例。""女主擅政，并非定是胡俗，然武、韦、太平、安乐则皆是胡式的女主（如此魏胡后，试一对比，即知）。赵翼颇称武后之才，近人更有为武后翻案者，但不知武后做的哪一件是好事。""在此期内尤有一事堪注意者，则奉佛之靡费也。武后造大像，构天堂，所费以万亿计。""近人盛夸唐代佛教具有沟通中西文化之功，不知社会经济之耗费若是，才传了一点雕塑绘画之术（佛家哲学之传播与朝廷供奉之关系不深），是否值得（后人讥韩昌黎辟佛，为但见其粗迹，难道唐宪宗能见到精处，而且当时人之信佛，何尝理会佛家妙理）。"

以上这些精辟论述，对于我们研治隋唐五代史具有指导意义。

总之，通读本部讲稿，我们不仅能感受到唐先生当年讲课时所抒发的爱国情怀和强烈的民族自豪感，而且能深切地体会到唐先生在治学方面所具有的求真、务实、严谨的学风，拥有的独立思考的学术精神。

注释：

[1] 参见朱雷师撰写《前言》，载唐长孺著、朱雷 唐刚卯选编《唐长孺文存》，上海：上海古籍出版社，2006年12月第1版。

[2]《唐长孺文集·前言》，北京：中华书局，2011年4月，第1页。

[3] 参见朱雷师撰写《前言》，载唐长孺著、朱雷 唐刚卯选编《唐长孺文存》，上海：上海古籍出版社，2006年12月第1版。

[4]《唐长孺文集·前言》，北京：中华书局，2011年4月。唐长孺先生在《山居存稿·跋语》中写道："我早年治辽、金、元史。……在治学过程中，我深感到自己缺乏治辽、金、元史必要的古少数族语言及外国语基础，很难深入研究。至40年代中期，由于教学需要，专业转向了魏晋南北朝隋唐史，此后再也没有重理旧业。"（北京：中华书局，1989年7月第1版，第595页）

[5] 见《魏晋南北朝隋唐史讲义》（大学用书），北京：中华书局，2012年11月；后收进《唐长孺文集·讲义三种》（北京：中华书局，2011年4月）。

[6] 见冻国栋《唐长孺先生史学论著未刊稿叙录（一）——附说：唐先生早年未刊稿所见的治学理路与方法》，载《魏晋南北朝隋唐史资料——唐长孺教授逝世十周年纪念专辑》（第二十一辑），武汉：武汉大学文科学报编辑部编辑出版，2004年12月，第147页。

[7] 见冻国栋《唐长孺先生史学论著未刊稿叙录（一）——附说：唐先生早年未刊稿所见的治学理路与方法》，载《魏晋南北朝隋唐史资料——唐长孺教授逝世十周年纪念专辑》（第二十一辑），武汉：武汉大学文科学报编辑部编辑出版，2004年12月，第141~144页。

[8]《新编万年历》（重编本），北京：科学普及出版社，1990年9月第1版，第207~208页。

（原刊广州市文化广电新闻出版局、广州市文物博物馆学会编：《广州文博》柒，北京：文物出版社，2014年8月第1版，第167~174页）

读唐长孺先生《中国近古史上卷宋辽金元史》油印本讲义稿残本

　　唐长孺先生是我国著名史学大师，早年研治辽金元史，后来研究重心转为魏晋南北朝隋唐史诸领域。唐先生早年研治辽金元史时所发表的学术论文，后被弟子们收集到 2011 年中华书局出版的《唐长孺文集》一书中。而有关唐先生讲授宋辽金元史方面的讲义，我们始终未见有公开出版过。庆幸的是，2013 年我从旧书网上竟买到一册讲义稿残本，应该是用蜡纸刻写并用红色油墨印制的一册油印本。讲义稿横 21.8 厘米，纵 29.2 厘米，每两面为一页。讲义稿残本共收录有两部分内容。第一部分内容是唐长孺先生在湖南蓝田国立师范学院史地系任教时于 1942 年 9 月至 1943 年 1 月讲授《隋唐五代史》一课的讲义。[1] 第二部分内容是唐长孺先生在湖南蓝田国立师范学院史地系任教时于 1943 年 3 月起讲授《中国近古史上卷宋辽金元史》一课时的讲义稿残本，该部分残存 34 页，共计 68 面。残本中，每页正中骑缝处均刻有"唐"字，与油印本第一部分《隋唐五代史》讲义稿的做法一致。这表明第二部分的授课老师也是唐长孺先生。

　　此外，残本中，每页正中骑缝处，还刻写有"国师 32 三 16，232P50（或 45）"等类似的文字。据统计，本部分共刻写有下列不同文字：

　　国师 32 三 16，232P50　国师 32 三 17，232P50　国师 32 三 18，232P50　国师 32 三 25，232P45　国师 32 三 31，232P45　国师 32 四 7，232P45　国师 32 四 9，232P45　国师 32 四 14，232P45　国师 32 四 15，232P45　国师 32 四 22，232P45　国师 32 四 23，232P45　国师 32 四 26，232P45　国师 32 五 2，232P45　国师 32 五 6，232P45　国师 32 五 12，232P45　国师 32 五 14，232P45　国师 32 五 19，232P45　国师 32 五 22，232P45　国师 32 五 24，232P45　国师 32 五 25，232P45　国师 32 五 27，232P45　国师 32 五 28，232P45　国师 32 六 12，232P45　国师 32 六月 18，232P45

　　上述文字有特别含义。我在《读新发现国立蓝田师院〈隋唐五代史〉油印本讲稿论唐长孺先生早年学术精神》一文中指出，"国师"是"国立蓝田师院"的简称，"32"是指民国 32 年，即 1943 年。[2] 因此可见，上述所刻写文字中的"三""四""五""六"分别是指 3 月、4 月、5 月、6 月，"16""17""18""25""31"等数字是指日期，"232P50""232P45"是指讲课的课室。因此，依据《新编万年历》[3]，上述文字可换成日期如下：

1943 年 3 月 16 日（星期二），课室：232P50。

1943 年 3 月 17 日（星期三），课室：232P50。

1943 年 3 月 18 日（星期四），课室：232P50。

1943 年 3 月 25 日（星期四），课室：232P45。

1943 年 3 月 31 日（星期三），课室：232P45。

1943 年 4 月 7 日（星期三），课室：232P45。

1943 年 4 月 9 日（星期五），课室：232P45。

1943 年 4 月 14 日（星期三），课室：232P45。

1943 年 4 月 15 日（星期四），课室：232P45。

1943 年 4 月 22 日（星期四），课室：232P45。

1943 年 4 月 23 日（星期五），课室：232P45。

1943 年 4 月 26 日（星期一），课室：232P45。

1943 年 5 月 2 日（星期日），课室：232P45。

1943 年 5 月 6 日（星期四），课室：232P45。

1943 年 5 月 12 日（星期三），课室：232P45。

1943 年 5 月 14 日（星期五），课室：232P45。

1943 年 5 月 19 日（星期三），课室：232P45。

1943 年 5 月 22 日（星期六），课室：232P45。

1943 年 5 月 24 日（星期一），课室：232P45。

1943 年 5 月 25 日（星期二），课室：232P45。

1943 年 5 月 27 日（星期四），课室：232P45。

1943 年 5 月 28 日（星期五），课室：232P45。

1943 年 6 月 12 日（星期六），课室：232P45。

1943 年 6 月 18 日（星期五），课室：232P45。

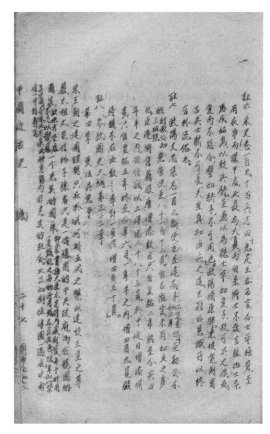

唐长孺《宋辽金元史》（油印本）

由上可知，唐长孺先生在湖南国立蓝田师院讲授《中国近古史上卷宋辽金元史》一课时的开课时间是从 1943 年 3 月 16 日开始的；何时结束课程，因残本后半部分缺失，我们暂时无法知道。根据上述内容，我们还可知道，唐先生除安排了三堂课是在 232P50 课室讲授外，其余的课程是安排在232P45 课室讲授的，讲课课室相对固定，但上课时间没有固定，从星期一至星期六均有安排，有时一周连续上三堂课，有时一周仅上一堂课。这些现象除说明当年学校是实行六天作息制外，还表明抗战期间，因社会动荡不安，上课时间无法固定。

在本册讲义稿第二部分，正文首页首句写有"中国近古史上卷宋辽金元史（九六〇至一三六八）"字样，表明本部分讲述的内容是宋辽金元史。

《中国近古史上卷宋辽金元史》油印讲义稿残本仅存四章，除第四章残缺不完整外，前三章的内容完整无缺。具体章目如下：

从讲义稿残本可知，唐长孺先生在讲授宋辽金元史时，注重以下几点学术方法。

一、注重比较。唐先生在讲述宋朝历史时，注意比较宋朝历史与唐五代历史的差异，将唐朝看成大唐帝国，宋朝比作新王朝，宋朝制度比作新体制。

比如，在讲述宋朝中央集权再度加强时，他认为"宋初惩唐五代之弊，外收地方权归之中央，内收大臣权，散之使职，而又有严密之监察制度以防专擅，于是天子独尊于上。"具体表现有：在兵权方面，实施"杯酒释兵权"，集中兵权；在官僚体制上，沿袭五代的做法，"五代朝政不举，胡乱地分裂职权，宋初更有意加以分割，于是益形紊乱。隋唐把南北朝错综复杂的官名，加以整齐，宋初却变本加厉的加以淆乱，此亦是自私的惰性政策之一端"。在监察制度方面，实施更加严密的监察网，"宋朝在名义上还是沿唐之旧，但别立谏院，谏官皆须别降勅，许赴谏职，始能谏诤，其他官吏只须带'知谏院'一衔，亦为谏官"。"如此层层束缚，重重钳制，天子的耳目遍及内外，织在一副严密的监察网"。

在讲述宋朝智识分子政策时，他提到"养兵养士，是新王朝藉以巩固国基的手段，消极的养兵以弭患（而非养兵以制敌），积极的则养士以自助，所以大开门户欢迎智识分子参加政治"。他指出，宋王室联络智识分子的政策包括改进科举制度（含严密考试规例、增加录取名额、得官较易等内容）、增加俸禄、荫任之滥等，结果导致"官愈多，任子亦愈多，因果相生，成为政治上一个大弊端"。

二、注重考察宋朝历史发展的外部环境和内部环境。

在讲述新王朝阴暗面时，既谈到外部环境对宋朝的影响，从宋辽之间的关系到宋与西夏之间关系，再到宋辽西夏三者之间的关系，这些关系直接影响宋朝历史。同时也谈到宋朝内部环境对宋朝的影响，认为"宋朝的基本政策，只是把握天下之财以养兵、养士、养夷狄"。宋朝政府的税收固然增多，但是支出亦逐年增大。支出加增的原因之一是冗兵。"宋朝自始即以养兵为消弭祸乱的政策，故一遇水旱之灾，即藉招募为救荒，以免民饥盗起。而又以契丹、西夏的关系，边事稍紧，又非增兵不可，故自西夏事起，而兵额增至一百廿五万九千"。"军费之巨约占岁入半数之上（在战时更不止此数）"，"国家兵费虽巨，而兵却不可用，平时既少训练，唯事惰游。一遇战争，望敌先遁。国家廪给虽丰，而视兵士之地位甚低，又加以将帅之侵刻，故生活亦苦"。支出加增之原因之二是冗官。"其后兵愈多，官愈多，夷狄愈骄，而税亦日重，国乃愈穷"。

三、注重把握宋朝历史发展特点。

唐先生认为"宋王朝之建国理想，只在于如何矫五代之弊，以建设王室之尊严，太祖太宗传给子孙者只是一个稳固的中央政府，而非稳固的国家（故地方空虚不足以御寇），一个充实的国库。此种意态而非充实的社会。此正如倒植浮图，一遇风吹雨打就觉得禁受不起。西夏战争正是一阵风雨，吹动了这一个浮图。此时人心浮动，国库空虚"。正是此特点，宋朝虽经几次变法，亦无法强大起来。

在本部分中，保留有一些毛笔批注。从字迹看，像是唐先生本人的笔迹。这批毛笔批注，亦有一些新见解，如：

宋建国基础在小中地主，此辈苟且偷生，无眼光，故宋一代规模不大。宋代传统政策有三：（1）握兵权于皇帝手中，削州郡军队而以禁军代之。（2）用养兵以弭叛乱：汉时兵农不分，唐时以均田制而寓兵于农，宋则以养兵"收天下犷悍之民以卫良民"。（3）内重外轻：太祖时有禁军廿万，而半驻京师。

宋帝有遗传的神经病。廷美元佑真宗仁宗，均曾发神经病。真宗复寇准为相，后发疯，语无伦次。仁宗发狂尤厉害。北宋皇族亦及神经病。南宋诸帝患神经病者少。光宗，人称为疯皇。其子宁宗甚痴愚。宋朝新皇每于继位之初，必入太庙，堂上有一石碑，为太祖所置，上覆黄袍，新帝跪在碑前，由一不识字之小黄门宦官，揭去黄袍，帝颂其词后复覆之（他人皆退去）。据云上刊三语，（一）不杀柴氏子孙，（二）不杀谏官，（三）不杀大臣。

总之，《中国近古史上卷宋辽金元史》油印讲义稿虽仅存残卷，但弥足珍贵，是一份珍贵的学术遗产。它对于了解唐长孺先生早年研治辽金元史的学术思路及其学术历程有重要的学术价值，一些学术观点对于今人亦有重要启发意义。

注释：

[1] 拙文《读新发现国立蓝田师院〈隋唐五代史〉油印本讲稿论唐长孺先生早年学术精神》，载广州市文化广电新闻出版局、广州市文物博物馆学会编：《广州文博（柒）》，北京：文物出版社，2014年8月第1版，第167~174页。

[2] 同上。

[3] 《新编万年历》（重编本），北京：科学普及出版社，1990年9月第1版，第208页。

（原刊广州市文化广电新闻出版局、广州市文物博物馆学会编：《广州文博（捌）》，北京：文物出版社，2015年8月第1版，第140~145页）

唐长孺先生的一则未刊批注

唐长孺（1911—1994年），江苏吴江人，曾兼任国务院古籍整理出版规划小组成员、国家文物局古文献研究室主任。"他学识渊博，精通文、史，于魏晋南北朝隋唐史、古籍整理、敦煌吐鲁番文书整理与研究等领域皆有卓越贡献，被海内外学术界公认为二十世纪杰出的史学大家之一。"（《唐长孺文集·前言》中华书局2011年版）

2018年12月15日，在中山大学历史学系举办《姜伯勤文集》编纂研讨会期间，笔者陪同老师朱雷先生、师母田苏华女士参观广州图书馆。在该馆九楼"人文馆"朱雷教授赠书专区前，朱先生告诉笔者中华书局1974年6月出版的标点本北齐魏收撰《魏书》第一册里有唐长孺先生用铅笔书写的一则未刊批注。

朱先生记忆力极好，很快找到《魏书》，并为笔者翻到《魏书》卷七下《高祖纪第七下》第173页。这里有一段记载：

> （太和十七年）冬十月戊寅朔，幸金墉城。诏徵司空穆亮与尚书李冲、将作大匠董爵经始洛京。

唐先生用铅笔将该处"董爵"二字之"爵"字圈上，并在页脚空白处从右往左写下批注一则：

> 本书《蒋少游传》作"尔"，《天象志》作"遹"。《北史·蒋少游传》《册府》十三、《通鉴》一三八并作"爾"。三字为同音假借，实为一字。此处疑误。

经比照唐先生手迹，可确定这则批注是唐

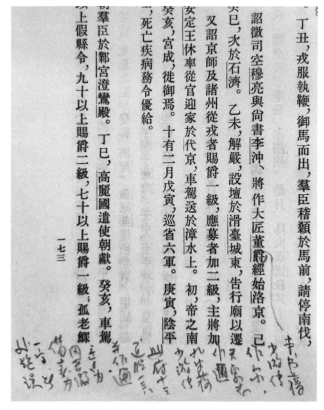

图一

先生手书。《魏书》与《周书》《北齐书》《北史》等北朝四史，均由唐先生主持点校。"唐长孺自 20 世纪 60 年代开始主持二十四史中北朝四史的点校，被誉为'整理二十四史的功臣'，北朝四史出版后，被公认为'古籍整理的优秀成果和范本'。他撰写或审定的北朝四史'校勘记'，是校勘与研究的有机结合，研究者受此启发，引发出许多新的成果。"（牟发松《唐长孺：唯物史观与实证研究的完美结合》，载《中国社会科学报》2021 年 6 月 29 日第 6 版）

根据唐先生的这条批注，笔者查到《魏书》卷九十一《蒋少游列传》第 1971 页的记载：

> 少游又为太极立模范，与董尒、王遇等参建之，皆未成而卒。

而《魏书·天象志四》第 2427 页却记载：

> （太和十七年）冬十月，诏司空穆亮、将作董迩缮洛阳宫室，明年而徙都之。于是更服色，殊徽号，文物大备，得南宫之应焉。

唐朝李延寿撰《北史》卷九十《蒋少游传》（中华书局标点本 1974 年 10 月第 1 版）第 2984 页记载：

> 少游又为太极立模范，与董尔、王遇等参建之，皆未成而卒。

又中华书局标点本《资治通鉴》卷一百三十八"齐纪·武帝永明十一年（四九三）"条第 4341 页记载：

> 冬，十月戊寅朔，魏主如金墉城，征穆亮，征穆亮于关右。使与尚书李冲、将作大匠董尔经营洛都。"董尔"，《北史》作"董爵"。己卯，如河南城。

北宋王钦若等编《册府元龟》卷一三"帝王部·都邑一"（中华书局，1960 年 6 月第 1 版，1982 年 11 月北京第 2 次印刷，第 148 页）记载：

> （太和十七年）十月，戊寅，幸金墉城，诏征司空穆亮与尚书李冲、将作大匠董尔经始雒京。

唐先生的这条批注明确指出，上述记载中的"尒""迩""爾"三字为同音假借，实为一字，而《魏书》卷七下《高祖纪第七下》所记"爵"字应误。

建设洛阳和迁都洛阳，是北魏孝文帝推行汉化和摆脱鲜卑旧势力影响的一件大事。长期以来，学者们在引用《魏书》卷七下《高祖纪第七下》"太和十七年冬十月"的这条记载时，却径直引用"董爵"二字，并未察觉"爵"字是错误的。

唐先生生于 1911 年旧历六月初九。按公历，今年的 7 月 18 日是唐先生 110 周年诞辰纪念日。今披露广州图书馆珍藏唐先生的这则未刊批注，既是为了引起学界关注，更是为了缅怀这位可亲可敬的一代宗师和史学家。

图二　1995年9月武汉大学召开中国唐史学会第六届年会期间，部分与会专家学者前往唐先生墓地扫墓。唐先生的墓志铭由启功先生书写

（原刊"文物之声"2021年7月18日）

附记：

拙稿刊发后，2021年7月18日中华书局张忱石先生微信告诉我点校二十四史时的一些工作情况：

根据中华人民共和国教育部（63）教二蒋旭字第1148号《借调教师来京校点〈二十四史〉》文件，武汉大学负责项目《魏书》《北齐书》《周书》《北史》，借调人员是唐长孺，要求1963年内完成《北齐书》《周书》，1964年内完成《魏书》《北史》。

当时分配山东大学王仲荦等负责《宋书》《南齐书》《梁书》《陈书》《南史》等南朝五史，武汉大学唐长孺负责《魏书》《北齐书》《周书》《北史》等北朝四史。具体工作中，唐先生带了助手陈仲安来北京。通过《北齐书》《周书》的整理，陈先生熟悉了古籍整理中如何选择版本、如何写校记、标点等诸问题。到1971年7月再次整理时，唐先生单独点校《魏书》，陈先生单独点校《北史》。唐先生完成《魏书》点校工作后，帮助整理《晋书》载记三十卷。当然，他们二人住里外间，工作、住宿在一起，工作中交流商议肯定有的。

从容庚藏帖题记谈容先生的学术精神

　　容庚先生（1894—1983 年）原名肇庚，字希白，号颂斋，广东东莞人，我国著名古文字学家、考古学家、书法篆刻家、书画鉴藏家和收藏家，中山大学教授。

　　帖学研究在容先生的学术生涯中，占有相当大的比重，但知之者不多。容先生从 20 世纪 30 年代初即开始研究帖学。据《丛帖目·自序》介绍，容先生于 1931 年编成《鸣野山房帖目校补》一卷；1941 年后，至北京观复斋、富华阁、翠墨斋，观摩丛帖，编目，五年间得编丛帖目 159 种，撰《法帖提要》，得 512 种；南归广州后，1949 年重理旧稿；1953 年复至北京，收得丛帖百余种；后又往来杭州、上海、苏州、北京、山西、武昌各地，续有购藏，共得 220 余种。他历时 30 余年，著成百万余言之《丛帖目》。该书因资料丰富、考证精审、编次明晰而成为帖学研究史上的空前巨著。1979 年 10 月容庚的藏帖入藏广州博物馆。

　　1987 年，我就读于中山大学历史系，攻读硕士学位。期间，曾拜读过容先生的部分学术论著，并深深感受到他的学术功力之深厚。毕业后，因工作原因，我能得以更加深入地了解了容先生的人格魅力和高贵品质，他将毕生研究和珍藏的商周青铜器全部捐赠给了广州博物馆。这一义举更引发我认真学习容先生的学术论著并探讨其学术精神。20 世纪 80 年代香港中华书局先后出版容先生编撰的《丛帖目》一至四册，我便用微薄的工资托人买下了这套书，作为必读之珍藏。

　　正是有这些因缘关系，在广州博物馆工作的 25 个春秋里，我一直对容庚先生的藏帖情有独钟。在研读的过程中，我读到了容先生的一些遗存题记，主要包括丛帖题名、批注校注、集录前人题跋和容先生本人题跋等内容。这些题记既不见于《丛帖目》，也不见于容先生的任何著作，属于容先生的工作记录和研究心得，我作了初步整理，以为《丛帖目》作补遗。

　　这些遗存题记虽然不多，但读后足以让人感动，使人深切地体会到容先生一丝不苟、治学严谨的学术精神。通过题记，我们可以感受到容先生的治学方法具有以下特点。

一、注重广泛收集第一手材料

　　容先生在帖学研究方面的一个鲜明特点，就是注重广泛收集丛帖等第一手资料。他一方面花钱购买，另一方面也有同学、朋友赠送给他。如《铜龙馆帖》为启功先生赠送，《宝翰斋国朝书法十六卷》为史庶青同学赠送（图一），《石刻零拾》为马衡先生赠送。他还会到某些机构和藏家那里去借阅第一手资料。从开始研究到终成正果，他前后花费了 30 余年的时间。这一点，我们还可从遗存题记中获得认识。

现存最早的题记见于《金石奇文》，写于 1934 年 1 月：

　　因宜堂帖一册，因有石鼓文考释，以一元五角购于九经阁。廿三年一月。容庚记。（图二）

最晚的见于 1965 年 9 月。容先生在《昭代名翰残本》上写道：

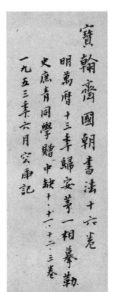

图一　　　　　　　　　图二

　　昭代名翰残本
　　卷一　宋濂　沈度　祝允明　丰坊
　　卷二　原作卷四　文征明　王宠
　　卷三　彭年　俞允文　文嘉　周天球　蔡羽　董其昌
　　附　都穆　徐祯卿　徐霖　文彭　詹景凤
　　聚奎堂析出分为五册
　　晋唐法书一册　宋四家书一册　容庚记　一九六五年九月（图三）

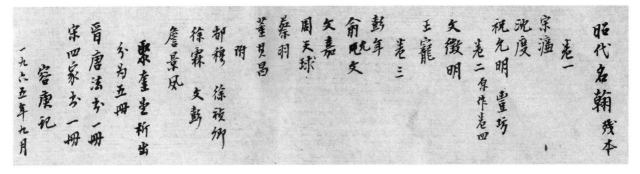

图三

《昭代名翰残本》虽然未收进《丛帖目》，但容先生也作了深入研究，并写下了上一段题记。

遗存题记中保存了不同年代写的题记，反映出容先生收集和研究丛帖，锲而不舍。

　　清爱堂钟鼎彝器款识法帖　廿四年八月　容庚题
　　端州石室记　廿四年十月　容庚题
　　汉营陵置社碑　廿四年十月装　乃伪刻　容庚记
　　鲁峻碑　廿五年春
　　石刻零拾　廿五年夏　容庚题

孟孝琚碑　光绪廿七年初出土　拓本民国廿五年装

宋河南穆府君墓表　廿八年四月　容庚题（图四）

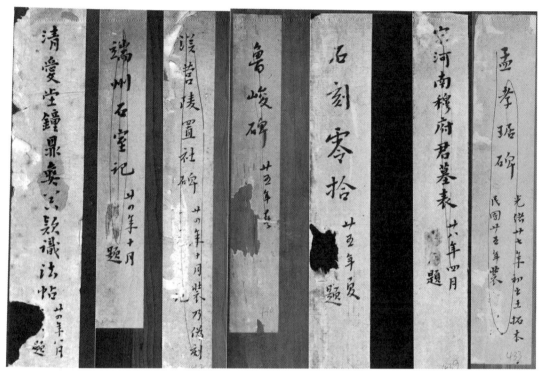

图四

月虹馆法书　一九五三年六月容庚

崇兰馆帖　一九五三年六月容庚

清爱堂（石刻四卷　墨刻二卷）一九五三年六月容庚

穰梨馆历代名人法书　一九五三年六月容庚题

快霁楼法帖　一九五三年六月容庚

观海堂苏帖　一九五三年六月　容庚

吴郡名贤像赞　一九五三年七月容庚题

予宁堂法书　一九五三年七月容庚

望云楼集帖十八册　一九五三年八月容庚题

太虚斋法帖　一九五三年八月容庚题

绿豁山庄法帖　一九五三年八月容庚题（图五）

朴园藏帖　一九五三年八月容庚题

职思堂法帖　一九五三年八月容庚题

落纸云烟帖　一九五三年九月容庚题

红豆山斋法帖　一九五三年九月容庚题

玉烟堂法帖卷十五　容庚记　一九五三年九月三日

图五

古宝贤堂法书　　一九五三年容庚
高义园世宝　　一九五三年容庚题（图六）
攀云阁临汉碑十六册　　一九六二年颂斋
酣古堂法书　　颂斋
姑孰帖苏东坡书　　□斋
海宁陈氏藏真帖　　颂斋
三希堂法帖　　颂斋藏

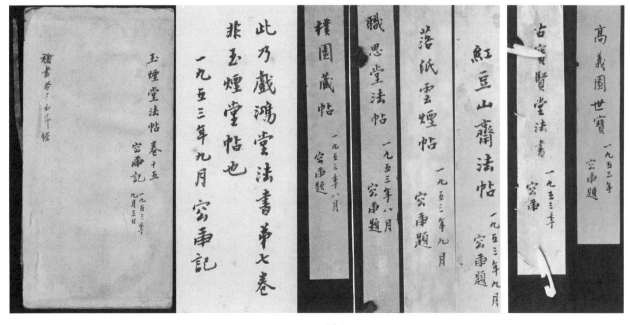

图六

黄文节公法书石刻　颂斋

萤照堂明代法书上函　容庚　萤照堂明代法书下函　容庚

翰香馆法书上函　容庚　翰香馆法书下函　容庚

焦山兰亭帖五种　□斋（图七）

图七

二、考证缜密，比对细心，去粗存精，取舍得当

容先生对每一份丛帖都作过精心细致的研究。如对《明拓大观帖天瑞六》"历代名臣法帖第六"进行缜密考证后，认为"此卷当是据宝贤堂集古法帖重刻，与原本全不相似。"（图八）又如对清爱堂款识是木刻还是石刻的问题，容先生通过仔细辨认后，于1939年4月写道："陈介祺与王懿荣书云：清爱堂款识乃木刻，至精，汀工年少者为之。余初误以为石刻，故记于此。"（图九）

1932年燕京大学以400元购得《襄冲斋石刻》原石，但无目录，次序零乱。容先生对其精心研究，细心

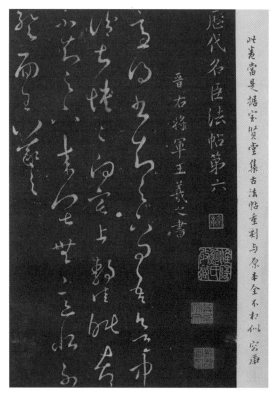

图八

图九

梳理后，编成目次如下：

第一册　赵孟頫　圣主得贤臣颂　老子道经

第二册　不自弃文　陋室铭

第三册　了义经序　画锦堂记

第四册　手简四种（与万户相公　彦叔老姪　南谷真人）赠张彦古诗

第五册　董其昌临钟王帖

第六册　临唐人帖

第七册　临怀素自叙

第八册　临晋唐宋人杂帖　附潘奕雋钱泳破山寺诗

第九册　书张说逍遥谷记　唐人七律二首

第十册　书升天行　李白诗

第十一册　书陶潜李白王昌龄三家诗　书欧阳修醉翁亭记

第十二册　书灵光偈　梅花诗

右褒冲斋帖赵书四册、董书八册，嘉庆廿五年三月钱泳为斌良模勒上石。民国廿一年归于燕京大学。原无目录，装册次第零乱，无法整理，兹得见写经楼金石目，遂写定如右。廿八年五月。容庚。（图十、十一）

1953年容先生至北京，收得一批丛帖，并作缜密考证。如《淳化阁帖卷十残本》，容先生1953年得于北京，经数年考订，至1961年7月，他写道："此乃宋淳熙十二年修内司翻刻本"（图十二）。在考订《玉烟堂帖》卷十七后，1953年9月记下："此乃戏鸿堂法书第七卷，非玉烟堂帖也"；在考订卷十九"徐浩书"后，认为："此乃戏鸿堂本"。

《聚奎堂集晋唐宋元明名翰真迹五卷》乃由清人掇拾明人所刻丛帖残石而成，加刻目录于前，挖去原石帖名。容先生所藏拓本有十册，较聚奎堂目多出一半以上。容先生经过研究、比对后，认为当中

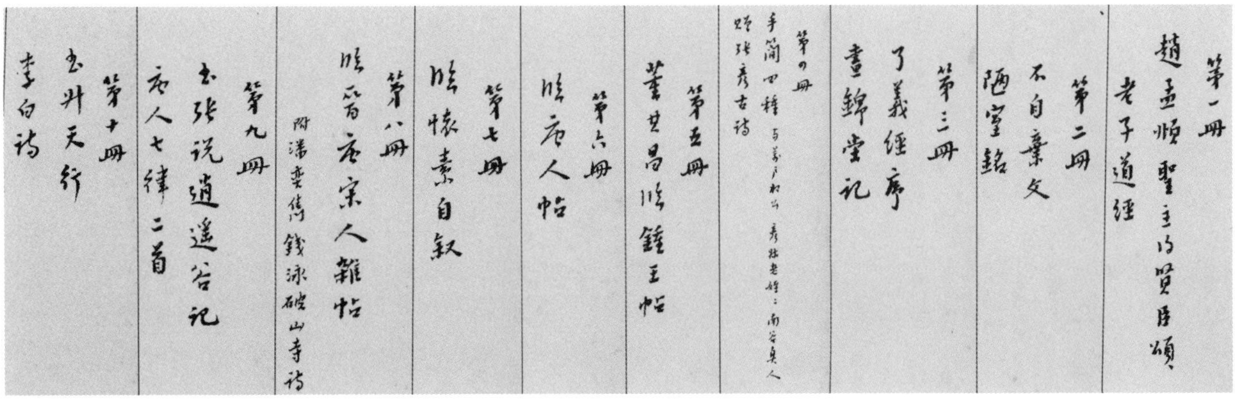

图十

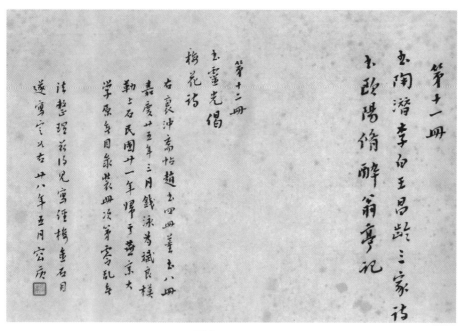

图十一

图十二

有郁冈斋墨妙第一、昭代（指明代）名翰卷四两帖名，或即唐氏所辑镜石堂藏帖。遗存题记中保留了一页容先生的考订结论：

一册　晋一　《聚奎堂集晋唐宋元明名翰真迹》目录（此目应接下半册王逸少书，不宜冠晋唐小字帖）晋唐小字卷第一至遗教经（此宜别为一帖，不当杂聚奎堂帖内装）会稽内史王逸少书至王操之十月十七帖（宜上接聚奎堂目录，下接二册王徽之书）

二册　晋二　王右军十七帖（此宜别为一帖，不宜冠王徽之等书前）十七帖译文（弟三叶成都城池当下接门屋楼观叶，中隔宋濂跋一叶，宜撤出，另装于氏跋后）王徽之书至廿九日帖（此下缺玄度何来及忽动两帖）

三册　唐一　褚河南书五言诗（前缺薛十八侍中山河家姪三帖）褚临玉版兰亭（此宜在晋唐小字帖中）虞永兴和帝京篇状（后缺大运、去月、贤兄三帖）欧渤海颜鲁公帖至怀素帖（无误）

四册　宋一　苏东坡书醉翁操至至孝奉议帖（此当在郁冈帖中，聚奎目所列东坡三帖并缺，当觅补）黄太史书（此是聚奎帖，宜上接三册装）琅嬛帖至米南宫书（并宜在郁冈帖内，不宜接沈叡达帖）

五册　宋二　米书李伯时画跋（郁冈帖）右军辞世帖至率更帖跋（宜上接四册沈叡达帖装，缺葛德忱帖）进呈事件至重九会郡楼（并郁冈斋帖）蔡书十月廿三日门帖（宜接上米跋率更帖后）至和十年书移镇帖（并郁冈斋帖）休豫帖（宜上接习门帖）

六册　元一　无误缺

七册　明一　解学士至沈度玉堂帖，是沈钦惟帖（当在昭代名翰内）吴世延太守祝京兆帖至贤契帖（宜上接玉堂帖装）赵帖跋至文征明滕王阁序（昭代名翰内帖）后赤壁赋至董书戊戌重九

帖（上接贤契帖，下接李文正篆字）明末书燕然山铭（昭代名翰）

　　八册　明二　秣陵帖（昭代名翰帖）李文正篆字至徐霖仙书（是聚奎帖，终于此帖，明代次第无误）

　　九册　明三　皆昭代名翰帖（十二册）余卞至江褒（此宜是晋唐帖后跋，误装于明人书后，今不可考）蔡翰林帖（昭代名翰）郁冈斋墨妙（此郁冈斋帖首叶，宜抽出别装）丰考功书（昭代名翰）少卿李公至末（此是李学使帖跋，宜移接八册篆字后）宋文宪书（昭代名翰）

　　十册　明四　皆昭代名翰（内文征明帖，前有昭代名翰卷四一行，则必有前三卷矣，今无可考）

　　此帖宜析为五帖，每帖首叶以两墨规识之（五帖惟十七帖全，余皆有所缺）（图十三）

在考订《兰亭十二种》时，容先生不仅收集到了吴让之题跋（图十四），而且将其收进《丛帖目》，还收集到钟毓麟题跋（图十五），但钟题跋未收进《丛帖目》。

容先生藏帖中，还有一部分属于"零种一卷者"。这部分藏帖虽未被收进《丛帖目》，但容先生依然做了缜密考证。如《唐李翰林酒楼记》，容先生在帖尾写下这样一段话（图十六）：

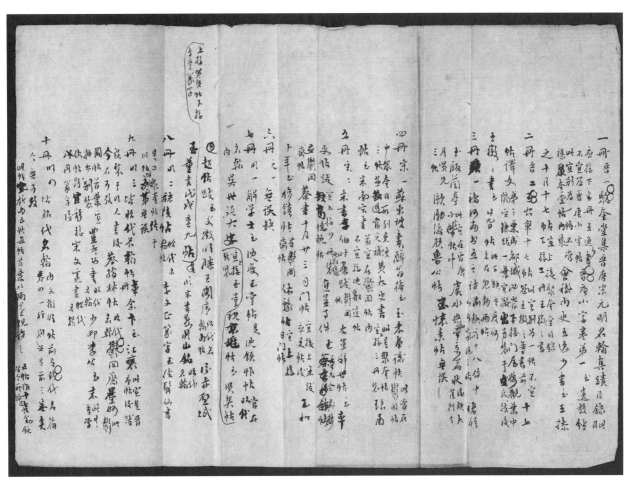

图十三

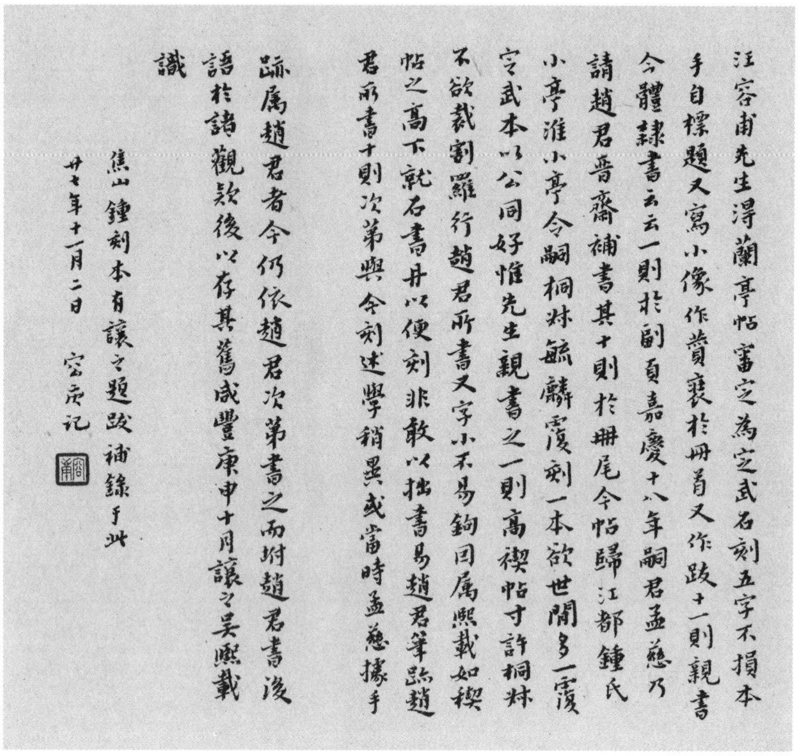
汪容甫先生得蘭亭帖富定為定武石刻五字不損本
手自標題又寫小像作贊裦於册首又作跋十一則親書
今體隸書云云一則於副頁嘉慶十八年嗣君孟慈乃
請趙君晉齋補書其十則於册尾今帖歸江都鍾氏
小亭淮小亭令嗣桐林毓麟復刻一本欲世間多一復
定武本以公同好惟先生親書之一則高褉帖寸許桐林
不欲截割羅行趙君所書又字小不易鈎同屬熙載如褉
帖之高下就石書丹以便刻非敢以拙書易趙君筆跡趙
君所書十則次第與今刻述學稍異或當時孟慈據手
跡屬趙君者今仍依趙君次第書之而附趙君書後
語於諸觀款後以存其舊咸豐庚申十月讓之吳熙載
識
焦山鍾刻本有讓之題跋補錄于此
廿七年十一月二日　容庚記

图十四

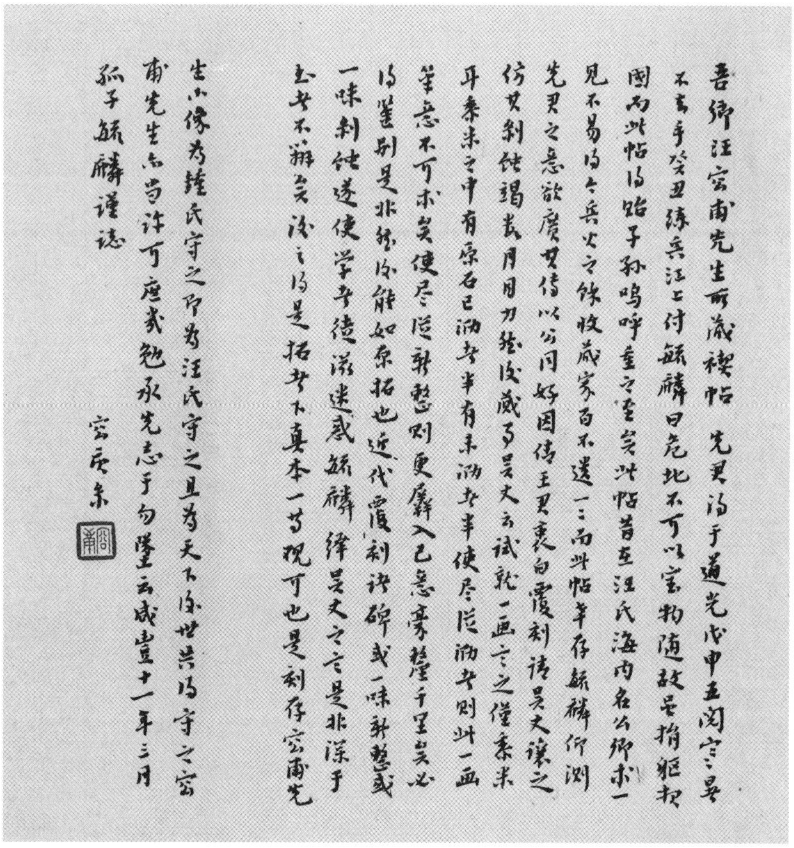
吾鄉汪容甫先生所藏褉帖　先君得于道光戊申孟冬容甫
不喜手癸丑殘兵江上付毓麟曰危地不可以寶物隨故居狷犯
國而此帖得賠子孫嗚呼壹之宝矣此帖昔在汪氏海内名公卿求一
見不易得今兵火之餘收藏家百不遺一二而此帖幸存毓麟仰測
先君之意欲廣其傳以公同好因傳王君冕白霞刻諸吳丈讓之
仿其刻鈍謁歲月用力愈深威多吳丈云試就一画言之僅黍米
耳黍米之中有原石已泐者半有未泐者半使盡從泐者則此一画
筆意不可求矣使盡從新整則更羼入己意豪釐千里矣必
得鑒別是非然後能如原拓也近代霞刻諸碑或一味新整或
一味剝蝕遂使學者徒滋迷惑毓麟繹吳丈之言是非深于
書者不能矣讀之得是拓者下真本一等視可也是刻存容甫先
生小像為鍾氏守之即為汪氏守之且為天下后世共得守之容
甫先生亦當許可庶幾勉承先志于勿墜云咸豐十一年三月
孤子毓麟謹誌
容庚案

图十五

右元杨桓篆书唐沈光李白酒楼记碑共四面，面高五尺，广一尺四寸，文六行，行十八字，共廿四行，在济宁州太白楼上。《金石存》著录，仅缺一字。此缺十八字。然传本甚少，故亟收之。后得一本，视此略胜。吴玉搢谓置之与隶猥杂之地，无人获持。今又距此拓本数十年，又不知泐蚀何状矣。廿九年夏。容庚记。

又如《明拓碧落碑》，容先生经细心校对，对其中的一页做了如下批注（图十七）：

此下五字乃在言字之上：宛若前踪瞻言景行。

他还在帖尾留下了两段题记，一段题记写于1934年：

民国廿又三年，容庚校读一过，择补所藏本四十字，惜此本字口，每为墨掩，有不若新拓之清晰也。

另一段题记写于1949年11月10日：

一九四九年十一月十日据此本校补《金石萃编》二十字，明日为庆祝广州解放及纪念十月革命举行大巡

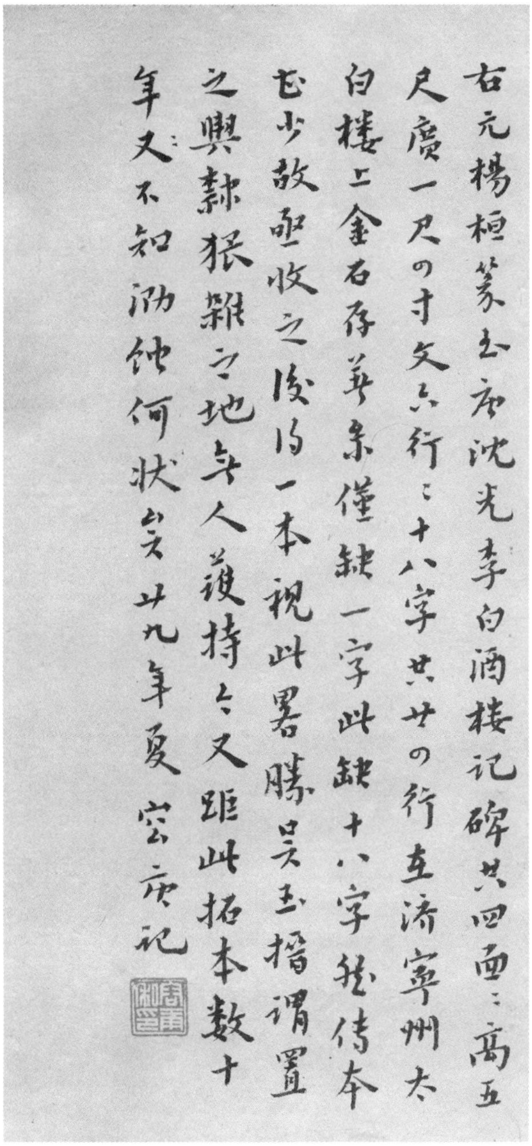

古元杨桓篆玉府沈光李白酒楼记碑其四面：高五尺广一尺の寸文六行二十八字共廿の行在济宁州太白楼上金石存苹条仅缺一字此缺十八字犹传本也少故亟收之俊乃一本视此署胜吴玉搢置之兴款狠斡之地与人菠持之又距此拓本数十年又不知泐钟何状尖此九年夏宏庚记

图十六

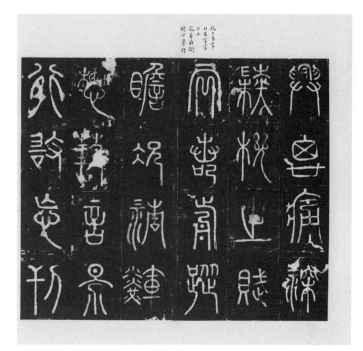

图十七

行。容庚灯下记。（图十八）

　　容先生是学术大家，其书法艺术也为举世所公认。容庚藏帖中遗存题记不仅能反映容先生严谨慎密的治学方法，体现其博大精深的学术精神，而且是一笔十分珍贵的文化遗产。

（原载《中国文物报》2015年8月11日第4版"文缘"）

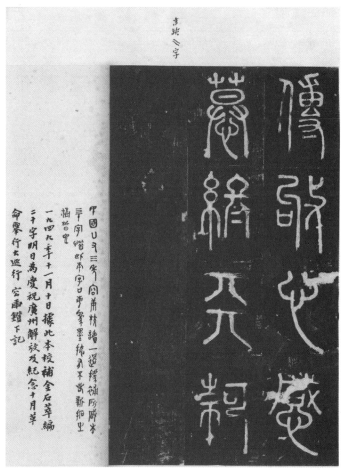

图十八

顾颉刚与容庚一段翰墨情

2017年2月7日（大年初十一）上午，我和单位同事相约，专程前往广州艺术博物院参观学习，在该院王坚和邹杰杰两位主任的导览下，仔细观赏了《容庚捐赠书画特展》。该展分"古代名家篇""岭南书画篇"和"时贤好友篇"三部分，分别在三个展厅展出，其中，"时贤好友篇"展厅展出的纸本设色《容庚临沈石田苕溪碧浪图》手卷（画心：27.6厘米×283.1厘米）（图一局部），用色之淡雅、运笔之娴熟，尤其是手卷上所留名家题跋，深深地吸引着我。

图一

手卷引首"苕溪碧浪图：希白教授临沈石田本"等字为商衍鎏（1875—1963年）所题（图二）。容庚（1894—1983年），字希白，广东东莞人，我国著名古文字学家、文物鉴藏家。关于该手卷的创作情形，容庚在手卷尾端有题跋："此沈石田《苕溪碧浪图》，曾著录于《书画鉴影》。鉴光阁送来，乃竭一夕之力临此幅本。佳画足欣，顿忘目昏手倦矣。三十一年十一月廿三日。容庚记。""三十一年"指民国31年即1942年。20年后的1962年（农历壬寅年），容庚分别请何遂（1888—1968年）、顾颉刚（1893—1980年）、朱庸斋（1920—1983年）、杨之泉（1897—1967年）、李曲斋（1961—1996年）等好友为此手卷题诗题词。五人中，除何遂和顾颉刚外，其余均为广州本地友人。

顾颉刚是我国现代著名历史地理学家、民俗学家。1961年12月29日，他参加全国政协召开文史资料委员出外参观会，次日又在人民大会堂参加人代、政协广东组参观访问会。顾颉刚因"冬间气管炎必发"，故此次参访地，选择广东（见中华书局2010年版《顾颉刚全集》52"顾颉刚日记卷九"第376页，以下简称《日记》），成为此批南下成员之一。据《日记》记录，从1962年1月6日起，顾颉

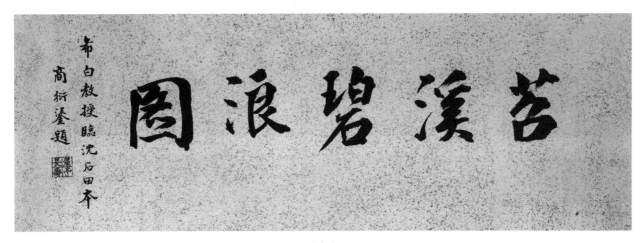

图二

刚与政协同仁从北京启程，到广东参观，先后参访了广州、湛江、海南、茂名、阳江、开平、新会等地，并于2月8日至3月14日在从化疗养，直到3月16日离开广州返回北京。正是在此次广东参访期间，顾颉刚和何遂二人为容庚该手卷题了诗。

《日记》记录，2月2日顾颉刚"乘车到中山大学，于招待所中见陈序经、冼玉清、容希白、商锡永、刘子植、梁方仲、梁钊韬、李锦全等。出，到许崇清处，到锡永家，见其尊人藻亭先生，到子植家、方仲家。抵希白家，并晤容琨夫妇。在希白家饭。就床，未成眠，看《参考消息》。谭彼岸来。李锦全来。董家遵、戴裔煊来。子植、方仲、锡永来，同看戴进长卷，并希白所摹名迹。"（页405~406）按商锡永即商承祚、商藻亭即商衍鎏。这里所提"希白所摹名迹"正是这幅《容庚临沈石田苕溪碧浪图》手卷，就是在2月2日这一天，顾颉刚观摩了这幅手卷。

在《日记》中，我们还读到相关记录。3月14日上午11时半，顾颉刚坐车离开从化，下午1：20回到广州，入住羊城宾馆。正是这一天，顾颉刚"为容希白题其所临沈石田《苕溪碧浪图》，作五古一首。"（页427）次日"九时，与何叙父同车到中山大学，至容希白家，陈宇民来，伴叙父至锡永家，先归。予在希白家饭，方仲偕。商锡永、梁方仲、梁钊韬、董家遵来，谈《尚书译证》事。眠半小时。请希白斟酌《尚书译证》中所用商周彝器名及其内容。与希白同至冼玉清处赴宴。饭后与子植谈《译证》事。九时，希白、子植送予回城，至永汉路别。"（页428）3月16日下午"三时，与同人上站"（页428），离开广州，回北京。按古时父、甫相通，何叙父即何遂，字叙甫。因此，我们判断，顾颉刚应是在3月15日将手卷题诗交付容庚的，手卷所留何遂题诗也应是在3月15日这一天由何遂交付容庚的，因为何遂在题诗中写有"颉刚属题希白长卷"，而且顾颉刚在从化期间，与何遂朝夕相处，他们两人极有可能是在此段时期商定好的。

综上所述，我们可知，顾颉刚是2月2日在中山大学容庚家见到这幅手卷，3月14日为手卷题诗，3月15日将诗稿交付容庚。

《日记》还记录，3月15日这一天，顾颉刚除向容庚交付题诗外，还与容庚讨论了《尚书译证》中所用商周彝器名及其内容。《尚书译证》即指《尚书大诰译证》一书，顾颉刚始作于1960年，七年间不断修改，至1966年"文革"事起被迫辍笔。顾颉刚在3月15日这一天的日记里评论道："彝器之名，各人各写，颇不统一，今得希白指点，凡异名同物者悉为注出。又各家用作史料，颇有以意出入之处，予引用第二手材料，亦多矛盾，得希白指点，删去其未合者若干。凡此皆可见第一手资料之贵重，而惟专心致志如希白者乃能整理。"（页428）

从《日记》中，我们读到，直到3月31日这一天，顾颉刚才在日记里记下"题容希白摹沈石田苕溪碧浪图"全文内容：

> 我与希白友，倏忽四十年。但稔耽钟鼎，伟著《金文编》。今我莅东粤，相见俱华颠。君出画一卷，手临沈石田。能者无不能，六法何其妍。君画慎自闷，含豪辄弃捐。吾辈狃习者，曾不赠一笺。倭寇凌大陆，闭门心忧煎。姑以此遣日，放怀阴霾天。贾客送图来，碧波逝苕川。沈公绝俗士，一生枕石眠。平揖对公卿，筑居远市廛。渊明诗中境，悉取写林泉。吴下名作家，旷达莫之先。君喜觏剧迹，欲得无万钱。便竭一夕力，摹出此潺湲。我亦家水国，少壮谋粥饘。离别两洞庭，酷念但自怜。开图睹兹景，三复致拳拳。今日太湖畔，草色正芊芊。何当联袂去，跃上渔翁船。一作画里人，啸傲追前贤。（又见《日记》页438）

壬寅春日至广州，希白兄命题廿年前所题题临石田翁卷，漫作长歌以记，即祈赐正。顾颉刚。（图三）

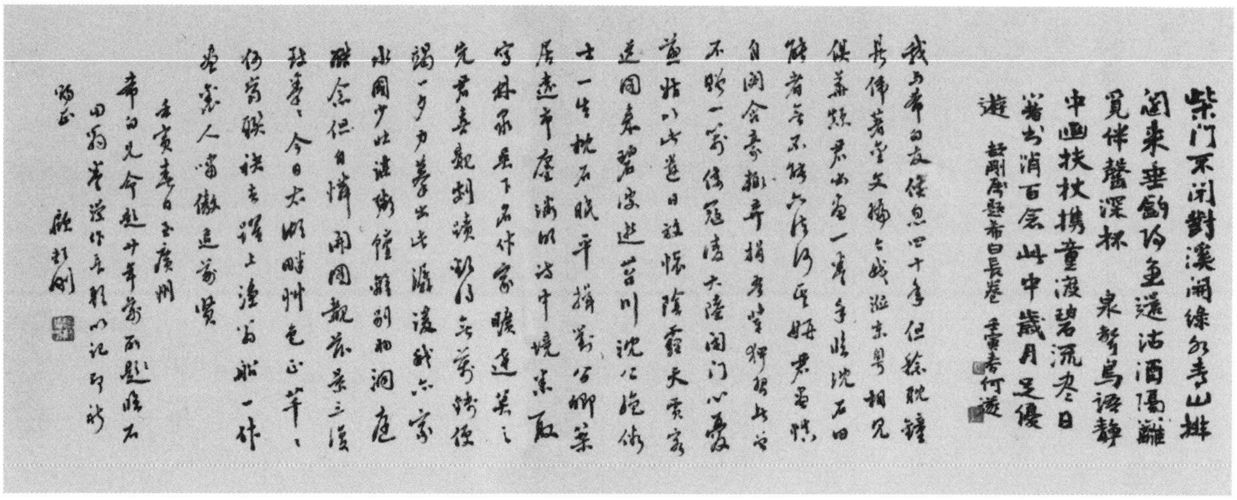

图三

根据题诗，我们得知，顾颉刚与容庚相识可追溯20世纪20年代，他们的友谊长达半个多世纪。1922年容庚入北京大学研究所国学门为研究生，遂与顾颉刚相稔，至1962年时，他们的友谊已有四十年。

（原载《中国文物报》2017年4月4日第7版"鉴赏"）

邓又同先生的爱国情怀

我于 1990 年入职博物馆工作，不久即从同事那里知道香港的邓又同（1916—2003 年）非常了不起。他从新中国成立初起就开始向内地博物馆捐赠文物，曾于 1956、1957、1984、1995 年四次向广州博物馆捐赠光绪帝三旬万寿赏赐邓华熙金绘执扇、光绪帝赏赐邓华熙甲胄（图一）、邓华熙殿试试卷、1806 年制"大清万年一统天下全图"、康有为致邓华熙函（图二）、陈三立诗稿（图三）等 400 余件（套）

图一

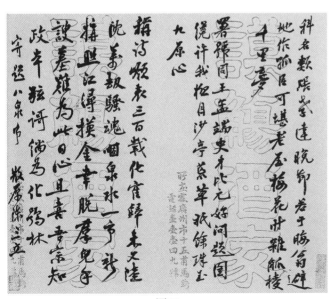

图三

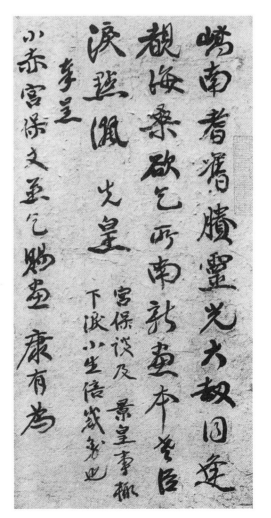

图二

家藏珍贵文物及广东文献书籍1300多册，对促进内地博物馆事业的发展作出了积极贡献。

邓老一生酷爱收藏历史文献、书画古物，崇尚"玩罢所藏，捐献社会，与众分享，善莫大焉。"邓老捐赠给博物馆的这批家藏珍贵文物均为其祖父邓华熙和父亲邓本途的遗物。邓华熙（1826—1916年），广州府顺德龙山乡人，晚清封疆大史，曾任山西、安徽、贵州等地巡抚。邓本途（1865—1937年）历任清末宁波绍兴道台、浙江海关监督等。

邓老不仅将自己所藏文物悉数捐赠给国家，而且十分关心文物的社会利用问题。1997年7月1日香港回归祖国之日，广州博物馆刊印了一份"迎香港回归专刊"简报，收录了我的一篇小文《港人情怀与陈散原诗人的一首佚诗》。后来，邓老读了这篇小文，约我饮茶。记得1998年3月19日晚，我如约来到坐落在广州西关的北京大饭店，见到了和蔼可亲的邓老。他那儒雅的风度，我至今都记得清清楚楚。那次会面，我们围绕他祖父父亲遗物的去向问题，谈了许多。他除向广州博物馆捐赠文物外，还将《邓和简公奏议》（按邓和简公即邓华熙）全套木板送给了广州岭南大学，现藏于中山大学；又将中国近代史的相关资料送给了中国社会科学院历史研究所、南明史资料送给了香港中文大学中国文化研究所。这次会面，他还和我专门谈了如何整理出版捐赠文物以便社会利用等问题。邓老回香港后，给我寄来他新发表的文章（图四、五）。之后，我也给邓老回了信，告诉他1999年是广州博物馆建馆七十周年，我们拟举办捐赠文物展，如条件许可，可能会印制展览图册。很快，邓老给我来信表示赞赏。因上次会面中我无意当中谈到博物馆的运营经费较为紧张，出版图册需要费用，邓老在信中表示愿意拿出自己微薄的工资来资助出版（图六、七）：

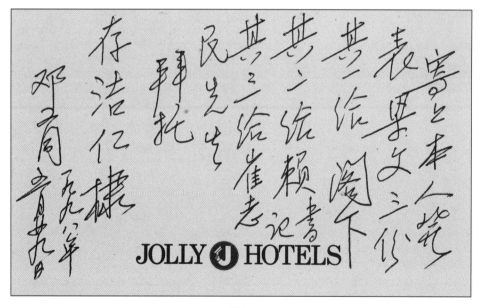

图四

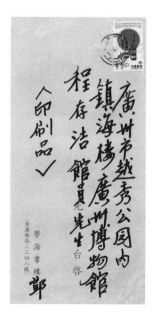

图五

存洁仁棣副馆长：您好！

日前奉七月廿三日来函，因出外旅游多天，故稽延致覆，请谅！关于拜托之件，承费神办理，至感！来函欣悉明年为广州博物馆七十周年，又逢国庆五十周年，可谓双喜盛事，拟计划举办本人捐赠文物展及印制本人捐赠文物图录乙书，以为贵馆奉给庆典的献礼，此乃美举，意义至

图六　　　　　　　　　　图七

善，本人深表赞同，关于印制该书赞助费方面，本人与吾女（巧儿）首先各赞助人民币壹万元，合共贰万元，可惜目前香港经济气候甚差，因外围金融风暴影响，一般中上阶层损失甚巨（本人亦受损），在此时刻，结合情况，未便启齿，邀友赞助，容再待时移转好，始作征求，奈何？至于本人与吾女之赞助费二万元，需用前请告知，以便交付，谨覆，并致文安。邓又同启。一九九八年八月八日。

这让我极为感动！可是，我们怎能用他老人家的钱呢？ 1999 年 2 月，我被广州市委组织部、人事局选派美国学习一年。因此，出版捐赠文物图录一事暂时搁置。在我赴美学习期间，邓老仍然关心此事，从香港寄信给我，再次谈及出版事宜（图八、九）。

存洁仁弟：您好！顷奉本年九月十四日来函，至慰！去冬往广州博物馆探访，才欣悉 台端已往美深造，可喜，可贺！关于拟为本人印制"捐赠文物书"，此意甚佳，本人深表赞同，鄙意此事待 阁下回来之后进行办理，尚未迟也。此书务宜尽善尽美，达至学术性为佳，第一，影原迹方面，应请有经验摄影专家（专拍文物文件者）摄影；第二，每件历史文物，务须全件摄入如跋文及卷首等；第三，本人历次所捐文物，务须全部采入；第四，每件文物，说明清楚，以便欣赏者了解，有助历史参考，如阁下所撰《陈散原诗》此其例也。深盼吾弟学成回国，复成后即办此事，为感！鄙人托福，贱体尚健，每天上班如恒，晚间则在家写作，顺此夹上近作《李文田事略》，

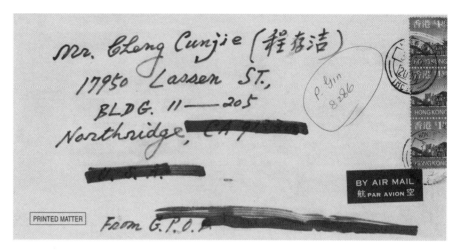

图八   图九

尚希察阅，作为消闲。尚此致覆，并候学安。

Hope you everything progress and happy living！

邓又同启，时年 84 岁，30–Sept.1999。

可喜的是，后在广州市文化局的大力支持下，本馆出版了《邓又同捐赠广州博物馆藏近代名人手札书翰选》一书，不仅初步圆了他老人家的一个心愿，也为社会更好地利用这批文物提供了方便。

邓老不仅关心捐赠文物的出版利用问题，而且关心捐赠文献书籍的利用问题。1995 年邓老捐献的这批图书，多属广东文献，乃港中私人收藏家及出版家所收集者，均为非卖品，十分难得。邓老在捐赠信中说："盼他日钧馆将所藏有关广东历史文献书籍，编成目录，用供学者借阅参考。"

不仅如此，邓老还十分关心内地博物馆事业的发展问题。1995 年邓老在捐赠信中向我们建议可"仿照香港文化中心办法，设'广州博物馆之友'以为发展文博事业，兹随函寄上香港文化中心之友一些资料，以供参考，尚希考虑进行，至为厚望。"在邓老的帮助下，广州博物馆于 1995 年底成立了"广州博物馆之友"。建设"博物馆之友"这项工作，在当年是走在全国前列的。

如今，睹物思人，每次读到邓老那些饱含深情且早已发黄的信函时，我都会感觉到一股暖流涌上心头。时间一晃二十年过去了，可他"历次所捐文物，务须全部采入"之愿望，我们却至今未能实现，留下了深深的遗憾。值此庆祝香港回归祖国二十周年之际，写下这篇短文，以此深切缅怀这位穗港两地的文化使者！

（原载《中国文物报》2017 年 7 月 25 日第 6 版"收藏"）

港人情怀与陈散原诗人的一首佚诗

在香港，有一位情系家乡文博事业的老人，曾先后四次将所藏珍贵历史文物及书籍捐赠广州博物馆。他还向北京中国科学院历史研究所、顺德市博物馆、广州市荔湾区博物馆等处捐赠近代历史文献资料及历史文物。这位老人就是定居香港的广东省顺德县龙山乡人邓又同先生。邓先生的爱国爱乡热忱深得粤港两地人士的赞赏和高度评价。1985 年 10 月 8 日《南方日报》刊登了《香港同胞邓又同关心祖国近代史研究——献出一批历史文物给国家》一文；次日，香港《大公报》刊出《港收藏家邓又同献出文物二百件》一文。1986 年 9 月 26 日《广州日报》第二版刊出《文物珍贵 人物风流》一文，文中指出："爱国热忱令人感动"。1987 年 7 月 15 日香港《新翡翠周刊》第 71 期刊登了殷德厚教授撰写的《捐献的一生（上）》一文，文中高度评价："他的一生就是向社会捐赠极有价值的文物珍宝的一生"。的确如此。邓先生一生爱捐献，他自己常说："玩罢所藏，捐献社会，与众分享，善莫大焉"。"与众分享，善莫大焉"道出了他爱国爱家乡的朴素情怀。

今日，当我们手捧邓先生 1985 年捐赠广州博物馆的一件"散原诗人翰墨"时，心情久久难以平静。这件珍贵文物 44.7 厘米 ×33 厘米，为《散原精舍诗》《续集》和《别集》未收，是散原诗人的一首佚诗。诗的内容如下：

科名类张孝达，晚节若于晦翁。避 / 地作孤臣，可堪老屋梅花，时杂舲棱 / 千里梦。/
署号同王孟端，史才比元好问。题图 / 才许我，极目沙亭荒草，祗余珠玉 / 九原心。/
称诗岭表三百载，化鹤归来又陆 / 沉。万劫骚魂咽泉水，一亭新 / 构照江浔。摸金幸脱群儿手，/ 谀墓难为此日心。且喜吾宗知 / 政本，弦诵倘为化鸮林。/
寄题八泉亭 /
散原陈三立 /

陈三立（1852—1937 年），字伯严，号散原，江西义宁（今修水）人。光绪十五年进士，官至吏部主事，与父宝箴推行新政，支持变法维新，失败后父子同被革职，永不叙用。[1] 长子陈衡恪（1876—1932），著名艺术家，因在艺术方面的造诣深厚及英年早逝，令美术史界叹惜：中国失去了一位大师级的艺术天才。次子陈寅恪（1890—1969），一生坎坷，中年目盲，晚年足膑，但他从未放弃过学术创作活动，学术硕果累累，被文史界誉为一代宗师。

这首佚诗是写在"广州市十五甫马路谟觞酒家"信笺上，由此表明这首佚诗是陈散原在广州时所写。考《散原精舍诗》卷下录有《赠别凤楼同年入广州》一诗，是写于1905—1908年。[2] 因此，这首佚诗亦似作于此时。

陈三立的诗，宗韩愈、黄庭坚，为近代同光体江西派首领。郑孝胥这样称赞："伯严诗，余读至数过，尝有越世高谈，自开户牖之叹……尤有不可一世之概，源虽出于鲁直，而莽苍排奡之意态，卓然大家。非可列之江西社里也。"[3]

注释：

（1）陈寅恪撰《戊戌政变与先祖先君之关系》，载《陈寅恪史学论文选集》，上海古籍出版社，1992年7月第1版。

（2）《散原精舍诗》，上海商务印书馆，1926年5月再版。

（3）同上宣统元年五月郑孝胥序。

（原刊《广州博物馆简报》1997年7月1日总第三期"迎香港回归专刊"第2版）

两岸一家亲

——怀念六叔公

1979 年元旦，全国人大常委会发表了《告台湾同胞书》，如春风一般，吹开了两岸关系发展的崭新一页。从此，海峡两岸同胞的交往日益频繁。我太太家和全国千千万万个家庭一样，分散海峡两岸的亲人得以团聚。20 世纪 80 年代，失散 30 多年的六叔公从祖国宝岛台湾踏上了回乡之路，那"血浓于水、守望相助的天然情感和民族认同，是任何人任何势力都无法改变的！"今天，在《告台湾同胞书》发表 40 周年之际，我们重温家书，追忆六叔公，以此表达我们的无限思念之情。

六叔公名傅纯，1907 年 8 月 5 日出生在湖南省娄底白鹭湾庵堂牌一贫苦农民家，兄弟姊妹 9 人。

六叔公生前回忆，他 7 岁上学，先后在家乡的求实小学和陶龛学校读书，13 岁高小毕业，14 岁进娄氏连璧职业学校读金工科，两年后毕业，在自家湘和裕店帮工。青年时代，他怀着一颗强国梦，离开家乡。1925 年 6 月在南京考取交通兵第二团铁道干部教练队第三期授训，学习铁道技术，并赴蚌埠南端修建铁路。1928 年毕业，到铁道兵团第三营第十连，任上士班长，赴浙江金华、嵊县、新昌、湖北花园镇训练。抗战期间，参加敌后抗日工作，破坏铁路设施，阻止日军进犯。1941 年 5 月，为策应长沙大会战，奉命到敌后破坏铁路交通，阻止日军增援长沙。1947 年 3 月 25 日在上海与同乡罗耀芸女士订婚（图一），6 月 25 日在蚌埠结婚。1949 年离开大陆前往台湾（图二）。

他虽人在台湾，心却始终与大陆亲人相连，时刻思念家乡。1986 年 7 月 20 日，他首次踏上回乡探亲路。当年湖南省委、省政府举行隆重接待仪式。1989 年六叔公再次回家乡，途经广州时，与正在中山大学读书的我们会面。此后，他不顾年迈体弱，先后于 1994 年 9 月 7 日、1997 年 6 月 21 日至 7 月 3 日回大陆探亲，

图一 在上海外滩公园

图二

与亲人团聚，与大陆亲人的感情与日俱增。他在去世前的那一年，虽身体极度虚弱，但仍在 2001 年 3 月 18 日至 20 日回大陆探亲，邀请亲人们聚首长沙，作最后一次见面。

改革开放后，六叔公不仅多次回大陆探亲，还时常写信给我们，勉励我们好好学习，认真工作。他知道我们研究隋唐史，寄来傅乐成著《隋唐五代史》等专业书籍。

我们保存下来的第一封家书，是 1997 年六叔公完成大陆探亲后于 7 月 24 日在台中市家中写给我夫人的（图三）。信中写道："谢谢您们远从广州来长沙看我们。已是八年多不见了。那时您还在大学未毕业，七、八年后您成了家，有了孩子，是多么幸福。我回大陆病了四、五年，差一点死了，幸有医生及您叔奶奶救了我。这两年，病况好转，想回大陆看看。……在六月上旬感到好些了，恰好您爸爸来我家。他说您到了长沙，我一定用包车全程接送。医师看我好得多。我到旅行社接洽，刚好六月廿一日有飞机到长沙，我就马上决定，付了来回机票钱，搭六月廿一日上午飞机，廿一日傍晚七点半就到长沙。您六叔奶要青华陪送，我就胆子更加大了。到了长沙，您爸爸早已准备包车。他负责全程接送。如此回家乡白鹭湾，又去娄底，见到很多亲人，尤其您五叔公、五奶奶，他们的身体比我还好。我太高兴了。在长沙，承您爸妈热忱接待，尤其您爸爸坐着包车到所有的亲人家看看，您爸爸太累了。我不知要如何感谢他。您妈妈招待那许多人也太累了。我们都要好好谢谢他俩。"字里行间，饱含深情。"想回大陆看看"，就是他老人家思乡想家的真情流露。

图三

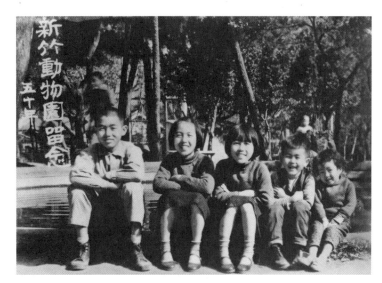

六叔公有着浓浓的中华情。他育有五个子女（图四），除长子青华在山东青岛华桥村出生外，其他四个孩子屏华、巧华、光华、美华均在台湾出生，他们的名字里都带有一个“华”字。

图四

1999 年，我赴美求学。期间，台湾发生“9·21 大地震”。这次地震是 20 世纪末期台湾最大一次地震，牵动亿万中华儿女的心。地震发生次日，我从美国拨通了去台中的电话，问候六叔公一家。10 月 10 日，六叔公回信（图五），详细告诉地震情况：“九月廿二日下午你来电话，关心我们在台湾大地震的情形。你是第一个从国外打来的电话。……现附一份九月廿一日凌晨台湾大地震的情形。在地震时，真是‘天翻地动’，把我们都吓坏了，后来余震不断，到昨天为止，共震了一万多次。不过这两天好一点，请不要挂念。”无论身在何处，亲人的心总是紧紧连在一起的。

新千年初，我结束留学生涯，回到广州。待生活工作安定后，我们写信给六叔公，汇报广州情况。2000 年 6 月 15 日，他回信（图六）告诉近况：“六月五日的信收到了，得知您回国后及最近的工作情

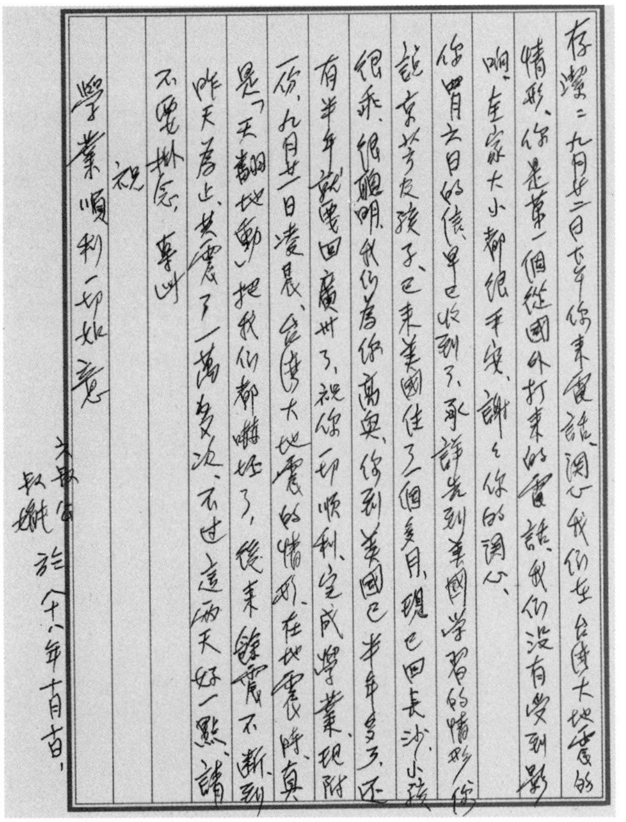
存瀅：九月廿二日下午你來電話，關心我們在台灣大地震的情形，你是第一個從國外打來的電話，我們沒有受到影響，全家大小都很平安，謝謝你的關心。
你們六日的信早已收到了，承詳告到美國學習的情形，你說京芳及孩子已來美國住了一個多月，現已回長沙，小孩很乖、很聰明，我們為你高興，你到美國已半年多了，還有半年就要回廣州了，祝你一切順利，完成學業。現附一份九月廿一日凌晨台灣大地震的情形，在地震時，真是「天翻地動」，把我們都嚇壞了，後來餘震不斷，到昨天為止，共震了一萬多次，不過這兩天好一點，請不要掛念。專此
祝
學業順利 一切如意
六叔公 叔嬸 於八十八年十月十日

图五

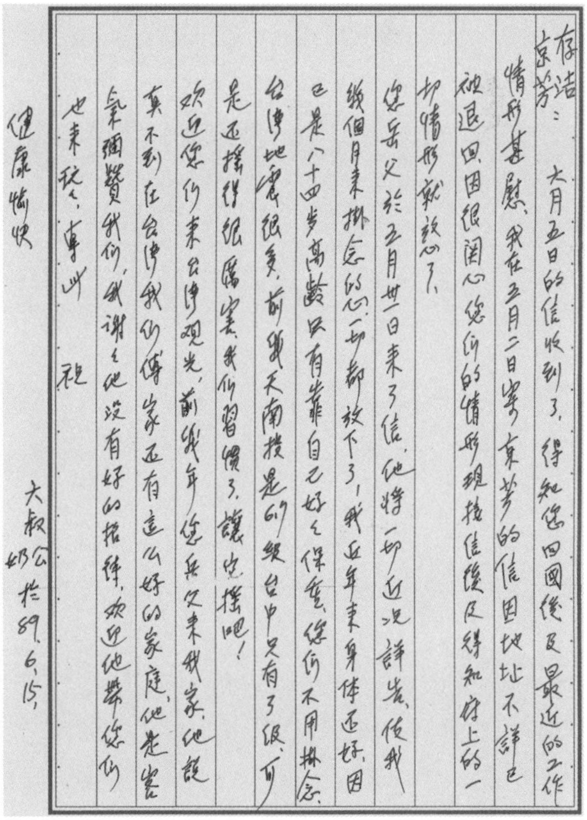
存浩 京芳：六月五日的信收到了，得知您回國後及最近的工作情形，甚慰。我在五月二日寄京芳的信因地址不詳已被退回，很關心您們的情形，現接信後及得知府上的一切情形，就放心了。
您岳父於五月廿日來了信，他將一切近況詳告，使我們個月來掛念的心一切都放下了，我今年來身體還好，因已是八十四歲高齡，只有靠自己好好保重，您們不用掛念。台灣地震很多，前幾天南投是6.7級，台中只有3級，可是還搖得很厲害，我們習慣了，讓您掛心吧！
歡迎您們來台灣觀光，前幾年您岳父來我家，他說真不到在台灣我們傳家還有這麼好的家庭，他老家稱贊我們，我謝謝他沒有好的招待，歡迎他帶您們也來玩玩。專此
祝
健康愉快
六叔奶公 於89.6.15

图六

图七　1997年7月六叔公（左三）回乡探亲

形甚慰。我在五月二日寄京芳的信因地址不详已被退回，因很关心您们的情形，现接信后及得知府上的一切情形，就放心了。您岳父于五月卅一日来了信，他将一切近况详告，使我几个月来挂念的心，一切都放下了！我近年来身体还好，因已是八十四岁高龄，只有靠自己好好保重。您们不用挂念。台湾地震很多。前几天南投是6.7级，台中只有3级，可是还摇得很厉害，我们习惯了，让它摇吧！"信中最后邀请我们去宝岛台湾观光。

2019年1月2日，习近平总书记在《告台湾同胞书》发表40周年纪念会上深情地说道："两岸同胞是一家人，两岸的事是两岸同胞的家里事。"今日重温家书，追忆六叔公（图七），倍感亲情珍贵，愿我们的祖国早日和平统一。

（草写于2019年4月22日）

痛失良师

——怀念麦英豪先生

2016年11月28日周一夜晚，我在办完"纪念岑仲勉先生诞辰130周年国际学术研讨会"的相关事宜后，如往常一样乘坐公交车下班回家，就在快进家门的那一刻，突然收到麦英豪先生仙逝的短信。闻此噩耗，顿时泪流满面，悲从中来，心情十分沉重。麦老的音容笑貌总是萦绕在脑海中，且越来越清晰（图一）。

麦老是我最敬重的老师之一，他的人格魅力和学术风范将永远是我们学习的榜样。

我和麦老的首次见面是在麦老的府上。1990年春天的一个夜晚，正在中山大学攻读隋

图一

唐史专业硕士研究生学位的我，在校友湖南省博物馆傅举有老师的带领下，专程拜访麦老。当时，他住在西湖路文苑大厦，在堆满书籍的客厅里，他热情地接待了我们。他很健谈，谈的内容主要是南越王墓的发掘和建馆工作。当晚，他还在西湖路与北京路交界处的一家粤菜馆请我们饮夜茶。也许是缘分，1990年7月我被分配到广州博物馆工作，从此与他共事长达25年之久。在此期间，我时时刻刻都能聆听到他的教诲，我的每一点进步，都是在他老人家的指点下取得的。

麦老对晚辈的关心和爱护总是无微不至，对我的指导更是深刻细致，让我终生难忘。

20世纪90年代初，在工作两年后，我深感知识储备不足，想去武汉大学继续深造，向唐长孺先生和朱雷先生问学。当我把这一想法告诉麦老时，他十分肯定地支持我，让我又获得了一次十分宝贵的学习机会。

我主要是从事历史文献学研究的，虽然大学本科时曾选修过考古学概论，但总体而言，对考古学是陌生的。1997年下半年，广州市文化局原办公所在地要开发建设，需进行抢救性考古发掘。麦老是发掘领队总队长，他把我调来参与考古发掘工作，为我提供了一次难得的考古训练机会。麦老让我们每位参与者一人负责一个探方，从辨认地层、测绘平面和剖面图，到出土物的登记，撰写小节报告，我们必须完成一个探方的所有流程后，再进行第二个探方的发掘。在这半年多的时间里，我共发掘了三个探方，出土的重要文物有："苍梧"印文陶片、我国园林中发现最早的石构踏步、曲流石渠中的一

个渠陂等等。通过这次考古实践，我不仅懂得了地层学在城市考古中的重要性，而且也有机会聆听到宿白、徐苹芳、黄展岳等考古前辈对新发现的南越国御苑遗址所阐述的论证意见。

麦老还积极引导我从事广州地方史的研究。记得新千年初，我刚从美国学习归来。有一天，麦老打电话给我，让我抽空跟他一起去从化看一座新发现的明清古村落。这座古村落是从化1999年进行全面文物普查时被发现的。该村落里的广裕祠堂被认定为"岭南古建教学的重要标本"，"2003年获得联合国科教文组织亚太地区文化遗产保护杰出项目第一名"。麦老敏锐的洞察力和生动的讲解，一下子吸引了我，促使我鼓起勇气对该村落进行更详细的研究。经过四年的努力，《不落的文明——走进钱岗古村》一书获上海古籍出版社出版。更令人感动的是，时任广州市委常委、宣传部长陈建华同志还为此书撰写了序言。

广州博物馆曾经是我毕业后唯一的工作单位，它是我的精神家园。这里既有我可亲可敬的老师，也有我最钟爱的学术领域。2015年初，当组织安排我去新的工作岗位时，麦老不仅专门给我电话，再三勉励我不能放弃学术研究，还特地给我寄上他亲笔书写的作品（图二），给了我巨大的精神鼓舞！文化需要一代代地传承，学术是我生命的重要组成部分。两年来，我丝毫不敢懈怠，不仅完成了大型文献《容庚藏帖》的整理工作，而且正倾心研究王国维等数十位民国学人鲜为人知的学术交往史。

广州博物馆新馆建设一直是麦老牵挂的项目。麦老不仅亲自构想展陈大纲、馆舍设计，还多次实地考察海珠湖、赤岗塔等选址地。2013年，当新馆立项获广州市政府通过时，麦老十分高兴，挥毫写下："廿一世纪新馆新气象，八十五年梦想梦成真。"（图三）

麦老是广州现代考古发掘与研究工作的主要开拓者。他和夫人黎金老师编著的《广州汉墓》为岭南地区两汉墓葬的断代和分期研究树立了重要标尺；他奔走呼吁"原址保护"的南越王墓博物馆和南越王宫博物馆已成为广州城市重要名片；他提出的"从大处着眼、细微处着手"的学术方法和"经济建设和文物保护共存""文化遗产就在我们身边，保护羊城文化遗产是全市人民的共同责任"等的文物保护理念对于开展广州文化遗产保护具有重要的指导意义。

斯人已去，风范长存。我们唯有加倍努力工作，"笃定恒心、倾注心血"，创作出"传世之作"，将广州文物保护工作做得更好，才能对得起他老人家的在天之灵，才是对他的最好怀念。

（原载《中国文物报》2016年12月20日第4版"文缘"）

图二

图三

永远的怀念

——麦英豪先生心系文博学会

麦英豪先生对广州文博事业的关心和爱护无微不至，是发自内心的，体现在多方面。其中，广州市文物博物馆学会就是他亲手筹办，并在他的精心呵护下发展壮大的。

广州市文物博物馆学会成立于 1985 年 3 月 11 日，是改革开放后广州市成立较早的一家学会。麦英豪为首任会长。31 年来，学会的发展壮大及所取得的成绩都离不开麦英豪先生的精心指导。学会每年举办的学术研讨会，从选题到筹办，从形式到内容，他都给予了细心的指导。

图一

学会成立以来，一直秉守学会宗旨，团结全市文物、考古、博物馆工作者，开展学术研究，组织学术交流活动，促进全市文博事业的发展。为了给广大文博工作者提供一个学术交流的园地，早在 1981 年 6 月，麦英豪先生就积极筹办《广州文博通讯》（不定期刊物）。学会成立后，该通讯改名为《广州文博》，成为学会会刊。这份杂志早期属非营利性内部刊物。2000 年 10 月和 2005 年 8 月，学会从先前出版的《广州文博》中精选部分论文，先后结集出版了《广州文博论丛》第一辑和第二辑。从 2007 年起，《广州文博》改为正式出版物，由文物出版社出版发行。学会的这份会刊在调动广州文博工作者从事科学研究的积极性，以及促进学术交流活动等方面，都起到了积极作用。

麦英豪对《广州文博》的编辑和出版工作十分关心、倾注心血。他亲自指导设计会刊的封面和版式。他利用《广州文博》这块学术园地，亲自选题组稿，组织各类学术沙龙。2010 年正当学会成立 25 周年之际，麦英豪策划组织"怀念杨奎章先生"专栏，以缅怀杨奎章先生在担任广州市文化局局长期间对广州文博工作和学会创建工作所作的贡献。2011 年，他召集广州文博部分业务人员，组成"南越史研究小组"，分成若干专题，研讨南越国历史。后来，麦英豪先生执笔撰写了《赵佗与南越国——关于赵佗入越几个问题的思考》《考古发现的"广州最早"例举》等论文。通过这样的学术讨论，不仅拓宽了研究小组成员的学术视野，而且大大地提高了小组成员的科研水平。

麦英豪不仅为《广州文博》的发展积极奔走呼吁，而且自 2007 年以来，每年都为《广州文博》撰稿，充实稿源，从未中断，极大地提高了《广州文博》的知名度，扩大了《广州文博》的影响力。可以说，麦英豪先生既是《广州文博》的忠实读者，更是《广州文博》的指导老师。

麦英豪先生教导我们，《广州文博》既是广州文博界的学术园地，更是宣传文物保护工作的重要阵地。他在《广州文博（柒）》刊登的《守护羊城文化遗产——甲子践行的回顾》一文中明确提出文物保护工作若干方法，其中之一即有："要'抓大放小'，要有准则，有重点，而不是凡古皆保。要抓住大（重点），全力保护，保得有价值，要分清哪些要改，哪些可拆，改得合理，拆得其所，而不是乱拆乱改。"秦代造船遗址、南越王墓和南越国宫署遗址这三大考古发现的保护和利用，就是麦英豪先生所提倡的文物保护方法的具体成果。

《广州文博》出版初期，经费一度十分拮据。麦英豪先生得知这一情况后，主动提出他个人向学会捐款，以度难关。麦英豪先生的这一份情谊，值得我们永远铭记，也深深地鞭策我们，要不断努力，继续提高《广州文博》的学术含量，将《广州文博》办得一年比一年更好。

我们学会全体会员真诚感谢麦英豪先生对广州文博的同志、对广州文博事业的发展一直以来的指导、支持、扶助与鼓励。其德堪称典范，其行更是我们的表率。在新的历史时期，我们不忘初心，努力把广州文博事业做得更好。相信麦英豪先生定当含笑九泉。

（原载《中国文物报》2016 年 12 月 13 日第 8 版"专题"）

长者风范　学人楷模

——忆麦英豪老师

　　岁月无痕而有情，转眼间麦英豪老师离开我们快一年了。然而，随着时间越走越远，他却仿佛越走越离我们近。作为晚辈，作为与麦老师共事长达 25 年之久的一名同事，我不仅得到了他多方面的指教，从他的身上学习到了许许多多，而且感受到他的高贵品质和独特的人格魅力。他是我一生中遇到的有学问、有智慧、有品德的一位德艺双馨的老师，是我最为敬重的老师之一。在我的记忆深处，时时会浮现出他的许许多多的感人的事情。我每次遇见他时，都以弟子之礼称呼他麦老师，他也很喜欢我这样的称呼。他的事迹值得书写的有很多很多。本文仅凭我个人的记忆扼要地回忆我所经历和接触到的若干个事例，以此深切地缅怀麦老师。

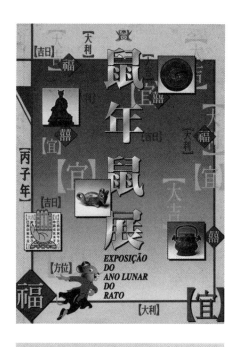

图一

一、鼓励我写文物鉴赏文章

　　20 世纪 90 年代，广州市文化局与澳门市政厅联合举办十二生肖展。每年的春节前，广州市文化局都会安排属下文博单位组织当年的生肖题材文物赴澳门展出，为澳门百姓提供文化大餐。

　　记得 1996 年农历鼠年的那一年，广州市文化局安排广州博物馆作为牵头单位，组织市属文博单位馆藏有关"鼠"题材的文物共 35 件（套）送往澳门展出。展览地点是在澳门卢廉若公园里的春草堂。这里三面环水，景色怡人，是一处美丽的岭南园林。展出时间是 1996 年 2 月 18 日至 4 月 21 日。我受邀参加了这次展览的开幕仪式。

　　为配合展览开幕及帮助澳门百姓读懂展览及展出的文物，澳门市政厅要求展览开幕前出版一本中葡文对照、雅俗共赏的展览图录（图一）。当时，馆里将撰写文物鉴赏文章的任务交给我。我由于在此之前既没有写过文物鉴赏方面的文章，对祖国生肖文

品味·印迹

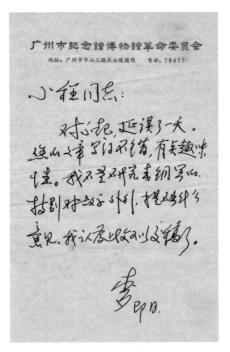

图二

化的历史知识也了解不多，心中不免忐忑不安。当我将这一困难告诉麦老师时，他不仅没有批评我，反而鼓励我去图书馆查找资料，而且答应帮我修改文章。在麦老师的鼓励和鞭策下，我选择了一件广州博物馆藏容庚捐赠"枭伯卣"青铜器文物作为研究对象，对该件文物上的"鼠"纹饰作了通俗易懂的解释。文章写好后，我送给麦老师指教。很快，麦老师就将论文还给我，还附上了一封亲笔书信（图二）。他在信里鼓励我：

小程同志：

对不起，延误了一天。您的文章写得不错，有点趣味性。我不是研究青铜器的，特别对古文字外行，提不出什么意见。我认为此文可以交稿了。麦　即日。

信写于哪一天，我已记不清楚了，但麦老师在信里对我的文章给予了积极的肯定，这给了我巨大的鼓舞。文章寄去澳门后，澳门方面没有再寄回给作者本人校对。当我赴澳门参加展览开幕仪式时，我拿到印好的展览图册，发现文章出现了若干排印错误，但这时一切都晚了，留下深深的遗憾。

麦老师是我国著名的考古学家，对广州汉代考古学的建设和学术研究做出了杰出贡献。事实上，他对我国古代青铜器是有很高的鉴赏力，1980年还受国家文物局的委派，担任"伟大的中国青铜器时代"展赴美随展组长，可是，他却在信里谦逊地表示"我不是研究青铜器的，特别对古文字外行"，显示了一名学者严谨的治学风范。

二、一封跨洋来信见真情

1998年，中共广州市委组织部和广州市人事局启动"广州市政府培养面向21世纪领导人"项目。经过组织的推荐、英语笔试和面试等环节，我被入选，参加了该项目，成为该批13名学员中的一员，后在广东外语外贸大学集中培训半年，于1999年2月5日从广州旧白云机场启程，前往美国，在洛杉矶北岭加州州立大学进行为期一年的学习，直到次年2月5日从美国启程返回祖国。

在洛杉矶学习期间，我的重点是学习美国博物馆的管理理论与实践方式，参观考察了美国盖蒂博物馆、大洛杉矶艺术博物馆、里根图书馆等洛杉矶周边多家优秀博物馆和特色纪念设施，并被它们的优质服务和先进的管理运作方式所深深地吸引。

我到美国后，经过一段时间的学习和参观考察，对美国博物馆的管理情况和运作方式有了一些初步认识，后来又在美国指导老师路易斯·列维（Louise Lewis）教授的推荐下，加入该校艺术博物馆协会，成为一名会员，定期参加学校艺术博物馆的展览推介和宣传策划活动。列维教授是该校艺术史课的授课教师，兼任该校艺术博物馆馆长。当时，广州博物馆的新馆建设也已开始被提上议事日程，社会各方都在积极呼吁。麦老师是广州博物馆的名誉馆长。我到美国后，先后两次（2月12日和4月13

日）寄信给麦老师，把我个人刚到美国的初步感受、参观美国博物馆后的初步观感和学习心得，以及欲邀请广州博物馆的同事前往洛杉矶参观考察博物馆、我能开车接送以解决到访后的交通问题等一些想法，坦诚地向他作了汇报。后来，麦老师给我回信，也坦诚地告诉我他个人的一些看法，并语重心长地指导我该如何去认识美国的博物馆（图三）：

图三

存洁馆长：

您好！两次来信均已收到，得知近况，甚慰，迟复为歉。

来信提到 Getty Museum 事，这个基金会支持世界各地的文物保护。国家文物局与之打多年交道了。中国文物研究所黄克忠副所长曾到该基金会一段时间，主要为敦煌文物保护的自然环境监测问题。他们支助了一套自动监测仪（气温、干湿、空气分析、地震等）黄所长告我，这套东西比我国到南极考察的仪器还要先进云。

李关德霞来穗之事，她陪同该馆的远东部主任（美国人）到广州，主要想把南博的珍品到他们那里展出（巡展一年，五个馆）李林娜馆长与她还在联系中，估计成功因素大。所以"南博"、"广博"的业务人员到美考察、工作的机会，今后是有的，不用着急。请不必为此花心机了，因要美方来个邀请，容易得很，但可以说基本不批准。外汇是一个方面，有不少人外出不是真的考察，是去玩的，浪费国家财物！

1981 年，《伟大的中国青铜时代》展览在 L.A.C.M.A. 举行，我是随展组长，所以在那里工作 3 个月，不过已是 18 年前的事了。人事变动大，现在恐怕已全换人了，无一识得的了。（李关德霞当时未见到，她肯定是后来到职的）

至于专业参观事，我意要抓重点，善于解剖麻雀（搞其有代表性的大馆一二，小馆一二，公、私立的都有，足可）罗省大，中国人去的早，且多，中国文物多。如旧金山亚洲艺术博物馆藏中国青铜器亦一流，她对面海的红松公园亦值得一遊。东部的纽约大都会、自然博物馆都是世界知名的博物馆，还有不少私人博物馆、自由神像基座也有陈列。了解他们的编制、经费来源、管理体制、公关与经营方式、内部分工、图书资料、文物仓库管理、设施、研究人员与行政人员比例、工资在当地一般人收入中所处位置等等，都有参考作用（国内上博搞得不错）但要注意方式方法，不要引起对方以为我们又在收集什么"情报"了。《镇海楼论稿》已校完，三校已移给岭南美术出版社（2 万元的书号费用），争取 7 月出书。

勿复。祝

旅安、学习愉快、安康

麦英豪

99.5.7.

麦老师知识渊博，对美国博物馆的情况了如指掌。他在信中所提的"Getty Museum"是指位于美国加州 Culver 市 Braddock Dr.10942 号一所著名的盖蒂博物馆，"L.A.C.M.A."是指大洛杉矶艺术博物馆（los Angeles County Museum of Art），李关德霞（T.June Li）女士当时是大洛杉矶艺术博物馆东亚美术副部长（Associate Curator, Far Eastern Art）。1999 年 4 月 12 日，我和我的一批美国同学跟随路易斯·列维教授专门到该馆上艺术史课。由于路程遥远，我们每一位学生都要在课前和老师签一份安全协议，以分清彼此的责任。我记得当时是列维教授开车送我去的，接待我们一行的就是美籍华人李关德霞女士。该馆留给我最深的印象是馆藏中国文物、世界各地古代玻璃器极为丰富，以及开放式的考古修复展示区等。大洛杉矶艺术博物馆，我参观过多次。特别是盖蒂博物馆，是我到访美国后参观的第一座大型博物馆。这座博物馆,我参观过多次,记得第一次是 3 月 30 日星期二,第二次是 5 月 11 日,第三次是暑期。5 月 11 日的这一次是列维教授带我去的,她联系了该馆盖蒂保护研究所的美籍华人林博明博士(Po-Ming Lin),他热情地接待了我们,并详细给我们介绍了该馆的情况。在美国,各式各样的博物馆随处可见。

在麦老师的指导下,我利用暑假,参观了纽约大都会博物馆、旧金山亚洲艺术博物馆等几座美国世界著名的博物馆。后来,我又在列维教授的指导下,完成了《当代美国博物馆管理透视及其对我们的启示》(Perspective on the U.S. Museum Management)约十万字的中英文调研报告。回国后,广州市文化局党委安排我在广州假日酒店大礼堂给全局系统的同事作了一场以《21 世纪是中国的世纪》为题的出访报告。

从麦老师写给我的信中的字里行间,我能体会到麦老师不仅是一位直率的长者,从不隐瞒自己的观点,他的所言只对事不对人,而且他始终心系祖国,时刻从大局出发去思考问题,展现了一名学者的朴素的家国情怀。

三、指导并关注我的学术研究

我的学术论文发表后,一般会送给麦老师批评指正。麦老师若从报刊杂志读到了我的学术论文,也会及时地口头或写信表扬我,极大地鼓舞了我从事学术研究的热情,增强了我的学术自信心。

我在 2016 年 12 月 20 日的《中国文物报》发表的《痛失良师——怀念麦英豪先生》一文中写道:"麦老还积极引导我从事广州地方史的研究。"其中,上海古籍出版社出版的我的学术论著《不落的文明——走进钱岗古村》就是一个具有代表性的例子。

我记得当年第一次随麦老师走进从化太平镇钱岗古村时,古村的原始风貌和麦老师生动有趣的讲解,一下子吸引了我,使我意识到这座古村隐含着巨大的学术价值。回广州后,麦老师又给我写了一份"从化发现 4 座明代建筑"目录(图四):

从化市发现 4 座明代建筑

①广裕祠堂(太平镇钱岗村的村中)有 5 年款:(悬山)

1. 前座正脊——"大清嘉庆十二年(1807)……重建"

2. 中座正脊——"大明嘉靖二十三年(1553)……重建"

3. 中座东后墙碑——明崇祯十二年(1639)重修。碑文有——"建于宣德时"(1426—1435)

4. 后座——民国四年(1915)……修后座更房立志。

②防御使钟公祠(太平镇屈洞村)中座有二石碑(东后墙):

1. 钟氏祠堂碑记:大明宣德六年……立

2. 祀田碑(西后墙)

当中是十五横行排列钟氏世系表。有三行记祀田亩数。署淳祐丙午宋末世主至……泰定三年(1376)……等重立。

③五岳殿后座正脊檩底刻"大明成化六年(1470)重修"

④邓氏宗祠三进悬山:前座　穿斗,中座　插梁,后座　穿斗。

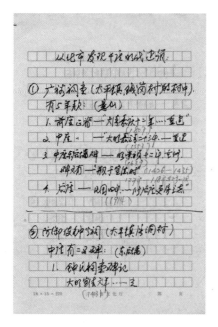
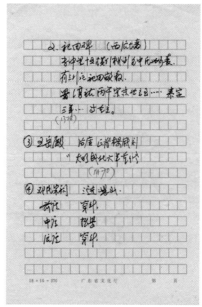
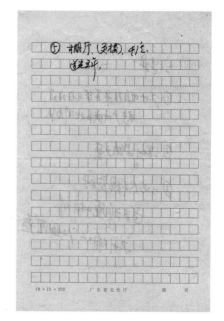

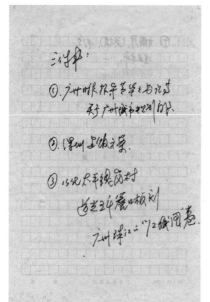
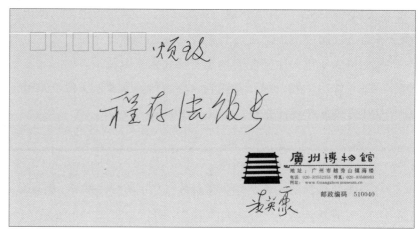

图四

⑤棚厅（更楼），4座，道光五年。

三件事：

①广州日报报导黄华华书记等关于广州城市规划问题。

②深圳建馆方案，

③从化太平钱岗村道光五年檐口板刻广州珠江的"江城图"卷。

　　后来，我根据麦老师提供的这份目录，按图索骥，多次前往钱岗古村作实地考察，对麦老师提供的线索逐一查找、核实，拍照存档，又从古村发现了一些新线索，还根据广州市文化局和从化市委有关领导的指示精神，在古村西向更楼内抢救性地将麦老师提到的"广州珠江的'江城图'卷檐口刻板"和散落在地的"明嘉靖33年《重建灵孚像记》青石碑"一同运回广州博物馆保存。后经仔细比对和研究，我确定这块檐口板刻的制作时间当在1733年至1757年间某一年的清明前后，这就极大地提升了这块檐口板刻的历史与艺术价值。

2011年是辛亥革命一百周年纪念。为隆重纪念辛亥革命，深入挖掘辛亥革命这段历史，充分展示广州是我国近代民主革命策源地的历史作用，我和香港历史博物馆总馆长梁洁玲女士、香港孙中山纪念馆馆长翁怡女士共同策划，由广州博物馆与香港孙中山纪念馆联合举办了"革命·再革命——从兴中会到广州政权"展览。展览先在香港展出，获得成功后又回到广州展出。为使展览有特色、有创新力，我一方面积极挖掘馆藏，新发现一批新史料与新文物，如陈少白签名使用的英文版《中国商业政治地理大全》、郑螺生签名赠送给古应芬的《孙中山与其同志有关筹备革命军饷的来往信件的照片集》等，另一方面深入研究原有文物的历史内涵与价值。在此基础上，我先后发表了多篇研究辛亥革命文物的学术论文，其中发表在《中国文物报》上的《中国同盟会时期的珍贵文物》一文，引起了麦老师的关注和肯定。他来信表扬"很好"（图五）：

程馆长：

你执笔的《中国同盟会时期的珍贵文物》一文在《中国文物报》5月4日刊出，很好。读了这篇文章，令我想起目前曾有过建议，在《广州文博》（伍）期僻一个"辛亥革命百周年纪念"的专栏，组织几篇文稿的问题。你的文章和六个插图还要在《广州文博》刊出（当然，换个题目，改写），一来宣介馆藏珍品，二来内容难得，请考虑。

再者，目前接到市税局寄本人的2010年个人所得税完税证明，想起邱捷教授提过，他和张荣芳等几位60岁之后留任的教师，因有享受政府特殊补助

图五

（津贴），个人工薪的所得税可以免交，这是广东省政府有文件规定的。烦请转告小石或财务同志代为查问本人是否应属此例。谢谢，并致候

文祺

麦英豪上

2011.5.8.

麦老师所提在"《广州文博》（伍）期辟一个'辛亥革命百周年纪念'专栏"的良好建议，后因没有组织到有学术分量的文章而未能实现，这实在是一件非常遗憾的事情（其中，还有一个重要的原因是由于广东本地政策规定，凡是未发表在 ISSN 刊物上的论文，无论质量优劣，一律不得作职称申报用，因而影响了学者投稿的积极性），实在是辜负了麦老师。当然，另一件令人欣慰的事情是，在我和孙杰同志的努力下，麦老师的个税问题最终得到了妥善解决。

麦老师对待学术问题极为真诚，从不马虎。凡是我向他请教的文章，他都是不顾年迈体弱，认认真真地进行批改。

比如 1997 年下半年，麦老师招我去参加南越国宫署遗址曲流水渠段的考古发掘工作。发掘工作是从 7 月初开始的，次年春节后结束。经过这次长达半年多考古发掘工作的洗礼，我不仅系统地学习了考古学的基本知识，而且有幸聆听了国内一批著名考古学家、建筑学家等对该遗址的学术评价。15 年后，我心潮澎湃，情不自禁地将那次专家考古论证会的情况作了详细的回忆。文章成形后，我于 2013 年 8 月 15 日送给麦老师，请他教正。麦老师对我的文章作了认认真真的批改，不仅帮我纠正了个别错字，而且帮我在"1998 年 1 月 9 日上午专家组全体"一句的后面增加了"最后到南越王墓博物馆参观'90 年代保护地下文物成果展'中陈列的南越国宫署出土文物"这一段内容（图六），补充和丰富了这次专家论证会的行程和内容。

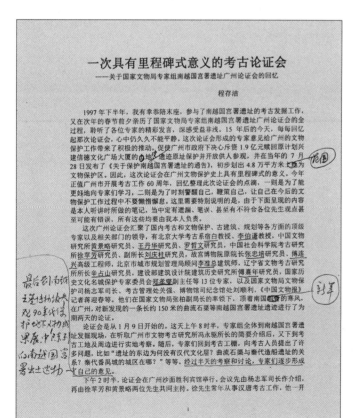

图六

后来，该文以《一次具有里程碑式意义的考古论证会——关于国家文物局专家组南越国宫署遗址广州论证会的回忆》为题连载，分别在 2013 年 11 月 22 日和 2014 年 1 月 3 日出版的《中国文物报》上刊登。文章发表后，麦老师又给我电话，鼓励我将该文收进《广州文博》。在麦老师的鼓励下，我对原文作了一些补充，增加了千余字，使这次专家论证会的内容更加丰富、更加完满。2014 年

8月，文物出版社出版了《广州文博（柒）》，收入了我的这篇文章。

四、手把手地教我做展览

2001年初，当我国经济建设第九个五年计划（简称"九五"）结束之际，麦先生提议，由广州市文化局组织市属文博单位，由广州博物馆和广州市文物考古研究所牵头，及时总结过去五年（1995—2000年）广州文物保护工作成果，并举办展览，以此作为广州市"第六届羊城艺术博览月"的一项重要活动内容。

为了办好这次展览，我们组织召开了多次讨论会，从展览的标题、前言到章节、部首、说明等等，反反复复进行论证，最后展览按"地下考古发现""地上文物遗迹"和"社会流散文物"三大部分展开，每部分的标题是：配合基建，做好考古发掘工作；爱护名城，保护抢救地上文物；加强文物征集，社会踊跃捐献。展览的思路清晰、层次分明、结构合理、文字流畅，且具有鲜明的个性，这在当时的全国是一个极具创新的展览。由于该展需要展示的内容十分丰富，展出的文物多，展出地点最后选定在广州艺术博物院负一层3000多平方米的大展厅。

展览是在6月底对公众开放的。展览推出后，得到了社会各界的极大关注和好评。在本次展览筹备过程中，由于展出的内容丰富，展览的意义深刻，影响又十分深远，麦老师提议，应将展览成果及时地汇编成册。由于当时组织上安排由我和广州市文物考古研究所所长冯永驱同志作为该展负责人，麦老师就直接指定由我和冯永驱同志担任本书的主编。虽然我和冯永驱同志担任《广州文物保护工作五年（1995~2000）》一书的主编，但事实上，该书从体例、内容编排到风格设计，无不倾注麦老师的大量心血。该书在设计上有一大创新点，那就是仿古代线装书的样式划格竖排。这是麦老师的创意。该书出版时，麦老师坚决不同意在书里留下他的名字。可以说，如果没有麦老师的精心指导，就不可能有如此完美的展览图册呈现给读者。

今天，当我重新整理这次展览的相关资料时，我却意外地发现了当年麦老师为出版《广州文物保护工作五年（1995~2000）》一书而编写的一份目录（图七）。后来，该书出版时，基本上是按照麦老师拟定的这份目录进行编排的。同时，我在这次展览的相关资料里，还找到当年由我撰写的《广州文物保护工作五年的回顾》一文前后四次的修改稿（图八）。麦老师在我每次提交的文稿上，都密密麻麻地写下修改意见。望着麦老师那熟悉的笔迹，我仿佛又聆听到了他老人家那敦敦的教导和铿锵有力的声音，看到了他那一丝不苟的工作态度、求真务实的科学精神，以及和蔼可亲的长者风范。

五、指导我们开展《春暖我家》展览

2008年是我国改革开放30周年，全国各地都在以各种方式举行纪念活动。当年，广州博物馆与中共广州市委宣传部、中共广州市委党史研究室、广州市档案局、广州市文化局等单位联合举办《春暖我家——纪念广州改革开放三十周年博物展》。展览是在广州博物馆的专题陈列室展出。展览标题由时任中共广州市委书记朱小丹同志书写。展览分八个部分：菜篮子越来越丰富；住房变得宽敞舒适；昨盼"三转一响"，今日家电齐全；爱美之心人皆有之；千里音讯无线传；就业路子拓宽了；"叹"世界还看今朝；出行越来越方便。

图七

12月3日上午展览开幕，中共广东省委常委、广州市委书记、市人大主任朱小丹同志和市委老领导欧初同志参加了开幕仪式。在参观展览过程中，他们两人在展厅里就过去广州人家里到底是使用哪种煤炉时发生了热烈的"争论"，引起观众的广泛共鸣。由于展览展出内容十分地接地气，展览推出后，社会反映非常好。

展览之所以能取得良好的社会反响，还有一个重要的原因是与麦老师的关心与指导密不可分的。我们在展览大纲的撰写、展览设计和布展等阶段，麦老师都给予了充分的指导。这里可略举两例。

展览大纲稿本写好后，我们多次召开咨询会，邀请不同领域的专家学者参加。麦老师参加了我们组织的9月24日在广州博物馆召开的咨询会，后又参加了10月30日在花都广州市工人第二疗养院召开的咨询会。在10月30日的咨询会上，麦老师提出："每个部分

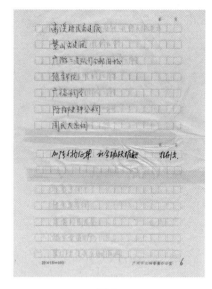

图七

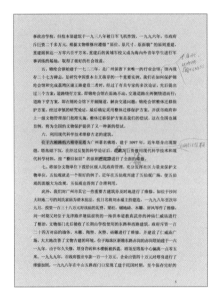

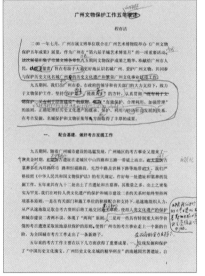

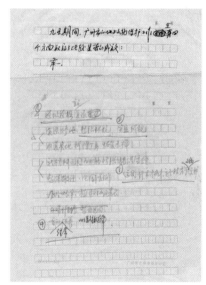

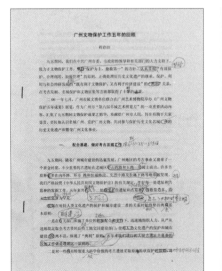

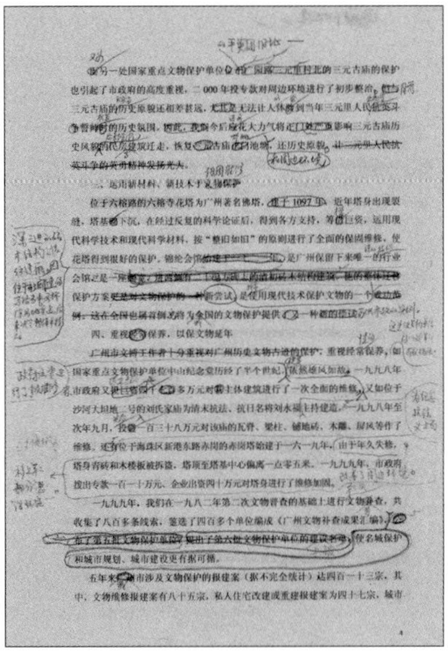

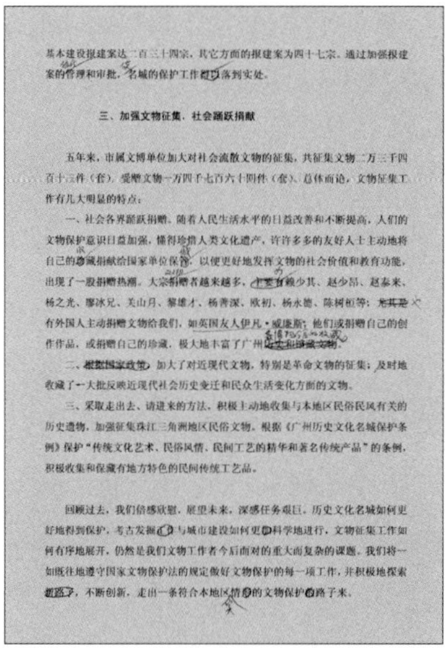

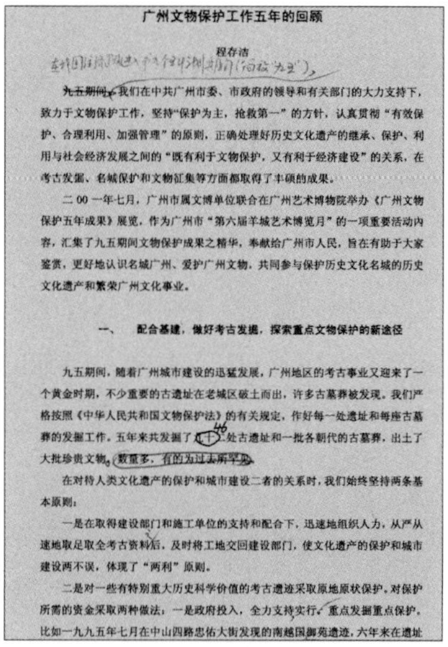

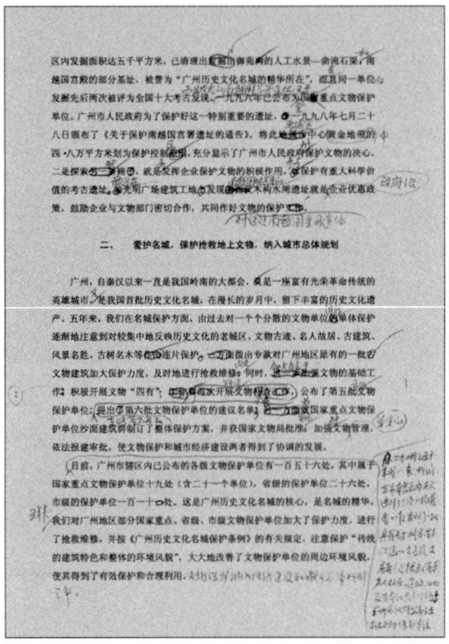

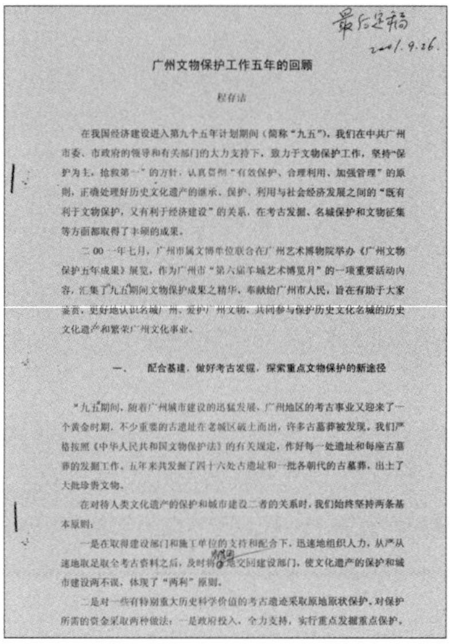

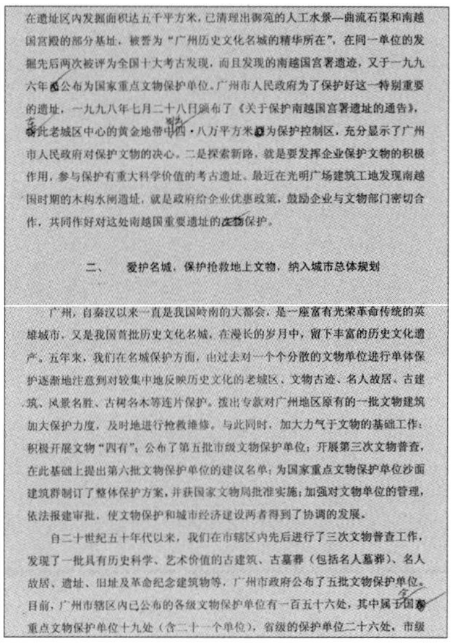

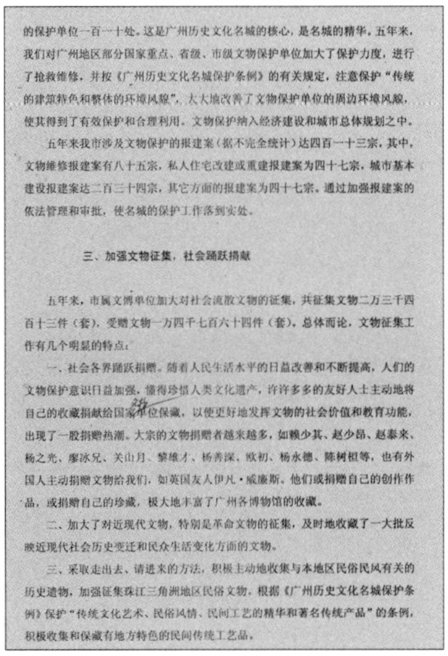

的保护单位一百一十处，这是广州历史文化名城的核心，是名城的精华。五年来，我们对广州地区部分国家重点、省级、市级文物保护单位加大了保护力度，进行了抢救维修，并按《广州历史文化名城保护条例》的有关规定，注意保护"传统的建筑特色和整体的环境风貌"，大大地改善了文物保护单位的周边环境风貌，使其得到了有效保护和合理利用。文物保护纳入经济建设和城市总体规划之中。

五年来我市涉及文物保护的报建案（据不完全统计）达四百一十三宗，其中，文物维修报建案有八十五宗，私人住宅改建或重建报建案为四十七宗，城市基本建设报建案达二百三十四宗，其它方面的报建案为四十七宗。通过加强报建案的依法管理和审批，使名城的保护工作落到实处。

三、加强文物征集，社会踊跃捐献

五年来，市属文博单位加大对社会流散文物的征集，共征集文物二万三千四百十三件（套），受赠文物一万四千七百六十四件（套）。总体而论，文物征集工作有几个明显的特点：

一、社会各界踊跃捐赠。随着人民生活水平的日益改善和不断提高，人们的文物保护意识日益加强，懂得珍惜人类文化遗产，许许多多的友好人士主动地将自己的收藏捐献给国家单位保藏，以使更好地发挥文物的社会价值和教育功能，出现了一股捐赠热潮。大宗的文物捐赠者越来越多，如赖少其、赵少昂、赵泰来、杨之光、廖冰兄、关山月、黎雄才、杨善深、欧初、杨永德、陈树桓等，也有外国人主动捐赠文物给我们，如英国友人伊凡·威廉斯。他们或捐赠自己的创作作品，或捐赠自己的珍藏，极大地丰富了广州各博物馆的收藏。

二、加大了对近现代文物，特别是革命文物的征集，及时地收藏了一大批反映近现代社会历史变迁和民众生活变化方面的文物。

三、采取走出去、请进来的方法，积极主动地收集与本地区民俗民风有关的历史遗物，加强征集珠江三角洲地区民俗文物。根据《广州历史文化名城保护条例》保护"传统文化艺术、民俗风情、民间工艺的精华和著名传统产品"的条例，积极收集和保藏有地方特色的民间传统工艺品。

图八

的内容还要提炼，要抓住典型性，要从平凡的事情里找出典型，要注意故事性，要把静态的东西搞活，要有若干个亮点，个别地方还要带点'广味'"。会后，麦老师又写信给我，特别提醒我们要注意的几个事情。他在11月1日的信中写道（图九）：

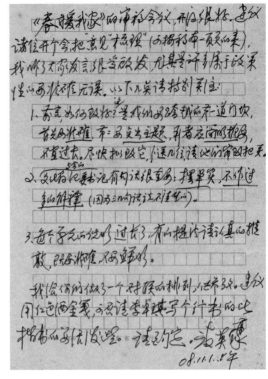

图九

　　《春暖我家》的审稿会议，开得很好。建议诸位开个会，把"意见"梳理（可按稿本一页页的来）。我听了大家发言，很受启发，尤其是许多属于政策性的要准确无误。以下几点请特别关注：

　　1. 前言，如何改好？这是我们要跨越的第一道门坎，首先要准确，第二要点出主题，再者应简明扼要，不宜过长。尽快拟改它，分送几位，请他们审改把关。

　　2. 与会的文化局纪委书记有句话很重要：摆事实，不作过多的解释（因为三几句话，说不清楚的）。

　　3. 每个单元的说明过长了，有的提法请认真的推敲，既要准确，又要鲜明。

　　我给你们做了一个对联的排列，供参考。建议用红色洒金笺，可否请李卓祺写个行书的，比楷书的要活泼些。请酌定。

　　后来我们认真地吸收了麦老师所提的一些意见，对联的排列、书体及用纸也是按照麦老师的要求（图一〇），请广东民间工艺博物馆馆长李卓祺同志书写的。今日回想起广州博物馆交流展览厅门外那幅高高挂起的用红色洒金笺书写的对联"三十年改革开放回想家常往事同说民生巨变，六百载越秀层楼远眺珠水云山共话国运昌隆"，依然温暖人心。

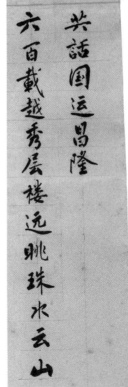

图一〇

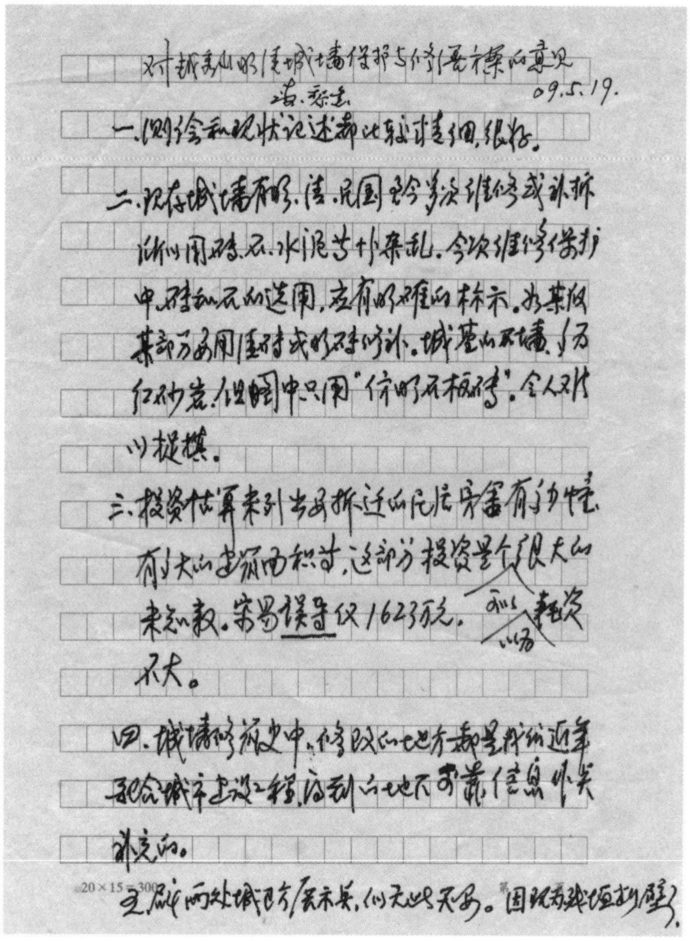

图一一

六、不遗余力地保护历史遗迹

广州地上文物遗迹的保护一直是他牵挂的对象。我在这里只举"广州明清古城墙越秀山段的保护和修缮"一例。

记得 2009 年年初，我接到广州市文化局交办的一项紧急任务，要求我馆对"广州古城墙越秀山段"的修缮工程提出具体实施意见。3 月 26 日星期四，我主持召开了第一次咨询会。在这次咨询会上，麦老师提出"五层楼是明清时期广州历史城标，城墙是文化遗产，修缮工作应坚持真实性。"根据这次咨询会达成的共识，我们聘请了具有工程咨询甲级资质的华南理工大学建筑设计研究院做《广州古城墙（越秀山段）修缮工程可行性研究报告》及《修缮工程深化设计方案》。方案初稿出来后，我请麦老师帮忙审阅。麦老师及其夫人黎金老师对方案作了仔细的审阅，将他们二人商讨后的修改意见以书面的形式交给我（图一一）。

对越秀山明清城墙保护与修缮方案的意见

麦、黎金　09.5.19.

一、测绘和现状记述都比较精细，很好。

二、现存城墙有明、清、民国至今多次维修或补拆，所以用砖、石、水泥等十分杂乱。今次维修保护中，砖和石的选用，应有明确的标示。如某段某部分要用清砖或明砖修补。城基的石墙，多为红砂岩，但图中只用"仿明石板砖"，令人难以捉摸。

三、投资估算未列出要拆迁的民居房舍有多少幢，有多大的建筑面积等，这部分投资是个可以以为耗资很大的未知数。容易误导仅 1623 万元，不大。

四、城墙修筑史中，修改的地方都是我们近年配合城市建设工程，得到的地下可靠信息作点补充的。

五、辟两处城防展示点，似无此必要。因现为残垣断壁了。

我将专家们的意见汇总后，及时交给华工的设计人员，并带设计人员多次到越秀公园内实地考查古城墙保护现状，同时得到越秀公园的大力帮助，提供该园档案室珍藏的测绘于 20 世纪 70 年代的越秀山段古城墙测绘图纸。经过半年的努力，到 9 月 9 日，我们基本完成了《广州古城墙（越秀山段）保护复原方案》稿本，然后将稿本交给该段城墙的管理方越秀公园。后来，在越秀公园的努力下，广州古城墙越秀山段的修缮和保护工作在广州亚运会召开之前得到了很好实施，越秀山段古城墙以崭新的姿态迎接中外嘉宾。

我每次走过越秀山段古城墙旁时，心情都特别地高兴，都会情不自禁地回想起为修缮和保护这段古城墙而辛勤劳动的那些日日夜夜，回想起麦老师的谆谆教导。

麦老师对广州文物的赤诚热爱岂止是"广州古城墙越秀山段"这一例！其实，在广州，每一处重大文物遗址的保护都有他的一份功劳，都留下了他的足迹。

七、为广州博物馆新馆建设呕心沥血

随着我国社会经济的不断发展，人们的物质生活和精神文化日益丰富，从 20 世纪 90 年代起，广州博物馆的新馆建设就开始被提上议事日程。

我记得 1997 年 9 月 2 日下午，时任广州博物馆馆长张嘉极同志为筹建新馆，专门召开会议，提出要成立馆学术委员会，由麦英豪任名誉主任，赵自强任业务指导，张嘉极任主任，李穗梅任副主任，程存洁任秘书长，并聘请本市高校、社科界、文博界知名专家学者担任特邀业务指导。当年的 12 月 25 日上午，学术委员会成立大会召开。在成立大会上，张嘉极馆长安排我负责分批邀请高校、社科界和省、市文博界的专家学者，围绕新馆建设召开咨询会，广泛听取意见。12 月 29 日上午，我们举行了第一次咨询会，邀请了张荣芳教授、刘志伟教授、陈华新教授、杨鹤书教授、刘志文研究员、钟卓安研究员等参加。到 1998 年 5 月 12 日上午，我们召开了由馆外业务指导和广州市文化局领导组成的咨询会，邀请了姜伯勤教授、张荣芳教授、林家有教授、邱捷教授、刘志伟教授、刘志文研究员、钟卓安研究员及陈玉环副局长等参加，当时大家共同关心的就是新馆建设问题。6 月 16 日下午又组织召开了由省文博界专家邓炳权馆长、古运泉所长、徐恒彬研究员等参加的咨询会。6 月 12 日上午组织召开了由广州市属文博界专家麦英豪研究员、陈登贵研究员、黎显衡研究员、赵自强研究员、卢延光馆长、黄淼章研究员、林齐华馆长等参加的咨询会。会上，麦英豪老师提出了新馆定位问题。此后，广州博物馆新馆建设一直是他牵挂的事情。

麦老师不顾年高体弱，始终和我们一起奋战在第一线，亲自构想新馆展陈大纲、馆舍设计，多次与我们一起实地考察白云新城（2009 年 4 月 14 日）、海珠湖（2012 年 9 月 5 日上午、9 月 27 日上午）、赤岗塔等地块，还积极地向省市有关领导反映新馆建设中遇到的问题（如 2009 年 4 月 30 日，麦老师告诉我，他亲自给朱小丹书记和张广宁市长写信，争取博物馆的面积大些）。

笔者手中保留有若干份麦老师于不同时期撰写的关于新馆建设建议意见的复印件。这些意见和建议凝聚了麦老师的心血，十分宝贵，对我们今天发展博物馆事业仍有积极的指导意义。我把它整理出来，供广州文博界同仁学习。麦老师的这些意见和建议，今天读来，可能有商榷之处，但麦老师勤于思考和一丝不苟的精神与山川同寿。

第一份是麦老师写于 2009 年 5 月 25 日，题目是《新广州博物馆在白云新城文化街区的定位意见》（图一二），内容分三大部分：

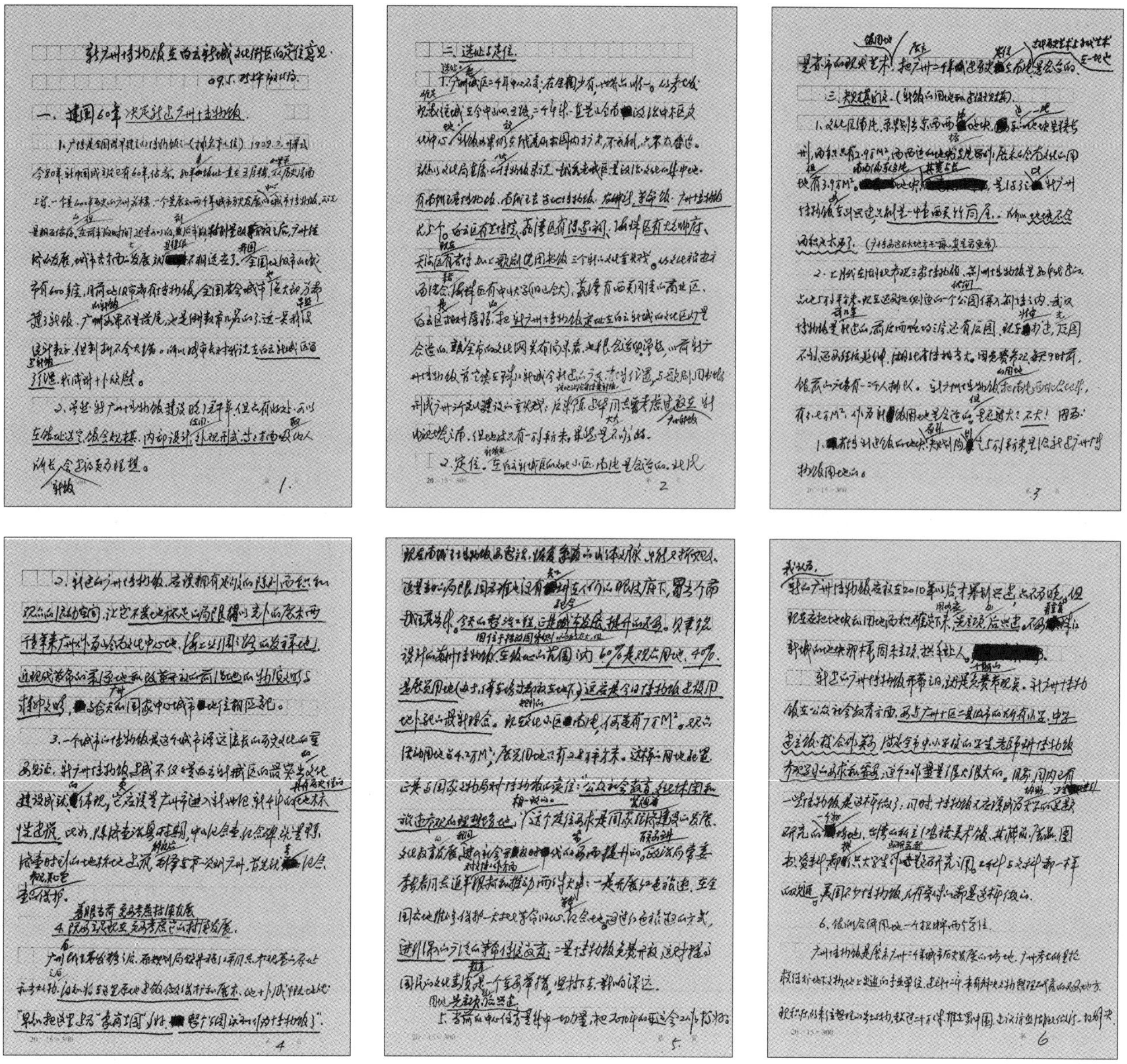

图一二

一、新中国成立60年决定新建广州博物馆

1. 广博是全国最早建立的博物馆之一（排名第七位）。1929年2月开幕至今80年，新中国成立后已有60年，佔3/4。80年来馆址一直在五层楼，如果单从历史层面上看，一个是600年历史的广州名楼，一个是展示两千年城市历史发展的中心城市博物馆，可说是相互依存的。但在前半段时间，还是可以的，到后半段，特别是改革开放之后，广州经济的发展，城市各方面的大发展，就显得很不相适应了。我国全国地级市的城市有600多座，目前地级市都有博物馆，全国省会城市也绝大部分都建了新馆。广州的新馆如果不是最尾，也是倒数第几名的了。这一点我虽然没统计数字，但判断不会大错。所以张市长对我说在白云新城区留了建新馆位置，我感到十分欣慰。

2. 虽然新广州博物馆建设晚了若干年，但亦有好处，可以在馆址选定、馆舍规模、内部设计使用、外观形式等等方面吸取他人所长，新馆会建设得更为理想。

二、选址与定位

1. 选址。广州老城区二千年中心不变，在全国少有，世界亦唯一。从考古发现确定赵佗城在今中山四、五路，二千年来一直是岭南政治中枢，文化中心地。新馆如果仍放在越秀山公园内扩建，不可能，亦不太合适。就以文化局直属的八大博物馆来说，越秀老城区是政治文化的集中地。有南越王墓博物馆、南越王宫遗址博物馆、农讲所、革命馆、广州博物馆占5个。白云区有艺博院，荔湾区有陈家祠，海珠区有大元帅府，天河区现有省博，加上歌剧院、图书馆三个新的文化重头戏。从文化旅游方面结合来看，海珠区有中山大学（旧岭大），荔湾有西关风情的商业区，白云区是相对薄弱的，把新广州博物馆定址在白云新城的文化区内是合适的。就全市的文化网点布局来看，也是很合适的。虽然以前新广州博物馆曾定点在珠江新城今新建的广东省博位置，与歌剧院、图书馆形成广州三个文化建设的重头戏；后来该地让给省博建新馆，陈建华同志曾考虑过广州新馆放在新电视塔之南。但地皮只有一万多平方米，显然是不大不够的。

2. 定位。新馆放在白云新城区的文化小区南片是合适的。北片是省、市的现代艺术馆用地，把展示广州二千年城建历史定位在南片，古代历史艺术与当代艺术在一起也是合适的。

三、规模的事（新馆的用地和建设规模）

1. 文化区南片，原来划出东西两片地块，东边一片地块呈狭长形，面积只有2.9万平方米，而西边的地块据说是留作展示岭南文化的用地，但有3.9万平方米。南面偏东这片地块，其宽与长，是1与3之比。新广州博物馆要在此兴建，只能是一幢西关竹筒屋。所以地块不合、面积也太少了。（广博要这么大地方干嘛，真是晋惠帝）

2. 上月我在湖北参观三家博物馆，荆州博物馆是80年代建的，占地5万多平方米，现在还要把侧边的一个公园并入荆博之内。武汉博物馆是前几年新建的，前后两幢均三层，还有后园，现在准备扩建，光后园不够，还要往后延伸。湖北省博相当大，因免费参观，每天9时前，馆前的广场有一二千人排队。新广州博物馆的用地，把南片两块合起来，有六七万平方米，作为新馆用地是合适的，但是否过大？不大！因为：

①省博新建馆的地块，原来规划局划定5万多平方米，是给新建广州博物馆用地的。

②新建的广州博物馆，应该拥有足够的陈列面积和观众的流动空间，让它不受地方不足的局限，得以充分的展示两千多年来广州作为岭南文化中心地、海上丝绸之路的发祥地、近现代革命的策源地和改革开放的前沿地的物质文明与精神文明，与今天广州的国家中心城市地位相匹配。

3. 一个城市的博物馆是这个城市源远流长的历史文化的重要见证。新广州博物馆建成不仅仅是白云新城区的最突出的文化建设成就的体现，它更应该是广州市进入新世纪、新千年的具有历史性的地标性建筑。比如，陈济棠治粤时期，中山纪念堂、纪念碑就是陈济棠时期的地标性建筑。解放后毛泽东第一次到广州，首先就去纪念堂参观，关心它的保护。

4. 着眼当前，更要考虑持续发展。既要立足现在，更要考虑它的持续发展。

广州南越王墓发掘之后，原规划局领导施红平同志参观墓的原址和出土文物之后，得知将在这里原地建馆做保护和展示，他十分感慨地说："早知把这里建为'象岗公园'多好，整个公园就可以作为博物馆了。"现在南越王博物馆要整治，恢复象岗的山体文脉，只能又拆又改。这是当时的局限，因为谁也没有知道在人们的眼皮底下，冒出个南越王墓出来。今天的整治工程，正是配合城市发展、提升的必要。贝聿铭设计的苏州博物馆因位于拙政园旁侧，不可能太大，但在馆址的范围之内60%是观众用地、40%是展览用地（办公、停车场等都放在地下）这应是今日博物馆建设用地分配的最新理念。现在规划的文化小区南片，假定有7万平方米，观众活动用地占4.2万平方米，展览用地只有2.8万平方米。这样的用地配置正是与国家文物局对博物馆的定位："公众社会教育、文化休闲和旅游参观的理想场地"相一致的。这个定位要求是紧随着国家经济建设的发展。文化教育的发展，我国进入社会开放时代的需要而提升的。联系到政治局常委李长春同志近年对文博工作方面狠抓和推动两件大事：一是开展红色旅游，在全国各地维修、保护一大批革命旧址、革命纪念地，通过红色旅游的方式，进行深入的广泛的革命传统教育；二是博物馆免费开放，这对提高国民的文化素质教育是一个重要举措，坚持下去，影响深远。

5. 用地。先立项，然后兴建。当前的中心任务是集中一切力量，把2010年的亚运会工作搞好。我认为，新的广州博物馆应放在2010年以后，才筹划兴建，亦不为晚。但现在应把地块和用地面积确定下来，用地应先立项，然后兴建。不要再重复珠江新城的地块那样，因未立项，拱手让人。

新建的广州博物馆开幕之日，就是一个重要的免费参观地。新广州博物馆在公众社会教育方面，要与广州十区二县级市的所有小学、中学建立馆校合作关系，满足全市中小学校的学生、老师到博物馆参观学习的要求和需要；这个工作量是很大很大的。目前，国内已有一些博物馆是这样做了；同时，博物馆又应该成为协助大学的学生进行选题研究的一个好场地。台湾的私立鸿禧美术馆，其藏品、展品、图书、资料，都提供大学生或研究者作专题研究之用，工科与文科都一样的欢迎。美国不少博物馆，凡有条件的都是这样做的。

6. 馆所合并用地，一个招牌两个单位。

广州博物馆是展示广州二千年城市历史发展的场地。广州考古所是抢救保护地下文物、地上史迹的专业单位，建所十二年，未有解决文物整理研究的必要地方，现积压的未经整理的出土文物，超过二十万件，堆在罗冲围。建议仿照湖北做法一起解决。

该建议的主要内容，麦老师在同一天上午由广州市文化局主持召开的新馆专家论证会上作了详细介绍。后来，市里同意将东、西两块用地的功能对调。

随后，我组织全馆力量、集中精力，积极开展新馆陈列大纲的撰写工作，到我离开五层楼时，已完成《广州历史陈列》大纲11稿。

我记得2009年10月14日下午，麦老师和黎金老师专程来五层楼，和我们一起讨论新馆展览问题。麦老师提出新馆的基本陈列应围绕广州"四地"特点展开，可分"岭南之光""海贸商都""革命先行""改革前沿"等四块内容。10月23日上午，麦老师和黎老师再次来到五层楼，将他们对新馆基本陈列的一些想法告诉我们。麦老师首先转达了小丹书记提出的"新馆展览要大气"的重要指示，其次谈了自己的看法，归纳起来主要有几点：1.展览的好坏关键在内容，不在形式；2.展览内容如何突破30年来以城建为主线的思路；3.如何做好展览的序厅、结尾以及"岭南中心地"这一部分的内容，等等。11月24日上午，麦老师来我办公室，单独跟我交谈了新馆展览一事。12月14日上午，麦老师到从化讨论新馆功能与建设说明书，对新馆面积、馆藏文物、图书面积、展览采光、人员编制等问题谈了六点意见。2010年9月15日上午，广州市委在市委大院2号楼会议室召开"广州博物馆新馆建筑设计竞赛方案深化工作座谈会"。在会上，麦老师提出新馆无论是其内容，还是建筑、设计、展示手段，都要大气，"四地"特点是广州独有的，同时，对现存长条形地块表示不好使用。

第二份是麦老师为2012年9月9日晚拟向陈建华市长作汇报的草拟稿中的部分内容。在这次见面会中，麦老师向市长汇报了文博类的几件大事，其中就谈到了广州博物馆新馆的选址和展陈内容等问题（图一三）：

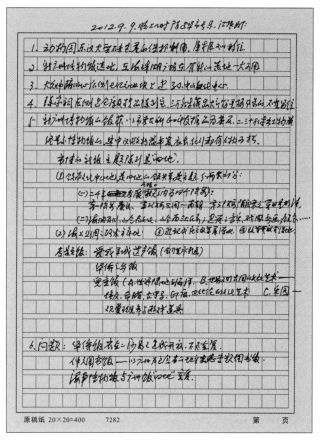

图一三

1. 新广州博物馆选址，在海珠湖广场东有新的荒地，大可用。

2. 新广州博物馆的馆藏以市考古所60年发掘品为基石，二、三十万件出土物最终是交博物馆的，其中汉代文物最丰富，衣、食、住、行都有文物可摆。

市博的新馆主题陈列是"四地"。

（1）岭南文化中心地，是"四地"的领头羊，是主题，分两大部分：

（一）二千年发展历程。概纳为四个阶段：第一（阶段）秦汉，第二阶段三国至南朝，第三阶段隋唐宋元，第四阶段是明清。

（二）海纳百川，岭南文化，岭南三大民系；建筑、音乐、戏曲、书画、饮食……

（2）海上丝绸之路发祥地。

（3）近现代民主革命策源地。

（4）改革开放前沿地。

专题馆：爱我羊城遗产馆（钢笔水彩画）；华侨之乡馆；儿童馆（A.世界陆地与海洋，B.世界文明古国的文化艺术——埃及、希腊、古罗马、印度、巴比伦的文化艺术。C.乐园——观赏玩具，参与游戏道具）。

麦老师还考虑到新馆展示内容如何不与其它馆重复的问题，如提出“华侨馆，省在二沙岛已建成开放”，注意“不必重复”；海事博物馆的内容与新馆“四地”内容，不要“重复”。同时考虑到新馆建成后，老馆如何使用等问题，如仲元图书馆，可利用为“以广州为主含省的地方史志专题图书馆”。12 月 21 日，麦老师和我们一起讨论新馆方案。

其实，早在 2012 年 1 月 13 日晚，麦老师已借陈建华市长到访慰问之机，向市长汇报了广州博物馆新馆问题。1 月 18 日，麦老师又召集大家讨论新馆陈列大纲，并在此次讨论会上提出需要组建“基建”“陈列设计征集”“后勤保障”三个筹建小组，明确陈列主题等建议，还详细地介绍了“关于筹建新馆若干问题的报告”的具体内容，为我们如何有效地开展新馆筹建工作指明了方向。2 月 9 日下午，麦老师来到五层楼，同我们商讨如何撰写“关于新广州博物馆的构思与建议”一文。

当 2013 年 4 月 19 日广州文化设施建设项目会议最后确定新馆选址在赤岗塔南侧并与广州美术馆、广州科学馆遥相呼应时，我们感到高兴，因为这里是广州新中轴线的核心地带，不仅交通便利，人流旺盛，而且紧靠历史上的风水宝地赤岗塔，历史文脉传承明显，是新广州博物馆馆址理想之地。从那时起，新一轮的筹建工作即在马不停蹄地、加班加点地有序开展。

我们起草新馆项目建议书，撰写陈列大纲，组建新馆办。经过多次反反复复的修改，2013 年我们完成了新馆项目建议书。当我把项目建议书送请麦老师指教时，麦老师作了认真批改，还给我写了一张便笺（图一四）。我将麦老师的意见及时地吸收到了项目建议书文本中。项目建议书上报后，很快获得了通过。当新馆建设项目立项获广州市政府通过的消息传到麦老师那里时，麦老师十分高兴，挥毫写下“二十一世纪新馆新气象，八十五年梦想梦成真”对联，以示庆贺，还从出土汉简里为广州博物馆新馆集了馆名（图一五）。

新馆建设项目立项后，麦老师依然十分关心展览内容，如 2013 年 6 月 27 日，麦老师和我们一起讨论新馆基本陈列大纲《广州历史陈列》。每当有新的想法，他都会及时地打电话告诉我，或写信给我。笔者珍藏着一封麦老师写于 2013 年 8

2013
1929
84 年
广州市紀念館博物館革命委员会
地址：广州市中山三路烈士陵园内　电话：70477
五层楼 1000M²

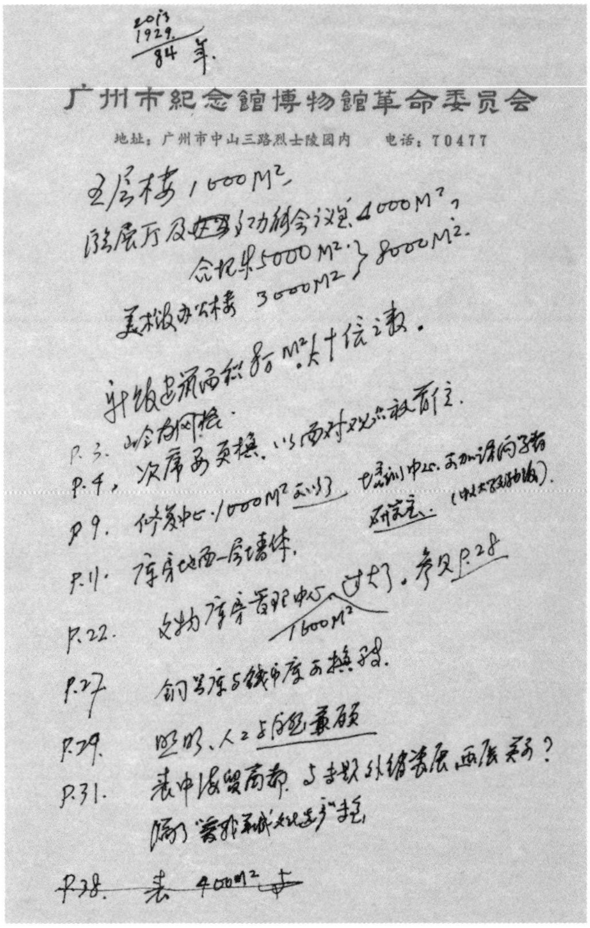

图一四

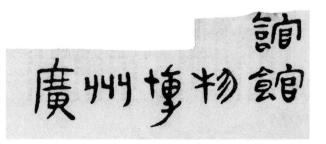

图一五

月 14 日的信件（图一六），就是一个很好的例证。麦老师在信中写道：

程馆长：

广州博物馆新馆建筑面积 8 万 m²，其中陈列用的面积应有 1/5，或稍多点，即佔有 1.6~1.8 万 m²。这比上博、省博还大。因此在主体的"四地"陈列中，在内容设计上、陈列形式上都需有若干个"大型"的场景，以揭示重要的内容。日昨看到《羊城晚报》2013 年 8 月 10 日 B10 版"八十年前海珠桥通车典礼"，除了其中四张照片十分难得之外，"海珠桥之第一文"更令我首次得知。联想起陈市长批示海珠桥拆换下来的钢铁构件交由博物馆藏展一事，新馆在市政交通方面，海珠桥应该是一个

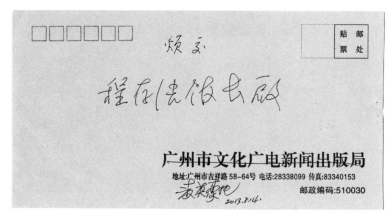

图一六

大场景。我想这篇"第一文"很有意思，因未有刻碑，解放后还是首次披露。可以设计为：用一个大框架，把这篇未刻的碑文全展出来（输入电脑，用仿启功体的繁体或简体字均可，直行排列）跟着用同样大的框架，用宋体字把翻译为白话文的碑文并排展出，是会引起观众的注意和兴味的。我把该碑文放大了一份，请你参照《古文观止》中的白话译文体例（或你认为更合适的体例）先将它译出来。我相信你治唐史，有深厚国学根基。该碑文虽然是四六骈文体，对你来说，它的用典不难查找的。如何？

《广州历史陈列提纲》很详细了，可以先由内再外的听取意见再行修订还是来得及的。祝

近祺。

麦英豪　2013.8.14.

建议：先搞个注释，再行翻译。

后来还不断地指导我们修改陈列大纲，如 2013 年 8 月 26 日麦老师来五层楼，详细介绍他近期对新馆陈列大纲的一些新的想法。当新馆建筑设计国际招标方案出来后，麦老师又多次和我们去琶洲会展中心展示区现场观摩八家设计方案（图一七）。

每当对馆藏文物或陈列展品有新的想法，或收集到新的线索时，麦老师都会及时地告诉我们，以

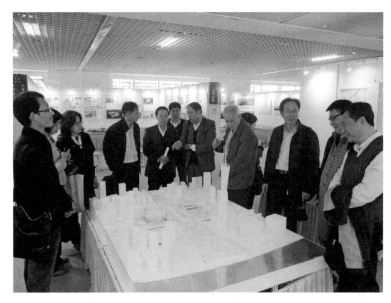

图一七

便补充丰富和完善文物信息。笔者珍藏的一张便笺，即是麦老师书写的（图一八）：

程馆：暹岗古遗址出土5件青铜器一文转上，请覆印给陈列的同志参考。另，保管部在该短剑的记录卡片，应有一份备查。

麦　2010.3.20.

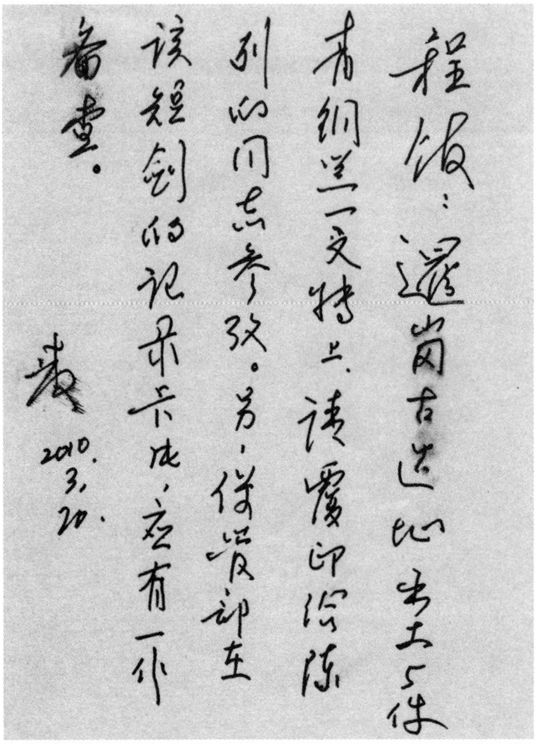

程馆：暹岗古遗址出土5件青铜器一文转上，请覆印给陈列的同志参考。另，保管部在该短剑的记录卡片，应有一份备查。

麦
2010.3.20.

图一八

随同这张便笺，麦老师还附上了《萝岗文史》发表的《暹岗出土先秦青铜兵器追忆》一文复印件（图一九）。遵照麦老师的嘱托，我将该文复印了多份，转交给馆陈列研究部和文物保管部，供业务人员学习使用。

以上所列举的仅仅是筹建新馆中的一些小片段。事实上，麦老师心系广州博物馆新馆的事例远远不止这些。回想这些，更加令我怀念与麦老师一起为新馆建设奔波的日日夜夜。今天，广州博物馆新馆虽然依旧未能建成，但它牵动着广州市几任领导人的心、是广州几代文博人勤勤恳恳为之努力奋斗的这些事实却毋庸置疑，永载史册。我坚信，崭新的新广州博物馆一定会傲立在广州这片热土上！

八、心系《广州文博》

我曾在《中国文物报》2016年12月13日第8版“专题”发表了《永远的怀念——麦英豪先生心系文博

学会》一文。受报纸版面限制，该文未能作更多的介绍。今据新见材料，略作补充。

麦老师不仅是广州市文物博物馆学会的创立者，也是学会的首任会长。他对学会的刊物《广州文博》一直十分关心。《广州文博》作为文物工作者研究广州历史文化遗产的一个公开的学术园地，创刊于 1981 年。刊物自 2007 年起改由文物出版社正式出版后，麦老师身体力行、积极供稿，从 2007 年至 2014 年，年年都提供论文，从未间断，极大地扩大了刊物的影响力。不仅如此，麦老师还亲自策划"永远的怀念——纪念杨奎章先生"等栏目，并以广州市文物博物馆学会的名义为栏目撰写按语或总说明，如《广州文博》（叁）刊登的《怀念杨奎章同志》一文（图二〇），即由麦老师主笔。

这里补充介绍一下《广州历史文化遗存的区域特色》一文在《广州文博》（贰）刊登的相关情况。

这篇文章最早是以《总概述》一名刊登在 2008 年 3 月广州出版社出版陈建华主编《广州市文物普查汇编·总览卷》。麦老师从考虑扩大广州历史文化影响力的角度出发，在征得龚伯洪先生同意后，主动提出以麦英豪和龚伯洪两人的名义，将该文以《广州历史文化遗存的区域特色》为标题，放在《广州文博》刊登。从笔者珍藏麦老师致笔者信函（图二一）及文章的校对稿（图二二、二三），可知麦老师不仅十分看重这篇文章，而且治学谨严，对文章精益求精。

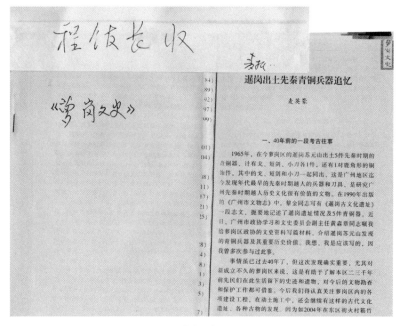

图一九

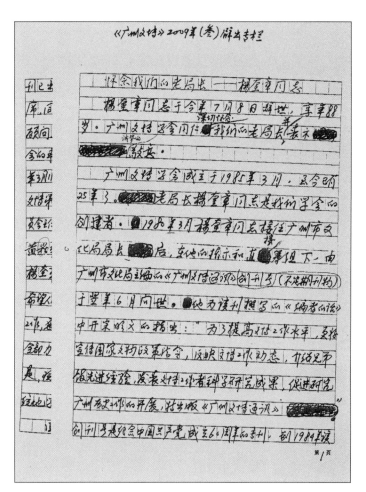

图二〇

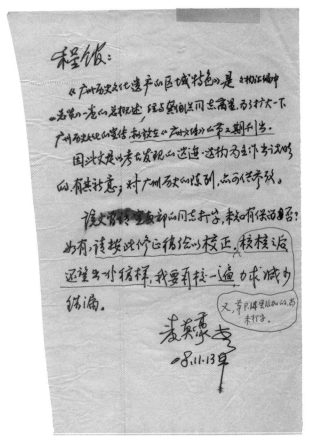

程馆：

《广州历史文化遗产的区域特色》是文物志编中《总览》一卷的总概述，经与麦伯洪同志商量，为了扩大一下广州历史文化的宣传，拟放在《广州文博》的第二期刊出。

因此文是以考古发现的遗迹、遗物为主作考证的，有其新意，对广州历史的陈列，亦可供参考。

该文曾请宣教部的同志打字，未知有保留否？如有，请按此修正稿给以校正，校核之后，还望出一份稿样，我要再校一遍，力求减少错漏。

又，第P.14是后加的，尚未打字。

麦英豪

08.11.13

图二一

烦请交 程存洁馆长

两稿均已校对，请改正错漏字。

麦 08.11.20.

图二二

广州历史文化遗产的区域特色

麦英豪 龚伯洪

广州，是国务院公布的我国第一批历史文化名城，地处中国南陲，地理位置优越，又是我国南方最大的中心城市。自秦汉以来经历了两千多年的历史发展，融合成为岭南文化中心地，中国南海海上丝绸之路的发祥地，近现代革命的策源地和当代改革开放的前沿地。直到而今，在广州市辖境内保存于地上的和考古发现深藏于地下的各个历史时期的历史文化遗产以及非物质文化遗产，岭南区域性的特色均十分鲜明。

下列各页码中（P. 3. 4. 5. 6. 8. 11. 12. 14）的错、漏字请改正。

08.11.20.

图二三

九、一场值得我们永远学习的展览评议会

设在镇海楼的“广州历史陈列”一直是广州博物馆的基本陈列。为庆祝广州建城2210年而于1996年专门修改完善的以广州城建发展史为主线的“广州历史陈列”，到2005年已开放接近十年。为此，从2005年底起我们开始酝酿“广州历史陈列”升级改造问题。通过组织召开各类咨询会，广泛听取各方意见，我们形成了一份改陈方案，上报广州市文化局审批。该方案于2006年1月获得通过。由此我们正式拉开“广州历史陈列”升级改造的序幕。经过精心策划，统筹协调，到2006年4月初，我们完成新版“广州历史陈列”展陈大纲初稿。4月14日上午，我们组织召开了展览大纲第一次评审会，之后又经过多次修改完

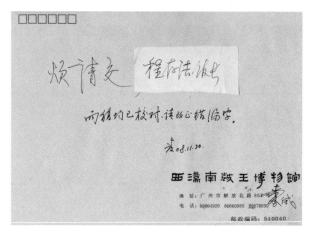

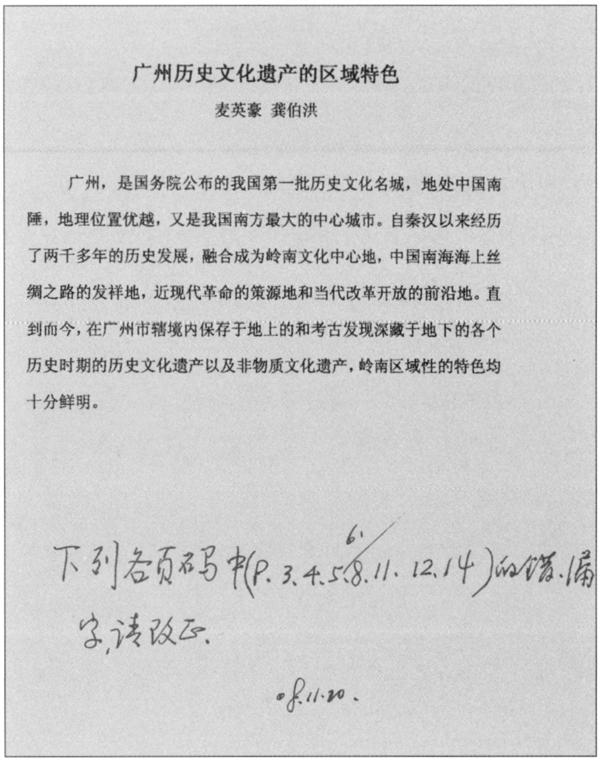

善，到 10 月中旬基本完成展览大纲文本定稿。与此同时，我们也在积极开展展陈设计方案评审工作。9 月 30 日上午，我们组织专家，召开了一次展陈设计方案评审会。在这次评审会上，麦老师提出了一些具体指导意见，比如，要紧抓广州历史发展特点，要充分认识镇海楼古建筑的优缺点，因地制宜，扬长避短，等等。经过一年多时间的努力，新版"广州历史陈列"终于在 2007 年春节前完成并对公众开放。

这次改陈工作虽然经历的时间较长，但花费少（共四层约 800 平方米展陈面积，仅花费 150 余万元），展示效果良好，与古建筑搭配协调，二者相得益彰，尤其是突出了广州历史发展特点，且文字简练，展示手段多样。

2007 年春节过后，麦老师提议组织召开展陈评议会，组织市文博单位相关专家到镇海楼"广州历史陈列"展览现场学习，鼓励大家多提批评意见，以便及时总结经验。为这次评议会，麦老师作了充分准备，起草了一份以《逆水行舟，不进则退——2007 年版"广州历史陈列"现场评议》为题的发言稿，并在会上作了发言。由于麦老师的发言针对性强，对指导我们日后开展陈列工作有益，会后我冒昧地向麦老师要了一份复印件。今日重温麦老师的这份发言稿，我依然清晰地记得当年麦老师在镇海楼会议室那场充满激情的发言，今日回想起那一幕幕，依然令人感动！为了让广州文博同仁更好地学习和发扬麦老师那种求真务实、勤于思考的精神，我特将其发言稿整理如下，供文博同仁学习：

　　谈三点意见，供大家参考：一是对今次召开现场评议会的观感。　　.

"欲求千里目，要登五层楼"。在楼前面南侧明城墙上挂起的大海报，有两条醒目的标题：庆祝广州建城 2221 年暨广州博物馆建馆 78 周年。马上连想到自己也是 78 周岁。一个人活到快 80 岁，在今天祖国繁荣昌盛、人寿年丰，大家都不觉得惊奇，但在旧社会，即倒回到六、七十年之前，就常说"人生七十古来稀"了。翻开"广州文物志"中由苏乾同志编集的广州文物大事记，记事从 1926 年开始，1929 年的大事只录入一条：2 月 11 日广州市立博物院开幕。广州有博物馆（是）由这一天开始的。如果是（按）阳历算，广州市立博物院开幕之后的 43 天，本人呱呱坠地。按农历算，则馆龄比我大 5 天，因为我是该年农历 2 月 16 日出生的。我和广州博物馆同龄，今天

图二四

仍挂一个"名誉馆长"的称号，既是给我荣誉，又是对我带来压力。虽然称"名誉馆长"，搞得好或不好，我是没有直接的责任关系，但既然挂上名号，就多少都有沾边了。今天，广州的文博同行到来，对新近出炉的"广州历史陈列"进行现场的观摩和评议，这是对广州博物馆的积极帮助，同时又是给我们每个到会的同志一个相互交流学习、取人之长补己之短的很好机会。这种抓住一个具体实例开展评议的业务活动，近几年来，似乎开得不多。本来行政可以搞，广州文博学会更应该搞，因为这是瞄准靶子，有的放矢，既要评他人，又是考自己的一种好形式。广州博物馆从1951年开始在镇海楼展出历史文物和革命文物，以后的"广州历史陈列"不知已更易过多少次，今次展出的是2007年版。有比较，有鉴别，才能得到新的认识，取得进步。广州人有句俗话：不怕不识货，最怕货比货。只要比较，就能看出优劣，认识高低了。2007年版的"广州历史陈列"与之前的一个即2006年之前的版本比较，是前进了还是差不多，或原地踏步，或衰过以前呢。大家从陈列的整体看，从突出主题看，从开头、结尾看，其内容的组织与结构是否紧密合理，这是有关内容方面的。从形式看，陈列的手法如何？我们要从好的方面一条一条、一点一点的从中找出来，加以肯定，因为好的大家得到借鉴，可以学习。最后还要指出还有哪些需要改进，必须改进，要进一步提高。

记得去年9月30日上午，在广州博物馆对4个美术设计单位的广州博物馆室内陈列设计方案的评议会上，我发言的重点是提出利用五层楼作为历史陈列的展场，在外环境方面有三大优势：①馆址的楼宇具有稳厚、凝重、古典的特点，越秀山是名山，镇海楼是名楼，名山配名楼。历史名城的广州二千年史在名楼展出，应是相得益彰的。②地形地势优越，五层楼雄踞小蟠龙岗上，在山下沿斜坡到达岗前小平原，仰观亦仅见层楼的上半，再拾级而上，豁然开朗，整座塔楼式的五百年历史，名楼尽收眼底。③五层楼的平面位置与小蟠岗之间小广场，其平面与空间高低组合比例得宜，远观层楼，感觉雄伟，站到楼前也不会有如在三宝佛下和高楼之下的那种压迫感，反而觉得宽敞亲切。事物总是一分为二，外在有三优势；内在又如何？作为展览陈列使用。特别是与现代的功能要求有很大距离。我看楼层之内有七个缺陷：1.楼层矮，高大的展品进不了；2.进深太浅，展柜的深度受限，有的场景或特别展品不能拉远距离看；3.自然光受限，只能用人工光源；4.通气不好，特别是夏季，人多时有影响；5.柱高，平面与空间受限；6.展线短，内容展不开，要压缩；7.第二、三、四层都要走回头路。以上7点缺陷，有的是可以从设计上、增加设备上加以克服的，有的是无可克服的。2007年版的广州历史陈列，在展柜、平面、立面布置上与上述的7点缺陷有了哪些方面的改进？请大家评议。以上所讲展览场地不理想，在广州除南越王新馆之外，其他的都有这个问题存在。今后要想方设计克服。

至于主题各重点内容是否突出，布置方式、辅助材料、说明文字，等等，有不少要作进一步推敲的。新版增加了许多出土文物，考古所的大局风格，执行国家文物局的要求，做得很好。今后，广州博物馆在宣传上要提到这一点。你表扬了考古所，也是对考古所的支持。

第二，关于陈列问题。记得"文革"前，博物馆提三性二务：收藏、展览、研究；早在1951年中央人民政府文化部对博物馆的方针、任务、性质及发展方面，就提出："博物馆事业的总任务是进行革命的、爱国主义的教育。通过博物馆，使人民大众正确的认识历史、认识自然；热爱祖国、提高政治觉悟与生产热情。"经过50多年的实践和发展，今天我们博物馆的性质与任务怎样提法，我要向在座请教。

有一个讲法：博物馆是学生的第二课堂，成年人的终身学校。我想这个讲法不会错，博物馆是一个特殊的教育场所。博物馆是用实物说话的，不同于各种教科书，它通过存有各种历史记忆的实物，让观众直观的认识事物，了解历史。博物馆的陈列展览是为观众服务的最主要舞台。学校的老师、教授是面对学生、直接讲授的形式来进行教育与受教育的，博物馆的保管人员、陈列人员通过收集组织各种历史实物运用陈列手段反映或说明某个主题向参观者进行宣传教育。这个第二课堂、终身教育场所的老师、教授们（保管人员、陈列人员）是不出场的。你办的展览，其主题，或者具体到某件事、某个展品的介绍说明引起了观众的兴趣，引起共鸣，欣然接受，说明你这堂课讲得好，你的展出是成功的。博物馆展览的主题组织、陈列手段的运用、多种服务措施的配套，综合起来形成这个博物馆在观众中最主要的卖点。打个比方，一间茶楼酒家，新开张的也好，老字号也好，它出品的菜色品种、味道、价钱与大堂和房间的环境布置，综合起来，形成它的卖点。"食过翻寻味"，还招呼朋友们再去享受。食是如此，展览呢？"睇过重想睇，带埋全家一齐再来睇。"我记得有一次，叶选平参观南越王墓博物馆，我当讲解员。叶选平提出，全家人再来参观一次，要我再当一次讲解员，表明展览对他的吸引，得到他的认同。当然，博物馆是以物说话的，不是凭张嘴在讲堂上讲的，所以物的有无，与物的级别有着决定意义，所谓"巧妇难为无米之炊"，但如何收集这些物品，如何把这些物组织于设定的主题之中，如何运用多种陈列手段，把内容布展得"色、香、味"都精彩，就要靠保管与陈列人员的水平了，所以办一个好的成功的展览，里面大有学问，层出不穷，要在老办法中，创出新经验、新尝试。今次历史陈列也可说是新尝试，为日后新的广州博物馆基本的陈列作了准备。

广州的博物馆，欠一种竞争的精神。现在各行各业都有竞争，香港博物馆暗中的竞争很强烈。

第三点意见，建议学会发挥组织作用，多搞活动，有大的，有小型的，有本单位的，有馆际的，有本市的，有跨省的各种形式的活动。这又是一种竞争。目的有助于加强征集（线索）、展览（主题形式、场地布置等）交流联络。只要有活动，就有发现，有点滴好的东西，及时发现，及时宣传推广，相互促进，对我们的文博事业带来生气，增加友谊，有利于事业的发展。（图二五）

今天，睹物思人，望着麦老师那一封封早已发黄的信件、便签，一张张写得密密麻麻的稿子，还有谁不会为他的那份敬业精神和那一丝不苟的工作态度所感动。他的这种工作态度和敬业精神是大家有目共睹的。他的这种精神时时刻刻在鞭策着我，使我在工作和学业上丝毫不敢懈怠。

补记：

我在对本文进行二校过程中，又想起与麦老师有关的两个事例，一个是麦老师指导我做《广州保护地下文物成果展（1990~1997）》，另一个是麦老师帮我解决学术疑难问题。于是，我翻箱倒柜，找到了当年的一些资料。现整理补充如下，以寄哀思之情。

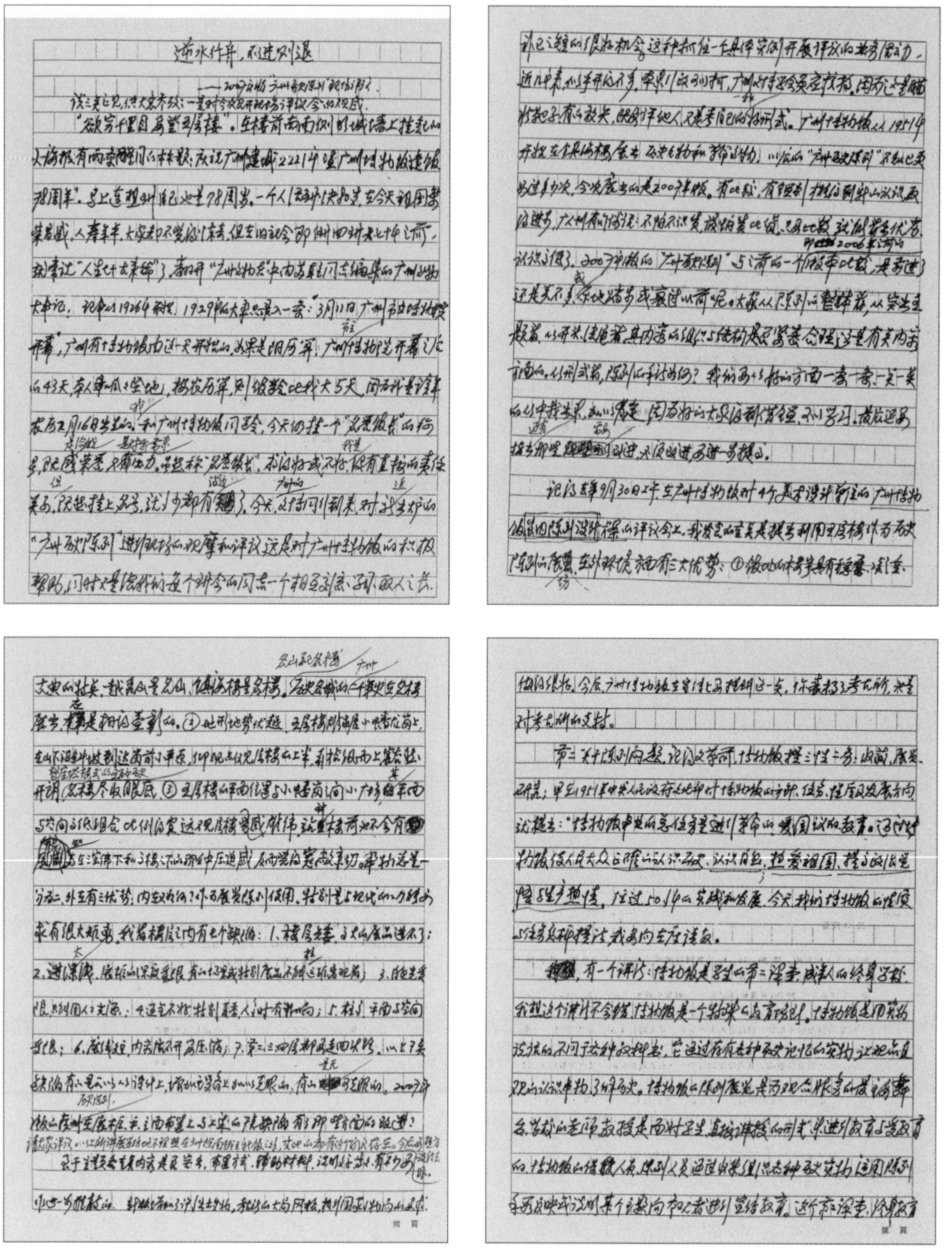

图二五

一

　　1997 年广州市文化局原办公所在地要开发建设，需进行抢救性考古发掘。麦老师是"97 广州船台 Ⅱ"发掘领队总队长。广州市文化局将我借调到广州船台办参加考古发掘工作，时间从 1997 年 7 月至次年 3 月。在我参加考古发掘期间，《中华人民共和国文物保护法》正好颁布十五周年。这部文物保护法是在 1982 年 11 月 19 日第五届全国人民代表大会常务委员会第 25 次会议通过的。为纪念《中华人民共和国文物保护法》颁布十五周年，广州市文化局决定在西汉南越王墓博物馆举办《广州保护地下文物成果展（1990~1997）》（图二六），该展览是由中共广州市委宣传部、广州市人大常委会教科文卫委员会、广州市人民政府办公厅、广州市文物管理委员会、广州市普及法律常识办公室、广州市公安局、广州市文化局主办，旨在向广大市民介绍1990年以来我市文物考古工作者为配合城市建设工程，在发掘和保护有重大价值的古遗址和古墓葬方面所取得的令人瞩目的成果，同时展示我市发生盗墓及损毁古遗址等令人震惊和痛心的事情，借此提高人们的文物保护意识，更希望全社会都来关心、理解和支持文物保护工作。

展览按"古遗址的发掘与保护"和"古墓葬的发掘与保护"两大部分陈列，其中"古遗址"部分展出有"南越国宫署遗址、德政中路唐宋遗址、海幅寺工地汉代窑址、宋代沙边窑遗址、宋代城墙遗址、明代西城门楼基座遗址、宋明六脉渠遗址、黄埔军校校本部遗址"等内容，"古墓葬"部分展出有"东山西汉早期木椁大墓、东山寺贝通津墓群、东山梅花村八号墓、东山梅花村九号墓、番禺沙头古墓群、横枝岗古墓群、黄埔姬堂晋墓"等内容。当年，组织决定由我执笔展览大纲。展览大纲前后修改了三次。每份大纲稿本都得到了麦老师的认真批改（图二七）。我通过对比麦老师修改的这三份稿

图二六

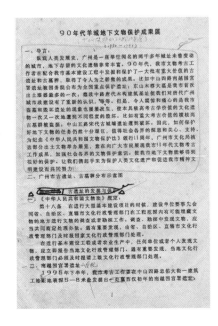 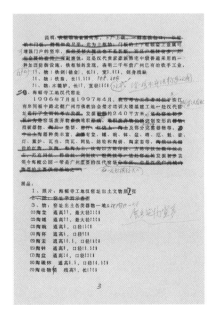

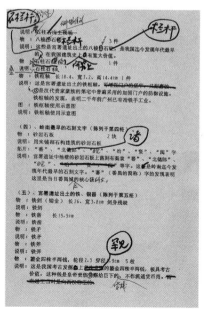

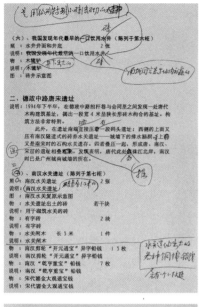

（六）、我国发现年代最早的一口饮用水井（陈列于第六柜）
照 ：水井井面和井底　　２张
说明：我国发现年代最早的一口饮用水井
物 ：木辘轳
说明：木辘轳
图 ：砖井示意图

二、德政中路唐宋遗址
说明：1994年下半年，在德政中路担杆巷与会同里之间发现一处唐代木构建筑基址，揭出一段宽４米独长形砖木构合的基址。构筑方法非常特别。
此外，在遗址南端直接压着一段宋遗址：西侧的上面又压有南汉莲式的砖水关遗址——城墙下的排水暗渠之上，又是南宋时的石砖水关遗。四者叠压一起，形成唐、南汉、宋的遗迹相叠。发掘表明，唐代此处为珠江北岸，南汉时已是广州城南城墙的所在。

（一）、南汉水关遗址（陈列于第七柜）
照 ：南汉水关遗址　　２张
图 ：南汉水关复原示意图
物 ：用于砌筑水关的砖　　若干块
说明：有字砖
物 ：有字砖　　２块
说明：有字砖
物 ：水关闸木　　长５米　　１件
说明：水关闸木
物 ：南汉剪轮"开元通宝"异字铅钱　　１３枚
说明：南汉剪轮"开元通宝"异字铅钱
物 ：南汉"乾亨重宝"铅钱
说明：南汉"乾亨重宝"铅钱
物 ：宋代鎏金大观通宝钱
说明：宋代鎏金大观通宝钱

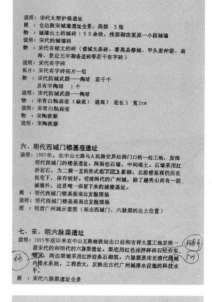

物 ：宋代鎏金元佑通宝钱
物 ：宋代鎏金元重宝钱
物 ：宋代鎏金熙宁重宝钱

（二）、唐代码头遗址（陈列于第八柜）
照 ：唐代码头遗址
图 ：码头护岸木柱结构示意图
照 ：码头遗址出土的青釉瓷
物 ：青釉瓷　　一堆
说明：青釉瓷
照 ：码头遗址出土的黑瓷
物 ：黑瓷
说明：黑瓷
照 ：码头遗址出土的长沙窑瓷
物 ：长沙窑瓷　　若干件
说明：码头遗址

（三）、唐代木构建筑遗址（陈列于第九柜）
照 ：唐代木构建筑基址
照 ：唐代木构建筑基址出土的瓦构件
物 ：瓦构件　　一堆
　　莲花瓦当　　　　１４件
　　筒瓦　　　　　　２件
　　板瓦　　　　　　１件
　　脊头瓦　　　　　２件

说明：宋代大排护堤遗址
照 ：仓边路宋城墙遗址全景、局部　　３张
物 ：城墙出土的城砖１００余块，按原砌法复原一小段城墙
物 ：宋代的城墙砖
物 ：宋代有铭文的砖（修城大条砖、番禺县修城、甲头麦钟砖、南海、景定元年御备造砖等若干有字砖）
拓片：宋代有字砖拓片一组
物 ：宋代防城器——陶球　　若干个
　　及有字陶球
物 ：宋代防城器——陶球
物 ：宋青白釉酱壶（残流）通高７底长７宽２cm
物 ：宋陶瓷器
说明：宋陶瓷器

六、明代西城门楼基座遗址
说明：1997年，在结合广州市某一建设项目时，发现明代西城门的楼基座遗址。两角包石墙，中间填土。石墙采用红砂岩石，是一种方形式布不同以黏砌。北段楼基尚有压在民宅下，保存较好。明清两代的广州城，除了越秀山尚有一段城墙外，这是唯一保存下来的城楼遗址。
照 ：明代西城门楼基座南边发掘现场
图 ：明清广州城示意图（标示西城门、六脉渠的出土位置）

七、宋、明六脉渠遗址
说明：1995年以来在中山五路地铁站出口处和吉祥大厦工地发现一段宋代的和明代的六脉渠。果保用红色泥拌砾砖石经夯实，壁底，两边突墙采用红砂岩石夯砌。六脉渠是宋至清代的城内排水系统，工程浩大，反映了古代广州城排水设施的科技水平。
照 ：宋代六脉渠遗址全景

说明：宋代六脉渠遗址全景
说明：明代六脉渠遗址全景
物 ：红砂岩条石　　３０块
（用于复原一小段明代六脉渠，与照片配合使用）
物 ：渠中出土部分器物
（1）物 ："左卫前所"岩石　　１块
说明："左卫前所"岩石
（2）明青花壶
说明：明青花壶
（3）明青花瓷瓶
说明：明青花瓷瓶
（4）明酱釉罐
说明：明酱釉罐
（5）明三耳酱釉罐
说明：明三耳酱釉罐
（6）明四耳酱釉罐
说明：明四耳酱釉罐
（7）明青花罐
说明：明青花罐
（8）明铜钱　　２枚
说明：明铜钱
（9）明鎏金铜钱　　１枚
说明：明鎏金铜钱

八、黄埔军校校本部遗址
说明：1996年6～7月，为配合黄埔军校旧址重建工程，对校本部遗址先后进行了考古发掘，发掘面积3500平方米，揭出主要砖石基址，为黄埔军校本部的重建提供了可靠依据。
照 ：陆军军官学校
说明：陆军军官学校
照 ：校本部基址
说明：校本部基址

《广州保护地下文物成果展》
（1900~1997年）

前 言

广州是我国的历史文化名城，数千以来它一直是岭南政治、经济、文化的中心和海内外交通贸易的重要港市。广州城市建设的滚滚浪潮中一直牵引着考古事业，广州城区中心建设的十多年城市历史发展规划中一直未曾变动过。海海内外期望着，九十年代期间，我们考古工作密配合的城市建设工程发掘出了一批有重大价值的古遗存，取得了令人瞩目的成果。中山四路南越国中段石基址的发掘与保存就是一项新的突破，曲折艰难十多年来，在城市建设方兴未艾、人保护积极性、、。鉴于及根我古遗址的情况在做市场保护工作，为记念《中华人民共和国文物保护法》颁布十五周年，我们举办《广州保护文物成果展（1900~1997）》，向广大市民一次宣传，鼓励、并希望通过这次的文物保护宣传，更希望全社会都关心爱心、支持文物保护工作。

国家保护名胜古迹、珍贵文物和其它重要历史文化遗产。
——《中华人民共和国宪法》

中华人民共和国境内地下、内水和领海中遗存的一切文物，属于国家所有。
一切机关、组织和个人都有保护文物的义务。
——《中华人民共和国文物保护法》

图：广州市古遗群、古墓群分布图

古遗址的发掘与保护

《中华人民共和国文物保护法》
第十八条　在进行大型基本建设项目的时候，建设单位要事先会同勘、直辖市文化行政管理部门在工程范围内有可能埋藏文物的地方进行文物的钻探调查或者勘探、勘测中发现文物，应当由同商定处理办法。遇有重要发现，由省、自治区、直辖市文化行政管理部门及时报国家文化行政管理部门处理。
在进行基本建设工程或者农业生产中，任何单位或个人发现文物，应立即报告当地文化管理部门，遇有重要发现，遇当地文化行政管理部门必须及时报请上级文化行政管理部门处理。

一、南越国宫署遗址
1995年下半年，中山四路忠佑大街一建筑工地在距地表深５-８米发现西汉初期南越国宫署的一建筑基址，是斜形水池地，斜壁用砂岩石片检铺砌。据估探现知，面积有数千平方米，仅揭开650平方米。南越国宫署是当时南越国王的寝殿建筑遗存，此建筑遗址位于现今广州城核心区，其因在城既建新大路之间，是我国南方地区唯一的一座古建筑遗址，这次南越国宫署遗存出土文物十分丰富，对研究中国建筑、广州早期城市历史发展很有重要价值。此次发掘被评为1995年全国十大考古古新发现之一，1996年国务院公布南越国宫署遗址为全国重点文物保护单位。
图：出自南越国宫署的中国第一大砖出土现场
图：中国第一大砖出土现场
图：出土地地块上的各种器物
物 ：1975年发现南越国宫署走道遗址
说明：1975年发现南越国宫署走道遗址
物 ：大方砖　　95×14.5cm
　　大砖砖　　95×95cm　　２块
　　印花砖　　　　　　　　２块
说明：宫署遗址出土的中国第一大砖

（三）、宫署遗址出土的石柱（陈列于第三柜）
照 ：八棱石柱和门槛出土现场
照 ：叠石柱倒塌情形
物 ：八棱石望柱　　３件
这些是宫署遗址出土的八棱石栏杆构件，是我国迄今发现年代最早的栏杆石构件，在我国建筑史研究上具有重大价值。
物 ：叠石柱石板
说明：叠石柱石板
物 ：铁框轴　　长16.4、宽7.2，高14.4cm　　１件
这是宫署遗址出土的铁框轴，是汉代贵家豪族的宅官中看滑渠用的加固门户的防锁设施。铁框轴的发现，表明二千年前广州已有冶炼铁手工业。
图：铁框轴使用方法示意图

（四）、岭南最早的石刻文字（陈列于第四柜）
照 ：砂岩石条石
物 ：用来铺砌石构建筑的砂岩石板　　２块
拓片："蕃"，"北诸郎"，"皖"、"冶"、"贲"、"闽"字
说明：宫署遗址中地铺的砂岩石板上面刻有阴文"蕃"、"北诸郎"、"皖"等字，是岭南迄今发现年代最早的石刻文字。"蕃"（番禺的简称）字的发现表明这里是当日南越城区的核心所在。

（五）、宫署遗址出土的铁、铜器（陈列于第五柜）
物 ：铁剑（鎏金）　长26、宽3.8cm　铜身残缺
物 ：铁刀　　长15.5cm
物 ：铁矛
物 ：铁斧
物 ：鎏金四铢半两钱，轮径2.3 穿径0.9cm　5枚

说明：这是我国考古发掘出最早见的鎏金四铢半两钱，根具考古价值。这种钱是秘密贵族赐给臣子的赏钱，不作流通使用。

（六）、我国发现年代最早的饮用水砖井（陈列于第六柜）
照 ：水井井面和井底　　２张
说明：南越国宫署遗址内街路的一口饮用水砖井是用特制弧形小砖结砌的
物 ：木辘轳
说明：井下出土的木辘轳
图 ：砖井示意图

二、德政中路唐宋遗址
说明：在德政中路担杆巷与会同里之间发现一处唐代木构建筑遗址，揭出一段宽４米枝长形砖木构合的基址。构筑方法非常特别。
此外，在遗址南端上面直接压着一段宋遗址：西侧的上面又压有南汉莲式的砖水关遗址——城墙下的排水暗渠。其间之上又是南宋时的石构水关遗。四者叠压一起，形成唐、南汉、宋的遗迹相叠。发掘表明，唐代此处为珠江北岸，南汉时已是广州城南城墙的所在。

（一）、南汉水关遗址（陈列于第七柜）
照 ：南汉水关遗址　　２张
图 ：砖水养层1.2米的南汉水关遗址
图 ：南汉水关复原示意图
物 ：用于砌筑水关的砖　　若干块
说明：有字砖
物 ：有字砖　　２块
说明：有字砖
物 ：水关闸木　　长３米　　１件
说明：水关闸木

水关遗址出土的各种铜钱、铅钱

图二七

本，对展览大纲的编写方法有了初步的认识：展览主题要鲜明，宗旨要明确，结构要清晰，文物及版面说明要科学、准确、精炼，布景要生动有趣。

在大家共同努力下，展览如期在 1997 年 9 月 27 日上午对外开放。

望着麦老师那刚劲有力的修改文字，还有谁不为他的敬业精神所感动！

<h2 style="text-align:center">二</h2>

1998 年 3 月 19 日，在广州市文化局文物处刘春华同志的告知下，我和刘欣欣同志前往广州沙面大街 59 号广东协和神学院，考察新发现的两块英文碑，并对其做了拓印。

在随后的研究中，我对碑文中所见英文 H.I.C.M. 缩写产生了极大兴趣，但一直无法了解其真实含义。于是我多方求请教有关学者。广州海关吕健行先生告诉我，H.I.C.M. 应是 His Imperial Customs Marine（大清帝国海关巡舰）的缩写。根据吕先生的提示，我写成《广州新发现的两块粤海关海班职员遇难者碑文考释》一文初稿。当我把论文初稿呈请麦老师指正并告诉他我的初步解释后，麦老师又主动帮我请香港中文大学林业强先生解决这一学术难题。1998 年 9 月 12 日麦老师亲自给林先生写信，请他帮忙解决这一学术难题。林先生极为认真负责，经多方查找、请教，一个月后的 10 月 11 日，林先生给麦老师回信，对英文 H.I.C.M. 缩写符号的含义提出了自己的意见。因林先生的意见不仅有助于解答这一英文缩写的真正含义，而且从信中亦可窥见穗港两地学人的友情及对学术研究的执着，我在征得林先生的同意后，将该信全文转载如下，供学人参考（图二八）。

英豪先生：

九月十二日大函及程馆长文章拜诵多时，转辗翻查材料，至今才作覆，请见谅。

H.I.C.M. 缩写作何解释，吕先生的意见提供了很好的研究方向，程馆长的考证也很有根据。"H.I." 两字全文为 "His Imperial" 应没有什么问题，后面的 C.M.，如释为 CUSTOMS MARINE，在英语文法上似乎不通，因为 "海关" 一般都称 "MARITIME CUSTOMS"。英语文法是形容词（ADJECTIVE）在先，宾语（OBJECT）在后，所以伦敦近郊大名鼎鼎的 "格林威治海事博物馆"，英文名为 GREENWICH MARITIME MUSEUM。故此 "C.M." 抑或 "M.C."？很感困惑。MARINE 一字也很少这样用。

哈佛大学故汉学家费正清（FAIRBANK）终身研究中国海关总税务司赫德（HART），出版了不少赫德的文书、档案。中大图书馆这方面的资料很齐全。我粗粗翻了一下，"中国海关" 英文都作 IMPERIAL MARITIME CUSTOMS, CHINA，或 CHINESE IMPERIAL MARITIME CUSTOMS SERVICE。总之 "M" 是在 "C" 之前。我影印了 1878 赫德致英国伦敦 CAMPBELL 氏的信，信中赫氏要求在伦敦印一些名片，从中可看到当时（1878）的官方英文名称是 Imperial Maritime Customs, China。

香港大学五十年代的洋人校长 RYDE 氏，终身研究澳门西洋坟场碑铭，港大出版社最近曾出版了专集，我也翻查了一下，结果仍是如上。

内子的大哥任职香港海事处处长，我于九月廿四日电邮（EMAIL）给他，请他帮忙，看看

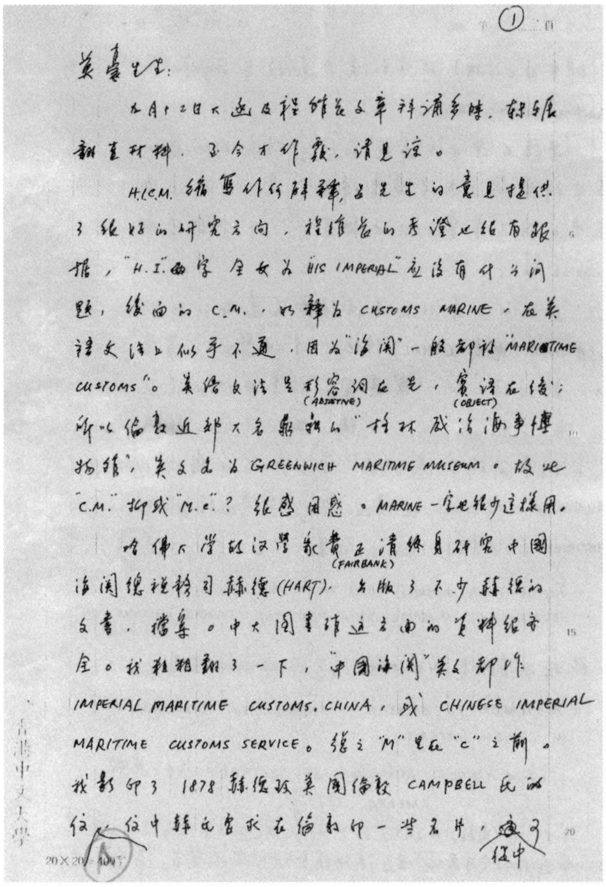

黄熹先生：

九月十二日大函及程维邦先生之华祥清文博，就各届翻查资料，于今才作覆，请见谅。

H.I.C.M. 编写作行解释，各先生的意见提供了很好的研究方向。程维邦先生香港也给有据报，"H.I."即全文名为 HIS IMPERIAL 应没有什么问题，后面的 C.M. 应释为 CUSTOMS MARINE。在英语文法上似乎不通。用为"海关"一般都说"MARITIME CUSTOMS"。英语文法是形容词在先，宾语在后；(MARITIME)(OBJECT)(ADJECTIVE) 所以伦敦近郊的大名鼎鼎的"格林威治海事博物馆"英文名为 GREENWICH MARITIME MUSEUM。故此"C.M."抑或"M.C."？颇感困惑。MARINE 一定也很少这样用。

哈佛大学的汉学泰斗费正清先生研究中国海关总税务司赫德(HART)，出版了不少赫德的文书。据闻，中大图书馆过去由的华梅纪念全。我粗粗翻了一下，中国海关英名都作 IMPERIAL MARITIME CUSTOMS, CHINA，或 CHINESE IMPERIAL MARITIME CUSTOMS SERVICE。既是"M"在"C"之前。我影印了 1878 赫德致英国信致 CAMPBELL 氏的函，这位中赫氏官就在伦敦印一些名片。

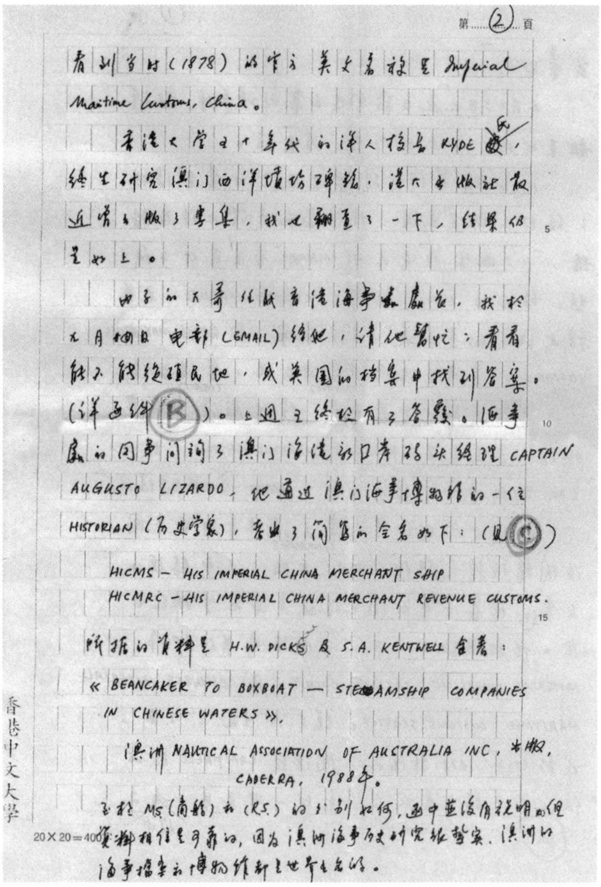

程中

香刊当时(1978) 均作为 英文名称是 Imperial Maritime Customs, China。

某位大学的十多年前的洋人核名 RYDE，终生研究澳门西洋帆船史，港大出版社最近有出版之专集，我也翻查一下，结果似乎无。

由于我在大学任教音法海事兼职，我于八月初日电邮(E-MAIL)给他，请他帮忙，看看能否给研究此地，或美国的档案中找到答案。(详见B)。上周三终于有了答复。他亲自问同事问到了澳门海洋港口专家兼航海经理 CAPTAIN AUGUSTO LIZARDO，他通过澳门海事博物馆的一位 HISTORIAN (历史学家)，查出了简答的全名如下：(见C)

HICMS — HIS IMPERIAL CHINA MERCHANT SHIP
HICMRC — HIS IMPERIAL CHINA MERCHANT REVENUE CUSTOMS.

所据的资料是 H.W. DICKS 及 S.A. KENTWELL 合著
《BEANCAKER TO BOXBOAT — STEAMSHIP COMPANIES IN CHINESE WATERS》.
澳洲 NAUTICAL ASSOCIATION OF AUSTRALIA INC, 出版, CANBERRA, 1988年。

至于 MS (商船) 和 (RS) 的分别如何，西文中并没有说明的但望续相信是可靠的，因为澳洲海事是研究报告案，澳洲的海事档案与博物馆都是世界有名的。

该历史学家还提供了有关的资料，说 1874, 1878 两年确实有问题，1874 的发生于 9月22日，两艘中国海关船只以及：葡萄牙之船 (PRINCIPE D. CARLOS, TEJO, CAMOES) 沉没，这和沙西洋文吻合。

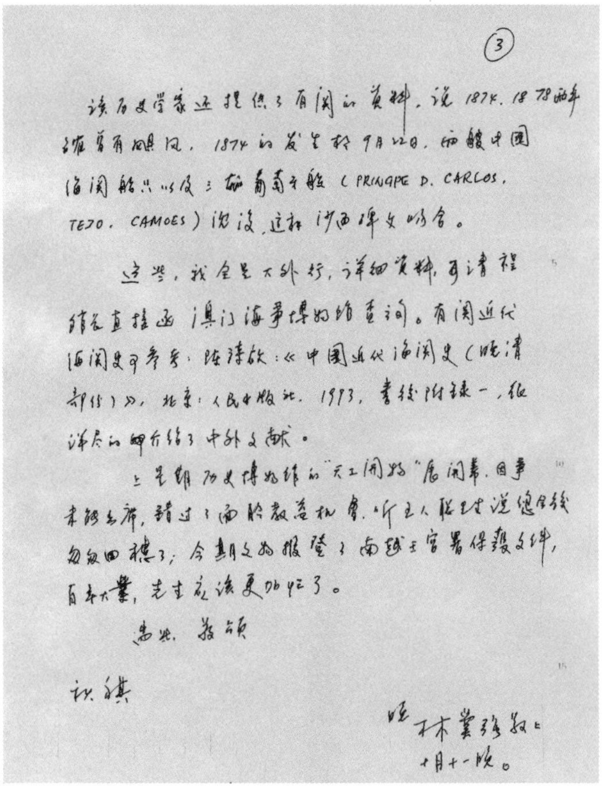

这些，我全是大外行，详细资料，可请程维邦直接函澳门海事博物馆查询。有关近代海关史可参考：陈诗启《中国近代海关史（晚清部分）》，北京：人民出版社，1983，书后附录一，很详尽的罗列了中外文献。

上星期历史博物馆的天工开物居闭幕，日事繁杂多作，路过了两次都高抬贵，听主人腔就说这边隐假匆匆回穗了。今期之的服务了南线王宫署保毅义讲，日未大业，老主竞该更加忙了。

专此，敬颂

教祺

许镇

□□□业珍敬上。
十月十一晚。

图二八

能不能从殖民地，或英国的档案中找到答案。（详函件）。上周五终于有了答覆。海事处的同事问询了澳门海港新口岸码头经理 CAPTAIN AUGUSTO LIZARDO，他通过澳门海事博物馆的一位 HISTORIAN（历史学家），考出了简写的全名如下：

HICMS——HIS IMPERIAL CHINA MERCHANT SHIP

HICMRC—— HIS IMPERIAL CHINA MERCHANT REVENUE CUSTOMS。

所据的资料是 H.W.DICK 及 S.A.KENTWELL 合著：

《BEANCAKER TO BOXBOAT——STEAMSHIP COMPANIES IN CHINESE WATERS》

澳洲 NAUTICAL ASSOCIATION OF AUSTRALIA INC，出版，CABERRA，1988 年。

至于 M.S.（商船）和（R.S.）的分别如何，函中并没有说明，但资料相信是可靠的，因为澳洲海事历史研究很扎实，澳洲的海事档案和博物馆都是世界出名的。

该历史学家还提供了有关的资料，说 1874、1878 两年确曾有飓风，1874 的发生于 9 月 22 日，两艘中国海关船只以及三艘葡萄牙船（PRINGPE D.CARLOS，TEZO，CAMOES）沉没，这和沙面碑文吻合。

这些，我全是大外行，详细资料，可请程馆长直接函澳门海事博物馆查询。有关近代海关史可参考：陈诗启：《中国近代海关史（晚清部分）》，北京：人民出版社，1993，书后附录一，很详尽的介绍了中外文献。

上星期历史博物馆的"天工开物"展开幕，因事未能出席，错过了面聆教益机会。听王人聪先生说您会后匆匆回穗了；今期文物报登了南越王宫署保护文件，百年大业，先生应该更加忙了。

尚此，敬颂

秋祺

晚林业强敬上

十月十一晚。

麦老师对晚辈学者的关心和爱护，对学术事业的执着精神，永远值得我们学习，他的高尚品质永远受人敬仰！

（原载《广州文博·麦英豪先生逝世周年纪念专辑》拾壹，文物出版社，2017 年 11 月第 1 版）

友情并不相隔

——怀念朱启新先生

4月3日朱启新先生走了。

我与朱先生的相识是在新千年的初期，当时朱先生来广州出差，我和同事一起接待了他。自此我们一直交往，并结下了深厚的学术情谊。

朱启新先生（1925—2018年）是文物出版社《文物》月刊原副主编，退休后，受聘于中国文物报社，任学术顾问，长期主持该报学术版的编务工作。朱先生不仅思维敏捷，而且勤于思考，善于发现问题，在学术研究方面给予了我十分有益的指导和启发。

2006年1月6日，朱先生写信给我，详细地阐述了民间文学价值，将如何编撰《扇铭文学》一书的学术思路毫无保留地告诉了我（图一、二）：

去年，我因编务，翻阅了中国文化史，中国文学史和钟敬文的民间文学，使我深有感触的是，许多民间文学较丰富的内容，在文化史、文学史中，不但资料缺乏，更不见论及。这是一大缺憾。文学的阳春白雪，是在下里巴人的基础上发展的，以最早的《诗经》而论，没有"关关雎鸠"，也就很难出现如"大雅"中的《云汉》，"周颂"中的《丝衣》之作。我国自古至今，民间文学是十分充实，不断发展的，也是传统文化的极为重要的组成部分。如古器上的字铭，就是被写在《中国文学史》外的一种受一般文化人忽视的通俗文学。近期，我考虑了《瓷铭文学》《镜铭文学》《联铭文学》《扇铭文学》《墓铭文学》《碑铭文学》等。当我一提出这种想法，就被文物出版社看中，列入了选题，为此我就着手联系作者。几年前，我到广州，曾听先生谈起举办折扇扇面展览之事，得知先生对折扇颇有研究，因此，我特写信给您，希望您能支持我的工作，也为发扬传统文化，在中国文学史上增加"正统文学"以外的实实在在来自民间的俗文学内容，参加有关扇铭的撰稿工作。

扇铭文学，以折扇铭文为主，有些团扇、绢扇之类，也有较好的题铭，都可收入。这是一种特殊的文学体裁，也是中国文学的特色，不少扇铭极为耐读，即使普通的"且为夏友，莫为秋捐"之类，也很有文学品味，字不多，意很近人。当然，除了一些无名氏的杰作，还有无名文人的创作。这方面的内容是十分丰富的。我请先生就您已研究收集的，再补充一些，能否收录100~150则扇铭。每则除录文外，作些题解（不少扇铭是无题和无作者署名的）说明时代，收藏地点，最好有尺寸大小形状说明。并且对题铭中的一些字词加以注释。有的重要扇铭，需要附有图片。在

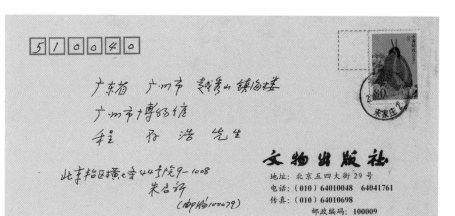

图一　　　　　　　　　　　　　图二

正文之前，要写一篇前言，谈谈扇铭的简史和在文学史上的地位。全书约十万字左右。

我非常盼望先生在百忙之中给我一个肯定的答复，至于具体编写内容，等收到您的回信，再作详细研究。

当时我们认识的时间还不长，他在信里还写错了我的名字。其实，当时只要沿着他的学术思路去开展扇铭文学研究，一定可以圆满完成这一学术课题。可惜的是，由于我当时完全沉浸在对广州外销通草画的学术探索中，没有精力再从事其它学术课题的研究，因此失去了向朱先生求教的宝贵机会。

朱先生还曾来函肯定我的学术成果，给了我莫大的鼓励。

2008年8月，经过八年努力，我的通草画研究成果《十九世纪中国外销通草水彩画研究》终于正式出版了。是年年底，我将拙著寄给朱先生指导。次年3月10日，他从北京写信给我（图三），充分肯定了我的学术成果，还提出了新的期望。朱先生在信上说：

> 灯草画能有如此神奇，不仅令人惊讶不止，也大开眼界。先生为钩沉此将绝传的手艺，竟费尽心血，苦索其源。没有您的辛勤劳动和锲而不舍定求结果的决心，恐怕没有今日的巨大成果，可喜可庆，也使我感动钦佩。现在，灯草画几溯绝传，应该向社会广泛宣传，一方面要不断展出，使更多的人能了解和理解，得到广泛影响，另方面希望通过向社会呼吁，得到支持，把灯草画手艺恢复。这件事，我想先生一定在积极从事。否则，太可惜，也太遗憾了。

图三

在我国，因通草画是以外销为主，且该画种已消失了百余年，故朱先生在信中将通草画误认为是灯草画，这是可以理解的。其实这二者是有区别的。灯草是广为人知的草本植物，又称灯芯草，其茎细长，茎的中心部分可用做菜油灯的灯芯，俗称灯草。而通草为五加科植物通脱木，通草画是画在用通脱木的茎髓切割而成的薄片上，并以中西合璧的艺术手法描绘而成的新型画种。它兴起于18世纪末19世纪初，最后消失于20世纪初期，是西方人了解东方风土人情的最佳媒介。今天，可以告慰朱先生的是，自从2011年5月19日中央电视台科教频道"探索·发现"播出"通草奇画"后，广州地区中小学校加大了对通草画的宣传力度，已将通草画的创作纳入了校本课程。如今，通草画已成为广州市的一张亮丽名片。

朱先生不仅在学术上给予我热心指导，在工作上也曾给予大力支持。

2009年是广州博物馆建馆八十周年。当年，我们借助"5·18国际博物馆日"活动，邀请了部分全国知名专家学者参加馆庆学术活动。朱先生也应邀前来参加。期间，他以自己研究文物的心得为例，以《谈文物研究》为题，为广州市民作了一场精彩的学术报告。他的讲座共分三大块内容：第一，经验与教训；第二，研究思路：（一）史料与实物结合（二）用途与实际结合（三）间接与直接研究（四）让实证说话（五）单件与整体研究；第三、研究态度：（一）不懂就是不懂（二）千万不要好为人师。

从朱先生深入浅出的讲座中，可以看出他在文物研究中所遵循的原则，就是要实事求是。虽然可以大胆设想，但必须小心求证，要注意科学性、合理、实证。这为广大文博工作者如何开展文物研究提供了很好的方法。

图四

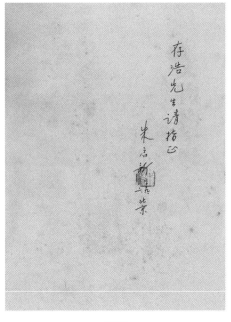

图五

图六

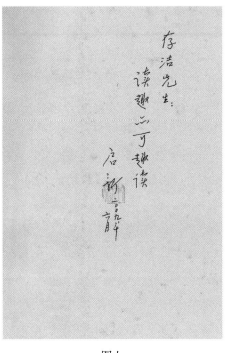

图七

后来，朱先生还陆续赠送给我他出版的著作。第一部大作是中华书局 2006 年 8 月出版的《文物物语：说说文物自身的故事》（图四、五）。该书以近百个日常所见文物为题，"以古代史书和文学作品为依据，结合有关资料，或引或绎，替文物说说它自身的故事。"2009 年 6 月朱先生惠赠大作《读趣：引人深思的 120 个古代故事》（图六、七），他从先秦至清代的古籍中摘选一些简明短小的故事和传说，做些字词和短语的注解，并附释文、拾得。2011 年 8 月又惠赠大作《看得见的古人生活》（图八、九）。这本书是对《文物物语：说说文物自身的故事》一书的补充和修改，主要是通过文物来介绍古人生活，分为礼仪文明、社会风

尚、衣饰之美、日常器用、文化生活、建筑文明和军事战争等几大类别。

通过学习朱先生的著作，我们更加热爱中华传统文化。我国历史悠久，地上和地下保存着十分丰富的遗存和遗迹。这是中华民族引以自豪的珍贵文化遗产，也是祖先留给我们的一部说不尽、道不完的形象历史，值得我们充分利用，也需要我们百倍珍惜，千倍爱护。

我和朱先生的交往时间虽然不算太长（图十），但他留给我的印象特别深刻：作为长辈，他十分地慈祥友爱；作为学者，他很有学问，又特别谦虚，是一位德艺双馨的专家。我们之间的学术情谊，诚如他和他的夫人戈平先生2009年6月4日写给

图八

图九

图十

我的信函中所言："虽然，我们经常接触不多，而一见如故，也是快事。""'海内存知己，天涯若比邻'，南北相隔，而友情并不相隔也。"

（原刊《中国文物报》2018年5月4日第4版"文缘"）

一生只为考古忙

——怀念黄展岳先生

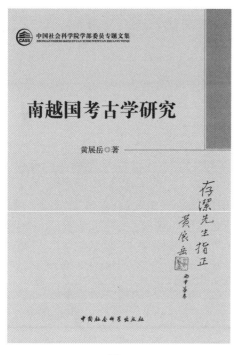

图一

今年春节，黄展岳先生从北京打来电话，问候我们全家，还告诉我们，他的身体尚好。可是，4月23日这天，我如往常一样早早地回到办公室，却从微信圈惊悉展岳先生已于昨日仙逝的噩耗。我简直不敢相信这是真的！心情顿时悲痛沉重起来。他那和蔼可亲的笑容一直在我脑海里回荡；他一丝不苟的治学精神，给我留下了极为深刻的印象。

展岳先生是新中国培养的第一代考古工作者中的杰出代表。他先后参加了洛阳烧沟汉墓、洛阳汉河南城故址、西安礼制建筑遗址、广州西汉南越王墓等重大考古发掘工作，著有《中国古代的人牲人殉》《古代人牲人殉通论》《考古纪原：万物的来历》《西汉礼制建筑遗址》《先秦两汉考古与文化》《先秦两汉考古论丛》《南越国考古学研究》（图一）等，是我国著名的考古学家。

我最早是从我岳父傅举有老师那里了解到他。在家里，岳父时常给我们讲起展岳先生的学问。他俩既是好友，又都是从事汉唐考古工作的，有着共同的学术爱好，对马王堆汉墓的发掘和研究，特别是对马王堆三号汉墓墓主的确定，都做出了杰出贡献。我第一次拜见他，是在2005年11月12日广州市文物考古研究所成立十周年庆典那一天（图二）。这一天，广州市文物考古研究所在广东迎宾馆举办了"城市考古与文物保护学术研讨会"，又与广州博物馆在镇海楼合办"广州文物保护十年展"。我在镇海楼接待展岳先生，陪同他参观了"广州文物保护十年展"，后又跟随傅老师去迎宾馆拜访他。

我与展岳先生的书信来往，是在他进入"米寿"后。这主要得益于傅老师大作《往事随笔》出版一事。2014年，广东人民出版社正在编辑出版该著作，展岳先生应傅老师邀请给此书作序。由于两位老师年事已高，行动不便，我权当通讯员，做些协调联络的工作，负责打字寄信等日常事务。这让我有了更多机会聆听到展岳先生的教诲。展岳先生写好《序》文后，于2014年11月25日附函寄给我。他在信中写道：

图二

存洁同志：

奉上《往事随笔·序》，请审阅。如有错、漏，请改正、补充；发现赘文病句，亦请删改。总之，由您裁定可也。末署"米翁"非字、号，乃八十八岁老头之谓也，供一嗨！致大安。

收到后请电告。建议书中配一些照片。

黄展岳　二〇一四年十一月廿五日

后来《往事随笔》正式出版时，我们按照展岳先生的建议，增加了一些图片。随后，我在与岳父的一次交谈中，获悉展岳先生正在整理日记。那时我正在编辑出版《广州文博》，出于职业的敏感，我通过岳父向展岳先生约稿，请他就广州南越王墓的发掘情况赐稿，因为我知道他曾作为考古队副队长主持发掘了西汉南越王墓。很快，他就寄来了《心系南越王墓——亲历发掘、编写报告和有关活动的记忆》一文的手写稿，并附上书信一封（图三）：

存洁先生：

遵嘱，奉上手写稿《心系南越王墓——亲历发掘、编写报告和有关活动的记忆》，配图三张。不知适用否？按年序编列，自感芜杂。本拟再作一次修订，苦于耄耋迟钝，不想再费心思了。如不嫌弃，请代劳，文中废言赘句，均请斧削，不胜感谢。是否请老麦过目纠错，请酌定。致编安。

黄展岳　二〇一六年一月十七日

展岳先生十分谦虚，信中自谦文章"按年序编列，自感芜杂"。事实是，其大作，内容丰富，叙事详实，书写工整，字体纤细优美。信中所提"老麦"是指麦英豪先生。当时麦老师正患重病。我拿着打印好的文稿到麦老师家，向他转达展岳先生的意见。文稿整理好后，我寄回北京，请他校对。展岳

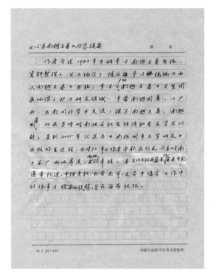 

图三

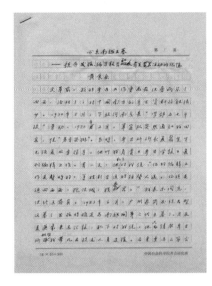

图四

先生逐字逐句地认真校对，并在原文基础上增改了一些内容。很快先生就又寄回了校对稿，并附大函一封（图四）：

> 程馆长：大作多篇，《中国文物报》出版时即拜读，获益良多。您公务、业务两不误，殊堪敬佩！有机会来京时，盼面晤畅谈。顺致阖家安好。
>
> 并代向傅举有先生问好！
>
> 展岳　二〇一六年四月二日

展岳先生的来函给了我巨大的鼓舞！《中国文物报》是我的良师益友。我每有学习心得，都会写成小文，向文物报投稿。万万没有想到，我在文物报发表的每一篇小文章，都引起了展岳先生的垂注。一直以来，我都很想找个机会去北京登门拜访，向老先生当面请教。可是，我没能完成这一愿望，且今后也再没有这样的机会了。每念及此，不禁黯然神伤，懊悔不已！

2016年11月28日，广州文博考古界德高望重的麦英豪老师与世长辞。我们于2017年着手编辑出版《广州文博·麦英豪先生逝世周年纪念专辑》。我将约稿函寄给展岳先生，此时他已届90高龄，仍饱含深情撰写了长文《音容宛在　情谊长存——忆挚友英豪》，并附函（图五）由其长公子哲京先生寄给我。他在信中详细谈及麦先生身后留下的三件事：

一、整理编写广州六朝隋唐至明清墓葬资料。

十多年前，老麦曾多次对我说，等他腾出手来（指不参与工作中的广州考古文博事务）就投入六朝至明清资料整理，这笔"债"在他生前必须交代。五六年前，他重新对我说，决定日内动手整理，已布置黄兆强等人帮忙。随后无下文。我多次催促，无效。我建议当年参加发掘同志（可能都已退休了）出面领衔整理，组织几个中青年协助编写、出版一本发掘专著。近年西安、长沙已做出榜样，望向他们学习，替老麦还清这笔"债"。

二、编写《麦英豪论文集》（或《麦英豪集》）。

老麦单篇论著颇丰，我曾多次请他自编论文集，他不同意。他身后就落到健在的同行身上了。建议请黎金领衔，让她指定一二位热心者帮她收集编纂、出版，便于后人参考利用。

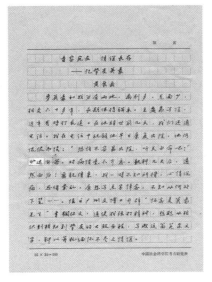

图五

三、考虑编写《麦英豪传》（或《麦英豪评传》）。麦是广州考古文博界的旗帜，在中国考古文博界也颇有影响。建议挑选二三位热心同行编写。个人自荐也欢迎。目的是供后人学习。

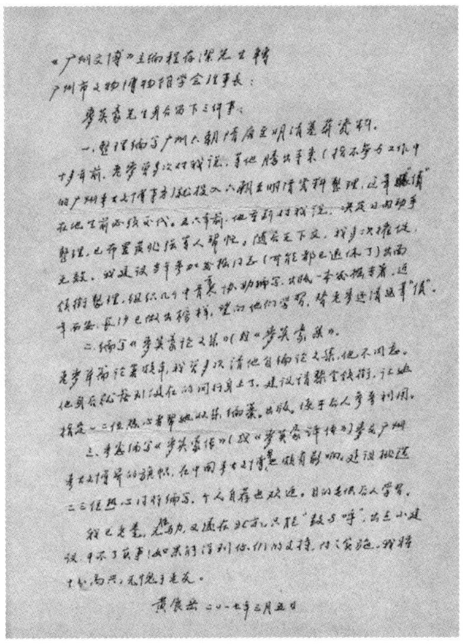

我已老耄，无能为力，又远在北京，只能"鼓与呼"，出点小建议，干不了实事！如果能得到你们的支持，付之实施。我将十分高兴，无愧于老友。

收到来信后，我复印了多份送给相关领导。同时，我回电告诉他，信中提及的第二件事已在进行中。我将先生的文章整理好后，寄回北京，请他审阅。展岳先生依然是一丝不苟，将校对意见以书信方式寄给了我（图六）：

存洁先生：

接到拙稿校样后即校读，检出三个字：

18页一之第2行"在北京大学"应改为"、北京大学"。（"在"改为"、"号）

18行一之第4行"考古训练的学员"，应作"考古训练班的学员"。（添一"班"字）

22页三之第5行"刘龚墓"应改为"刘龑墓"。（"龚"改为"龑"）

其余的错漏，您已改正。谢谢。这里不重复。个别标点符号，请再酌定一下就

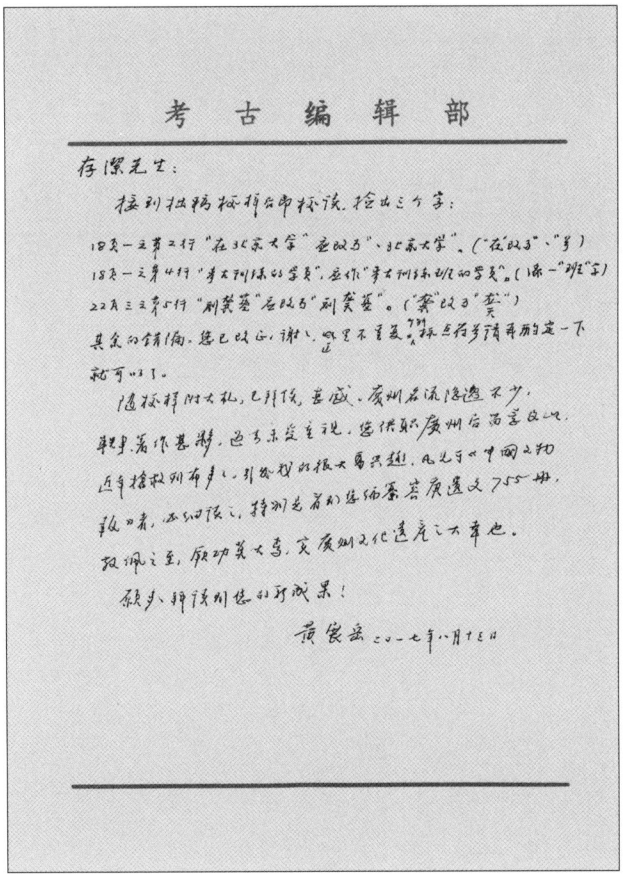

图六

可以了。

随校样附大札，已拜读，甚感。广州名流隐逸不少，轶事、著作甚多，还尚未受重视。您供职广州后留意及此，近年抢救刊布多多，引发我的很大兴趣。凡见于《中国文物报》者，必细读之。特别是看到您编纂容庚遗文755册，敬佩之至，厥功莫大焉，实质则文化遗产之大幸也。

愿多拜读到您的新成果！

黄展岳　二〇一七年八月十三日

展岳先生的大函，给了我无穷的力量，激励我无论身处顺境逆境，都要坚持学术研究。回想与展岳先生交往的点点滴滴，我深感先生是一位知识渊博、诲人不倦的慈祥师长。"钩沉汉唐考古，功勋卓著，泽荫后代；解密华夏文明，著作等身，嘉惠学林"，他的巨大学术成就得到了世人的肯定。他的学术精神永远值得我们学习。如今，斯人远行，音容宛在。让我们一起怀念尊敬的黄展岳先生！

（原载《中国文物报》2019 年 8 月 23 日第 7 版"考古专刊"）

心系马王堆汉墓的考古学家

——黄展岳信函读后

黄展岳先生（1926—2019年）是新中国培养的第一代考古工作者，著名考古学家。马王堆汉墓，尤其是三号汉墓墓主问题，一直是他关注的一个学术问题。他在晚年，时常给湖南省博物馆傅举有先生写信，思考和探讨三号墓主问题。

展岳先生是《长沙马王堆一号汉墓》简报单行本和发掘报告的编写者，举有先生是马王堆二、三号汉墓的发掘者和国家文物局马王堆汉墓帛书整理小组成员。他们在从事马王堆汉墓研究工作中，结下了深厚学术友谊。马王堆汉墓发掘后，一、二号汉墓墓主因证据充足，很快得到学界确认，而三号汉墓墓主因证据不明显，一直是学界长期争论的问题。

20世纪80年代，傅先生通过严谨考证，首次提出三号汉墓墓主是利豨的学术观点。后来，这一学术观点得到越来越多学者的赞同。黄先生不仅赞同这一学术观点，还身体力行，积极寻找证据支持这一学术观点。在黄先生"鼓与呼"下，2017年湖南省博物馆推出的"长沙马王堆汉墓陈列"采纳了三号汉墓墓主是利豨的学术观点。至此，学术界长达四十余年的争论画上了一个圆满的句号。

今日重读这批信件，我们深切地感受到这位考古学家心系马王堆，心系祖国的考古事业。

我们先来阅读2014年度展岳先生写给举有先生的第一封书信：

马王堆三号墓，湖南同仁公认为墓主利豨，就不必再写了。来信提到的汝阴侯墓"七年"纪年，查简报，所列"二年""三年""七年""十一年"估计全是文帝纪年，不是"汝阴侯"的在位纪年。陈松长文中提到的"丧服图"，《马王堆二、三号墓》发掘大报告中未见，不知何故？三号墓定为利豨墓，应是正确的，关键是他死于文帝十五年而不是"十二年"。这三年之差，说是"传抄致误"，或用"丧服图"守孝三年解释，都是"不得已而为之"的说法。我想从长沙王纪年或轪侯纪年中找解释，但都不符合。我已登耄耋之年，没有精力去纠缠了。近年写"年谱"（1955年以后有日记，从日记中摘编，1954年以来凭记忆）准备留供后人评说。长沙会议，不想去了。

信里虽未留下具体书写时间，但从信封邮戳日期，可知这封信写于2014年3月4日前几日。黄先生在信里不仅认为马王堆汉墓发掘简报所提"二年""三年"等纪年是指汉文帝纪年，而且肯定三号墓主是利豨，并就如何进一步解答三号汉墓诸多存疑问题，提出拟从长沙王纪年或轪侯纪年中去寻找答案的思路，给人以启示。

同年 5 月 18 日，黄先生再次致函傅先生：

> 五月十二日来函，接悉。前承告知湘博馆长主编二本书（《湘楚物华》2009.紫禁城；《马王堆汉墓研究》岳麓 2013）即借来阅读，由于后书不肯定三号墓"利豨说"，促使我写了《也谈马王堆三号墓墓主是谁》，以应湘博马王堆发掘四十周年征文，已于五月十二日用电子信箱发聂菲。聂云已收到。这是一篇短文，只有三千多字，为您"鼓与呼"。您到湘博时，可找聂菲。……我写此短文，目的是支持"利豨说"。

信中谈到的《湘楚物华——阅读湖南省博物馆》是 2009 年 10 月紫禁城出版社出版介绍湖南省博物馆展览的一本图册，《马王堆汉墓研究》是 2013 年 10 月岳麓书社出版关于马王堆汉墓的研究论著。因《马王堆汉墓研究》一书没有肯定"利豨说"，黄先生下决心继续思考，并完成《也谈马王堆三号墓墓主是谁》一文，以响应湖南省博物馆马王堆发掘四十周年征文活动及支持马王堆三号墓墓主"利豨说"。信中提到该文已通过电邮发给了聂菲。聂菲是湖南省博物馆一位非常勤奋、有才华的研究馆员，对我国古代漆器、家具均有深厚造诣。

到 2014 年 9 月 8 日中秋节，黄先生又致函傅先生：

> 接来信，大喜。皿方罍回归，大作早已拜读。我有《中国文物报》赠阅。李伯谦、周世荣文亦已拜读。皿方罍盖与器身回归合璧，乃文物界千古难得一见之盛事。大作叙述清楚，敬佩之至！马王堆文，可先试投《中国文物报》。遵命试试。何时送，请预告，由我复印直接寄报社，或由您找聂菲复印，再与大作同寄？请告。我已入耄耋，行动不便，不想参加长沙会议了，请勿向馆方求优待。

他在信中谈及"皿方罍盖与器身回归合璧，乃文物界千古难得一见之盛事"，是指 2014 年 6 月 21 日"皿天全"方罍器身入藏湖南省博物馆一事。1919 年"皿天全"方罍出土于湖南桃源县水田乡茅山峪（今名架桥镇栖凤村毛山峪组），随后器身被古董商以贱价买走，后又被转售至国外，在海外漂泊近百年。信中还谈到"皿方罍回归，大作早已拜读"，是指傅先生发表在 2014 年 7 月 1 日《中国文物报》上的《皿方罍身盖合一百年圆梦》一文。黄先生在信里提及"马王堆文"，正是前文提到的《也谈马王堆三号墓墓主是谁》一文。

至 11 月 2 日，黄先生再次致函傅先生（图一）：

> 昨日刚从福建省亲归来，看到来信和《往事随笔》书稿，非常高兴，匆匆浏览"随笔"数篇，想不到您有这么多科学性、知识性的考古小品，敬佩之至！今早即打电话，均不通，无奈，即请此短信。

拙作《马王堆三号墓墓主是谁》，系应马王堆发掘四十周年纪念会约稿而作。您已写了专文投《中国文物报》，拙文就不必再投了，免遭"一稿二投"之讥。

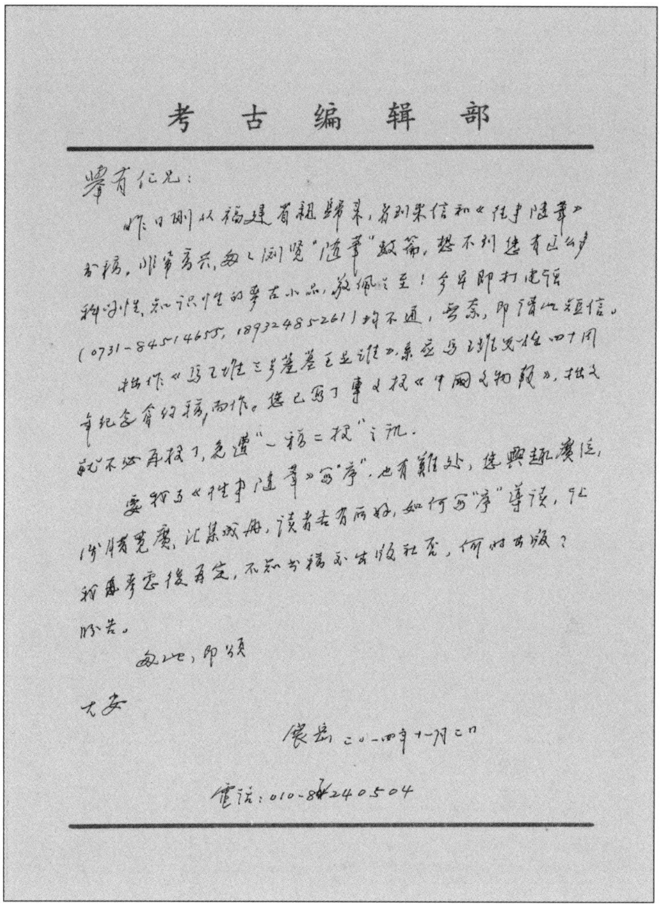

信中提到的"专文"，是指傅先生《从马王堆汉墓发掘看考古正史误的重要作用》一文，该文后来发表在 2014 年 11 月 18 日《中国文物报》上。信中，黄先生谈及两件事，一是为傅先生《往事随笔》一书作序，二是交谈《也谈马王堆三号墓墓主是谁》一文是否投稿《中国文物报》。信中所言投稿这一细节，尤见黄先生学风严谨。

黄先生的这篇论文，直至 2015 年底，他在明确知道马王堆汉墓发掘四十年论文集处理情况后，才投稿至《中国文物报》。这一细节，黄先生在 2015 年 11 月 3 日写给傅先生的信函中作了详细说明（图二）：

图一

接读二十九日来信，甚喜。拙文"马王堆三号墓墓主"发文物报，缘于中旬读《中国文物报》，见《湖南省博物馆馆刊》第十一辑发出出版广告，首列即"马王堆汉墓研究"，目录中未见拙文。我怀疑是您从聂菲手中取出，聂认定已改投寄文物报，故《馆刊》第十一辑未收，所以，促使我依原稿复印一份投文物报。文物报收到后随即刊发，即您所云之二十三日文。今读来信云，又有所谓"马王堆学术会议论文集"（《馆刊》第十一辑之"马王堆汉墓研究"收四、五篇文章）我认为应是马王堆学术会之论文，故有另投文物报一事。来信又云，"年底出，但是快年底了，还没有消息，会不会出？难说。"由此，似可证《馆刊》第十一辑之"马王堆汉墓研究"多篇文章，应即学术会之论文了。请再向聂菲咨询是否如此？

拙文迅即刊发，我心里也踏实。谬蒙过誉，愧不敢当。如果没有您"发难"，一再坚持，也不会有此文，论功首归您了。

查《中国文物报》，信中所提"《湖南省博物馆馆刊》第十一辑目录广告"是刊登在 2015 年 10 月 2 日第 3 版，《也谈马王堆三号墓墓主是谁》是刊登在 2015 年 10 月 23 日第 6 版。

黄先生的这篇压卷之作，解决了马王堆三号汉墓诸多存疑问题，不仅提出利豨卒于文帝十二年、非十五年，而且将墓主棺室西壁帛画定名为"墓主检阅三军图"，还通过分析马王堆三号墓所处位置，

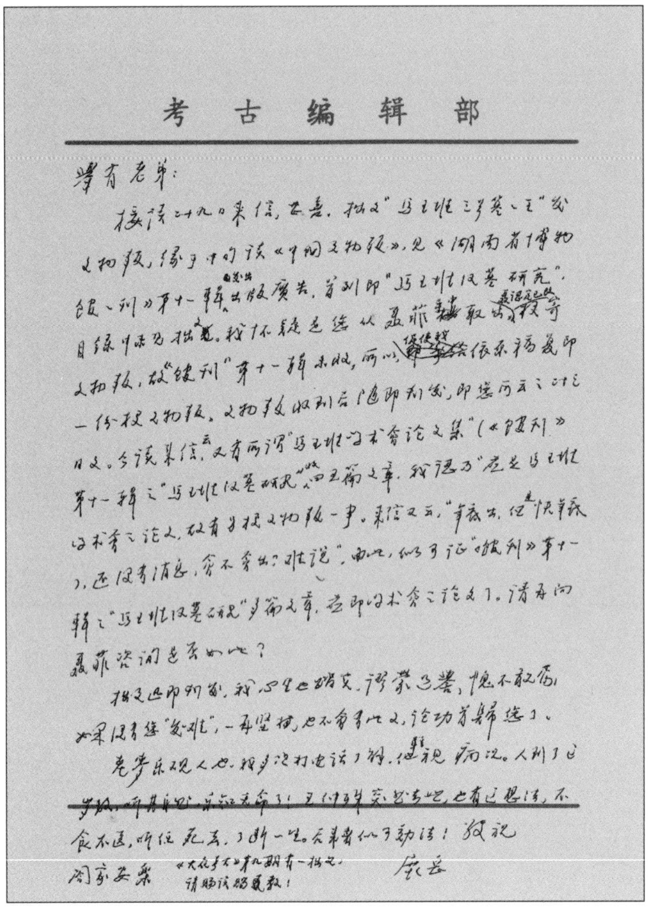

图二

解读该墓主棺室两壁帛画内容，并与出土的三枚木牍文字互证，更加有力地确证了三号墓主就是第二代轪侯利豨。

马王堆汉墓是世界考古重大发现。展岳先生治学严谨。他一生心系马王堆，对中国考古学的发展作出了巨大贡献。

（原刊"文博中国"2021年7月20日、《中国文物报》2021年8月6日第7版"交流"）

怀念蔡鸿生老师

2021年2月15日，惊悉著名史学家、中山大学历史学系蔡鸿生教授（1933—2021年）于当日仙逝的噩耗，心情十分悲痛。蔡老师曾是我硕士论文答辩导师，他从不夸夸其谈，他那平易近人、和蔼可亲的长者风范和求真务实博学的学风，给我留下极深印象。

图一

中国茶叶漂洋过海250余年后重回中国亮相

1990年7月我入职广州博物馆，工作不久就参与筹办常设展"长盛不衰海上丝绸之路发祥地"。蔡老师耐心地指导我，为我提供了许多学术新资讯，如P.C.F.Smith，*The Empress of China*（《中国皇后号》）、《十八世纪广州的商务》（四卷本）、《瓷器与对华贸易》（荷兰）、夏鼐著《瑞典所藏的中国外销瓷》等。他还告诉我有关1745年9月触礁沉没瑞典"哥德堡号"船只打捞最新学术动态、《皇清职贡图》夷人图像，还有尚未发表的《清代瑞典记事叙录及考证》一文。蔡老师提醒我，在作广州名城研究时，不仅要注意贸易史的研究，还要注意经济史和文化史的研究。他特别提到，学术界对明清之际，特别是乾嘉时期广州传教士的研究不足。他还主动将珍藏多年的瑞典"哥德堡号"沉船出水中国茶叶无偿借给博物馆展出，使"长盛不衰海上丝绸之路发祥地"展新增了一件珍贵展品。这是中国茶叶漂洋过海250余年后重回中国亮相，意义重大！如今，这件珍贵文物已在广州博物馆展出30余年了。

为"海丝申遗"建言献策

为落实2003年粤港澳文化合作会议精神，粤港澳三地文博机构经数年筹备，精心策划反映粤港澳地区历史文化特色的"东西汇流——粤港澳文物大展"，于2005年9月30日在香港历史博物馆开幕。为充分展现"海丝"研究最新学术成果，筹备组决定由我出面向蔡老师约稿。蔡老师极认真，为该展撰写了《南海之滨的舶影文光》。文中，蔡老师写道："滨海地域历来是经济交往和文化交流的前沿，气象万千，既有活力，又有魅力。位于珠江三角洲的广州、香港和澳门，面向南海，东西汇流，在历史上展现过丰富多彩的舶影文光，值得后人回顾。""我们相信，在历史上形成起来的粤港澳'人才库'，一定能够群策群力，继往开来，为中华民族的伟大复兴建立新功。"

2011年8月21日，广州"海上丝绸之路史迹与申报世界文化遗产座谈会"上，蔡老师对广州的历史与现状谈得很深刻：

> 广州文献较丰富，实物少。这方面较弱。"海丝"一名是从"陆丝"而来。陆上交往的是丝绸，海上交往的是陶瓷。从文献记载看，广州在海上交通的地位突出，如广州通海夷道。阿拉伯人的记载与洋人的记载都很丰富。我们力求突出问题，但又不太容易拿得出实物。
>
> 在组织材料上，要考虑海路特点。一是组织形式。陆路是商队结伴而行，海路是单船航行。二是商品结构。陆路，丝绸很突出。马克思在《政治经济学批判》里提道，陆上交通，丝是最有价值的交易，因体量小价值高，适合长途运输；海路则不一样，不可能用丝来作压舱物，应是丝配陶瓷。三是季节贸易。陆路什么时候都可以开展，没有明显的季节；海路则有季节性，夏来冬往，农历十月开船回国。宋代《萍洲可谈》就谈到这种情况。既然有外国人来住，就会有蕃坊。陆路有胡人聚落，但海路主要是阿拉伯商人。这些差异要考虑。
>
> 时间问题。假如从秦汉算起，一直到鸦片战争止，那就涉及整部中国通史。刚才听汇报，知道分秦汉、唐宋、明清三段。我认为最突出的是唐宋，然后是明清，与西洋人打交道。前一段是市舶时代，后一段是洋舶时代。何时为前一段，何时为后一段，这需要研究。市舶时代叫和平时期，洋舶时代是商业战争。假如以1557年为界，之前为市舶时代。要看到变迁。组织材料时，要有些说明，要有高度科学性，名正言顺。讲到海路，就很难，有路无丝。

蔡老师的这些真知灼见，是广州"海丝申遗"工作需要注意的问题。

拓宽"海丝"研究视野

2011年12月3日至6日，中山大学广州口岸史重点研究基地在永芳堂举行"海陆交通与世界文明"国际学术研讨会。4日上午开幕式期间，蔡老师谦逊地谈及宋朝情况：

> 从口岸到内地，尤其是到汴京，是通过"纲"来输送香料的。到京后，这些舶来品首先要经过验收和估价等一些程序入库。"香药纲"是宋代很著名的运输，还有"钱帛纲""花石纲"。宋代很重要的是香料。"南纲牙人"是什么，我还未搞清楚。

次日上午举行的圆桌会议上，蔡老师补充谈道：

> 海陆交通。认识是从由陆到网。这种认识更加符合实情。我的认识来自于我的老师陈寅恪、岑仲勉。在交通方面，西域那边有很多线路，陆上有一个交通网路；海上也有一个交通网络。两者是相通的，交汇点在波斯湾。现在由于网络概念输入学术，观察要更细致些。陆上研究，要加强对商队城的研究。现在研究比较多的一个是碎叶城，另一个是吐鲁番。还有许多商队城，值得

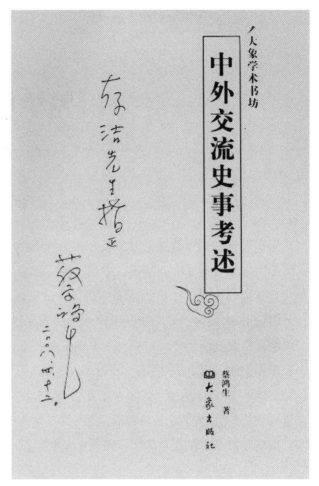

图二　　　　　　　　　　　　　　　　　　图三

研究。海路要研究贸易港。好在刚才讲到广州与 Salem，从海路来说，线路很长。从波斯湾到中国，沿途贸易港究竟如何，研究并不平衡，像马六甲的研究较深入，东边的港口如日本长崎的研究也较深入。由此往下，会有一个广阔的天地。我个人的体会，应由双边变成多边探讨。这算是我这一天半来的学习心得。

在这次研讨会上，蔡老师谈话内容虽不长，却十分丰富，特别是谈及要加强贸易港和商队城的研究，更具指导意义。

蔡老师，高山仰止，其"道德文章"更是令人称赞。季羡林先生在《〈唐代九姓胡与突厥文化〉序》文中高度评价："鸿生先生的学风是非常谨严的。他使用资料必求其完备翔实，论证方法必求其周密无隙。……蔡先生的文章写得好，潇洒流利，生动鲜明。在当代人文社会科学家中，实属少见。"

（原载《中国文物报》2021 年 4 月 9 日第 3 版"综合"）

朱雷先生的学术精神

朱雷先生是我最尊敬的老师之一。他的治学严谨，早已为学界所公认，故宫博物院王素研究员对此有一段很中肯的评价："朱先生的很多论文，尽管经过了十多年甚至二十多年，学术价值还是难以超越。""学界师友常言：唐长孺先生门下，论文风格与唐先生最为接近者，莫过于朱雷先生。"朱先生1955年考入武汉大学历史系，1959年7月大学毕业后又考取研究生，师从著名史学大师唐长孺先生，主攻魏晋南北朝隋唐史，1962年7月研究生毕业，后留校任教至今。

朱先生是一位虔诚的教育工作者。他热爱教育事业，热爱他的专业，数十年如一日，孜孜不倦地从事教学与科研工作。他关爱学生，尽心尽力地将他的知识毫无保留地传授给下一代。他的学术精神不仅反映在他的治学态度、学术方法和科研论著方面，更体现在他对学生的精心培养、关心爱护和严格要求方面。

以下我以自己的亲身经历，谈谈朱先生的学术精神。

一、关爱学生的学习和进步

20世纪80年代末，我在中山大学历史系攻读硕士研究生学位期间，从本系老师们那里获悉朱先生的学术成就和高尚人品。后在1988年暑期，因撰写学位论文的需要，我去武汉大学拜谒朱先生并向他问学。那是我第一次见到朱先生。当时，朱先生给我的印象是学问好，博闻强记，话虽不多，但特别慈祥友善，而且有问必答，毫无保留。1990年研究生毕业那年，我本想报考武汉大学历史系，追随朱先生学习，由于当年准备不足，复习不充分，所以不敢报考，但此心愿我一直没有放弃。经过两年时间的准备，到1992年初我终于报考了武汉大学历史系。报考前夕，我怀着忐忑不安的心情，十分冒昧地给朱先生写了一封信，盼他答疑解惑。没想到，朱先生很快回信给我，详细地告诉我招生情况，并指导我阅读哪些书。这封信，我一直视为珍品珍藏着。今天，借着老师八十大寿之际，我将书信全文抄录如下（图一），供读者阅读，并恭祝朱先生健康长寿：

小程同志：

　来信收悉。

　有关"招博"的情况，可见光明日报。如若您决定报考，可写信到武大研究生院招生办公室。明年是否继续招，要视今年情况。若今年能招到优秀的学生2-3人，明年就不敢再招了。若达不到2人，明年当继续招。所以您若想报考，今年即可迅即报名。若有特殊情况，如单位工作需要，

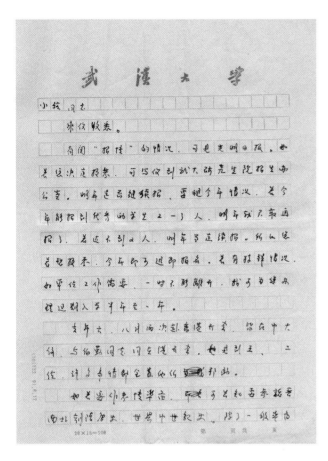
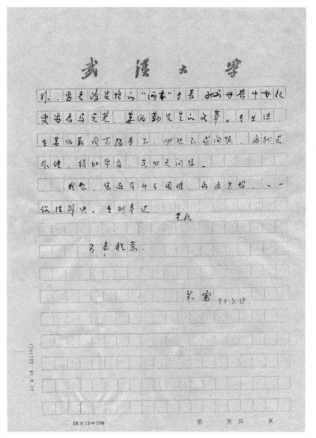

图一

一时不能离开，我可为您办理延期入学半年至一年。

去年六、八月两次赴香港开会，皆在中大住，与伯勤同志同在港开会，也见到王、向二位，许多事情都全靠他们帮助。

如若要作考博准备，可告知要考魏晋南北朝隋唐史、世界中世纪史。除了一般准备外，要看陈寅恪的"两本"专著，世界中世纪史要看马克尧、姜伯勤先生的文章。专业课，在姜伯勤同志指导下，必然不成问题。再就是外语，稍加准备，定必无问题。

我想，您还有什么困难，再函告我，一一设法解决。专此奉达。

并祝

万事胜意。

朱雷　92.3.18.

信中字里行间饱含了长辈对下一代慈父般的关怀和老师对学生的殷切期望，体现了老师对学生的真诚爱护和无私帮助。

朱先生惜才、爱才，特别是对青年学子更是爱护有加，这早已为学生们所公认。1992年秋，我如愿进入武汉大学求学。入学那一年，青年教师何德章同志也刚从北京大学毕业来到武汉大学任教。当年我就听说是由朱先生牵线搭桥将他引进武大的；当时朱先生担任历史系主任和中国三至九世纪研究所所长，在北京出差期间，朱先生得知何德章同学尚未找到合适的工作时，立即从北京打电话请示唐长孺先生。唐先生当即表示："田先生的学生我放心。"后来，何德章同志在唐先生逝世十周年纪念文集上深情地回忆起这段经历：

> 1992年5月，国务院学术委员会历史学科评议组在京西宾馆开会，武汉大学朱雷教授与业师田余庆先生同时与会，他们在闲暇时聊起唐先生，聊起学术现状，也聊到一些学术上有希望的青年却因经济与社会的变化而不能继续从事学术研究。其间田先生谈到我的情况，并试探性地询问武大唐先生那里是否可以接纳，朱雷先生当即打电话请示唐先生。唐先生表示："田先生的学生我放心。"这一句话，最终决定了我的工作去向。[1]

1992年朱先生招收了我和石云涛同学。我们俩入学后，朱先生亲自"请唐先生给我们开一门课。唐先生决定讲授已交出版社出版的《魏晋南北朝隋唐史三论》的基本内容。"[2]关于朱先生请唐先生给我们上课一事，石云涛同学后来也曾提到："我于1992年秋，就读于武汉大学历史系，师从朱雷教授攻读魏晋南北朝隋唐史方向博士学位。有幸的是入学第一学期，朱老师就请求唐先生给我和程存洁师弟讲授魏晋南北朝隋唐史概论，那时《魏晋南北朝隋唐史三论》还没有出版，唐先生讲的就是这本书的内容。……记得第一次上课，朱老师特意陪我们一起听。"[3]正是因为有了朱先生的请求，我和石云涛同学才有幸聆听到了唐先生长达一年时间的授课，获得了一次非常宝贵的学习机会。[4]

二、精心指导学生的论文

由唐长孺先生创办的《魏晋南北朝隋唐史资料》是武汉大学中国三至九世纪研究所老师和同学们发表学术观点的学术园地。入学后不久，我在研究所各位老师的鼓励下，努力写成《唐代东都留守考》一文初稿。记得初稿写出后，我提交给朱先生指正。朱先生不仅认真批改，而且毫无保留地将《通典》卷三三中有关"留守"的文献资料抄出供我使用，还亲自为我补写了一段有关唐代留守源流演变的内容：

> 是知留守似早见于周朝，后历汉晋北魏隋唐。这种留守是在皇帝巡狩或亲征时临时设置，时

设时废，并非常制。唐代西京留守即属此类。同时，我们看到，唐在东都和北都又设置了一套常制性的留守机构。这种常制留守制度因承隋制。隋代设立的太原留守即属常制留守。《新唐书》卷一《高祖本纪》称高祖李渊于大业十三年任太原留守坐镇太原，并设有留守、副留守等一套留守班子。此事表明隋代已着手在太原设置常制留守制度，而且常制留守制度甚至可追溯到北魏在代京所设的"北台"。唐道宣《释迦方志》卷下提到"魏氏北台恒安石窟"，此处"北台"应指北魏旧都代京。称"北台"，即相对孝文帝迁洛而言。惜《魏书》无记载，然似可窥知迁洛后，依然于旧都置"台"，以示遵崇。此举则与前述临时置"台"不同。

朱先生将常制性留守制度和临时置"台"概念区分开来，从而使我认清了唐代东都留守属于常制性留守制度。在朱先生的指导下，我对文章初稿进行了修改，后发表在1994年12月出版的《魏晋南北朝隋唐史资料》第十三辑上。

朱先生不仅一丝不苟地批改学生的论文，而且为了帮助学生尽快熟悉唐代历史资料，还认真备课，先后给我和石云涛同学讲授了"敦煌吐鲁番文书"和"魏晋南北朝隋唐史史料学"等课。朱先生对魏晋南北朝隋唐史史料和敦煌吐鲁番文书了如指掌。授课中，朱先生指出，"如果对当时的政治、经济、历史了解深刻，那么再去阅读文书，就会比较容易"；"敦煌文书中文学内容比吐鲁番文书中的要多，两者可互相利用，这部分内容属民间文学，对研究民间的风土人情、百姓疾苦、当时的政治经济文化等均有帮助。这部分内容的史料价值仍有发掘潜力。"从当时授课情况来看，朱先生一方面是希望我们尽快掌握中古历史资料全貌，另一方面是让我们熟悉敦煌吐鲁番文书的特点及其学术价值。

与此同时，朱先生还将他年青时在唐长孺先生指导下抄录的《全唐文》读书分类卡片全部放在中国三至九世纪研究所资料室供学生们学习使用。这套读书卡片不仅对我们，而且对所有来访学习的海内外学生，都有很大的帮助。

朱先生爱护学生、关心学生成长的事例还有很多很多。作为一名在高等院校从事教育工作的教师，除了需要精湛的业务、精深的学术水平、严谨的治学态度外，更需要有一颗爱心去温暖学生。朱先生关爱学生、精心指导学生的学术精神，使我终身受益，我的每一点进步都离不开朱先生的教诲。

注释：

[1] 何德章《回忆唐长孺先生》，载《魏晋南北朝隋唐史资料——唐长孺教授逝世十周年纪念专辑》第二十一辑，2004年，第81页。

[2] 同上，第83页。

[3] 石云涛《细微处见精神——忆唐长孺先生》，载《魏晋南北朝隋唐史资料——唐长孺教授逝世十周年纪念专辑》第二十一辑，2004年，第77页。

[4] 拙文《唐长孺先生开设的最后一门课》，载《中国文物报》2013年4月10日第8版"收藏鉴赏周刊·大观"版。

（原载《敦煌吐鲁番文书与中古史研究：朱雷先生八秩荣诞祝寿集》，上海古籍出版社，2016年5月第1版，第448~452页）

老师的学问　一辈子学不完

——怀念朱雷老师

2021 年 8 月 10 日清晨，我收到了朱师母发来的微信留言："朱先生凌晨 1：40 走了，很安详，没痛苦"。突如其来的噩耗，令我悲伤、惊讶。

朱老师是新中国培养的史学工作者，他知识渊博，记忆力强，有"活字典"之名。1955 年他考入武汉大学，后师从史学大师唐长孺，毕业后留校任教并成为唐先生的得力助手。1974 年至 1986 年，朱老师作为国家文物局"吐鲁番出土文书整理组"的重要成员，在新疆、北京、上海等地从事文书整理工作，对文书进行辨认、拼合、断代、定名、注释。朱老师在这一领域做出了突出贡献，被评为国家有突出贡献中青年专家；在魏晋南北朝隋唐史和敦煌吐鲁番文书领域，朱老师也取得重要学术成果，其论著《敦煌吐鲁番文书研究》已成为该领域必读书。

敦煌藏经洞发现的民间文艺文本，长期受到学界关注。朱老师另辟蹊径，采用"以史证文""文史互证"方法，对它们进行研究解析，取得了一批高水平的学术成果，如《〈伍子胥变文〉〈汉将王陵变〉辨疑——读敦煌变文札记（一）》《〈捉季布传文〉〈庐山远公话〉〈董永变文〉诸篇辨疑——读敦煌变文札记（二）》《敦煌藏经洞发现之民间讲唱文艺作品的历史考察——21 世纪的展望》等，为学界树立了新的学术标杆。

朱老师还留下了一批讲义、读书笔记、卡片、批语校注等，这些都是他留给我们的丰厚学术遗产，有待后人进行整理利用。

朱老师也是一名优秀的教育工作者，他关心爱护学生，数十年如一日奋战在教学一线。

1992 年我考入武汉大学，攻读隋唐史专业博士学位。刚入学，朱老师为提高学生的学术素养，延请年届八旬的唐长孺先生给我们讲授"魏晋南北朝隋唐史概论"一课。第一学年，朱老师也为我们开设了敦煌吐鲁番文书和魏晋南北朝隋唐史史料学两门课，传授文书整理工作经验和方法，介绍文书价值及其研究动态。记得朱老师在授课中谈道：辨析文书格式是判断文书年代的一种方法，《宋书》"礼志"里保存的历史信息，对辨析文书格式有重要作用；敦煌文书和吐鲁番文书可相互借鉴利用；如能从历史、经济、社会习俗等角度解读敦煌民间文艺文本，会有新收获。这些研究心得，凝聚了朱老师多年的心血，他都毫无保留地教给了我们。2017 年他又将自己的全部藏书捐赠给了广州图书馆，供广大读者使用。

朱老师生长在革命世家。外曾祖父朱青长，四川江安人，与朱德是志同道合的革命同志。1922 年3 月，朱德为追求革命，辞职离泸，朱青长曾手书一联"硬着肩头担过去，放开心胆做些来"，贴在金花桥朱德寓所门上，并在此门前与朱德合影留念。外祖父朱山，中国同盟会会员，父母亲都是优秀的共产党员、坚定的革命战士。

1995年朱雷老师与石云涛程存洁同学合影（中立者：朱雷老师）

朱老师1937年5月24日在上海出生，4个月后，父亲病逝在宣传抗日途中。上海沦陷后，朱老师随母亲辗转迁徙于武汉、贵阳、重庆等地，小小年纪就还帮助从事地下工作的母亲传递情报，从小就接受了革命传统教育，培养出了刚毅正直的性格。他尊敬长辈，爱戴老师。"文革"时，造反派要他批判老师唐长孺及其学术思想，他正义凛然地回答：老师的学问，一辈子都学不完，我哪有资格去批判。

朱老师的学问，我们也一辈子学不完，他严谨治学的良好学风和尊师重教、正直善良的高尚品格永远值得我们学习。

（原载《中国文物报》2021年8月27日第3版"综合"）

热爱祖国　追求真理

——抗日将领陈铭枢

1989年10月25日，习仲勋同志《在陈铭枢先生诞辰一百周年纪念座谈会上的讲话》中指出："陈铭枢先生是著名的爱国民主人士，爱国将领和政治家，中国国民党革命委员会一位卓越的创始人和领导人，是同中国共产党长期合作的亲密朋友。在半个世纪的时间里，他为我国的民主革命和社会主义事业作出了重要贡献。陈铭枢先生的一生，是热爱祖国、追求真理、不断进步的一生。"（见合浦县政协编《陈铭枢纪念文集（1889—1989）》，1991年1月版）

陈铭枢（1889—1965年），字真如，广西合浦人。自少年起，他便投身革命，加入同盟会，追随孙中山，东征北伐，抗击日寇，可谓戎马一生。他为捍卫民族独立而始终矢志不渝地主张将抗日进行到底并付诸行动的伟大壮举，极大地振奋和鼓舞了中国人民的志气，充分彰显了他的伟大爱国精神。

从"一·二八"淞沪血战，到反蒋抗日，再到抗日民族统一战线的形成，陈铭枢始终扛起抗日大旗，毫不动摇。

1931年9月30日，陈铭枢调任京沪卫戍总司令官兼代淞沪警备司令。次年1月28日深夜，日本帝国主义驻沪侵略军悍然偷袭驻守上海闸北的国民革命军第十九路军。在陈铭枢坚决抗日主张的积极支持下，十九路军总指挥蒋光鼐、军长蔡廷锴、警备司令戴戟率师御敌，以守土之责为国家领土之完整，奋起抗战，一心杀敌，视死如归，虽血战月余，终因援绝力尽，不能不忍痛回师。但"淞沪血战"不仅沉重地打击了日寇的嚣张气焰，而且极大地振奋和鼓舞了中国人民的志气，也赢得了国际社会的赞誉。美国国务卿史汀生说："'一·二八'的战争是恢复中华民族自信力而且是民国史上第一次激发全国民众的勇气而团结一致的战争。"

1933年1月28日"淞沪血战"周年纪念日，陈铭枢写下了《十九路军淞沪殉国并历年死难将士公墓纪念碑文》。在碑文中，他不仅讴歌了十九路军淞沪抗日阵亡将士的英雄气概，而且旗帜鲜明地阐明了"除彻底的全民族作反帝之战争以外，自无复丝毫之生路"的抗战主张：

呜呼！惊天地泣鬼神矣。此固将士忠肝义胆怀之平日，亦民族精神之所激发，而为民族生存之斗争，故能历万死而无悔。血战月余，数摧强敌。贼胆沮落，三易其帅。全国民气为之一振，国际视听为之一新。虽以不抵抗主义者误国求和，我军援绝力尽，不能不忍痛回师。然此一战也卒挫日本占领淞沪之阴谋，且涤历年畏葸之耻辱，奋民族革命之精神，使帝国主义者知中国之非无人，而举国亦知惟抵抗始能求存焉。……处此危急存亡之秋，除彻底的全民族作反帝之战争以外，自无复丝毫之生路。（见程存洁《扬至大至刚之正气——十九路军淞沪抗日殉国烈士碑文读后》，载《中国文物报》2016年2月23日）

淞沪血战后，陈铭枢因反对国民政府对日采取不抵抗政策而受到排挤。为寻求救亡图存之路，1933年11月他联络李济深、蒋光鼐、蔡廷锴、李章达等在福建成立"中华共和国人民革命政府"（简称"福建人民政府"），号召全国军民继续抗日。福建省政府在一份1933年11月下发建设厅参会通知函里明确提出：

迩来南京中央政府与日本帝国主义缔结亡国条约，同人不忍坐视民族危亡，定于本月二十日（星期一）午前九时在福州城南公共体育场召开人民代表大会，讨论挽救危亡方案。

与此同时，他还同中华苏维埃临时中央政府及工农红军签订停战协定和抗日反蒋协定。后在蒋介石亲任总司令的进攻下，陈铭枢领导的福建人民政府仅存50余天，宣告失败，包括陈铭枢在内的主要领导人全部出逃香港。

在出逃香港期间，陈铭枢没有忘记抗日主张，依然积极从事抗日民主运动。1935年陈铭枢与李济深、蒋光鼐、蔡廷锴等人又在香港成立"中华民族革命同盟"，继续扛起对日抗战大旗，以谋求中国独立、自由、平等。"中华民族革命同盟"直到抗日民族统一战线形成后，才结束其历史使命。

陈铭枢的抗日行动，得到了中国共产党人的赏识。1936年9月22日毛泽东主席在致蒋光鼐蔡廷锴信函里写道：

回顾一九三三至一九三四年兄我双方合作救国之时，又已整整三年矣。而国难日亟，寇进不已，南京当局至今尚无悔祸之心，内战持续如故，全国人民之水深火热又如故。瞻念前途，殷忧何极！然而国际形势进入了新的阶段，国内爱国运动蓬勃发展。光荣的十九路军系统在先生等领导之下，继续奋斗，再接再厉。弟等则转战南北，接近了抗日阵地。抗日救亡的统一战线得到了全国各党各派各界各军一切有良心的爱国人士之赞成与拥护，即国民党内部亦有了若干开始的转变。凡此都是不同于昔的新局面。驱除日寇，挽救危亡，为期实不甚远。敝党八月二十五日致国民党书提出了新的具体方案，检呈一份，敬祈审察。为达推动全国（包括南京在内）进行真正之抗日战争起见，特向先生及十九路军全体同志提议，订立根据于新的纲领之抗日救国协定，拟具草案八条借供研讨，并祈转达陈真如先生及十九路军各同志。如荷同意，即宜互派代表集于适当地点正式签订。如兄方以为尚有需磋商增改之处，不妨往复商洽，使臻完善，然后签订。总之，真正之救国任务，必须有许多真正诚心救国之志士仁人，根据互相确信之政治纲领，为联合一致之最大努力，方有彻底完成之望。热诚爱国如先生，知不以斯言为无当也。真如先生何时归国，深以为念，弟等甚盼其迅速回国，从事统一战线之伟业。（见《毛泽东书信选集》，中国人民解放军出版社重印，1984年1月第一版，第73~74页）

毛泽东在信中表示甚盼陈铭枢"迅速回国，从事统一战线之伟业"。1936年底，陈铭枢由欧洲经香港回国，继续投身抗日斗争。1937年9月，在中国共产党的积极倡导下，以国共合作为基础的抗日民族统一战线正式形成。

回国后，陈铭枢继续积极从事抗日救亡运动，号召全国同胞动员起来，将抗战进行到底。他在日记中反复写道，"只有抗战到底，始可解决一切"（1937年10月1日），"坚策政府彻底抗日"（1937年10月2日），须"由中央党部或蒋先生名义发出彻底抗敌之世界宣言"（1937年10月3日）。

《陈铭枢将军图文集》书照

陈铭枢爱憎分明，敢于坚持真理，实事求是。他在1937年10月19日的日记里写道："自与倭寇开仗以来，军纪与战绩良好当推第八路军第一，不仅为社会一般人所啧啧称道，即冯先生等高级指挥亦推奖不已，百川先生且公开向他的属下云：'我从来以为我的办法好，今始知不行，我今投降了红军了。'""亦有军纪好的，可接近八路军，而善打仗，得民心，善组织，兵卒都受了政治训练，与办法之多，不可与该军同日而语。"豪不掩饰地流露自己的真情，赞美抗战有功之部队。

《团结报》1989年11月4日发表了屈武、朱学范、侯镜如《毕生爱国　典范永存——纪念陈铭枢同志诞辰一百周年》一文，文章写道："陈铭枢同志是我国著名的爱国民主人士、抗日将领、政治活动家，是中国国民党革命委员会的创始人之一，他为民主革命和社会主义事业所作的贡献，是值得缅怀的。"（见合浦县政协编《陈铭枢纪念文集（1889—1989）》，1991年1月版）

（原载孙中山大元帅府纪念馆编《陈铭枢将军图文集·序一》，团结出版社，2018年12月第1版）

一个美国家族的中国情怀

——《东方之旅》的学术价值

1882 年 10 月，22 岁的美国人杰伊·佛洛伊德·科尔，在谋得美国海军军需官文书助理的职位后，开始了长达三年的东方之行。他先后走访天津、香港、北京、上海、广州等地，将每日所见所闻所想，以日记的形式详细地记录在册，还以书信的方式寄回美国故乡的父母妻子。当地报纸从中选登了一些书信，及时为美国人传递了东方风韵。这些日复一日的记录贯穿了作者东方之行的全过程，从最初对海军生活一无所知，到后来对中国——这个他曾充满幻想国度，所具有的丰富文化遗产的了解不断加深。这些日记通过这位毫无权势却具有写作天赋的年轻人的视觉，以少有的、与众不同的率真观察，记录下了他对中国的印象，为民众提供了一扇了解历史的窗口。

在中国之行期间，杰伊·佛洛伊德·科尔每到一地，喜欢购买有特色的中国手工艺品和地方风景风情照片。当行程结束返回美国时，他又将这批物品和日记完整地带回美国。他 1924 年去世前，又将它们完整地遗留给女儿玛丽·路易斯。从此，这个美国家族一代又一代地精心珍藏着这批来自异国的宝物。直到 2007 年 3 月 19 日，玛丽·路易斯的儿子，时年 81 岁高龄的约翰·库尔·科尔先生，自费专程前来广州博物馆，表示愿意将这批宝物捐献给广州，让它们重回故乡。从那时起，整理翻译出版这批宝物的历史使命就将中美双方学者紧紧地联系了起来。双方经过长达近五年的通力合作，终于完成了这本《东方之旅（1882—1885）——杰伊·佛洛伊德·科尔日记书信及约翰·库尔·科尔家族捐献文物》一书。

全书分日记、书信、图版三大部分展开。日记和书信部分，是按杰伊·佛洛伊德·科尔 1882~1885 年东方之行的日程来编排，原汁原味、一字未减地予以刊登。日记和书信语句平易近人，生活气息浓厚，展现了作者东方之行的切身感受和所见所闻以及当时北京、天津、上海、广州和香港等城市和口岸的风土人情和社会风貌。这些记述成为今人了解和研究 19 世纪 80 年代中国社会弥足珍贵的第一手资料。图版部分，收录有杰伊·佛洛伊德·科尔带回美国的反映一百多年前的中国影像照片 146 幅和日本影像照片 6 幅，以及他当年在华购买的外销油画、通草水彩画、铜版画、丝织品、象牙制品等等。其中，大沽城、白河、天津码头，北京城墙、紫禁城、万寿山、流动食摊、上海跑马场、海关及英美租界，广州沙面建筑、行商花园，香港中环、志愿消防队员，澳门炮台，社会各阶层等等方面内容的黑白照片，成为记录 19 世纪 70~80 年代中国城市的珍贵影像资料。另外，本书附有"索引"，便于读者检索；还收录有约翰·库尔·科尔《我外祖父的中国之行和我的事业》及《记约翰·科尔·库尔家族的义举》两篇文章，作为本书的引言，让读者易于了解这位美国家族的中国情怀。通过上述内

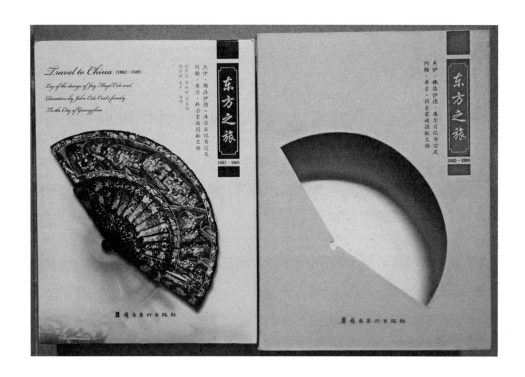

容，全书既全面、如实地向读者展现了一位美国年轻人的东方之行的情况，又涉及当时中国多个城市的社会风俗史、贸易交往史、文化史，成为 19 世纪末外国人中国游记的一项重要研究成果。

本书另一精彩之处，在于设计独特，印制精美，凸显了中国古典风情的历史感。封面选用当年杰伊·弗洛伊德·科尔在广州购买的广州风格折扇作为装饰图片，以立体式印刷，让读者对广式折扇有更为真实的触感。该扇面的主体图案为 19 世纪中国人物，使用水彩描绘，每个人物的头部用象牙镶嵌，画面栩栩如生。本书的设计所传递的东方风情也切合本书的主题——东方之旅。全书采用环保纸印制，采用怀旧色调和简洁明快的设计风格，突出日记、书信文字内容和历史照片、外销物品的历史感，让读者随杰伊·弗洛伊德·科尔一起，漫游 19 世纪末的中国。

（原载《中国文物报》2013 年 7 月 19 日第 4 版"悦读"）

记约翰·科尔·库尔家族的义举

一

我与约翰·科尔·库尔（John Cole Cool）先生的第一次见面，让我终生难忘。那是 2007 年的 3 月 19 日中午，这位时年 81 岁高龄的陌生美国友人，在他儿子乔纳森（Jonathan）先生的搀扶下，专程造访我馆（图一），希望我能帮忙解决清代中国通草水彩画等方面的一些学术问题。那天中午，时间很紧，我和我的同事邓玉梅女士分秒必争地为客人讲解正在我馆展出的"海贸遗珍——18 至 20 世纪初广州外销艺术品"展览，尽力解答客人的疑问。虽然我们连一杯茶水都没能招待，但是美国客人仍然觉得是次广州之行十分愉快，颇有收获。

半个月后的 4 月 6 日，约翰·科尔·库尔（John Cole Cool）先生从美国写信告诉我，他的外祖父 1882 年至 1885 年到访过中国，记下了 10 本日记（图二），留下了一批书信及历史照片、油画、通草水彩画、版画、刺绣等一批物品，并正式表示：如果他外祖父的这些物品能有助于了解广州历史，他们愿意捐献给广

图一

图二

州，让它们回到故土，以充实博物馆的藏品，虽然这批物品一直是他们家族的珍藏和特殊的历史记忆。

2008 年 2 月 21 日至 23 日，约翰·科尔·库尔（John Cole Cool）先生在其妻子凯瑟琳（Catharine）女士的陪同下再次来访广州（图三）。这一次，除详细谈及日记文本和历史照片内容外，我和我的同事周全斌先生特地挑选并陪同他们俩参观了其外祖父当年到访广州时参观过的一些地方，比如琶洲塔、

图三

赤岗塔、华林寺等地，他们加深了对广州的认识和了解。参观结束后，约翰·科尔·库尔（John Cole Cool）先生郑重地给我写信，明确表示愿意将其外祖父珍藏的这批物品，特别是广州当年生产的一批手工艺品，或捐赠给广州，或赠送版权，以充实博物馆藏品；同时要求博物馆将这批物品的使用范围严格限制在教育和学术用途，希望日后学者们能够利用它们做建设性的研究。

从那时起，我们双方开始进行日记、书信、历史照片和物品等文物资料的整理、翻译和研究工作，并在双方共同努力下，2010年4月9日－5月4日在广州老城标美丽的镇海楼广州博物馆专题陈列厅举办了捐献文物展，约翰·科尔·库尔（John Cole Cool）先生代表其家族向广州博物馆捐献了文物（图四）。我们期待通过展览的举办、日记书信的整理与研究，让更多的观众和读者了解中国的近代史，珍惜祖国的文化遗产，并为增进中美两国人民间的友谊作出贡献！

图四

二

作为这批日记书信的撰写者，历史照片和物品等文物资料的拥有者杰伊·佛洛伊德·科尔（Jay Floyd Cole）先生曾是一名普普通通的美国人（图五），22岁时谋得美国海军军需官文书助理的职位。1882年10月中旬，他离开家乡，乘火车赶赴旧金山，并从那里起航，开始了长达3年之久的东方之行。他横渡太平洋，途经日本的长崎、横滨等地，最后抵达中国的天津（图六：李鸿章像，图七：库尔先生在写给笔者的便笺中谈及其外祖父1883年在天津见过李鸿章）。在中国，他先后走访了香港、北京、上海、广州等地，将所见所闻详细地记录在日记里，还以书信的形式写给远在家乡的父母和妻子，当地报纸还选登了一些书信，及时为美国人传递了东方风韵。每到一地，他还喜欢购买中国有特色的手工艺品；当3年巡游生活结束返回美国时，他还将这些手工艺品寄回国。令人欣慰的是，这批日记、手工艺品和照片虽历经百余年风雨，部分有残破，却十分幸运地较为完整地保存了下来，记录和见证了当时的中国社会状况和风土人情，保存了一批珍贵史料。在此，我们真诚地感谢杰伊·佛洛伊德·科尔（Jay Floyd Cole）的孙子约翰·科

J. Floyd Cole
Age 23
Hongdong, 1884

图五

图六

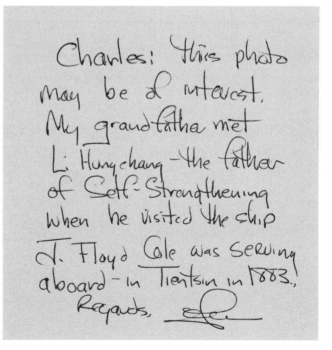

图七

尔·库尔（John Cole Cool）先生一家。库尔先生家族的义举，不仅丰富了我们的馆藏，而且增进了中美两国人民间的友谊，更重要的是让我们通过这批藏品能够更多地了解和更真实地感受到在半封建半殖民地的国度里中国社会的积贫积弱和百姓的疾苦。

现保存下来的日记仅有 10 本，虽然佛洛伊德当年的记录是 11 本。目前所见日记是从佛洛伊德在天津加入美国炮艇"帕洛斯（Palos）"号的 1882 年 12 月 1 日开始写起，直到 1885 年 12 月 13 日为止。作者在每一本日记的封面或内页用钢笔或碳笔写上编号，从编号 2（No.2）一直写到编号 11（No.11），其中有两本都是写编号 4（No.4）。由此可以推断，编号 1（No.1）确已遗失。

我们在阅读这批日记前，不妨先了解一下这批日记的历史原貌。

编号 2（No.2）是一本牛皮硬封面封底的笔记本，横 10.7 厘米，纵 19.2 厘米。封面上写有"Dec 1st 82/Mch 31，83/Diary/J.F. Cole/"英文 4 行，时间是从 1882 年 12 月 1 日写起，到 1883 年 3 月 31 日止，共有 96 页。"/"为笔者所加，意为一行结束的标识，下同。

编号 3（No.3）和前一本一样，也是一本牛皮硬封面封底的笔记本，横 10.7 厘米，纵 19.2 厘米。封面上写有"Log of/the doings of Floyd J. Cole，/Pay Yeoman，/U.S.S. 'Palos'，/asiatic Squadron" 4 行英文，时间是从 1883 年 4 月 1 日记起，到 1883 年 8 月 5 日止，共有 95 页。

编号 4（No.4）共有两本，均为硬纸封面封底的笔记本，横 12 厘米，纵 18.4 厘米。第 1 本的内页用钢笔写有"Hong Kong/F. J. Cole，/'Diary'，/Sept.17，1883./China/" 5 行英文，时间是从 1883 年 8 月 6 日写起，到 1883 年 11 月 9 日止，共有 96 页。第 2 本的前 6 页记录了杰伊·佛洛伊德·科尔（Jay Floyd Cole）的收支情况，之后是日记，时间从 1883 年 12 月 26 日写起，到 1884 年 4 月 30 日止，共有 86 页。

编号 5（No.5）是一本牛皮硬封面封底的笔记本，横 10.4 厘米，纵 16.9 厘米。封面上写有"Diary"，时间是从 1883 年 11 月 9 日起，到 1883 年 12 月 25 日止，共有 40 页。在内封面贴有一块丝绸，上面写有"Floyd Rill"；内封底贴有"Louis Diercking/Chicago，IU"名片。

编号 6（No.6）和上一本一样，也是一本牛皮硬封面封底的笔记本，横 10.4 厘米，纵 16.9 厘米。封面上写有"Diary of Trip to/Peking/Great Wall/Ming Tombs/Wan Shou Shan/" 5 行英文，时间是从 1884 年 1 月 18 日起，到 1884 年 1 月 31 日止，共有 36 页。另有 2 页为其他内容。

编号 7（No.7）是一本牛皮硬封面封底的笔记本，横 10.3 厘米，纵 15.5 厘米。封面上写有"1884/Diary/Shanghai/China/" 4 行英文，在内封面贴有一张名片，上面写有"Floyd J. Cole"；内封底也贴有一张名片，上面写有"JAMES F. ROCHE/APOTHECARY U. S. N./U. S. S. 'Enterprise'/"，是即指美国船"事业（Enterprise）"号美国海军药济师詹姆斯 F·罗彻。此外，在本册日记封底还有用墨水书写的两行字，上面一行为日记作者英文姓名"Floyd J. Cole"，下面一行为四个汉字，从右往左书写："士元卑呵"。日记时间是从 1884 年 5 月 1 日起记录，到 1884 年 6 月 15 日止，共有 30 页，其中从 1884 年 5 月 1 日到 5 月 5 日是用钢笔书写的，其后全部是用炭笔书写。

编号 8（No.8）是一本牛皮硬封面封底的笔记本，横 9.4 厘米，纵 15.1 厘米。封面上写有"Diary/Canton/June 14/1884/"，时间是从 1884 年 6 月 16 日写起，到 1884 年 7 月 31 日止，共有 40 页。

编号 9（No.9）是一本牛皮硬封面封底的笔记本，横 10.4 厘米，纵 16.9 厘米。封面上写有"Diary/Augest 1884/"，时间是从 1884 年 8 月 1 日起，到 1884 年 9 月 17 日止，共有 36 页。

编号 10（No.10）是硬纸封面封底的笔记本，横 16.3 厘米，纵 26 厘米。时间是从 1884 年 9 月 18 日起，到 1885 年 9 月 25 日止，共有 114 页，全部是用炭笔书写的。

编号 11（No.11）是一本牛皮硬封面封底的笔记本，横 11.2 厘米，纵 18.4 厘米。时间是从 1885 年 9 月 29 日起，到 1885 年 12 月 13 日止，共有 61 页。

与此同时，作者在东方航行的 3 年里，不仅坚持每日书写日记，而且还经常给自己的父母写信。寄回美国的这批书信还被选登在当地的报纸上。他在东方之行的 3 年里，事无巨细，都详细地记录在日记和书信里。日记和书信里记录的人、事、物、景、地和中国社会的风土人情、社会状况等，为第一手资料，具有较高的史料价值，特别是对研究和了解当时的北京、中国部分沿海城市如天津、上海、福州、广州等地和香港的城市风貌、社会状况和人文景观，更有裨益。细心的读者在阅读这批日记和书信时，一定会有深切的感受。但必须指出，作者的立场和观点有其历史局限性，读者必须注意。

这里，我想重点介绍一下杰伊·佛洛伊德·科尔在中国购买并遗留至今的这批物品。

根据约翰·科尔·库尔家族提供的物品清单，杰伊·佛洛伊德·科尔先生遗留下来的物品主要有以下几类。

一、历史照片。共有 137 幅，其中反映日本的题材 3 幅、天津 15 幅、香港和澳门 43 幅、北京 38 幅、上海 16 幅、广州 17 幅、苏伊士 1 幅、其它 10 幅。这批照片中，有些是由杰伊·佛洛伊德·科尔在中国时购买的照片，因为这不仅在他的日记里有购买照片的记录，而且有些照片上还留有 Thomas Child 的英文签名及地点和时间，表明这部分照片是由托马斯·查尔德（Thomas Child）拍摄。在北京的一组照片中，共有 17 张照片上留有 Thomas Child 的签名，签名时间从 1875 年直到 1889 年。

托马斯·查尔德是一名英国摄影师，1841 年出生于英国希罗普郡（Shropshire）的玛德蕾（Madeley），至少在 1869 年，已成为一名业余摄影师，1870 年 5 月被英国海关聘为工程师，在北京总稽查处负责燃气工作。1874 年全家人都来到了北京。1889 年返回英国。1898 年查尔德死于意外事故。

杰伊·佛洛伊德·科尔在日记里常常提到花钱购买照片一事，比如日记里写道："1883 年 1 月 10 日花 1 块钱买了一叠照片"；"1883 年 3 月 26 日在那里看了些风景照，买了几张"；"1884 年 2 月 18 日我的相片和 7 张风景照今天送到船上来了"；"1884 年 1 月 28 日花了 12.5 美元买了风景照片"；"1884 年 2 月 3 日花 2 美金买了 6 幅有关天津和附近地区的风景照。"这些记录表明杰伊·佛洛伊德·科尔先生遗留下来的这批历史照片主要是通过购买获得。库尔家族将这批历史照片的版权赠送给了广州博物馆。

二、版画。共有 8 幅，主要内容是反映 1884 年中法战争期间刘永福大败法军取得胜利的场景画面，生动感人，为了解和研究 1884 年中法战争史提供了重要的参考资料。这 8 幅版画的内容如下：

第一幅版画残缺一半，内容是"光绪甲申之春正月梅州隐士写《刘提督镇守北宁图》"。光绪甲申年即公元 1884 年。

第二幅版画残破，内容是《安南桂枝山刘军大胜全图》。版画画面中的文字主要有："年初三打第一仗""刘大人乾少君名刘芳，闻报出救，正见大公子一手扯法人耳，一手抓法人肾，脚踢一法人""洋人四更偷营，大公子险些遭难，幸有本领（松天）""二公子刘能神箭救胞兄""父子立犄角，兄弟成鼎足，偷营徒劳苦，法人个个哭，刘芳喝一声，胆碎法提督""法提督偷营中计，桂枝山火起，焦头烂额"。显示刘永福全家都战斗在战场上，英勇杀敌。

第三幅版画的内容是《法国攻打北宁刘帅大获全胜图》。版画画面中的文字主要有："法国元帅哥拔欲攻北宁，因兵微将寡，招募土兵四千名，挡为头阵，共兵八千名，于正月初八日开仗。土兵时通黑旗，里应外合，伤死法兵三千余人，逃出归营之兵，被刘大公子连珠砲损三千余名，逃生七八百人，法军大败，刘军大获全胜。前日西字报云：法提督迷禄借东洋兵六千名，共一万二千名，即日复攻北宁，候报到，申再行刻印流通。申江新报局发兑二月初二日发"。"雄威大将军刘永福""大公子埋伏桂枝山，砲队断其归路""二公子监督后螳鎗队西路追兵""刘小姐三次督阵"。

第四幅版画残破，内容是"刘帅深谋远虑周，空城诱敌大功收，法军覆没无噍类，海外强梁一旦休。光绪甲申二月十八日亥刻大胜法军，其大帅美律及兵官俱没于阵，绘图以记其实。梅州隐士写并题"。"亲兵生擒法元戎。"该幅版画左下角盖有红色字"粤省日报馆"。

第五幅版画是上海知名人士吴友如描绘，版画上写道："光绪甲申春三月友如绘《刘提督北宁大破法师全图》。"甲申即公元1884年，友如是指吴友如。

第六幅版画残，内容是"香港新报局绘刻铜版全图《克复北宁河内水战刘军得胜新图》"。

第七幅版画残，内容是《刘军克复双台大获全胜图》。版画中写道："法国何故惧兴师，屡败无颜未自知。各国掩口侧目咲，更怜波滑受凌迟。祸魁幸诛天朝福，刘义威名个个知。目觑红河几塞断，细观尽是法西尸。越南本自中华人，法国思吞理不应。中朝大发雷霆怒，特派将军保北宁。——松天。""蛮兵称勇进双台，不解刘军计早排。大清福庇存藩服，法将凶残作炮灰。"版画左下角印有红色字"此图从香港义兴番部印书铜图铅字局来"。另有"细看真假"印文一方。

第八幅版画的内容是《新刻刘军得胜前图》，为"洛阳后生绘图"。版画中写道："法兰强暴自称雄，兵进桑台山谷中，不识刘军奇巧计，丧师辱国尽归空。""安南三省大经略统领水陆全军刘永福"、"头站正先行大将朱天豹""二站副先行裴天龙""五军都督包万清"。

中法战争是1884年的一件历史大事，吸引了在华各国人士的关注。这批版画应是作者在关注这一历史事件进展情况时在中国境内收集的。日记里也有反映，作者十分关注这场战争。1884年4月5日的日记写道："给妻子寄了些中法安南之战的漫画。"库尔家族将这批版画捐给了广州博物馆。

三、油画。共有8幅，题材分别是在海上航行的"帕洛斯"号、航行在广州沙面前珠江上的"帕洛斯"号，以及广州本地各类船只如龙舟、大眼鸡、货艇、载人船等几幅小型油画。从作者的日记记录中可以判断，这批油画是作者在广州购买的，是由广州的画家描绘的。如1884年7月6日的日记描述：在广州"买了一张7月4日装扮一新的'帕洛斯'号的画，还购买了一些有关轮船题材的小型画等等"；1885年6月28日的日记又写道："花1美元买了1张龙舟的画"。库尔家族将其中的"龙舟"和"大眼鸡"题材的两幅油画捐赠给了广州博物馆。

四、通草水彩画。共有17幅。从其题材和内容推断，应为两套：一套是反映清朝中国人成长历程的画面，从出生到读书、再到功名成就、衣锦还乡、荣归故里等，人生的每一个阶段都有画面反映；另一套是反映清朝的残酷刑罚，描绘如何惩罚男女通奸和关押处置犯人的画面。特别是关于如何惩罚男女通奸的画面，作者在1884年8月20日从中国广州写给父母的信中有详细地描述：

当我们接近其中的一个城门外出的时候，我看到一个年轻的女人，年纪不过25岁，在街道旁边倚靠着墙壁躺着。只有一个大瓶子，或者说是她身前的一个大尿壶，能够保护她不让那些经过的人们踩到。她的脸被打得像果冻一般，一只眼睛从眼窝里掉出来，挂在外面，另外一只眼睛则永远睁不开了。她的一只手断了，衣服被撕碎，裸露胸脯和肩膀。她正在以一种非常骇人的方式躺着，在自己的血流出来的血池里翻滚。她发出如此痛苦的呻吟声，我以为一定会有人被打动，可怜一下她。然而没有！尽管有上百个人从这里不断经过，可是没有任何人注意她。我让汤姆（Tom）看一看她，可是他只是耸耸他的肩膀，催我继续前行，并说这并不是什么不寻常的事情。最有可能的是他丈夫意外地发现她跟另外一个男人非法通奸。这样的罪行，在中国的法律里是允许丈夫取他妻子的性命的。这样的情况就是采用这种方式来结束他妻子的性命。

这批通草水彩画的创作和生产地点是广州，是作者在游览广州时购买的。作者在 1883 年 7 月 22 日从香港写给父母的信中即写到在广州看到了一家通草水彩画店，并从那里购买了一本通草水彩画。信里写道："从一条狭窄的小街走到另外一条，边走边兴致勃勃地欣赏店中的摆放货品，最后来到一条昏暗的小巷。穿过一座石墙（当然是从门中穿过），我们在一间破旧邋遢的小店前止步，这儿几个人正在米纸（rice-paper）上作画。我仔细翻阅了他们的商品，并选择了其中的一本画册。付钱后，我就继续往前走，看到了一些做工精细、价格高昂的大理石硬木家具，镶嵌着珍珠母（贝壳）。""米纸"即是我们今天称呼的"通草"。库尔家族将其中的 14 幅通草水彩画赠给了广州博物馆。

五、广绣和扇。广绣作品共有 5 幅，一幅为孔雀开屏花鸟图，黄底，金线绣，装在镂空雕刻木框内；一幅八角形人物花草图绣品；一对孔雀开屏花竹图，蓝底，金线绣；一幅长条形百花图。库尔家族将后 3 幅广绣作品赠给了广州博物馆。

扇仅有 3 把，一把为亭台楼阁仕女图团扇面，纸本；两把为折扇，其中一为木雕扇骨、亭台楼阁人物花鸟图扇面，另一把为象牙扇骨、亭台楼阁人物图。从其工艺和形制可以判断，这些物品都是在广州生产。作者在 1883 年 7 月 22 日从香港写给父母的信中还写到："坐上我们的轿椅，然后马不停蹄地赶往丝绸工场。那儿有旧式的织布机……这些异教徒中国人正在编织质量最上乘的丝绸，其中一些还绣着美丽的花朵。为了弄明白他们是如何把花朵绣上去的，我花了不少时间。"

此外，还有一些物品也是在广州生产，如象牙裁纸刀，作者在 1883 年 7 月 22 日从香港写给父母的信中写到：在广州"参观过几间商店后，我买了些东西，如……一些象牙裁纸刀（ivory paper knives）等。"

以上的介绍仅仅是为了能帮助读者更好地阅读杰伊·佛洛伊德·科尔先生的日记和书信，以及了解这批物品背后的历史信息。

在约翰·科尔·库尔先生家族捐献的文物当中，值得介绍的是，还有几份来自香港的中文老报纸，如民国六年八月廿二日的《循环日报》3 张共 12 版、民国六年八月廿四日的《香港共和报》4 张共 14 版、民国六年八月廿四日的《香港华字日报》3 张共 12 版。这些报纸是如何进入约翰·科尔·库尔先生家族的藏品里，我们暂时还不清楚，也许是杰伊·佛洛伊德·科尔先生回国后依然在关注中国发展情况而从别的渠道找来阅读的。这些报纸刊登的内容可补史之缺，如上述《香港共和报》第 3 页以《外宾之访孙文者祇一二日人》为题报道："昨日上午十点钟，有日人二名，由省城乘坐汽船驶往黄埔，晋谒孙文，面商现局要务，而孙氏及程璧光暨各议长等，备极欢迎，并于公园设宴款待。席间畅谈民党最近之主张，并谓北兵现将南下，望诸公早日出师制敌，不可使敌先制我等语。席散时，已申刻，旋由孙文派员护送该日人仍由汽船返省云。""昨"即指1917年8月23日。该报报道孙文这一天的活动，可补《孙中山年谱长编》。

三

19世纪，在西方列强炮火的轰击下，中国逐步沦为半殖民地半封建社会，各种社会矛盾交织一起，人民的生活每况愈下；一批批有识之士积极探求救国图强之路。虽然这批书信日记的作者杰伊·佛洛伊德·科尔先生既不是历史学家，也不是政治家外交家，只是一名普通的美国海军军需官文书助理。正是这种身份，他更有机会接触中国百姓生活。他所撰写的书信日记看似流水账，却真实地记录了当年中国社会底层生活状况。

本书分日记、书信和图版三部分。日记部分由约翰·科尔·库尔先生家族整理成英文打印稿，交给广州博物馆，由我馆组织翻译小组，译为中文。书信部分是由约翰·科尔·库尔先生家族复印自美国报纸，交给我馆翻译。图版部分则由我馆编排。关于历史照片类，我们尽量按作者的行程来编排，一些反映社会各阶层的历史照片，我们统一归为一类。

我们的分工如下：

第二、五、六本日记由邓玉梅翻译，第三、四本日记由曾玲玲翻译，第七、十本日记由宋平翻译，第八、九、十一本日记由程存洁翻译。书信部分由周全斌翻译。图版部分由程存洁编译。索引由周全斌编，程存洁校对。本书的编排体例及中文译稿的审阅由程存洁负责。本书的整理自始至终是在约翰·科尔·库尔先生的指导下进行。日记和书信中涉及的人名、地名、公司名称、物名等，我们尽量保持中英文对照，而有些英文名称因找不到对应的中文名，故书中只好保留其英文原名。虽然本书的研究整理和翻译工作历时三年，但由于我们的学识有限，书中一定存在许多错误，敬请读者批评指正！

（原载《东方之旅：汉英对照》，岭南美术出版社，2012年2月第1版，第5~11页）

杨式挺先生心系广州博物馆

　　杨式挺先生是我十分敬重的一位长辈，这不仅仅是因为他在学术上有很深的造诣、取得了丰硕的成果，而且更因为他是我的良师益友、广州博物馆的亲密朋友。

　　我和杨老的交往，可以追溯到1990年下半年。那年7月，我从中山大学毕业后分配到广州博物馆陈列部工作。由于某种机缘，我有幸认识了广东省博物馆的专家杨式挺先生，使我有机会能得到他的指教。那时，我对广东省博物馆的了解不多，与省博人的交往也少，可以说他是我在广东省博物馆最早认识的人之一。此后，由于工作和学术上的原因，我有幸能一直得到杨老前辈的指导、帮助和鼓励。杨先生告诉我，他与广州博物馆的关系，可追溯到1958年，当年7月他分配到越秀北路222号广州哲学社会科学研究所历史研究室，有一段时间参加搜集"广州起义"资料，多次到广州博物馆要照片资料；20世纪80~90年代又多次应邀参加广州博物馆历史陈列展览的讨论会并提出了许多宝贵意见和建议。例如，他认为广州地区的历史不应该没有青铜时代的历史等等。

　　记得1999年初，广东省博物馆拟出版《广东省博物馆集刊》。当时担任《集刊》主编的是杨老先生。当时他来电话向我约稿。我很激动，因为那时杨老不仅是省博的业务副馆长，而且学术威望很高，已享受国务院政府特殊津贴，而我虽说已担任广州博物馆的副馆长，但只能说自己还是一名文博新兵。在他的鼓励下，我将自己于1994年在湖南省博物馆库房里所看到的一张南汉买地券石刻碑文拓片写成了一篇读书札记，交给杨老指导。后在他的指教下，《广州出土南汉买地券考》一文被收录在《广东省博物馆集刊（1999）》里。

　　记得1998年11月26日~27日，我有幸收到澳门大学中文学院的邀请，参加了由澳门大学中文学院主办的"中国文化与澳门研究"国际研讨会，在会上我宣读了《广州新发现的两块粤海关海班职员遇难者碑文考释》一文。会议期间，我有幸得到杨老的指教，至今仍历历在目（图一）。

　　杨老虽说是省里的专家和省博的领导，但他没有门户之见，始终关心广州市属博物馆的发展，尤其是广州博物馆的发展。

图一

图二

图三

杨老心系广州博物馆，不仅体现在他为广州博物馆的发展献言进策，而且身体力行，积极参加我馆举办的各类展览开幕仪式。

记得 2003 年 9 月 27 日，我馆引进的"大唐雄风——唐太宗昭陵宝藏展"开幕。这是我馆"非典"之后举办的第一个外展。在那样的环境下，杨老依时前来参加了展览开幕仪式。此情此景，令人感动（图二）。

2011 年 12 月 29 日上午，"祈福迎春——山东民间木板年画展"在我馆开幕。杨老参加了开幕仪式，并剪彩（图三）。杨老的莅临，使展览蓬荜生辉。

最可贵的是，杨老还将自己心爱的宝物献给广州博物馆。

2011 年 1 月 15 日，杨老写信给我。他在信中写道：

我这里有着一张陈凡老先生的对联，现整理一下过往的资料偶然发现，或许对贵馆有用处，今奉上。

这是多么质朴的语言！我们知道，陈凡是一位当代文化名人，广东三水人，20 世纪 30 年代曾任教师，1941 年后历任桂林《大公报》记者、采访科副主任、柳州办事处主任、柳州驻广州特派员、广州办事处主任，1949 年后任香港《大公报》编辑、副主任、副总编辑、广东省文联委员，著有散文集《海沙》《无华草》，诗集《往日集》，新闻报告集《转徙西南天地间》，武侠小说《风虎云龙传》等。他的笔名是周为。他曾是梁羽生的"顶头上司"，以"白剑堂主"的笔名写过武侠小说。1956 年 10 月，他与梁羽生、金庸以"三剑楼随笔"的笔名，共同开设了武侠小说栏目。这个栏目持续的时间虽说仅三个月，但影响很大。杨老写的这封信于 1 月 21 日寄达我手中（图四）。我认真地拜读了杨老随函附上的陈凡先生所撰写的对联，深深地为陈凡先生的气魄和真知灼见所折服。陈凡先生的对联是用钢笔写在笔记本纸上，虽然尺幅不大（横 10.1 厘米 × 纵 14.6 厘米），但字迹刚劲有力，对联读来，催人奋进，使人产生强烈的历史感和使命感。对联内容是：

极目古云山，问国族几经隆替；手悬新日月，信人民才是英雄。

只有人民的利益高于一切，我们的国家和民族才能长治久安！为了让我们能更好地了解这幅对联

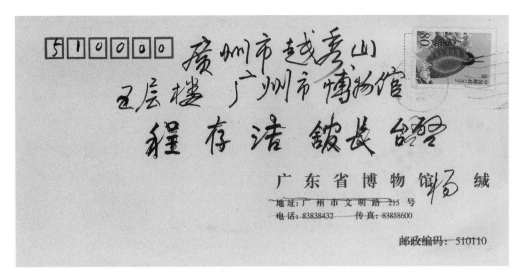

图四

的背景，杨老将这幅"陈凡先生手迹"粘贴在一张白纸上（横 15.1 厘米 × 纵 20.2 厘米），并在这张白纸上还专门写道："一九七三年四月十六日，余因公陪同香港《大公报》副总编陈凡先生偕同香港中文大学文物馆屈志仁先生参观市博，陈老先生在五层楼上见镇海楼对联，即席赋书此对联。省博杨式挺。"（图五）我在杨老写于 2009 年的《我和博物馆的不解之缘——为祝贺馆庆 50 周年而作》一文中读到更为详细的记载："1973 年 4 月 16 日，香港《大公报》副总编辑陈凡先生和香港中文大学文物馆屈志仁先生来我馆参观访问。陈先生事前来函指定要我和何纪生作陪，因为陈先生在 1963 年之前我们已经相识。屈志仁先生赠送了我馆几片香港大浪湾遗址的新石器时代彩陶片，这是改革开放前香港文物馆主动向我馆赠送出土文物。翌日，我陪二位先生到广州市博物馆参观，当陈先生看到镇海楼上悬挂的旧对联，远眺广州市容新貌时，有感而发地在笔记本上写下这幅对联并赠送给我。"由此可知，陈凡先生是在 1973 年 4 月 16 日或 17 日参观镇海楼的，而这件手迹的手写时间也应在此时。杨先生告诉我，20 世纪 60 年代他在广州哲学社会科学研究所时认识陈百庸先生。1981 年杨先生到香港考察访问，陈凡先生特地约他至尖沙咀兰宫酒店见面叙谈。杨先生几次参加中文大学、香港大学国际学术研讨会，香港《大公报》有专题采访报道。

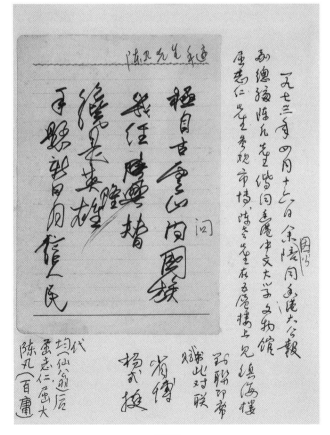

图五

　　我从互联网上又搜集到梁羽生撰写的一篇文章《名联观止》，文章写道："六十年代后期，香港大公报副总编辑陈凡，亦为五层楼撰过一联：百尺楼凭遍栏杆，极目古云山，问国族几经隆替；一江水洗清霾瘴，手悬新日月，信人民才是英雄。气概似更胜彭联，且具历史感。可称是适合新时代的新对联。但有某刊推荐此联时，误'国族'为'国旗'，是亦可列入校对之笑话也。"（http：//blog.sina.com.cn/s/blog_50715fc001008de6.html）从上述对联手迹可以看出，写"国旗"二字误，应为"国族"二字。假若按梁羽生的说法，对联写于 20 世纪 60 年代后期，那么，有一个疑问，既然陈凡先生已在 60 年代后期写好了这幅对联，他在参观镇海楼时为何不将对联完整写上？我认为，梁羽生的说法可能有误，真实情况可能是：1973 年 4 月陈凡先生参观镇海楼时所写的对联为初稿，粉碎"四人邦"后再增补了"百尺楼凭遍栏杆"和"一江水洗清霾瘴"两句。

　　这幅对联气势磅礴，立意甚高，为广州五层楼增添了一幅难得的佳作。杨老又将自己珍藏了近四十年的宝物献给广州博物馆。杨老心系广州博物馆，令人感动！

　　（原载广东省博物馆编《稽古探源——杨式挺研究员从事考古文博事业五十周年暨八十寿辰文集》，广东人民出版社，2014 年 5 月第 1 版，第 153~157 页）

马王堆汉墓文物的守望者傅举有

1972 年至 1974 年发掘的长沙马王堆一、二、三号汉墓，是 20 世纪世界考古史上最伟大的考古发现之一，曾震惊了整个世界。在发掘、保护、研究和利用马王堆汉墓及出土文物的过程中，湖南省博物馆研究员傅举有先生发挥了重要作用，作出了巨大贡献，是马王堆汉墓文物的守望者。

傅先生，湖南娄底人，1965 年研究生毕业后，从中山大学分配到中国文联工作。1973 年初，又从文化部调至湖南省文化组湖南省博物馆工作，从此与马王堆汉墓结下了不解之缘。他先后任湖南省博物馆考古队副队长、考古部负责人、陈列部主任、主管业务的副馆长。退休后，依然孜孜不倦地研究马王堆汉墓。

图一　2012 年 10 月傅先生携妻女重游旧地。这里曾是中国文联办公所在地

南下湖南，积极投身马王堆汉墓发掘工作

1972 年长沙马王堆一号汉墓的发掘，震惊全世界。这促使傅先生毅然离开北京，只身南下，回家

图二　傅先生主持《中国漆器全集》荣获中共中央宣传部的表彰

乡湖南参加马王堆二、三号汉墓的发掘工作。

　　1973年8月下旬，正率队参加湖北长江流域第二期考古训练班的傅先生，被馆里紧急召回，参加7301工程。7301工程是中央和湖南省为保护马王堆一号汉墓出土女尸及文物而建设的文物仓库的代号，被列为1973年第一号工程。10月，又开始负责筹备马王堆二、三号汉墓发掘的相关工作。三号墓的考古发掘从11月19日开始，至12月13日完毕。5天后，即12月18日，又投入二号汉墓的发掘，至次年2月结束。

　　马王堆二、三号汉墓虽密封程度不如一号汉墓，出土文物中也没有一号汉墓那样的栩栩如生的女尸，但出土的大量帛书帛画漆器等珍贵文物，同样震惊了世界。

　　傅先生从1973年8月下旬奉命前往马王堆，直至次年2月将发掘收尾工作做好为止，参加了二、三号汉墓发掘的全过程，是最先进入马王堆的考古人员，也是最后离开马王堆的考古人员。他在马王堆度过了九十九个难忘的日日夜夜，亲历了世界著名的马王堆汉墓的发掘工作。

北上北京，细致整理马王堆汉墓帛书

　　马王堆一号汉墓因出土了一具栩栩如生的女尸轰动了世界，而三号汉墓因出土大量帛书和简牍，同样震惊了全世界，并持续推动马王堆学的形成和开展。

　　就在考古发掘工作刚结束不久，1974年3月，国家文物局马上组建马王堆汉墓帛书整理小组，邀请北京大学、中山大学、复旦大学、中国科学院各有关研究所、故宫博物院、中国历史博物馆及全国有关科研机构的专家、学者数十人参加。整理小组设在北京红楼文物出版社三楼。它的成立，在我国文物保护和帛书整理史上，具有特殊的重要意义。

　　作为帛书所有者湖南省博物馆的代表和整理小组成员，傅先生参加了帛书整理的全过程，并具体

图三　帛书整理小组部分成员
（左一周世荣、左二孙贯文、后排站立者傅举
有）在文物出版社所在红楼正门与到访的中山
大学商承祚（左三）、曾宪通（左四）合影

图四　马王堆汉墓出土帛书整理小组工作照
（站立查阅资料者为傅先生）

负责帛书《五星占》附表释文和帛书地图的拼复释文工作，前者作为帛书整理小组最早的一批研究成果，发表在 1974 年第 11 期《文物》。此外，他还接受整理小组安排的工作任务，在专家们的指导下，完成《长沙马王堆汉墓出土帛书简介》，并在《历史研究》1974 年第 1 期上发表，这是最早向外界全面介绍马王堆汉墓帛书的文章。

马王堆汉墓帛书，为中国文明史研究提供了极为丰富的新资料，使人们意识到中国文明史和世界文明史的某些部分，需作重新认识，需要重新改写。这里拥有世界最早的彗星图、最早的天文著作、最古老的医书、最早的相马经、最古老的城市设计蓝图、世界上研究性医学最早的专科文献；这里还显示中国最早发现了太阳黑子，以及两千年前的外科手术资料等等。

科学利用，认真举办马王堆汉墓陈列

傅先生曾前后三次参加或主持马王堆汉墓陈列。第一次是 1974 年上半年。随着马王堆汉墓文物仓库的建成，马王堆汉墓陈列被提上议事日程。这次展览在 1974 年 7 月对外开放。当时展陈条件虽简陋，但展出的内容脉络清晰，按随葬品、木椁、女尸三大部分展出，文物丰富，影响大，每日参观人数高达万余人。

第二次改陈是在 1986 年。这一年正是湖南省博物馆建馆 30 周年暨马王堆汉墓发掘 15 周年。时任业务副馆长的傅先生，负责展陈内容设计。这次展出的文物更加丰富，是按发掘经过、墓主人介绍、漆木器、陶器、农副产品、食品等随葬品，丝绸，两幅 T 型帛画、帛书和简牍，女尸，棺椁等 5 大部分展出的，其中棺椁部分展出了一、三号墓大椁及一号墓的黑漆素棺（外棺）。

第三次改陈是在 1997 年。随着博物馆新陈列大楼的兴建，改陈工作再次被提上议事日程。这次改陈工作由傅先生任陈列内容设计组组长。展出内容包括墓葬的地理位置、传说和历史记载、发掘经过，三位墓主人的介绍，侯府荣华（又名走进轪侯家，展品有漆木器、丝绸、帛画、帛书等），两幅 T 型

帛画，棺椁，女尸等六大部分，还增设了一幅展示两千年前长沙国丞相轪侯家历史画卷的大型半景画。这次展览后被评为全国博物馆十大陈列展览精品。

傅先生还积极推动马王堆汉墓文物走出国门，向世界各国人民宣扬伟大的中华文明。他在担任陈列部主任和业务副馆长期间，举办过赴香港、台湾等地和日本、美国、法国、新加坡、韩国、荷兰等国的展览数十个。这里仅就赴香港和日本的展览情况略作介绍。

1985年7月1日，"马王堆汉墓出土文物、湖南历代珍品文物展"在香港华润艺林公司中国文物馆开幕。这次展览共展出230件文物，是湖南省博物馆外出展览中展品数量最多、品位最高的一次，是为响应中央号召，在1997年香港回归之前，对香港居民进行爱国主义教育而举办的系列展览中的一个。为配合展览，傅先生于1985年10月和12月在香港分别为大中小学教师开办了"马王堆汉墓及古尸研究"和"马王堆汉墓的发掘与研究"学术讲座，香港《文汇报》对前者作了详细报道，香港大学校刊对后者作了全文刊登。这次展览历时半年，入馆观众高达数十万人，取得了极好的社会效益。次年2月，国家文物局还向全国印发了《湖南省文物展览赴港展出获得好评》简报。

1990年3月17日，"中国长沙马王堆汉墓展"在日本大阪万国博览公园开幕。展出时间6个月。这次展览取得了巨大成功，社会效益和经济效益双丰收。每日前来参观的人络绎不绝，最多的一天高达14850人。一位日本观众在留言簿上写道："每天都有成千上万的日本人被中国马王堆所感动。"还有观众说："二千多年前的女尸、文物保存这样好，是不可思议的奇迹。"

求真务实，圆满解决三号墓墓主人的身份问题

马王堆一、二、三号汉墓发掘后，特别是二号汉墓出土了墓主人的3颗印章，因而很快确定该墓墓主人就是司马迁《史记》记载的在长沙国丞相任上封为轪侯的利苍，而一号墓墓主人的身份，经学者们的研究，也很快得到确认，是利苍的妻子辛追。但是，三号墓墓主人的身份却因墓中出土的直接证据不明显而迟迟未能确定，后经傅先生的细致研究和推理，确定是利豨。傅先生的这一"划时代的发现"（岳南语）引起了学术界众多的赞同之声。

岳南先生在《西汉亡魂——马王堆汉墓发掘之谜》一书中说："马王堆三号墓墓主是第二代轪侯利豨某一位兄弟的说法，始已在海内外广为流传。但就在这个说法流传了9个年头之后，湖南省博物馆研究员傅举有在整理马王堆汉墓出土帛书时，感到以前的说法有可疑之处。于是，经过一番潜心研究后，终于得出了新的结论，那便是马王堆三号墓的真正主人不是利豨的某一位兄弟，而恰恰是第二代轪侯利豨本人。傅氏的一家之言通过《考古》月刊1983年第2期发表之后，引起了考古学界、历史学界研究人员的关注，同时也引起了众多的赞同之声。一篇又一篇的论文相继出现在不同的报刊杂志，争相以不同的角度和侧面证实傅氏推断的准确。"

傅先生坚持的"利豨说"已得到学术界和文博界的广泛认同。如今，正在湖南省博物馆新馆展出的"长沙马王堆汉墓陈列"已采用三号墓主人是利豨的观点，从而使三号墓墓主人的身份问题画上了圆满的句号。

马王堆汉墓对傅先生的影响很大，诚如傅先生自己所言："我从北京调来湖南，就是为了发掘马王

堆汉墓、研究马王堆汉墓，我以后当业务副馆长也是管理马王堆汉墓。"

（原载《中国文物报》2019年11月12日第4版，又见国家文物局官网2019年11月12日"专题·佳作选登"栏目和"学习强国"2019年11月18日）

附记：傅先生，生于1937年，1956年以优异成绩考入中山大学历史系。在校学习期间，在著名隋唐史教授陈寅恪、岑仲勉、董家遵等学术大家学术风范的沐浴下，从大学二年级起，就开始在《史学月刊》《光明日报·史学》发表《唐末庞勋起义》《唐代盐和茶的专卖》《对我国封建土地所有制研究的一点意见》《从〈齐民要术〉看北魏对桑田的规定》等学术论文6篇。他勤于思考，笔耕不辍，发表学术论文240余篇，著有《中国历史暨文物考古研究》《千年遗梦》《往事随笔》等著作，主编《马王堆汉墓文物》《中国漆器全集》等，发掘了马王堆二、三号汉墓、长沙子弹库1号楚墓、东江汉墓群、古代名窑岳州窑等古墓葬古遗址古窑址数百处，其中最有影响的就是马王堆汉墓。

史与诗的完美结合

——姜伯勤老师史学论著学习心得之一

1993 年姜伯勤先生与笔者在武汉大学合影

这几年，我一直在重温姜伯勤老师的史学论著，并偶有些学习心得，值此姜老师八十大寿之际，谨以此文敬祝老师生日快乐，健康长寿！

姜伯勤老师是国际著名唐史大家、敦煌学大家。他的学术贡献和史学成就主要体现在隋唐史、敦煌学和岭南禅学史等领域，集中反映在他撰写的《唐五代敦煌寺户制度》（中华书局 1987 年版）及增订版（中国人民大学出版社 2011 年版）、《敦煌社会文书导论》（台北新文丰出版公司 1992 年版）、《敦煌吐鲁番文书与丝绸之路》（文物出版社 1994 年版）、《敦煌艺术宗教与礼乐文明》（中国社会科学出版社 1996 年版）、《石濂大汕与澳门禅史——清初岭南禅学史研究初编》（学林出版社 1999 年版）、《中国祆教艺术史研究》（三联书店 2004 年版）、《饶学十论》（齐鲁书社 2012 年版）等论著中。他的学术贡献和史学成就的取得，既来自他个人的天赋才情，更来自他的勤奋，来自他自强不息的敬业精神。他常说："勤能补拙"，是一位极为勤奋的大学者。

通过学习姜老师的史学论著，我深刻地感受到，姜老师不仅具有十分广阔的国际性学术视野，而且拥有日新又新的创新精神，他对科学真理的追求始终充满激情和真情；他在探讨每一个学术问题时，始终能站在国际学术前沿，在重大历史问题上与国际学界进行对话，在学术上"预流"；他的每一部史学论著不仅立意高超、考证严谨、新意迭出，而且都是"论、证、文"的有机统一，辞章、行文有如诗一般的流畅和优美，是史与诗的完美结合。每次读后，我总是心潮澎湃，回味无穷，总能从中获得启迪。

以下，我将从学术贡献、学术方法及语言艺术等三个方面，简要地谈一点个人的学习心得。

一、学术贡献

作为国际著名的敦煌学专家，姜伯勤老师从 20 世纪 60 年代起，即已开始密切关注敦煌学的国际学术发展动态。他积极"汲取域外智慧，开拓本土资源"，深入开展敦煌文书和吐鲁番文书的研究，积极探讨了唐宋之际敦煌寺户制度的历史演变和封建社会经济结构阶段性变更的历史趋势，梳理出地处文明交汇十字路口的敦煌、吐鲁番地区所见丝路上"东西方贸易担当者"的各种历史相，探明"民族心灵历史象征"的敦煌心史，发掘中国遗存的祆教艺术等诸多学术问题。与此同时，姜老师还十分关注 17、18 世纪之交"民族大悲剧"时代的岭南禅学发展情况。简言之，姜老师的学术思路和研究的着眼点，早期主要集中在隋唐史、封建社会形态阶段性的生产关系、丝绸之路上不同文明的交融互鉴等领域，后期主要集中在对象征民族心灵历史的敦煌心史和地处"民族大悲剧"时代的岭南禅学等领域的探究。姜老师通过探讨上述学术问题，取得了以下若干项重大学术贡献。

——通过对敦煌文书进行抽丝剥茧式的分析和解读，揭示了唐宋之际敦煌寺户制度的历史演变和封建社会经济结构的变化，以及社会形态阶段性变化的历史规律。

姜老师在马克思主义经济学理论的指导下，从敦煌寺院里的地产结构、寺户编制形式、寺户地租形态和寺户依内律所规定的地位等方面着手研究，从而认识到寺户是生长在中国土地上的农奴式人口，寺户制下的敦煌寺院经济构成具有非常突出的闭塞性，盛行着自给自足的自然经济。寺户制度在历经吐蕃管辖时期和归义军时期，不可避免地走向没落。"原来由寺户番役和寺奴常役所支撑的封闭的寺院经济体制，仿佛遭到了一次雪崩。仰给于寺户上役的看碓、看梁、畜牧、匠役、车役、煮酒役等工种，多已不能再由寺户上役实现。这些部门原来的寺户执役，都逐渐被寺院的各种租户和雇工所代替。这个过程涉及归义军时期与寺院经济有关的各种生产者身份的变化。它不仅从一个侧面反映了寺户劳役制的没落；而且，还从广阔的领域里提供了一幅寺院经济结构改变的清晰图景。"[1] "寺户制的没落的确意味着一个时代的终结：在经济基础方面，以寺户劳役制为支柱的寺庄经济结构，让位于以高利贷、租佃制和出租加工业相结合的寺院经济体制"；"这在反映了寺院经济寄生性日益增长的趋势的同时，也不能不反映出唐宋之际生产力进步和封建社会经济结构阶段性变更的历史趋势。"[2]

——通过深挖敦煌文书和吐鲁番文书留下的蛛丝马迹，结合历史文献记载，展现了一幅与"东西方贸易担当者"有关的动人的丝路实况。

姜老师在研究中发现，不仅从敦煌吐鲁番往西存在一条"白银之路"和"香药之路"，而且"重新发现并认识粟特人作为'商业民族'、作为队商活跃在丝路上的真情实景，看到了与之相关的拜占廷与波斯两个大国在丝路贸易上的利益冲突，也看到了粟特人与草原民族西突厥人、铁勒人、突骑施人在丝路利益上的相互依傍，并看到与粟特人相关的中国丝绸市场的各种历史相。"[3]

——通过敦煌吐鲁番文书和莫高窟石窟艺术，探明了一个大时代下中国文化的心灵历程以及中国智慧。

中古时期是中国文化的一个繁盛时期，各种文明涌进中国、交流互鉴。通过研究敦煌吐鲁番文书及莫高窟石窟艺术，姜老师情深意切地感受到："莫高窟石窟艺术与石室写卷的世纪性发现，本世纪国际性敦煌学研究的进展，都一一表明：敦煌的文明历史，以缩影的形式显示了一个民族心灵的提升和追求超越智慧的历程，以一斑而得以窥见一个当时正处于开花季节的伟大民族的心史。"他从艺术、宗教和礼乐文明入手，用心尽力去探索"民族心灵历史象征"的敦煌心史，探索"四至十四世纪以敦煌石窟艺术及石窟所出文书等载体所显现的中国文化繁盛时期的心灵的历程，一个大时代的心灵提升的轨辙；探讨敦煌所见的唐代前后的艺术、宗教和礼乐中所显示的思想超越性、所显示的人文精神和对于中国智慧的追求。""而敦煌心史中所凝聚的悲怆，又总是不断地唤起中国人自强不息的心态。"[4]

——"频频出土的祆教画像石，是中国美术考古史上的奇葩。"[5]姜老师通过诠释新发现的波斯琐罗亚斯德教中国版本"祆教"图像文本，以及对琐罗亚斯德教天宫建制中国版的考察，重现了中国祆教艺术及其传播路径，即"生成于两河流域和伊朗高原的波斯祆教艺术，经过在粟特地区的变异，这一变异融合了波斯艺术、印度艺术、粟特本土艺术、草原及嚈哒艺术等多种因子，在来到敦煌以后，又和汉地艺术交流。……这里，既表现出东方艺术的多样性，又显示出多种外来因子在中国大地上的融合，这一耀眼的历程，在中国艺术史上放射着不灭的光辉。"[6]

祆教是中古时期入华的三夷教之一。姜伯勤老师关于中国祆教艺术的研究成果，"发前人所未发"[7]，"使波斯琐罗亚斯德教的'中国版'空前地明朗化了"。[8]其研究成果揭示了"佛教输入中国带来了印度——希腊风的犍陀罗艺术，而祆教的艺术，则为中国带来了艺术史上的波斯风"，"反映了中国文明与伊兰及中亚文明的互动。"[9]

蔡鸿生教授在为《中国祆教艺术史研究》一书所撰"序"文里高度评价："《中国祆教艺术史研究》是一部从艺术遗存来研究中国祆教的专著，为伯勤先生多年潜研精神之独结，具有很高的原创性。他广泛参阅近百年来俄国、日本和欧美的相关论著，对文献、文书和文物进行竭泽而渔式的搜罗，在缺乏汉译祆教遗经可作文本分析的情况下，匠心独运，博综贯串，终于从中古遗存的图像和唐宋时代的民俗中辨认出祆教神祇若隐若现的身影，发现了'波斯式的天宫建制'在东亚的遗痕，包括琐罗亚斯德教的大神和女神，这是极其难能可贵的。"[10]李明伟先生在《粟特：雾里看花——评姜伯勤〈中国祆教艺术史研究〉》一文里也给予了很高评价，认为"2004年4月三联书店出版了一部装帧精美、图文并茂、大开本的《中国祆教艺术史研究》。这部凝聚了姜伯勤先生多年心血的新著，是他对丝绸之路研究、宗教艺术史研究的重大贡献。"[11]

——饶宗颐先生指出："明之亡，志士逃禅者众，就中不少魁奇特立之士，……至若大汕其人，久遭讥诃蒙诟，至今仍为问题人物。"[12]姜伯勤老师从艺术、文化与时代生活三者的结合，紧扣石濂大汕与清初澳门及岭南禅史这一主题，解决了"至今仍为问题人物"的大汕其人的若干问题，展现了大汕周围的人文世界，"反映了中国精神史上的南方风格"[13]。

饶宗颐先生对《石濂大汕与澳门禅史——清初岭南禅学史研究初编》一著给予了高度评价，认为此书"网罗宏富，立义公正，抉离六之真相，存澳门之信史。……建树不磨，足与山川同寿。"[14]

此外，姜老师的学术贡献还体现在他对中古城市史和礼制史、饶学等诸多领域均有独到的学术贡献，发前人所未发。

二、研究方法

姜老师非常重视前人的学术研究成果。他的每一部论著和每一篇论文，均会使用一定量的篇幅，认真细致地梳理出一份学术史。他在《唐五代敦煌寺户制度》一著"引言"里特别强调："科学上的每一步求索，总是在前代人的积累的基础上进行的。"他总是要先详细梳理和介绍前人的学术成果，然后再在此基础上提出自己将要解决的学术问题。因此，他在探索每一个学术问题时，都是极其认真地按照上述这一学术路径来开展科学研究的。这是一种非常严谨的治学态度，也是一种极为难得的学习和研究方法。

敦煌学业已成为一门国际显学，敦煌文书是 20 世纪最伟大的文化发现之一。姜老师在从事敦煌文书和吐鲁番文书的研究过程中，既充分重视利用古文书学方面的研究成果，注意解读好文书中涉及的字、词等含义，又特别遵循"研究唐代文书是为了在重大历史问题的认识上取得突破"这一学术理念，力求站在更宏阔的国际学术视野去俯视中国历史发展规律，在更大的历史背景里去总结敦煌寺户制度的演变历程，从而揭示出四至十四世纪中国封建社会经济结构的变化规律。

在深入研究敦煌吐鲁番文书和莫高窟石窟艺术时，姜老师独出心裁，开拓了用"图像证史"的学术新方法，并取得了重大学术成果。这种新方法的运用，成就了姜老师的又一部鸿篇巨制《中国祆教艺术史研究》一书。

事实上，早在 20 世纪 80 年代，姜老师即已开始运用"图像证史"这一学术新方法。他在通过一系列严谨而细致的"图像证史"案例后，总结出敦煌艺术的发展规律，认为"在敦煌艺术史上，在佛教、祆教、摩尼教、景教、犍陀罗艺术和波斯艺术等外来文化不断引入的同时，却始终牢固保持着中华文化的传统，其奥秘即在于：敦煌艺术渗透着中国礼乐文明。"[15] "中国礼俗图像和乐制图像的大量融入莫高窟佛教艺术，这本身就意味着'礼以节事'的重要功能。中国传统礼乐文明在与外来文化相遇时，对外来文化进行了节制、选择、扬弃和消化，从而保存了中国礼乐文明的主导地位。使印度传来的佛教艺术，终于演变为中国式的大乘佛教艺术。"[16]

在运用"图像证史"这一学术新方法时，姜老师不忘警醒学人："为了避免对图像的'天马行空'的解释，我们要尽量避免不考虑图像志历史轨迹而单纯从经文文本对图像作想像性的解释。"[17] 同时，姜老师告诫我们，"图像程序问题，是艺术史研究与图像研究中一个不可忽视的问题。"[18]

李明伟先生在《粟特：雾里看花——评姜伯勤〈中国祆教艺术史研究〉》一文里谈到，姜老师"使我们得以从新的角度重新认识贡布里希（E.H.Gombrich）和哈斯克尔（F.Haskell）所提出的艺术史研究方法'图像学'等理论在研究其它历史领域问题时的价值。"《中国祆教艺术史研究》在研究的方法和技术路线上有许多值得赞赏的创新。例如对图像程序的重视。"[19]

无论是对敦煌寺户制度的研究，还是对不同文明交流史和敦煌心史等的研究，姜老师都是以极为严谨的科学态度来对待。他在《敦煌吐鲁番文书与丝绸之路》一著中发出了"力图以夏鼐先生的科学态度作为榜样"的誓言，指出"夏鼐先生的文章具有严谨的科学性与广阔的世界文化视野，既没有半殖民地的奴颜媚骨，也没有积重难返的前近代的'天朝'心态。"[20] 姜老师在《饶学十论》一书里也反复强调饶宗颐先生具有"独到的世界性学术视野"和"十分广阔的国际性学术视野"。而这些"广阔的世界文化视野"和"国际性学术视野"也正是姜老师所具备的学术素养，是他特别强调和使用的研究方法。

正是由于姜老师始终不忘将敦煌艺术放在世界文化视野中去认识、去研究，因而他取得了非凡的学术成果。这种研究思路和研究方法也为后人进一步探讨敦煌艺术打开了新的思路。他在《论咀密石窟寺与西域佛教美术中的乌浒河流派》一文里写道："'乌浒派美术'的倡说，为我们将敦煌美术与西域美术进行比较研究时，打开了广阔的天地。以往我们曾以敦煌美术与犍陀罗美术、秣菟罗美术、笈多式美术、阿玛拉瓦提美术进行比较，取得了许多丰硕的成果。如今，我们将一至五世纪的大贵霜时代及小贵霜时代的阿姆河流域的独特美术流派与敦煌比较，获得许多新的认识，如北凉、北魏敦煌美术中'土红涂地'的大红地仗，即源至此五百年间的乌浒派美术，由此并可进一步追溯中亚古代的尼萨等地。又如，哈达式的着右袒袈裟的立佛，同样见于敦煌，而贝格拉姆之派特瓦佛像背光中的化佛和火焰纹，则在敦煌亦有异曲同工的表现。小贵霜时期的乌浒派美术，又与嚈哒时期前后的粟特画派相连结，在敦煌北周及隋代连珠文壁画中，亦看到乌浒美术余支粟特画派的影响。总之，随着'乌浒河美术'或'乌浒流派'的倡说，使我们在敦煌艺术的比较研究中，有可能作出许多新的探索。"[21]

人文主义精神的追求，可谓是姜老师史学研究中另一个十分重要的方法。他的《石濂大汕与澳门禅史——清初岭南禅学史研究初编》一著就是"本着强烈的人文主义关怀，追求一种对历史理性和人文精神的理解和体验。"[22] 通过这种关怀和追求，他展现了一个绚丽多姿的历史时代和惊心动魄的文化气象，"大汕与长寿寺被埋没了的历史，是研究'文艺复兴'式的中国人文主义复兴的绝佳史料。明清之际是大汕所说的'天坍地塌'的充满剧烈社会变迁的大时代，出现了大汕一类有'野性'、追求'动荡气息'的人。……明清之际，大量士人由于鼎革之际的变动而进入禅僧队伍，这样也把上层的雅文化、精致文化或曰士大夫文化引入禅林。又由于一些旧日享有高官厚禄的士人在急剧变动中跌到社会低层，使一部分雅文化的代表人物接触了'街头莲花落'式的俗文化或大众文化，以致从中产生了未来新文化的最初萌动。而从下层市井中通过禅院而进入上层文人雅士的禅僧，又把工艺化的民间文化与上层雅文化进行交流。17、18世纪之交在岭南禅僧中发生的雅文化与俗文化的交流，又表现为南方禅学的俗世化进程。"[23]

在重温姜老师学术论著的过程中，我的脑海里时时闪现出我在中山大学历史系问学期间，姜老师教导我们如何掌握治学方法、治史方法的那一幕幕情景。

我记得姜老师曾给我们讲过"岭南文化研究的出路"一堂课。在课堂上，他谈到了进行研究的具体方法：收集文献，研究理论，掌握文化区域理论，发现新史料，仔细分析。姜老师反复告诫我们，读书一定要从阅读名著开始，一定要精读，要从阅读中发现问题，要从大学者的著作里寻找问题，找出前人尚未解决的问题。这一学习方法，也正是他反复强调的"科学上的每一步求索，总是在前代人的积累的基础上进行的"具体表现。

我还记得，从1987年入学研究生的第一学期起，我们就开始接受姜老师的"特殊"史学训练。姜老师先后安排了"唐代史料选读及讨论""唐文化史讨论""唐文化与岭南文化讨论"等专题，组织我们开展每周一次的沙龙，指导我们阅读史料、撰写读书心得，并在讨论会宣读、交流、讨论。参加沙龙的人员，既有姜老师指导的研究生，也有历史系、中文系和哲学系其他有兴趣的学生。沙龙一般是安排在晚上，有时也会安排在白天。我依据残存笔记，可知1989年第一学期的唐代文化史讨论课是安排在每周的星期五晚上（具体时间是3月3日、10日、17日、24日、31日，4月7日、14日、21日、28日，5月5日、12日、19日、26日，6月2日、9日、16日、23日、30日）进行，讨论地点是在陈嘉庚纪念堂；姜老师主讲有"敦煌学四十年"（3月3日晚）、"沙州道门亲表部落释证"（3月10日晚）、"列宁格勒所见乘恩帖考证"（4月7日晚）、"国外敦煌学研究趋向"（4月21日晚）等。一学期的沙龙结束时，姜老师会作小结。这种训练前后达两年时间，培育和锻炼了我们，引导我们早日迈入史学门槛，使我们掌握了一些史学研究方法。

三、语言艺术

我在学习姜老师的学术论著时，时时都能感受到姜老师心中所充满的那股诗人般的激情。他说："我永远忘不了在莫高窟的那些日子。入夜，从大泉河边的层层石窟走过，静夜衬映着庄严。隐隐听见的，那是天籁。间或，被九层楼上窟檐的铁马悬铃声打断。间断地，交响着白杨林的沙沙声。莫高窟，于是成为我们心中的清明之境，成为一座心中升起的中国智慧的巍峨丰碑。"[24]

姜老师是一位勇于求索的史学家。他以高度的历史责任感和敏锐的智性思考，在古老的敦煌历史中穿行，在中国与世界间体悟，将敦煌艺术所显示的中华民族的智慧和胸襟熔铸笔端，全景式地展现了处于青春时期的民族的健康心态的立体画卷。他倾情抒写敦煌的风采："敦煌的文化遗存，是如此之深地牵动着世人之心，这鸣沙余韵的魅力，究竟在哪里？也许，它就在敦煌文物所展示的一种清明气象中。在敦煌文物里，人们看到了盛唐前后几个世纪中国民族心理中那种开敞的胸襟；感受到一个民族处于青春时期的健康心态；体味到开阔的前'理学'时代的中国情怀。"[25]"正是敦煌遗产所给予我们的宝贵启示：一个没有超越智慧的民族，决不会站在人类文明的前列。敦煌遗产对我们的另一个启示是，敦煌已经成为中国情怀的一种象征。"[26]由此，他豪情万丈，充满自信："展望未来的世界，那将是一个人文精神勃兴的世界。敦煌所体现的中国人追寻超越智慧和各大文明学会互相礼敬的历史经验，必将对未来世纪的人类文明，作出应有的贡献。"[27]

他满怀激情，积极投身祖国的学术事业。他告诉读者，他投身敦煌学研究，"之能有勇气从事这项探索，是出自祖国敦煌学终将复兴的执著信念。我对敦煌的迷恋可以溯自少年时代。""1964年春，我又有幸听到向达教授在南方所作的《敦煌学六十年》的讲演。这位当时处于逆境的耿直学者，以一种赤子般的爱国热情，再次煽起了我心中的火焰，坚定了我'再困难也要研究敦煌'的决心。""人到中年，倍感青年时期胸中升起的爱国激情和使命感是如此值得珍惜！也许，正是青年人的那种不计成败的理想主义，少年人的那种寻梦式的热情才使你获得一种闯入科学殿堂的'地狱之门'的胆量。"[28]

在论及吐蕃管辖时期的敦煌寺户制度时，姜老师有一段如诗如画般的描述："绵延三四百年之久的寺户制度，在8、9世纪之交，在吐蕃占据的敦煌，又仿佛进入了一次回光返照式的'胜境'。然而，物盛则衰，固其变也。这个处于暮年时期的古旧制度，不久，亦终于走到了它的尽头。"[29]"在吐蕃统治时期，已经出现寺户的极端贫困和寺院所需力役的无法维持。暴露出寺户制度和劳动地租衰微的历史趋势。"[30]"根据生产力总是要突破陈旧生产关系而打开前进道路的历史必然性，寺户制度已经处在一场激烈变动的前夜了。"[31]

在谈起归义军时期寺户制度的没落时，姜老师这样描述："这个时期，是敦煌寺户制走向没落的年代，也是敦煌寺户仍以'常住百姓'的名称而发展流变的年代。"[32]"这些斗争，汇成了一股不可阻遏的历史潮流，冲击着各种奴役制，从而为生产力的发展打开了出路。"[33]"在沙州，虽然会昌毁佛的浪潮未曾波及，但是，张议潮进行了放免寺户、分割都司产业、调查寺产等一系列改革。慑于会昌浪潮，慑于张议潮的种种兴革，敦煌诸寺遂把寺产一般都安上'常住'的名目。于是寺田被称为常住的'厨田'，寺户亦改称为'常住百姓'。他们把用和尚也要吃饭（'用为僧饭资粮'）的理由，千方百计地把寺院对地产和人户的占有保存下来。"[34]"回想一下一百年前即9世纪末《敦煌诸寺奉使牒帖处分常住文书》（P.2187）之"亲伍礼"关于常住百姓的苛酷的人身依附的规定；再看看一百年后即 10 世纪末 S.1946 号契文所见常住百姓朱愿松的实际的经济地位，两相比较，不禁觉察出其间仿佛有云泥之隔，进而不能不惊视这一个世纪的巨大变化！"[35]

在对隋代虞弘墓祆教画像石进行细致研究后，姜老师认为："本组画像石人物造型有很高的成就，这与北齐、北周至隋，曹仲达、杨子华一类大画家的成就，及其在并州即今太原地区所具有的重要影响中反映出来。这从娄睿墓墓室壁画和最近发现的北齐徐显秀墓室壁画所显示的高度艺术水平即可得见。也与当时中原画人与粟特等地的频繁艺术交流有关。与此同时，本组画像石在反映传入中国的祆教教义方面，也十分突出。如果说不少中国祆教画像石反映一般粟特人节庆生活场景较多，则本组画像石深刻地反映出的《阿维斯陀》中关于'最后审判'和'最终复活'的神学内容也甚为详瞻。所以，本组画像石是研究中国中古中原文化与中亚、西亚文化互动的绝佳材料，也在中国画史上放射着引人注目的魅力。……我们坚信，对虞弘墓画像石的不懈研究，对于认识此种'独自的价值'一定有着非常之大的重要性。"[36]"随着对虞弘墓所见'图像志'研究的深入，不仅对中国中古美术史研究、对中外美术交流史研究有重要意义，对重建、复兴和重新认识萨珊伊朗及粟特本土的图像学和图像志，也有极为重要的认识价值。"[37]"由于北周至隋期间，与突厥人结盟是关系到粟特人生死存亡和保持丝路利益的悠悠大事，故以神意作背景写入陵寝画像石这样的纪念性建筑物中，这些画像石当然脱离不了祭祆。如 Miho 之祭娜娜、安伽之祭火坛、豪摩，而虞弘墓画像石则纪念了整个天国的神界。"[38]

姜老师的史学论著，不仅高屋建瓴、论证严谨、逻辑性强，而且语言优美。中山大学人类学系刘文锁教授在《姜伯勤〈中国祆教艺术史研究〉学记》一文中从学术境界、研究方法、问题研究之精深及文笔辞章等四个方面阐述了姜老师在中国祆教艺术史领域所取得的巨大贡献。刘教授在谈及"文笔辞章"时指出，"过去桐城派学术主张义理、考证和辞章"，而"姜先生的《中国祆教艺术史研究》，于斯三者具足矣。"[39]这一鲜明特点亦见于姜老师的其他史学论著中。

今天，我们重温姜老师的史学论著，就是要学习他求真务实的学风、严谨的治学态度和勤奋刻苦的精神；学习他始终站在国际学术前沿，以国际学术视野研究历史，力求在重大历史问题上有所突破、有所创新的治学精神。

注释：

[1] 姜伯勤：《唐五代敦煌寺户制度（增订版）》，北京：中国人民大学出版社，2011 年版，第 147 页。

[2] 姜伯勤：《唐五代敦煌寺户制度（增订版）》，北京：中国人民大学出版社，2011 年版，第 279~281 页。

[3] 姜伯勤：《敦煌吐鲁番文书与丝绸之路》，北京：文物出版社，1994 年版，第 2 页。

[4] 姜伯勤：《敦煌艺术宗教与礼乐文明》，北京：中国社会科学出版社，1996 年版，第 1-2 页。

[5] 姜伯勤：《中国祆教艺术史研究》，北京：生活·读书·新知三联书店，2004 年版，第 315 页。

[6] 姜伯勤：《中国祆教艺术史研究》，北京：生活·读书·新知三联书店，2004 年版，第 270 页。

[7] 姜伯勤：《中国祆教艺术史研究》，北京：生活·读书·新知三联书店，2004 年版，第 3 页。

[8] 姜伯勤：《中国祆教艺术史研究》，北京：生活·读书·新知三联书店，2004 年版，第 2 页。

[9] 姜伯勤：《中国祆教艺术史研究》，北京：生活·读书·新知三联书店，2004 年版，第 315、328 页。

[10] 姜伯勤：《中国祆教艺术史研究》，北京：生活·读书·新知三联书店，2004 年版，第 1~2 页。

[11] 李明伟：《粟特：雾里看花——评姜伯勤〈中国祆教艺术史研究〉》，《敦煌研究》2005 年第 1 期，第 108 页。

[12] 饶宗颐：《石濂大汕与澳门禅史——清初岭南禅学史研究初编·序》，上海：学林出版社，1999 年版，第 1 页。

[13] 姜伯勤：《石濂大汕与澳门禅史：清初岭南禅学史研究初编》，上海：学林出版社，1999 年版，第 588 页。

[14] 姜伯勤：《石濂大汕与澳门禅史：清初岭南禅学史研究初编·序》，上海：学林出版社，1999 年版，第 2 页。

[15] 姜伯勤：《敦煌艺术宗教与礼乐文明》，北京：中国社会科学出版社，1996 年版，第 55 页。

[16] 姜伯勤：《敦煌艺术宗教与礼乐文明》，北京：中国社会科学出版社，1996 年版，第 73 页。

[17] 姜伯勤：《中国祆教艺术史研究》，北京：生活·读书·新知三联书店，2004 年版，第 269 页。

[18] 姜伯勤：《中国祆教艺术史研究》，北京：生活·读书·新知三联书店，2004 年版，第 126 页。

[19] 李明伟：《粟特：雾里看花——评姜伯勤〈中国祆教艺术史研究〉》，《敦煌研究》2005 年第 1 期，第 110 页。

[20] 姜伯勤：《敦煌吐鲁番文书与丝绸之路》，北京：文物出版社，1994 年版，第 4 页。

[21] 姜伯勤：《敦煌艺术宗教与礼乐文明》，北京：中国社会科学出版社，1996 年版，第 121 页。

[22] 刘志伟：《引论：区域史研究的人文主义取向》，载姜伯勤：《石濂大汕与澳门禅史——清初岭南禅学史研究初编》，上海：学林出版社，1999 年版，第 5 页。

[23] 《石濂大汕与澳门禅史：清初岭南禅学史研究初编》，上海：学林出版社，1999 年版，第 582~583 页。

[24] 姜伯勤：《敦煌艺术宗教与礼乐文明》，北京：中国社会科学出版社，1996 年版，第 9~10 页。

[25] 姜伯勤：《敦煌艺术宗教与礼乐文明》，北京：中国社会科学出版社，1996 年版，第 592 页。

[26] 姜伯勤：《敦煌艺术宗教与礼乐文明》，北京：中国社会科学出版社，1996 年版，第 598 页。

[27] 姜伯勤：《敦煌艺术宗教与礼乐文明》，北京：中国社会科学出版社，1996 年版，第 599 页。

[28] 姜伯勤：《唐五代敦煌寺户制度（增订版）·跋》，北京：中国人民大学出版社，2011 年版，第 282 页。

[29] 姜伯勤：《唐五代敦煌寺户制度（增订版）》，北京：中国人民大学出版社，2011 年版，第 103 页。

[30] 姜伯勤：《唐五代敦煌寺户制度（增订版）》，北京：中国人民大学出版社，2011 年版，第 111 页。

[31] 姜伯勤：《唐五代敦煌寺户制度（增订版）》，北京：中国人民大学出版社，2011 年版，第 114 页。

[32] 姜伯勤：《唐五代敦煌寺户制度（增订版）》，北京：中国人民大学出版社，2011 年版，第 115 页。

[33] 姜伯勤：《唐五代敦煌寺户制度（增订版）》，北京：中国人民大学出版社，2011 年版，第 116 页。

[34] 姜伯勤：《唐五代敦煌寺户制度（增订版）》，北京：中国人民大学出版社，2011 年版，第 128 页。

[35] 姜伯勤：《唐五代敦煌寺户制度（增订版）》，北京：中国人民大学出版社，2011 年版，第 144 页。

[36] 姜伯勤：《中国祆教艺术史研究》，北京：生活·读书·新知三联书店，2004 年版，第 154 页。

[37] 姜伯勤：《中国祆教艺术史研究》，北京：生活·读书·新知三联书店，2004 年版，第 321 页。

[38] 姜伯勤：《中国祆教艺术史研究》，北京：生活·读书·新知三联书店，2004 年版，第 320 页。

[39] 刘文锁：《姜伯勤〈中国祆教艺术史研究〉学记》，《西域研究》2004 年第 3 期。

（原载向群、万毅编《姜伯勤教授八秩华诞颂寿史学论文集》，广州：广东人民出版社，2019 年 1 月第 1 版，第 20~29 页）

雪泥鸿迹篇

一、遗产保护

新中国70年广州文物博物馆事业发展历程与思考

　　新中国成立70年来，我们伟大的祖国由弱变强，各行各业各领域都发生了翻天覆地的变化，我国文物博物馆事业也不例外。这70年，是广州文物博物馆事业蓬勃发展的70年，也是硕果累累的70年。广州文物博物馆事业的进步是我国地方文物博物馆事业繁荣进步的一个缩影。我们系统梳理新中国70年来广州文物博物馆事业发展轨迹，总结其成绩与不足，对于进一步发展繁荣新时代广州文物博物馆事业，有着十分重要的意义。

　　70年来广州文物博物馆事业发展历程，大致可分为三个阶段。第一个阶段是中华人民共和国成立至党的十一届三中全会召开这一时期。这个阶段是广州文物博物馆事业全面创建和积极探索的阶段。

　　中华人民共和国成立后不久，在党和政府的积极推动下，1950年广州第一家博物馆复馆并以"广州人民博物馆"为馆名对外开放。这是南粤大地兴起的第一家博物馆。从此，广州人民拥有了一家自己当家作主的博物馆。在复馆过程中，广州人民博物馆得到了中央的大力支持和精心指导。1950年12月11日，时任中央人民政府文化部文物局局长郑振铎、副局长王冶秋在物字第2758函中，就广州人民博物馆的发展方向和展示内容等问题，明确指示"拟以革命史迹展览和生产事业的推进为重点"，

"除在当地征集外，可迳与中央革命博物馆筹备处经常联系，交流工作经验，并可将复份的文物互相交换。"（图一）后经十年艰苦努力，到新中国成立十周年之际，广州已建成广州博物馆、毛泽东同志主办农民运动讲习所旧址纪念馆、广东革命历史博物馆、广州美术馆、广东民间工艺馆、中华全国总工会旧址纪念馆等12个文博单位，基本奠定了广州文博架构，使广州的文化战线出现了一支文博生力军。

　　与此同时，1951年2月27日广州市文物管理委员会成立，市长兼任委员会负责人。从此，广州第一次有了担负田野考古发掘、地上文物调查、维修保护等工作的专职管理机构，使流散文物得到了抢救和有效管理，地上文物

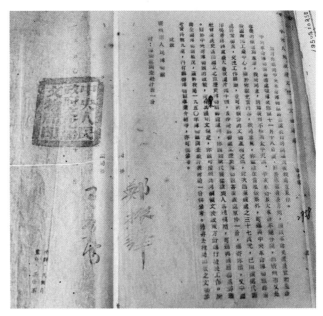

图一

得到了保护和合理利用，地下文物得到了科学发掘。一大批社会各界人士、港澳同胞、海外侨胞踊跃向国家捐献珍藏，如1954年广州市文化部门职工郑广权捐献《永乐大典》佚本一册，1956年新加坡华侨黄子静捐献明嘉靖版《广东通志》等各类文物四千余件，中山大学容庚教授捐献铜器书画千余件，1959年香港同胞杨铨捐献陶器铜器等各类文物五千余件。经初步调查，广州已列出130多个重要文物史迹点的资料，一大批重要文物单位，如平英团旧址、番禺学宫（农讲所旧址）、陈氏书院、镇海楼、"三·二九"起义指挥部旧址等，均得到维修保护和复原。从1953年1月至1959年，为配合社会主义基本建设工程，广州市内共发掘上千座古墓。这项考古成果使广州被当时中央最高考古学术权威机构中国社会科学院考古研究所认定为全国8个"考古发掘重要据点"之一。

毋庸讳言，"文化大革命"初期，广州文物博物馆事业受到极大冲击，各项工作几乎处于瘫痪状态，大量不可移动文物遭受破坏。值得庆幸的是，广大文物工作者能坚守岗位，使馆藏文物得到保护，损失较少。从1971年起，文物工作逐步恢复。为配合基本建设工程，广州文博人还抢救发掘了一批古墓葬、古遗址，并举办了文物展览。

1976年粉碎"四人帮"，拨乱反正。党的十一届三中全会开启了改革开放新时期。广州文物博物馆事业在改革开放春风的沐浴下，进入全面发展阶段，呈现出一派欣欣向荣的景象。这一阶段，广州的文物保护政策得到贯彻落实，文物保护工作被高度重视，地下文物和地上文物得到有效保护和合理利用；博物馆事业快速发展，无论是数量还是质量都得到了突飞猛进的提高。

1982年2月8日国务院公布第一批全国历史文化名城，广州成为24个之一。1995年6月广州市文物考古研究所成立，负责配合基本建设，对地下文物古迹进行考古发掘和抢救保护，并对地上文物古建筑进行管理和保护。广州秦代造船工场、南越王墓、南越国宫署遗址等三大秦汉考古发现得到了很好的保护，其原址已由国务院公布为全国重点文物保护单位，并建成博物馆对公众开放。

广州人的文物保护理念发生了深刻变化，从过去的保护一个个分散的文物单体到连片保护较集中地反映历史文化风貌的历史街区、古村落、老城区、工业遗产区等，还注意保护当地的非物质文化遗产。这是历史的进步。

地上文物保护工作更是成绩骄人。广州不仅对遭受破坏的文物保护单位进行了抢救维修、复原保护，而且新修增选了一大批文物保护点，有的文物保护单位如陈氏书院、中山纪念堂等的维修规模之大，从工程项目到维修经费都是空前的。1982年、1992年和2003年先后开展了三次文物普查工作。特别是2003年至2006年开展的文物普查工作，普查时间之长、参与人员之多、投入资金之大、成果之丰硕，均为广州历史之最，共收集文物条目4334个，基本涵盖了包括古村镇、历史街区、非物质文化遗产等广州历史文化遗产全貌，这次普查工作是值得载入广州文物保护史册的一件大事。

迈入新时代，广州文物博物馆事业更是步入了全新的快速发展阶段。党的十八大以来，以习近平同志为核心的党中央高度重视文物博物馆事业，就文物博物馆工作许多方向性、战略性问题作出了部署，为全国文物博物馆事业的发展指明了方向，全国文物博物馆事业也由此发生了根本性变化。

习近平总书记指出，"各级党委、政府要增强对历史文物的敬畏之心，树立保护文物也是政绩的科学理念"。在广州，无论是党委、政府还是社会民众，文物保护意识空前高涨，文保理念更为成熟，文物立法迈上新台阶。广东省第一个文物保护法规《广州市文物保护规定》和全国第一部地方博物馆条例《广州市博物馆规定》相继于 2013 年 2 月 1 日和 2017 年 12 月 1 日起实施。广州的文物保护工作取得了一些新经验。2018 年 10 月 24 日，习近平总书记在考察广州市荔湾区西关历史文化街区永庆坊后指出，城市规划和建设要高度重视历史文化保护，不急功近利，不大拆大建。要突出地方特色，注重人居环境改善，更多采用微改造这种"绣花"功夫，注重文明传承、文化延续，让城市留下记忆，让人们记住乡愁。总书记的重要指示既是对广州历史文化名城保护工作给予的肯定，更是为今后广州老城市的发展提升指明了方向。

随着中共中央办公厅、国务院办公厅《关于实施革命文物保护利用工程（2018~2022 年）的意见》实施后，广州的革命文物保护状况得到极大改善，一些革命遗迹，如杨家祠等，得到抢救性修缮和保护，革命文物家底得以摸查清楚，革命文物的教育功能得到充分发扬。

至目前止，广州市已有全国重点文物保护单位 33 处（37 个），省级文物保护单位 49 处，市级文物保护单位 342 处，区级文物保护单位 299 处，尚未核定公布为文物保护单位的不可移动文物 2701 处，历史建筑 817 处，历史风貌区 19 片，历史文化街区 26 片。

新时代，广州始终牢记习近平总书记关于"一个博物馆就是一所大学校"的重要指示精神，主动担当作为，积极融入社会，主动服务社会的意识空前高涨，一大批非国有博物馆应运而生，一大批功能齐全、设施现代、展示内容丰富多彩的专题博物馆，如粤剧艺术博物馆、南汉二陵博物馆等相继建成开放，还有一批专题博物馆正在建设中，一个结构合理、门类齐全的博物馆之城正在逐步形成。据统计，新中国成立初期，广州仅有 1 座博物馆；新中国成立 70 周年之际，广州已有近百座博物馆。

各项惠民政策相继落地。今年 8 月 1 日起，广州市的博物馆开始实施每周 3 晚夜间开放，极大方便了人民群众参观学习，博物馆已成为民众热衷打卡的文化圣地。据统计，广州 1952 年有 111 万观众走进博物馆（图二），2018 年有过千万观众走进博物馆。

新中国成立 70 年来，几代广州文博人薪火相传，继往开来，为广州文物博物馆事业的发展鞠躬尽瘁，砥砺前行。回顾历史，我们不难发现，从新中国诞生之日起，广州文物博物馆事业始终是当代中国文物博物馆事业的一个重要组成部分，展望未来，我们将在实践中不断书写文物博物馆事业发展的时代华章。

（原载《中国文物报》2019 年 10 月 18 日第 4 版"综合""庆祝中华人民共和国成立 70 周年：我与文物事业"栏目，又见国家文物局官网 2019 年 10 月 18 日"专题·佳作选登"栏目）

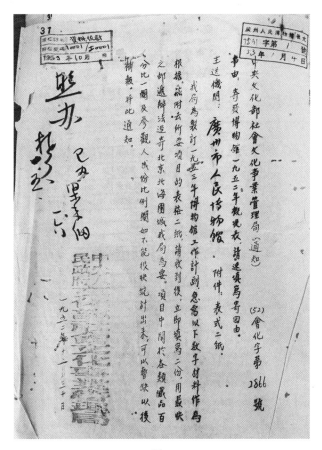

图二

广州文物保护工作五年的回顾

在我国经济建设进入第九个五年计划（简称"九五"）期间，我们在中共广州市委、市政府的领导和有关部门的大力支持下，致力于文物保护工作，坚持"保护为主，抢救第一"的方针，认真贯彻"有效保护、合理利用、加强管理"的原则，正确处理好历史文化遗产的继承、保护、利用与社会经济发展之间的"既有利于文物保护，又有利于经济建设"的关系，在考古发掘、名城保护和文物征集等方面都取得了丰硕的成果。

2001年7月，广州市属文博单位联合在广州艺术博物院举办"广州文物保护五年成果"展览，作为广州市"第六届羊城艺术博览月"的一项重要活动内容，汇集了"九五"期间文物保护成果之精华，奉献给广州市人民，旨在有助于大家鉴赏文物，更好地认识名城广州、爱护广州文物，共同参与保护历史文化名城的历史文化遗产和繁荣广州文化事业。

一、配合基建，做好考古发掘，探索重点文物保护的新途径

"九五"期间，随着广州城市建设的迅猛发展，广州地区的考古事业又迎来了一个黄金时期，不少重要的古遗址在老城区破土而出，许多古墓葬被发现。我们严格按照《中华人民共和国文物保护法》的有关规定，做好每一处遗址和每座古墓葬的发掘工作。五年来共发掘了四十六处古遗址和一批各朝代的古墓葬，出土了大批珍贵文物。

在对待人类文化遗产的保护和城市建设二者的关系时，我们始终坚持两条基本原则：

一是在取得建设部门和施工单位的支持和配合下，迅速地组织人力，从严从速地取足取全考古资料之后，及时将发掘用地交回建设部门，使文化遗产的保护和城市建设两不误，体现了"两利"原则。

二是对一些有特别重大历史科学价值的考古遗迹采取原地原状保护。对取得保护所需的资金采取两种做法：一是政府投入，全力支持，实行重点发掘重点保护。比如一九九五年七月在中山四路忠佑大街发现的南越国宫署的御苑遗迹，六年来在遗址区内发掘面积达五千平方米，已清理出御苑的人工水景——曲流石渠和南越国宫殿的部分基址，被誉为"广州历史文化名城的精华所在"，在同一单位的发掘先后两次被评为全国十大考古发现，而且发现的南越国宫署遗迹，又于一九九六年公布为国家重点文物保护单位。广州市人民政府为了保护好这一特别重要的遗址，一九九八年七月二十八日颁布了《关于保护南越国宫署遗址的通告》，在此老城区中心的黄金地带中划出四点八万平方米为保护控制区，充分显示了广州市人民政府对保护文物的决心。二是探索新路，就是要发挥企业保护文物的积极作用，

参与保护有重大科学价值的考古遗址。最近在光明广场建筑工地发现南越国时期的木构水闸遗址，就是政府给企业优惠政策，鼓励企业与文物部门密切合作，共同做好对这处南越国重要遗址的保护。

二、爱护名城，保护抢救地上文物，纳入城市总体规划

广州，自秦汉以来一直是我国岭南的大都会，是一座富有光荣革命传统的英雄城市，又是我国首批历史文化名城，在漫长的岁月中，留下丰富的历史文化遗产。五年来，我们在名城保护方面，由过去对一个个分散的文物单位进行单体保护逐渐地注意到对较集中地反映历史文化的老城区、文物古迹、名人故居、古建筑、风景名胜、古树名木等连片保护。拨出专款对广州地区原有的一批文物建筑加大保护力度，及时地进行抢救维修。与此同时，加大力气于文物的基础工作：积极开展文物"四有"；公布了第五批市级文物保护单位；开展第三次文物普查，在此基础上提出第六批文物保护单位的建议名单；为国家重点文物保护单位沙面建筑群制订了整体保护方案，并获国家文物局批准实施；加强对文物单位的管理，依法报建审批，使文物保护和城市经济建设两者得到了协调的发展。

自20世纪50年代以来，我们在市辖区内先后进行了三次文物普查工作，发现了一批具有历史、科学、艺术价值的古建筑、古墓葬（包括名人墓葬）、名人故居、遗址、旧址及革命纪念建筑物等，广州市政府公布了五批文物保护单位。目前，广州市辖区内已公布的各级文物保护单位有156处，其中属于国家重点文物保护单位19处（含21个单位），省级的保护单位26处，市级的保护单位110处。这是广州历史文化名城的核心，是名城的精华。五年来，我们对广州地区部分国家重点、省级、市级文物保护单位加大了保护力度，进行了抢救维修，并按《广州历史文化名城保护条例》的有关规定，注意保护"传统的建筑特色和整体的环境风貌"，大大地改善了文物保护单位的周边环境风貌，使其得到了有效保护和合理利用。文物保护纳入经济建设和城市总体规划之中。

五年来我市涉及文物保护的报建案（据不完全统计）达413宗，其中，文物维修报建案有85宗，私人住宅改建或重建报建案为47宗，城市基本建设报建案达234宗，其他方面的报建案为47宗。通过加强报建案的依法管理和审批，使名城的保护工作落到实处。

三、加强文物征集，社会踊跃捐献

博物馆学在广州的出现较早，1929年广州市市立博物院就已成立，新中国成立以前累积起来的一点点文物家底，至新中国成立时所存不多。从20世纪50年代起，在市政府的领导下，建立了文物保护的专门机构，又分别筹建包括广东革命历史方面的、广州城市历史方面的、工艺美术方面的专业博物馆和一批纪念馆和文物保管所（设在文物保护单位内），1960年又成立广州市文物店。自此，这些文物单位肩负起各种历史文化艺术珍品的收集、保存、研究、宣传展览的重任。成立后的文物单位在社会各界友好人士的鼎力支持下，大量珍贵文物入藏，奠定了我市博物馆馆藏文物的基础。广州的博物馆虽然出现较早，但先天不足，后天失调，各馆在藏品方面与多、精、全的要求距离很远。

"九五"期间，市属各文博单位加大了文物征集工作，征集了一批能反映广州历史并有价值的文物，并已开始注意收集当代文物，无论是在文物收集的数量上，还是质量方面均有很大的进展。

征集的成果据统计：广东民间工艺博物馆自1997年1月至2001年8月间共征集文物437件，其

中，1949 年以前的文物为 189 件，1949 年以后的文物有 248 件；广东革命历史博物馆共征集文物 992 件，其中，1949 年以前的文物为 804 件，1949 年后的文物有 188 件；孙中山大元帅纪念馆筹建办征集的文物均为 1949 年以前，共有 500 件；广州艺术博物院征集的文物有 5906 件；毛泽东同志主办农民运动讲习所旧址纪念馆征集了 1525 件文物；广州博物馆为筹建新馆，更是加大文物征集工作，从 1996 年至 2001 年共征集 7495 件文物，其中属 1949 年前的文物有 6851 件，1949 年后的文物有 644 件；广州市文物总店征集的文物有 19162 件。

五年来，市属文博单位加大对社会流散文物的征集，共征集文物 36017 件（套），受赠文物 24477 件（套）。总体而论，文物征集工作有几个明显的特点：

一、社会各界友好人士近四百人踊跃向各馆捐献文物。随着人民生活水平的日益改善和不断提高，人们的文物保护意识日益加强，懂得珍惜人类文化遗产，许许多多的友好人士主动地将自己的收藏捐献给国家文物单位保藏，以便更好地发挥文物的社会价值和教育功能，出现了一股捐赠热潮。大宗的文物捐赠者越来越多。据统计，广州各文博单位接受大宗捐赠及重要捐赠的有：广州艺术博物院收赠文物 17001 件，目前展出的文物绝大多数为赖少其、赵少昂、赵泰来、杨之光、廖冰兄、关山月、黎雄才、杨善深、欧初、杨永德等捐献，在博物院内分别设立各人捐赠品的专馆陈列；广东革命历史博物馆收赠文物 2074 件，其中美籍华人陈树桓（陈济棠之子）个人捐赠文物达 653 件；广州博物馆收赠文物 5144 件，其中英国友人伊凡·威廉斯一次赠 19 世纪广州外销画 70 幅，为我市首次英籍人士捐赠文物，尤有重要意义；孙中山大元帅纪念馆筹建办收赠文物 200 件；西汉南越王墓博物馆收赠文物 58 件。他们或捐赠自己的创作作品，或捐赠自己的珍藏，极大地丰富了广州各博物馆的收藏。

二、加大了对近现代文物，特别是革命文物的征集，及时地收藏了一大批反映近现代社会历史变迁和民众生活变化方面的文物。

三、采取走出去、请进来的方法，积极主动地收集与本地区民俗民风有关的历史遗物，加强征集珠江三角洲地区民俗文物。根据《广州历史文化名城保护条例》保护"传统文化艺术、民俗风情、民间工艺的精华和著名传统产品"的条例，积极收集和保藏有地方特色的民间传统工艺品。

回顾过去，我们倍感欣慰；展望未来，深感任务艰巨。历史文化名城如何更好地得到保护，考古发掘与城市建设如何更科学地进行，文物征集工作如何有序地展开，仍然是我们文物工作者今后面对的重大而复杂的课题。我们将一如既往地遵守国家文物保护法的规定做好文物保护的每一项工作，并积极地探索新路子，不断创新，走出一条符合本地区实情的文物保护路子来。进入 21 世纪，我们的文物征集工作任重道远，仍然需要在多、精、全等方面下大力气，将我们的博物馆真正办成一个融收藏、科研和教育于一身的第二课堂。

（原载广州市文化局编：《广州文物保护工作五年：1996~2000》，广州出版社，2001 年 10 月第 1 版）

改革开放以来广州老城区历史文化资源保护利用调研报告

有着 2200 多年城市建设发展史的广州市，是首批国家历史文化名城。两千余年来，虽历经战火洗礼、朝代更替，但广州一直是岭南地区的政治、经济、文化中心和祖国的南大门。悠久的历史，为广州留下无数珍贵的历史文化资源。这些历史文化资源散布在广州市大街小巷。本文仅就改革开放以来广州市老城区即今越秀区和荔湾区内的历史文化资源的保护利用情况作一回顾，总结其成绩，指出存在的问题和不足，提出保护利用的新思路。

一、改革开放以来广州老城区历史文化资源保护利用的有力措施

新中国成立以来，特别是改革开放以来，广州市人民政府一直十分重视广州历史文化资源的保护和开发利用工作，先后多次组织全市范围文物和历史优秀建筑的普查工作，发现了一大批有重大历史文物价值、科学价值和艺术价值的古建筑、古遗址、古遗迹和古遗存等，积极采取有效措施予以保护利用；对那些尚未被评定级别的古建筑、古遗址、古遗迹和古遗存等，也进行了造册登记并予以妥善保护利用。

根据 2017 年 5 月编制出版的《广州市不可移动文化遗产地图集》统计，越秀区共有全国重点文物保护单位 25 处，省级文物保护单位 16 处，市级文物保护单位 89 处，其他文物保护单位 74 处，历史建筑、线索 284 处；荔湾区共有全国重点文物保护单位 56 处，省级文物保护单位 5 处，市级文物保护单位 61 处，其他文物保护单位 131 处，历史建筑、线索 343 处。

为延续广州文脉，保护利用好上述历史文化资源，提高广州国家中心城市的文化品味，同时为了广州可持续发展，增强国家中心城市的吸引力，广州市在大力发展城市建设和商贸经济的同时，从建设博物馆、实施立法立规、开展文化旅游、评定爱国主义教育基地等方面，对老城区历史文化资源进行了充分的保护利用和宣传。同时，市、区两级人民政府也纷纷举起"历史文化资源牌"，通过发掘老城区历史文化资源，寻找城市经济发展契机。具体做法有如下：

（一）重视发掘和保护利用老城区历史文化资源

在发展商贸经济和进行城市建设的过程中，广州市、区两级人民政府十分重视发掘和保护利用老城区历史文化资源，保护利用的理念得到升华，从过去的单体保护理念上升到如今的成片保护理念。特别是党的十八大以来，习近平总书记站在实现中华民族伟大复兴中国梦、传承中华优秀传统

文化的战略高度，就加强文物工作发表了系列重要论述、做出了系列指示，为文物保护工作指明了方向。

改革开放以来，广州市老城区一大批优秀历史文化资源陆陆续续被发掘出来，得到政府挂牌保护。这些优秀的历史文化资源散布在广州老城区每个角落，时时刻刻向人们诉说着广州过去的辉煌、古老的文明，向世人展示着千年古都独特的风采。在历史文化资源的保护利用工作中，人们的保护意识得到了较大提高，一大批具有岭南特色的优秀建筑得到了成片保护。比如：广州上下九路步行街的骑楼建筑群，沿江路民国建筑群等；一些有地方特色的历史街区被划定为保护范围，如"千年古道"北京路历史风貌被划定为北京路文化核心区；还有一些在城市建设过程中新发现的历史文化资源也得到了及时有效的保护，市人民政府还成立保护机构对这些新发现的遗址遗存进行科学保护，如1983年发现的西汉南越王墓，不仅得到科学发掘，而且得到原地原貌保护，还专门成立西汉南越王博物馆进行保护和展示宣传教育；又如新发现的越秀区西湖路光明广场西汉水闸遗址，也得到原地保护和展示；更值得一提的是，1995年起陆续发掘的南越国宫署遗址，广州市人民政府不仅投巨资保护，而且划定保护范围，迁走儿童公园，还专门成立南越王宫博物馆进行特别保护和展示。该遗址的保护利用工作，已成为我国城市考古工作的典范。上述新发现的三处遗址遗迹不仅成为全国重点文物保护单位，而且以"南越国史迹"一名列入了我国世界文化遗产预备名单。目前，这三处遗址遗迹正式纳入国家"海丝"申遗点。

（二）划定保护范围和建设控制地带

改革开放以来，广州市在老城区历史文化资源保护利用的立法工作上取得了一定的成绩，全国、省、市、区各级别的文物保护单位也相继划定了保护范围和建设控制地带。

广州是我国首批国家历史文化名城，在历史文化资源保护利用方面，除严格遵守《中华人民共和国文物保护法》外，广州市人民政府还制定了一系列地方法规，如在历史文化名城保护方面，1994年9月15日广东省八届人大常委会第十次会议通过了《广州市文物保护管理条例》，1998年11月27日广东省九届人大常委会第六次会议通过了《广州历史文化名城保护条例》；西汉南越国宫署遗址发现发掘后，1998年7月28日广州市人民政府公布了《广州市人民政府关于保护南越国宫署遗址的通告》，以立法的形式对南越国宫署遗址进行了保护。2017年12月1日施行的《广州市博物馆规定》，鼓励市、区人民政府依托古遗址、文物建筑、历史建筑、名人故居、旧址等设立博物馆，从而达到保护和利用历史文化资源的目的。与此同时，广州市人民政府还积极落实《中华人民共和国文物保护法》的有关规定，积极做好文物的"五纳入"工作。

（三）赋予历史文化资源保护利用新理念，使广州历史文化资源成为当地经济建设的推动力

通过加大对历史文化资源保护利用工作的宣传，广州市民的保护意识得到了空前提高。广州是改革开放的前沿地，经济建设一直走在全国前列，取得了有目共睹的成绩。深入探究其原因，我们不难发现，广州除了具有地理优势、侨乡优势、政策优势和悠久的商贸文化基础之外，还有一个重要原因，就是广州老城区的历史文化资源十分丰富，已成为当地经济建设的助推器。广州市、区两级人民政府

积极主动到广州深厚的历史文化积淀中去寻找经济发展的契机，在老城区丰富的历史文化资源中发掘出独特的商贸元素，并取得良好效果。如荔湾区在保护历史骑楼建筑群的基础上开辟了一条颇具民国风情的上、下九商贸步行街，重新修复荔枝湾，保护荔枝湾沿岸古旧建筑，从而吸引了海内外游客前来观光和购物，极大地提升了荔湾区的美誉度。越秀区更是抓住历史机遇，利用新发现的"千年古道"遗址，在做好保护的同时，及时打造出一条享誉海内外、颇具岭南特色的"北京路千年古道步行街"，为越秀区的经济发展带来了无穷的商机。这些汇聚广州历史文物古迹和岭南特色风俗风情的历史街区，如今已成为广州市老城区的商贸龙头，为当地的经济建设做出了巨大贡献。

通过改革开放四十年的不懈努力，广州市民的文物保护意识得到了空前提高，市民自发保护历史建筑和历史遗迹等历史文化资源的事例比比皆是，广州市的一草一木一砖一石都能牵动每个市民的心。

（四）历史文化游的开辟，是广州市老城区历史文化资源保护利用的一项重要内容

通过历史文化游，提升了广州市老城区历史文化资源的知名度，反过来又加大了历史文化资源的保护力度。历史文化资源的保护与利用，从来就是紧密相连。历史文化资源总是会拨动人们心中那根怀古幽思的琴弦。广州旅游事业的发展与历史文化资源的保护，二者更是息息相关，相互促进。改革开放以来，广州市旅游管理部门和文物管理部门通力合作，打造了一大批优秀旅游景点，如今广州市一些重要历史文物古迹得到了保护，并对外开放，如光孝寺、六榕寺、光塔、五仙观、镇海楼、平英团旧址、沙面建筑群、陈家祠、"三·二九"起义指挥部旧址、咨议局、黄花岗烈士陵园、中山纪念堂、广州起义旧址、广州起义烈士陵园、毛泽东同志主办农民运动讲习所旧址、鲁迅纪念馆等。这些文物古迹是广州市老城区历史文化旅游的重要景点，接待了无数中外嘉宾，宣传了广州灿烂的历史文化。它们为广州市被评为全国优秀旅游城市做出了积极贡献，为打造广州文化名片起到了积极的作用。

（五）政府的因势利导，使广州市老城区历史文化资源的利用得到了充分保障，社会效益得到了充分发挥，广大青少年得到了强烈的爱国主义教育

从1994年起，广州市开始命名爱国主义教育基地，构建了一套完善的爱国主义教育基地体系。在这批爱国主义教育基地中，广州市老城区的历史文化遗址及纪念馆占了一大半，如西汉南越王博物馆、南越王宫博物馆、北京路千年古道、广州博物馆（镇海楼）、越秀区博物馆（五仙观）、广东民间工艺博物馆（陈家祠）、"三·二九"起义指挥部旧址、黄花岗七十二烈士陵园、中山纪念堂、中共三大会议旧址、毛泽东同志主办农民运动讲习所旧址、广州起义纪念馆、烈士陵园、中华全国总工会旧址、荔湾博物馆（西关民俗馆）等，都是有较大影响的爱国主义教育基地。其中，黄花岗七十二烈士陵园、毛泽东同志主办农民运动讲习所旧址、烈士陵园、中共三大会址纪念馆还是全国爱国主义教育示范基地。

从1997年起，广州市又在全国首创对全市中小学生参观爱国主义教育基地实行打卡免费参观政策，使全市中小学生每学期都能接受乡土教育和爱国主义教育。从2008年起，广州市绝大多数博物馆纪念馆又实行免费开放。这对全社会进行爱国主义教育起到了积极作用。

与此同时，广东省、广州市每年又拨出巨额财政专款，用于优秀历史建筑的修缮与保护。这些举措必将为广州老城区历史文化资源的保护和利用工作注入新的活力。

二、广州在老城区历史文化资源保护利用方面存在的问题和不足

改革开放以来，广州市在老城区历史文化资源保护利用方面，既有上述介绍的一些成功做法，也存在问题和不足。

（一）缺乏对老城区历史文化资源保护利用的规划

对老城区历史文化资源的保护利用，广州市老城区缺乏一份科学的整体保护规划，因而没有有效保护老城区历史风貌，不利于在"旧城改造"过程中保存原有历史信息。因此，制定一份涵盖老城区历史文化资源保护利用的规划就显得尤为重要。广州市虽然对全市包括老城区进行过五次大规模的文物普查工作，对普查出来的一些重要历史文化资源的保护和利用也制定了相应的规划，同时对优秀历史建筑也进行了多次普查，但由于老城区历史文化资源丰富、涉及的范围广、面宽，透露的历史文化信息十分丰富，加上保护利用又涉及多个部门，各职能部门之间又存在着各自为政和不易协调的局面，再由于老城区历史文化资源的产权复杂，人们普遍存在"喜新厌旧"的心理，全市老城区历史文化资源的保护和利用存在诸多不够科学的地方，一些具有地方特色的历史文化资源和信息从我们身边逐渐消失，以至于广州市老城区的面貌"焕然一新"，变得和全国其他城市一样，成为一个面孔，没有了地方特色。

如果广州市在大规模进行城市开发建设和改造初期就能有一份科学的整体而完备的保护规划，那么今天的广州老城区一定会更有魅力、更富有历史文化品位、更加美丽，对海内外游客的吸引力也一定会更强。然而，由于广州市在城市改造初期没有形成对广州市老城区实施整体保护，错过了对广州老城区进行整体保护的最佳时机，而后又随着城市建设的快速发展，在经济利益的驱动下，广州老城区的原有历史风貌和历史信息也就被一点一点地蚕食破坏掉了。广州市在老城区历史文化资源保护方面没有形成古城整体保护意识，因而广州市老城区的文物古迹虽然数量众多，却形成不了成片连线且具国际性影响的古迹。

今天的广州老城区早已是高楼林立，各式新建筑风格不一，使得老城区的历史文化资源显得颇为零散，无法连片，给人的感觉是，广州的历史文化资源只有星星，没有月亮，只见树木，不见森林，特别是那些新式建筑，更是与老城区内原有历史建筑和历史风貌格格不入，严重破坏了老城区的历史风貌。其中，最为典型的例子莫过于站在越秀山镇海楼上眺望广州老城区的感觉：20世纪80年代初期，站在老城区中轴线北端越秀山镇海楼上眺望老城区，老城特色鲜明、风格一致、楼层不高的建筑分布在大街小巷，珠江上帆船林立，一派南国风光"丝路"风情尽显眼前；而今站在镇海楼上再度眺望老城区，古城风貌已不复存在，人们完全看不到珠江，能见到的只是新建的高楼大厦。可以说，这对广州市老城区而言留下了永远的遗憾！

总体而言，改革开放以来，广州老城区文物单体建筑的保护力度得到了加强，保护状况良好，而古城风貌、历史街区的历史风貌以及文物建筑周边整体环境却发生了巨大变化，具有特色的历史街区被新建筑打破，而新建筑又缺乏本土地域文化内涵，已严重影响了老城区的视角效果，污染了老城区的整体景观，特别是"现代塔林"景观早已覆盖了广州老城区。广州急需一份科学的古城整体保护规划。

（二）在老城区改造和经济建设当中，存在破坏历史文化资源及过度开发历史文化资源的现象

历史城区是城市记忆保持最完整、最丰富、最有特色、最显魅力的地方。她不仅是一座城市或一个民族悠久历史和灿烂文化的最好见证，也是人们的精神家园。随着广州经济迅猛发展，城市人口急剧膨胀，城市建设日新月异，城市规模和城市版图得到了前所未有的扩大，这无形中给老城区历史文化资源的保护利用工作带来了前所未有的压力。总的来讲，改革开放以来，在处理城市化发展与文化遗产保护二者间的关系方面，我们虽然获得了一些有益经验和成功做法，但却没能充分认识城市中的历史风貌是我国文化遗产至为重要的一个组成部分，是不可再生和无法替代的文化资源。毋庸讳言，广州老城区发生了巨大变化，马路被拓宽，高楼大厦拔地而起，原有的历史风貌正在发生变化，一些有特色的旧建筑被人为拆掉，造成无法挽回的损失和深深的遗憾。

与此同时，广大市民的保护意识不同程度的较为薄弱。人们在老城区建设和改造过程中，一方面错误地采取了"以旧城为中心发展"的城市规划和发展理念，结果导致老城区的肌理和文脉在不经意中受到了破坏；另一方面急功近利发展城市的现象比较普遍，自身利益和少数人的利益被摆在首位，一些房地产开发商为了不耽误工期，即便在开发过程中发现了文物，也不按法规上报文物行政管理部门，有的甚至私自藏匿或销毁文物。如北京路的名盛广场，建设单位为了将其建设成一座现代化购物中心，竟然拆掉原骑楼建筑，使北京路原有建筑风貌和历史风貌被彻底破坏。"上世纪90年代，广州市也和很多城市一样将历史城区的改造一股脑交给开发商，结果形成了历史街区内高楼大厦紧临传统民居的零乱局面。1999年，广州市政府作出了'广州旧城改造不再让开发商参与'的决定。"（单霁翔著：《城市化发展与文化遗产保护》，天津大学出版社，2006年6月第1版，第95~96页）这表明广州市政府已经意识到加强老城区整体保护的意义。

（三）文物保护资金不足，人才队伍缺乏

广州市区两级人民政府虽然对国有单个文物保护单位保护资金的投入较多，但与经济发达地区的兄弟省市相比，总体投入的比例还是不高。与此同时，地处经济发达地区的广州，由于从事历史文化资源保护利用工作人员的待遇低，事业创新力不足，难以吸引海内外优秀人才，结果导致人才队伍贫乏。

（四）缺乏直观的、朗朗上口的历史文化名城对外宣传名号

在历史文化名城对外宣传方面，广州市虽拥有岭南文化中心地、"海上丝绸之路"发祥地、我国近代民主革命策源地和中国改革开放前沿地等"四地"名号，但始终没有形成一个直观的、朗朗上口的响亮名号，因而影响了广州对外宣传力度。广州是一座个性鲜明的城市，数千年来城市中心一直未变，对内对外的商业贸易活动持续数千年，且具世界影响，至今中国进出口商品交易会仍在广州举行。以往，广州在对外宣传时，都没有特别突出这一特点，使广州的对外形象难以鲜明突出。在我国数千年重农抑商的历史长河中，广州的商业文明之所以能够得以保存发展至今，这就足以说明它有着自己十分独特的魅力和生命力。在当今社会，广州的商业文明应该得到更多的认同。

（五）在把历史文化资源开发利用成旅游资源的过程中宣传力度不够

广州的商业文明十分发达，在历史文化资源的宣传推广方面，广州虽具有较成熟的做法，拥有全方位、多层次的宣传推广渠道，特别是在当今信息网络时代。但是，我们也必须清醒地看到，广州市在对历史文化资源的宣传推介方面，无论是宣传手段，还是宣传平台，都显得较为贫乏，宣传的深度和广度依然不够，使广州难以形成为"国际性旅游城市"。

（六）缺乏保护旅游品牌的意识

自 1999 年 10 月由广州市市长亲自划定"广州一日游"历史文化名城游览线路后，广州这一经典旅游品牌曾在较长时间内取得了较好的效果。据 2001 年不完全统计，2000 年即有近 4000 万人次参加"广州一日游"，创收达 100 亿元，全年收入占广州市旅游总收入的 1/4。"广州一日游"品牌逐步形成，"一日读懂两千年"的宣传口号深受国内外游客的欢迎。令人惋惜的是，后来因各旅行社间进行恶性竞争，自毁品牌，导致"广州一日游"偏离了原来的目标，质量严重下降，品牌难以为继，旅游线路频繁更改，从而影响了广州市历史文化遗产的宣传和利用。

（七）在进行爱国主义教育方面，与学生的互动和沟通有待进一步加强

在广州老城区，有相当一部分历史文化资源本身就是全国、省、市级爱国主义教育基地。每年，这些基地接待的中小学生参观人数虽然众多，但因基地陈列展览的内容和形式缺乏足够的吸引力，展示手段单一，互动项目不够生动，知识灌输型多，启发型少，难以对广大中小学生产生影响和共鸣。每年，爱国主义教育基地虽然都在积极送展到学校，方便学生参观和学习，但是送展的内容不够生动，且较少主动去学校给学生上课讲解。展出期间，也较少去学校做详细调研，了解学生的需求，只是把展览搞出来，让学生自己参观就是了，至于效果如何，则没有进行事后跟踪了解。学校方面为了完成升学率和书本教学任务，为了避免出现学生伤亡事故，也不敢组织学生离校参观爱国主义教育基地，一些乡土课程和历史地理课只停留在书本学习，不敢将课程安排到爱国主义教育基地来上。教育部门虽然一再地要求提高学生的素质教育，但如何更好地进行素质教育，却没有详细可操作的计划。总之，爱国主义教育基地与学校之间缺乏良性沟通。

三、新时代广州市老城区历史文化资源保护利用的新思路

经过改革开放四十年的努力，在老城区历史文化资源保护利用方面，广州市既取得了可喜的成绩，获得了许多宝贵的经验，也留下了一些深深的遗憾。新时代，我们将提高认识，扎实工作，严格遵守《中华人民共和国文物保护法》提出的文物工作贯彻"保护为主、抢救第一、合理利用、加强管理"十六字方针，认真学习，深刻领会习近平总书记关于文物工作的重要论述，将广州市老城区历史文化资源保护利用工作推向新阶段。

首先，我们要提高历史文化资源保护利用的认识，让全体市民都了解老城区是城市文脉所在。同时，决策者应及时调整保护理念，从过去以单座历史文化建筑保护为主的理念，上升到成片整体保护

理念，特别是对老城区，要积极采取整体保护理念，确保老城区不能再拆，应通过腾退、恢复性修建，做到应保尽保，最大限度地留存有价值的历史信息。

其次，要加强立法立规工作。只有将老城区整体保护利用工作纳入法制轨道，才能确保老城区历史文化资源的保护利用工作可持续发展，而不会出现人走政息的局面。2018年广州市国土资源和规划委员会发出穗国土规划字（2018）72号《关于印发广州市历史文化名城保护条例实施工作方案的通知》，明确提出许多具体措施，其中有一条要求"市、区人民政府分别将历史文化名城保护工作纳入本级国民经济和社会发展规划、年度计划，并将历史文化名城保护经费列入本级财政预算，保障经费投入。"同时，《广州市城市总体规划（2017–2035年）》提出"历史城区整体保护与活化"的保护利用理念和"保护修复珠江文化带、城市传统中轴线、城郭和骑楼文化景观环共同构成的'一带一轴两环'的历史城区整体结构。"

最后，要加大检查督查和惩治处罚力度，彻底消灭破坏老城区历史文化资源的一切行为，使人人爱惜历史文化资源。

（本文作者：程存洁、傅京芳。原载屈哨兵、陆志强主编，涂成林、贺忠副主编：《中国广州文化发展报告·2018》，北京：社会科学文献出版社，2018年7月第1版，第140~150页）

城市化进程中的文化遗产保护刍议

　　中国是一个具有五千年历史的文明古国，无论是在城市，还是在乡村，都保留有极为丰富的文化遗产。这些文化遗产已成为一座城市、一个乡村的历史文脉。改革开放以来，我国的文化遗产保护得到了空前的重视和关注。但是，伴随城市化的推进，一些文化遗产也遭受了前所未有的破坏，造成了无法弥补的损失。2010 年起实施新型城市化战略，对城市的发展提出了更高目标，这个目标就是坚持以人为本，走科学发展、社会和谐、个性鲜明的新型城市化道路，全面提升城市化的质量和水平。我们要抓住这一发展机遇，使我国的文物保护工作更上一个台阶。

　　首先，要认真总结以往城市化过程中文物保护工作的得与失。回顾过去，我们在推进城市化进程时，虽然在处理经济建设和文物保护二者之间的关系时做出了一些积极探索和努力，但往往是后者屈从于前者，一批批有价值的文物在我们眼前永远地消失。造成这种局面的因素是多方面的，其主要原因既有没有严格执行《文物保护法》，也有城市规划的编制思路出现失误，结果导致中国城市"千城一面"，一批批文化遗产遭受"建设性破坏"，"迁移性保护"的错误行为也有扩大之势。通过总结，我们可以避免重蹈覆辙，以便在新型城市化过程中将文物保护工作做得更好。

　　文物保护工作需要全民关心、全民参与。为此，我们要更加努力地去唤醒公民自觉保护文化遗产的意识，让公民意识到文化遗产是祖先留给自己的一份宝贵财富。随着生活水平的提高，民众的精神追求越来越高，而文化遗产正是民众的精神家园和精神寄托。一座城市、一个民族，如果没有了文化遗产，就会失去凝聚力，也就没有了竞争力，我们的城市就会成为毫无特色和生机的平庸城市。

　　为了更好地保护文化遗产，必须尽快出台"整体性文化遗产保护规划"，做到规划先行。新中国成立以来，我国虽然加大了单体文物的保护力度，甚至一些重要文物还设置了专门机构予以管理保护，但是总体而言，各地缺乏整体性保护规划，使得我们在保护时常常处于"救火队"的被动角色。刚刚完成的第三次全国文物普查工作，为我们提供了十分有利的条件，使我们能够全面掌握一座城市、一个地区内文物的数量和分布状况。国家应在此基础上，科学制定并出台"整体性文化遗产保护规划"，以立法形式予以公布，让所有公民都有知情权，从而更好地监督和促进全社会保护文化遗产。

　　有了法律意义上的规划还远远不够，仍需要进一步加强普法、执法和惩治力度，真正做到法律面前人人平等，让保护文化遗产工作成为每位公民的自觉行为。

（原载《中国文物报》2012 年 5 月 18 日第 6 版"理论"）

文物保护的又一成功范例

——"南粤先贤馆"观后感

五仙观是广州市一处具有独特史地标志的历史文化遗存。广州人在这里立祠祭祀古老而美丽的传说神仙五羊五仙，祈求广州永无饥荒，国泰民安。这里的环境优雅静谧，历史底蕴深厚。数百年来，广州人精心守护着这方圣土。

千百年来，南粤大地涌现了许多推动社会进步的杰出人物。他们的功勋业绩，永载史册。为了纪念先贤，激励后世，新千年初，广州市政府决定建设南粤先贤馆，并选址五仙观西侧。从此之后的十几年，建设者们始终遵循南粤先贤馆和五仙馆二者合二为一的规划设计和建设理念，积极倡导一脉相承的先贤文化与五仙文化理念，先贤即五仙在现实生活中的化身的理念；他们从建筑外形到展陈内容，紧紧将南粤先贤馆与五仙观主体建筑有机融合，精心谋划，细心打磨。如今，南粤先贤馆的建成开放，不仅有效地改善了老城区的城市服务和休闲功能，更好地保护了历史街区，而且极大地丰富了五仙观的历史文化内涵，使整个五仙观区域的文化价值得到了进一步的提升。可以说，南粤先贤馆的建设是广州市文物保护的又一成功范例。

今天，南粤先贤馆内推出的主体陈列是南粤首批56位先贤的光辉业绩和人格风范。该展展出内容丰富，陈列形式多样，观众互动有趣，其教育意义得到了充分彰显。该展亮点纷呈，其中最为突出的亮点有二：

陈列大纲编排合理，陈列内容忠于史实。陈列大纲是决定展览成功与否的关键。56位先贤涉及的历史时间跨度大，领域多。展览大纲若没有条理清晰的编排，则会给观众造成混乱。该展大纲历经数十年的锤炼，数十次大规模的讨论和修改，已将错综复杂的历史人物逐步地条理清晰化，使观众对56位先贤的功勋业绩一目了然。该展分古代先贤、近代先贤两大部分，其中，古代先贤又按秦至唐、宋元时期、明清时期等三个单元编排，近代先贤按鸦片战争、太平天国运动、洋务运动、中法战争与甲午战争、文化教育、科技实业、维新变法、辛亥革命等八个单元编排，从而使南粤先贤的历史贡献跃然纸上。

展陈的形式多样，互动性强。南粤先贤馆馆藏文物数量有限，先天不足，这就决定了该展必须走一条新的展陈道路，除使用以油画、刺绣、书法绘画等传统展示手段展示先贤业绩外，还应充分利用新的展陈手段，利用成熟的现代科技手段，从而达到增强展览的感染力和艺术魅力的效果。该展不仅巧妙地处理好了声光电的柔和，而且完美地营造了互动的情境氛围。

（原载广州市越秀区博物馆编印、吴丽华主编：《南粤先贤馆建设回眸》，2018年5月）

从"通草水彩画研究"看中国文物报的传播作用

　　《中国文物报》至目前为止已出版发行了 1700 多期，开辟了新闻、综合、博物馆、遗址、考古、文化遗产、收藏鉴赏、书林、专刊等多个有特色的栏目，融知识性、趣味性、学术性于一体，早已成为海内外读者了解中国文物的保护和研究以及鉴赏中国文物必读的一份报纸。从她创刊以来，我就是她的忠实读者，每一期报纸我都会认认真真地学习，并将她珍藏起来。我从中学到了许多有益的东西，在她的熏陶和帮助下，我逐渐成为《文物报》的一名积极的撰稿人，成为发掘和保护文化遗产的一名热心人。

　　我记得自己在《中国文物报》上发表的有关文化遗产方面的第一篇文章是《"通草片"画误为"米纸"画》，时间是 2005 年 2 月 25 日。这篇文章的刊登，表明通草水彩画开始受到《中国文物报》的关注，也给了我莫大的鼓舞，促使我继续努力探究通草水彩画的前世今生。经过一段时间的努力，我的第二篇文章《广州外销通草水彩画述略》一文，又被《中国文物报》采用，发表于 2006 年 12 月 20 日。这篇文章的篇幅较大，占了一个版面的近四分之三。对我而言，这无疑是更大的激励。之后不久，我就不断接到海内外客人的来访、来电，他们都对通草水彩画很感兴趣，纷纷向我了解通草水彩画的历史与绘画风格。其中最令人感动的是，2007 年 10 月，美国 Massachusetts（马萨诸塞州）Brookline 市造纸博物馆馆长伊莲·柯莱茨基（Elaine Koretsky）夫妻俩专程前来广州找到我了解通草片的生产工艺。要知道，他们不仅年事已高，而且伊莲丈夫的视力近乎失明，需要人搀扶才能行走。通草水彩画的历史也强烈地吸引了广东省文化厅已故厅长曹淳亮先生的兴趣，他对重新恢复清代广州通草水彩画手工艺抱有极高的热情，2007 年 10 月中旬，他亲自率队前往贵州贵定县考察，并将通脱木树苗不远万里运回广州种植。他表示，这么做的目的就是想替广东保留一段有意义的历史文化！

　　在《中国文物报》的关注、领引下，我们深刻地意识到，除了要加大力度探究通草水彩画历史外，更要积极从海外抢救性地征集通草水彩画，并在实践中摸索，总结保护的方法。通草水彩画质地脆弱，既不能折叠，也不能使用任何黏性物质，更不能采用传统山水画的装裱方法，否则会遭受毁灭性的破坏。经过多年的努力，我们不仅抢救性地收集了一批通草水彩画，形成特色，填补了我国有关这类藏品的收藏空白，而且将研究心得、保护方法，汇集成书——《十九世纪中国外销通草水彩画研究》，此书于 2008 年 8 月出版，对曾经起源于且主要流行于百年前的广州口岸，而今早已消失了的这门非物质文化遗产的历史面貌，给予了较为全面细致的揭示，使人们了解了百年前的中国民间还曾有那么一种文化遗产如此深受西洋人的青睐！

　　（原载《中国文物报》2009 年 4 月 29 日第 4 版"专刊·文化遗产事业与文博考古图书出版论坛发言摘要（之二）"）

文博工作的指路明灯

今年是《中国文物报》创刊 35 周年。35 岁，犹如人的青壮年，年富力强、意气风发，正是干事创业的黄金时期。

《中国文物报》至今已出版发行近三千期，开辟了新闻、综合、博物馆、展览、考古、遗产保护、鉴赏、图书、文创、工艺、文旅等多个特色专刊、版面和栏目，融学术性、知识性与趣味性于一体，早已成为海内外读者了解我国文博事业发展状况的一份专业性报纸，深受大家喜爱。我也非常喜欢这份报纸。作为一名文博工作者，我不仅是《中国文物报》的忠实读者，也是该报的积极撰稿人。

自《中国文物报》创刊以来，我就一直是她的忠实读者。每一期报纸，我都迫不及待地盼着她早日寄达广州。每个栏目，我都会认真阅读，无一遗漏。每一期报纸，读完后，我都会好好珍藏。我从《中国文物报》汲取了许多考古学知识和文物鉴赏知识。

《中国文物报》不仅给读者提供大量专业知识，而且还及时地报道全国各地的文博工作信息，为全国文博工作者架起了一座桥梁，拉近了彼此间的距离。

我记得 2000 年从美国完成学业回国后的一年多时间里，我策划了一系列有特色的展览，一些展览消息，都是通过《中国文物报》及时传送出去的。比如，为响应党中央实施西部开发的号召，我们实施跨界合作，于 2000 年 7 月与新疆哈密地区群艺馆合作，精心挑选了一批哈密农民画，组织"新疆哈密民间绘画艺术展"和"新疆风情摄影展"在广州展出，增进了两地文化交流。展览展出后，2000 年 7 月 26 日《中国文物报》在第 2 版以《新疆民间绘画风景摄影展在广州举办》为标题作了及时报道，引起了全国文博界的广泛关注。

中国博物馆学会成立后，积极主动融入国际博物馆的大家庭里，每年都号召各地开展不同主题的国际博物馆日活动。2002 年"5·18 国际博物馆日"的主题是"博物馆与全球化"。这次活动，广州首次联手省市区各级博物馆和行业博物馆开展活动，取得了良好的社会效益，尤其是有广州货币金融博物馆、广州邮政博览馆和陈李济中药博物馆（筹）等行业博物馆的积极参与，给国际博物馆日活动增添了新活力，从而达到了国际博物馆协会当年所倡导的"不论博物馆的属性，不论博物馆的藏品类别，他们在当代全球化社会中都发挥着重要作用"的效果。为了让更多观众走进博物馆，广州还首次实施延长闭馆时间至晚 19 时的夜场活动。活动期间，国家文物局派工作人员到场指导。活动结束后，我受邀撰写了《国际博物馆日启示点滴》一文，与全国文博同行分享工作经验。该文刊登在《中国文物报》2002 年 6

月 7 日第 3 版。

20 世纪末至新千年初,中国博物馆迎来了一次建设高峰期,社会各界迫切需要了解海外博物馆建设的新思路和新经验。在此背景下,我受《中国文物报》的约稿,将 1999 年我在美国学习期间的所见所闻和所学习到的有关博物馆建设的知识整理出一篇短文,该文以《博物馆:添一双现代慧眼》为题,刊登在《中国文物报》2001 年 1 月 17 日第 6 版。文章提出了"博物馆的建筑设计、文物保护和教育活动要有现代意识"的观点。今日重温,仍觉得这些观点依然有价值,没有过时。

《中国文物报》十分重视报道基层文博单位工作的点点滴滴,但凡是基层文博单位开展的文物工作,如新征集的文物,或新开展的考古发掘工作等,都会予以及时报道,极大地鼓舞了广大文博工作者,调动了基层文博员工的工作积极性。正是在《中国文物报》关注基层、走基层工作作风的引导下,我在随后开展的文物工作中,十分留意博物馆里新征集的文物或流散在野外的文物,并就此展开研究,积极向《中国文物报》投稿。

记得 20 世纪 90 年代是广州城市面貌发生巨大变化的一个时期,地铁开始建设,一座又一座跨江大桥不断修建。广州江湾大桥建成通车后,为使越秀南路与江湾大桥顺利衔接,1999 年一座位于珠江北岸江湾大桥西侧有百余年历史的大沙头火车站被拆除。当年,文博工作者闻讯后,连夜赶往拆除现场,从被拆建筑物内抢救回一批珍贵文物,其中一方立于 1909 年且刻有文字的广九铁路奠基麻石,被运回了博物馆收藏。铁路是工业革命的产物,广九铁路的修筑为广东走向近代化起到了重要的作用。这块奠基石是重要的历史物证。为此,我搜集资料,就这方奠基石作了仔细研究,写成《百年前广九铁路奠基石》一文,被《中国文物报》选登在 2000 年 9 月 24 日第 4 版,使社会大众了解了广九铁路的历史。

1998 年,我们在广州沙面大街 69 号广东协和神学院内一工地,发现两块花岗岩石墓碑,上面刻有英文,一块立于 1874 年,另一块立于 1878 年。碑文里记录了 FEI-LOONG、NGNAN-TIEN、CHIEN-JUI、LI-CHI 等船名。我通过查找粤海关档案,搜集到一些重要资料,考证出上述船名的中文名称分别是飞龙、蓝天、前追、利志。后来我又请教咨询了香港中文大学文物馆林业强馆长,对碑文中记载的英文缩写符号 H.I.C.M. 和 H.I.C.M.S. 及 H.I.C.M.R.C. 作出解释,最终得出了上述船只与粤海关有关、遇难者为粤海关海班职员的结论。这两块碑文记载了粤海关的事务,具有较高的文物和史料价值。后来我写成《粤海关海班职员遇难者碑》一文,被《中国文物报》选登在 2002 年 7 月 24 日《收藏鉴赏周刊》第 6 版。之后,这两块墓碑得到了当地有关单位的很好保护。

我寄给《中国文物报》的文稿,得到过李让、钱冶、王征、崔波、游敏、何文娟等诸位老师的精心指导。我个人在文物工作方面所取得的一些成绩,也得到《中国文物报》的肯定,2012 年 1 月 11 日第 3 版刊登了柳玠夫先生撰《有心人做的有心事——有感程存洁先生的新著述》一文,对我为及时保存土地革命战争时期的一批珍贵史料所做的工作,给予了充分肯定,认为"这正是一种道义和担当、奉献与回报精神的表现,是有良知的人应该做的有良心的事!"

日前,《中国文物报》发出"纪念《中国文物报》创刊 35 周年'我与中国文物报'征文启事",总编辑李让先生第一时间告诉了我这个好消息。我读过启事后,心中感慨良多,有些激动,决定踊跃投稿。回想起自己与《中国文物报》交往的点点滴滴，我深切地感受到，入职文博单位 30 年来，我的每一点进步都离不开《中国文物报》的关怀和支持。正是在《中国文物报》的引领和陪伴下，我从一名年轻的文博工作者成长为一名有丰富经验的文博专家，《中国文物报》是我走在文博道路上的一盏指路明灯。祝《中国文物报》越办越好！

（原载《中国文物报》2020 年 7 月 24 日第 1、2 版）

将发展蓝图描绘到底

——《广州市博物馆规定》读后

图一

经过数年的艰苦努力,《广州市博物馆规定》(以下简称《规定》)于 2017 年 7 月 27 日经广东省第十二届人民代表大会常务委员会第三十四次会议批准,2017 年 12 月 1 日起施行。它的颁布施行,不仅有望解决广州市博物馆发展过程中遗留的历史问题,而且为博物馆的健康发展提供了法律保障,还为全国博物馆界贡献了广州智慧。我们相信,随着《规定》的落地生根,广州的博物馆必将进入一个全新的发展时期,一个富有生机活力的春天即将开始。

一幅发展蓝图徐徐展开

广州市博物馆起源于 1929 年建成开放的广州市市立博物院。新中国成立后,特别是改革开放以来,广州市的博物馆进入了一个新的发展时期,市、区属博物馆纷纷建成开放,一大批非国有博物馆也相继诞生。与此同时,广州市的博物馆也呈现一些新问题,比如全市博物馆的布局不够合理,一些博物馆所在位置不够便利,市政设施配套跟不上,馆藏文物贫乏,社会教育活动缺乏吸引力,科研水平总体不高,从业人员素质偏低,人岗不适的情况有扩大之势,等等。不解决这些历史遗留问题,博物馆就很难获得健康发展,其公共文化服务水平也难以得到充分提高。

《规定》出台后,以法律的形式有望解决上述问题。比如,第五条规定市文物行政主管部门要"编制博物馆发展规划""合理确定博物馆发展方向、数量、种类、规模和布局等""建立具有本市特色的博物馆体系"。第七条规定"本规定实施前已经建成或者已经动工建设的博物馆选址不符合前款规定的,市、区人民政府应当完善周边的配套公共交通、市政设施,并按照国家有关标准改善博物馆周边的安全、卫生和环境状况。"为充分调动社会力量投身博物馆事业,第四条规定市、区人民政府对"对博物馆事业作出突出贡献的单位或者个人给予表彰、奖励"。

《规定》站在新的历史高度，在忠实执行国家《博物馆条例》提出的"发挥博物馆功能，满足公民精神文化需求，提高公民思想道德和科学文化素质"目标基础上，对广州市的博物馆提出了"提高公共文化服务水平""提升城市文化影响力"的发展要求，为广州市的博物馆绘制了一幅"布局合理、特色鲜明、种类繁多、交通便利、服务水平优秀"的发展蓝图。

为博物馆的建设运营保驾护航

博物馆在国民教育中的作用越来越引起社会重视。博物馆能否健康发展，离不开博物馆内部的优质管理和外部的良好环境。《规定》从馆舍到资金等多方面给予了博物馆很多优惠，为博物馆的健康发展提供了实实在在的保障。

首先，在馆舍建设方面，《规定》以更加开放的心态盘活国有资产，为博物馆提供馆舍扶持。如第十条规定，"市、区人民政府可以利用国有闲置的名人故居、工业遗产等房产为博物馆提供馆舍。""将建筑物改建为博物馆""经依法批准后可以变更土地用途。"第十一条进一步规定，经市人民政府批准，建设博物馆"可以以划拨方式取得国有土地使用权。"为确保建成后的博物馆不被随意拆除或改变功能，第十二条规定，"任何单位和个人不得擅自拆除博物馆，不得擅自改变博物馆的功能、用途或者妨碍其正常运行，不得侵占、挪用博物馆依法管理和使用的资产。因城乡建设确需拆除博物馆，或者改变其功能、用途的，应当依照有关法律、行政法规的规定重建或者迁建，并坚持先建设后拆除的原则。重建或者迁建的博物馆的设施配置、建筑面积、展厅面积等不得低于原有标准。"还为博物馆馆舍功能配置提出了具体要求，第八条规定，"新建、改建、扩建博物馆应当符合博物馆建筑设计规范等国家标准，设置与博物馆藏品规模相适应的展厅、库房等场所，并配备符合国家规定的安全技术防范设施和消防设施。"

其次，在资金筹措方面，《规定》实施分类指导，多方鼓励。第十五条规定市、区人民政府"可以发起设立博物馆发展社会基金。鼓励自然人、法人或者非法人组织依法设立博物馆发展社会基金，或者向博物馆发展社会基金进行捐赠。"第十四条规定博物馆"收取门票、获得非营利性收入和接受捐赠的，依法享受有关税收优惠。"针对国有博物馆，第十三条规定市、区人民政府"应当将利用或者主要利用本级财政性资金设立的博物馆的运行维护、藏品征集、陈列展览、宣传教育、科学研究、人员培训、文化创意产品开发等所需经费列入本级财政预算。"对其他国有博物馆和非国有博物馆，第十三条还规定市人民政府"应当安排资金用于扶持非国有博物馆和前款规定以外的其他国有博物馆发展"；第九条规定市、区人民政府"可以采取场租优惠、购买服务、财政扶持、税收优惠等方式支持非国有博物馆的发展"；第十四条规定"非国有博物馆缴纳土地使用税、房产税等确有困难的，可以依法向税务机关申请税收减免。"

通过上述规定，有力地保障了博物馆的馆舍条件，确保了博物馆筹措资金的渠道良性发展。

为可持续发展提供制度保障

如何使博物馆走出因领导更迭而人走政息的困局，如何使"一张蓝图绘到底"的美好愿望获得真正实现，《规定》给出了满意的答案，贡献了广州智慧。

首先，《规定》搭建了一套由政府主导、部门协同、社会参与而形成合力的体制机制，明确了博物馆是一项全民支持、共建共享的社会公益事业。

第三条明确规定市、区文物行政主管部门负责全市、本辖区内博物馆的监督管理工作，发展改革、国土规划、财政、国有资产监督管理、信息化、商务、民政、教育、交通、旅游、公安等有关行政管理部门应当根据各自职责，协调实施本规定。对政府各行政管理部门的职责、服务内容及其法律责任，《规定》也都作出了具体界定。第六条规定市、区人民政府"应当设立博物馆"，第五条明确规定"博物馆发展规划经批准后，不得擅自变更。"

其次，《规定》着力补齐软实力的短板，以提升博物馆的资源基础、专业品质和服务能力，营造出有利于博物馆发展的社会氛围。

在藏品方面，《规定》要求博物馆"编制藏品征集规划和年度计划"（第二十六条），建立健全"藏品的保护管理制度"（第二十九条），"优化藏品结构，提高藏品利用率"（第三十一条）。在陈列展览方面，鼓励博物馆"通过举办联合展览、互换展览等形式开展交流合作，通过举办流动展览参与机关、部队、学校、企业、社区、农村等文化建设，扩大陈列展览的影响力和传播力"（第三十六条）。在服务方面，鼓励博物馆建立健全"资源共享机制"（第四十六条），"为公众开展科学研究提供支持与帮助"（第四十一条）；鼓励学校"与博物馆建立合作关系"，"利用博物馆资源开展教学、社会实践活动"（第四十条）；等等。

为确保上述规定落地生根，第四十七条规定，"市文物行政主管部门应当建立有公众参与的博物馆评估机制，定期对本市博物馆在藏品征集和管理、陈列展览、科学研究、宣传教育、文化创意产品开发和经营等方面进行评估。"

通读《规定》，我们感受到，《规定》出台的终极目标是所有登记在册的博物馆必须要有固定的场馆设施，必须有一定的某门类藏品体系和收藏规模，必须有常设陈列展览和长效的开放服务，必须有稳定的运行保障和财力支持，必须有必要的专业技术及管理人才，必须有良好的服务能力，赋予博物馆更多的优惠和权益。我们相信，随着《规定》的实施，广州地区博物馆发展蓝图一定能绘制到底。

（原载《中国文物报》2018年1月9日第3版"综合"）

广州博物馆

——了解广州辉煌灿烂历史文明的窗口

以明朝著名古建筑镇海楼（广州人俗称"五层楼"）为馆址的广州博物馆，始建于 1929 年 2 月 11 日，距今已有 78 周年了。她是国内最早的综合性博物馆之一，是华南地区第一座博物馆，在文物收集和展示等方面也具有鲜明的地方特色。

丰富的馆藏地方文物、文献

广州是一座具有 2221 年建城史的国家历史文化名城，早在 6000 余年前，先民们就在这里繁衍、生息、劳作。作为地方性质的博物馆，从其诞生之日起，就将地方历史文物和文献作为本馆的主要收集方向。新中国成立之后，经过半个世纪几代人的努力，广州博物馆的藏品从无到有，从少到多，至今已成为收集本地区历史文物和文献最为丰富的一家博物馆，文物藏品已达 10 余万件，其中，又以本地区考古发掘的出土文物为其主要收藏。同时，该馆还注重城市历史发展和民俗文化实物的征集，藏品中不乏珍稀品。

辉煌灿烂的广州历史文明

有人说："没登镇海楼，哪算到广州。"在镇海楼内常年陈列着"广州历史陈列"展览，6000 余年辉煌的广州历史文明在这里得到充分展现，大量的珍贵历史文物文献得以全面系统地展示。自 2004 年紧邻镇海楼的广州美术馆成为广州博物馆的展览区后，常年展出"海贸遗珍——18 至 20 世纪初广州外销艺术品"和"地球历史和生命演化"等主题展览。前者重点展示明清时期广州口岸民间艺术品如牙雕、刺绣、丝织、彩瓷、贸易画、木雕、玻璃刻画等的外销历史。后者展出了 1000 余件陨石、矿物、化石三大类标本，真实生动形象地展示了宇宙起源与地球形成、地壳中的矿物世界、生命的演化三大部分的内容。

广州——民主革命的策源地

广州博物馆下辖三元里人民抗英斗争纪念馆和"三·二九"起义指挥部旧址纪念馆。前者位于广州市广园中路 34 号三元古庙，这里曾是鸦片战争时期三元里人民抗英誓师的地方。三元里人民抗英斗争写下了近代史上中国人民自发地反抗外来侵略并取得了胜利的第一页。1961 年，三元里平英团旧址被国务院公布为首批全国重点文物保护单位。1997 年又成为中宣部公布的首批全国爱国主义教育

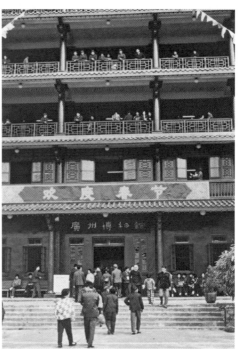

广州博物馆的变迁

示范基地。后者位于广州市越华路小东营5号，1911年4月27日（农历三月二十九日）著名的辛亥"三二九"起义就在这里爆发，揭开了辛亥革命的序幕。1962年"三·二九"起义指挥部旧址被公布为广东省重点文物保护单位。

（原载《中国文化报》2007年5月16日第3版"公共空间"）

开启我国文化之曙光

——庆祝广州博物馆八十华诞

"本市为岭南文化中心点，故设立博物院，借以保存我国固有之文化，及促进我国今后之文化，实启我国文化之曙光，而市民亦足以欣幸也。且该院之成立，破我国之新纪元，故尤须以悉心规划，将该院扩大全国，不特为革命策源地生色不少，而我国亦生色不少矣。"

——1929年2月20日《广州民国日报》刊载广州市政委员长林云陔关于"欢宴协助博物院各筹办员"答谢词

一、建馆篇

（一）初创时期：开启我国文化之曙光

早在19世纪和20世纪初，广州已有博物馆的理念，这得益于广州是一座得风气之先的城市。在广州1902~1911年《海关十年报告之三》及1912~1922年《海关十年报告之四》，我们看到均有"博物馆"栏目，虽然此时尚未有任何介绍。1926年11月24日，黄埔军校召开第五期第一次政治工作会议，决定将黄埔海关房舍改设总理室、革命博物馆。这是广州首次提议建设博物馆。两年后的1928年10月24日，广州市政府第170次市行政会议，通过了市教育局局长陆幼刚"请拨镇海楼筹设市立博物院"提案，该提案提出：

图一

广州为我国岭南文化中枢，际兹训政伊始，举凡启发民智之事业，自宜尽量建设，次第举行，庶于将来宪政之实施，方呈指臂之效。查各国都市，均有宏伟之博物馆，即吾国北平市，亦有古物陈列所之设。革命策源地之广州，自应亟为创办，现拟在本市设立完备之博物院一所，搜罗动植矿各物之标本、模型、世界古今特产异物、风俗历史之特征、雕刻、绘画、工艺等美术陈列院内，任人观览，附以注释，藉以启发民智，引起国民研究学术之兴趣，夫亦于社会教育事中应有之设备乎。

国民政府决定在"革命策源地、总理诞降之乡"筹办博物馆，馆址即设在具有近 600 年历史的岭南名楼镇海楼。11 月 6 日广州市市立博物院筹备委员会成立，隶属市教育局，并聘请丁衍镛、谢英伯、陆薪翘、费鸿年、辛树帜、司徒槐、顾颉刚、朱庭祐、罗原觉、何叙甫、胡毅生、左元华、陈焕镛、丁颖等 14 位文化名人硕彦为筹备委员。确立了"供专门学者之研究，养成学生实物之观察，奋兴人民文化进展之感想"等兴社会教育为办院宗旨，以"美术、历史博物、自然科学"为业务发展范围。这种办馆理念在当时是走在全国前列的。筹委会成立后第四天，筹委召开常务会议，着手征集文物。30 日，市政委员长林云陔亲自发函胡汉民，敬请书"广州市市立博物院"匾额和长联一幅，以为该院生色并留后人瞻仰。至今，长联依然悬挂在镇海楼第五层。经数月努力，1929 年 2 月 11 日正午 12 时博物院举行开幕典礼，林云陔行开门礼。开展初期，日观众量高达六、七万人次，盛况空前。广州市市立博物院之创建成为中国博物馆发展史上一件划时代的大事，也是我国文化发展史上的一件大事。

（二）日占时期：日本侵略军大肆破坏馆舍镇海楼

1936 年 8 月粤府改组，教育局被撤，博物院改属社会局，管理委员会撤销，改为院长制，市府聘谢英伯为院长，吴迅之、杨成志、黎彻辉、黄季壮、陆薪翘分任古物、民族、美术、自然科学、总务各部主任，吴迅之为国立北京师范大学文学士，杨成志为法国巴黎大学民族学博士，黎彻辉为香港丽精美术学院毕业生、曾任华国考古学院美术部主任，黄季壮为国立广东大学高等师范博物部毕业生，陆薪翘为广东高等农林讲习所农科毕业生、日本大学肄业二年，他（她）们均有较高学历。

正当博物馆事业走向正轨之际，日本发动了全面侵华战争。1938 年 10 月 21 日广州沦陷后，博物院遭受重创，馆址镇海楼为日军占据，楼中设备、内部所有门窗间隔、水电及陈列橱架、陈列用具等一切设备均被破坏无遗，仅存楼壳一座；楼前庭园布置亦被毁，草木无存；楼东边办公楼也被毁；馆藏陈列品及一切古物全部散失无存。随后博物院解散（1941—1945 年广州的汪伪政权于番禺学宫即今中山四路农民运动讲习所旧址处设立"广州市市立图书博物馆"）。抗战胜利后，1945 年 12 月，市教育局组设社教事业辅导委员会，接收伪馆并开展复馆工作。次年 3 月恢复广州市市立博物馆，隶属市教育局，聘胡肇椿为馆长，8 月回迁镇海楼，9 月 17 日向市民开放。1949 年中因经费无着，机构撤销。

（三）新中国成立后：建设花园型博物馆

1950 年 9 月广州市人民博物馆筹备处在镇海楼东邻仲元图书馆成立，隶属市文教局。1951 年 3 月 1 日广州人民博物馆正式开馆，胡根天任馆长。复馆时的建设思路沿袭建馆初期的理念，即镇海楼设历史文物馆，以举办历史文物、革命古物、战利品等展览，仲元图书馆设自然科学馆，以举办生物进化知识、动植物、生理卫生等展览。1952年8月，馆内设历史文物组、自然科学组、文化辅导组及行政组，前二者负责编藏研究、陈列等工作，文化辅导组负责群众工作；10月增设"文化俱乐部"，设在镇海楼西侧原南越酒家大楼（今广州市人民防空指挥部），以举办社会主义成就展。至此，恢复完成了按"三部"内容筹建地志博物馆的理念，即仲元图书馆为自然资源之部、镇海楼为历史之部、原南越酒家大楼为社会主义建设之部。1953年1月随着市文化局和教育局分立，本馆隶属前者，后因形势需要，8月自然科学馆停止开放，9月馆藏自然科学文物全部移交岭南文物宫，由此按中央文化部及中南文化局关于各地博物馆今后朝地方志博物馆方向发展之指示筹划建设。1954年4月30日馆名改称"广州博物馆"。1957年因在仲元图书馆辟建广州美术馆，馆藏书画一并划拨；1965年社会主义建设之部场馆移交给市人防办。1964年在镇海楼西侧新建碑廊与炮座，多年搜集来的一批具有重要历史价值的碑刻及鸦片战争前后本地铸造的铁炮和德国产的克虏伯大炮在此展示。1966年10月广州博物馆与市属各文博单位合并为"广州市纪念馆博物馆革命委员会"，镇海楼关闭。五年后始恢复业务活动。1979年底广州博物馆在镇海楼复馆，下辖三元里人民抗英斗争纪念馆、"三·二九"起义指挥部旧址纪念馆、六榕寺和五仙观（其后，1982年六榕寺移交给佛教协会；五仙观在1998年底移交越秀区人民政府在此成立越秀区博物馆）；1986年在镇海楼前东侧新建专题陈列厅；2003年，广州美术馆场馆归属本馆；2007年，镇海楼东侧原办公区域改为展览厅，使临展厅面积扩大近一倍。

广州博物馆地处风景秀丽的越秀山顶，由镇海楼展区和美术馆展区两大块组成，分别展示历史民俗文物、艺术品和自然科学标本。镇海楼为广州老城标、老城中轴线上的制高点，也曾是明清时期西洋人到访远眺广州的最高航标。目前馆容馆貌获得优化整治提升，广州博物馆1991年被评为"广州市花园式单位"，1996年又获"广州十大旅游美景"称号，2001年荣获"广州市越秀区优秀旅游景点"称号，今日又以"越秀远眺"位列羊城八景之一。

二、文物篇

（一）宏伟蓝图

早在1928年筹建时期，广州市市立博物院筹委会即明确了今后古物征集范围，即美术、历史民俗博物、自然科学三大类，出台了《征集历史遗物及民俗用品计划书》，向社会公布了《征集物品条例》和《征求革命纪念品布告》；1929年初又向社会发布了《征集陈列品物奖励规程》和《征集文物陈列品宣言》。在社会各界热心人士的大力支持下，到博物院开幕时，馆藏文物初具规模。据1929年《广州市市立博物院成立概况》介绍，本馆拥有的标本在当时中国所有的博物院中"或者是可以说绝无仅有"。经过近十年的苦心经营，至1938年日寇侵占广州前，馆藏文物已十分丰富，自然科学、历史文化民俗、革命纪念等门类的文物十分齐全，当年《广州市市立博物馆概况》档案记录：

> 筹备委员会成立后，即电向各方征集陈列品，古物之搜罗，如祭器、乐器、明器、服用器等均各粗备，民俗用品均采自傜黎，自然生物标本多得自广西傜山，地质与矿物亦略尽两广所产，而书画、雕刻、工艺品数量亦多，更有革命先烈纪念物品，均分类陈列于五层楼中。

另据 1937 年 8 月编制的《广州市立博物院古物部物品保存清册》《美术部保存清册》《民族物品保存清册》《自然科学保存清册》记录，从汉至明代古物物品共有 378 件，其中有广州市大刀山、东山猫儿岗、松岗、东北郊木塘岗、坟头岗、小北黎庄等地出土文物，另有广州市安老院出土乾亨古钱千余枚，美术物品 258 件，民族物品 186 件，自然科学物品 401 件。建馆伊始，本馆即着手今后自然科学馆的发展，提出了宏伟蓝图："我们相信以后博物院的建筑一天一天继续的发展，我们很愿意组织大规模的科学调查队在二年之内，先把两广所有的物产完全陈列起来给一般人士观览和留心建设事业的人参考，再进而采求全国各省和南洋各地的物产，那时候的广州市博物院恐怕在东亚要首屈一指呢。"可是，谁也没想到，这样一份催人奋进的宏伟蓝图因日寇入侵而夭折，不仅如此，馆藏原有文物也遭日寇洗劫。

（二）文物浩劫——日本侵略者大肆抢劫馆藏文物

日本侵略者有计划地掠夺我国珍贵文物，是从 1894 年中日甲午战争之后开始的。日本侵华，使我国的古代文化遗存蒙受了巨大损毁，广州地区的文物也不例外。

由于博物馆馆址地处广州城制高点，军事地位重要，日寇侵占广州后，总部即设在此处，不仅严重破坏了博物馆的馆舍，而且大肆抢劫馆藏文物。根据抗战胜利后的《广州市市立博物馆概况》档案记录：

> 本市沦陷后，镇海楼为敌骑占据，迨伪政府成立，组设伪市立图书博物馆于番禺学宫，接收敌人劫夺后所残存之一部分陈列品，辟博物室一间，按陈列容积估计之，较五层楼原有陈列品已减去五分之四，而五层楼中之一切陈列装置与设备已被毁一空矣。……点收伪馆移交之博物室陈列品及家具等公物，陈列品部分计共接收一四九三件，另钱币三五六枚，矿物标本一箱，家具部分计共一四六件。

博物馆馆藏文物何以突然大量"蒸发"，长期以来是个谜，直到 1997 年底馆办公楼改造时，从阁楼中意外地发现了一批新中国成立前档案，使谜底逐渐浮出水面。原来抗战爆发前，为避免馆藏文物受损，市立博物院曾将文物进行大转移。1937 年 8 月《广州市立博物院呈报本院将寄存河南万国缔盟中国红十字会广州分会物品改迁德政路岭峤学校寄存请察核备案》记录：

> 将本院档案及各部保存品物分别装箱，运往河南万国缔盟中国红十字会广州分会寄存。……现查该红十字会业已从事改选职员，原寄存该会房舍，已由该会常务理事陆如磋之戚入寓，只得将本院前暂寄存该会内之品物，自应另觅地点，当于去月觅就本市德政北路岭峤学校，将本院品物，全数迁移该校寄存。且为保管慎密起见，特抽调本院特务队三名，前赴该校常川驻守，以资保卫，而免疏虞。

第二年，这批物品又被秘密转移到广州石室大教堂保存。1938 年 6 月《为呈报本院将寄存德政北路岭峤学校品物改移于一德路石室即法国天主教堂寄存请察核备案》记录："现以敌机频在本市肆虐，该校建筑简陋，为更谋保存慎密起见，当将所有寄存该校品物，全数移于一德路石室（即法国天主教堂）寄存。"除这部分文物寄存石室外，另一部分馆藏动植物及矿物标本、玻璃陈列柜架暨笨重难移物品仍存放院内，1938 年 6 月《广州市立博物院呈为拟请将本院经费裁去一案改为折半核减案》记录："窃查本院为文化机构，庋藏古今文化品物颇多，前以非常时期，为谋慎密保存各部陈列品物起见，业将珍贵品物分别装箱收藏于石室（即法国天主教堂），其余动植物及矿物标本、玻璃陈列柜架暨笨重难移物品，则仍存放院内，此外尚有办事室一所，为储放杂物之所。"可见，当时馆藏文物分两部分保存。日寇侵占广州后，保存在本馆里的文物随日军进驻后遗失殆尽，而寄放在广州石室大教堂里的文物，虽交由巍主教畅茂保管，但也难逃厄运，没能躲过日寇的抢劫。据广州市市立博物院美术部主任即院长谢英伯的夫人黎彻辉 1947 年 12 月 12 日写给博物馆的信中写道："自敌犯广州，敌机疯狂滥炸，市面人物，所受灾害，累与日增，至民国二十七年夏间，未亡人（谢英伯之继室）所住东皋二横路之住居右邻之右邻，惨受轰炸，同时左边邻街距离未亡人住居数丈之住宅亦同受炸灾。未亡人遂得郭洁梅女士帮忙，将家中陈设之磁质器皿、各种品物及家常用器等件分以大木箱，藏之移送一德路石室天主堂，寄存于巍主教畅茂处，以防免受炸之虞（先夫谢英伯私人所有之古玉、古器文物、磁质器皿等都分以大木箱藏之，亦移送寄存于巍主教处）。"抗战胜利后"曾到访巍主教。据悉：未亡人与先夫英伯所寄存于石室天主堂之品物，已在广州沦陷后，有伪省府组织之时期，被日敌人员到石室天主堂强要接收广州市市立博物院寄存之公物时，连同未亡人及英伯私人所寄存之品物，强行一同夺去。巍主教经与理论，无效。"正是这封信，让我们了解到寄存在石室（即法国天主教堂）里的馆藏文物也惨遭日寇抢劫。此外，在 1946 年《博物馆整理情形及复馆工作概论》中我们也查到有如下记录："查由伪馆移交之陈列品，实为本馆原有陈列品之渣滓，由敌人口中吐弃依归伪馆者，精品固绝无，且多残缺而无系统。"从而进一步清楚了馆藏文物突然大量遗失与日寇的抢劫有密切关系，日寇的大肆抢劫使馆藏文物遭受了毁灭性的打击。

（三）特色鲜明的地方历史文物藏品系列的形成

抗战胜利后，博物馆进入复馆阶段，当时接手的残余文物仅有 1493 件，另有钱币 356 枚，矿物标本 1 箱，动物标本 146 件，生物标本仅 36 件。后又因时局动荡，到广州解放时，广州博物馆接手的文物和生物标本藏品很少。之后，在社会各界热心人士的大力支持和人民政府的有力扶持下，馆藏文物日益丰富，并在地方历史文物收藏方面形成特色。

如 1954 年 5 月邹伯奇的子孙邹孟才捐献清代广东天文学家邹伯奇天文遗物 23 件。1956 年 3 月美洲归侨余宝璋捐献辛亥革命文物 8 件。1956 年中山大学容庚教授两次捐献青铜器一批 95 件，其中有金文 40 字的栾书缶为春秋时期标准器（后上调中国历史博物馆）。同年 8 月新加坡华侨黄子静捐赠古籍 4891 册、文物 40 多件、名人字画 60 多种。1957 年明代黄佐《广东通志》珍本等古籍 4891 册悉交省立中山图书馆。1959 年 4 月广州市文史馆馆长陈大年捐赠玉器等 60 件。1961 年 10 月冯如遗裔捐献广东飞行器公司征信录、股份部、机剪盒、丁字尺等 6 件，陈宜禧后裔陈永常捐赠新宁铁路文物 101 件，新宁铁路清理委员会捐献文物 18 件。1981 年 10 月 13 日省纪念辛亥革命七十周年筹委会接收华侨杨添霭先生藏孙中山先生手书"志在冲天"匾一幅后移交我馆。1982年8月广州美术学院雕塑家潘鹤捐献"广州解放纪念像"原作。1956、1985年香港同胞邓又同先后两次捐献其先祖邓华熙遗物189件及有关商团资料一批。2000年英国人伊凡·威廉斯捐赠70幅广州外销通草水彩画。2005年4月广州汽车工业集团有限公司捐赠9件清代广彩瓷器。2007年英籍华人赵泰来捐赠10余幅广州外销通草水彩画等等。尤其是广州考古工作者自1953年以来在城市考古发掘中发现出土的大量文物,更为馆藏奠定了坚实基础。这批文物的入藏,使我馆在地方历史文物收藏方面形成特色,比如秦汉时期出土的广州陶屋、广州汉代出土文物、广州两千余年海上丝绸之路历史遗物、广州外销画和外销瓷器等等。这些藏品能较全面地反映广州6000余年历史。

此外,本馆在支援兄弟馆建设方面做出了积极贡献,如1957年广州美术馆成立时,将所藏书画移交美术馆;1958年广东革命历史博物馆成立时,本馆拨交一批库存革命文物,1963年又移交广州起义木棍2支;1959年本馆向上海博物馆拨交陶鼎陶井等出土文物10件,同年上调馆藏文物798件给中央。

三、陈列篇
——走在全国前列:关注地方历史的主体陈列

广州博物馆是以"救亡图存、开发民智"为使命而获创建,80年的努力,已发展成为收藏、研究和展示、宣传广州历史文化的地志性综合博物馆,其陈列展览始终围绕广州社会发展需求,立足本土历史文化,不断拓展陈列内容,创新陈列形式。

1929年博物馆成立伊始,即有主体陈列,内容包括历史风俗、美术、自然博物等三部物品,历史风俗部按器型分14类:祭祀、宗教、政治、农业、教育、商业、军用、工业、交通、建筑、明器、日用器、舆服、杂器;美术物品有国画和西洋画;自然科学标本多为广西傜山搜集的物品。此时的主体陈列,按《广州市市立博物院成立概况》介绍:"市博物院乃具有地方性之博物院,历史博物当以市区为主,然不能过于狭隘,今以广东广西湖南云南,凡属西江流域或准西江流域,均定为历史博物之主要区,南洋群岛副之。"点明了广州本土历史陈列的地域范围。同时,《概况》补充说明了广州本土历史陈列的基本思路:"秦始皇未辟南海桂林象郡以前为史前期;秦始皇辟三郡之后,至马伏波平定交趾,为历史第一期;自马伏波平定交趾后,迄南汉之亡,为历史第二期;自南汉亡至宋帝昺蹈沉海,为历史第三期;自胡元入主,至明亡,为历史第四期;自明亡至洪秀全创立太平天国,为历史第五期;自太平天国覆灭,至中华民国创建,为历史第六期。第五期之下半期与第六期之全期,皆为我百粤民族光复祖国运动时期,广东成为革命策源之地,其遗物尤足珍贵。"可见建馆初期的广州历史陈列是以时间为经、物品为纬进行的,但当时的陈列思路却深深地打上了"大汉族主义思想"烙印。这显然有历史局限性。

抗战胜利后,博物馆进入复馆阶段。此时的主体陈列依旧是广州历史,《广州市市立博物馆概况》介绍:

> 本馆复馆后,除进行整理工作外,对于本馆今后陈列内容性质亦经详加研究从事设计。查本市为我国华南最大都会、文化教育之中心、革命之策源地,复为国际交通之一重要口岸。从历史上考之,近代西洋文化之输入,实以本市为第一个门户,而中国固有文化,亦以此为输出口。本馆设置于此具有特殊历史与特殊地位之本市,则本馆之陈列内容,实应充分表现此特性,换言之,

实负有发扬地方特殊文化——革命文化——与推进中西文化交流之特殊使命。从本馆本身之性质言，本馆为地方博物馆，地方博物馆陈列之内容，自应以地方性之陈列为中心。

《概况》进一步介绍：

> 由于本市之地位关系——既为国际交通要口，复为西南文化教育之唯一中心——则同时亦须不忽视其国际性与一般性之陈列，故本馆陈列内容拟分为：
>
> 甲、地方人文：凡地方历史、地方沿革、革命史迹、乡贡故实以及其民俗、市政、文化等类属之。乙、地方产业：凡天然及人工之地方产品属之。丙、美术：凡绘画、书法、金石、雕刻、建筑及民间艺术品、工艺美术品等属之。丁、自然科学：凡动植物、昆虫、细菌、矿物、地质、天文、人类学、生理卫生等类属之。戊、参考教育：辅导中上学校各科教学之特殊陈列。己、儿童教育：为教育儿童而专设之特种陈列。

可见，此时的广州历史陈列关注本土特色。《概况》还提出："至陈列方法，为求合乎现实需求，发挥博物馆高度之教育功能，必须使陈列更有系统化与科学化。考现代化之博物馆，其性能已日益进步，已从死的'古董店'或'标本商店'而变为活的推进社会学术文化之教育工具，并已由少数人赏玩古董之场所，进化为大众学习现代知识之园地，在胜利复员向建国迈进之今日，博物馆所应负之教育使命，尤为綦重。"

中华人民共和国成立初期，博物馆获得重生并对外开放。据《广州市立人民博物馆一九五〇年十一月份工作报告》记录："本馆今后办理方向，拟以产业部门及革命史迹为主要。"12月订出了展览计划，分历史部门（社会发展史与现代革命史）与生产部门，馆中陈列：地下左边陈列生物，为生物室（并附矿物）；右边陈列抗日胜利品，为胜利纪念室；三楼左边陈列铜器古物，为铜器室；中间陈列有关市政设计物品，为广州市政室；右边陈列陶瓷器及出土古物，为陶瓷器室。根据当时历史部门陈列大纲所记，分地球发展史、生物发展史、人类发展史、社会发展史和现代中国革命史等几大部分，其中社会发展史是按原始社会、奴隶社会、封建社会、资本主义社会、共产主义社会来分类，现代中国革命史是按旧民主主义革命史和新民主主义革命史来划分，目的是使本馆成为一个把产业知识及技能紧密联系起来的宝库，使群众认识人类社会发展的过程，特别是激发和提高他们对于革命斗争的认识。

1951年提出"面向工农的文化方针"。1952年初起，本馆分历史文物馆（镇海楼作历史文物馆）和自然科学馆两部分，具备了综合性博物馆的雏形。历史文物馆是分为工艺室、革命文物室、金石室、陶瓷室、美术室；自然科学馆分动物、水产、植物、昆虫、生理卫生、生物进化，水产以科目分类陈列，植物以应用分类陈列，生理卫生和生物进化以系统及发展程序陈列。到1959年8月，历史之部陈列完成，并向群众开放，为建国十周年献礼展览。展览首次改为以广州城市历史发展为主线。

1960年2月中旬全国博物馆工作会议后，省市博物馆陈列内容审查小组到馆审查陈列工作，指出广州历史陈列存在一些缺点，如古代史陈列没有或很少以阶级斗争为主线，对体现历史发展的动力及其客观规律表现不够；为此，6月完成修改后的广州历史陈列"较能全面而又有重点地展示广州从远

图二

图三

图四

古到现在的历史发展的综合面貌，并初步突出了毛泽东思想红线"，强调以阶级斗争为纲、以农民战争为主线的陈列思路。1962年2月，市文化局发出关于博物馆纪念馆工作意见：广州博物馆属地志博物馆，以征集、保存广州地区为主的包括原始社会到社会主义各时期的历史文物，通过整理研究和陈列，显示广州的悠久文化和英雄城市的特点，以进行爱国主义和社会主义、共产主义的思想教育，并为研究广州历史提供资料，明确了博物馆的性质和任务。1963年上半年，根据中共中央中南局第一书记陶铸的指示，市文化局组织文博系统主要业务骨干，对主体陈列进行大调整，调整后的陈列主要突出广州"悠久的历史文化"和"革命英雄城市"两大特点，陈列手法有较大变化，创作史画及模本23幅、历史人物画像18件、雕塑浮雕10座、模型1座，首次大批增加具有形象化和立体感的辅助展品。修改后的"广州历史陈列"国庆节重新开放。广州博物馆成为当时全国少数几个陈列城市发展历史的博物馆之一，无论是陈列内容还是陈列形式均受到有关领导和社会各界的好评。中央文化部文物局局长王冶秋审查后指出，全国城市历史博物馆究竟如何布置陈列，目前尚在摸索阶段，广州博物馆的陈列在全国城市博物馆中走先一步。

20世纪60年代国内还没有几家地志博物馆、也没有确立主体陈列，此时广州博物馆已明确了自己的性质，主体陈列是反映广州悠久文化和英雄城市的历史，至为难得。此后，尽管人们对地方历史的研究不断加深、文物种类日益丰富、陈列手法逐步改进，但是本馆主体陈列的主题始终没变。

（原刊《中国文物报》2009年5月8日第6~7版"专刊"）

国际博物馆日启示点滴

今年博物馆日，广东省市区级和行业博物馆首次携起手来，积极参加由广州市文化局主办的系列宣传活动。各馆充分发挥各自优势，提供了丰富多彩的陈列，不仅打响了博物馆这个文化品牌，而且活动名副其实地成为广州地区博物馆互相学习、互相交流的一次盛会，真正地体现了国际博协提出的"不论博物馆的属性，不论博物馆的藏品类别，他们在当代全球化社会中都发挥着重要作用"这一口号。

广州货币金融博物馆、广州邮政博览馆和陈李济中药博物馆（筹）等行业博物馆的参加，给活动注入了新的活力。行业博物馆由于既有专业优势，又有良好的经济支持，因而呈现出蓬勃发展的趋势，将会给博物馆事业输入新的血液。

各博物馆"以人为本"的服务意识有了明显提高，本次活动各馆印制了一大批内容丰富、设计新颖的各种宣传资料，有的馆聘请模特将宣传资料发放到观众手中，还有的馆将古化石标本、矿产标本和部分考古文物复制品（如南越王墓出土的金缕玉衣复制品）送到活动主场地，让观众可以直接触摸到各类标本。孙中山大元帅纪念馆又将孙中山和宋庆龄蜡像请到宣传活动场地。为了让更多观众走进博物馆，一些博物馆首次延长闭馆时间至晚19时。

就此，我们的一些认识是：

文化行政管理部门应制定各种规章，积极组织本地区博物馆开展各种活动，以形成规模经营，共同打造博物馆这张文化牌，提高公众的鉴赏能力。

虽然这次活动有行业博物馆的参加，但行业博物馆的数量毕竟过少，应当认真地深入各行业作调查研究，听取他们的意见，为行业博物馆的健康发展制定相应的政策，鼓励有条件的行业兴建博物馆，成熟一个，发展一个。

博物馆今后的努力方向应是采取各种先进手段进一步靠近观众，使博物馆名副其实地成为老百姓受教育的理想场所。

（原载《中国文物报》2002年6月7日第3版"综合信息"）

从广州地区博物馆的发展看博物馆服务理念的变迁

1931 年，史学大师陈寅恪先生在《一九三一年五月国立清华大学二十周年纪念特刊》上发表了《吾国学术之现状及清华之职责》一文，以学人敏锐的洞察力，谈及我国艺术史研究现状及博物馆的服务理念：

关于本国艺术史材料，其佳者多遭毁损，或流散于东西诸国，或秘藏于权豪之家，国人闻见尚且不能，更何从得而研究？其仅存于公家博物馆者，则高其入览券之价，实等于半公开，又因经费不充，展列匪易，以致艺术珍品不分时代，不别宗派，纷然杂陈，恍惚置身于厂甸之商肆，安能供研究者之参考？但此缺点，经费稍裕，犹易改良。独至通国无一精善之印刷工厂，则虽保有国宝，而乏传真之工具，何以普及国人，资其研究？故本国艺术史学若俟其发达，犹邈不可期。[1]

这里，陈先生从如何发展本国艺术史学的角度，对公立博物馆提出了三点要求：一是降低"入览券"（即参观门票）。由于当时公立博物馆的"入览券"价格高，致使本国艺术史材料"实等于半公开"状态，不利于本国艺术史学的发展。二是举办展览。由于经费不足，致使展览陈列不易举办，还使得"艺术珍品不分时代，不别宗派，纷然杂陈"，不利于研究。三是印制精美的图册。由于全国没有一所印制精良的印刷工厂，难以将国宝印成精美的图册，供平民百姓鉴赏和研究。陈先生认为，只要有足够的经费，就比较容易解决第二点。总之，套用我们现在的用语，陈先生有关博物馆的发展理念，就是博物馆要更好地服务大众，让更多的人能有机会观摩到祖国艺术史材料，从而发展本国艺术史学。

陈先生写这段话的时候正值我国博物馆事业发展的起步阶段，也是广州地区博物馆事业发展的第一个高峰时期。虽然陈先生后半生是在广州度过，而写这段话的时候还是在北京，但是，我们今天重新回味这位学人七十余年前所写的话，对我们今天发展博物馆事业仍有莫大的帮助。

一

1905 年，张謇创建南通博物苑。这是我国最早成立的博物馆，是近代中国人自建博物馆的开端。1925 年北京故宫博物院成立。而从有关资料分析，广州早在 19 世纪至 20 世纪初也有了博物馆的理念，这得益于广州得风气之先的缘故。如 1902—1911 年《海关十年报告之三》及 1912~1922 年《海关十年报告之四》已明确列出了"博物馆"栏目，[2] 虽然此时未有关于博物馆一字半句的介绍，但是还可以看作是广州地区博物馆事业发展的萌芽时期。到 1926 年 11 月 24 日，在黄埔军校召开第五期第一次政治工作会议上，已决定将黄埔海关房舍改设总理室、革命博物馆。[3] 应该说，这是广州首次提出要建设博物馆的事例。此时期与国外博物馆界同行也展开了联系。[4] 到 20 世纪 20 年代末至 30 年代初，广州由此掀起了建设和发展博物馆事业的第一次高峰，其标志是广州市市立博物院的成立。

1928 年 10 月 24 日，广州市市政府第 170 次市行政会议，通过设立广州市市立博物院提案，院址定为重修后的越秀山镇海楼。[5] 博物院的设立严格按博物馆的要求来做。首先于当年 11 月 6 日成立了广州市市立博物院筹备委员会。其次派员奔赴全国各地征集文物。第三，将征集到的文物，分类进行公开展出。据报道，开展初期，日观众量达到六、七万人次以上，[6] 盛况空前。

从现今所见的档案资料来看，广州市市立博物院的展览是按自然科学类、艺术类、革命文物类等分类展出的，已有了分类展出的初步理念。虽然有人认为，博物院成立的意义在于"藉以保存我国固有之文化，及促进我国今后之文化，实启我国文化之曙光"，广大市民藉此"足以欣幸"，[7] 但是，由于当时未印制精美的图册，致使原有"保存我国固有文化"的理念没有能够完全实现，随着后来局势动荡，原有的展品遗失殆尽，以致我们现在想了解当年的展品原貌几不可能。可以想见，当年成立博物院时仅仅有了"以办展览的形式来服务大众"的初步理念。

随着广州市市立博物院的建立开放，广州美术馆的建设也被提上议程。1929 年 1 月 23 日《广州民国日报》报道："市教育局现查欧美各大都市，均有美术馆之设立，俾便市民于公余游览，藉快身心，而我广州市为南中国文化中枢，乌中缺如，故拟于市内觅择适中地点，设立美术馆一所，将古今中外各种美术品物，如石膏、刺绣、图画、瓷器、玉石、铜铁等，尽量搜罗，陈列其中，以供市民游览。闻该计划及预算，已呈市厅察核。"同年 2 月 15 日《广州民国日报》又报道："教育局筹设广州美术馆，呈请重修粤秀山启秀楼为馆址。（专访）教育局长陆幼刚为发展我国文化起见，除筹设市博物院外，拟再筹设一所广州美术馆，因市博物院自开幕后，除由丁衍庸赴沪征集得全国各名家作品带返院陈列外，而本市市民及海外名家均陆续捐送各种美术品物，大有美不胜收之势。如昨日复有香港殷商蔡有恒君将清代名家恽南田花卉中堂一幅、康熙凤尾芭蕉磁瓶一具，送往陈列。查此二物，均属珍品。可见本市市民及海外各名家，对于本市文化之热心赞助，该局长为振兴岭南文化计，故拟筹设广州美术馆，因博物院之美术部，当有独立之性质。"从筹建广州美术馆的目的，可以看出建设美术馆的理念是，将古今中外各种美术品物集中一处进行陈列，供市民游览鉴赏，其实质即让美术作品服务大众。

此后，革命历史博物馆的建设也被提出，虽然未被通过。[8] 还有专门类别的博物馆建设也被提起。1929 年 8 月 19 日《广州民国日报》报道："中山大学拟建总理纪念自然博物馆"。

与此同时，以发掘和采集本地区古物为使命的考古组织在广州应运而生。官方考古组织最早成立于 1929 年 1 月，《国立中山大学日报》1929 年 1 月 8 日"採掘东山古窑基残瓦"条云："语言历史学研究所，设立考古学会，函聘商承祚教授为主席，以专责成，对于古物，留意搜罗，俾备陈列，为稽考之资。"而民间考古组织则成立于 1931 年，其标志是在广州成立的"黄花考古学院"。[9] 但是，此时期的考古发掘物仅仅成为研究者使用的标本，未能展出成为广大市民的鉴赏物，也不可能真正达到服务大众的目的。

广州地区博物馆事业发展的第二个高峰时期是在 20 世纪 50 年代至 60 年代初。这个时期以广州市人民博物馆的复建为起点。

1950年9月，广州市人民政府决定成立广州人民博物馆筹备处，次年3月1日，广州人民博物馆正式开幕。1953年5月22日，成立修建农讲所旧址筹委会，翌年开放。1957年2月17日，广州美术馆成立。同年，广州市人民委员会决定筹建广东革命历史博物馆。同年7月20日，广东省人民政府批准成立广东省博物馆筹委会。1959年1月1日，三元里人民抗英斗争纪念馆对外开放。同年成立广东民间工艺博物馆和中华全国总工会旧址纪念馆，10月1月"三·二九"起义指挥部旧址纪念馆正式对外开放。1960年4月，根据省、市委指示，对中共广东区委旧址修缮复原辟为纪念馆，次年对外开放。到"文革"前，广州市（包括所辖县市）共建有纪念馆6座，历史和工艺美术类型的专业博物馆4座。

这些博物馆纪念馆的成立，标志着新中国成立后，广州地区的博物馆事业迈入了一个新时期。这些博物馆纪念馆的主要任务之一，就是紧密结合政治形式，以展览的方式弘扬爱国主义精神。举办的各类展览，有"陈大年先生古玉展览""生物进化知识展""土地改革""抗美援朝""镇压反革命""广东民间手工艺""新中国三年伟大建设图片展览""国内年画展览""广州市建设中出土文物展览""广东地区原始社会文物""广东地区汉代文物""广东科学文物""广东地区近百年革命文物"等。这些展览的举办，极大地丰富了人民群众的文化生活。

如按陈寅恪先生提出的上述理念来分析，此时期，博物馆服务大众的理念还仅停留在静态的层面上，主要以图片加实物并配以少量的文字说明的展示方式，既缺少观众的参与性，又没有相应的出版物供观众参阅，以致于我们今天依旧难于了解当年展出文物的原貌。新中国成立后，由于人们对博物馆的认识出现偏差，[10] 导致博物馆仅有效地完成了收藏的任务，而就普及教育和激发人的创造能力，促进科学技术进步和社会发展方面，还做得很不足。

二

从20世纪80年代以来，广州地区博物馆事业的发展开始进入第三次高峰时期，主要体现在：

一、兴建了一批富有特色的博物馆，如1993年投入近7000万元建成的西汉南越王墓博物馆；投入近2亿元，从1995年开始筹建，建筑面积达36540平方米的广州艺术博物院；1997年建成开放面积达15000平方米的番禺博物馆；1997年开始筹建的孙中山大元帅府纪念馆以及1998年开始筹建的南越王宫博物馆等；市属各区、县、市也在积极兴建博物馆，[11] 据2002年度的统计资料显示，广州市属博物馆纪念馆共有26座。

二、博物馆事业逐渐普及，一批行业博物馆的兴建方兴未艾，如已建成开放的有广州邮政博览馆、广州货币金融博物馆、广州中医药大学中国中医药文化博物馆等，兴建之中的有陈李济中医博物馆、珠江啤酒博物馆等，高等院校和科研机构里的各类博物馆逐步创造和改善条件为社会提供服务。据不完全统计，"九五"时期，广州市属博物馆举办的展览共340个，入馆参观人次806.4万。

三、博物馆事业的发展逐渐走向理性化，《广州市博物馆管理条例》的制定正在积极考虑之中，以规范博物馆的注册、登记、资金来源、年审、藏品保管、教育、服务等方面的管理，使其健康发展。《广州地区博物馆纪念馆"十五"发展规划》已经制定，并正在实施中。《规划》提出，"十五"期间，广州地区要建成50座博物馆，并建成布局合理、功能齐全的富有岭南都市特色的城市博物馆体系，且首次提出要"特色立馆、科技强馆、服务兴馆、管理治馆"，更新手段，提升博物馆的科技含量。这表明，广州地区博物馆事业的发展更加理性化，博物馆服务大众的意识更加强烈。

从 20 世纪 80 年代以来，广州地区博物馆界的各种理念发生了重大转变。首先是博物馆的公众服务意识明显加强。广州地区博物馆界不再以盈利为目的，逐步转变为以公众服务为其首要职责。从 2002 年 8 月起，广州市属博物馆纪念馆及行业博物馆推行了每月一日免费制，其目的就是要让更多的市民能有机会走进博物馆，接受教育。从 2004 年起，全国范围内的博物馆积极开展了加强未成年人爱国主义教育活动，广州市属博物馆纪念馆积极响应，已完全做到开放时间对未成年人实行免费开放。博物馆周边环境得到不断改善，消防基础和技术防范设施逐步完善，服务设施得到进一步改善，以适应不同层次观众的需求。设立了视听室、观众服务中心、学生活动室，增设了残疾人通道。培养了手语讲解员，为残疾人进行讲解服务。

其次，认识到引入科技手段以增强博物馆服务功能的重要性。声光电、多媒体等纷纷进入博物馆展厅。博物馆在陈列宣传、服务、科研等方面采用现代化先进科技手段、设备条件，让众多的观众对这些科技成果能看得见、听得到、摸得着。全面提升博物馆的服务水平。

第三，博物馆的藏品来源由过去单一文物标本开始向多样化转变，一批能反映和代表人类科学技术进步的产品开始走进了博物馆。博物馆馆藏文物的数据化工作正在开展之中，积极创造条件为社会科研人员提供查阅馆藏文物和资料的便利。

第四，博物馆的陈列不再强调以宣传知识性和教育性为主，而开始注重启发性，并为学生设立专用的教育室、实验室等。配合展览，出版图录，以传承文化，扩大服务功能。

三

回顾百年历程，我们看到，广州地区博物馆的服务理念已发生了重大转变，这种转变是与社会的进步、科技的发展紧密相关的。可喜的是，我们看到，七十余年前的一位学人所倡导的博物馆服务理念，有的已实现，如广州地区博物馆的门票一直处在低票价位，并逐渐向免费过渡；有的正在逐步完善，如展览的精品意识加强了，馆藏文物展出的频率多了，展览和文物图录的出版越来越精美。但是，由于现在盗窃文物艺术品的行为日益猖獗，使得国家从法规的角度将每次展览中上级别文物的数量作了明确规定，从而使本国艺术精品难于露脸，处于半公开状态；与此同时，博物馆原有积极创造条件为社会科研人员提供查阅馆藏文物和资料便利的理念迟迟不敢有大的举动，这与发达国家的博物馆馆藏文物和资料向公民开放服务的行为有着很大的差距。因此，我们看到，虽然经过百年经营，博物馆事业有了长足的发展，但是公立博物馆的文物艺术品"实等于半公开"状态的局面依旧未能彻底改变，博物馆公众服务意识的全面树立，依然还需要很长的时间，"本国艺术史学"的"发达"，尚需时日。

注释：

（1）陈寅恪：《金明馆丛稿二编》，上海古籍出版社，第 362 页。

（2）张富强、乐正等译编：《广州现代化历程》，广州出版社，1993 年 12 月第 1 版。

（3）广州市文化局、广州市地方志办公室、广州市文物考古研究所编：《广州文物志》，广州出版社，2000 年 12 月第 1 版，第 415 页。

（4）《国立中山大学日报》1928年11月8日"美国（支加哥）自然历史博物院旅行团将来校参观"条。

（5）广州市文化局、广州市地方志办公室、广州市文物考古研究所编：《广州文物志》，广州出版社，2000年12月第1版，第415页。据《广州民国日报》1928年5月2日"修建五层楼日内兴工"条报道："由景生公司承筑。日前市政厅招商承修城北五层楼，经由景生公司出价最低三万九千元承得。全座用红毛泥石屎，以图久远，已订妥合同，限六个月内竣工。"

（6）《广州民国日报》1929年3月2日。

（7）《广州民国日报》1929年2月20日"林市长欢宴协助博物院各筹办员"条。

（8）1929年3月5日《广州民国日报》报道："关于编辑革命史及设立革命历史博物馆两案，经决议编辑革命史，应从搜集材料着手，目前不必创机构。"

（9）麦英豪、黎金：《考古发现与广州古代史》，载《羊城文物博物研究》，广东人民出版社，1993年1月第1版。

（10）《省、市、自治区博物馆条例》（国家文物局，1979年6月公布）：博物馆是"文物和标本的主要收藏机构、宣传机构和科学研究机构。"

（11）广州市文化局、广州市地方志办公室、广州市文物考古研究所编：《广州文物志》，广州出版社，2000年12月第1版，第392页。

（原载广州市文化局编：《博物馆：文化的桥梁——广州2005国际博物馆日馆长论坛论文集》，广东人民出版社，2005年11月第1版，第47~52页）

也谈博物馆的性质问题

近百年来，中国博物馆事业取得了显著的成绩。从 1905 年我国著名爱国实业家、教育家张謇创建中国第一个具有完整现代意义的公共博物馆——南通博物苑起，到 2005 年为止，中国博物馆数量已超过 2300 个。近几年来，各地各级人民政府都十分注重博物馆事业，加大了对博物馆事业的扶持力度。我国从建设博物馆的那一刻起，已较清晰地认识到博物馆是为社会大众服务的。党的十六届三中全会审议通过的《中共中央关于完善社会主义市场经济体制若干问题的决定》已明确提出了"公益性文化事业"的概念，并对公益性文化事业单位提出了发展方向："要深化劳动人事、收入分配和社会保障制度改革，加大国家投入，增强活力，改善服务。"国际博物馆协会《职业道德准则》指出："博物馆在国际博物馆协会章程第二条第一款中所下的定义是'为社会及其发展服务的、非赢利的永久性机构，并向大众开放，它为研究、教育、欣赏之目的征集、保护、研究、传播并展出人类及人类环境的物证。'"同时指出："除被指定为'博物馆'的机构外，为特定之目的，以下具有博物馆资格：从事征集、保护并传播人类及人类环境物证、具有博物馆性质的自然、考古及人种学的古迹与遗址以及历史古迹与遗址；收藏并陈列动物、植物活标本的机构，如植物园、动物园、水族馆和人工生态园；科学中心及天文馆；由图书馆及档案中心长期经办的保护研究所及展览厅；自然保护区；执行委员会经征求咨询委员会意见后认为其具有博物馆的部分或全部特征。"但是，在实际运作过程中却出现有不同的指导思想。比如，从 20 世纪 80 年代起，当商品经济的浪潮席卷全国，各行各业都在积极投身于商品经济时，博物馆内人心浮动，一部分业务人员纷纷"下海"，五花八门的"承包制"在博物馆内出现，博物馆内的主要活动或多或少都与经济利益挂上了钩，有限的展览场地被转让承包出租。虽然博物馆内干部职工的个人经济收入增加了，但是博物馆的业务水平却在下降，社会效益却被忽视，服务质量没有提高，教育功能不被重视。当这些矛盾加剧时，人们恍然大悟，并以立法的形势明确提出博物馆是公益性事业。然而，现实生活中却仍然没有严格按照公益性的要求来运作博物馆。

一、认识上的误区

当博物馆界同仁向其上级主管部门要求增加博物馆的运作成本时，往往会被要求由博物馆自己去创收，去发展文化产业，以解决经费不足。甚至以美国纽约大都会博物馆为例，说该馆 1982 年的商品收入高达 2500 万美金，并以此认为博物馆发展文化产业前景广阔，有些地方领导还将发展博物馆文化产业写入"十一五"规划中。其实，这是认识上的一大误区。

美国纽约大都会博物馆仅仅是一个特例，不具有普遍性，正如北京故宫博物院也是一个特例，无论是其地理位置，还是其馆藏，都是其他博物馆所无法比拟的。至于博物馆能否从事经营活动，国际博物馆协会《职业道德准则》已有明确要求："博物馆商店与任何商业性活动，以及与此有关的任何出版活动均应以一项明确的方针为依据，应与博物馆藏品及其基本教育宗旨相关，不得有损于这些藏品的质量。在制作与销售复制品、临摹品或其他根据博物馆藏品生产的商品时，必须以这样一种方式衡量商业价值的各个方面，就是既不丧失博物馆信誉，又不损失原有物品本身固有的价值。为了使此类物品永远得以辨认，必须加以十分小心，以确保制作精确、质量上乘。所有出售物品均应货真价实，并应符合国家法律。"同时强调："任何博物馆专业人员均不应参与经营（赢利性买卖）同其所聘博物馆收藏的物品相似或相关的物品。博物馆雇员无论在任何责任范围内经营任何其他博物馆收藏的物品，即使没有与其所聘博物馆发生直接冲突的危险，也会出现严重问题，并且只有在所聘博物馆管理机构或被指定的高级官员全面了解及审核后明确表示有条件或无条件同意的情况下方可允许经营。国际博物馆协会章程第七条第五款规定，任何（以买卖赢利为目的）经营文化财产的个人或机构在任何情况下均不应获得国际博物馆协会会员资格。"国际博协十分强调博物馆的公益性质。

这是否意味博物馆不能开设商店？这显然是不对的观点。一个真正的博物馆商店应是一个混血儿，是介于礼品店和博物馆展览之间。它是博物馆的一个有机组成部分，是博物馆教育功能的延伸，把每一种产品看作是给观众再次提供教育的机会。

就以美国为例，文化产业这个概念并没有被包含在博物馆中。在美国，公益性与非公益性的区别非常明显，有关它们的政策也是截然不同。所谓公益性，就是指非赢利性，是社会大众的一项公益性活动，具体到博物馆，就是指为社会及其发展服务的、非赢利的永久性机构，并向大众开放，它为研究、教育、欣赏之目的征集、保护、研究、传播并展出人类及人类环境的物证。博物馆就是这样一个以提高社会大众文化修养为己任的公益性单位。因此，国际博物馆协会《职业道德准则》明确提出：博物馆"应不受任何主管机构、地方特征、职能结构或有关机构收藏方针等性质的限制而予以适用"；即指只要是"博物馆"，就是一个非赢利的永久性机构，无论是公立博物馆，还是私人创办的博物馆，只要是以提高社会大众文化修养为己任的，都是公益性单位，都享有国家规定的公益性单位的有关政策。在美国，虽然有些博物馆是由私人创办，但是一经建成，即属于公众财产，个人无权决定博物馆的存在与否，也无权处理藏品，其管理权为董事会所有；公立博物馆与私人创办的博物馆的区别仅仅在于经费来源不同，而其公益性是一致的。比如美国盖蒂博物馆，是由美国石油大亨盖蒂创立的盖蒂基金会创办的，是属私立博物馆范畴，但它的性质是公益性。

既然我国早已确定了博物馆是属公益性单位，那么博物馆的一切活动就应按国际通行的公益性的要求来做。我们必须清醒地认识到，博物馆的主要职责就是它的定义所规定的职责。

二、实际运作上的误区

可以说，政府的政策与规定是一根指挥棒，它会直接影响和左右博物馆事业的发展方向。以博物馆的经费问题来举例，目前，我国各地博物馆的经费渠道主要有二：一是由各级人民政府每年按人头费由财政部门拨款，二是给优惠政策，允许博物馆的门票收入免税，并可用来弥补博物馆经费之不足。

这种经费渠道在一定的历史时期曾起过积极的作用，但是，历史发展到今天，这种经费渠道模式越来越凸显其弊病，且直接违背了公益性的要求。这种弊病直接表现在影响博物馆事业科学健康有序地发展，因为每年政府财政部门按人头拨款的数额有限，这就促使博物馆想办法去创收，增加收入，一方面将博物馆有限的场地出租，另一方面很在乎门票收入，尤其是参观观众多的那些博物馆，这些博物馆一而再、再而三地提高门票。这样做，其结果直接会影响博物馆教育功能的发挥。

此外，这种经费渠道模式也与现行国家法律相冲突。2002 年 10 月 28 日通过的《中华人民共和国文物保护法》第十条已明确规定："国有博物馆、纪念馆、文物保护单位等的事业性收入，专门用于文物保护，任何单位或者个人不得侵占、挪用。"这就意味着现行经费使用模式已经违法，必须尽快改变。然而，我们看到，《中华人民共和国文物保护法》颁布快四年了，这条法律规定在许多地方形同虚设，依旧照原来的经费使用模式去做，这就使得这些博物馆不仅不能严格按公益性的要求来做，而且一直在干违法的事情。

那么，博物馆的经费渠道到底应按哪种模式来操作？各地有各地的做法，但总的原则应该是一致的，即不能违背公益性的要求，要有利于博物馆事业的健康发展。比如港澳地区博物馆的经费全部由特区政府财政部门按年度预算支付。在美国，博物馆有三种主要资金来源，所得税收（如门票和商店销售）、年授给物（如当地政府每年预算）和捐助。美国是鼓励公司企业、有钱人向博物馆等非赢利性质的组织机构捐款捐物，可减免一定数量的税收。因此，在美国，只要博物馆本身的工作做好了，博物馆每年都可以获得不少的赞助。

三、我们与港澳博物馆的差距

上述误区的存在，使我国博物馆的业务人员无法将全部精力投入到博物馆事业中来，不得不将时间和精力分放在从事与博物馆事业无关的经济创收和其他事项。这就使得我国博物馆与发达国家和港澳地区的博物馆原已存在的差距越来越大。两者之间的差距表现在多方面，这里只谈以下三点。

1. 博物馆教育方面的差距。

虽然我国在概念上早已将博物馆定义为一个宣传教育场所，是学生的第二课堂，成年人的终身学堂，但是，实际上我们不仅为社会大众进行教育的理念不够清晰，而且为社会大众进行教育的手段和方式也十分呆板和落后。近几年来，虽然我国博物馆界已在进行各种努力，但是与港澳地区博物馆相比依然存在相当大的差距。

那么，港澳地区博物馆为社会大众进行教育的手段和方式到底有那些值得我们学习和借鉴？我们认为，可借鉴和学习的地方很多，比如，每当一个展览推出之前，他们会制定详细的教育计划，包括讲解员培训计划及各种互动方式等等。通过讲解员生动有趣的讲解，使观众能更好地看懂展览且增加兴趣；通过展览场地中设置的各种不同类型生动活泼的观众动手参与手方式，让观众在兴趣中接受教育。

2. 展览设计方面的差距。

我国博物馆在展览设计上与港澳地区博物馆相比，也存在差距。参观过港澳地区博物馆的人们无不为他们每个展览的精美陈列设计所折服。港澳地区博物馆在制作每一个展览时，会使用最好的形式陈列每一件文物，使观众在观看展品时，不仅能看懂和理会内容，而且能获得美的享受。由于港澳地区易于吸收外来观念，且有一批接受过欧美博物馆设计理念教育的专业人员，这就使得他们的陈列设计水平始终能站在国际同行业的前沿水平。

我们虽然懂得陈列形式十分重要这个道理，但是由于我们的陈列设计起步晚、起点低，专业设计人员又不太熟悉当今世界博物馆的发展动态，因而我们的陈列设计缺乏震撼力和吸引力，难以满足人们日益增长的精神文化需求。

3.博物馆管理方面的差距。

港澳地区在博物馆管理方面已积累了丰富经验，管理严密，科学性强。相比之下，我们虽然在博物馆管理的某些方面，比如文物保护等，有比较科学和成熟的管理方法，但是，总体上我们不仅缺乏科学性、计划性，而且管理的手段比较落后。

随着社会文明程度的提高，人们对博物馆的认识程度也在提高，对博物馆的要求也越来越高，博物馆在提升社会大众文化修养方面的作用越来越突出。因此，如何更好更快地发展我国博物馆事业尤为重要。今年国际博物馆日的主题是"博物馆与青少年"，这更加显示了博物馆在教育青少年方面的重要性。

（原载广州市文化局编：《博物馆与青少年——广州 2006 国际博物馆日馆长论坛论文集》，广东人民出版社，2006 年 8 月第 1 版，第 31~35 页）

十年铸一剑

——解读"海贸遗珍——18至20世纪初广州外销艺术品"展览

广州博物馆成立于1929年2月11日，时称广州市市立博物院，是国内最早成立的一批综合性博物馆之一，也是华南地区首座博物馆。成立之初，时人评论："设立博物院，藉以保存我国固有之文化，及促进我国今后之文化，实启我国文化之曙光"，"该院之成立，破我国之新纪元，故尤须以悉心规划。"本着此精神，一代代广州人一直精心呵护这座博物馆。2003年，广州市人民政府高瞻远瞩，充分调整现有资源，决定将紧邻现馆舍的广州市文物保护单位仲元图书馆作为广州博物馆的补充展馆，并对博物馆的定位提出了新的要求，将广州博物馆建成园林式的古典型博物馆。在广州市各职能部门的支持和社会各界的关怀下，我们从当年起即开始成立基建和陈列两个工作小组，对如何修缮文物保护单位，如何在文物古建筑里作展览，以及为迎接2006年瑞典哥德堡号商船到访广州和中国出口交易会百届庆典活动，如何选择展览主题等问题，召开了数十次专家论证会，提出了科学的修缮和陈列展览方案。展馆及展览于2006年7月10日开放后，深受社会各界的喜爱和好评。展览之所以成功，主要有以下几方面的因素：

一、务实的广州人精神是展览成功的保障因素

改革开放前沿地和民族革命策源地铸造了广州人具有务实的精神。在筹备展览过程中，这种精神发挥得淋漓尽致。无论是上级部门，还是本馆干部职工，都以忘我的精神投入到展览中来。我们花最少的钱，办出最多的事来。我们将多媒体软件开发安排本馆的专业技术人员进行，极大地节约了开支。陈列内容人员、设计人员和施工人员紧密配合，对每一个部分进行细致的分析。正是这种精神，使展览做到精益求精。

二、以岭南特有的元素为基调，将严谨的学术成果，以通俗易懂的手法予以陈列，是本展览获得成功的重要原因

广州素有海上丝绸之路发祥地之美誉。长期以来，广州对外交流史是海内外学术界的一项重要研究课题。我们与海内外相关研究机构和博物馆取得了广泛联系，取得了丰富的研究成果，加大了收藏力度，使相关文物入藏博物馆。目前我馆共有外销瓷700余件，广州彩瓷500余件（号），牙雕66件，广绣21件，广州漆器4件，玻璃画4件，纸本水彩画34幅，线描画1幅，通草水彩画400余幅，油画6幅（详见《中国文物报》2006年6月28日拙稿《中西文化交流下的产物》一文）。如何将严谨的

学术成果和有关文物，以通俗易懂的语言文字和方式展示出来，使观众容易看懂，这是本次展览着墨较多之处。

展览首先在格调上选定岭南特色和广州特色，展柜的样式取材于本地观众熟悉的岭南清代古建筑和广州古罗马建筑元素，选用最能代表东方风情的广式木制屏风和各式轮船、古地图、古航海图作为展览的前言和大厅内容，营造出广州是东西方文明交融的一个重要口岸。

其次，展览在语言文字上力求通俗易懂简洁。我们还请了英国伦敦大学东方艺术学院艺术史专业博士候选人将展览全部文字翻译成英文，便于世界各地来参观的朋友看懂。展览共分"洋船航向珠江""一口通商政策下的广州""中外商人""广州刺绣""广州丝织""广州外销瓷店""广州外销通草水彩画画室""广州彩瓷""广州牙雕""广州珐琅""广州漆器""欧洲中国式房间"等十二部分，观众只要看到这些标题，就能很容易明白这些标题下所反映的内容。展览以"洋船航向珠江"开头，生动有趣，仿佛将观众从遥远的西方一下子带进了珠江广州，让观众身临其境，置身于中外商人交易下的广州，在这里欣赏观摩广州外销艺术品，展览最后以"欧洲中国式房间"结尾，仿佛又将观众带回了欧洲，使观众感受到18、19世纪时中国的艺术品对西方的影响。

再次，为了帮助观众更好地理解展览内容，我们开辟了观众互动区，开发了电脑软件，让观众在

"海贸遗珍"展序厅

电脑游戏娱乐中掌握和理解广州口岸史。为了再现当年中外商人在广州的交易情景，我们将馆藏英文店铺招牌按原样陈列，并展示了19世纪广州人和外国商人交易时所使用的广式英语，使观众看后十分亲切。

三、将物质文化遗产与非物质文化遗产有机结合展示，是本展览的鲜明特点

从18世纪起，欧洲掀起了一股"中国热"，欧洲人对中国非常向往，对中国的风土人情达到了迷恋的程度，以能拥有东方物品而自豪。广州人应欧美市场所需，开始创作和生产出各种具有浓厚中国色彩而又略带欧洲艺术风格的外销艺术品。这些闻名遐迩的广州外销艺术品是中华文明的一个重要组成部分，是祖国南方文明的结晶，无论是广州刺绣、牙雕、彩瓷、珐琅、漆器，还是外销画，经千百年锤炼自成一系，浓缩了东西方艺术工艺精华，深受西洋人士喜爱，各国商人纷纷来粤订购。

本展览最大的特点之一是充分发掘和展示了广州外销艺术品及其生产工艺和外销历史背景，通过将物质与非物质文化遗产二者有机地结合展示，再现了18~20世纪初广州口岸艺术品的外销历史，感受数个世纪以前东西汇流的文化气息。由于这些艺术品以外销为主，在国内缺乏记载，其生产过程又是在较为保密的状态下进行，因而外人无法知道其生产工艺，甚至有些外销艺术品，国人竟从未听说，因而如何展示非物质文化遗产部分的内容，则难度相当大，为此我们与海外学者建立了广泛联系，并进行了大量调查研究，所得的研究成果揭开了数个世纪以来世人的错误认识。如广州外销通草水彩画，直到2001年9月，由于有了英国友人伊凡·威廉斯先生的一次善举，才使我们认识到，在广州这片土地上曾创造过沟通中西文化的一种重要媒介。这种媒介融合了中西艺术风味，吸收了西方写实绘画风格和透视法。可以说，通草水彩画是广州人对中国绘画艺术的一大贡献。然而，长期以来，西方学者对这种水彩画的质地、制作方法出现了错误的解释，直到2002年5月当我们在贵州偏僻乡村考查时才揭开了谜底（详见《中国文物报》2006年12月20日拙稿《广州外销通草水彩画述略》一文）。在展览中，我们将调查得来的通草片生产工艺制作过程制成光碟并配合场景复原予以展示，既首次展示了这种古老的生产工艺，又使观众全面了解了广州外销通草水彩画。此外，展览中还展示了其他外销艺术品的生产工艺，如广州彩瓷、广州刺绣等，加深了观众对广州和祖国历史的热爱！

（原载《中国文物报》2007年1月10日第6版"专刊"）

感召正气　激发壮怀

——写在"千载家国情——广州文物瑰宝"开展之前

广州，一座具有两千多年历史的文化名城，自南越国定都于此后，两千余年来城址未曾变动过，这在世界发展史上极为罕见；这座千年古城，亦是一座延绵两千余年从未闭关的南方大港。广州先民博采中原之精粹，广纳四海之新风，融会贯通，使广州在漫长的历史进程中逐步形成了岭南文化中心地、海上丝绸之路发祥地、近现代民主革命策源地和改革开放前沿地的"四地"城市特色，见证了中华民族命运之跌宕起伏、起承转折。

那么，摆在我们面前的问题就是，如何让家乡父老真正了解昂扬奋进而又多姿多彩的广州文化？而这又是从哪里来的、有着怎样的辉煌历史、将如何走向未来？

早在73年前，山河破碎，生灵涂炭，中华民族正处在生死存亡之际，一部分爱国文化界人士、学者、专家、鉴藏家携带他们冒着生命危险抢救出来的稀世珍品避难到香港，在中国文化协进会的发起和组织下，联合在港有识之士，举办了一个前所未有的"广东文物展览会"。虽然展期仅八天，但是参观人数高达二十万人次，影响至深至远，促进了乡邦文化之研究，弘扬了民族精神，正所谓"感召正气，激发壮怀"，"使与国家民族生命维系于不断"！

今天，在举国上下为实现"中国梦"而努力奋斗之际，为集中展现广州人民"身处南隅，心系祖国"的赤诚情怀，经多年酝酿，精心谋划，我们以2013国际博物馆日庆祝活动为契机，从数百万件广州地区市属博物馆馆藏文物中，精选208件具有"中国内涵"的文物珍宝，以"国际表达"的方式，将于5月18日至7月18日在广州博物馆专题陈列厅"惜今阁"，隆重推出"千载家国情——广州文物瑰宝"特展，为本土观众和到访广州的海内外朋友提供一个体味"民族智慧与乡土情结"的精神家园。

此展览的坚实基础来源于六十年来广州城市考古新发现、历史遗存和社会各界人士的友善捐助，它为我们充分了解本土历史、印证千秋沧桑、亲历家国盛世提供了有力物证。在谋划展览过程中，我们始终坚持"以物为重"的原则。所展出的208件文物原件，是以历史价值和科学价值为准绳，按照"全国独一无二、广东仅有"的标准，从"独特""厚重""精美"的角度出发，经过多次讨论才甄选出的反映了广州重要历史的珍贵文物。尤其是展出的一批广州地区考古新发现文物，如南越国宫署遗址出土的"女（汝）市"铭款陶片、青釉筒瓦、"'华音宫'铭款陶器盖"残片、木简等，历史价值和科学价值极高。

这些文物不仅是本次展览的亮点，更为岭南文化发展历程提供了历史与科学的有力支撑，也使本次展览的内涵和外延更加充实宽广了，真正回答出了本土人对自身文化的溯本穷源与何去何从的探求。

在编写每件文物的说明词时，我们都以最新科研成果为基础，深挖每件文物所包含的历史信息，让每件文物的闪光点及其背后故事生动地展现出来。比如，在描述 1955 年广州大元岗汉墓出土的"陶胡人俑座灯"这件文物时，我们这样描述："这种胡人俑座灯，常见于岭南地区的汉墓，最早出现于西汉中期。裸体，面目体型似为东非人，被贩卖到东南亚，汉代到达岭南。广州汉墓出土的俑座灯位于主人棺具的前后处，很可能是汉代达官富人来自海外的家奴的形象，为其主人掌灯。"又如，在描写 2003 年广州番禺小谷围岛南汉康陵地宫出土的小件玻璃瓶时，我们努力去还原历史的来龙去脉："绿色透明，玻璃内含较多气泡。康陵地宫出土数量众多的玻璃器残片，从残存器底推算，陪葬的玻璃瓶不少于 26 件。这些玻璃器皿来自西亚伊斯兰国家，是南汉时岭南与海外交通贸易的重要物品，见证了南海海上丝绸之路的繁荣兴旺。"

整个展览以广州人的"家国情"为主线，分"家在岭南""东西汇流""天下为公"三大部分，通过准确、科学、生动、细致的设计，将广州人的精神风貌一览无遗地呈现了出来。

第一部分"家在岭南"又分为"南越国都"和"番禺都会"两篇，利用考古新成就，揭开了广州文化勃兴的开篇史，使粤江流域文明大发异彩。正如展览说明中所说：

广州，又名羊城，自古以来就是华夏历史长河的一颗璀璨明珠。秦平岭南，将南粤大地纳入秦帝国版图。南越国建立，和辑百越，实现了岭南第一次大开发、大发展。我们的先民千百年来在此繁衍生息，融合精进，创造了丰富的物质文明和精神财富，为中华文明增添了绚丽多彩的篇章。

第二部分"东西汇流"，则有"东方港市""工艺瑰宝"和"丹青传神"三块内容，详细叙述广州人直面南海的气魄和融东西文化于一体的成就。

广州地处祖国南端，濒临南海，气候调和，山川灵秀，土膏地腴，民康物阜，加以海道大通，中外互市所在，智诚易启，成为海上丝绸之路的发祥地。秦汉以来，广州一直是中国重要的对外贸易港口，东西方文明在此融会交流，逐渐形成多元、开放、兼容的岭南文化。优越的地理环境和海外贸易优势，为广东的工艺发展创造了良好的条件。通过广采中原之精髓，纳四海之新风，融会贯通，广东工艺得以形成独特的风格，具有鲜明的地域特色，在国内外享有盛誉。已列入国家非物质文化遗产保护名录里的"三雕一彩一绣"是其中的主要代表。而明清两代，岭南画坛更是人才辈出，与北京、上海并驾齐驱，形成三足鼎立之势，终成绘画创作与收藏的一方重镇，为华夏文明的历史长卷写下了绚丽多彩的篇章。

第三部分"天下为公"又分为"革命先行"和"华侨乃革命之母"两节，解析了广州人所具有的世界眼光和奋发图强的斗志。广州得风气之先，是了解、学习西方先进文化的窗口。以孙中山为首的民主革命志士，为挽救民族危亡前仆后继，掀起了中国民主革命的浪潮；1921 年，中国共产党诞生，开启了中国革命的新纪元。广州人民族思想最强，为实现中华民族的伟大复兴而先觉、而奋勇当先，是其引以为自豪的精神源泉。

观众若能仔细观赏每一件文物、细心阅读每一件文物的说明词，那么，敬畏先哲和爱我中华之情定会油然而生。该展览的举办无疑会有助于提高公众的鉴赏水平，培育公众崇尚科学、尊重历史的精神，让公众在领略家乡的悠久历史和灿烂文化的同时，深切感受先民的无穷智慧和创造精神，从而激发爱我家乡、爱我中华的情怀，实现强国梦想！

（原载《中国文物报》2013 年 5 月 10 日第 9 版"专题"）

不忘初心　更进一步

如今，博物馆的社会教育工作越来越受到全社会的广泛关注。

我国博物馆的社会教育工作起步于 20 世纪初，广州博物馆界的社会教育工作，起步也很早，其中标志性的事情是 1929 年广州市市立博物院的建成开放。广州市市立博物院是我国第一家按现代教育功能筹办的公立博物馆，广州率先走出以古物收藏和保护为单一功能的办馆模式，从科学教育的角度，着手展示我国古代文化及地方文化之证物、自然科学标本等，并向社会公众开放，接受公众指导。

广州市市立博物院在 1929 年《本院成立启幕宣言》中明确提出：

> 博物院之设，于我粤为创举，重译原名，为"美斯庵"（Museum）。"美斯"者，希腊之女神；"庵"者，其庙之谓也。（The Temple of Muse）神话流传，此女神掌文学美术之职。希人庙会，携带多珍陈列以迓神庥。此为博物院得名之始。阿历山大帝，席卷歌亚，武功既盛，文治斯隆，乃有阿历山大图书馆之设。除贮藏图书之外，举战时之胜利品，山川沼泽出土之古物，各地方民族工艺美术制造之用器，悉举而藏去于馆中，此为博物院附庸于图书馆之时代。文化日进，眼学斯重，图书博物美术，各自分立，而蔚为今日欧美博物院之伟大组织，于是博物院乃由附庸而成大国矣。博物院之与社会教育，关联至为密切。语其重大之意义，一曰：供专门学者之研究；二曰：养成学生实物之观察；三曰：奋兴人民文化进展之感想。吾市博物院，即本此三义而组织焉。本院筹备时期既促，款项复绌，不全不备，无待讳言，然既本三义以立院，则总理遗榇（已呈请总理奉安委员会送院迎榇时可迎来粤）与生前用品，足以资景仰而奋励吾人革命之精神。

在这份《本院成立启幕宣言》中，广州正式发出声音，指出博物馆与社会教育之关系"至为密切"，并提出按"供专门学者之研究""养成学生实物之观察""奋兴人民文化进展之感想"等三大目的开办博物馆。"三义"理念的提出，是广州博物馆发展史浓墨重彩的一页。

新中国成立后，广州的博物馆更加注重发挥博物馆的教育功能，不仅主动增设文化辅导组，后改为群众工作组，负责各项群众性工作，还专设讲解员编制，培养讲解员，为公众讲解。改革开放以来，特别是新世纪以来，博物馆的社会教育工作更加成熟，更加规范。如今，随着社会的进步，人们物质生活的日渐改善和不断提高，以及科学技术的快速发展，博物馆的社会教育工作受到社会各界的空前关注，也遇到了前所未有的挑战，人民群众对博物馆社会教育工作的期望和要求也越来越高。

新颁布的《博物馆条例》第四章第三十四条明确规定："博物馆应当根据自身特点、条件，运用现代信息技术，开展形式多样、生动活泼的社会教育和服务活动。"这就要求博物馆的社会教育工作在继承传统工作模式的基础上，运用现代信息技术，更加积极主动地融入社会，拉近与公众的距离。

基于此，今年年初，广州市文物博物馆学会积极发挥行业组织功能，精心组织策划，在西汉南越王博物馆和孙中山大元帅府纪念馆的主办下，举行了一场别开生面的"2016年广州文博讲解大赛"，旨在进一步提高博物馆的服务能力和讲解水平，拉近公众与博物馆间的距离，使公众更加热爱博物馆。

这次讲解大赛，不仅制定了公平公正的比赛规则，而且开展了赛前集中讲解培训，还充分利用新技术，使公众参与热情一浪接一浪。通过半年多时间的努力，广州文博讲解水平有了极大的提高，一批优秀讲解人才脱颖而出。

为了更加真实地记录本次大赛的精彩内容，本次活动的组织者及时将本次大赛中参赛选手撰写的个性化解说词和大赛活动历史片段进行了整理，汇编成册，供广大读者批评使用。我以为这是一次好的尝试，博物馆的社会教育工作唯有创新再创新、努力再努力，才能不断进步，永获公众喜爱。

（原载广州市文物博物馆学会、西汉南越王博物馆、孙中山大元帅府纪念馆编：《说吧，广州：2016广州文博讲解大赛》，暨南大学出版社，2016年12月第1版）

博物馆：添一双现代慧眼

博物馆在现代社会中的重要性日显突出。在美国，平均三万人就拥有一座博物馆，其数量在全世界首屈一指。当前，我国的博物馆事业正日益受到各级政府的重视，许多地方正在筹备或兴建新的博物馆。我国博物馆事业正迎来一个新的发展时期。因此，如何在博物馆事业中树立现代意识，则是当务之急。

首先，博物馆的建筑设计要具备现代意识。早期欧美一些国家常常注重博物馆建筑外表的庄重与否，强调建筑本身应包涵浓郁的民族性，要展现本民族的精神，而当今新建的一些博物馆则朝着另一个方向发展：注重建筑的审美艺术性和适合文物要求的科学性，同时非常讲究建筑周围的环境绿化。如1997年对外开放的美国盖蒂博物馆是当代世界上最富有的艺术博物馆，它就非常强调建筑的艺术性和科学性，还在建筑周围设置了一座非常优美别致的花园，令人赏心悦目。博物馆的设计必须考虑观众的需求和文物的需要。为了让所有观众能轻松自如地进出博物馆，现代博物馆必须专设残疾人通道。应在入口处设置行李寄存处，且应该是免费服务的。礼品店应设在出口处，还应该设置干净和便利的洗手间。每个展厅都要设若干个紧急出口，且要有明显的标志。千万不要把藏品贮藏区设在可有可无的位置上，最理想的位置应在底层，底层的所有外墙都要涂上防水密封剂，还要对当地的气候、土质等作科学的检测。根据不同类型的文物艺术品，可设置不同类型的贮藏室，配备不同的设备。

其次，博物馆的文物保护也要有现代意识。我们既要注意文物在贮藏区的保护，也要注意文物在陈列展览过程中以及文物在运输过程中的保护。针对不同种类的文物要使用不同的利于文物最佳保护状态的包装和贮藏材料。贮藏区和展览区除了要有电力报警器、电子监控系统、闭路电视、自动灭火系统等外，还要有专门的气候监控器来控制气温和湿度，保持空气干净。美国盖蒂博物馆装配的一套暖气、通风和空调系统（HVAC）每小时更换过滤6次空气，使其成为当今世界上最干净的博物馆之一。工作人员必须牢牢记住：文物贮藏区和展览区空调的服务对象是文物，而不是工作人员。人们在陈列文物的过程中，常常只追求文物在陈列展览中的形式美，忽略了展览材料对文物的影响。如果对此无足够认识及采取有效的科学防护措施，那么势必会加速文物在陈列过程中的损害程度。应对陈列使用的每一样材料进行科学的测试，因为陈列使用材料所散发的气体会对文物产生影响。美国盖蒂保护研究所博物馆材料研究实验室对800多种材料作了科学测试，那些确证释放有害气体的材料将被拒绝在博物馆内使用。不同种类的文物艺术品要遵守不同的搬运原则。为了打击文物掠夺和走私的非法国际贸易活动，1993年美国盖蒂信息研究所受联合国委托制定了一套文物身份证制度，要求室内和野外的每一件文物艺术品都应有一个身份证。

　　再次，最艰巨的任务是博物馆的教育活动要有现代意识。教育是博物馆的基本功能和责任。美国博物馆所从事的各类教育项目很有特色。这些教育项目有艺术信息室、听觉指南、定位剧场、讲座、成人创作室、少儿活动室、音乐会、表演、电影、展览、出版物、家庭活动日等，会员制（Membership）也是美国博物馆极为重要的一个教育项目。此外，美国博物馆对残疾人设置了专门的教育项目，如提供助听器、配备声音录像带、讲座时配哑语老师等等。博物馆必须采用新的工作方式和新的思考方式，发展与观众的新型关系，努力提高自身在消遣和教育两方面的市场竞争能力。

　　由于博物馆是非盈利性质的组织机构，美国联邦政府为了扶持高雅艺术的发展及其普及教育，在政策上给予了许多优惠，如允许因现金或某种实物捐助而减免税收，以保障博物馆资金及艺术品的来源；又规定媒体每星期须有一定的时间替博物馆等非盈利性质的组织机构免费作宣传报道等等。这些政策均值得我们借鉴。

　　　　　　　　　　　　　　　　（原载《中国文物报》2001 年 1 月 17 日第 6 版"中外博物馆"）

看美国博物馆如何筹措资金

　　博物馆事业的良好发展离不开资金，资金的多寡将直接制约博物馆事业的发展。我国许多博物馆因资金不足无法正常运作，如何解决资金不足的问题是我国许多博物馆亟待解决的一项重大难题。在这方面，美国博物馆一些好的做法值得我们借鉴。

　　美国博物馆为了扩大资金来源采取的第一项措施就是整改内部组织机构。从 20 世纪 70 年代中叶起，开始组建开发部以寻求和筹措各类资助。博物馆的工作人员已经意识到，他们的作用之一就是寻求外面的各种资助。早在 1970 年，美国纽约大都会艺术博物馆的会长和馆长曾经写道："博物馆首先要做的事情就是扩大收入。除新的入场政策外，正采取许多其他措施来扩大会员制，吸引公司赞助，提醒政府机构的注意，担负起对博物馆的财政责任。从我们有关的商业活动中提高收入。"随着博物馆争取社会资助的工作量越来越大和捐款者数目的不断增多，为其服务和负责的博物馆职员如会计师、资金筹措人、公共关系员、律师等非艺术领域专家的数目也就逐渐增多。他们对当地企业家、公司和富人的情况了如指掌，与他们保持密切的联系，主动争取他们的支持。

　　在美国，会员制是博物馆最为普遍的一种争取资助方式，几乎所有的博物馆都在推行会员制。会费固然是一笔收入，有助于博物馆开展各类艺术活动，但会员制的真正目的是希望有更多的人了解博物馆、热爱博物馆和资助博物馆。

　　为了扶持博物馆事业，美国联邦政府不仅在法律上制定一些优惠条文，而且政府直接设立基金。如允许个人和公司企业因现金或某种实物捐助而减免税收；遗产税使收藏者若将艺术品传给后代将会付出十分昂贵的代价，这一法律规定大大地鼓励了更多的收藏者将艺术品捐赠给博物馆。美国国会于 1965 年建立了国家艺术捐赠基金（NEA）和国家人文科学捐赠基金（NEH），NEA 资助高质量的艺术，其使命是使艺术对多数人更有用，帮助文化组织更好地服务美国公民；NEH 的基本目标就是资助教育、公众项目和人文科学里的学术研究以提高美国人的人文科学水平。1966 年第一次拨款给 NEA 达 180 万美金，至 1990 年拨款额已达 1.5 亿多美金。NEH 款额也在不断增长，从 1966 年的 250 万美金增长至 1986 年的 13.46 亿美金。此外，从 1965 年纽约贸易局建立艺术咨询委员会起，至 1974 年全美各州均建立了公众艺术委员会，建立了大量的基金。这些基金正在资助博物馆等非赢利性质的文化机构。

　　与此同时，一些公司、企业及个人都很乐意资助博物馆的展览。公司企业认为，资助有广泛公众吸引力的艺术以及富有挑战性的艺术和有代表性的艺术，利于宣传和提高自身声誉。如菲利浦·莫利斯（Philip Morris）向大都会艺术博物馆梵蒂冈艺术展提供资助 300 万美金，但用于展览广告宣传的费用高达 200 多万美金。一些富裕的个人也很积极地资助博物馆事业，如荣获 1998 年美国博物馆协会杰出慈善家奖的玛丽·克莱克（Mary Clark）说："我们的慈善是使所有小孩的生活要大大地提高和改进，他们的见识，要通过欣赏艺术和自然得到扩大。"还有一些人认为博物馆是一个重要的市民机构，资助她有利于丰富一个社区的文化生话。

在美国，各种捐助和基金对博物馆事业的发展起着很重要的作用，其影响日益扩大，使博物馆事业朝着健康和繁荣的道路发展。据统计，目前全美博物馆总数已超过 1 万座，平均每 3 万人就拥有一座博物馆，极大地丰富了美国人的文化生活，提高了他们的艺术鉴赏力。

为了争取更多的资助，博物馆必须在业务上不断地下功夫，提高自身的声誉，提高自身的市场竞争能力。如博物馆对每一个展览要做出详细的市场调查和分析，对每一件展品要做出深入的科学研究，对每次展览的陈列设计要做到有创新，真正达到了精益求精。只有当博物馆自身的水平提高了，博物馆才能吸引更多的资助，博物馆事业才能有更大的发展。

博物馆也在积极地研制和开发自己的手工产品来满足观众的需求，以此扩大销售收入。1982 年美国大都会艺术博物馆的货物收入高达 2500 万美金，博物馆礼品店的开发正日益受到重视。

对于美国一些中小型博物馆而言，门票收入也是一项重要的资金来源和补助。

总体而言，美国当代博物馆在扩大资金来源方面的种种举措有值得借鉴之处，比如博物馆内部增设开发部，吸纳一些资金筹措人员；同本地区的企业、公司及富人建立友好联系，争取他们的资助。目前，在我国的许多行业都相继设立了广告业务人员负责筹措资金，如电视台电台业、报业，每年的广告费收入占有很大的比重。我国的博物馆应如何健康地发展资金筹措业，很值得认真思索。又如美国博物馆积极推广会员制的做法也值得学习，这是沟通博物馆与观众以及争取更多资助最普遍的一种方式。政府还应制定一些优惠的法律条文来保障博物馆藏品有来源、资金有保障，同时，博物馆设立基金的做法，也是保障博物馆有足够的资金使用以及避免博物馆的资金造成浪费。总之，我国博物馆如何解决资金不足的问题值得重视，值得深入地进行探索。

（原载《中国文化报》2000 年 11 月 23 日第 7 版"广东专刊"）

建设"博物馆之城"的几点新认识

从 1905 年中国首座博物馆——南通博物苑创建至今，中国博物馆事业走过了 109 年的历程。中国博物馆从无到有，从少到多，从鲜有问津到各方关注。与发达国家的博物馆相比，中国博物馆事业虽然起步晚，但是近年来的发展速度快。总结百余年的发展历程，中国博物馆事业经历了三个发展阶段。第一阶段是在新中国成立前，此时全国的博物馆数量可谓寥寥无几。第二个阶段是新中国成立后到改革开放前，全国各省市都相继建成了省、市级博物馆以及一些重要的革命遗址纪念馆，但此时的博物馆类别单一。第三阶段是党的十一届三中全会以后至今，中国的博物馆事业取得了可喜的成绩，并步入快速发展的轨道。据统计，1978 年底，全国文物系统的博物馆仅有 349 座；到 2013 年底，在文物行政部门报送备案的博物馆多达 4165 家，是改革开放初期的近 12 倍。其中，国有博物馆有 3354 家，民办博物馆有 811 家；民办博物馆所占比例由 2012 年的 16.7% 上升到 2013 年的 19.5%。[1]经过改革开放 30 多年的努力，目前，我国具有中国特色的博物馆体系日臻完善，形成了以国有博物馆为主体，民办博物馆为补充，各行业和各种所有制博物馆各具特色、丰富多彩的新格局。[2]

一、解读"博物馆之城"概念

自 2008 年实施博物馆纪念馆免费开放以来，我国的博物馆事业越来越受到民众的广泛关注和喜爱，全国各地建设和发展博物馆事业的热情有增无减，一些地方政府甚至提出"博物馆之城"的目标。如 2008 年 8 月，昆明市制定了《关于充分利用文物资源大力发展博物馆业》的实施意见，鼓励社会团体和个人创办博物馆，提出力争用 3 至 5 年时间建造 100 座博物馆，把昆明建设成"博物馆之城"。另据报道，昆明市仅用一年的时间，建成博物馆总量达 100 家，"博物馆之城"初具规模。2010 年 3 月，古城西安也出台了《关于大力发展博物馆事业的实施意见》，提出要把西安建成名副其实的"博物馆之城"的发展目标，力争用 3 年时间，使博物馆的总数突破 100 家，形成富有西安特色的博物馆发展新格局。2012 年，武汉市也提出建设"博物馆之城"的奋斗目标，到 2016 年，博物馆总量将突破 100 家。一时间，"博物馆之城"的概念在全国多个城市兴起，我国博物馆事业又迎来一次大发展机遇。

正当全国多地掀起建设"博物馆之城"的热潮时，我们应当清楚地看到目前存在认识上的一些错误，一些地方政府只片面追求博物馆的数量，忽视了如何提升博物馆质量的问题，导致一些博物馆只有牌子和空壳子，没有藏品，服务社会的水平也低下。因此，如何建设好名符其实的"博物馆之城"的任务则显得尤为重要。本文以广州为例，重新解读"博物馆之城"的概念。

二、注重传承，在继承中求发展

截止 2013 年底，广州地区在文物主管部门备案的博物馆共有 56 家，其中，省属博物馆 4 家，市属博物馆 16 家，区属博物馆 16 家，行业和民办博物馆 20 家。

回顾广州地区博物馆发展历程，有三个鲜明的发展阶段。第一个阶段是初创时期，即 1949 年新中国成立之前，其标志性事件是广州博物馆的成立。成立于 1929 年的广州博物馆是华南地区第一家博物馆，她的成立是民国时期广州文化领域的一件大事，开启了文化新纪元。此阶段成立的博物馆仅此一家。

第二个阶段是新中国成立后至改革开放前。本阶段建立了一大批博物馆纪念馆，基本上涵盖了广州从古至今包括广东民间工艺、广州近现代重大历史事件等的历史。这时期建成的博物馆纪念馆有毛泽东同志主办农民运动讲习所旧址纪念馆（1953 年成立）、广州美术馆（1957 年开放）、广东革命历史博物馆（1957 年开放）、"三·二九"起义指挥部旧址纪念馆（1958 年成立）、中华全国总工会旧址纪念馆（1959 年开放）、广东省博物馆（1957 年成立）、广东民间工艺博物馆（1959 年开放）、鲁迅纪念馆（1959 年开放）、中共广东区委旧址纪念馆（1961 年开放）、三元里人民抗英斗争纪念馆（1961 年开放）、越南青年革命同志会越南青年政治训练班旧址（1973 年成立）等。此时期建成开放的博物馆纪念馆不仅及时地保存了一大批珍贵历史建筑和遗迹，更为弘扬爱国主义精神发挥了重要作用。

改革开放后至今，是广州地区博物馆发展的第三个阶段。随着社会经济的发展和人民群众物质文化生活的改善和提高，一些旧址得到修缮，遗址被重新发现，并逐步被建成纪念馆和博物馆对外开放，如黄埔军校旧址纪念馆（1984 年成立）、广州起义纪念馆（1987 年成立）、西汉南越王墓博物馆（1988 年成立）、陈树人纪念馆（1998 年开放）、邓世昌纪念馆（1994 年成立）、高剑父纪念馆（2004 年成立）、詹天佑故居纪念馆（2005 年成立）、中共三大会址纪念馆（2006 年成立）、南越王宫博物馆（2010 年成立）、十香园纪念馆（2007 年成立）等。还有一些纪念性的博物馆纪念馆建成开放，如洪秀全纪念馆（1991 年开放）、广州近代史博物馆（1996 年开放）、孙中山大元帅府纪念馆（1997 年成立）、粤海第一关纪念馆（2006 年成立）、辛亥革命纪念馆（2011 年成立）等。与此同时，一些区级博物馆、行业博物馆、高校博物馆以及民办博物馆纷纷建成开放，如增城博物馆（1984 年成立）、花都区博物馆（1991 年成立）、荔湾区博物馆（1996 年成立）、番禺博物馆（1997 年成立）、海珠博物馆（1999 年）、越秀区博物馆（1999 年成立）、从化博物馆（1999 年成立）、天河区博物馆（2002 年成立）、华南植物园标本陈列馆、广东省华侨博物馆（1995 年成立）、陈李济中药博物馆、广东神农草堂中医药博物馆、广东环亚美容化妆博物馆、番禺明珠博览馆、广州邮政博览馆（2002 年成立）、广州广播博物馆（2007 年成立）、中国海关博物馆广州分馆（2008 年成立）、珠江英博啤酒博物馆（2008 年成立）、广州亚运会亚残运会博物馆（2012 年成立）、广州农民工博物馆（2012 年成立）、中山大学人类学陈列馆、中山大学地质博物馆、中山大学生物博物馆（2000 年成立）、中山大学医学博物馆（2004 年成立）、广州中医药博物馆（2006 年成立）、广州培英中学校史博物馆、广东金融货币博物馆（1995 年成立）、广州市东平典当博物馆（2010 年成立）、侨鑫博物馆（2011 年成立）、广州东方博物馆（2011 年成立）、广州恒福文化博物馆、广州普公汉代陶瓷博物馆（2012 年成立）、八旗博物馆（2013 年成立）等，显示出此阶段博物馆的发展渠道日益广阔，行业博物馆和民办博物馆是博物馆未来发展的一支新生力量。与此同时，一些旧馆也进入新建或扩建阶段，如广州艺术博物院（2000年开放）、广东省博物馆（2010年建成开放）、孙中山大元帅府纪念馆等。

这些博物馆纪念馆的相继建成开放，基本覆盖了广州各个领域、各时期的历史，为宣传广州历史文化名城发挥了积极作用。广州拥有丰富的文物古迹，博物馆建设与文物古迹的保护与利用紧密结合，不仅使有价值的文物古迹得到保护并被充分利用，而且将更有利于广州建成具有地方特色的"博物馆之城"。

然而，这些博物馆纪念馆大多数是依托文物古迹而建成的，可算"遗址类"博物馆，算是传统的综合、历史、艺术等类型的博物馆。因此，就博物馆的功能而言，这些博物馆纪念馆不可避免地存在一些普遍问题，主要表现在：一是博物馆的基础设施总体水平难以提高，配套设施建设有待完善；二是博物馆在展陈、教育、文物保护等方面的功能难以获得很好的发挥、服务公众的能力难以提升。总之，目前广州地区博物馆的数量虽然不少，但是，具有区域文化辐射力和影响力、功能齐全、设施完善的博物馆却不多，与广州作为五大国家中心城市之一的地位不相适应。因此，在建设"博物馆之城"时，广州人应对此有充分的认识。

三、查漏补缺，大力提升博物馆质量

一个地区或一座城市，博物馆与博物馆之间既有紧密联系，又有严格区别。因此，我们新建一座博物馆之前，需要做好充分的前期调研工作，特别是在建设"博物馆之城"时，更应站在全市的角度，统筹规划好博物馆的类别、布局，并与当地城市特点相结合，避免重复建设。

众所周知，广州既是岭南文化中心地、海上丝绸之路发祥地、近现代民主革命策源地、改革开放前沿地，又是著名的侨乡、粤剧的发源地和近代中国民族工业的起源地，与海洋的关系十分密切。而广州现有博物馆当中，既没有专题性的粤剧博物馆，也没有海事博物馆、工业遗产博物馆。因此，在新建博物馆时，应调动社会力量，积极参与粤剧博物馆、海事博物馆、工业遗产博物馆等专题博物馆的建设。专题博物馆是博物馆体系的重要组成部分，体现出鲜明的行业文化特征、地域文化特征，符合博物馆社会化、专题化、多样化的发展潮流，也是社会更加开放、经济更加繁荣的一面镜子。

因此，一方面，我们要做好查漏补缺工作，全方位地摸查现有博物馆的分布特点、功能定位及馆藏文物情况，鼓励优先设立填补博物馆门类空白和体现行业特性、区域特点的专题博物馆，从而为规划好"博物馆之城"打下良好的基础，以便更好地宣传本地区的历史文化。既要加强大型博物馆的建设，以逐步使广州市的重点博物馆达到和接近发达国家的水平，同时，也要支持中小博物馆的建设与提升。另一方面，要充分认清广州地区博物馆界的优势和不足，认真制定好政策，积极引导社会力量广泛参与博物馆的建设，特别要注重提升现有博物馆的质量。

首先，努力改善现有博物馆的参观环境，提供停车场和观众休息场所等配套服务设施，增设现代化的陈列展厅，使博物馆的参观环境、功能设施和服务水平更能贴近实际、贴近生活、贴近群众。

其次，在建设"博物馆之城"时，既要注意增加博物馆的数量，更要重点打造几座起龙头作用的精品博物馆，使广州的博物馆在国内外更具影响力。

第三，要营造良好的创新机制，激发博物馆的活力，使博物馆从业人员更加热爱本专业，大胆创新。

第四，探索建立博物馆事业发展基金，制定优惠政策，引导社会力量积极投身博物馆事业，在资金、人力资源、藏品捐献、博物馆建设用地用房等多方面支持博物馆事业，为博物馆事业发展营造出更加广阔的空间。

笔者认为，一个真正意义上的"博物馆之城"不仅应具有一定数量的博物馆，而且博物馆的分布要合理、种类要多样、藏品要丰富、体系要完善、教育服务水平要高。只有当一个地区或一座城市的博物馆的整体水平都提高了，当博物馆真正能成为本地区或本城市先进文化的代表时，"博物馆之城"才能算真正建成，以政府为主体建设的公立博物馆和行业、企业、军队、学校、家庭等参与联办的博物馆相结合、多层次全方位惠及全民的博物馆公共文化服务体系，才能算建成。这就要求我们必须花大力气更加重视提高博物馆的质量，更加注重保存地方传统文化和先进文化，更加注重现代科学技术手段的应用，大力提升博物馆的基础设施水平，尤为重要的是要将博物馆为公众服务的水平摆到更加显著的位置。

通过建设"博物馆之城"，可以提高民族的文化自信和文化认同感，但是，我们不能仅仅拘泥于博物馆数量上的增加，更重要的是要提高博物馆的质量，完善博物馆的基础设施，增加博物馆馆藏，提高博物馆的展示水平和服务质量，增强公众对博物馆的认知度和参与度，使博物馆事业真正成为城市的一项文化品牌。

注释：

[1]《"5·18 国际博物馆日"主会场活动在南京博物院举行》，载《中国文物报》2014 年 5 月 21 日。

[2]《从"数量扩张"走向"质量提升"：单霁翔局长谈博物馆发展》，载《中国文物报》2008 年 12 月 12 日。

（原载《城市观察》2014 年第 4 期第 15~19 页）

中国博物馆的发展及体系建设之浅见

博物馆是公共文化服务体系建设的重要内容，是保障人民基本文化权益的重要阵地。中国博物馆走过百余年的历史，经历了从无到有、从少到多的发展历程。新中国成立后，党和政府高度重视博物馆事业。特别是党的十八大以来，在以习近平同志为核心的党中央坚强领导下，中国博物馆事业取得了非凡成就。

在这百余年的发展历程中，中国博物馆可分为起步阶段、探索阶段、快速发展阶段。

一、起步阶段：中国博物馆的起源

新中国成立前，是中国博物馆事业的起步阶段，不仅数量极少，而且规模小、设施简陋，发展也极为艰难。截至 1949 年底，全国仅有 21 座博物馆，且集中在几个大城市。[1]

众所周知，1905 年我国著名实业家张謇创立的南通博物苑，是我国第一座公共博物馆，意义重大，影响深远。一直以来，南通博物苑被视为中国博物馆事业的开端。

关于中国博物馆起始问题，一直是学术界探讨的课题。随着学术研究的深入推进，不少学者提出了一些新观点。如陆惠文在《中国博物馆》1987 年第 1 期发表了《天津考工厂是中国第一个博物馆》一文，提出 1903 年建立的天津考工厂是中国第一个博物馆；陈锐在其硕士学位论文《晚清西方博物馆观念在中国的传播》又提出上海自然历史博物馆是中国第一座博物馆的观点。

应该说，具有近代意义的博物馆理念在我国的形成，是经历了一个较为漫长的时间。据学者研究，早在 1838 年，在来华西方传教士的影响下，我国华南地区出现了汉语"博物院"一词[2]。到 1841 年，林则徐在广州编撰《四洲志》时，又开始使用汉语"博物馆"一词[3]。诚然，当年汉语"博物馆"一词虽未被广泛使用，但至少表明，早在 19 世纪三四十年代，广州已接触并懂得了该词的初步含义。

有关中国博物馆的早期资料，十分有限。难能可贵的是，新中国成立后的第二年，即 1950 年，中央人民政府文化部文物局曾对全国博物馆的发展状况作过调查，并于 10 月 5 日油印了一份《博物馆调查统计表》（见图一）。这份统计表填写的内容仅有名称、地址、隶属、成立年月、藏品总数、平均每月参观人数和备注等栏目，虽简略，却保留了我国早期博物馆的一些资讯，十分珍贵。

统计表中，共登录博物馆 31 座，其中最早成立的两座均成立于 19 世纪中叶，分别是 1868 年在上海成立的以自然、科学、古物为性质且隶属震旦大学的震旦博物馆和 1874 年在上海成立的以自然、古物为性质且隶属亚洲文会及尚贤堂的上海博物院。另有3座成立于20世纪初期，分别是1905年成立的以自然为性质且隶属英国浸礼会中国基督教会的济南市私立广智院，1913年成立的拥有站房、机车、客货车、路线、桥梁、器材等藏品且隶属中国交通大学北京管理学院专供交大学生研究学术之用的中国交通大学北京管理学院博物馆，1914年成立的以自然、历史为性质且隶属南通市文物征集整理委员会的南通博物院。可以说，上述这几家博物馆均是中国最早成立的一批博物馆。

这里需要补充说明的是，济南市私立广智院的前身是1887年在青州成立的博物堂。2021年4月20日《中国文物报》第8版刊载王丽媛《两棵丁香树，见证青州博物馆发展》一文，文中写道：“1887年，英国传教士怀恩光（J.S.Whitewright）在青州的培真书院内设博物堂，位置就在偶园对面。当时的博物堂展厅内设置自然标本、汽车和电机模型等，免费向公众开放。这是中国早期博物馆之一，也是青州建设博物馆之肇始。‘博物堂开放的第一年就有5000名参观者，次年增至2万人，扩建后一度达到7万人。’1904年，胶济铁路通车，怀恩光看到济南成为交通更加便利的地区，方便其布教，因此将博物堂里的大部分展品搬往济南，建立了广智院。”震旦博物馆，据戴丽娟《从徐家汇博物馆到震旦博物院——法国耶稣会士在近代中国的自然史研究活动》考订，是从徐家汇博物馆发展而来，而徐家汇博物馆虽然规划时间始于1872年8月11日，但其建筑物落成时间是1883年，人们为了纪念韩伯禄而将其来华的那一年1868年定为该馆的成立时间[4]。该馆即前陈锐文中所提上海自然历史博物馆。

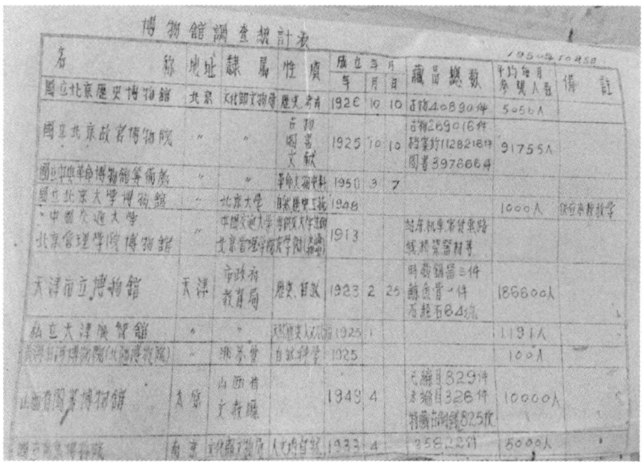
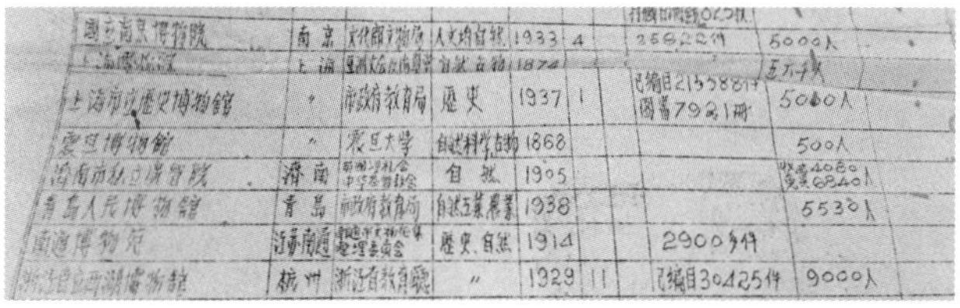
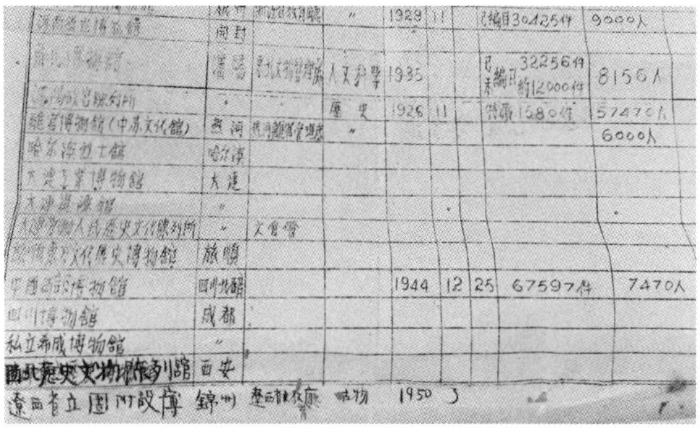

博物館調查統計表

名稱	地址	隸屬	性質	成立年	月	日	藏品總數	平均每月參觀人數	備註
國立北京歷史博物館	北京	文化部文物局	歷史、考古	1926	10	10	古物40890件	5050人	
國立北京故宮博物院	〃	〃	古物 圖書 文獻	1925	10	10	古物269016件 檔案約11282184件 圖書397866冊	91755人	
國立中央革命博物館籌備處	〃	〃	革命文獻史料	1950	3	7			
國立北京大學博物館	〃	北京大學	[illegible]	1948				1000人	[illegible]
中國交通大學北京管理學院博物館	〃	中國交通大學北京管理學院	[illegible]	1913			站房機車客貨車路線橋梁器材等		
天津市立博物館	天津	市政府教育局	歷史、自然	1923	2	25	[illegible]	186600人	
私立天津廣智館	〃	〃	[illegible]	1925	1			1191人	
黃河白河博物院(北疆博物院)	〃	崇德堂	自然科學	1925				100人	
山西省圖書博物館	太原	山西省文教廳		1949	4		已編目829件 未編目326件 [illegible]825枚	10000人	
國立南京博物院	南京	文化部文物局	人文、自然	1933	4		25822件	5000人	
[illegible]	上海	[illegible]	自然、古物	1874				[illegible]	
上海市立歷史博物館	〃	市政府教育局	歷史	1937	1		已編目21558件 圖書7921冊	5060人	
震旦博物館	〃	震旦大學	自然科學、古物	1868				500人	
濟南市私立廣智院	濟南	[illegible]	自然	1905				[illegible]	
青島人民博物館	青島	市政府教育局	自然、工業、農業	1938				5530人	
南通博物苑	江蘇南通	南通市文物征集整理委員會	歷史、自然	1914			2900多件		
浙江省立西湖博物館	杭州	浙江省教育廳	〃	1929	11		已編目30425件	9000人	
河南省立博物館	開封								
[illegible]	瀋陽	東北文物管理處	人文科學	1935			已編目32256件 未編目約12000件	8156人	
瀋陽故宮陳列所	〃		歷史	1926	11		陳列品1580件	57470人	
[illegible]	熱河	[illegible]	〃					6000人	
哈爾濱[illegible]館	哈爾濱								
大連工業博物館	大連								
大連資源館	〃								
[illegible]	〃	文管會							
旅順東方文化歷史博物館	旅順								
中國西部博物館	四川北碚			1944	12	25	67597件	7470人	
四川博物館	成都								
私立希成博物館	〃								
西北歷史文物陳列館	西安								
[illegible]	錦州	[illegible]	[illegible]	1950	3				

图一

统计表中，还有16家博物馆有明确的成立时间，分别是天津市立博物馆成立于1923年2月25日，私立天津广智馆成立于1925年1月，国立北京故宫博物院成立于1925年10月10日，黄河、白河博物院（即北疆博物院）成立于1925年，国立北京历史博物馆成立于1926年10月10日，沈阳故宫陈列所成立于1926年11月，浙江省立西湖博物馆成立于1929年11月，国立南京博物院成立于1933年4月，东北博物馆成立于1935年，上海市立历史博物馆成立于1937年1月，青岛人民博物馆成立于1938年，四川北碚中国西部博物馆成立于1944年12月25日，国立北京大学博物馆成立于1948年，山西省图书博物馆成立于1949年4月，国立中央革命博物馆筹备处成立于1950年3月7日，位于锦州的辽西省立图附设博成立于 1950 年 3 月。此外，另有 10 座博物馆的成立时间未能确定，分别是位于开封的河南省立博物馆、位于热河的离宫博物馆（中苏文化馆）、哈尔滨烈士馆、大连工业博物馆、大连资源馆、大连劳动人民历史文化陈列馆、旅顺东方文化历史博物馆、四川博物馆、位于成都的私立希成博物馆和位于西安的西北历史文物陈列馆。

其实，早在 1943 年，我国杰出女考古学家曾昭燏在大著《博物馆》就已明确提出 1868 年成立的震旦博物馆是中国最早的一家博物馆。上海博物院应是中国成立的第二家博物馆。《东南文化》2013 年第 2 期刊发王毅《半殖民地博物馆与半殖民地形象：以亚洲文会博物馆为中心》一文。文章认为，1874 年 3 月 25 日皇家亚洲文会北中国支会在上海圆明园路亚洲文会会所二楼成立的上海博物院，是一座典型的自然历史博物馆，向大众开放，其资金主要来自上海租界工务部和法董局的财政拨款，该馆"以其独有的藏品、多样的活动，逐步改善了西方人对中国的认识。使得西人知道中国自然物种的丰富、历史的悠久和文化的灿烂，而不仅仅是一种落后的'意识形态'之表达，在某些方面展示了正面的中国形象。"亚洲文会的创始人是来华传教士裨治文。

综上所述，可知 19 世纪中叶，上海率先创立的上述两家博物馆，虽然是由来华传教士创办，但应是在中华大地兴建的最早期的博物馆。这些博物馆与后来陆陆续续由传教士在中国创立的其他博物馆一样，在收集保存自然标本古物，以及向民众传播自然科学知识等方面，也发挥了一定的积极作用。如济南市私立广智院，胡适曾于 1922 年 7 月 7 日下午参访该院，并在日记里写道："此院在山东社会里已成了一个重要教育机关。每日来游的人，男男女女，有长衣的乡绅，有短衣或着半臂的贫民。本年此地赛会期内，来游的人每日超过七千之数。今天我们看门口入门机上所记的人数，自四月二十六日起，至今天共七十日，计来游的有七万九千八百十七人；自开[馆]至今，共有来游的四百五十万人！"[5] 可见其影响甚广。

到民国时期，除前文提到的那些博物馆之外，我国其他地方也有博物馆兴建之举。如江苏：1915 年成立江苏省立南京古物保存所，1928 年成立南京市立历史博物馆陈列室，1930 年 6 月 8 日成立无锡县立历史博物馆[6]。广东：1929 年成立广州市市立博物院。湖南："湖南过去也有过博物馆。在维新运动时期，1897 年郴州南学会建立郴州博物院。按其章程规定：博物院'借公所庙宇先行陈列中国土产，凡花卉、草木、虫鱼、泥沙有关考究者，无不可入。'这就是说，凡可供研究的植物、动物和矿物，都可陈列，是属于自然性质的博物馆。可惜随着戊戌变法的失败，南学会被取缔，博物院也随之被裁撤，真是昙花一现。讫至民国，1923 年在长沙教育会坪成立湖南省博物馆，开始附属于省教育会，曾省斋为馆长，黄志尚、黄澍霖、曹霏、刘香荪、姜运开等为馆员。他们原是生物文史教员，采集、制作标本，组织陈列展览。其内容有动物、植物、生理卫生各种标本、模型和古物字画，还饲养了鸟类及其他少数动物。1927 年收归省立，终日对外开放，每日观众达数百人。它同郴州博物院一样，也基本属于自然性质的博物馆。这个馆是在旧中国博物馆事业发展阶段中成立的，同时全省也建立了县级博物馆三所，古物保存所六所，……可是在半殖民地半封建社会里，极少数的博物馆科学工作者孤军奋战，得不到政府的重视和社会的支持，终于因 1930 年省馆馆舍毁于战火，随之其他县级馆所也都停办了，大约仅办了六七年的时间。虽说初具规模，对社会教育也起了一定的作用，但烟消云散，不论藏品、设备和人员，都没有遗留下来，也没有遗留任何经验和规章制度。"[7]

需要特别指出的是，中国共产党在革命战争年代即十分重视博物馆的建设。早在中央苏区，中央教育部即着手建立革命博物馆。据中华苏维埃共和国临时中央政府机关报《红色中华》1933年6月29日第89期刊登中华苏维埃共和国临时中央政府中央教育部代部长徐特立于1933年5月25日发布的《中央革命博物馆征集陈列品启事》报道："呼吁各机关、各群众团体及个人，帮助搜集各种物品寄给中央革命博物馆筹备处。"（见图二）后因国民党对苏区发动第五次"围剿"，中央革命博物馆被迫关闭。

图二

在此阶段，中国大地虽然建立了若干座博物馆，但真正能留传下来的经验却十分有限。到新中国成立时，中国博物馆事业依然是个空白领域。

二、探索阶段：中国博物馆获得新生

新中国成立后，党和政府高度重视博物馆事业，中国博物馆获得了新生，进入全面创建和积极探索阶段。这个阶段一直到党的十一届三中全会的召开。

在此阶段，中国博物馆事业的发展既出现了一个黄金期，也有过一个短暂停滞期。从新中国的成立到新中国成立十周年这一段时期，全国建设社会主义的热情非常高昂，博物馆行业也不例外，全国各省、市、自治区纷纷成立文物管理委员会，积极开展文物的调查、征集、保护和展览宣传等工作，使广大人民群众受到了马克思主义历史唯物主义与辩证唯物主义的教育，特别是随着1956年1月周恩来总理在党中央召开关于知识分子问题会议上所作《关于知识分子问题的报告》中提出"为了实现向科学进军，必须加强档案馆、图书馆、博物馆的工作"后，各地纷纷建起了地志博物馆，中国博物馆获得了一个前所未有的发展机遇，进入了一个发展黄金期。毋庸讳言，随着"文化大革命"的发生，中国博物馆事业遭受冲击，各项工作处于瘫痪状态。由于有广大文物工作者的坚守，馆藏文物基本得到保护，未遭到大破坏。从1971年起，博物馆各项工作又得到逐步恢复。

总体而言，在此阶段，中国博物馆事业虽然遇到了挫折，但还是取得了很大成绩，博物馆不仅数量增多了，"从解放初的21座增加到目前（按指1984年）的500余座"[8]，而且质量也得到很大提升，博物馆建设经验更为丰富，开始向着具有本国特色的路子迈进，并呈现出以下几个特点：

第一，新中国成立初期，积极向苏联学习，学习苏联博物馆的经验。

新中国成立初期，国务院文化主管部门派出博物馆工作者代表团赴苏联考察学习。这批工作者回国后，即向全国各地推广苏联经验。同时，中央人民政府文化部社会文化事业管理局组织力量，大力编译苏联博物馆的资料，如《苏联地志博物馆科学研究、搜集、陈列与文化教育工作基本条例》《地志博物馆的陈列方法——苏维埃时期之部》（1950年）（图三）等，供全国各地学习。

1951年10月27日，中华人民共和国文化部发布《对地方博物馆方针、任务、性质及发展方向的

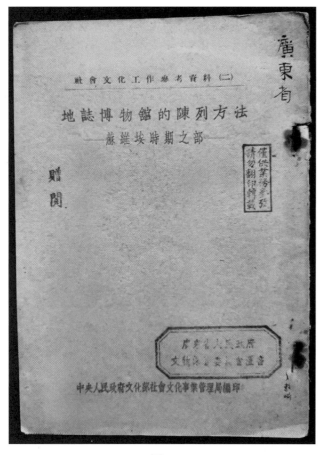

图三

意见》，明确提出地志博物馆的内容应为"自然资源""历史发展""民主建设"三部分。这是学习苏联博物馆的作法。1956年4月21日，全国博物馆工作会议在北京召开，着重介绍了苏联博物馆的经验和成就。据湖南省博物馆梁宜苏回忆："1956年夏我参加了全国博物馆工作会议。这次会议，国家文物局总结了我国建国七年来博物馆工作经验，介绍了苏联博物馆工作的经验和成就。"[9]总之，20世纪50年代，我国博物馆建设积极向苏联博物馆学习，这在当时是十分必要的、有意义的。

第二，基本确立了中国博物馆的性质和任务。

在1956年夏召开的全国博物馆工作会议上，国家文物局明确提出博物馆的性质和任务是"三性二务"，即博物馆的基本性质是科学研究机关、文化教育机关和物质文化遗存和精神文化遗存以及自然标本的收藏所，基本任务是为科学研究服务，为广大人民群众服务。

吕济民在《王冶秋对博物馆事业的贡献》一文里特别提到王冶秋同志"多次强调博物馆必须全面发挥收藏、研究、教育三大职能的社会作用，并认为三大职能是个整体，不能分割，更不能顾此失彼。'文革'期间，有人提出，博物馆的'三性'（文物标本收藏机构、科学研究机构、文化教育机构）是苏联修正主义的，并进行了批判。1978年当我主持拟订《省、市、自治区博物馆工作条例》时，仍然有人说'三性'是否可靠，也有人说提'三性'没有重点，在认识上还有一些分歧。我把这个情况向王冶秋同志汇报，他认真思考后说：博物馆的'三性二务'是50年代全国文物工作会议上明确了的，后来的实际证明是妥当的，我看必须坚持'三性'，缺少'一性'都不行，缺'一性'都不成为博物馆。他还谈到'三性'的有机联系，认为收藏是基础，没有藏品就不能搞陈列，没有陈列就谈不上教育；藏品不辨真伪，有何价值都搞不清，那藏品还有什么意义；教育是目的，博物馆好不好，陈列好不好，关键是能不能起教育作用。在谈到博物馆的教育职能时，他认为我们国家应当把它放在首位，因为我们是社会主义国家，我们的博物馆不是单纯的研究机构，也不是单纯的娱乐场所，而是重要的社会教育阵地。"[10]可见，新中国成立初期基本确立了中国博物馆的性质和任务，意义深远，为中国博物馆事业的发展打下了坚实基础。

总体而言，在这一阶段，我们提倡向苏联博物馆学习，这在当时是对的、十分必要的。但是，有段时期，我们在学习过程中出现了生搬硬套的局面，如要求全国各省、市、自治区博物馆必须举办具有自然、历史、社建三大内容的基本陈列，否则就不能算是博物馆；地志博物馆的建设，因受主题思想及千篇一律模式的影响，存在很大局限性，导致各地博物馆特点不明显，留给观众的印象不深不透，达不到教育效果。这样一来，我们的手脚不仅被捆住了，而且各地博物馆的优势也得不到发挥。在此阶段，中国博物馆不仅门类单一，大多属社会历史类，尤其缺少自然、科技、民族、民俗类，而且分布不均匀，一些边远省和自治区博物馆数量极少，甚至没有。但是，经过艰苦求索，我国基本确定了博物馆的性质和任务，意义重大，影响深远。

三、快速发展阶段：中国博物馆越来越成熟

党的十一届三中全会开启了中国博物馆事业发展的新征程，博物馆进入快速发展阶段。特别是党的十八大以来，以习近平同志为核心的党中央高度重视博物馆事业，就博物馆事业许多方向性、战略性问题做出部署，使中国博物馆事业进入了新时代。这一时期，博物馆不仅数量增多，而且质量得到了极大提高。

截至 2019 年底，全国备案的博物馆达 5535 家，其中非国有博物馆 1710 家，是 1949 年的 200 多倍、1978 年的 15 倍。到 2020 年底，全国备案的博物馆达 5788 家，其中国家一二三级博物馆达 1224 家。我国成为世界上博物馆事业发展最快的国家之一。

在此阶段，中国博物馆事业发展得更加成熟，更加科学。这里仅以博物馆的管理为例作一说明。博物馆管理从过去的以部门工作条例管理，走向了法治管理，意义重大。如 1979 年 6 月 29 日国家文物事业管理局批准实施的《省、市、自治区博物馆工作条例》规定："省、市、自治区博物馆是国家举办的地方综合性或专门性博物馆，是文物和标本的主要收藏机构、宣传教育机构和科学研究机构，是我国社会主义科学文化事业的重要组成部分。"到 2005 年 12 月 22 日，上升到以中华人民共和国文化部令第 35 号发布实施的《博物馆管理办法》规定："本方法所称博物馆，是指收藏、保护、研究、展示人类活动和自然环境的见证物，经过文物行政部门审核、相关行政部门批准许可取得法人资格，向公众开放的非营利性社会服务机构。"2015 年 1 月 14 日国务院第 78 次常务会议通过，2 月 9 日中华人民共和国国务院令第 659 号公布，3 月 20 日开始实施的《博物馆条例》规定："博物馆是指以教育、研究和欣赏为目的，收藏、保护并向公众展示人类活动和自然环境的见证物，经登记管理机关依法登记的非营利组织。"这是"新中国首部规范博物馆建设与发展的行政法规，为博物馆科学定性、准确定位、合理定责及博物馆规范管理提供了基本准则，对博物馆社会服务作了明确要求，堪称是一部全面推进博物馆事业可持续发展的里程碑式的法规。"[11]标志着我国博物馆事业的发展步入质量提升、规范运行的新阶段。

虽然早在 2000 年，北京市第十一届人民代表大会常务委员会第二十一次会议通过了我国博物馆领域第一部地方性法规《北京市博物馆条例》，但是其影响力只限于北京市辖区。《博物馆条例》颁布实施后，2017 年 7 月 27 日广东省第十二届人民代表大会常务委员会第 34 次会议通过批准自 2017 年 12 月 1 日起施行的地方博物馆法规《广州市博物馆规定》。

四、呼之欲出：中国博物馆体系建设

新中国成立以来，中国博物馆体系建设，一直是中国博物馆人的初心和使命。早在 1956 年 4 月

中央文化部召开的全国第一次博物馆工作会议上，郑振铎副部长明确提出："发展博物馆事业还要依靠其他系统（科学院和各产业部门）筹办博物馆的积极性。文化部系统主要发展公共性（对全民服务的）博物馆，我们要推动专业部门筹办工业博物馆、农业博物馆、技术博物馆。"[12]1983 年 5 月 11 日《人民日报》刊发了胡乔木的文章，号召"各行各业都需要筹设各自的博物馆，如纺织博物馆、铁道博物馆、古脊椎博物馆、地理博物馆、戏曲博物馆等"[13]。经过 70 多年的努力，中国博物馆事业取得了非凡成就，不仅国有博物馆得到了前所未有的重视，一大批行业博物馆拔地而起，而且非国有博物馆如雨后春笋般兴起，各地兴办博物馆的热情空前高涨，都在积极建设博物馆之城，一幅完美的博物馆体系正逐步形成。

博物馆体系不同于博物馆学体系，前者所指范围更为宽泛，注重实践，主要是指博物馆纪念馆的分布、门类、管理运作及发展方向，后者是学术概念，指理论建设、学科建设。

新中国成立后，中国博物馆一向视自己为城乡社会公共文化服务体系中的一个重要生命体，肩负着传承中华文明、弘扬中华优秀传统文化和爱国主义精神的历史使命，是中华文化精神家园的守护圣地。新时代，人民群众对博物馆的期盼越来越高。因此，如何打造具有中国文化自觉和精神内涵的中国博物馆体系，呼之欲出。

这是来自历史深处和现实需要的呼唤！

中国博物馆体系建设，是一个带方向性、全局性的重大命题，是方法论和世界观在博物馆的具体实践，具体内涵应当包括博物馆的设置、布局、馆舍建设、哲学与美学运用、人才培养机制、藏品构架、展陈原则、教育理念等。通过体系建设，中国博物馆必将进入一个布局合理、馆舍优美、管理科学、发展健康、藏品丰富、研究陈列教育完美结合、引领社会新风尚新品味的崭新局面。

打造中国博物馆体系，必须坚持党的领导，这是办好博物馆的根本保证；必须坚持为人民服务，为中国特色社会主义服务的办馆宗旨，这是保证博物馆健康发展的先决条件；必须坚持顶层设计与基层实践并重的原则，既要顶层设计，又要因地制宜，科学谋划中国博物馆的发展；必须正确处理好博物馆各项工作间的关系，这是保障博物馆健康发展的关键，要矢志不渝地按博物馆"收藏、研究、展示、教育"四大基本功能去发展博物馆，将科学精神、实事求是精神贯彻于博物馆发展始终。我们应牢记藏品是博物馆工作的物质基础，没有了藏品，就不成其为博物馆，这是博物馆区别于其它文化宣传单位的一个重要标志；陈列展览是博物馆业务工作的中心，其他各项业务工作都应围绕适合本馆性质、任务、特色的陈列展览来开展；科学研究是提高博物馆质量的关键，博物馆各项业务工作的开展都应当建立在科学研究基础上；教育工作是博物馆的前哨阵地，既是博物馆与公众联系的一条重要纽带，也是博物馆各项工作相互联系的桥梁，教育工作开展得好坏，会直接影响博物馆社会效益的发挥。随着数字化时代的到来，在后疫情时期，博物馆要充分利用现代科技开展教育工作，着力提升展示水平，为提高公众文化素养，凝聚社会力量，构建社会和谐，做出新贡献。

打造中国博物馆体系，既要高度重视国有博物馆，又要广泛宣传、鼓励和支持非国有博物馆，尤其要优先筹办各类科学博物馆，让博物馆理念深入人心，使人类创造的各种文明和自然界的各种形态，受到人们的保护，为人类的健康发展提供有力支撑。

中国博物馆体系的提出，就是要在世界博物馆丛林里，贡献出具有中国特色的博物馆智慧和方案。

这个体系既要无愧于古老灿烂的华夏文明，又要具有超前性和世界眼光，能充分反映具有时代特点的发展道路和鲜明特色的中华民族大融合历史，在当今中国与未来世界，始终保持旺盛的生命力。

注释：

[1] 吕济民著《守望历史：吕济民与博物馆探识》，北京：华艺出版社，1999 年 10 月第 1 版，第 185 页。

[2] 李飞《再论汉语"博物院"一词的产生与流传》，载《东南文化》2017 年第 2 期。

[3] 李军《汉语"博物馆"、"博物院"的产生及使用——以 19 世纪外汉字典、中文报刊为中心》，载《东南文化》2016 年第 3 期。

[4] 载《"中央"研究院历史语言研究所集刊》第 84 本第二分，2013 年 6 月。

[5] 胡适著，季羡林主编《胡适全集》第 29 卷，安徽教育出版社，2003 年 9 月第 1 版，2013 年 3 月第 3 次印刷，第 675~766 页。

[6] 见顾文璧《记江苏省早期博物馆之一"无锡县立历史博物馆"》，载江苏省考古学会、江苏省博物馆学会编《文博通讯》1984 年第 4~5 期第 31~35 页。

[7] 程鹤轩《我馆筹备之经过》，刊 1986 年《湖南省博物馆开馆三十周年暨马王堆汉墓发掘十五周年纪念文集》第 50 页。

[8] 马惠飞《浅议系统原理与博物馆组织机构》，载江苏省考古学会、江苏省博物馆学会编《文博通讯》1984 年第 4~5 期第 40 页。

[9] 梁宜苏《三十年来未入门——为湖南省博物馆开馆三十周年纪念而作》，载刊 1986 年《湖南省博物馆开馆三十周年暨马王堆汉墓发掘十五周年纪念文集》第 55 页。

[10] 吕济民著《守望历史：吕济民与博物馆探识》，北京：华艺出版社，1999 年 10 月第 1 版，第 235 页。

[11] 李晨《论"〈博物馆条例〉时代"博物馆法规体系的构建与完善》，载《中国博物馆》2016 年第 1 期。

[12] 见文化部 1956 年 5 月编印《全国博物馆工作会议与全国地志博物馆工作经验交流会汇刊》第 17 页《文化部郑振铎副部长在会上的闭幕词》，转引谭维四、白绍芝著《文物考古与博物馆论丛》，湖北美术出版社，1993 年 12 月版，第 273 页。

[13] 转引谭维四、白绍芝著《文物考古与博物馆论丛》，湖北美术出版社，1993 年 12 月版，第 273 页。

（原载中国博物馆协会城市博物馆专业委员会、上海市历史博物馆、上海革命历史博物馆编：《重塑与展望：中国博物馆协会城市博物馆专业委员会论文集（2021）》，上海人民出版社，2021 年 9 月第 1 版，第 11~20 页）

有朋自远方来

——记走进镇海楼的国际友人

"未登镇海楼，不算到广州"，这是一句在华南早已家喻户晓的谚语。多年来，"镇海楼"一直是到访广州的游客们心心念念的文化旅游胜地。

镇海楼坐落在广州越秀山小蟠龙冈，建于明朝洪武十三年（1380年）。该楼雄壮秀美，外形似塔非塔，凡五层，逐层收敛，故又有"五层楼"之俗称。1929年广州市政府建博物馆，选此楼为馆舍。此乃岭南首家博物馆。楼内面积不足一千平方米，以广州历史陈列为主，近九十年，一直未变，使到访游客在参观历史名楼的同时，又能了解广州历史。因此，五层楼是广州城标，中外游客必到之地。

改革开放40年来，随着我国国门的敞开和国际地位的不断提升，越来越多的国际友人走进中国，实地感受中国改革开放的巨大成就，学习了解中华的历史文化。作为祖国南大门的一所综合性地志博物馆，在改革开放的春风沐浴下，镇海楼不仅馆舍和展陈焕发了新春，而且迎来了一批批国际友人。这一批批国际友人的到访不仅给广州留下了精彩的一页，也是我们改革开放的成果之一。

在这些来访的国际友人当中，既有大量的普通外国游客，也有许多科学家，艺术家和外国政要。他们攀登五层楼，不仅仅是为了游玩，更重要的是为了更多地了解广州的历史。比如，著名科学史专家、英国的李约瑟先生于1978年专程参观五层楼（图一），就是为了观摩广州历史陈列中展出的1954年广州出土的东汉陶船模。那次他观察到该件东汉陶船模的船尾有"舵"，从而改变了他原先认为的中国是从

图一　李约瑟在五层楼（华南农业大学倪根金教授提供）

三国时起才开始使用舵的观点。这件带"舵"的东汉陶船模表明，中国人发明舵，比欧洲要早一千多年。又如，国际著名影星尼古拉·凯奇，2011年9月19日下午专访五层楼。他顶着炎炎烈日，从越秀山脚徒步走到山顶，目的是为了走进五层楼，欣赏广州历史陈列中展出的每一件文物。（图二）

一些友好国家的重要领导人在访问广州的时候，也会抽空参观五层楼，了解广州悠久的历史文化。我记得，我接待过的外国领导人主要有非洲的博茨瓦纳共和国总统、布隆迪副总统和非洲联盟委员会主席，欧洲的瑞典国王、王后及副首相，太平洋岛国纽埃国总理，中亚的土库曼斯坦副总理，南亚的尼泊尔副总理，以及西亚的伊朗副总统等等。

2000年6月16日，博茨瓦纳共和国总统费斯图斯·莫哈埃阁下及夫人一行参观了五层楼。他们仔细地欣赏了广州历史陈列中展出的每一件文物。接待中，总统阁下及夫人那纯朴友善的情怀给我留下了很深的印象。（图三）

图二

图三

229

2006年11月6日，非洲联盟委员会主席科纳雷及夫人一行6人到访五层楼。科纳雷是马里前总统，曾任国际博物馆协会主席、西非考古协会主席、国际古迹遗址理事会副主席。曾被联合国教科文组织、非洲文化研究所等聘为专家，是马里乃至全非德高望重的资深政治家。他既是政治家，又是文物考古专家，十分重视对华关系，积极推动中国与非洲各领域的合作。

2010年3月13日，布隆迪副总统萨欣古武先生及夫人雅克琳女士一行前来五层楼参观。布隆迪位于非洲中东部赤道南侧内陆，北与卢旺达接壤，东、南与坦桑尼亚交界，西与刚果（金）为邻，西南濒坦噶尼喀湖。广州的春天一般总是阴雨绵绵，但这天却天气晴朗暖和。上午十时，萨欣古武先生及夫人走进了五层楼，仔细欣赏楼内展出的每一件文物，并对我国的印章文化产生了浓厚兴趣。在参观完广州历史陈列展后，他们移步五楼外的回廊上，坐在中式圆桌前休憩。总统和夫人一边欣赏广州城的风景，一边商量留言的内容。总统夫人经过认真思考，工工整整地在签名簿上用法语签名并留言："我们很高兴能够参观广州博物馆。这座城市很久以前就是国际商贸中心。广州对世界的开放，使她在中国，在全世界享有盛名，尤其在非洲。感谢你们对广州历史的介绍。"随后总统也在签名簿上签了名。馆内的刻章师傅知道总统阁下及夫人对我国的印章文化有兴趣后，专门刻制了"萨因古乌"和"雅克琳"（总统和夫人的中文译名）印章两枚，作为礼物赠予他们。

为迎接瑞典仿古商船"哥德堡号"到访广州，2006年7月21日上午，由广州博物馆和瑞典驻广州总领事馆主办的"中瑞陶瓷贸易遗珍展"在广州五层楼前广场开幕。瑞典国王卡尔十六世·古斯塔夫和王后西尔维娅、瑞典副首相博瑟林霍姆、瑞典驻华大使雍伯瑞、瑞典林雪平市市长乔伊娃等出席了开幕式。（图四）这次活动意义重大、影响深远，但也留下一个遗憾：仪式结束后，瑞典国王和王后本想登楼参观，却因时间紧迫最终无法如愿。

图四

2013 年 11 月 7 日上午，位于南太平洋国际日期变更线东侧的太平洋岛国纽埃国总理托克·塔拉吉参观了五层楼。他对广州历史也非常感兴趣，在结束参观时为馆方签名留言，高度赞美广州这座发生巨变的城市的历史。

2008 年 9 月 19 日，位于中亚西南部的中亚内陆国土库曼斯坦副总理亚兹穆哈梅多娃女士参观了五层楼及广州历史陈列，高度赞美广州的历史文物。她在签名簿上写道："广州历史悠久，物品、工艺品精致美丽，令我赞叹不已！"

2011 年 12 月 29 日下午，位于喜马拉雅山脉南麓的南亚山区内陆国尼泊尔联邦民主共和国副总理兼内政部长比加亚·库马尔·加查达尔率代表团一行 30 多人参观五层楼。他认真倾听讲解员的介绍，并在五楼回廊上接受了馆方赠书，还为博物馆签名留言："我们很高兴参观广州博物馆，该馆很好地展示了广州的历史、艺术和文化。非常感谢你们热情的接待，并向贵馆全体人员致以最美好的祝愿！"在离开五层楼时，总理先生亲自向每位陪同人员赠送了一枚小胸章留做纪念。

在我接待过的外国领导人当中，给我留下最深刻印象的是位于西亚的伊朗副总统。2010 年 11 月 12 日是亚运会在广州开幕的日子。这天上午，广州的天气格外晴朗，气候温暖怡人。伊朗副总统阿里·赛义德鲁先生抽空专访五层楼。按照伊朗人的习俗，总统先生指定我陪同并作讲解。他兴致勃勃地参观广州历史陈列，不时驻足提问，对每一件展品均有着浓厚的兴趣。参观结束后，总统先生在签名簿上认真地写下了一段包含深情的留言："在参观完广州博物馆后，我看到了伟大的中国人民尤其是勤劳而优秀的南部地区人民的文化和历史。这片土地上的人民在悠久的历史长河中的每一份努力和付出，无不展现了他们的文化，特别是他们喜欢平静、爱好和平、乐于交往，更为突出的是他们诚实地与世界各地人民友好通商；非常清晰地展现给我的还有他们在历史上探索知识、追求艺术以及对这片土地尽可能地开发利用。同时，借助这个机会，我向尊贵的博物馆馆长及管理人员表示感谢！他们为这片土地上的人民保护了这些非常有价值的名胜古迹和传承了重要的文化知识，我祝愿他们一切顺利！"

文化遗产是国家的金色名片，是中外文化交流的重要载体。这种重要作用一直激励着我们继续沿着改革开放的道路做好文物博物馆事业，让我们始终不忘保护好、传承好优秀历史文化的初心。

（原载《中国文物报》2018 年 8 月 31 日第 3 版"综合""纪念改革开放 40 周年：历史回眸 文博忆往"栏目，又见国家文物局官网 2018 年 11 月 21 日"专题·见证变迁"栏目）

友谊之舟——国际友人的珍贵礼物

　　自改革开放以来，我国博物馆与世界各地的文化交流越来越频繁，中国文物大量走出国门，向世界各国人民传播中华悠久文明。与此同时，国际友人也开始关注和支持我国博物馆事业的建设和发展。在改革开放的春风沐浴下，地处祖国南大门开放前沿的广州，其博物馆对外文化交流事业的发展更是近水楼台先得月，得到了国际友人的密切关注和友好支持。其中，20世纪90年代阿曼苏丹国向广州赠送"苏哈尔号"仿古帆船船模和2006年瑞典国王向广州赠送瑞典东印度公司商船"哥德堡号"仿古木船船模，即是两个例证。这些珍贵礼物，不仅是中阿和中瑞友谊的象征，也是改革开放的成果之一。

图一

阿曼苏丹国的珍贵礼物

　　阿曼苏丹国位于阿拉伯半岛的东南端，是阿拉伯半岛上的第二大国，西与沙特阿拉伯和阿拉伯联合酋长国相邻，南与也门共和国接壤，北靠霍尔木兹海峡，东临阿曼湾和阿拉伯海。

　　1991年7月14日，阿曼苏丹国民族遗产和文化大臣费萨尔殿下在阿曼苏丹国驻华大使穆什塔格·阿卜杜拉·萨利赫先生的陪同下到访广州博物馆，专程参观了"南海海上丝绸之路发祥地"展，并向馆方赠送"苏哈尔号"仿古帆船船模，以此纪念十年前"苏哈尔号"仿古帆船所开展的科学考察活动（图一）。

　　那次科学考察活动是为了验证历史上著名的辛伯达航海记的动人故事。

　　史料记载，公元8世纪，阿拉伯航海家辛伯达驾驶"苏哈尔号"木船，从阿曼港口起航，穿越海上丝绸之路，历尽千辛万苦，终于成功抵达中国的广州。为了巩固和加强中阿传统友谊，阿曼人民精心按照当年的造船模式，建造了一艘"苏哈尔号"仿古帆船。这艘仿古帆船于1980年11月23日从阿曼苏丹国马斯喀特港启航，用古代的导航法，沿着当年辛伯达的航道，历经220多天，于次年7月11日安抵广州，受到中国人民热情友好的接待。这次科学考察活动，如同辛伯达七次航海旅行记一样，成为了另一个可以载入史册的动人故事。

　　这艘象征中阿友谊的"苏哈尔号"仿古帆船后被制作成船模，一直陈列在博物馆的展览大厅里，深受广大观众的喜爱。有点遗憾的是，由于船模体量较小，观众不断向馆方反映，希望能展出更大规模的船模。1992年，当阿曼苏丹国驻华大使萨利赫先生再次访问博物馆时，馆方如实向他反映了观众的心愿。萨利赫先生当场表示会再赠送一艘船模，以满足观众的要求。四年后，一艘大的新船模从阿曼苏丹国寄出。

这艘新船模在从阿曼苏丹国寄来广州的途中，还有一段有趣的经历。

由香港国泰航空有限公司（Cathay Pacific Airways Ltd.）承运的新船模，于1996年10月16日离开阿曼马斯喀特，10月28日运抵北京。当年由于受语言等因素的影响，货单上出现了两个收货人：一个是打印的收货方"广州博物馆"，另一个是手写的收货方"阿曼驻华使馆"。因此，当阿曼驻华使馆工作人员前往海关提取货物时，才发现由于货单上有两个不同的收货人，他们提不了货。这一问题致使新船模一直滞留海关，直到1997年1月6日海关弄明白了事情的原委后，新船模的接收工作才开始进行。1997年1月17日和2月24日阿曼苏丹国驻华大使馆分别致函广州博物馆和北京海关，明确说明这艘阿曼帆船模型是由阿曼苏丹国民族遗产与文化部赠送的，其所有权和使用权均属广州博物馆。在阿曼驻华使馆和北京海关的共同努力下，新船模（图二）终于顺利入藏广州博物馆。

1997年3月4日阿曼驻华使馆致函广州博物馆："阿曼大使馆向贵馆致意，为了加强阿曼苏丹国政府和中华人民共和国政府之间的特殊的友好关系，我馆谨向贵馆转达阿曼民族遗产与文化部的敬意，该部还希望她所赠送的帆船模型能够得到贵馆的认可，并愿此模型在贵馆留存，以象征两国的友谊。"

图二

瑞典国王的珍贵礼物

瑞典王国是北欧最大的国家。18世纪，瑞典东印度公司为了拓展国际市场，开始与清朝贸易，很快两国贸易便进入了黄金时期。1745年1月11日，满载中国茶叶、瓷器、丝绸等货物的瑞典商船"哥德堡号"，从广州启程回国。这艘商船历经八个月的海上航行，在即将抵达瑞典哥德堡港时，不幸触礁沉没。

为了纪念"哥德堡号"商船航行东方的伟大壮举，瑞典王国组织4000多名工匠，按原样打造了一艘仿古商船"哥德堡号"。2005年底，这艘仿古商船从瑞典启航，历经九个月，于2006年7月成功抵达广州。

为迎接仿古商船"哥德堡号"到访广州，2006年7月21日上午，由广州博物馆和瑞典驻广州总领事馆主办，瑞典哥德堡海事博物馆和瑞典哥德堡西方古董公司协办，瑞典学会、Broström、芬兰航空、瑞典华夏旅行社、林雪平市、隆德大学图书馆、中国瑞典商会、沃尔沃卡车、ABB集团、瑞典欧

图三

华公司赞助的"中瑞陶瓷贸易遗珍展"开幕仪式在广州博物馆举行。

这一天，广州的天气晴朗炎热。前来参加展览开幕典礼的国内外嘉宾很多。瑞典国王卡尔十六世·古斯塔夫和王后西尔维娅（Silvia）、瑞典副首相博瑟林霍姆、瑞典驻华大使雍伯瑞、瑞典林雪平市市长乔伊娃女士（Era Joelsson）等都出席了这次活动。

开幕仪式上，瑞典哥德堡西方古董公司总裁甘文乐先生代表瑞典国王向广州博物馆赠送"哥德堡号"仿古商船船模（图三），并祝愿两国友谊代代相传。瑞典副首相博瑟林霍姆在致辞中表示："东印度公司的组建主要是与广州开展贸易，在之后的70多年时间里，瑞典的商船连续不断地来到中国，购买中国的出口品。这种商贸的往来对提高我们的生活起到了很大的促进作用。它扩大了我们的视野，使我们学到了很多关于中国的伟大的文化。"

如今，阿曼苏丹国赠送的两艘船模和瑞典国王赠送的"哥德堡号"船模一直安放在"广州历史陈列"展中，静静地迎接到访的无数中外宾客，见证着中阿和中瑞的友谊世代相传。

（原载《中国文物报》2018年8月7日第3版"综合""纪念改革开放40周年：历史回眸 文博忆往"专栏，又见国家文物局官网2018年11月21日"专题·见证变迁"栏目）

瑞典国王接待记

为迎接瑞典"哥德堡三号"仿古商船到访广州，经过近一年的紧张筹备，由广州博物馆和瑞典驻广州总领事馆主办，瑞典哥德堡海事博物馆、瑞典哥德堡西方古董公司协办，瑞典学会、Broström、芬兰航空、瑞典华夏旅行社、林雪平市、隆德大学图书馆、中国瑞典商会、沃尔沃卡车、ABB 集团、瑞典欧华公司赞助的《中瑞陶瓷贸易遗珍展》从 2006 年 7 月 21 日起在广州博物馆正式展出。瑞典国王卡尔十六世·古斯塔夫和王后西尔维娅、瑞典副首相博瑟林霍姆一行出席了展览开幕典礼。笔者幸运地接待了瑞典国王王后一行。这一令人激动的时刻虽过去多年，但仍历历在目。

一、争分夺秒、积极备战

2005 年 12 月，时间进入冬季，但广州的天气依然温暖怡人，春意盎然。时任广州市文化局博物馆处副处长的曾志光先生打来电话，让我代表广州博物馆和他一起赴北京，到故宫博物院午门展览厅同瑞典驻华大使馆公使、瑞典驻广州总领事馆领事裴丽穆女士、瑞典沃尔沃集团张芯女士会面。此时的北京，已是天寒地冻。我们按约定时间来到故宫午门前，在自我介绍后，故宫工作人员让我们入内等候。不一会儿，瑞方人员也来到现场。《世纪典藏，情归华夏——瑞典藏中国陶瓷展》在故宫的展览本来已是到了闭展撤陈时间，考虑到我们的会面，故宫博物院特意没有将文物装箱。我们双方仔细参观后，就如何将中瑞陶瓷贸易展运到广州展出进行了友好商谈。在故宫展出的瑞方藏品因必须按瑞方规定的时间内先运回瑞典，在瑞典重新办好手续后，才能再运来广州，因此使这次商谈无法达成具体协议，但双方由此加深了了解、增进了友谊，也初步了解到了展览的具体内容和细节。

回广州后，曾处长很快将此展览向局领导作了汇报，并获准纳入下年度工作计划。与此同时，时任瑞典驻广州总领事馆总领事的司马武先生也十分重视此事，亲自出马，帮忙联系上瑞典哥德堡西方古董公司总裁甘文乐先生。2006 年 4 月初，司马武先生给曾处长电话，约我们去一趟领事馆，具体商谈中瑞陶瓷贸易展览来广州展出一事。我和闻鹰处长、曾志光副处长按约定时间一起去了领事馆。在场的有司马武先生、甘文乐先生及瑞典驻广州总领事馆翻译官员王海东先生。经过认真交谈，双方一致认为以举办文物交流展的方式来庆祝瑞典"哥德堡三号"仿古商船到访广州，是一项很有意义的文化交流活动。于是，双方就今后的工作做了初步分工：我方负责提供展览场地及展览的布展陈列、宣传工作，瑞方负责文物的来回运输、保险及相关费用。双方分工后，各自进入了紧张的筹备工作。

4 月中旬，时任广州市文化局副局长的陈玉环女士亲自召集博物馆处和广州博物馆的领导，就如何做好相关工作做了具体部署。

5月9日上午，广州博物馆召集业务人员就如何做好展览做了具体分工。

5月19日下午，我和闻鹰女士再次去到领事馆，与总领事司马武先生、翻译官员王海东先生继续商谈展览一事。司马武先生高兴地告诉我们，瑞典国王王后将于7月18日到21日来访广州；还首次告诉我们：芬兰航空公司已表示愿意赞助文物运输费，甘文乐先生正在积极寻找文物保险费赞助，瑞典驻华大使馆十分重视这次展览。

时过半个月，6月2日上午，闻鹰女士、曾志光先生和我馆教育推广部邓玉梅女士及我再次如约去到总领事馆，与甘文乐先生、王海东先生、瑞典哥德堡港有限公司赵晓玫女士以及本次展览的瑞方总负责人谢思丽（Lecila Bengtsson）女士一起，商谈《中瑞陶瓷贸易遗珍展》前期申报工作，并对展览协议书进行了初步磋商。

直到这一天，展览的工作才可以算得上真正有了眉目。可是，时间很紧张，光是申报批文，就至少要提前4个月。可当时离展览开幕仅有一个半月的时间了。怎么办？为了加快工作进度，保证展览如期举行，双方达成默契，由广州博物馆负责上报，由总领事馆向瑞典驻华大使馆汇报，并请瑞典驻华大使馆出面向中方有关部门沟通。

次日即6月3日，我们将整理好的展览协议书中英文文本及请示函报请广州市文化局。市文化局外事办林悦芬同志把好每一关，使我们上报的材料完整无缺、符合要求。很快，上报文件到了广东省文化厅外事处。不到一周的时间，省文化厅的批文批出。原本省厅是按特快专递寄去北京，可是经办人因一时疏忽寄了半件。这下可把我们急坏了。还好，国家文物局外联局的朱小姐工作仔细认真，特事特办。最后，在广东省文化厅、国家文物局、中华人民共和国文化部的大力支持下，展览于7月4日获得通过。

7月5日，当我们获悉此消息时，立即以最快的速度告诉瑞典方。参展文物9日离开瑞典，10日凌晨7时35分安全运抵广州白云国际机场。在广州海关和广东省文物鉴定站的大力支持下，10日中午文物安全运抵广州博物馆，下午省文物鉴定站站长单小英女士亲自带队前来验关。

从10日下午起，直到19日，我们马不停蹄加班加点地进行陈列布展（图一、二、三）。期间，广州市外事办国际交流处曾庆椿处长前来展览现场，为开幕仪式的筹备作了具体指导。市文化局领导和

图一

图二

局各处室也给予了极大的关心和指导。陈玉环副局长多次亲临我馆现场召开碰头会，对展览的推进作了具体安排和指导。陶诚局长在百忙之中也亲临展览现场督战，对展览工作作了具体而明确的部署，还多次打来电话给予积极的鼓励。

图三

7月13日下午，瑞典驻广州总领事馆电话告知我们，瑞典国王和王后定于7月21日上午11时15分到我馆出席展览开幕典礼。获此喜讯，我们格外高兴，当晚连夜起草报告，向上级主管部门反映。次日，我馆召开馆长办公会议，就如何做好接待工作作了具体分工：陈列研究部负责和瑞典客人沟通，做好陈列布展工作；教育推广部负责宣传教育工作；办公室负责贵宾接待室的改造工作及会场布置前期准备工作。15日，我们请广州艺术博物院设计人员梁丽辉女士来帮忙。全馆工作人员兵分三路，投入到紧张有序的工作中。到19日早上，基本完成陈列布展工作。20日早晨，贵宾室的改造工作也已完成。19日中午，瑞典国王卫队总管开着沃尔沃吉普越野车来到了主会场，对瑞典国王王后的专用通道作了具体安排。19日傍晚，广州市外事办国际交流处处长曾庆椿先生也赶来现场，对会场的布置给予了许多具体指导。到20日下午，展览开幕典礼会场的布置工作已全部完成，基本符合典雅优美的要求。当晚，全馆工作人员都回到镇海楼广场展览开幕典礼会场，进行了多次现场彩排。大家虽然感觉很累，但是个个精神焕发。

二、有条不紊、接待有序

21日，晴空万里。上午8时，全馆工作人员早早地回到馆内，按预定的程序，熟悉各自岗位，做好最后的检查工作。9时30分，公安干警来到馆里，开始进行安全检查。由于这是一次一级接待任务，所以公安的要求特别严格，要求全馆所有工作人员先退出展馆钓鱼台外镇海路边，再逐一进行安检入馆。公安干警带来了两只警犬，对展馆的每一个角落进行了认真仔细的排查。10时30分，公安干警开始封闭嘉宾通道，并停止嘉宾入馆，以迎接瑞典国王和王后的来访。由于前来参加开幕典礼的嘉宾很多，又有很多嘉宾来自瑞典，在征求上级领导的同意下，考虑到情况的特殊性，公安干警在做好安全保卫工作的前提下，特别将闭馆时间延长了十分钟，即到10时40分。

第一位到访的尊贵客人是瑞典林雪平市市长乔伊娃女士（Ms Era Joelsson）。10时50分，瑞典副首相博瑟林霍姆（Mr Bosse Ringholm）到达。我和白琰副馆长早已恭候在入口处。我们引导瑞典副首相缓步走上台阶。瑞典副首相身材高大。我们按照预先安排的程序，先请客人在我们预先准备好的写字桌上签名，然后入贵宾室休息。我刚刚把客人带入贵宾室，马上就听到外面有人喊："快！国王到了！"我立即退出贵宾室，向馆外冲去。当我赶到入口处时，几辆奔驰车正缓缓向我们驶来。我看了下手机，时间正好11时整。瑞典国王古斯塔夫（King Carl XVI Gustaf）身材魁梧、文质彬彬，下车后，与我们一一寒暄。我和白副馆长陪着国王走上钓鱼台。我们一边走，一边向国王介绍镇海楼的历史。当国王得知这座楼始建于1380年时，显得异常惊讶！当国王出现在五层楼广场时，早已端起了摄像机并在此等候的记者们快速地按下了快门。我冒昧地向瑞典国王提出请求，希望他能为博物馆签名。国王没有拒绝，径直走到我们早已准备好的四方写字桌前。工作人员快速地摆好凳子，让国王坐下。我将摆放在桌子上的签字笔递给他。可是，我们万万没有想到，国王提笔签名时，签字笔居然出不了水。我赶紧说对不起，然后快速地将另一支签字笔递给了国王。国王愉快而认真地在签名本上签了名。我至今还在为此事而自责！

按照瑞典驻广州总领事馆的要求，瑞典国王王后到馆后，先签名，配戴胸花，然后前往主席台参加开幕典礼。至于签字桌放在何处，选用哪种桌子，对方及我们的上级部门并没有给出指示。我们领导班子为此专门召开会议。最后，我们认为，使用我国民间传统写对联用的四方桌最恰当，并以五层楼为背景。

我陪同瑞典国王来到贵宾室稍作休息，等候王后。按原先的规定，瑞典国王王后是不进贵宾室的。由于瑞典王后还没有到，国王身边的警卫提出让国王先去贵宾室等候。当我们来到贵宾室门口时，国王停步了。他没有马上入室，也没有坐下。他站在门口约有半分钟的时间，陪同人员不知如何是好，显得有点紧张。也许是国王看出了大家的心思，幽默地说："外面很热，室内很凉，有空调，不能马上进入室内，应在门口稍作停息，这样就不会生病。"多好的提醒！

很快，外面的工作人员在喊我："瑞典王后到了！快出来迎接！"我急忙跑出贵宾室，却见到王后早已步行到了五层楼广场中心。我主动上前作自我介绍，并引导王后走进了贵宾室。这时，只有近百平方米的贵宾室早已站满了人。王后走进贵宾室后，主动与里面的每一位客人握手致意。当王后稍作停息时，我馆的工作人员主动上前，向王后提出，希望她能为博物馆签名留念。她愉快地答应了，并认认真真地在签名簿上签了名。

11时5分，广州市副市长王晓玲女士到场。外事办的工作人员告诉我们，开幕典礼可以开始了。我马上通知工作人员，按原定时间11时15分开始开幕典礼。工作人员开始引导所有客人离开贵宾室。中瑞双方的主要贵宾坐上了主席台。瑞典国王坐在主席台正中，王后（Queen Silvia）坐在国王的右边，再右边分别是瑞典副首相博瑟林霍姆、瑞典驻华大使雍伯瑞和林雪平市长乔伊娃。按原先的安排，中瑞双方各为四名贵宾坐在主席台上。开幕前夕，外事办的工作人员告诉我们，要增加一名瑞典客人坐在主席台上，因为瑞典驻华大使雍伯瑞先生也前来参加开幕典礼。于是就成了现在的主席台排位格局。广州市副市长王晓玲女士坐在瑞典国王的左边，再左依次为中国驻瑞典大使吕凤鼎、广东省外事办副主任胡伟、广州市人民政府副秘书长朱力（图四）。

瑞典国王随行人员还有国王卫队总管法兰克·卢西纽（Mr Frank Rosenius）中将、国王首席礼宾官约翰·菲斯壮（Mr Johan Fischerström）、王后首席礼宾官比莉思·芬克（Ms Baroness Kristine von Blixen–Finecke）、外交部礼宾司司长凯瑟琳·芬·黑丹松（Ms Cathrine von Heidenstam）、外交部亚太司副司长卡斯·莫林（Mr Klas Molin）、王室信息主管妮娜·爱乐（Ms

图四

Nina Eldh）、瑞典驻广州总领事馆总领事及夫人司马武和林炳华（Mr Ulf Sörmark and Wife（Ping Hua Lin））、王后高级随员克里斯汀娜·芬·穗林（Ms Baroness Christina von Schwerin）、国王高级随员迈克·克里森（Mr Mikael Christoffersson）、外交部亚太司高级顾问秦碧达（Ms Britta Kinnemark）、外交部政治顾问妍丽·奥森（Ms Jenny Olsson）、翻译马门翰（Mr Hans Marmén）、大使伊丽莎白（Ms. Elisabeth Dahlin）、官员维多利亚（Ms. Victoria Jacobsson），陪同人员有外交部副司长卡琳·舍瑞兰德（Ms Karin Serenander）、外交部高级顾问肯尼·比尔特松及妻子玛格烈塔（Mr Kenneth Bertilsson and wife（Margareta））、外交部副司长舍丝丽亚·约林（Ms Cecilia Juhlin）、领馆领事裴丽穆（Ms Rigmor Pettersson）、领馆领事倪睿星（Mr Lennart Nilsson）、使馆一等秘书穆锐涵（Mr Johan Murray）等。

11时15分，我馆司仪李晋和邓玉梅分别用中英文宣布开幕典礼正式开始。首先致辞的是广州市副市长王晓玲。第二位致辞的是瑞典副首相博瑟林霍姆，他说，"东印度公司的组建主要是与广州开展贸易，在之后的70多年时间里，瑞典的商船连续不断地来到中国，购买中国的出口品。这种商贸的往来对提高我们的生活起到了很大的促进作用。它扩大了我们的视野，使我们学到了很多有关中国的伟大的文化。"最后，他说，"我很荣幸地宣布，中瑞陶瓷贸易遗珍展览在美丽的五层楼博物馆开幕了。"最后致辞的是瑞典林雪平市市长乔伊娃，她在致辞中高度赞扬了是次展览的意义，并赞美广州博物馆是一座非常美丽的博物馆。

典礼第二项议程是由瑞典哥德堡西方古董公司总裁甘文乐先生向广州博物馆赠送"哥德堡号"船模，展览结束后，又向广州博物馆捐赠了5幅19世纪外销水彩画。

第三项议程是由瑞典副首相博瑟林霍姆、瑞典驻广州总领事馆总领事司马武、瑞典林雪平市市长乔依娃、瑞典哥德堡西方古董公司总裁甘文乐、广州市副市长王晓玲、广州市人民政府副秘书长朱力、广州市文化局局长陶诚、广州市外事办主任方晓明为展览开幕剪彩。中方剪彩嘉宾站在左边，瑞典方的嘉宾站在右边。开幕式最后在隆重的礼炮声中于11时40分圆满结束了。

开幕典礼结束后，首先由主席台上的贵宾参观展览。由于瑞典国王王后参观展览的时间很短，每层楼的时间为10分钟。为了让国王王后能看到更多的陶瓷珍品，了解更多有关两国陶瓷贸易的历史，我和甘文乐先生商定，由他直接用瑞典语向国王王后介绍，中间不加翻译，由我直接向广州市副市长王晓玲和中国驻瑞典大使吕凤鼎介绍。从观看效果来看，这种方法非常有用。瑞典国王和王后对每一件陶瓷看得非常仔细。当国王王后走出第一展厅时，已是11时50分了。时间非常紧张，还要参观第二展厅，因为国王王后必须在中午12时离开。当国王王后走进第二展厅时，早已等候在展厅里的中外记者很高兴地拍下了国王王后的参观镜头。我们很高兴地陪同国王王后继续参观了第二展厅。当国王王后离开第二展厅时，已是中午11时58分了。国王王后兴致勃勃地走出第二展厅时，提出还想去登镇海楼参观。由于时间不够，随行人员没有答应国王王后的要求。最后，国王提出要一份7月19日的《中国文物报》和展览场刊。走在国王身旁的王后听到后，也高兴地提出她也要一份。12时正，我们目送国王王后的车队缓缓离去。他们的到来，增进了两国人民之间的友谊，也促进了两国博物馆界之间的交往和相互学习。我们真诚地希望他（她）们能有机会再来中国广州，祝愿两国人民之间的友谊代代相传！

（原载《中瑞陶瓷贸易遗珍》，广州：岭南美术出版社，2011年3月第1版，第120~131页）

文物回流小记

博物馆的一切工作都是建立在藏品保护基础之上的。藏品不仅是博物馆赖以生存的基础，也是博物馆可持续发展的重要资源。改革开放以来，随着我国国民经济的快速发展和人民生活水平的日益提高，博物馆事业越来越受到社会重视，不仅馆舍越来越现代化，环境越来越优美，而且馆藏藏品的数量越来越多，文物的征集渠道也越来越广。

广州自古以来就与海外有着密切联系，对外交往长盛不衰，因各种原因而遗留海外的广州文物十分丰富。在改革开放春风的沐浴下，广州既接收来自国际友人的捐赠文物，也走出国门去征集文物。我在文博系统工作的近30年里，曾参与了多次文物征集活动，其中有三件事比较有意义。

第一件事，新千年初，英国老人伊凡·威廉斯（Ifan Williams）先生向广州市捐赠了70幅19世纪中国外销通草水彩画（图一）。这次捐赠，意义非凡，不仅使我们认识到19世纪的广州曾出现过一种新型画种，这种新型画种至今已消失百余年，而且标志着广州拥有第一批中国外销通草画藏品，开启了

图一

一个学术研究的新领域。

谈起这次捐赠，我们不得不要先谈一段学术缘分。话说1995年夏，时任广州市文化局副局长的陈玉环女士应邀赴英国牛津大学中国研究所访学。期间，她在牛津大学博德利恩图书馆（Bodleian Library）看到了一批18、19世纪中国外销通草画，并订造了这批通草画的幻灯片。几年后，家住英国约克郡的伊凡·威廉斯先生，为了看这批绘画，也造访该图书馆。双方由此取得了联系，并建立了信任和深厚的友谊。后来，通过细致研究，我们确认这种外销通草新型画种出自广州。

2000年冬，在陈玉环女士的率领下，我们赴英国威廉斯先生家，接收他的无偿捐赠。那次他将自己珍藏的60幅通草水彩画捐赠给了广州市。2001年9月30日，广州博物馆与中山大学历史系联合在镇海楼广场举行了"西方人眼里的中国情调：伊凡·威廉斯捐赠十九世纪广州外销通草纸水彩画"展开幕式及与展览同名的图录首发式（图二）。因展览举办非常成功，引起了广州市民的广泛关注，威廉

斯先生在离开广州返回英国的前一天，即 10 月 9 日，毅然决定再向广州市捐赠 10 幅通草水彩画。

图二

威廉斯先生第二次捐赠的这 10 幅通草水彩画，是在展览成功举办及图录出版后临时决定的。因此，今天我们在中华书局出版的展览图录"后记"中所见这 10 幅通草画是写着向威廉斯先生借展的（这 10 幅通草画见于展览图录中的图版编号 28，30，33，36，44，54，55，56，84，104）。如今，它们均已珍藏在广州博物馆里。

第二件事，美国老人约翰·库尔·科尔（John Cole cool）先生向广州市捐赠其外祖父杰伊·佛洛伊德·库尔（J. Floyd Cole）珍藏的私人物品。这是广州市首次接收美国人的文物捐赠。

笔者至今依然记得，2007 年 3 月 19 日中午，年届 80 的美国老人约翰·库尔·科尔先生在其公子乔纳森（Jonathan）的陪同下，专程造访广州，找笔者了解通草画一事。正是这次见面，我们双方建立了联系，彼此间有了信任。同年 4 月 6 日，库尔先生写信告诉我，他的外祖父 1882 年至 1885 年曾到访过中国，留下了 10 本旅行日记，上面详细记录了他在中国的所见所闻，同时还保存有书信及照片、油画、通草水彩画、版画、刺绣等一批历史文献资料。他在信中表示，"如果他外祖父的这些物品能有助于了解广州历史，他们愿意捐给广州，让它们回到故土，以充实博物馆的藏品。"随后，我们双方开展了深入的合作。2010 年 4 月 9 日我们在广州镇海楼广场举行了一场简朴的捐赠仪式（图三），出版了与展览同名的论著《东方之旅（1882~1885）：杰伊·佛洛伊德·库尔日记书信及约翰·库尔·科尔家族捐献文物》。

第三件事，我们走出国门征集文物。其中最值得一提的是从英国已故国际著名纹章瓷专家戴维·S·霍华德（David Sanctuary Howard）先生的遗孀安吉拉·霍华德（Angela Howard）女士手中征集了数百件中国外销纹章瓷，从而使广州成为国内收藏中国外销纹章瓷最为丰富的城市之一。

图三

　　早在 2004 年，我们就与戴维·S·霍华德先生建立了联系。当时，由于缺乏足够的文物征集经费，在很长一段时间内，我们只能眼睁睁地望着霍华德的珍藏流向了世界各地。霍华德的藏品大多是清代康乾以来西方来样定制的纹章瓷，是广州与西方世界交往的重要历史见证物。

　　笔者至今依然清晰地记得，2013 年"5·18 国际博物馆日"期间，时任广州市市长陈建华同志利用周六的休息时间，专程走访广州博物馆，参观馆内正在举办的"广州与海上丝绸之路文物"展。参观期间，笔者当面向陈市长汇报了霍华德先生及其藏品的有关情况，并表达了征集愿望。在陈市长的鼎力帮助下，我们终于如愿以偿，使霍华德先生的纹章瓷藏品（图四、五）完整地入藏了广州。

图四　　　　　　　　　　　　　　　　　　　图五

　　笔者所参与的这几桩文物征集的故事，是改革开放 40 年来广州文博历史巨变中的一个小小的印记，也是广州文博事业快速发展的一个缩影，见证了改革开放 40 年来广州文博事业取得的巨大成就。

　　　　　　　　　　　　　　　　　　　（原载《中国文物报》2019 年 1 月 8 日第 3 版"综合"）

讲好广州文物"走出去"的故事

地处祖国南大门的广州，两千多年来一直是中国对外交往的重要窗口，是中华文明与世界其他文明交融互鉴之地。广州遗存至今的地上地下文物十分丰富，这些文物既是祖先留给我们的宝贵财富，也是广州与世界各地友好往来的历史见证物。在改革开放春风的沐浴下，广州因毗连港澳，在全国率先开展了较大规模的文物"走出去"的活动，为讲好广州故事，讲好中国故事，作出了积极贡献。

我是 1990 年 6 月底进入广州文博系统的，在文博单位工作了近 30 年，目睹了广州文博事业的发展变化和巨大进步，是广州文物"走出去"的亲历者。

在改革开放浪潮的推动下，广州文物"走出去"的地方首先是港澳地区。

据档案记录，1979 年 10 月由广东省、广州市博物馆与香港大学冯平山博物馆联合举办的"石湾陶展"，是新中国成立后广州首个赴港文物展。从那以后，穗港澳三地的文物交流活动日益频繁，几乎每年广州文物都会"走进"港澳地区，与港澳百姓见面，并呈现出以下几个特性：

一是以岭南乡土文物为主。穗港澳三地同根同源、同文同种，民众有共同的文化品位。从 1981 年起，在香港中文大学文物馆展出的来自广州的明清广东法书和广东绘画、穗港汉墓出土文物、广东传统雕刻艺术以及清代苏六朋、苏仁山书画等专题文物展，展出文物均是岭南乡土文物。

二是港澳民众喜爱的代表中国传统文化的文物。如 1986 年和 1987 年由广州精选的明清绘画和宋代陶瓷文物亮相香港中文大学文物馆，它们均是中国传统文化中具有代表性的文物。从 1991 年起，穗澳两地文化部门联手在澳门推出生肖文物展，每年春节期间举办一种生肖文物展；该活动持续十余年，不仅极大地丰富了澳门民众的节日文化生活，而且大大拓宽了广州文博人的视野，促进了广州办展水平的提升和办展工作的规范。

1996 年 2 月 18 日，我受邀赴澳参加在澳门卢廉若公园举办的"鼠年鼠展"开幕仪式（图一）。为办好该展，穗澳两地文化部门作了具体分工：广州方面负责精选文物及文物包装、撰写文物条目和鉴赏文章；澳门方面负责文物运输、展陈设计和展览图册的翻译编辑设计等出版工作。经过双方的努力，该展览一经推出，

图一

图二

深受澳门民众喜爱。

三是反映重大历史事件的文物亦深受港澳民众关注和喜爱。如 2011 年恰逢辛亥革命百年纪念，穗港两地文博人精心策划组织的"革命·再革命——从兴中会到广州政权"展，先后在香港（2010 年 9 月 16 日开幕，图二）、广州（2011 年）展出，后该展又被新加坡引进展出。

其次，广州文物"走出去"的地方还有广州的一些友好城市。改革开放以来，广州的国际友城多达 37 个。为了增进与国际友城的友谊，广州精选了能代表中国传统文化的书法绘画和陶瓷等各门类文物"走进"这些城市。如 1982 年 3 月 19 日"陶瓷书画"赴日本福冈展出，1988 年 7 月 6 日"广州美术馆藏明清绘画"赴加拿大温哥华展出。

再次，1983 年新发现的西汉南越王墓出土文物受到世人青睐，先后赴祖国宝岛台湾和日本、德国、美国、印度、英国等地展出。如 1996 年 5 月 7 日起"中国·南越王之宝"展在日本东京、京都、青森等地展出，1998 年 5 月 30 日至 9 月 20 日"西汉南越王墓文物特展"在祖国宝岛台湾历史博物馆和台南市文化中心展出，1998 年 12 月 5 日"赵眜王的珍宝——公元前 122 年中国南越王墓"文物展在德国法兰克福开展。

此外，以"海丝"文物为主题的展览越来越受到社会关注。如 1993 年 12 月 15 日至次年 6 月 5 日"海上丝绸之路展"在新加坡国家博物馆展出；2004 年 4 月 5 日至 28 日"广州与海上丝绸之路展"在巴黎中国文化中心展出（图三）；从 2002 年起，粤港澳三地文化部门开始筹划文化合作，经数年筹备，从 2005 年 9 月 30 日起至次年，"东西汇流——粤港澳文物大展"先后在香港、广州和澳门展出；2012 年"海上瓷路——粤港澳文物大展"先后在澳门、广州、香港展出。

这些文物交流活动不仅在传播中华文明和岭南乡土文化方面起到了积极作用，而且大大拓宽了广州文博人的办展视野，使广州文博人的策展能力和策展水平得到了大幅度提升，为日后更好地开展文物交流活动积累了十分宝贵的经验。

通过40年的文物"走出去"活动，我们深切感受到，开展文物"走出去"活动，讲好中国故事，意义重大，影响深远。作为改革开放前沿地的广州，在新时代，更应有新作为，应积极主动践行"一带一路"倡议，充分利用"海丝申遗"工作，扩大与"海丝"沿线国家的文物交流活动，讲好中国故事，为促进"一带一路"国际合作添砖加瓦，"把中国梦同沿线各国人民的梦想结合起来，赋予古代丝绸之路以全新的时代内涵"。为此，我提出两点建议：

图三

一、搭建"一带一路"文物交流平台，促进"海丝"沿线国家的文物交流，推动我国文物持续"走出去"，以此促进各国民众间的相互了解，增进"海丝"沿线国家间的友谊。

二、积极拓展我们的国际传播空间。我国有大量"海丝"文物，我们应以文明融汇为主题，从文明变迁和文化发展的角度去诠释"海丝"文物，以展示中国在与其他文明交流互鉴中所形成的辉煌文明成就，让世界人民更好地了解和认识我们。

（原载《中国文物报》2018年12月7日第3版"综合""纪念改革开放40周年：历史回眸　文博忆往"栏目）

24 年前的那个鼠年鼠展

农历庚子年就要到了，按我国传统的十二生肖的排序，应属鼠年。鼠在十二生肖中，排位第一，"一日时辰子为首，十二生肖鼠占头。"鼠，哺乳动物，圆耳尖嘴，尾巴细长，体形虽小，却很机灵，能眼观四面，耳听八方。鼠虽为"四害"之一，但因具有灵性、超强的生命力和繁殖能力，又成为我国百姓喜欢引入艺术作品的动物，一些稀有的品种甚至会成为宠物，如明末清初广州出现的一种"色白状如兔"的硕鼠，则曾一度被外商重金争购。屈大均《广东新语》"兽语·硕鼠"条记载："广中近多硕鼠，状如兔，色白，皆以为白兔也，嗜食芭蕉、蕹叶。四十日一胎，子产一日即受孕。番舶至，购以重金。"

鼠年春节之际，在中共中央、国务院印发实施《粤港澳大湾区发展规划纲要》周年之际，我不禁想起了二十四年前在澳门举办的那个吉祥美好的"鼠年鼠展"。

20 世纪 90 年代初期，为迎接澳门回归祖国，穗澳两地文化部门联手开展了形式多样、内容丰富的文化交流活动，其中，一年一度的生肖文物展是穗澳两地文化部门合作的一项文物交流活动。1996年是农历丙子年，是十二生肖排序第一的鼠年。这一年的春节，广州市文化局与澳门市政厅联合在澳门举办了"鼠年鼠展"，为澳门居民送上了一份精美的文化大餐。

"鼠年鼠展"的穗方牵头单位是广州博物馆和广东民间工艺博物馆。赴澳门参加展览开幕仪式的穗方代表团由 5 人组成，广东民间工艺博物馆李卓祺馆长任团长。我们一行人于 1996 年 2 月 16 日赴澳门，当日拜访了新华通讯社澳门分社，受到原广州市文化局局长、1992 年 10 月后赴澳门担任新华通讯社澳门分社宣传文体部部长的钟子硕先生热情接待（图一）。2 月 18 日除夕，我们在参加展览开幕仪式（图二）后即返回广州过年。

"鼠年鼠展"设在澳门卢廉若公园内的春草堂。卢廉若

图一

公园是港澳地区唯一具有苏州园林风韵的公园，位于澳门半岛的中部，东望洋山的北麓。春草堂三面环水，景色宜人。1912年5月26日孙中山访澳期间曾赴此公园茶会。"鼠年鼠展"2月18日开始展出，4月21日结束，深受澳门居民喜爱。

此次"鼠年鼠展"展出的35件（套）文物全部来自广州，是从广州市属文博单位馆藏"鼠"题材文物中精选出来的。送展文物从春秋战国至现代，每个时期的代表文物均有

图二

被选上，其中重要的文物有周代的皋伯卣，汉代的陶鼠，唐代的鎏银双龙凤兽十二生肖铜镜，宋代的十二生肖铜鼓，明代的八卦十二时辰生肖铜镜，清代的玉鼠、镂空石雕鼠荔枝葡萄构件、镂空金木雕鼠偷吃苦瓜挂壁和石湾陶制鼠葡萄挂壁，以及任薰、居廉和黄侃创作的"瓜果鼠图"画作等。

"瓜果鼠图"是我国艺术家喜欢的一个题材。展览中的清代镂空金木雕鼠偷吃苦瓜挂壁（图三），以写真的手法，将老鼠偷吃苦瓜的形象刻画得惟妙惟肖。"瓜"寓意瓜瓞绵绵，子孙昌盛。清代镂空石雕鼠荔枝葡萄构件（图四），以高超的镂空技术，将老鼠偷吃荔枝葡萄的场面展现得活灵活现，饱满的荔枝和成串的葡萄寓意丰收，"蔓"与万谐音，藤蔓绵延寓意子孙繁盛、万代绵长。以上这些作品均是我国百姓追求美好生活的体现。

展览中有三幅无标题的绘画作品，分别由清代"海上画派"代表人物任薰（1835—1893年）、清末广

图三

图四

图五

东画坛著名画家居廉（1828—1904）和民国广东顺德籍画家黄侃（1894—1976）创作。

任薰的绘画作品展现的是一个有趣的画面：夜幕下两只老鼠正虎视眈眈地盯着露出晶莹饱满的石榴仔，垂涎欲滴（图五）。这象征着子孙满堂、多子多福。作品的左侧留有题款："壬午夏仲，阜长任薰写于恰受轩"。阜长是任薰的字号，壬午即1882年，表明这是1882年的作品。

居廉在扇面上描绘的是一只老鼠偷吃葡萄花生（图六），此情此景寓意丰收和多子多福。画面左侧有题款："丁酉春暮仿两峰道人本，隔山老人居廉写"。两峰老人即扬州八怪之一罗聘（1773—1799），居廉晚号隔山老人，丁酉即1897年。

黄侃在扇面上描绘的是一只老鼠站在硕大的南瓜上，双眼漆黑，紧盯前方（图七）。画面右侧有题款："看他两眼黑如漆，笑尽世间人未醒。辛酉秋少蕃先生有道正。鼎苹弟黄侃画"。黄侃原名剑情，字鼎苹，以画佛像、狮虎、猿猴等著称。辛酉即1921年。此时中国正处在军阀割据、民

图六

不聊生的时期。作者借此画来警示世人早日觉醒。

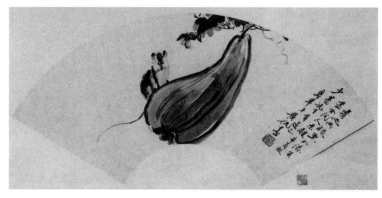

图七

这次展览陈列的主体色彩是中国红,寓意喜庆吉祥。为配合展览开幕,方便澳门居民阅读观赏,澳门市政厅不仅使用中、葡两种文字制作展览的文字说明,而且还印制了一本中葡文对照、雅俗共赏的展览图册。

粤港澳地域相近、文脉相亲。自改革开放以来,三地已有许多的文化交流活动。展望新时代,三地应该更多地联合起来,开展跨界重大文化遗产保护,合作举办各类文化遗产展览,共同塑造和丰富湾区人文精神内涵。

（原载《中国文物报》2020年1月17日第3版"综合",又见"学习强国"2020年1月19日）

陆处舟居　共沐和风甘雨

　　今天，我小心翼翼地从抽屉里翻出了一张珍藏了十年的请柬（图一）。这是一张澳门莲峰庙值理会和林则徐纪念馆发出的邀请嘉宾参加"庆祝中华人民共和国成立 60 周年及澳门回归祖国 10 周年暨澳门林则徐纪念馆建馆 12 周年及林则徐巡阅澳门 170 周年、林则徐纪念馆正门两侧汉白玉大型浮雕揭幕庆典"的请柬。在举国庆祝澳门回归祖国 20 周年之际，这张请柬勾起了我无限的回忆。它虽然出自澳门的一个普通民间社团和民营博物馆，却使我情不自禁地回想起与莲峰庙值理会和澳门林则徐纪念馆的同仁长达 30 年的文博情，我深切地感受到了他们那炙热的爱国心。

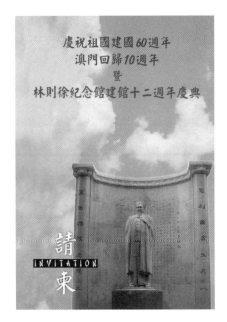
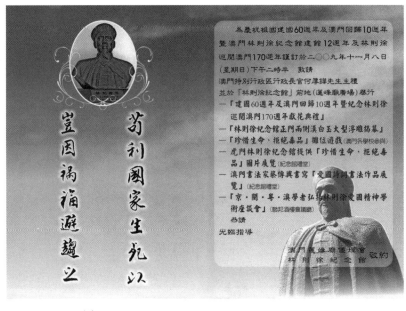

图一

　　莲峰庙位于澳门莲花山北麓，地处关闸与澳门街之间，是澳门三大中国传统庙宇之一，相传始创于明朝，至清朝光绪年间始建成今日之规模。历史上曾有慈护宫、天妃庙、新庙之名，因其邻近关闸，故又有关闸庙一名。清嘉庆年间始改名莲峰庙，并一直沿用至今。莲峰庙值理会是其日常的管理机构。

　　莲峰庙不仅是澳门一处具有丰厚历史文化内涵的中华传统庙宇，也是一处传承爱国爱澳核心价值观的教育基地。历史上，莲峰庙因其地理位置优越且兼有官庙性质，是清朝官员巡阅澳门时的驻节地。

林则徐是近代中国杰出的爱国者和民族英雄。在虎门销烟后，他曾于 1839 年 9 月 3 日（清道光十九年七月二十六日）以钦差大臣的身份偕同两广总督邓廷桢亲临澳门巡阅。其间，他在莲峰庙驻节，并在庙内接见澳葡官员，"宣布恩威，申明禁令"，取得澳葡当局在禁烟方面的合作及在中英关系上严守中立的承诺，及时粉碎了英国侵略者企图以澳门为侵华据点的阴谋，捍卫了国家的主权。

在林则徐伟大爱国精神的感召下，以龚树根先生为主席的莲峰庙值理会，长期以来精心保育莲峰庙，认真传承爱国爱澳的核心价值观，积极举办各类慈善公益文化活动。早在 20 世纪 80 年代，莲峰庙值理会就开始出钱出力，积极主动争取地方政府和社会各界的支持，每年都围绕林则徐巡阅澳门这一伟大爱国壮举，举办纪念林则徐的各项活动，为澳门回归祖国积极作贡献：1989 年斥资邀请广州的雕塑家唐大禧、林彬设计创作，建造了港澳地区及海外首座大型林则徐石雕像，立于莲峰庙东侧；1994 年在广州博物馆的大力支持下，举办了"民族英雄林则徐巡阅澳门一百五十五周年大型展览"；1997 年又在当年林则徐驻节的莲峰庙东侧修建了当时境外第一个林则徐纪念馆，馆内"林则徐巡阅澳门史迹陈列"由广州博物馆设计布置。该展览有助澳门各界人士进一步了解林则徐巡阅澳门的历史，弘扬林则徐的伟大爱国精神，维护澳门繁荣稳定，携手振兴中华。

1999 年澳门回归祖国后，莲峰庙值理会借助澳门林则徐纪念馆，更加积极开展各类纪念林则徐的活动，以弘扬林公爱国精神，加强对澳门青少年的爱国主义和思想品德教育，宣传禁毒资讯。同时还积极开展澳门与内地文化交流。

与此同时，澳门林则徐纪念馆的设施也得到不断地改善和提升。2008 年，澳门莲峰庙值理会和澳门林则徐纪念馆得到全国政协常委、澳博行政总裁何鸿燊博士的鼎力赞助，在林则徐石雕像背后，添加了石刻碑记屏风，纪念馆的周边环境也有了极大的改善。2009 年 11 月 8 日，澳门莲峰庙值理会和澳门林则徐纪念馆在纪念馆前地，即莲峰庙广场，联合举行了"庆祝中华人民共和国成立六十周年及澳门回归祖国十周年暨纪念民族英雄林则徐巡阅澳门一百七十周年、澳门林则徐纪念馆建馆十二周年、林则徐纪念馆正门两侧汉白玉大型浮雕揭幕典礼"。典礼由时任澳门特别行政区行政长官何厚铧主持。在澳门特别行政区文化局的大力支持下，莲峰庙的各个金殿也得到了修缮，从而更加完好地保护了这座历史文物建筑。2012 年 11 月 24 日，澳门莲峰庙值理会和澳门林则徐纪念馆在纪念馆前地联合举行了"纪念林则徐巡阅澳门一百七十三周年、林则徐诞辰二百二十七周年暨澳门林则徐纪念馆重新开放庆典"，典礼由时任全国人大常委贺一诚、莲峰庙值理会主席和澳门林则徐纪念馆主席龚树根等主持（图二、三）。这一年，在澳门特别行政区政府、澳门基金会、霍英东基金会的关心和支持下，莲峰庙值理会筹措了 600 多万元，对纪念馆内的陈列展览和设施进行了重新设计和装饰，不仅更新了展览的展示资料，而且增加了富有趣味性的多媒体，大大地丰富了展陈效果。

30 余年来，澳门莲峰庙值理会和澳门林则徐纪念馆坚守的纪念活动，得到了社会各界的广泛赞誉，其影响和意义诚如 2009 年 11 月 8 日林则徐第六代孙女林岷在澳门"京闽粤澳学者弘扬林则徐爱国精神学术座谈会"上所言："澳门林则徐纪念馆多年在宣传、弘扬林公爱国精神的方面所做的工作，在全国同类的纪念馆中是举足轻重，且在许多方面起带头作用。其中坚持年年办纪念活动、邀请全国各地人士参与，尤其是今次请来汶川灾区的小学生参与，以宣扬爱国等精神，实难能可贵。这不局限于澳门当地，跨至全国的传播模式，是把弘扬爱国精神做到实处，这方面极值得各方认认真真学习。"

图二　2012 年 11 月 24 日，主礼嘉宾与师生代表合影

图三　2012 年 11 月 24 日，部分主礼嘉宾在林则徐石雕像前肃立

如今，莲峰庙和澳门林则徐纪念馆已成为澳门洋溢着爱国主义精神的一处重要纪念地。莲峰庙值理会主席、澳门林则徐纪念馆主席龚树根时常说道："冀与大家互勉，加强联系，共同努力，将林则徐的事迹与精神，好好地宣传，引导予广大民众认识了解，让其一年一年、一代一代流传下去。在这里我们告慰林公：中国已繁荣富强了，澳门也正走向欣欣向荣。"

澳门莲峰庙值理会和澳门林则徐纪念馆年年举办纪念林则徐的活动，是澳门社会各界代表人士爱国爱澳赤子情怀的一个表现，"体现了践行'一国两制'方针的主人翁精神，体现了澳门社会积极向上的正能量。"

一百多年前，澳门莲峰庙收到一幅楹联，上联是"莲峰崇庙貌，民安物阜，欣看舞巷歌衢"，由民间社团绸布行联义堂敬送；下联是"濠镜藉神庥，陆处舟居，共沐和风甘雨"，由知香山县事许乃来敬奉。这幅楹联的内容表达的正是澳门人民对美好生活的向往。自从回归祖国怀抱，经过 20 年的发展，如今的澳门，经济快速增长，民生持续改善，社会稳定和谐，人人安居乐业，澳门人民与祖国人民共沐和风甘雨，终于实现了当年的梦想。

（原载《中国文物报》2019 年 12 月 24 日第 3 版"综合"；后又以《一张古老澳门请柬与林则徐的故事》为题刊载"文物之声"2019 年 12 月 25 日）

我与"青都"有约

——记纸类文物保护跨国项目

自改革开放以来，我国对文化遗产的保护，特别是对可移动文物的保护，取得了巨大成就。同时，随着我国国门的敞开和国际地位的不断提升，特别是随着我国"一带一路"倡议的提出，我国与世界各地在文化遗产保护方面的合作力度也得到了空前的加强，其中关于纸类文物的保护合作与交流也得到了前所未有的重视。

十年前，笔者有幸参与了"青都（CHINDEU）"项目，并从中学到了许多宝贵经验；参与各方不仅加深了了解，也增进友谊。

"青都（CHINDEU）"是由欧盟资助的一项跨中国（China）、印度（India）、欧洲（Europe）的文化合作项目，其宗旨是推动并促进中国文化、印度文化和欧洲文化之间的对话，分享和交流文化遗产保护方法，传播和交流文化遗产保护的技术和知识。该项目通过组织三地专家学者和青少年团体举行正式和非正式会议，在线查阅文物保护技术指引，设计有多种语言的纸文物保护漫画，建设可查阅各地文物藏品的数字图书馆，构建共享二维文化遗产的新思维，培养青年一代肩负保护文化遗产的重任。该项目由各国专家学者和青少年组成，合作机构有广州博物馆、法国阿尔里弗文物修复中心、匈牙利布达佩斯 Laterna Magica、意大利坎恩帕贝索 EURelations EEIG、英国伦敦大英文物艺术品保护研究院（ICON）、印度果塔延 SEERI（St. Ephrem Ecumenical Research Institute）、印度庞提切尼 IFP（French Institute of Pondicherry）和 EFEO，项目负责人是法国阿尔里弗文物修复中心的斯蒂文（Stéphane IPERT）先生。

从 2009 年初起，我们开始实施这一项目，到 2011 年初结束。按照项目规划，我们用了不到两年时间，构想和绘制了两套关于纸文物保护的连环漫画故事，举办了纸文物保护展。

这两个漫画故事分别是《"青都"使团》和《妙手回春——图说图书修复》，前者是由印度果塔延 SEERI 学院主任 Jacob Thekeparambil 主任负责，故事内容由他编写，漫画由该学院的一批中学生绘制，后者是由意大利的坎恩帕贝索的 EURelations EEIG 团队完成。它们生动有趣，内容丰富，图画精美，融知识趣味于一体，特别适合中小学生阅读。2010 年我们将其翻译成中文，刊登在文物出版社出版的《广州文博（叁）》。

纸文物保护展的展陈大纲，虽篇幅不长，但语言通俗易懂，重点突出，涵盖了中国、印度和法国在图画和书籍等藏品方面的修复和保护技术。展示的图版是由法国阿尔里弗文物修复中心设计，展览的中文版由笔者审定。文字内容和形式设计完成后，展览在广州、果塔延、坎恩帕贝索等地同时展出，取得了良好的社会效果。

为更好地传播纸文物保护技术和知识，"青都"项目还先后组织了多场学术讲座和学术沙龙，组织实地观摩法国阿尔里弗文物修复中心。

2009年6月2日，"青都"项目派遣法国埃弗里大学 Hervé Cheradame 先生为广州观众作了一场题为《化学有助保护我们的文化遗产》的讲座。6月4日，他前往广东省实验中学，为在读高中生讲授纸类文物保护的意义及相关知识。

2009年11月27日，笔者和法国的 Nathalie Sabatié 女士、Carol 先生、匈牙利的 Mirella Horvàth 女士、英国的 Velson Horie 先生、意大利的 Enzo Ziccardi 先生，在意大利坎恩帕贝索小镇举行学术沙龙，围绕纸文物保护连环漫画的相关内容及创作等展开研讨。期间，我们还参观了"青都"项目资助的坎恩帕贝索小镇中小学生绘画创作室（图一），一批中学生当时正在聚精会神地创作绘制纸类文物保护连环漫画。

2009年11月30日，在"青都"项目负责人斯蒂文（Stéphane IPERT）先生的导览下，笔者实地考察了位于法国阿尔小镇的里弗文物修复中心，得以详细了解该中心纸文物保护技术。该中心成立于1987年，历史虽然不长，但成长速度快，已成为欧洲一个重要的纸类文物修复保护中心。这里有成熟的纸文物保护技术，拥有先进的设备和实验室，不仅能做古籍修复工作，而且一直在开展古籍数字化工作。实验室里分门别类地展示从书本里找出的各种虫类标本。针对不同材质的书籍，采取冷藏、真空等不同方法进行杀菌、杀虫处理（图二）。

同年12月15日至16日，在"青都"项目支持下，广州美术学院及其美术馆在广州举办了"中国·绘画作品（油画）修复与保护国际研讨会"。

图一

2010年2月26日，笔者参加了由印度IFP在庞提切尼举办的"印度写本及其保护"学术研讨会，并向大会介绍了中国纸文物保护的若干方法。3月6日，笔者又参加了由印度SEERI学院在果塔延举办的学术交流会，会议由Jacob Thekeparampil博士主持，笔者作了题为《中国外销通草水彩画》的发言（图三），介绍了广州通草画外销印度及欧洲的历史。4月12日，"青都"项目在英国伦敦桥1号举行了最后一场学术碰头会（图四），会议由Carol先生主持，与会学者对"青都"项目作了认真总结。

图二

图三

"青都"项目虽然历时不长，参加的人员也不多，但涉及的范围较广，影响较大，特别是在引导青少年关心和爱护纸类文物方面起到了积极作用。"青都"项目的成果凝聚了参与各国专家学者和青少年团体的智慧。在实施"青都"项目过程中，我们不仅加深了了解，增进了友谊，而且获得了一些意外收获。比如，印度在贝叶文书方面实施的保护措施值得我们学习；Jacob Thekeparampil博士是一名叙利亚文专家，能说会写古叙利亚文，对西安发现的《大秦景教流行中国碑》中的古叙利亚文有独到见解，由他赠送的1903年初版《简明叙利亚文字典》（A Compendious Syriac Dictionary）成了笔者案头必读之著。

（原载《中国文物报》2018年10月2日第3版"综合""纪念改革开放40周年：历史回眸 文博忆往"专栏，又见国家文物局官网2018年10月7日）

图四

《晚清碎影——约翰·汤姆逊眼中的中国：1868—1872》序言

从 17 世纪起欧洲盛行"中国风"以来，中国文化一直吸引着无数欧美人士心向往之，并备受欧洲推崇，在欧洲近代社会发展过程中起到过较大影响。历史进入 19 世纪以后，西方文化逐渐占据强势地位，并深刻影响了中国近代历史进程。中国与欧洲这两个不同的文明由此在一种错综复杂的情形下进行交流与对话。而百年前的英国摄影师汤姆逊正是在这样的历史文化背景下，身扛笨重的摄影机，前来中国，并在中国大江南北一些重要的城市里，以他特有的审美视觉，有选择性地拍摄了不同社会阶层的风采，展示了东方人的审美情趣，留住了历史的瞬间，也为我们留下了一笔丰厚的文化遗产。今天，在中英两国文化人士的共同努力下，这批珍贵的历史照片沿着汤姆逊当年走过的足迹，分别到北京、福州、广州、东莞等城市巡展，特别是广州的展出地点定在广州博物馆馆址所在地镇海楼，则更是独具历史意义。因为这里不仅仅是广州的老城标，更是当年游历广州的欧洲画家笔下常见的风景。

《晚清碎影》书照

虽然汤姆逊的摄影作品中尚未见到有镇海楼的题材，但是却有镇海楼所在地越秀公园内的其他场景，所以我们可以肯定的是，汤姆逊到广州时一定曾远远望见过镇海楼。可以说，镇海楼是汤姆逊到广州进行拍摄时的历史见证者。

我们期待通过这次展览，让羊城人民更好地了解广州的过去，拓宽文化视野，增进与世界各国人民的友谊。

（原载中华世纪坛世界艺术馆编：《晚清碎影——约翰·汤姆逊眼中的中国：1868~1872》，北京：中国摄影出版社，2009 年 4 月第 1 版，第 6 页）

《中国历代茶具文物·序言》

我国是茶的故乡，是茶文化起源和传播中心。茶叶是我国人民对世界文明所作的独特贡献。茶具由于是饮茶行为得以实行的必需器具媒介，因而成为茶文化一个极其重要的组成部分，人们不断改进茶具的形制，追求新颖风格，使茶具的形制朝著实用性和审美价值发展。

纵观茶具发展史，茶具艺术的发展和演变与茶业历史的发展休戚相关，如同人的成长一样，都有她的童年、少年和青壮年，经历了由简到繁、由单一到多样化的发展过程。唐代以前属茶具艺术发展的童年时期，此时期尚少见专用饮茶茶具，茶具的种类以陶、瓷、漆器等为主。唐代是茶具艺术发展的少年时期，随著唐代饮茶风气的盛行，茶具的种类增多了，艺术性和实用性更强烈了，唐人陆羽《茶经》就详细地记录了二十四种茶具。唐代使用的茶具主要是"碗"，亦称著"盏"。为了实用和美观，唐代又发明了"盏托"，增强了茶盏的装饰性和庄重感，使"盏托"历经宋元两代，到明清之际，又配之以盖，流传至今。唐代的茶具除有传统的青釉茶具外，又有了三彩陶具，金属茶具亦十分精湛。两宋是茶具艺术发展的繁荣时期，也是其青年时期，更加追求和讲究茶具的艺术，由陶瓷茶具发展为金银玉器茶具，日趋奢侈。瓶、盏、筅是宋代最主要的茶具。元明清代是茶具艺术发展的壮年时期，由于元明时期饮茶风尚发生了划时代的变革，影响着茶具也发生了重大变化，崇尚盏碗的唐宋茶具便不适用了，开始出现茶壶，而最为时尚的还是宜兴紫砂茶壶的出现；白瓷或青花瓷茶盏取代了黑釉瓷茶盏。到清代，由于茶叶的大量外销出口，应海外需求而出现的各类茶具，如广州织金彩瓷茶具、珐琅彩茶具等，应运而生。清代的茶具艺术不仅造型优美，而且色彩艳丽，融实用与艺术于一体。

成立于1929年的广州博物馆，拥有数十万件馆藏文物。这次精选六十件（套）茶具，全面反映了我国茶具艺术的发展历史。长期以来，穗澳两地的文化交流活动十分频繁。我馆在澳门卢廉若公园曾举办过多次展览，是次展览必将进一步加深两地的友谊，愿展览取得圆满成功！

（原载澳门特别行政区民政总署文化康体部：《中国历代茶具文物》，澳门，2005年10月出版）

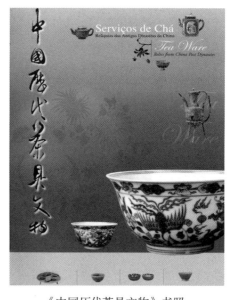

《中国历代茶具文物》书照

访英纪实

在广州市文化局党委的关怀下，在市文化局副局长陈玉环的率领下，广州艺术博物院副院长陈滢及广州博物馆副馆长程存洁一行三人就英国维多利亚阿尔伯特博物馆与广州博物馆联合举办 18—19 世纪广州外销画及英国朋友伊凡·威廉斯向广州博物馆捐赠 18~19 世纪广州通草画（Pith Paper Painting）一事，专程于 2000 年 12 月 5 日—22 日奔赴英国，与对方面议。这次行程在英籍华人赵泰来夫妇、广州中山大学历史系陈春声教授、刘志伟教授、程美宝博士、周湘博士以及市文化局驻港办卢京生等鼎力帮助和关照下，取得了重大收获：一、与世界级博物馆大英博物馆、维多利亚阿尔伯特博物馆等建立了友好联系，在诸多方面达成了广泛共识，为今后进一步开展合作打下了很好的基础。二、在大英博物馆、维多利亚阿尔伯特博物馆和英国国家自然史博物馆库房查看广州外销通草画，初步了解了广州外销画的收藏及其在学术史上的重要价值。三、参观各类博物馆 23 座，了解了当代西方博物馆文物收藏趋向及陈列方式。四、购买了 19 世纪西方人描绘第二次鸦片战争时期广州方方面面内容的铜版画数百张，对重现 19 世纪中叶广州城建风貌有重要价值。

以下是我们一行三人走访英国的行程。

走访伦敦

12 月 5 日下午，我们乘坐 T817 广九直通车，于 17：32 分抵达九龙车站。市文化局卢京生来接，当晚送我们到香港国际机场。我们乘坐英航维京（Vigin）VS201 航班于当晚 9：30 分离开香港，经过长达 14 个小时的飞行，于英国伦敦当地时间 6 日凌晨 4 时左右到达伦敦希斯路（Heathrow）国际机场。英籍华人赵泰来夫妇早已在机场接客厅等候。泰来夫妇租车将我们接至伦敦的旅店 Royal National Hotel 住下。由于旅店规定每日下午 2 点起才办理入住手续，所以我们将行李临时寄存在寄存室。早餐后，我们赶赴大英博物馆（British Museum）参观。当我们步行到大英博物馆时，方知星期三是闭馆日。我们只好改变行程，上午参观了国会大厦（Houses of Parliament）、威斯特迷你斯特大桥（Westminster Bridge）。之后参观伦敦塔（Tower of London）。伦敦塔已有数百年历史，曾充当过城堡、皇宫和监狱。在伦敦塔的南面发现罗马时代的城墙遗址，已原地原址保护，任人参观游览。在伦敦塔的东北处，修建了一座横跨泰晤士河（Thames River）的塔桥（Tower Bridge），风格与伦敦塔相近，格调十分协调。站在塔桥上纵览泰晤士河，一片古典城市风情尽收眼底，令人留连忘返。我们在此短驻后，即匆匆乘地铁返回 Leister 地铁站，出此地铁站后，穿过唐人街，行走约数十分钟，来到了著名的国家美术馆（The National Gallery）。馆舍庄重、大方、气势雄伟，为 19 世纪英国古典建筑风格，馆内陈列欧洲各国中世纪以来的著名油画。我们依依不舍，很晚才走出国家美术馆，返回旅店。

奔向维阿博物馆　收获巨大

在中山大学历史学系刘志伟教授和程美宝博士的帮助下，我们有幸拜访了位于伦敦的维多利亚阿尔伯特博物馆的东方部主任刘明倩（Ming Wilson）女士。12 月 7 日一早，我们兵分两路，直奔维多利亚阿尔伯特博物馆。刘志伟教授和程美宝博士一大早从牛津（Oxford）赶来伦敦维多利亚阿尔伯特博物馆，泰来先生和我们三人从 Russell 站乘地铁至 South Kingston 站出站，直奔维多利亚阿尔伯特博物馆。刘明倩女士将我们带进博物馆。博物馆陈列的展览极为丰富，有"徐展堂中国艺术展""日本艺术""朝鲜艺术""伊斯兰世界的艺术""印度艺术""中世纪珍品""礼服""雕塑和建筑""欧洲艺术（1100~1450）（1500~1600）""北欧艺术""意大利艺术""乐器""玻璃艺术品""铁制品艺术""珠宝""武器和头盔""银器""花毯""纺织品""印刷业""欧洲绘画""康斯坦布尔绘画""罗丹雕塑""米开朗基罗雕塑""法兰西瓷器""中国外销瓷""中华风貌"等等，琳琅满目。刘女士带我们参观了几个重要展览后，于 11：30 分会见维阿博物馆馆长 Alan Borg 博士。双方就 2002 年如何举办"18—19 世纪广州外销画"展览一事作了友好商谈。随后，刘女士又专门带我们参观了开幕不久的"中华风貌"展。该展览主要展出 18—19 世纪中国外销画。我们就当中展出的有关广州外销画资料作了详细的笔录和录像工作。广州方面的外销画主要有：1790 年的广州磨石人，1800—1820 年广州种茶，1790 年广州理发师，1790 年广州酿酒，1850—1875 年卖刀店，1850—1875 年广州灯笼店，1850—1875 年广州酒米店，1850—1875 年广州白蜡店，1850—1875 年广州烟管店，1850—1875 年广州短袜店，1850—1875 年广州金银珠宝店，1850—1875 年广州药店，1850—1875 年广州男士鞋店，1830—1856 年广州同文街，1790 年广州读书场景，1850—1875 年七月乞巧、八月烧番塔、十月还平安愿以及制陶画 24 张等等。

午餐后，我们跟随刘女士进入文物库房观赏广州外销画。刘女士不厌其烦地提取一套又一套广州外销画给我们欣赏，这些外销画的内容极为丰富，有成套制陶工艺程序、十三行、花卉虫鸟鱼、各行各业、制茶、剿丝及家具等，其中最令人赞叹的是四套各类船只题材的外销画，我们只挑选了一套进行翻阅。这套共 50 幅，有巡河桨船、粤海关船、洋船、白盐漕、夜渡、沙姑、炭船、米艇、梭子船、外江运粮船、通巷外江船、四往、御龙船、倒把子、黑座船、行尾艇、横水渡、砖船、麻阳船、盐船、岗草船、戏船、三篷船、鸭船、惠州船、大罟鱼船、老龙船、水寮、九江货船、老矩艇、东管船、粮船广西、谷船、皮条开埋艇、卖谷船、桂林船、蚝壳船、西江谷船、糖漏船、乡艇、木料船、贩米船、撒网船、西南客船、棉花渡、石船、西瓜船、大官坐船等等。

当闭馆的钟声敲响之时，我们才依依不舍地离开维多利亚阿尔伯特博物馆。

国家自然史博物馆寻宝

12 月 8 日上午十时，我们参观国家自然史博物馆（The National History Museum）库房。国家自然史博物馆位于维多利亚阿尔伯特博物馆的左侧，仅隔一条街，博物馆的建筑高大、雄伟、壮观。在库房里，我们查阅了约翰·里夫斯（John Reeves）收藏的部分中国植物水彩外销画，并作了录像。约翰·里夫斯（1774—1856）收藏的有关19世纪水彩画藏品在大英博物馆（自然博物馆）较多。我们还查阅了1974年编写的《中国自然史绘画》（Chinese Natural History Drawings）一书，该书主要介绍了约翰·里夫斯的收藏情况。后来据志伟教授和美宝博士介绍，国家自然史博物馆有关约翰·里夫斯收藏的中国植物水彩外销画藏品还有很多，实为罕见、难得。

在国家自然史博物馆餐厅午餐后，我们又去维多利亚阿尔伯特博物馆参观，之后又走去科学博物馆（Science Museum）参观。

走进大英博物馆，行走古董街

12月9日星期六上午10时开馆时间，我们在泰来先生的陪同下，走进了大英博物馆。大英博物馆的展览极其丰富，据说展出文物只占馆藏品的很少一部分，有许多珍品未展出。展览中有大量精美的埃及文物、非洲文物、亚洲文物，吸引着来自世界各地的无数游客。

出国之前，我们都梦想能在英国买到一张广州外销通草画。到伦敦后，我们将这一想法告诉泰来先生。泰来先生告诉我们，伦敦古董街每逢星期六开放。于是我们从大英博物馆出来后，直奔伦敦的古董街。古董街位于卡姆顿镇（Camden Town）。当我们来到古董街时，大失所望，昔日的古董店已成了各类小商店。

当晚，泰来先生盛情邀请我们到他家里做客。泰来先生生于1954年，祖籍东莞，其母亲是民国著名外交家伍廷芳先生之外孙女。他自幼喜爱绘画，长大后又研习西洋油画。他将中国国画与西洋油画的绘画风格溶为一体，形成了独具特色的绘画风格，自成一体。他酷爱中国艺术，尤其是我国的外销瓷。他每日行走于世界各地的博物馆、拍卖行，潜心钻研，探究中国外销瓷的历史。

天赐珍宝

12月10日星期天，我们计划离开伦敦前往约克。早上，我们办理离店手续时，发现旅店大堂正在出售古旧图书，来自伦敦各地数百名经营古旧书的卖主聚集此地。我们已买好了下午2点整的火车票。我们利用短短几小时的时间在此寻宝。大大出乎我们的意料，我们在一家档口发现一批《伦敦时事画报》，基本上是19世纪出版的有关第二次鸦片战争期间广州内容的铜版画，共有上百张。我们与卖主一番讨价后，从每张20英镑降至每张2英镑成交。这批铜版画内容丰富，价值很高，对于认识19世纪中叶的广州具有极其重要的价值。对这批铜版画进行研究、装裱后，可举办"19世纪中叶的广州"专题展览。

下午2点，我们在伦敦Kings Cross火车站乘坐北上约克（York）的火车。我们坐在D车厢，因中途铁轨出技术故障，故延至晚上约7：00至约克火车站。伊凡·威廉斯老朋友早已在火车站等候，他开车接我们住进约克大学Derwent学院。

瞻仰《简·爱》作者故居　伊凡府宅友好商谈

伊凡曾服务于大学，为大学行政管理人员，具有娴熟的管理能力，虽然已退休在家，但精力充沛、思维敏捷，其行为举止彬彬有礼。凡是同他有所接触的人，都会觉得他是一位英国绅士。当我们到达约克时，他将早已准备好的日程表、约克大学校园图及相关资料送到我们每一位的手中。我们在约克的三天，将是十分繁忙的三天。

勃朗特家族故居

12月11日早餐后，伊凡先生带领我们漫步在校园里。校园很美、很幽静，有一座13世纪的建筑，现为行政办公室，楼前有一棵参天大树，为17世纪种植的灌木。我们经过校长官邸、Landwith学院。9：45分，伊凡及其夫人约翰·拉顿（John Langton）开两部车带我们前往哈沃斯（Haworth）参观。途经Whalfe、Ilkey、Keighley等小镇，经过两小时的行程，我们到达了哈沃斯，瞻仰《简·爱》作者的故居。故居坐落在哈沃斯伯森尼爵（Haworth Parsonage），曾是世界著名文学家族勃朗特家族的故居。故居建于1778年，是用当地石头所建，为石构建筑，分上下两层，现为勃朗特伯森尼爵博物馆（The Bronte Parsonage Museum）。博物馆内按勃朗特家族当年生活场景复原，由勃朗特先生书房、餐厅、厨室、寝室、Nicholl先生书房、仆人寝室、夏绿蒂（Charlotte）寝室、育婴室（后成为艾米莉（Emily）寝室）、Branwell画室等组成。玛丽亚及其子女相继在此谢世。1847年和1848年，夏绿蒂的名著《简·爱》、艾米莉的名著《呼啸山庄》和安妮的名著《艾格尼丝·格雷》相继在此问世。

在伊凡先生家交谈

我们在当地有名的一家古屋（Salts Diner）就餐，午餐后即刻驱车赶往利兹（Leeds）布鲁顿美术馆（Bruton Gallery）欣赏约翰·拉顿（John Langton）个人画作。拉顿生于1932年，为当地有名的艺术家。自1961年以来，他已在英国和德国举办了近七十个展览。

当晚七点半，我们来到了古朴典雅的伊凡家（Hawthorn Cottage）。伊凡夫妇热情地招呼我们，并亲手为我们做了可口的朱古力饼。我们寒暄后，立即转入正题。伊凡除答应向广州博物馆捐赠一批外销通草画外，在举办展览之际再借展12幅。双方就展览时间、展览程序、展览名称、捐赠仪式等系列问题达成了协议。伊

笔者在伊凡先生家看书

凡还让我们欣赏了他收藏的通草画，并向我们介绍了他研究通草画的经历及有关研究资料。伊凡对广州通草画的兴趣和研究来自他的太太。一次，他太太准备去商场买一件皮衣作为他的生日礼物，可是当她碰见一批通草画时，她爱不释手，最终决定买下这批通草画作为伊凡的生日礼物。从此，伊凡迷上了广州通草画，并潜心研究。在英国及欧洲收藏通草画的地方，恐怕都留有他的足迹。

颇具特色的古堡博物馆

12月12日上午9点，伊凡和拉顿开车送我们至约克古堡博物馆（Castle Museum）参观。古堡原为木制结构，建于1208年，由征服者威廉（英王威廉一世）所建，至1245—1258年间，亨利三世改建为石构建筑，但今日所见只有Cliffiord古塔了。到18世纪，又在此处修建了监狱，分债务人监狱和女人监狱，前者建于1701—1705年，后者建于1780—1783年，附属部分则建于1802年。现古堡博物馆以此处为馆址，观众参观时仍能看到当时用作监狱时的一些遗迹。

利用古建筑作为博物馆馆址，最不易举办展览，但古堡博物馆经过展厅内部改装，则颇有特色。博物馆内举办了多个展览，有巧克力展，从摇篮至墓穴展，卫生展，克科（Kirk）医生个人世界，农屋、厨室和牛奶房屋，粮仓展，克科（Kirk）门展，军事展，服装展，儿童世界，手工作坊展，半月庭展和磨坊展。这些展览别具一格，颇有特色，在文物征集方面以及陈列形式方面可以为我们注入一些新的观念，促使我们更加注重生活史的研究和陈列。这里不妨对这些展览内容略加介绍。

甜品制作已成为约克几代人生活中重要组成部分，巧克力展告诉人们有关巧克力制造情况。

从摇篮全墓穴展全面地介绍约克人从生至死一套生活用具及礼仪情况。

克科（Kirk）医生个人世界展展示了这位当地医生如何收集和展示日常生活用品的经历。从19世纪90年代起，约翰·克科医生一直梦想有一座展示每日生活的博物馆。1935年，他同意将自己的藏品捐给约克市，并支持首个展览，于1938年开放。

卫生展展示了家庭内家务工作革命性的变化，如洗衣、取暖、冲凉、煮食、取火等每日都在发生不同的变化。

农屋、厨室和牛奶房展陈列了传统农家制作奶酪的场景。

粮仓展展示了从使用马力、人力耕种的传统耕种方式到使用新机器、新技术的现代耕种方式演变过程。

克科门展是该馆最著名的一景，通过百年前的大量实物，复原了百年前约克最古老的一条街，由克科医生设计并以其名字来命名。在街道两边，观众可以看到维多利亚式各类商店、酒吧、旅店、小手工作坊、钟表店、钱庄、邮局、消防局、马车等。观众可以看到当年商店内出售的各类商品。

军事展很有创意，将1590年士兵作战装束与英国内战时士兵作战装束、旧时作战武器与当代作战武器形象生动地对比陈列。

服装展厅内，因服装最易破损，故灯光温度湿度非常讲究，它们均陈列在灰暗的灯光下。这里展出了两百年来男女小孩服装及家庭装饰布料、被子等。

从10世纪起，小商小贩已穿梭于英格兰各地，出售简单的玩具。从18世纪起，所有玩具都是木制或布料和泥制。随着新印刷技术的诞生，大量彩色和廉价的纸制玩具风行。之后钢制玩具也出现。儿童展主要展示几个世纪以来儿童玩具的演变情况及技术进步如何影响玩具的设计。

中午12点，参观约克大学考古学系。工作人员带我们参观了本科生、研究生研究课室以及文物保护室。

下午3点，伊凡和拉顿开车带我们参观都哈姆（Durham）大学东方博物馆，详细参观了中国艺术展。有伊凡事先的联系和安排，我们得以欣赏该馆收藏的一批广州通草画（Pith Paper Painting）。

当晚7点，我们按照预定的时间来到约克市美术馆（City Art Gallery）同该馆之友（The Friends of York Art Gallery）会谈。该馆早在1879年就已向公众开放，其主要展览是西欧油画。

考古展览生动有趣　人类遗迹情有独钟

13日早上9点，我们拜会了约克大学的副校长。随后伊凡顶着刺骨的寒风，带我们走访了约克市的古迹。约克市人口不多，但到处都是古迹。伊凡告诉我们，20世纪六七十年代，伊凡太太来约克时，这里有30座教堂，当时已无人使用，现在人们都在思索如何将它们利用起来，好好加以保护。9点45分，伊凡将我们带到圣·玛丽古堡门（St Mary's Castlegate），参观约克考古基金协会。协会负责人告诉我们，该组织属非盈利性质，必须争取公众支持，获取国家信赖；该组织有三个研究中心，15名职员，主要是利用公众力量来办考古工作。此外，协会负责人还带我们参观"维京发掘——重写的历史"展（The Viking Dig—Rewriting History）。该展览陈列在一座旧教堂里，十分有趣。他们将最近在约克市中心发掘的维京时期遗址遗物摆在此处展出。这是一个十分成功的考古展览，将考古遗物尽量复原，让观众通过眼、鼻、耳去感受当时社会场景。该展览推出后，在约克形成了一股维京热。

11点30分，伊凡又马不停蹄地带我们参观约克郡博物馆（Yorkshire Museum）。Craig先生介绍，他们现正在举办一个恐龙展，是与英国BBC电台合作举办的，一个夏天就吸引九万观众。该馆有两大特点值得一学：一是雕塑品尽量不用玻璃罩，以免与观众产生距离；一是当年修建博物馆时发现大量古墙基，现均原样不动地保存在博物馆各展厅里。

下午1点30分，我们又赶去参观一处保存完好的露天古城墙。我们原本要参观一座火车博物馆，因时间关系，只好忍痛割爱。

下午3点48分，我们乘坐北上爱丁堡（Edinburgh）的火车，于当晚6点48分到达目的地，住进Marrakech旅店。

赞叹苏格兰博物馆

苏格兰风情享誉全球，苏格兰古遗址保护亦有特色，博物馆美术馆令人赞赏。这次行程，我们形成了一个独特的爱好，哪里有好的美术馆博物馆，我们就奔向那里。

12月14日一大早，我们走进爱丁堡古堡（Edinburge Castle），这里的文物保护工作做得很好，且有各种展览展出，有苏格兰各历史时期作战武器展，有英女王宝冠展等等。中午12点，我们步行至苏格兰国家美术馆（National Galleries of Scotland）参观。这里是当今世界最好的美术馆之一，拥有一大批油画名作，包括从文艺复兴至后印象派一些艺术大师如泰勒、康师坦布尔和凡·高等的作品。下午 2 点，我们参观了皇家苏格兰学院（Royal Scottish Academy）里举办的系列画展，之后又走去著名学府爱丁堡大学（University of Edinburge）参观。3 点半到了苏格兰国家博物馆（Scotland's National Museum）。该馆由新旧二馆组成。新馆名为苏格兰博物馆（Museum of Scotland），造型独特，被认为是 20 世纪最优秀的苏格兰建筑。新馆开放于 1998 年 12 月。其陈列形式很有特色，陈列内容丰富，收集文物的观念很值得一学。该馆早已注意生活史的研究，通过收藏极其丰富的民族物品，展现苏格兰的土地、人民及其成就，将苏格兰从古至今各个时期的特点展示出来，如教堂、酿威士忌酒情况、工业时代火车动力情况、20 世纪初苏格兰人生活情况等等。紧靠新馆的是一座维多利亚式的建筑，即旧馆，现名皇家博物馆。该馆陈列了装饰艺术品、科学和工业品、考古出土物品和自然历史物品以及 12—19 世纪欧洲艺术、埃及艺术、亚洲艺术等物品，在中国艺术品方面有中国历代陶瓷、中国皇家用品等。

魅力无穷的牛津

12 月 15 日早上 9：40 分，我们拖着行李离开了旅店，前往火车站，中午 1 点登上返回伦敦的火车，晚 7：15 到达伦敦 Kings Cross 车站。我们在车站吃完汉堡包后，急忙赶去伦敦海德公园旁 Mardle Arch 车站，改乘牛津专线（Oxford Express）X90 号车前往牛津（Oxford），当晚 9：40 到达牛津。

牛津很美。她的美不仅仅是因为她是大学城，著名学府牛津大学所在地，我想更在于她的历史旧貌和古风。在牛津到处都是古旧建筑，18、19 世纪的房屋已算是比较新的建筑了。当地民众对古、旧情有独钟，这与我们国内普遍存在"喜新弃旧"的观念截然不同，当然也与我们的建筑用材有关。

在牛津郡，有一些令人心驰神往的圣地，如莎士比亚故居、布伦海姆宫等。12 月 16 日，我们乘坐牛津专线（Oxford Express）X50 号车于早上 10：10 分到达莎士比亚（Shakesspeare）故居。故居是按当年原貌复原的。在故居旁边修建了一座莎士比亚中心，陈列着莎士比亚生平事迹。

下午参观布伦海姆宫（Blenheim Palace）。它坐落在伍德斯托克镇（Woodstock），是邱吉尔家族的庄园。在伍德斯托克镇，还有一家牛津郡博物馆（Museum of Oxrordsfire），我们也作了考察。

莎士比亚故居

12 月 17 日，我们走访了牛津大学。牛津大学出版社也是举世闻名，我们慕名去参观。虽然已是严冬腊月，但大学公园依然绿草成荫，非常美丽。大学图书馆、东方部图书馆、大学学院、考场以及大学自然史博物馆等地，我们都一一参观了。大学自然史博物馆里的展览不仅内容丰富，而且各类标本齐全，真是琳琅满目。我们还参观了牛津博物馆（Museum of Oxford）。

英国的乡村风情素有魅力，吸引着无数艺术家前来采风。12 月 18 日，我们乘坐 Cotswolds

的车专程去壁伯里（Bidury）小村参观。壁伯里（Bidury）小村很美，有一条清澈见底的小河在村边流过。这个小村主要因 Arlington Row 出名。在去壁伯里（Bidury）的途中，首先经过 Minster Lovell 小村，村里有一座 15 世纪的庄园屋和教堂遗址，坐落在 Windrush 河边，当地人认真地作了保护，现已成为游客游览胜地。其次要穿过 Swindrook 和 Fulbrook 小村，之后到达了历史名镇 Burford。

Burford 多个世纪以来一直是一座很重要的驿站。这里有一座始建于 1160 年具有 15 世纪风格的圣约翰浸礼教堂（St John the Saptist）。

从 Burford 名镇出来后，我们到达另一个小村 Filkins。这个村庄一直以纺织业闻名，现仍保留着一座 18 世纪的旧仓库，当地人加以利用，改为一座小规模的博物馆，展示纺织业演变情况。

在即将到达壁伯里（Bibury）村庄之前，我们还经过 Eastleach Martin、Easteash Turville、Hatherop、Coln st Aldwyns 等小村，这些小村现在仍保留诺曼底时期的教堂。所有小村都显得特别古朴、幽静和美丽。人们穿梭于这些小村，仿佛是回到了古老的中世纪。

重返大英博物馆

12 月 19 日是我们取得重大收获的又一天。在离开牛津之前，我们抓紧时间参观了世界最古老的一座博物馆：阿什莫林博物馆（Ashmolean Museum），这里展出的文物琳琅满目，十分丰富。我们乘坐牛津专线 X90 离开牛津返回伦敦，于中午 12 点 10 分到达伦敦贝克街（Baker Street）站，再转巴士回到旅店（Royal National Hotel）。我们在维多利亚阿尔伯特博物馆刘明倩女士的帮助下，按预约时间下午 2 点 15 分来到了大英博物馆库房。接待我们的是热情的金曼仪（Mary Ginsberg）女士，她在香港住过几年，会讲一些普通话，虽然不能讲很多，但是发音很准。根据我们的需求，金曼仪女士帮我们提取了两套有关 18~19 世纪广州店铺题材的外销画。编号 CP406 均为 1860、1870 年画的广州店铺外销画。编号 CP411 共有 78 幅，在此抄录部分店名以供欣赏：

No.1 昆源店自烧坚实油浊杂货发客
昆源店京果海味牛烛杂货发客

No.2 裕昌店大小玻璃光片发客

No.3 恒安堂
何应昌上料精制修炼追风万应丸
恒安堂泡制地道各省药材

No.4 成昌店京果海味杂货

No.5 锦源成衣局

No.6 福兰号
兰州水烟，清香奇品
顶上白丝，新会如思

No.7 陈照号洋镜
陈照号承办金银五彩各色洋镜发客

N0.8 胜和店承接金猪依期不误

No.9 联昌号磁器缸瓦碗碟快子花盘发客

N0.10 联记鸡鸭店

N0.11 缺页

N0.12 无店名

No.13 东顺洋货

No.14 义利打包铺

　　　义利糖椒袋打包店

N0.15 胜利店京果发客

　　　胜利店聘礼京果海味发客

No.16 缺页

No.17 大盈号

　　　大盈油发行

No.18 和布疋店

　　　店自带绵夏布疋波萝麻京乌发客

　　　得和店自带绵夏机白波萝麻布疋发客

N0.19 瑞云香室

　　　瑞云斋自制沉檀降速龙凤礼香发客

　　　瑞云斋自造各省名香发客

No.20 致和号

　　　致和号自制入滕银朱铅粉石黄发客

　　　致和号自制入滕银朱铅粉石黄颜料

No.21 遂意斋

　　　什锦鱼生

　　　开张大吉：鲜甜真正爽　美味自然香

No.22 继昌店通商银两花钱便换

No.23 缺页

No.24 福建万益号自带各种名茶发客

　　　本店承办各省名茶

No.25 大章号

　　　本店自办绉纱汉府绸缎局

　　　大章号自办苏州各色湖绉江南正汉府缎发客

No.26 高冠老铺

No.27 隆盛店

　　　隆盛店京朵海味糖梅绿榄发客

隆盛店华筵狮子响糖海味

No.28 远成号

远成丝带

远成号承办各江丝带鞋边杂货发客

No.29 缺页

No.30 美玉斋

美玉斋上白官燕发客

竹径拈诗和月诵

兰陵孚酒对花斟

No.31 聚成号

聚成号各色新衣被褥

聚成号新衣

No.32 德利号自烧料器各款玻璃发客

再度相会维阿博物馆　上门寻找珍宝

12月20日上午，我们按预约时间再次去维多利亚阿尔伯特博物馆，刘明倩女士热情招待。双方就展览形式、时间、内容、合作方式以及其他问题作了商谈，交换了意见。双方增进了了解，加深了友谊，为日后举办"羊城风物"展览奠定了基础。

下午，我们参观了泰特美术馆（Tate Gallery）。这里的展览有城市生活、肖像、康斯坦布尔（Constable）油画、泰勒（Turner）油画。

当晚，我们一行花了很大力气找到住伦敦六区 M·Mendou 先生家寻找古物。我们在他家花了一个多小时的时间，翻阅了大量古物，找到了一些反映 19 世纪广州风情题材的铜版画。

安抵香港　满载而归

12月21日是我们停留英国的最后一天。我们漫步在圣吉姆公园（St Jame's Park）、绿色公园（Green Park）、白金汉宫（Buckingham Palace）、利金街（Regent Street）做最后的走访。我们整理行李，回到希斯路国际机场，乘坐 VS200 航班，满载而归。

（原载《广州文博》2001 年第 1 期第 102~110 页）

品味·印迹

（下册）

程存洁 著

文物出版社

目录
contents

◎ 下 ◎

雪泥鸿迹篇

四、文物考古

西汉南越国宫署遗址考古忆旧

自中华人民共和国成立以来，我国文物考古事业取得了巨大成就，一大批重要遗址得到了有效保护和合理利用。位于广州市老城区中心的南越国宫署遗址就是一个很好的例子。

早在 1975 年，考古工作者就在此发现了秦造船遗址及叠压其上的南越国砖石走道遗迹。1995 和 1997 年，考古工作者又先后在此进行了两次抢救性考古发掘，清理出南越国宫苑的石构水池（蕃池）和曲流石渠。这两次考古发掘均被评为全国十大考古新发现，而南越国宫署遗址也拥有"广州历史文化名城的精华所在"之美誉。

当年，这里原本计划要开辟出一个有 6000 平方米的场地，用来兴建"信德文化广场"大厦。因为广州老城区中心的大型基建项目都必须进行先期的考古发掘工作，广州市文化局于 1997 年下半年，专门成立秦汉造船遗址办公室，并从市文博单位抽调业务骨干，组成一支考古发掘队，由麦英豪老师担任领队，广州市文物考古研究所冯永驱所长为考古发掘现场负责人，对南越国宫署遗址进行抢救性发掘。我有幸添陪末座，参与了是次考古发掘工作，前后长达半年多时间。当时的考古发掘项目名称是"97 广州秦造船遗址发掘 II"。

在此之前，我的考古学知识主要是来自大学期间的学习和实习。记得大学三年级时，我选修了郭凡老师（现为广州市人大常委会经济工作委员会主任）主讲的《考古学通论》一课，后又参加了由邵鸿老师（现任全国政协副主席）和郭凡老师带队组织的江西红色圣地和新石器时期遗址考察实习活动。通过 1997 年的这次考古发掘工作，我的考古实践能力不仅有了很大提高，并且有机会聆听到宿白、徐苹芳、黄展岳等考古前辈们对南越国宫署遗址所阐述的论证意见。

"信德文化广场"的建设方要求考古发掘工作在 8 个月内完成。为便于发掘工作顺利开展，该建筑地盘被分成北中南三个区来发掘，1997 年发掘的主要是位于场地中部 4000 多平方米地块的 II 区。正式发掘前，广东省地质工程公司沿着 II 区周边，构筑了一匝喷粉支护桩护壁，以确保发掘期间不发生水渗和塌方。

记得正式发掘时间原定 1997 年 7 月 13 日周日开始，后因施工方要求在发掘现场按当地习俗举办一些仪式往后延迟了一天。14 日，我们开始测量发掘现场并划线，按 9 米 ×9 米的正方形规格来布置探方。探方编号自北而南，由东及西顺排，共布探方 46 个（图一）。因工作需要，靠南边中间的 T28、T32、T36 三个探方被用做临时存运土方的堆置场地而未能发掘，最终实际发掘探方 43 个。7 月 15 日上午，冯永驱所长给发掘人员布置任务，宣讲注意事项。8 月 5 日下午和 8 月 18 日上午，麦英豪老师在发掘工地给发掘人员讲解城市考古学中地层学的重要性，并介绍考古发掘经验。当时，麦老师和冯所长要求发掘人员每人负责一个探方，从学会辨认地层、测绘平面剖面图，到登记出土物，最后撰写探方报告，必须完成所有流程。只有完成一个探方的所有流程后，才能开展第二个探方的发掘。

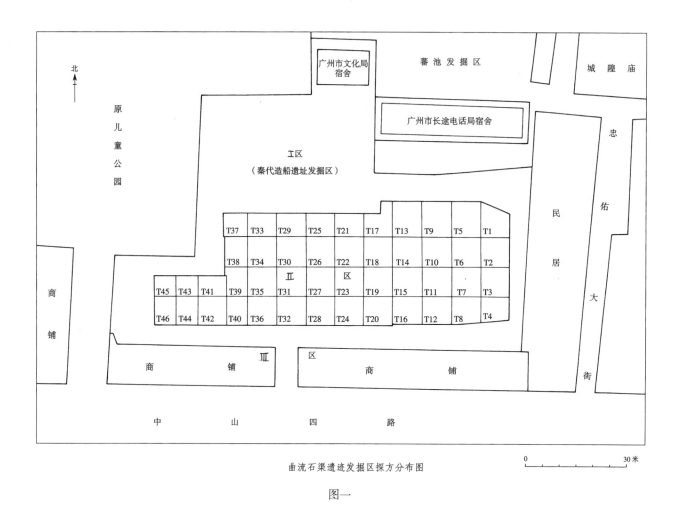

曲流石渠遗迹发掘区探方分布图

图一

　　在半年多的时间里，我一共发掘了 T4、T15 和 T33 三个探方。T4 位于 Ⅱ 区东南角，文化层薄，出土了大量带铭文的明代青花瓷片，在探方东侧发现有残存的明清墙基一段，西侧有曲流石渠弯月池遗址横穿。T15 位于 Ⅱ 区中部，出土的重要文物有带"苍梧"二字的印文陶片、曲流石渠中的一号渠陂和一号斜口（图二）等。T33 位于 Ⅱ 区西北角，出土有南越国时期的 8 块砂岩石质踏步石条，呈弯月形向东北延伸（图三）。这是我国发现年代最早的园林石构踏步。该探方还出土有波斯蓝釉器残片、玻璃器残片，以及唐五代时期一口砖砌水井（J58），在砌井砖上还发现有戳印"军""军十甲""十四甲""第八甲"等文字，十分珍贵。

　　尤为难得的是，早在 1997 年 12 月发掘期间，秦汉造船遗址办公室就起草了一份《秦造船遗址与西汉南越国宫署遗址保护初步设想（讨论稿）》。讨论稿中不仅首次提出了"东起忠佑大街、城隍庙，北至梯云里和省财政厅之南，西至北京路东边线，南至中山四路北边线，面积约 4.8 万平方米，为南越国宫署的重点保护区，遵照国务院国发 [1997]13 号文件的精神，需报请省市人大作专项立法保护"

图二　　　　　　　　　　　　　　　　　　　　图三

的建议，而且展示了这 4.8 万平方米的遗址区，需要"分期发掘，重点保护，合理利用，使之逐步建成为广州这座历史文化名城的一颗最闪耀的明珠"，成为"广州市一个具有世界著名旅游胜地之称的重要历史遗址和博物馆，供中外人士参观、考察和进行多学科研究的重要基地"的美好前景。

正是因为有了这份"保护初步设想"，1998 年 2 月 20 日下午，广州市市长在参观南越国宫署遗址考古发掘工地时，在听取麦老师的详细汇报后，当场做出了要"争取今、明两年发掘儿童公园，计划考虑儿童公园的搬迁问题，将 4.8 万平方米的范围保护好"的指示，从而使南越国宫署遗址的保护和利用上升到一个新台阶。

这次发掘工作持续到 1998 年 3 月结束（图四）。随后，在省市及国家文物局等领导的关心下，南越国宫署遗址得到了合理保护和有效利用，2005 年被国家发改委和国家文物局列入"'十一五'期间国家重要大遗址保护专项"，2006 年与南越国木构水闸遗址、南越王墓组成"南越国遗迹"被列入"中国世界文化遗产预备名单"，2012 年又被列入中国海上丝绸之路申报世界遗产的遗存点之一。如今，这里已建成南越王宫博物馆，深受中外宾客的喜爱。

（原载《中国文物报》2019 年 4 月 26 日第 3 版"综合""庆祝中华人民共和国成立 70 周年：我与文物事业"栏目）

1998年3月17日南越国曲流石渠遗迹发掘工作人员在现场合影

图四

一次具有里程碑式意义的考古论证会

——关于国家文物局专家组南越国宫署遗址广州论证会的回忆

　　1997年下半年，我有幸参与了南越国宫署遗址的考古发掘工作，又在次年的春节前夕亲历了国家文物局专家组南越国宫署遗址广州论证会的全过程，聆听了各位专家的精彩发言，深感受益匪浅。15年后的今天，每每回忆起那次论证会，心中仍久久不能平静。这次论证会形成的专家意见给广州的文物保护工作带来了积极的推动，促使广州市政府下决心斥资1.9亿元赎回原计划兴建信德文化广场大厦的地皮，遗迹原址保护并开放供人参观，并在当年的7月28日发布了《关于保护南越国宫署遗址的通告》，初步划出4.8万平方米范围为文物保护区。因此，这次论证会在广州文物保护史上具有里程碑式的意义。2013年正值广州市开展考古工作60周年，回忆整理此次论证会的点滴，一则是为了能更好地向专家们学习，二则是为了时刻警醒自己，鞭策自己，让自己在今后的文物保护工作过程中不要懒惰懈怠。这里需要特别说明的是，由于下面呈现的内容是本人听讲时所做的笔记，当中定有遗漏、笔误、甚至可能有不符合各位先生观点的错误，所有这些均由我本人负责。

　　这次广州论证会汇聚了国内考古和文物保护、古建筑、规划等各方面的顶级专家以及相关部门的领导，有北京大学考古系宿白教授、李伯谦教授、中国文物研究所黄景略研究员、王丹华研究员、罗哲文研究员、中国社会科学院考古研究所徐苹芳研究员、副所长刘庆柱研究员、故宫博物院原院长张忠培研究员、傅连兴高级工程师、北京市城市规划管理局顾问李准总建筑师、辽宁省文物考古研究所所长辛占山研究员、建设部建筑设计院建筑历史研究所傅熹年研究员、国家历史文化名城保护专家委员会郑孝燮副主任等13位专家，以及国家文物局文物保护司杨志军司长、考古管理处关强、博物馆司纪念馆处刘顺利，《中国文物报》记者蒋迎春等。他们在国家文物局张柏副局长的率领下，顶着南国新年刺骨的寒风，在广州，对新发现的一条长约150米的曲流石渠等南越国宫署遗址遗迹进行了为期两天的论证。

　　论证会是从1月9日开始的。这天上午8时半，专家组全体到南越国宫署遗址发掘现场，在听取广州市文物考古研究所冯永驱所长的简要介绍后，又到考古工地及周边进行实地考察。随后，专家们回到考古工棚，向考古人员提出了许多问题，比如"遗址的东边为何没有汉代文化层？曲流石渠与秦代造船遗址的关系？秦代番禺城的城区在哪？"等等。最后到南越王墓博物馆参观《90年代广州保护地下文物成果展》中陈列的南越国宫署出土遗物。下午2时半，论证会在广州沙面胜利宾馆举行。会议先由杨志军司长作介绍，再由徐苹芳和黄景略两位先生共同主持。徐先生常年从事汉唐考古工作，他一开口，就直奔主题。他说，该遗址经历了近30年的考古发掘，这次论证的重点主要是上午考察的南越国宫署遗址中的宫苑遗址，专家们可集中在三个方面进行论证：一是宫苑遗址的价值。这个遗址在中国考古学上到底有何价值和意义，值不值得保护。二是就考古发掘工作来说，我们要评论一下，这个遗址还有何问题，还有哪些工作需要做。三是若论证该遗址有保护价值，那么我们将如何保护。黄景略先生接着说："我同意徐苹芳同志刚才所说该遗址是宫殿内部宫苑遗址中的一部分。这次发掘，我个人有几点意见：如将以前发掘的船台遗址、石池整体结合起来考察，就能把宫苑的面貌比较清楚地揭露出来。这次发现是中国最好的石构建筑。从西汉各诸侯王如中山王、梁王、楚王、燕王、长沙王等的情况看，我们很难找得到像广州这么好的一个遗址。这次发掘为将来找到南越国宫殿遗址确定了一个坐标，宫署主要点可能是在儿童公园。城隍庙这一带虽然未发现汉代遗迹，但是我们不能忽视，这一带有可能是一个大型的建筑遗址。这次发现对于探讨南越王都城遗址有重要意义。这个遗址出土的文物很有气魄，如建筑材料'中国第一大砖'，这个提法比较可信，烧这么大的砖相当不容易。这些出土文物反映了西汉初年广州的经济、文化比较发达。这里是宫署宫殿中的一个组成部分，这是没有问题的。我个人认为现场要给予保护，要突出西汉时期的遗迹遗物。这里的遗迹遗物不亚于象岗山南越王墓出土的文物，这对于宣传广州历史文化名城是很重要的材料。"

随后，王丹华女士、宿白先生、徐苹芳先生、刘庆柱先生先后作了精彩发言，阐述了各自的意见。

王丹华女士说，从目前的发掘现场看，遗址脉络清晰、范围大、保存完整度高，应绝对原地、原位、原状保护；宫署遗址是一次重大的发现，是世界上绝无仅有的，对于研究古代建筑、西汉手工艺都有很大价值，应建一个遗址博物馆；鉴于出土的砖、石、木等遗物易受干湿度和温度等因素的影响，而且半月形水池中的两堵墙的砂岩石已开始风化，因此要尽快采取应急保护措施，盖一个大棚，及时地保护好遗址发掘现场；由于遗址还在发掘中，应尽快制定一个当前的保护措施和今后的发展规划。同时，王先生还就遗址东边的城隍庙建筑谈了自己的看法，认为现在的城隍庙建筑虽然是新的，但是庙前头还保留了直道制度，这种制度一般来说元代以后就没有了，这说明原城隍庙的创建时间不会是明清时期，而应该更早些。

宿白先生不仅十分赞同划定一个保护范围，也同意王先生所说的城隍庙直道制度，而且谈了许多重要意见。他说：现"儿童公园既是隋代节度使衙署所在地，也是明朝布政使司所在地。南越国的宫署中心区一直沿用到后来。这种情况很重要，这涉及几个问题，一、石渠遗址上有晋南朝早期、晚期、宋代等几个时期的水渠，这几个水渠到底是什么用途，走向如何，值得注意。虽然南越国时期的东西最为重要，但是此后的情况也要研究清楚，这就需要我们将南越国遗址与以后的历史遗迹全面结合起来考虑，这样该遗址的重要性更加突出。二、为什么南越国的都城要选在这里，这就涉及海岸线、港口等问题。这些说明我们工作的重要性就更加大了。从发掘出土的遗物看，西汉、东汉、晋、南北朝、唐、宋等各朝代的都有，而且不是一般居住地的东西，如青瓷、莲花瓦当，从六朝直到宋初，历代均有，这些瓦当不是一般的瓦当。唐代铺地砖很精美，唐代首都长安遗址出土的也不过如此。东汉地层出土了铜骑马俑、唐代地层出土了玻璃碗。总之，这里不是一般的地方。"此外，宿先生还就目前和今后的考古工作提出了一些需要注意的地方："水渠本身很重要，但它的意思究竟如何，我看现在还难说清楚，以后还得要注意北面的水池、西面的儿童公园，再作考察。这是一个什么样的宫苑，还得研究清楚。现在我们要分层作图，比如南越国时期遗迹、汉代遗迹分布、六朝遗迹、宋代遗迹分布情况如何，这对理解和研究该处遗址都很有用。唐代，这里恐怕也很重要，但留下来的遗迹不多，是不是破坏太多，还是我们注意得不够？唐、宋时期是广州城的重要发展时期，应特别留意这两个时期的遗迹，不能把唐宋合起来说。城市考古学，广州做了很多年。应结合以往的记录来考察。南越时期的遗迹要注意保留，南越国地层以上的遗迹，也要注意记录、照相，清理好之后，才能继续往下做。看来，这项工作不是一代人能完成的。因此要有一个长期计划，要考虑后继队伍，要赶快培养下一代，广州的队伍还是过硬的。"

徐苹芳先生接着又说："首先应把已揭露出来的石渠保护好，这项任务相当重。信德大楼不能建。从现遗址来看，这里的田野工作尚未结束。这里是广州城的心脏。应把历史断层弄得清清楚楚。要把各朝代的地层打破关系弄清楚，很不容易。要尽快拍航空照。这是一个紧急抢救的问题，应尽快向市政府汇报。"

刘庆柱先生重点谈了遗址的价值和保护两个问题。他认为，宫苑遗址的重要价值是排在第一的，必须要保护，"这里是全国唯一一处保存完好的宫苑遗址"。他还提出，这里是历代广州城的核心区，至少要弄清楚汉至唐时期历代地层的叠压关系、出土遗物与地层的关系、建筑关系、遗迹关系，还要弄清楚水渠的进、出口问题、遗址的范围和布局问题，要有总平面图、分层平面图等等。

第二天，即1月10日论证会继续召开。上午8时半，专家论证会在广州市政府1号楼中厅会议室举行。广州市副市长戴治国、姚蓉宾、广东省文化厅厅长阎宪奇、文物处处长苏桂芬、广州市政府副秘书长陈纪萱、市委宣传部副部长杨苗青、市文化局局长曾石龙、副局长陈玉环等参加。论证会仍由徐苹芳先生主持。杨志军司长作了简要介绍，并介绍了当天到会的专家和省市有关领导。徐先生首先将昨天论证的三个方面的内容简述了一遍，同时提出了当天的任务："前半段是论证，写出论证意见；后半段请省市和国家文物局的领导讲话。"他还补充道："这个遗址是去年公布的第四批全国重点文物保护单位。因此，今天论证的实际上是对这个国保单位部分遗迹的保护问题，我们必须按国保单位的要求来论证。"

第一位发言的是张忠培先生。他说："就遗址性质而言，我认为是御花园。这个发现很重要，这是国保单位的核心。南越国在广州历史上具有划时代的历史意义，它把岭南推到一个新的历史阶段。目前这里的建筑形态在全国是没有的，建筑特点是大量使用石材，有别于我们平常见到的使用砖和木的建筑。因此，这个遗址必须保护。这次考古工作取得很大成绩，揭示了以前未曾看见过的东西，但发掘工作尚未完成，特别需要留心每一个时期的地面，将每一个时代的地面测绘好，重点是要保护好南越国时期的地层。在保护方面，有几种保护方法：一是用土回填，显然这种方法在这里不可行；二是以博物馆的形式来保护，让国内外的朋友来参观。在这4.8万平方米的保护范围内，不能再盖房子，要有法律来保护。我们要保护好已揭露出来的部分，待4.8万平方米保护范围逐步揭开，那时的广州历史文化名城就新增加了一个特色，广州的地位就大不一样了。"

罗哲文先生说："这是一次了不起的发现，不仅是广州、广东，而且是全国，甚至是国内外考古学上的一次重大发现，也是建筑史上的一次重大发现。广州保存完好的西汉早期南越国都城宫署遗址在全国尚未发现第二座，其布局完整、特殊、形制罕见，价值非常重大。这本身是全国重点文物保护单位内的一个重要遗址。这个发现丰富了广州历史文化名城的内容，说明广州的的确确不愧为一座历

图一　1月9日上午考察周边环境一

图二　1月9日上午考察周边环境二

图三　1月9日上午考察周边环境三

图四　1月9日上午考察考古现场一

图五　1月9日上午考察考古现场二

图六　1月9日上午考察考古现场三

史悠久、文化灿烂的历史文化名城。要现场保护，继续完善考古工作。要进行全面测绘，包括各地层等高、平面。各个层面的空中照片一定要拍。这项工作相当重要。这将是一份最科学、最形象的照片。我建议还要拍成电影，以电影的形式予以完整保存。下一步工作应加强科学研究，这里要研究的东西太多了。"就如何保护的问题，罗先生还提出："首先建议广州市政府进行立法保护。第二是技术保护，

图七　1月9日上午考古工棚现场一

图八　1月9日上午考古工棚现场二

图十　1月9日下午沙面胜利宾馆论证会现场

图十一　1月10日上午广州市政府论证会现场

防止遗址被雨水浸泡、塌崩，对砖瓦建筑构件等出土文物进行科学保护。我赞成张忠培先生提出的应建一座博物馆来加强保护，让它真正发挥作用。"

第三位发言的是李伯谦先生。李先生说："我非常同意许多专家对遗址的定性：对广州城建而言，这是广州市城市建设历史的一个缩影。一定要把它保护好。它也是广州市考古工作者辛勤劳动的结果。"李先生对如何保护好该遗址也提出了一些具体建议："应将南越国宫署遗址及其周边作为一个整体纳入保护范围及整体规划中。当前最为紧迫的问题是如何保护好遗址现场，因此我建议要制定一个保护方案。这处遗址实在太复杂，历代文化层都有，应弄清楚各个时代的关系、各个文化层的关系。为什么东汉时期会有暗渠，南汉时期的湖堤遗址也应高度重视。有些问题还不清楚，如石渠的水源如何，石渠的西端有暗渠，之上又有散水，其关系如何，还有石桥、步石的走向又是如何。因此，对考古工作者而言，这项考古工作仅仅是开始，而不是结束。尽管我们的发掘工作是配合基本建设而进行的，但是我们从主观思想上应把这项考古工作变为一次主动的科学发掘工作。这就要求我们在速度上要慢一些，不能着急，而且应连续性地工作，应有一个长远的发掘计划，最后达到建成一座遗址博物馆的目标。"

辛占山先生是第四位发言人。他说，"近十年来，我们发掘了秦始皇离宫遗址。这次看了南越王宫署遗址现场，对我们将来发掘秦始皇那边的工作很有帮助。这次发现确实非常重要。随着秦始皇统一中国后，到汉代，全国大一统的局面已经形成，无论东西南北，发现的汉代遗迹几乎都有共性。石构遗迹在全国不多见。无论是砖瓦，还是建筑制度，都能从北方见到其来龙去脉。南越国时期的布局也应与中原的一脉相承。我觉得，石构建筑在我国北方出现较早。我不知道能否联系上，但至少在五千多年前的红山文化，砌石就已出现。到秦汉时期，高丽用石头砌的遗迹还是比较多的。但从考古现场看，出土各时代的文物非常丰富，因此，发掘工作不能急。目前已发现的遗迹非常重要，应该保护起来。但如何保护，需要我们加强研究。这些石头很容易风化，石构的也不容易保护下来。4.8万平方米的保护范围是合理的，但控制面积是否还可扩大一些。近年来，宿白先生一再讲，城市考古学的难度大。"

第五位发言的是郑孝燮先生。郑先生认为"广州市的这次发现可以说是重大的、惊人的，这次发现的遗址是赵佗城的核心部位，尤其了不起。它的影响和价值，不仅对广州历史文化名城、岭南开发史，甚至对全国的意义都非常大。要不惜代价死保广州这次发现的重大遗址。总之，一句话，在广州现代化程度很高的情况下，有这么一块遗址真是了不起。这的确是一个惊人的重大发现。"

其次，郑先生谈了遗址的规划问题："应根据《文物保护法》，将此纳入规划中，从规划上加以保护。具体而言，在4.8万平方米的保护范围内，有七千平方米的面积是儿童公园。综合协调下，儿童公园也要发展，建议作调整，应另辟新址；原儿童公园纳入遗址发掘保护中。在规划上还要考虑排水问题。排水问题是一个致命的问题。临时排水不能解决根本问题，需要有系统的考虑。地上、地下水应纳入城市排水网络。建议请市政排水专家作系统研究。此外，在4.8万平方米保护区外还应留有余地，4.8万平方米应有一个专门的保护计划。这个计划应涉及出口问题、停车问题等。遗址上可考虑盖一个大棚，但要设计好看。这也是城市风貌问题。"

最后郑先生还谈了要加强研究工作："遗址出土的东西，既有受中原影响，也有地方特色。比如有一块大方砖，长宽各有95厘米，厚15厘米，做工很细腻。别的地方没有出土。这么大块的方砖，恐怕只有宫廷里使用。砖上的空孔当然是为了便于烧透的作用，但是否还有其他功能。我们在皖南明清民居就见到方砖上有空孔，那里是起空调作用。因此，我联想到这里的大方砖是否也起这个作用，是用来调节宫内的气温？"

李准先生是第六位发言的。他认为"遗址的保护工作既复杂，又艰巨，工作量大，任务重，需要我们慎重对待，不能像一般的遗址那样保护。我比较赞同采用滚动式的方法来进行保护。保护计划既是一个长期的，也要根据实际情况可随时调整改变。这是一个交叉计划。一定要保护住这4.8万平方米。由于这个保护区内还有许多地方不属于文物部门管理，因此，保护计划要尽快制定，能早尽量早，早做更有利。还要考虑轻重有别，抓住主要的，分层次保护。我主张盖一个简易的建筑，主要追求实用的建筑，待考古工作全面完成后，再建一座好的博物馆。"

第七位发言的是傅熹年先生。他认为，"事实求是地说，这是一个闻所未闻、见所未见的遗址，内容非常丰富。这个遗址太伟大了，从时间上看，应是西汉时期；从位置上看，位于祖国南边的广州，它对于说明广东地区早期文化发展史非常重要。遗址的性质应是宫苑遗址，其主体中心应是水渠。若提石渠，很容易同长安宫殿内的石渠相混淆，因为长安的石渠在天禄阁周围，是用来防火的。从广州这个遗址本身来看，至少有两点可以证明它是园林性质的。一是'步石'，这种做法一直到现在还是园林中很典型的手法，或者用在水中，或者用在草地上。现在看来，这种做法可以上溯到西汉初年，这对园林史研究很有用。二是'陂'，水渠当中有两个'陂'，目的是局部抬高水。'陂'的做法，唐代大量出现。但跟这里的性质是不一样的。从这个遗址来看，水渠是弯弯曲曲的，应是苑囿性质。唐代白居易、元稹的诗中大量提到'滩'。一个水池中可以砌几个'滩'。从这个实例来看，造'滩'的做法不是起源于唐代，而是可以追溯到赵佗时期。汉代，文献里记载的园林资料很多，但从未见过实物。山东东汉画像石有点园林图像，这是唯一可见的。从这个遗址来看，至少比东汉又要早三百年了。因此，中国造园技术、园林设想、造园意识的时代又可以提到很早。水渠中铺河卵石，也是园林做法。之前这种做法在中国尚未见过，只在日本平城奈良时期见到。日本的做法是学中国的。可以看到水渠中铺河卵石的做法又可以提前很早。这个遗址的发现使中国造园艺术提前了上千年。我国其他城市也有汉代遗址出土，特别是北方大部分城市是夯土，很难保存下来，唯独这个遗址是石质的，易保存。这个遗址对于丰富广州市历史文化名城的内涵、提高城市声誉是非常重要的。如果能够把这个遗址很好地保护好、展示出来，意义十分重大。广州历代重要建筑物有可能都集中在这里。南汉宫殿区也很可能集中在这里。应当对秦汉至唐五代各时期的遗迹作精确的测量，把各个时代的材料积累起来。这项工作应做慢一点。假如将来儿童公园内也有叠压关系保留下来，那就更有力地说明广州的历史悠久。是否最后只保留一个完整的南越国遗址，现在不能说死，要视情况而定。假如南越国遗址上面其他时期的遗址也非常好，那么也要局部保留。关于保护措施，我同意李准同志的看法，等遗址全面揭开后，再考虑全面的保护措施。"

最后一位发言的傅连兴先生肯定这个遗址的价值："我们暂时将这个遗址称为南越国宫苑遗址。从中国历史、广州历史、南越历史来看，这个遗址非常重要，对中国建筑史、园林史都是不可多得的实物。如果今后我们把这里的工作做好，那么对人类文化事业也是有贡献的。这里的出土文物极为重要，科学价值也高。比如大方砖，目前国内尚未见过，具有非常高的科学价值，就拿现代科技而言，也是不易烧制出来的。南越国水井，不仅砌法精致、结构合理严密，而且砖的质量也高。这反映了两千多年前的科技水平相当高。还有水井下铺沙过滤，这反映了两千多年前的我国文化已经发展到这个层次，也是惊人的。这种做法也符合现代标准，是中华民族对人类文明所作的贡献，其价值怎么说都不过分。"傅先生同时也提了许多好的建议："要做各个时代的图纸，还要跟踪拍照。南越国遗址以上的各代遗址必须要揭开，否则就无法发现南越国遗址。但如果全部揭开，那么南越国以后的遗址就保留不了。因此一定要用照片、电影、光盘等多种手段保存好资料。我不主张目前盖一个永久性的博物馆建筑，因为发掘还在进行中，应盖一个简易的建筑物，而且是可以随时拆掉的。同时，我不主张扩大加固范围，否则会对遗址造成破坏。"

在听完国家文物局专家组各位专家发言后，南越国宫署遗址发掘队队长麦英豪先生作了补充说明，他从保存完好、有力物证、货真价实、唯一性等四个方面对该遗址的历史、艺术和科学价值作了很高评价。他说"任何一位中外学者研究中国岭南地区发展历史都会毫不犹豫地提到岭南古代史上发生的两件大事：一是秦始皇平定岭南（前219~214年），从此岭南大地正式归入秦帝国版图，而南下大军留宿本地，与当地越族人民共同开发岭南；二是赵佗拥有南越大地，起码可以说广州城建于此时期，是岭南最大一座城市、广东省会所在。这么一座历史文化名城，已在建城历史上揭开了这个地区政治、经济、文化历史上新的一页。这两件闻名中外的历史大事的历史物证都在广州有发现，一是秦造船遗址，二是南越王墓和南越国宫署遗址。世界上的历史文化古城能够保留有建城开始那段辉煌灿烂历史遗址又保存有那么好的恐怕只有广州有，而且这座历史文化名城两千多年持续不断地发展在一个中心上，往四周扩大，每个重要历史发展时期都有历史遗迹保留下来，这也是广州才有。这一点恐怕不夸大。这一点确实值得广州人民引以自豪。有这么一段历史，与没有这么一段历史的民族自豪感就大不一样了。南越国宫署遗址得以保存，首先要感谢电信局、长话局，其次要感谢信德文化大楼。南越王国都城中的御园遗迹能够完整地清理出来，二千多年后能够得以重见天日，这确实是广州一件特大喜事。找遍中外古今，二千多年的园林，到哪里去见？世界上七大奇迹之一的古巴比伦空中花园，只能在文献里读到。现在两千多年前的花园完整地保存下来。按照《中华人民共和国文物保护法》第一章第二条规定，具有历史、艺术、科学价值的古文化遗址、古墓葬、古建筑等受国家保护。那么，南越国宫署遗址在上述三个方面的价值都具备。比如，在历史价值方面，它可贵的方面有四点。一、南越国存在的时间相当于汉武帝前期。汉初封了32个王。目前所见只有异姓王赵佗的王宫被发掘出来，而且保存得基本完整，至为难得。可贵一也。二、汉武帝灭南越国，南越国宫署毁于大火，之后又深埋在地底下。这个在当时存在了一个多世纪左右的南越王宫今天能够清理出来，而且令人惊奇的是，在两千二百多年前的岭南大地竟然有如此高度发达的经济和文化，可以说这是岭南历史上政治、经济、文化发展中出现的第一次大飞跃。这个遗址是这次大飞跃中最有说服力的物证。可贵二也。三、从某种意义上说，它比南越王墓出土的东西还要重要，因为南越王墓出土文物属可移动文物，但南越国宫署里保存下来的建筑是不可移动文物，是货真价实的。可贵三也。四、中国古代建筑主要以夯土台与木构结构为主，西方主要以石制结构为主，一木一石形成了中西两大建筑史上不同的建筑体系。南越王宫署遗址出土的石渠、石渠上的石桥、石柱等等在已知中国秦汉遗迹中是仅有的。有人将其比作是罗马。我认为是早期罗马。可贵四也。此外，还有重要的艺术、科学价值。"麦先生还提出遗址保护问题，"我们觉得要用持续发展的战略观点来看待这个问题。遗址要原地保护。我们很赞同要用专项立法保护。要贯彻重点保护、重点发掘的原则，划出宫署遗址的核心区。我们提出一个初步意见是4.8万平方米的保护区，作为绝对保护区。要贯彻'保护为主、抢救第一、合理利用、加强管理'的方针，对遗址要制定出短期的和长期的保护计划，要做出分批、分期的保护和建设规划，使之成为南中国有重要影响的一个很重要的旅游胜地。可以边开放，边发掘，边建设，等到将来全面建成之日，我看它应该是广州成为世界上一个比早期罗马还要早的有重要旅游价值的地方。"

在上述各位专家发言结束后，广州市文化局局长曾石龙先生、广州市人民政府副市长姚蓉宾女士、广东省文化厅厅长阎宪奇先生、国家文物局副局长张柏先生先后讲话，一方面充分肯定这次发现的重大意义及专家们所提的论证意见，另一方面，对遗址今后的保护工作做了具体部署，要求继续做好抢救发掘工作及发掘现场的保护工作，要求制定一个较长远的保护、利用和研究计划，由当地政府专门发文保护好这片文物保护区。

张柏副局长在总结性的发言里谈到："这次论证会开得很好，完成了预期任务。发掘取得了很好的成绩。专家们对考古现场进行了认真考察，又提出了很好的意见。这次会议，广东省、市领导很重视。刚才，市领导表示一定要保护好遗址。这次会议取得了很好的论证成果，论证意见对我们今后开展工

傅连兴先生发言

傅熹年先生发言

黄景略先生发言

李伯谦先生发言

李准先生发言

刘庆柱先生发言

罗哲文先生发言

麦英豪先生发言

宿白先生发言

王丹华女士发言

辛占山先生发言

徐苹芳先生发言

杨志军先生发言

张忠培先生发言

郑孝燮先生发言

作很有启示。我想再谈三点意见。一、宫署遗址的发现具有重大意义。这一点，我就不多说了。专家们详细地谈了很多，为我们城市考古取得了很好的经验。这些成绩应归功于广东省、市，特别是市考古工作者。他们付出了辛勤劳动，特别是麦英豪老师，年岁大，仍与年青人一起在工地干。这种敬业精神值得学习。还要归功于各部门的团结合作。最重要的还有省市政府各级领导，特别是市领导的支持和重视。这次发现不仅是考古方面的重大成果，也是我市精神文明建设的一个重要成果。这一发现对国家历史，特别是广东历史、科技史，具有巨大意义，对推动省市精神文明建设有重大意义。二、坚决执行文物保护原则，把宫署遗址保护好、利用好。保护这个遗址，应贯彻'保护为主、抢救第一'的方针。这里一定能成为贯彻文物法'有效保护、合理利用、加强管理'方针的典范。应按照国务院下发的《通知》去做，具体而言，应把它纳入城乡社会经济发展计划中、财政预算中、体制改革中、领导责任制中。坚决执行国务院的要求。三、做好当前几项主要工作：1.继续做好抢救发掘工作。这项工作是一项长期的任务，是做好其他工作的一个基础性工作。全面做好各地层测绘图，要航拍。我建议，待这些工作做完后，再请一些专家来好好地分析。下一步我们的考古工作应建立一个专家研讨会制度，因为这个遗址的难度大、复杂。下一步工作难度更大。2.做好发掘现场保护工作，尽一切努力绝对保护好已发掘出来的文物、遗迹，使之不受损害。专家们提出的几个问题，我希望省市领导认真地解决好。我建议再请科技方面的专家进行充分论证。有哪些具体意见，要有方案。经批准后，才能动。不要轻易动，特别是使用化学药剂更应慎重。要充分听取科技专家、考古专家、文物专家、建筑专家的意见后再进行。3.确保两个安全：人的安全和文物安全。防止自然损害。4.现在就要着手做出一个较长远的保护、利用和研究计划。5.关于宣传和汇报问题。这么重大的发现，这次专家论证会意见，要专门向省委、省政府书面汇报，听取省委、省政府的意见。我回去后，会向国家文物局汇报，国家文物局也会将这次论证会的情况和现场看到的情况专门向国务院报告。什么时间进行宣传，一要看业务进展情况，二要看省市政府定出的基本决策，然后请省市政府定好时间做出宣传。我建议市委、市政府作一个决定，发布一个专门文件，来管理一段时期，暂时保护好这个保护区。当前主要工作要抓紧再抓紧，把它做好。"

专家们求真务实的科学精神，永远值得我们学习。经过两天紧张严谨的论证，专家组一致认为南越国宫署遗址是"广州历史文化名城的精华所在"。此后，南越国宫署遗址的保护和利用工作迈上了一个新台阶。今天，新落成的南越王宫博物馆以崭新的姿态迎接八方宾客。

（笔者按：南越国宫署遗址是中国历史文化瑰宝，是广州历史文化名城的精华所在。1998年初国家文物局组织召开的一次专家组南越国宫署遗址广州论证会，在广州文物保护史上具有里程碑式的意义。笔者亲历了这次论证会的全过程，聆听了各位专家的精彩发言，深感受益匪浅。笔者据此撰写了这篇回忆文章，在撰写过程中，得到了著名考古学家麦英豪老师的悉心指导。文章在《中国文物报》2013年11月22日第7版"文物考古周刊·交流"和2014年1月3日第7版"文物考古周刊·交流"分期发表后，麦老师又推荐到文物出版社2014年8月《广州文博·柒》刊登。在《广州文博》刊登的文稿中，笔者增补了插图和一些新内容，力求能完整地记录此次考古论证会的全部内容。文章插图均为南越王宫署博物馆提供，特此鸣谢！）

日本侵略者对广州文物的劫掠

日本有计划地掠夺我国珍贵文物，是从 1894 年中日甲午战争之后开始的。1937 年"七七"事变后，日本发动了全面的侵华战争，使我国的古代文化遗存蒙受了巨大的损毁。随着 1938 年 10 月 21 日广州沦陷后，广州地区的文物也经历了一场浩劫，其中，广州博物馆馆藏文物的损失即是一例。

1929 年 2 月 11 日成立并以镇海楼（俗名五层楼）为馆址的广州市市立博物院（即今广州博物馆前身），经过近十年的苦心经营，至 1938 年日本侵略者侵占广州前，馆藏文物已十分丰富，自然类、历史文化类、革命纪念类等门类的文物齐全，馆舍初具规模。可是，日本侵略者侵占广州后，不仅大肆抢劫馆藏文物，而且使馆舍遭受严重破坏（图一）。据广州博物馆保存的一份当年档案记录，广州沦陷后，镇海楼被敌骑占据，楼中一切陈列装置与设备被毁一空，楼东侧的一座办公楼也被辟为日办公厅，馆藏文物档案彻底被毁。到抗战胜利后，据当年档案《广州市市立博物馆概况》记录，点收伪馆移交之陈列品部分只有 1493 件，另钱币 356 枚，矿物标本一箱，家具部分计 146 件。

关于广州博物馆馆藏文物何以突然大量"蒸发"，长期以来一直是个谜，直到 1997 年底改造馆办公楼时，从阁楼中发现一批新中国成立前档案，谜底才逐渐浮出水面。原来抗战爆发前，为了避免馆藏文物

图一　馆藏文书档案

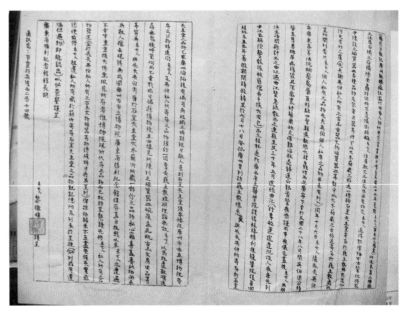

图二

受损，广州市市立博物院曾进行过一次文物大转移，将馆藏文物装箱寄放在广州一德路石室大教堂，交由巍主教畅茂保管。即便如此，也难逃厄运，未能逃过日本侵略军的抢劫。广州市市立博物院筹备委员会14位委职员之一的谢英伯的夫人黎徽辉1947年12月12日给广州市立博物馆的信中写道："自敌犯广州，敌机疯狂滥炸，市面人物，所受灾害，累与日增，至民国二十七年夏间，未亡人（谢英伯之继室）所住东皋二横路之住居右邻之右邻，惨受轰炸，同时左边邻街距离未亡人住居数丈之住宅亦同受炸灾。未亡人遂得郭洁梅女士帮忙，将家中陈设之磁质器皿、各种品物及家常用器等件分以大木箱，藏之移送一德路石室天主堂，寄存于巍主教畅茂处，以防免受炸之虞（先夫谢英伯私人所有之古玉、古器文物、磁质器皿等都分以大木箱藏之，亦移送寄存于巍主教处）。"抗战胜利后，"曾到访巍主教。据悉：未亡人与先夫英伯所寄存于石室天主堂之品物，已在广州沦陷后，有伪省府组织之时期，被日敌人员到石室天主堂强要接收广州市市立博物院寄存之公物时，连同未亡人及英伯私人所寄存之品物，强行一同夺去。巍主教经与理论，无效。"（图二）正是这封信，让我们了解到广州博物馆馆藏文物遭到了日本侵略者的大肆抢劫，使馆藏文物遭受了毁灭性的摧毁。

（原载《中国文物报》2005年9月23日第4版"副刊"）

五朵金花绽放

——孙中山大元帅府纪念馆馆藏

博物馆的基础，除场馆设施之外，首推馆藏文物标本。文物标本的数量和质量，是衡量博物馆品味的重要标志。

坐落在广州城珠江南岸的孙中山大元帅府纪念馆，是广州一颗璀璨的文化明珠，是全国唯一一座以孙中山先生从事革命活动并建立革命政权时的办公场所命名的纪念馆，是中国共产党第一次成功运用"统一战线"并取得辉煌成就的重要历史见证地，是海峡两岸同胞、海外侨胞的一条重要精神纽带，是晚清中国积极探索走向现代化工业的历史见证地。该馆的建馆史虽然不长，但丰富馆藏却一直是馆内的一项重要工作。经过 20 余年的努力，特别是近五年的努力，馆藏文物标本无论是数量，还是质量，都达到了一个新的高度。目前馆藏文物标本已过万余件套，并在有关孙中山的个人物品、帅府名人物品、广州市政历史物品、市民生活物品及见证广州中外文明交流互鉴的物品等五类形成特色，犹如五朵金花正在帅府绽放。

首先是与孙中山个人有关的物品。目前馆藏有一批反映孙中山个人生平和从事革命活动的历史照片、往来函件、书法作品、著作及其签发的任命状等，达百余件（套），其中重要的文物有 1912 年 3 月 1 日临时大总统孙文签名颁给潘受之的旌义状、1916 年 9 月 28 日孙文在上海徐园慰劳义勇华侨（讨袁敢死队）时的合影、1916 年 3 月 6 日中

图一

华革命党总理孙文签发给刘纪文的财政部部员委任状、1918 年 3 月 7 日孙总理孙夫人与帅府要员在广州大元帅府合影、1919 年 1 月 27 日孙中山致廖仲恺古应芬函、1922 年版孙文著《建国方略》、1924 年 1 月 8 日孙文致许崇智令、孙文楷书"知难行易"横幅和行书"博爱"横批（图一），等等。

其次是与帅府名人有关的物品。孙中山曾两次借广东士敏土厂办公楼开府办公，建立革命政权，因此，与广州大元帅府历史有关的帅府名人和帅府事件众多，有关这类的历史文献和实物，是该馆征

集的另一个重要目标。近年来，该馆先后入藏了古应芬家藏和刘纪文家藏，数量几近两千余件（套）。这批入藏的历史文献和物品不仅历史价值高，蕴藏着大批重要历史人物的相关活动和重要历史事件，而且艺术价值高，有些藏品堪属书法精品，其中重要的文物有 1923 年 1 月 26 日李福林就广州滇桂军事情形请古应芬告孙中山暂缓回粤的信函、关于国民党筹备改组一事孙中山于 1923 年 10 月 25 日拟定的特派临时执行委员和候补委员人选名单、1925 年 2 月 10 日李仙根从北京向广州大本营财政部长古应芬介绍孙中山病情的信函、1925 年 7 月选举党务委员会成员票数统计情况及结果、1925 年 10 月周恩来发自广东博罗的电文，等等。据初步统计，入藏藏品中涉及的帅府要员及与帅府有关的历史人物有周恩来、李济深、邓演达、朱执信、胡汉民、汪兆铭、陈炯明、古应芬、戴季陶、蒋介石、刘纪文、李仙根、林云陔、许崇智、陈铭枢、王棠等百余名。

图二　1934 年刘纪文与广州第二次耆英大会老人合影

图三　1935 年 3 月 12 日广州市气象台开幕典礼合影

图四

图五

第三、见证广州市政变化的物品。孙中山在广东三次建立革命政权，其市政建设理念逐步在广州获得实施，由此广州的城市面貌也发生了深刻变化。有关 20 世纪 20、30 年代广州市政建设的历史文献、照片（图二、三）和实物（图四、五）也是该馆的主要征集方向。目前馆藏该类藏品已有数千件（套），其中重要的历史文物有 1921 年《广州市市政厅所属各局职员录》、胡汉民手书"海珠桥"横批、1934 年广州市政府新署落成典礼时市长刘纪文伉俪与嘉宾合影、民国广州松岗（今名梅花村）模范住宅区平面图，等等。

第四、晚清民国时期的童服童饰。这类物品，不仅具有观赏性和艺术性，而且富有浓厚的家国情怀。该馆已入藏近千件中国传统儿童服饰（图六），包括肚兜、童帽、耳套、围涎、童鞋、百家衣、银锁等等。这些童服童饰，绣工精巧，色彩清新高雅，款式多样，图案吉祥，深受百姓喜爱。

第五、近代广州风俗风情画。该馆藏有数百件近代商标广告画（图七），近年来在此基

图六　19世纪末20世纪初 红缎地麒麟送子满地花套装

础上又积极征集广州历史上创作生产的其他各类画种，尤其是19世纪以来广州生产的风俗风情画，如各类外销画（图八）、月历牌等。征集过程中，又得到社会各界友好人士的慷慨捐赠，如王恒先生。目前馆藏外销画及月历牌藏品，也达数百件（套）。这批风俗风情画是一批反映广州历史风貌的珍贵的图像资料，成为反映广州是中西文化交流互鉴之地的重要历史物证。

图七

图八

为了真实记录抗疫历史，该馆积极响应国家文物局的号召，于2月21日率先在广东省内发出抗疫物品征集公告。经过数月努力，目前已有数百件物品入藏，包括广州市防控新型冠状病毒感染的肺炎疫情工作指挥部发布盖有公章的第1号至第9号通告、中山大学孙逸仙纪念医院援鄂医疗队151名队员签名的队旗等。这类物品有力地丰富了馆藏，极大地拓宽了馆藏征集范围。

（原刊《中国文物报》2020年6月30日第4版"专题"，又以《孙中山大元帅府纪念馆馆藏"五朵金花"绽放》为题载《文物之声》2020年6月30日）

《时事画报》若干问题辨析

　　广东是近代中国最早接受西方文明影响的地区，也是西方科学技术传入中国的第一站。新思想、新事物冲击和影响着粤人，使广东成为近代中国在社会变革、文化变革、艺术变革等方面最为敏感的地区。19世纪末20世纪初，中国社会进入剧变转折期，一批新型大众传播媒体则成为推动社会剧变转折的一支重要力量。广东的一批新式知识分子广泛利用新技术、新媒介，积极开展舆论宣传，传播新思想、新文明。在此历史背景下，一批粤籍进步人士在广州创办了一份进步刊物《时事画报》，对推动社会进步、启迪民智起到了非常积极的作用。《时事画报》刊行后，一直没有重版。今借此次整理影印出版之机会，将《时事画报》存疑的若干问题辨析如下，供读者参考。

一、创刊时间、发起人、编辑美术人员及办报宗旨

　　关于《时事画报》的创刊时间，一说1905年农历八月二十五日[1]，一说1905年9月29日[2]，即农历9月1日。据《时事画报》1906年第二十六期《杂文》栏刊登陶陶《本报出版一周岁纪念文》记载："本报于中历乙巳年秋八月廿六日出第一期。""陶陶"即赖陶陶，为《时事画报》撰述员之一。是知《时事画报》创刊出版于1905年农历八月二十六日。

　　另据创刊号刊登的《画报茶会》一文介绍：

　　　　本报于是月初五假城西述善堂开设茶会，到者二百余人，画界学界人居其多数，内有女美术家三人。先由潘氏陈说本报宗旨、办法，次由陈君章甫演说图画之关系，后来宾陆续演说图画之有益于社会。措词均恺切详明，至下午罢会。

　　按"是月"是指农历乙巳年八月。文章指出，画界学界二百余人在农历八月初五日召开茶会，讨论出版《时事画报》。这次茶会也被农历八月初七日这一天的香港《唯一趣报有所谓》以《时事画报茶会之纪事》一文予以详细报道：

　　　　省垣《时事画报》，原潘氏心薇发起，于初五日假座述善学堂，先由潘氏宣告《时事画报》之宗旨及章程毕，来宾陈氏章甫演说电版之关系于国民，并举法败于普、画普人待法人惨状、卒收感化国民之效以为借镜。并有陈氏、罗氏、高氏等，均陈所见云。[3]

按"述善堂"即指广州城西的"述善学堂",潘氏心薇即潘达微(1880~1929年),字铁苍,号景吾,又号冷残、寄尘,笔名觉、阿景、影吾、铁苍十二郎、剑灵女士,别署冷道人、中国无赖等,番禺人。陈章甫(1885—1937年),字铎亚,广东阳江人,毕业于保定陆军学堂。[4]

《时事画报》创刊号还报道了《本报约章》一文是由《时事画报》发起人高卓庭"撰写的,同时说明本报总代理处在广州"十八甫六十九号门牌二楼"。按"高卓庭"又名"高焯廷",即"高剑父"(1879—1951年),名仑,别名高年,字爵廷,号剑父,别署麟、廔、芍亭、爝庭、鹊庭、员岗樵子、老剑、老剑父、剑、剑庐、剑庐主人等。据《时事画报》1906年第三十四期刊登毅伯《送同事陈君树人往东洋序》一文记载:"仆识君仅三阅寒暑,然与君数晨夕,兄弟不是过,南浦送别,伤如之何。去年组织本报,君乃发起一份子,与潘、何、高、赖诸子襄社事,仆幸附骥,得诸君子共匡不逮,以图公益于万一。君时时以文字见教,藉以据写壮怀,更或则拈笔写意,以美术寄其不羁之概。"按"毅伯"为《时事画报》的编辑员。又据《时事画报》1907年第二十二期刊登赖亦陶《本报出版第二周岁感事文》记载:"余幸而办报,得以抚时而感事;幸而办画报,得以抚景而生情。"《时事画报》1907年第二十四期刊登赖亦陶《送毅伯同事之奉天序》记载:"仆与君同襄报务,已两周岁。……去冬陈子韧生,负笈东瀛。今春王燕红,羁务西省。秋初则剑父高氏,又望扶桑三岛而去也。今君复去奉耶。"按陈韧生即陈树人,名韶,字澍人,别署树人、树仁,号拈花微笑子、葭外渔子、二山山樵、得安老人,笔名陈哲、陈晋、韧生、美魂女士、猛进等。在《时事画报》里又见陈树人使用过"自由花馆主人"、若明、若明女士、居若明女士等名。又据《时事画报》1908年第十六期记载:"河南美术展览会,此为第一次创举,倡者本报社员何君剑士也。"《时事画报》1907年第二十六期刊登赖应钧《补录送毅伯之奉天一律》,是知赖应钧即赖亦陶。按1906年后,陈树人、高剑父先后去日本留学(1907年第四期刊登了高剑父的一幅《苗松》图:东洋植物之美术品,丙午秋月高仑在东京美术院写生),毅伯去奉天。1907年腊月,"本报全人高君剑父,由东瀛美术院毕业回粤,与潘铁苍、何剑士、尹涤魂(按:即笛云)三君,发起一图画展览会于城西下九甫兴亚学堂"(《时事画报》1908年第一期)。又按何剑士(1877~1915年),本名"华仲,姓何氏,籍广东南海南村沙乡,少尝学剑于成都某寺僧,因又号剑士。……邦家不造,国步逾艰,时一念之,愤懑欲绝,国人呼号拒美苛约,时剑士亦挺跃而出问世事,磨砺小试,益复寡聊,乃韬身文人学子之林,首办《时事》《真赏》两画报,旋办光武体育会、光亚小学校、中国赤十字会、岭南工艺社等,同时兼任羊城、港、沪诸报笔政。"卒年三十九岁。[5]笔名有解人、剑三郎、南侠亚剑,号南侠。由上述可知,番禺潘达微、南海何剑士、番禺高剑父、番禺陈树人、顺德龙山赖亦陶(应钧)、毅伯等均是《时事画报》的发起人。

《时事画报》的出版经历了三个发展阶段。第一个阶段是从1905年创刊开始到1909年第九期为止。这段时期属广州出版发行时期。第二个阶段是从1909年第十期开始到1910年第四期为止,这段时期《时事画报》转移到香港出版发行,属于香港出版发行时期。这段时期其编辑和发行所屡屡变迁。从1909年第十期起,《时事画报》的总发行所从广州的"省城总发行所十八甫六十九号门牌"搬到香港"威灵顿街壹百贰拾七号二楼",到1909年第十四期起又刊登《迁铺告白》,于农历八月底再迁往"文武庙直街一百二十七号",到1909年第十八期,编辑及总发行所又改至"香港苛李活道一百二十七号",到1910年第三期,编辑及总发行所再改至"香港苛李活道八十六号"。1910年,《时事画报》出版四期后停刊。第三个阶段是从 1912 年第一期开始到 1913 年第十二期为止，迁回到广州并以《广州时事画报》一名出版，发行所设在"羊城第八甫第八号"。本阶段只出版发行了 12 期。

《时事画报》集合了众多具有成就的广东籍画家。根据创刊号刊登《本报约章》的要求，从创刊开始，即向社会发出邀请，"不惜重资，延聘请美术家专司绘事"。"至本报绘画，正在需人，如有同志愿任此门者，请到本报领取题目，并面议笔润一切。"据《时事画报》1905 年第七期公布的《本报美术同人表》记录，美术同人已有 24 名：

> 伍德彝，字乙庄，山水花卉。刘鸾翔，字玉笙，翎毛花卉。吴英蓴，字春生，花卉石。崔芹，字咏秋，人物。冯如春，字润芝，人物。谭泉，字云波，人物。葛璞，字小堂，人物花卉。尹爟，字笛云，人物花卉。车萼仙，花卉。程景宣，字竹韵，花卉。傅寿宜，字蒲仙，花卉。罗清，字宝珊，人物。李鳌，字莘青，山水。林璞初，人物。郑游，字小溥，花卉草虫。陈贞珊，人物。陈鉴，字寿泉，花卉草虫。邓溥，字季雨，人物铅笔。卫汉夫，字新觉，花卉。卫麟，字玉书，山水。陈韶，字树人，花卉翎毛。高麟，字焯廷，花卉铅笔。何嵩，字剑士，人物。潘达微，字铁苍，花卉铅笔。

按伍德彝（1864—1928 年），字乙庄（懿庄），又字兴仁、逸庄，号乙公、叙伦，别号花田逸史，一说广东番禺人，一说广东南海人[6]，笔名有懿庄剪镫、松治馆主剪镫、怲陆包山双钩法。刘鸾翔（1848—1923），号玉叟、南溪叟，原籍彭城，世居广州河南。崔芹（1846—1915 年），字咏秋，别署鹤山山樵、鹤山樵子，广东鹤山人。冯如春（1851—1939 年），名砺石山樵，号禺山，晚号禺山老人，番禺人。谭泉，笔名有梦痕馆人、梦痕馆白沙里人、病国民，新会白沙古冈人，有"广东吴友如"之誉。尹爟（1860—1932 年），字笛云，号侠隐，别署紫云岩叟，笔名有黄流老汉、黄流散人、珠江汉子、干莫庐主、呵剑客、龙江渔者，顺德龙江人。车萼仙，别署南雪道人。程景宣（1874—1934 年），字竹韵，号龙湖叟、龙湖钩客（徒），别署篆香室主，南海人。傅寿宜（1873—1945 年），字蒲仙，号菩禅，又号铁肩、狎鸥老人、谈瀛海客，原籍福建漳州人，寄籍番禺，潘达微的同门师兄。罗清，字宝珊，别署花洲樵子、淋江樵子。李鳌即楚南李鳌。林璞初即古冈林璞初。郑游，又名理侍，番禺人。陈贞珊，字贞山，又名陈懋谦，浙江山阴人，人物花卉。陈鉴，字寿泉，又名六郎，番禺人，为居廉入室弟子。邓溥即邓尔疋（1884—1954），号万岁，广东东莞人。卫麟即河东卫麟。葛小堂，笔名海云琴主、涤砚鸣琴客、懊脑（恨）生，湘中人，卒于 1908 年农历六月十九日，《时事画报》1908 年第十六期记载："美术同人葛小堂先生向担任本报义务，擅长花鸟人物，当代知名，今于前月十九日逝世。"吴英蓴，又名邨笙、小梅花雯，笔名有梅花道人，潘达微的老师，广州沙河棠东村人，1906 年农历四月初八日逝世（见《时事画报》1906 年第十期）。

据《时事画报》1906 年第一期《本报美术同人表》记载，美术人员增加了四人：黄惠承（人物翎毛）、楚南李明昭（字谷初，人物花卉）、梁紫峰（人物）、崔岐（字杏山，人物）。崔岐即崔鸣周，梁紫峰即梁觉先，又名梁溶。其实，我们在《时事画报》1905 年第八期看到梁紫锋、李谷初已在给《时事画报》提供美术作品。到《时事画报》1906 年第六期，美术人员名单增加了陈廉（字寰呼，花卉）。

到《时事画报》1906年第七期，美术人员名单不见了卫汉夫，增加了张鸾翔（字孝懂，草虫花卉）。到《时事画报》1906年第八期，美术人员名单不见了车尊仙，增加了梁于渭（字杭雪，山水花卉）。梁于渭（约1840~1913年），字鸿飞，又字杭叔、杭雪，番禺人，陈澧学生。到《时事画报》1906年第十三期，美术人员名单又增加了郑苌（字侣泉，人物）。按郑苌又名郑磊公，笔名岭南渔叟、筱泉、岭南愚叟雷公、雷公、磊公、风雷、岭南雷公、磊[7]、林溪渔叟、林溪逸民、林溪戆者、戆侣、养晦居士，亦作磊泉，号戆公，顺德人，生年未详，卒于1918年。其实，郑苌早在1906年第五期起就开始为画报供美术作品。到《时事画报》1907年第十一期，美术人员名单又有了变化，不见了李鳌、林璞初。到《时事画报》1908年第十七期，美术人员名单又有了变化，新增了温其球（字幼菊，花鸟山水）、高奇峰（山水花草鸟兽）。按温其球（1862—1941年），号语石山人，晚号菊叟，顺德龙山人，温子绍之子。高奇峰（1889—1933年），早年又字飞瀑，番禺员冈人。此外还有美术同人表中不具名的黄少梅、蔡守（哲夫）、黄鼎萍、李耀屏等人。黄少梅（1886~1940年），字阿弥，广东东莞人，一生以书画为业。蔡哲夫（1879~1941年），原名询，易名有守，号寒琼，别署成城子、寒道人，晚号茶丘居士，广东顺德人。黄鼎萍（1894~1976年），原名剑青，又名侃，字鼎萍，顺德容奇人。李耀屏（1883—1937年），一名文显、显章，字瑶屏，别署榄山山樵，香山榄溪人。[8]

据《时事画报》1906年第十五期《社员表》介绍，编辑员为毅伯，撰述员有兰父、浑公、陶陶、嘎嘎、情侠、癫汉、愤子、小配、拔剑狂謞客、温文狂侠、磨剑少年、子，兼图画总辑员有剑士和铁苍。这些名字多为笔名或字、号，现可考者有：陶陶即赖陶陶；拔剑狂謞客，即顺德赖亦陶（赖应钧，其外祖父为温子绍，《时事画报》1908年第二十四期赖应陶《与毅伯书》一文介绍："仆行年二十有二矣，子长仆数岁。"据此可知赖应陶出生于1886年。小配即番禺人黄世仲（1873—1912年），撰有《廿载繁华梦》《党人碑》。其实，早在《时事画报》1906年第九期，毅伯已为编辑员之一。从《时事画报》1908年第十八期起到1909年第九期止，编辑人是潘达微，发行人是赖应钧，印刷人是张彤之。从《时事画报》1909年第十期起，即在香港出版发行时期，画报发行兼编辑人是谢英伯。按谢英伯（1882—1939年），号抱香居士，广东嘉应人。到1912年9月上旬，《时事画报》复刊，并与《平民画报》合并，重新组织，命名《广州时事画报》。此时的发起人有谢英伯、鲁达等。《时事画报》1912年第一期鲁达《画报复活感言》云："同人有以光复《时事画报》为词者，商诸余。余答之曰：君等既创日报，得以发挥素志而有余，否亦可规复其去秋之《平民画报》。"从1912年第三期到1913年第十二期，均已写明"发行人李梦痕，编辑人鲁达，印刷人何楠。"此外，还有一些不具名的撰稿员，如可考的有蔡守（哲夫）、陈垣等人。陈垣从《时事画报》1907年第二期开始，以笔名谦益、谦、钱罂、钱等公开发表《释汉》《缠足谈》等文章。

《时事画报》创刊号还以《本报约章》一文详细地阐述了办报宗旨、办法及其他相关事宜：

一、宗旨：本报仿东西洋各画报规则办法，考物及纪事，俱用图画，一以开通群智，振发精神为宗旨。

二、办法：本报不惜重资，延聘美术家专司绘事。凡一事一物描摹善状，阅者可以征实事而资考据，用上纸粘钉成册，洋装式，十日一报，内容约分两部，图画记事为首，论事次之。论事中先谐后庄。谐部,杂文、谈丛、小说、讴歌、杂剧等附之;庄部,论说、短评、本省各省要闻等附之。材料丰富,务使餍阅者之目。

三、记者:本报特聘淹通卓识之士主持笔政,所有纪事者论全主和平,尤以条畅简明为中格,至研究物理则极阐精微,庶符本报宗旨,而尽记者天职。

四、惠稿:本报事繁任重,深恐智识不逮,凡同志惠教文件或美术,本报至感,但仍必关于时务,不背本社宗旨,方敢采登,否则概从割爱,原稿恕不奉还。

五、代价:本报十日一期,按月收费,每月定洋三角五仙。

简而言之,《时事画报》是模仿国外画报的规则办法,以图文并茂的形式,及时报道时事新闻的媒体,其宗旨和目的是"开通群智,振发精神"。画报的创刊号还刊登了韧生(即陈树人)撰写的《时事画报出世感言》一文,文中提到:"热望开明社会,此《时事画报》所由设也。原夫报纸,职司喉舌,唤起梦魂,实为暗室之孤灯,迷津之片筏。……本同人抚事兴怀,感时增慨,抱激发人群之宏愿,厪提倡风化之热诚。"同期还刊登了隐广《时事画报缘起》一文,文中也说到:"观同人之创办斯报也,本善善恶恶之旨,以缮警醒图为最初目的,以深入人心为最后希望,有造幸福于社会者。"《时事画报》1905年第四期刊登高麟《论画》一文写道:"欧美则以画报开民心。"《时事画报》1906年第八期写道:"报纸以开通民智,年来粤省报馆林立,愈推愈广,足见人心进化之征效,然实行化被,尤莫图画若。"《时事画报》1912年第一期鲁达《画报复活感言》进一步阐述了该报宗旨:"拒约风潮,倾洞五洲。士大夫奔走于市,妇孺号叫于道。此非乙巳之秋耶。当此澎湃声中,《时事画报》乃出世,以提倡民气、启诱愚蒙为主旨,坚持平等、博爱、自由三大主义。风行一纸,遐迩传诵。政界缘是嫉之,屡施困厄,同人曾未少挫其锐,而社会之受其影响,转疾而且众。"

二、《时事画报》总期数

《时事画报》从1905年农历八月二十六日创刊起,至1910年出版4期后停刊,直到1912年农历九月上旬复刊,并与《平民画报》合并,改名《广州时事画报》,一直到1913年为止,前后跨越9年时间。《时事画报》属旬刊,但因种种原因,出版期间有过短暂的停刊,或延期出版,其中,停刊较长的时间段是1910年到1912年间。

1910年出版4期后突然停刊,究其原因,可能有二:一是经济原因。《时事画报》1910年第二期《本报广告》一栏介绍:

本报开办以来,六载于兹,蒙海内外诸君子欢迎,莫名钦感。兹特于本年添聘画师主笔,使内容益加丰富,以副诸君之雅意。惟资本棉薄,非赖报费接济,万难周转。自本年起,羊城四乡一律每月收费四毫半,按月清交,邮费远近酌加,定函定阅,概不奉寄,如有延欠,亦即停寄。……再启者,本报广州省城代理,仍请胡干卿君担任,省城及各乡旧欠之赈,祈早交至十八甫六十九号,俾得藉资周转为幸。

已明示办报经费越来越拮据。二是政治原因。《时事画报》1910 年第二期《特别增刊大祝典》一文介绍：

> 本年七月为本报出版六周岁之期。此六年内，海内外风云，诸多变幻。内而萍醴之革命，钦廉之革命，云南之革命，潮惠之革命，徐锡麟之刺恩铭，吴樾之炸五大臣，安徽之兵变，吾粤新军之变乱；外而土耳之革命，波斯之革命，及无政府党之炸烈弹，女选举党之风潮，曾出不穷。皆关于民生、民权、民族三大主义之惨剧壮剧悲剧也。本报拟汇辑成书，配以精美之写真片，以为六周之纪念。凡阅报诸君，定阅长年者，谨赠一册，以志雅意。

公开宣扬民生、民权、民族三大主义革命思想。《时事画报》1912 年第一期（谢）英伯在《光复辞》一文回忆道：

> 中华民国建元之初年秋七月，潘子铁苍有光复《时事画报》之意，索解于予。予于画报之停版，感慨系之者久矣。……二曰与军人周旋之时代。戊申之冬，载恬母子相继死，熊承基、洪成典起义师于安庆。事败，洪君成典走香港，与同志计划我粤军界之运动。倪烈士映典力担任，而使画报为鼓吹之机关，盖图画感人，易于文字，而于军人脑质单简者尤宜。况值其时，土耳其革命功成，全出于军人之反正。本报乃搜罗土国革命之图画，以为借鉴之资。胡公汉民且为文以鼓吹之。计每期输入于新军营中者，凡三千余册。而健儿之来加盟者，问以香港机关之所在，亦以《时事画报》对焉。乃天未亡胡，及期而败。倪烈士洒一掬之碧血，谢国人而去。虏吏益疾视《时事画报》，日以七照会使港督勒令停版，而港督固不之理也，而《时事画报》之股东，各为远嫌计，相率而退，而《时事画报》不复能再持矣。

这表明 1910 年《时事画报》已扛起了革命的大旗。最后，《时事画报》在香港不得不停刊了。

中华民国建立后，在潘达微等人的推动下，1912 年农历九月上旬《时事画报》复刊，并与《平民画报》合并，改名《广州时事画报》，直到 1913 年 4 月初，共出版 12 期。在 1913 年第十二期，我们读到《航海北游记》和《梅花塚》两文结尾处均明确写明"未完"，意即待下一期续刊，说明此时画报原本没有停刊的意思。而事实上，我们没有再找到后续的期刊，这可能是该刊因某种突发政治原因而突遭查封停刊了。在 1913 年第十二期刊登的文章里，我们也找到了可能被查封的蛛丝马迹。该期刊登的德育女师范生梁卓彬尺牍课稿《共和肇造，国本未宁，南北之意见日深，内外之忧危日始，范文正以先天下之忧而忧、后天下之乐而乐，漆室之女忧国兴悲，际兹时代，何以治之，诸君子力学有年，盍抒所见，拟作书与友人以答》一文，言辞犀利，直指袁世凯。文章提到，"渔父被刺，南北之意见日深，人怀自私自利之心，置大局而不顾……正式国会虽成，议长未定，开议之时期寂然，临时政府告终，总统未举……此正危急存亡之秋……睹此非驴非马之政府，如狼如虎之强邻，莫不气忿填胸。……宜从根本上解决之，实行纯粹民主政体，速定宪法，组织政党内阁，解散临时政府，立举正式总统。"与此同时，该文所附《编者志》又进一步指出，"袁世凯不经国会议决，擅借外债二千五百万磅，黉夜签押，背理违法，丧权鬻国"，公开批评袁世凯丧权卖国的卑鄙行为。这也许就是画报遭到袁世凯当局查封而被迫停刊的主要原因。

由于历史原因，长期以来，人们对《时事画报》的历史价值没有足够的认识，导致《时事画报》出版后，没有得到再版，以致人们无法说清《时事画报》总共出版了多少期。

据《时事画报》创刊号介绍，十日一期，洋装本。《时事画报》1910 年第一期《附登本报告白之利益及价值》一文也提到："本报为美术之报……每月三期。"而在实际运行过程中，画报却因天气、经济或政治等各种原因，常常无法按时出版，或停刊，或延期出版。因此，我们今天很难按每月三期的出版规则来统计画报的总期数。现据有关资料，只能做些推算。

1905 年乙巳年共出版 9 期。

第一期（创刊号）出版时间，据前文研究，为农历八月二十六日。

第二期出版时间，据创刊号刊登的一则启示介绍：

> 本报草创伊始，诸凡未备，深用抱歉，以后当陆续改良，以副诸君之望。第二期展限初十日出报，阅者谅之。至本报绘画，正在需人，如有同志愿任此门者，请到本报领取题目，并面议笔润。一切同人更可籍资研究，曷胜幸甚。谨白。

表明当在下月初十日出报。据第二期封面纪录，为农历"九月初十日贰册第贰期"。表明第二期出版时间是按照第一期刊登的启示，如期出版了。

第三期出版时间，据第三期封面纪录，为农历"九月贰拾第叁册第叁期"。

由于第四期到第七期的封面没有记录出版时间，因此，我们暂时无法知道这四期的准确出版时间。

第八期出版时间，据第八期封面纪录，为"第八期十一月十五日出版"。

第九期出版时间，据第九期封面纪录，为"十贰月初壹日第九期"。本期还刊登了一则《本报明岁改良之预告》：

> 启者：本报自开办以来，荷蒙各社会欢迎，现因更拟改良扩充，暂停出版一月，准明年正月初十日再行开派丙午年第壹期。此布。本报社白。

可知，本年度共出版 9 期，之后没有再出版。

1906 年丙午年共出版 36 期。

第一期出版时间，据第一期封面纪录，为"丙午年第一期元月初十日出版"。

第二期出版时间，据第二期封面纪录，为"丙午年第二期元月二十一日出版"。

第三期出版时间，据第三期封面纪录，为"丙午年第叁期贰月初一日出版"。本期出《紧要告白》：

> 自入春以来，本报出纸间有误期，印报或有参差，皆因天色阴霾，难于摄影落石，自知抱歉，阅者谅之。本报启。

第四期出版时间，因我们暂时没有收集到封面，不清楚准确出版时间，但据后面几期出版时间，我们可推测当在农历二月十一日出版。

第五期出版时间，据第五期封面纪录，为"第五期二月廿一日出版"。

第六期出版时间，据第六期封面纪录，为"丙年第六期三月初一出版"。

第七期出版时间，据第七期封面纪录，为"丙午年第七期三月十一日出版"。此外，下一期即第八期在《要告要告》一文中也有"三月十一日出之第七期"一语。

第八期出版时间，据第八期封面纪录，为"丙午年三月廿五日出版"。同时，本期《特别广告》一文还写道：

> 本报谨白：本报荷社会欢迎，出版以来，一纸风行，谬许为最精神畅直之报，然同人心恒惴惴，仍恐无以副同胞之望。兹特再增多石数图画，纪事则愈极美备，添聘主笔，发挥言论，以后更随时加多门类，变易格式，务使阅者耳目日新。至本报之出版，每每不能依期之故，皆因入春，天色阴霾不定，不能摄影，实属抱歉。今届夏交，晴明日多，同人更加勉力。自本期起，今后定以逢五日出报，决不致误。区区之志，诸君谅之。

可知，本期之前诸期因"入春，天色阴霾不定，不能摄影"而无法按时出版，从本期以后基本上是"逢五日出报"。

第九期出版时间，据第九期封面纪录，为"第九期丙午四月初五日出版"。

第十期出版时间，据第十期封面纪录，为"第十期丙午年四月十五日出版"。

第十一期出版时间，据第十一期封面纪录，为"第十一期丙午四月廿五日出版"。

第十二期出版时间，据第十二期封面纪录，为"第十二期丙午闰四月初五日出版"。

第十三期出版时间，据第十三期封面纪录，为"丙午第十三期闰四月十五日出版"。

第十四期出版时间，据第十四期封面纪录，为"第十四期丙午闰四月廿五日出版"。

第十五期出版时间，据第十五期封面纪录，为"丙午年第十五期五月初五出版"。

第十六期出版时间，因我们暂时没有收集到封面，不清楚准确出版时间，但依据前后期出版时间，可推测本期的出版时间是农历五月十五日。

第十七期出版时间，据第十七期封面纪录，为"丙午年第十七期五月念五日出版"。

第十八期出版时间，据第十八期封面纪录，为"第十八期丙午六月初五日出版"。

第十九期出版时间，据第十九期封面纪录，为"丙午年第十九期六月十五日出版"。

第二十期出版时间，据第二十期封面纪录，为"丙午年第二十期六月念五日出版"。

第二十一期出版时间，据第二十一期封面纪录，为"第二十一期丙午年七月初五日出版"。

第二十二期出版时间，据第二十二期封面纪录，为"第二十二期丙午年七月十五日出版"。

第二十三期出版时间，据第二十三期封面纪录，为"第二十三期丙午年七月廿五日出版"。

第二十四期出版时间，据第二十四期封面纪录，为"第二十四期丙午八月初五出版"。

第二十五期出版时间，据第二十五期封面纪录，为"第二十五期丙午八月十五出版"。

第二十六期出版时间，据第二十六期封面纪录，为"第二十六期丙午年八月二十五日出版"。

第二十七期出版时间，据第二十七期封面纪录，为"第二十七期丙午九月初五出版"。

第二十八期出版时间，据第二十八期封面纪录，为"第二十八期丙午九月十五日出版"。

第二十九期出版时间，据第二十九期封面纪录，为"丙午第二十九期九月二十九日出版"。

第三十期出版时间，据第三十期封面纪录，为"丙午第三十期拾月初十日出版"。

第三十一期出版时间，据第三十一期封面纪录，为"丙午年第三十一期十月二十日出版"。

第三十二期出版时间，据第三十二期封面纪录，为"丙午年第三十贰期十月三十日出版"。

第三十三期出版时间，据第三十三期封面纪录，为"丙午第三十三期十一月初十日出版"。

第三十四期出版时间，据第三十四期封面纪录，为"丙午年第三十四期十一月廿日出版"。

第三十五期出版时间，据第三十五期封面纪录，为"丙午年第三十五期十一月三十日出版"。

第三十六期出版时间，据第三十六期封面纪录，为"丙午年第三十六期十二月初十出版"。本期还刊登了一则《阅报诸君鉴》："本报出版以来，荷蒙社会欢迎，现值岁暮，各美术家均欲小憩，是年由三十六期停派，明年再加改良，准正月十五出版，想诸君届时又必以先睹为快也。"是知 1906 年度共出版 36 期。

1907 年丁未年共出版 33 期。

第一期出版时间，据第一期封面纪录，为"丁未年第一期正月二十日出版"。

第二期出版时间，据第二期封面纪录，为"丁未第二期正月念九日出版"。

第三期出版时间，据第三期封面纪录，为"丁未年第三期二月十五出版"。

第四、五期出版时间，因我们暂时没有收集到封面，不清楚准确出版时间，但依据前后期出版时间，可推测分别为二月二十五日、三月初五日出版。

第六期出版时间，据第六期封面纪录，为"丁未年第六期三月十五日出版"。

第七期出版时间，据第七期封面纪录，为"丁未年第七期三月二十五日出版"。

第八期出版时间，据第八期封面纪录，为"丁未年第八期四月初五日出版"。

第九期出版时间，据第九期封面纪录，为"丁未第九期四月十五日出版"。

第十期出版时间，据第十期封面纪录，为"丁未年第十期四月廿五日出版"。

第十一、十二期出版时间，因我们暂时没有收集到封面，不清楚准确出版时间，但依据前后期出版时间，可推测分别为农历五月初五日、十五日出版。

第十三期出版时间，据第十三期封面纪录，为"丁未年第十三期五月二十五日出版"。

第十四期出版时间，据第十四期封面纪录，为"丁未年第十四期六月初五日出版"。

第十五期出版时间，据第十五期封面纪录，为"丁未第十五期六月十五出版"。

第十六期出版时间，据第十六期封面纪录，为"丁未第十六期六月廿五出版"。

第十七期出版时间，据第十七期封面纪录，为"第十七期丁未七月初五日出版"。

第十八期出版时间，据第十八期封面纪录，为"丁未年第十八期七月十五出版"。

第十九期出版时间，据第十九期封面纪录，为"第十九期丁未年七月廿五日出版"。

第二十期出版时间，据第二十期封面纪录，为"第二十期丁未年八月初五日出版"。

第二十一期出版时间，据第二十一期封面纪录，为"丁未年第二十一期八月十五日出版"。

第二十二期出版时间，据第二十二期封面纪录，为"丁未年第二十二期八月二十五日出版"。

第二十三期出版时间，据第二十三期封面纪录，为"丁未年第二十三期九月初五日出版"。

第二十四期出版时间，据第二十四期封面纪录，为"九月十五日出版第二十四期"。

第二十五期出版时间，据第二十五期封面纪录，为"丁未九月二十五日出版第二十五期"。

第二十六期出版时间，据第二十六期封面纪录，为"第二十六期丁未十月初五日出版"。

第二十七期出版时间，据第二十七期封面纪录，为"丁未年第廿七期十月十五日出版"。

第二十八期出版时间，据第二十八期封面纪录，为"丁未年第廿八期十月二十五日出版"。

第二十九期出版时间，据第二十九期封面纪录，为"丁未年第廿九期十弍月初五日出版"。

第三十期出版时间，据第三十期封面纪录，为"丁未年第三十期十一月十五日出版"。

第三十一期出版时间，据第三十一期封面纪录，为"丁未年第三十一期十一月二十五日出版"。

第三十二期出版时间，因我们暂时没有收集到封面，不清楚准确出版时间，但依据前后期出版时间，可推测为农历十二月初五日出版。

第三十三期出版时间，据第三十三期封面纪录，为"丁未年三十三期十二月十五日出版"。本期还刊登了一则《阅报诸君鉴》：

现值岁暮，各美术家均欲小憩，是年由三十三期停派，明年再加改良，准正月二十日出版，想诸君届时又必以先睹为快也。

可知1907年只出版33期。

1908年戊申年共出版30期。

第一期出版时间，据第一期封面纪录，为"第四年戊申第一期元月二十五日出版"。

第二期出版时间，据第二期封面纪录，为"第四年戊申第二期二月初五日出版"。本期封面，还写有"本报第七十九号"字样。按：这里出现了一个问题，1905年共出版9期，1906年共出版36期，1907年共出版33期，到本期应为第八十号，但为何写第七十九号？

第三期出版时间，据第三期封面纪录，为"第四年戊申第三期二月十五日出版"。本期封面，还写有"本报第八十号"字样。

第四期出版时间，据第四期封面纪录，为"第四年戊申第四期弍月廿五日出版"。

第五期出版时间，据第五期封面纪录，为"第四年戊申第五期三月初五日出版"。

第六期出版时间，据第六期封面纪录，为"第四年戊申第六期三月十五日出版"。

第七期出版时间，据第七期封面纪录，为"第四年戊申第七期三月廿五日出版"。本期封面，还写有"本报第八十四号"字样。

第八期出版时间，据第八期封面纪录，为"第四年戊申第八期四月初五日出版"。本期封面，还写有"本报第八十五号"字样。

第九期出版时间，据第九期封面纪录，为"第四年戊申第九期四月十五日出版"。本期封面，还写有"本报第八十六号"字样。

第十期出版时间，据第十期封面纪录，为"第四年戊申第十期四月二十五日出版"。本期封面，还写有"本报第八十七号"字样。

第十一期出版时间，据第十一期封面纪录，为"第四年戊申第十一期五月初五日出版"。

第十二期出版时间，据第十二期封面纪录，为"第四年戊申第十二期五月十五日出版"。本期封面，还写有"本报第八十九号"字样。

第十三期出版时间，据第十三期封面纪录，为"戊申第十三期五月廿五日出版"。本期封面，还写有"本报第九十号"字样。

第十四期出版时间，据第十四期封面纪录，为"第四年戊申第拾四期六月初五日出版"。本期封面，还写有"九十一号"字样。

第十五期出版时间，据第十五期封面纪录，为"第四年戊申第十五期六月十五日出版"。本期封面，还写有"本报第九十二号"字样。

第十六期出版时间，据第十六期封面纪录，为"第四年戊申第十六期七月初五日出版"。本期封面，还盖有"本报第九十贰号"印文。本期刊登了一则《本报紧要广告》：

> 本报今年第十六期，理宜七月初五出版，但本同人感念被水灾民，难安寝馈，爰发起美术赈灾展览会，奔走旬余，精神甚乏，故十六期报，不免宕延，阅报诸君，救灾同具深情，当不见怪。……而十七、十八两期，复恐赶办不及，因思得一良法，将慈善会内卖物各部拍照，更不惜重赏，用电版影印，钉成一厚册，计共数十页，务使情景迫真，益兴起人好善之念，即作为本报第十七、十八期，敢问璀璨光华，大新眼界。

第十七期出版时间，据第十七期封面纪录，为"第四年戊申第十七期七月十五日出版"。本期封面，还写有"本报第九十四号"字样。本期再次刊登《本报紧要再告》：

> 前报拟十七、十八两期，改作卖物赈灾会全场电版摄影，近因天时晴暗无定，赶办不及，拟递改为十八、十九两期，想八月初旬定可告藏。

第十八期出版时间，据第十八期封面纪录，为"第四年戊申第十八期七月廿五日出版"。

第十九期出版时间，据第十九期封面纪录，为"第四年戊申第十九期八月初五日出版"。本期封面，还写有"本报第九十六号"字样。

第二十期出版时间，据第二十期封面纪录，为"第四年戊申第二十期八月十五日出版"。

第二十一期出版时间，据第二十一期封面纪录，为"第四年戊申第二十一期八月廿五日出版"。本期封面，还写有"本报第九十八号"字样。

第二十二期出版时间，据第二十二期封面纪录，为"第四年戊申第二十二期九月初五日出版"。本期封面，还写有"本报第九十九号"字样。

第二十三期出版时间,据第二十三期封面纪录,为"第四年戊申年第二十三期九月十五日出版"。本期封面,还写有"本报第一百号"字样。

第二十四期出版时间,据第二十四期封面纪录,为"第四年戊申第廿四期十月初五出版"。本期封面,还写有"本报第一百零一号"字样。

第二十五期出版时间,据第二十五期封面纪录,为"第四年戊申第二十五期十月十五日出版"。本期封面,还写有"本报第一百零二号"字样。

第二十六期出版时间,据第二十六期封面纪录,为"第四年戊申年第二十六期拾月廿五日出版"。本期封面,还写有"本报第一百零三号"字样。

第二十七期出版时间,据第二十七期封面纪录,为"第四年戊申年第廿七期十一月十五出版"。

第二十八期出版时间,据第二十八期封面纪录,为"第四年戊申第二十八期十一月廿五日出版"。

第二十九期出版时间,据第二十九期封面纪录,为"第四年戊申第念玖期十二月初五日出版"。

第三十期出版时间,据第三十期封面纪录,为"第四年戊申第三十期十二月十五日出版"。本期还介绍:

> 本报明年大加改良,每期添多精美电版十数张,五彩点石谐画数页,以贡阅报诸君大鉴,准期正月出版。

可知本年度只出版 30 期。

1909 年己酉年共出版 18 期,其中,农历五月初十日出版第九期后,停刊两个月,直到农历七月初十日才移到香港出版第十期。此后,画报一直在香港出版。

第一期出版时间,据第一期封面纪录,为"第五年己酉第乙期二月初五日出版"。本期封面,还写有"本报第一百零八号"字样。据本期刊登《美术展览会之热闹》一文介绍,"本报今年出版略迟,亦缘办理该会事繁故也",可知本期出版时间比预定时间略晚。

第二期出版时间,据第二期封面纪录,为"第五年己酉第二期二月二十日出版"。本期封面,还写有"本报第一百零九号"字样。

第三期出版时间,据第三期封面纪录,为"第五年己酉第叁期二月三十日出版"。本期封面,还写有"本报第一百一十号"字样。

第四期出版时间,据第四期封面纪录,为"第五年己酉第四期闰二月初十出版"。本期封面,还写有"本报第一百一十一号"字样。

第五期出版时间,据第五期封面纪录,为"第五年己酉第五期三月初十出版"。本期封面,还写有"本报第一百一十二号"字样。

第六期出版时间,据第六期封面纪录,为"第五年第六期己酉三月二十日出版"。本期封面,还写有"本报第一百一十三号"字样。

第七期出版时间,据第七期封面纪录,为"第五年第七期己酉三月念九日出版"。本期封面,还写有"本报第一百一十四号"字样。

第八期出版时间，据第八期封面纪录，为"第五年第八期己酉五月初一日出版"。本期封面，还写有"本报第一百一十五号"字样。

第九期出版时间，据第九期封面纪录，为"第五年己酉第九期五月初十日出版"。本期封面，还写有"本报第一百十六号"字样。

第十期出版时间，据第十期封面纪录，为"第五年己酉第拾期七月初十日出版"。本期封面，还写有"本报第一百十七号"字样。

因我们暂未收集到第十一期、第十二期、第十三期，故不清楚这三期的准确出版时间，但依据前后期出版时间，可推测出版时间分别为农历七月二十日、七月三十日、八月初十日。

第十四期出版时间，据第十四期封面纪录，为"第五年己酉第十四期八月二十日出版"。本期封面，还写有"本报第一百二十一号"字样。

第十五期出版时间，据第十五期封面纪录，为"第五年己酉第十五期八月三十日出版"。本期封面，还写有"本报第一百二十二号"字样。

第十六期出版时间，据第十六期封面纪录，为"第五年己酉第十六期九月初十出版"。本期封面，还写有"本报第一百二十三号"字样。

第十七期出版时间，据第十七期封面纪录，为"第五年己酉第十七期九月二十日出版"。本期封面，还写有"本报第一百二十四号"字样。

第十八期出版时间，据第十八期封面纪录，为"第五年己酉第十八期九月二十九日出版"。本期封面，还写有"本报第一百二十五号"字样。（编辑及总发行所：香港苛李活道一百二十七号）

1910 年庚戌年共出版 4 期。

第一期出版时间，据第一期封面纪录，为"宣统二年第一期正月二十日出版"。本期封面，还写有"第六年庚戌第一期本报第一百二十六号"字样。

第二期出版时间，据第二期封面纪录，为"第六年庚戌第二期正月二十九日出版"。本期封面，还写有"本报第一百二十七号"字样。（编辑及总发行所：香港苛李活道一百二十七号）

第三期出版时间，据第三期封面纪录，为"第六年庚戌第三期二月初十日出版"。本期封面，还写有"本报第一百二十八号"字样。

第四期出版时间，据第四期封面纪录，为"第六年庚戌第四期二月二十日出版"。本期封面，还写有"本报第一百二十九号"字样。

1912 年壬子年农历九月复刊后，命名《广州时事画报》，共出版 9 期。

第一期出版时间，据第一期封面纪录，为"壬子年第一期九月上旬出版"。

第二期出版时间，据第二期封面纪录，为"壬子年第二期九月中旬出版"。

第三期出版时间，据第三期封面纪录，为"壬子年第三期九月下旬出版"。

第四期出版时间，据第四期封面纪录，为"第四期壬子年十月上旬出版"。

第五期出版时间，据第五期封面纪录，为"第五期壬子年十月中旬出版"。

第六期出版时间，据第六期封面纪录，为"壬子年第六期十月下旬出版"。

第七期出版时间，据第七期封面纪录，为"第七期壬子年十一月上旬出版"。

第八期出版时间，据第八期封面纪录，为"第八期壬子年十一月中旬出版"。

第九期出版时间，据第九期封面纪录，为"第九期壬子年十一月下旬出版"。

1913年癸丑年共出版3期。

第十期出版时间，据第十期封面纪录，为"第十期癸丑二月上旬民国二年三月十三出版"。

第十一期出版时间，据第十一期封面纪录，为"第十壹期癸丑年二月中旬民国二年三月廿三日出版"。

第十二期出版时间，据第十二期封面纪录，为"第十二期民国二年四月初三癸丑三月下旬出版"。

通过以上分析，我们推算，《时事画报》总共出版了142期。

三、内容

《时事画报》是20世纪初中国社会具有变革思想的新型大众传播媒体，有着强烈的政治色彩和鲜明的政治立场。它以新式印刷技术和摄影技术为基础，采用图画的形式，配以通俗易懂、诙谐幽默的口语化文字，并采用具有广东地方特色的南音、班本、粤讴、龙舟歌等民众喜闻乐见的民间艺术形式，传播新知识，宣扬新思想、新风尚，提倡女权，启迪民智，使普通民众易于理解和接受。《时事画报》及时发布时事新闻，深度报道国内外重大事件，有力揭露社会阴暗面，旗帜鲜明地批判迷信、神权和愚昧无知等社会陋风陋俗，同时积极宣扬革命思想，产生了极大的社会效应。

《时事画报》刊登了大量的鞭挞遗风陋习，提倡科学进步，反对侵略和强权、宣扬爱国和民主的时事画和讽刺画。这些画针砭时弊，全面地反映了当时的社会生活。鞭挞遗风陋习方面，有反映反对"吸食阿片烟、一夫多妻、结金兰契、二月二日土地诞辰燃放花炮陋俗、广东蓄奴陋习、溺女之风、地铺会、生菜会、电线杆有碍风水、广东赌博之风盛行、粤人迷信神权（土地神、黄大仙、三官庙、观音庙、元妙观）、团拜贺年（官场旧习）、缠足、辫子"等的内容。在提倡科学进步方面，则有反映废除科举、兴办学堂，关注教育发展，宣传教学新方法，传播科学知识、卫生知识等内容。如：介绍京张铁路总工程师詹天佑、十字会医生伍汉持、博济医局廖德山、英国诗人拜伦等国内外的科学家、医生、诗人、政治家；介绍广州河南赞育善社女医士的西法接生、地震知识、景德镇瓷业制造技术、电学、电灯、农务、新制肥料、冯如演飞机、南京飞行团、德国克虏伯等。也有提倡文明行事，提倡物质文明和德性进化并重的美学，批评浪费，反对盲目追求时髦的内容。如：鼓励穿短衣窄袖及皮靴新式公装；报道舟车之费小童折半的文明通例；讽刺1912年广州少年爱戴眼镜的不良风气；等等。在反对侵略和强权、宣扬爱国方面的内容，有：1905年鼓吹拒约抵制美国苛例；争回粤汉铁路自办；介绍韩国烈士安重根刺杀伊藤博文的事迹；关注海外华人的生存状况，及时报道海外华工遭受虐待的事情；发起悼念陈天华烈士、秋瑾烈士的活动；等等。此外，《时事画报》还报道了国内包括广州发生的一些大事及奇闻轶事，如：广州新军变乱及乱后广州社会治安的恶化，1913年3月20日夜宋教仁被刺事件；1913年2月10日下午孙中山由沪乘日本邮船会社"山城丸"号启程前往日本考察工商状况及铁路情形的盛大欢送仪式；等等。

《时事画报》宣扬自由、平等、博爱的人道主义精神，宣扬男女平等，宣扬君主立宪等新思想和民族、民生、民权的革命思想。在传播民族、民主、民权思想方面，早在《时事画报》1906年第一期就刊登了陈树人《贺年文》一文，文中即已提出"民族民权民气民智"等思想；到《时事画报》1910年第一期，又报道了我国"民族民权主义之日益发达"，介绍了马克思和恩格斯的社会主义学说（当时称马克思为德儒卡玛，称恩格斯为德儒殷杰）；到《时事画报》1912年第三期还叙述了社会主义学说的来源、发展及与共产主义的差别。

《时事画报》还注重介绍现代工商实业、传统工艺的改良，积极鼓动发展实业、开展工商实业活动，积极践行美术创新，显现出实业救国、教育救国的志向。

《时事画报》刊登的内容十分丰富，起初"分两部，图画记事为首，论事次之。论事中先谐后庄。谐部，杂文、谈丛、小说、讴歌、杂剧等附之；庄部，论说、短评、本省各省要闻等附之。"从《时事画报》1906年第十五期起，"谐部"和"庄部"都增减了一些内容，"谐部"的内容包括"喻言、时谐、杂文、谈屑、剧本、南音、讴歌"，"庄部"的内容包括"专件大事纪图、要事含图、锁事集锦、词苑、论说、时评"。到1907年，画报又进行了改良，在该年第二期刊登的《文画一览表》介绍：

> 本报是年改良格式，增加电版绘事精神，撰述宏富，务厌阅者而益群智。列表如下：（画类）电画、喻言、时谐、大事图记，（文类）庄部、论说、时评，（画类）故事丛、采风录、专件，（文类）谐部、小说、谐文、歌谣。

到1909年第十八期，刊出的目次内容有："图画：电板画、纪事画、谐画、自在画、历史画，著述：论说、杂文、谭丛、小说、文苑、附录。"到1910年第一期后，刊出的内容又有增补，如"短评、纪事"。1912年复刊后，刊出的内容基本上分图画和著述两大类，后者有"时论、杂文、文苑、小说、著作、游记、文澜"，最后三期又增加了广育画课，第九期还增加了"粤讴"。

此外，《时事画报》保留了反映广州的码头、街巷、庙宇、戏院、店铺、药店、商会、学堂学校、医院、会馆、行会、古玩、照相馆、工厂、报纸以及反映香港、广东其他地方情况的许多宝贵资料。如长堤码头、卖月份牌的沙基大街、黄沙倡善街、河南宝顺大街、荔枝湾、西城仙羊街藏龙里、十八甫福安街李厚德堂简从茂堂、大北门直街柯姓轿馆、东郭牛王岗教会坟地、长寿新街自来水塔、大马站区嘉园妇科丸、仰忠街汇源泥水店、东市街万兴木店、十七甫粤昌荣苏洋货店、陶陶居、李炳记茶话处、张香甫雪糕、大南门直街钱银店、卖麻街万寿宫、四牌楼华光庙、城西旗溪八约华光庙、城西高基万寿庵、第十甫永清庵、广东都城隍庙、十二甫湛露医灵庙、城西三界庙、东关洪圣庙、城北天后庙、小北门外得胜庙、河南三王庙、内城诗书街龙王庙、双山寺地藏庵、东门外永胜寺、卫边街邝家祠（邝露）、西关乐善戏院、东关普华戏院、河南长乐戏院、大新街宝珍古玩店、广州河南保安社第八号门牌的博物商会、讲习所、广东佛教总会、广州河南鳌洲街广东大酒店、岭南酒店、羊城十一甫陶陶居、惠爱六约英光阁苏洋杂货店、打铜街荣源银店、广州梳篦、广州贤思里盲妹聚集地、广州十八甫真光公司、广州长寿新街必得胜大药房、沙面屈臣药房、西关存善大街广慈善堂、逢源大街英文书屋、雅荷塘何仲同蒙学馆、广州榨粉街印岩书院中学书院、榨粉街龙溪书院、榨粉街番禺两等小学堂、进取学堂、南武学堂、岭南学堂、广府中学堂、广武学堂、下九甫兴亚学堂、西关高基连元大街江夏祠内宏毅中学堂、新城启明学校、河南溪峡贞德女学校、培英书院、圣心书院、城西清平学堂、位于黄大仙祠的女子教育院、广州东堤二马路中国世界语会广州事务所、河南岐兴中南约缤华女子习艺院、城西连元大街工艺义学院、广东公立师范校、西关宝源街德育女师范学校、博济医学校、夏葛女医学堂、女子教育院、城西芦排巷尾高基万寿庵进取学堂、黄埔陆军学堂、黄埔广东水师鱼雷学堂、时敏学堂、博济医学堂、八和学堂陆军速成学堂、两广优级师范学堂、广东将弁学堂、西关丛桂西街尾师范选科研习馆、博济医局、柔济医院、广济医院、西关十一甫羊城医院、美国嘉约翰医生创办的芳村惠福颠狂院、芳村婴儿院、城东瞽目院、长堤河南赞育善社、河南育才书社、高剑父组织的陶业公司、羊城吉星里朱长春堂、增步自来水公司水塘及机厂、花地芳村等处合兴振业公司等四家玻璃厂、维新印务馆、广州城西瑞兴里锡行会馆、状元坊当行会馆、故衣行会馆、闽漳会馆、十八甫新街之报界公会、西关洋银器行、银行公所、西关银行忠信堂、省佛二镇水车公所、督练公所、西关彩虹桥富华织布局、省城电话局、第七甫邮政局、濠畔街官银钱局、孔氏岳雪楼藏画、容芳影相店、黎镛影相店、黄洪基影刻店、番禺叶芳圃影刻、广州十七甫澄天阁影版石印、城北化沙玻璃厂，广州的妇孺新报、时敏报、羊城报、群报、岭海报、醒报、谐铃报、安雅报、十八甫廿世纪报、十八甫东中约门牌第六十六号珠江镜报、1912 年 11 月中旬出版的《民谊杂志》和香港的中国报、唯一趣报、广东报、循环报、世界公益报、维新日报、香港皇仁书院、新宁公益埠车站等。

《时事画报》的广告页里也保留了一些商业资料，十分难得，如有西关顺母桥新昌隆苏天锡止痛油、西关长乐街恒安别馆梁培基燐质补脑丸发冷丸、十七甫代理百里得未司医生之止痛药、潮音街 37 号门牌黄玉英女医生、省城大新街中约门牌 178 号梁季远牙科、省城大新街中约牙医士刘东生、省城十八甫刘禄衡医生始创活伦大药房、太平门桥顶广州中法药房、广州双门底威建大药房、十三行东头普华大药房、省城卖麻街石室前六和大药房、城外长寿大街树滋堂药房、新城天平街保全堂牙科馆、家居卖麻街青云里第二号门牌的祢翙云医生、新城天平街牙科医生刘子威、西关龙津首约大街专理喉科的李广卫堂、河南兴隆里熊品初良医、天平街何盈光镶牙、黄沙宝安里八号西医叶相廷、广州西医伍汉持、廖德山等数十位同业人员、十八甫北约第十间粤东松君阁、惠爱六约始兴公司、沙面罗洋行、河南南岐兴南约闸口内赞育善社、太平门外打铜街怡经号、顺德龙山乡兴亚公司制烟厂、城西晓珠里门牌三十九号朱昌兰捲烟公司羊城分局、广东省城仁济大街粤东烟草公司、海幢寺内天演公司、省城十三行南向杨枝馆、下九甫华纶号校服、下九甫兴纶内启新号校服、谦益盛号四牌楼、冼基西约门牌六号广东机器制造革履有限公司、承办广东全省彩票源丰公司、西关外洞神坊协成洋庄店广东合群兄弟商会、长寿玉器墟右乐善戏院之右门牌第二十二号两仪轩、省城打铜街粤兴银号、黄沙梯云桥保安善堂内优世纪社、第七甫二十七号门牌博艺公司等。

《时事画报》由于内容丰富、图像感人，深受读者喜爱。"画报发行量从 1905 年（清光绪三十一年）第三期的'将及四千'，至 1909 年（清宣统元年），为策动军人，'每期输入于新军营中者凡三千余册。代理处从创刊初的广州、香港、澳门、佛山、大良等处，发展至上海、福建、河北、安南、东京、旧金山、暹罗、檀香山、小吕宋等地共数十处。"[9]

《时事画报》包含的内容十分丰富，是研究 20 世纪初广州地方历史、美术史、东西方文明交流史等不可缺少的一份珍贵资料。

注释：

[1] 转引颜廷亮：《黄世仲与〈时事画报〉》，载《明清小说研究》2004 年第 2 期。

[2] 岭南画派纪念馆编：《岭南画派在上海：历史文献展图录》，广州：岭南美术出版社，2013 年 11 月第一版，页 54。

[3] 颜廷亮：《黄世仲与〈时事画报〉》，载《明清小说研究》2004 年第 2 期。

[4] 徐友春主编：《民国人物大辞典》，石家庄：河北人民出版社，1991 年，页 1047。

[5] 岭南画派纪念馆编：《岭南画派在上海：历史文献展图录》，广州：岭南美术出版社，2013 年 11 月第一版，页 73。陈正卿：《〈真相画报〉与岭南画派的艺术活动》，载岭南画派纪念馆编：《岭南画派在上海：国际学术研讨会论文集》，广州：岭南美术出版社，2013 年 11 月第一版，页 434。

[6] 庄素娥：《艺术家与富绅——从高剑父和伍德彝的关系谈起》，载岭南画派纪念馆编：《岭南画派在上海：国际学术研讨会论文集》，广州：岭南美术出版社，2013 年 11 月第一版，页 224。

[7] 陈正卿：《〈真相画报〉与岭南画派的艺术活动》，载岭南画派纪念馆编：《岭南画派在上海：国际学术研讨会论文集》，广州：岭南美术出版社，2013 年 11 月第一版，页 434。按：岭南愚叟雷公、雷公、磊公、风雷、岭南雷公、磊等名疑即指郑磊公。

[8] 以上人物的生平简介，参考了徐友春主编：《民国人物大辞典》（石家庄：河北人民出版社，1991 年版）；谢文勇编：《广东画人录（修订本）》（广州：广州美术馆，1996 年版）。

[9] 岭南画派纪念馆编：《岭南画派在上海：历史文献展图录》，广州：岭南美术出版社，2013 年 11 月第一版，页 61~62。

（原载广东省立中山图书馆，广州博物馆编，程存洁，倪俊明主编：《时事画报（全十册）》，广州：广东人民出版社，2014 年 9 月第 1 版）

千秋翰墨放豪光

每当手捧广东人民出版社 2016 年 3 月影印出版的大型丛帖珍本《容庚藏帖》（图一）时，我就会心潮澎湃，抑制不住激动的心情。这是我们多年来用心血和汗水辛勤耕耘换来的劳动成果。该书"一经推出，即震动文化学术和艺术收藏各界"，"是岭南文化建设的重要事件"（周松芳《岭南文化的时代表征》，载《南方日报》2016 年 12 月 8 日"文化周刊"）中国书法家协会苏士澍主席称之为"世纪工程、历史工程"。鉴此，我想向读者介绍一下该书的主要内容及其在书法、帖学及版本、历史文献等方面的重要学术价值。

《容庚藏帖》一书所收内容全部为容庚先生精心收藏的丛帖，这批丛帖来自广州博物馆。1979 年 10 月，广州博物馆有幸从广州市古籍书店购藏一批共计 207 种丛帖。经我们研究审定，其中 172 种丛帖曾为容庚收藏。在容庚收藏的这批丛帖中，除 5 种外，其余 167 种丛帖均在容庚《丛帖目》一书中有所介绍。《容庚藏帖》一书所收内容即为这 172 种丛帖。

图一　程存洁主编《容庚藏帖》
广东人民出版社 2016 年 3 月出版

《丛帖目》是容庚关于帖学研究的一部重要学术著作，在他的学术生涯中占有极大比重。容庚（1894~1983）原名肇庚，字希白，号颂斋，广东东莞人，我国著名的古文字学家、考古学家、书法篆刻家、书画鉴藏家和收藏家。著有《金文编》《金文续编》《颂斋吉金图录》及《续录》《商周彝器通考》等。他从 20 世纪 30 年代初编成《鸣野山房帖目校补》一卷起，即开始系统收藏丛帖，精心研究帖学。他历时 30 余年，不仅搜集了 220 余种历代刻帖，而且将自藏丛帖及过眼一卷以上之丛帖，按历代、断代、个人、杂类、附录五大类编目，每部丛帖罗列子目、序跋，另附撰集者、摹刻者小传，详

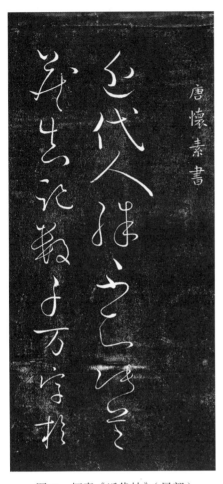

图二　怀素《近代帖》（局部）

引帖学名家评鉴并补己见，著成《丛贴目》一书，凡20卷，洋洋百万余言，成为帖学研究史上一部空前巨著。

《丛贴目》一书虽已出版，但世人只能读到丛帖目录而无法读到丛帖本身的内容。因多方面原因，这批丛帖原貌一直不被世人所知，其深藏的历史价值也始终无法被世人发掘。后经我们长期不懈的努力，《容庚藏帖》一书先后获"十二五"国家重点图书出版规划项目、国家古籍重点出版项目和国家出版基金资助项目立项，在国家的大力支持下，我们得以系统整理这批藏帖，使这部集丛帖之大成之作得以顺利完成。这是国内首次大规模结集出版丛帖。《容庚藏帖》一书所收丛帖门类齐、种类多，共172种，182函，755册，占全国公私所藏丛帖约半数强。

《容庚藏帖》在内容编排上，依照《丛帖目》的分类序次即"历代""断代""个人""杂类""附录"五大类划分，将每部丛帖按原版原貌出版，以确保丛帖的历史信息得以完整呈现。该书收录的不少帖目为善本，其中不乏珍稀版本、孤本，如《式古堂法书》中怀素《近代帖》（图二）即为海内孤本，《墨缘堂藏真》怀素书《王献之传》和《友石斋法帖》中狂草大家张旭用极为工整的楷书书写的《尚书省郎官石室记序》也为他本所罕见；《淳化阁帖》《汝帖》《姑孰帖（存一卷）》《澄清堂帖》基本保存完好，其中《汝帖》是宋代刻帖原石保存至今的唯一帖；《萤照堂明代法书》中的朱元璋至崇祯明代帝王法书也非常罕见；在历代著名官员将领书帖方面，有《玉烟堂帖》中的文天祥《虎头山》诗帖，《辨志书塾所见帖》中的岳飞《满江红词帖》，《谷园摹古法帖》的范仲淹《秀才帖》、包拯《惠书帖》，《渤海藏真帖》中的"奸相"蔡京《大观御笔记》等；在诗词名家书法作品方面，有《泼墨斋法书》中的李白《送贺八绝句》二首、《归去来五绝》，《翰香馆法书》中的李白《爱酒诗》，《宋贤六十五种》中的王安石《与著作明府书》，《海山仙馆藏真》中的辛弃疾《秋初札》、陆游《契家帖》等，均是罕见的珍贵帖目。

十分遗憾的是，《容庚藏帖》所收丛帖有部分缺损，情况如下：

《澄清堂帖》全五卷，容庚先生过眼时已缺卷二，今残存卷一、三、四。《东书堂集古法帖》全十卷，残存第一卷至第五卷。《天益山颠帖》全六卷，今存卷五和卷六（《丛帖目》第一册记录："此帖前四卷浙江文管会藏，后二卷自藏。"）《式古堂法书》全十卷，今存五卷（《丛帖目》第一册记录："后五卷，北京图书馆藏，拓本恐有残缺。"）《滋蕙堂墨宝》全八卷，今残存一册（卷一）。《谷园摹古法帖》全二十卷，今残存第七卷。《秦邮帖》与《秦邮续帖》下卷一起装订成两册，未见《秦邮续帖》上卷。《倦舫法帖》在《丛帖目》第二册著录有八卷，今残存第一至第六卷。《红豆山斋法帖》在《丛帖目》第二册著录有十卷，今残存八册八卷，缺第二册、第五册。《壮陶阁帖》在《丛帖目》第二册著录有三十六册，今残存第十九至二十七册。《晚香堂苏帖》在《丛帖目》第三册著录有三十五卷，今残存第一至第二十八册（《丛帖目》第三册记录："余所藏仅前三十二卷。后三卷乃据余所见及惠兆壬集帖目、刘恕传经堂历朝名家碑帖目录增补"）。《清芬阁米帖》在《丛帖目》第三册著录有十八卷，今残存初刻第一册至第四册。《书种堂续帖》在《丛帖目》第三册著录有六卷，容先生当年只见一、二、六卷，余据传经堂藏碑帖目录入，今残存卷二、卷六。《来仲楼法帖》存卷一、三、六、七、八、九、十，缺卷二、四、五。《拟山园帖》在《丛帖目》第三册著录有十卷，今残存第一、第二、第三卷。《宋刻米书》在《丛帖目》第三册题《绍兴米帖》，并见四卷，今残存二卷。《采真馆法帖》四卷存，今缺《续刻》二卷。《敬和堂藏帖》在《丛帖目》第二册著录八卷，今缺卷七、卷八。《戏鸿堂法书》共十六卷，今缺卷七。《绛帖》原十二卷，今残存卷一。

《容庚藏帖》所收丛帖，虽有部分残损，但基本保存了容庚自藏帖的原貌。同时，凡容庚书写的遗存题记，包括丛帖题名、批注校注、集录前人题跋和其本人题跋及版本鉴定文字资料、夹藏在各帖中的附页及其他历史信息等，该书都已完整保留，收录出版。这些题记既不见于《丛帖目》，也不见于容先生的任何著作，属于他个人的工作记录和研究心得。通过阅读这批题记，读者能较全面地了解容庚的收藏经历、《丛帖目》成书的艰辛过程及其治学精神。（详见《中国文物报》2015 年 8 月 11 日第 4 版刊登拙文《从容庚藏帖题记谈容先生的学术精神》）丛帖中遗存的各家收藏红印及容庚在各帖中收藏用印都依原样套红，各帖笔锋、字口清晰自然。

需要说明的是，此次编辑整理，我们根据实际情况，对部分丛帖作了调整，如有的丛帖原版页码较少，难以独立成册，为方便装订，我们对部分品种作合册处理；有的丛帖，或因图大跨版接拼，或因横版，或因巾箱原版尺寸太小，我们均作缩放处理；有的丛帖存在卷册顺序与《丛帖目》所录不一致的问题，如《小竹里馆藏帖》，帖名不分卷，收藏者以元、亨、利、贞分册，与《丛帖目》顺序不合，如元册本为卷三，利册为卷一，此次整理，我们大致按原顺序出版，部分品种依《丛帖目》顺序调整；有的丛帖经容庚审定，次序有变化，如《玉烟堂帖》卷十五末尾所附"容庚题签及褚遂良《老子西升经》"9 片散页内容，应为卷十四内容，今亦依原样完整保留。

《容庚藏帖》以纵 37 厘米、横 25 厘米为开本，按线装本函套封装，用高档手工宣纸印刷，选墨考究，工艺上乘，真正做到了"忠于原拓、胜于原拓"；在印制方面，体现了"细、匀、香、齐"四大特色，做到了"细致入微、纸质墨色均匀、淡淡的豆油清香、整齐划一"。

本次整理出版的《容庚藏帖》系统地反映了我国古代书法演变发展的历史，全书内容涵盖广泛，包括政书、诗文、尺牍、楹联、像赞等，且作者多为著名文人或政治家，蕴藏着大量语言、文学和文化、历史史料等，不仅可使读者一览容庚自藏丛帖真容，而且对帖学、书法艺术、版本学、古籍校勘、文献学、历史学等多方面的研究，均有重要的参考价值。著名书法家陈永正在出版贺词中写道："经劫幸余千万纸，惟斯道大乃能容。"著名书法家陈初生也在出版贺词中写道："今遇明时归宝典，千秋翰墨放豪光。"

（原载《中国文物报》2017 年 3 月 21 日第 7 版"悦读"）

《容庚藏帖》前言

容庚先生原名肇庚，字希白，号颂斋，广东东莞人。生于光绪二十年（1894年）八月初六日，1983年3月6日辞世，享年九十岁。我国著名的古文字学家、考古学家、书法篆刻家、书画鉴藏家和收藏家。1922年，入北京大学研究所国学门，为研究生。1926年毕业后，任教燕京大学和北京大学，后兼任北平古物陈列所鉴定委员。1934年6月，与友人发起组织金石学会，后易名为考古学社。1946年南归，历任岭南大学和中山大学教授。容庚先生毕生著述不辍，先后编撰专著32种，合计约800万字，代表作有《金文编》《金文续编》《颂斋吉金图录》及《续录》《商周彝器通考》等。容庚先生收藏宏富，新中国成立后，将自己珍藏的大量商周彝器、历代书画、古今图书陆续捐献给国家。容庚先生逝世后，家人又将先生著作手稿信函等捐赠给国家。

帖学研究在容庚先生的学术生涯中，占有相当大的比重。容先生对帖学的研究始自20世纪30年代初，那时他编成《鸣野山房帖目校补》一卷，后陆续搜集历代刻帖。1953年再至北京，又收得丛帖百余种。以后往来杭州、上海、苏州、北京、武昌、山西各地，续有购藏，共得220余种。容先生将自藏丛帖及过眼一卷以上之丛帖，分历代、断代、个人、杂类、附录五大类编目，每部丛帖罗列子目、序跋，另附撰集者、摹刻者小传，备引帖学名家评鉴并补己见，历时三十余年，成洋洋百万余言，著成《丛帖目》，凡二十卷，1964年誊清写定。该书资料丰富，考证精审，编次明晰，成为帖学研究史上一部空前巨著。

本次整理出版之容庚藏帖，全部来自广州博物馆的珍藏。1979年10月，广州博物馆幸运地入藏了一批共计207种丛帖。近经整理审定，可确定其中的约172种丛帖为《丛帖目》著录且为容先生自藏。目前这批藏帖虽有残损，但基本上保持了容先生自藏帖的原貌。此次整理出版，我们大致依《丛帖目》排序，按原版原貌制版。个别残本，未予补充，其原因在于：一是容庚先生自藏帖中，有些与《丛帖目》所录内容并不一致，部分内容是采自他人藏帖，如补充，则无法保持容庚先生自藏帖的原貌；二是版本考订工作不易到位，如补充，易引起版本信息混乱；三是内容接续工作难度较大。目前藏帖缺损情况如下：

《澄清堂帖》存三卷，容庚先生过眼时已缺卷二，今残存卷一、三、四。《东书堂集古法帖》全十卷，残存第一卷至第五卷。《天益山颠帖》全六卷，今存卷五和卷六（《丛帖目》第一册记录："此帖前四卷浙江文管会藏，后二卷自藏"）。《式古堂法书》全十卷，今存五卷（《丛帖目》第一册记录："后五卷，北京图书馆藏，拓本恐有残缺"）。《滋蕙堂墨宝》全八卷，今残存一册（卷一）。《谷园摹古法帖》

全二十卷，今残存第七卷。《秦邮帖》与《秦邮续帖》下卷一起装订成两册，未见《秦邮续帖》上卷。《倦舫法帖》在《丛帖目》第二册著录有八卷，今残存第一至第六卷。《红豆山斋法帖》在《丛帖目》第二册著录有十卷，今残存八册八卷，缺第二册、第五册。《壮陶阁帖》在《丛帖目》第二册著录有三十六册，今残存第十九至二十七册。《晚香堂苏帖》在《丛帖目》第三册著录有三十五卷，今残存第一至第二十八册（《丛帖目》第三册记录："余所藏仅前三十二卷。后三卷乃据余所见及惠兆壬集帖目、刘恕传经堂历朝名家碑帖目录增补"）。《清芬阁米帖》在《丛帖目》第三册著录有十八卷，今残存初刻第一册至第四册。《书种堂续帖》在《丛帖目》第三册著录有六卷，容先生当年只见一、二、六卷，余据传经堂藏碑帖目录入，今残存卷二、卷六。《来仲楼法帖》存卷一、三、六、七、八、九、十，缺卷二、四、五。《拟山园帖》在《丛帖目》第三册著录有十卷，今残存第一、第二、第三卷。《宋刻米书》在《丛帖目》第三册题《绍兴米帖》，并见四卷，今残存二卷。《采真馆法帖》四卷存，今缺《续刻》二卷。《敬和堂藏帖》在《丛帖目》第二册著录八卷，今缺卷七、卷八。《戏鸿堂法书》共十六卷，今缺卷七。《绛帖》原十二卷，今残存卷一。

此次整理，夹藏在各帖中的附页完整保留，以收文献保存之效，如《玉烟堂帖》卷十五末尾附散页九片，包括容庚先生题签及褚遂良《老子西升经》（为卷十四内容），似版本不同，今完整保留。今次出版，部分丛帖原版页码较少，出版时成册困难，因此我们对部分品种进行合册，便于装订。对部分丛帖，或因大图跨版接拼问题，或因横版，或因巾箱原版尺寸太小，我们进行了缩放处理。此批藏帖，部分品种存在卷册顺序与《丛帖目》所录不一致的问题，如《小竹里馆藏帖》，帖名不分卷，收藏者以元亨利贞分册，与《丛帖目》顺序不合，如元册本为卷三，利册为卷一，此次整理过程中，我们大致按原顺序出版，部分品种依《丛帖目》顺序调整。各帖中容庚先生题写帖名，部分污损或残破，按原样保留。各家收藏红印及容庚先生在各帖中收藏用印依原样套红，便于收藏者鉴赏和参考。

今《容庚藏帖》能顺利出版，首先要感谢广东人民出版社。他们的团队精神是使该项浩大文化项目得以完成的有力保障。2010年中，该社卢家明副社长到广州博物馆参加学术交流活动时，我曾向他提及馆藏容庚先生丛帖，引起他的极大关注。2011年上半年，时任广东人民出版社金炳亮社长找我查阅怀素帖时，我再次谈及此事。金社长富有远见，高度重视，积极运作容庚藏帖选题立项一事。出版社安排古籍室柏峰主任（现任该社副总编辑）和编辑张贤明先生与我具体联系。在双方努力下，2012年容庚藏帖项目被纳入"十二五"国家重点图书出版规划项目和国家古籍重点出版规划项目。此后曾莹社长、卢家明总编辑认真筹划，多次到馆调研，走南闯北，多方呼吁，使该项目顺利纳入2014年度国家出版基金资助项目。此后，该社认真准备出版计划，调集具有碑帖编辑经验的编辑王俊辉先生参与其中，推进项目的顺利实施。在此过程中，原副社长钟永宁先生、现任副总编辑倪腊松先生等都给予了极大支持。

其次要感谢本书编委会及学术委员会的各位成员，他们在谋划方案、编订体例等方面给予了大力支持和具体指导；杨璐先生还多次前来广州，现场指导我们开展工作。再者要感谢广州博物馆的前辈们和现任工作人员，正是因为有了前辈们的慧眼和一代代文博人的精心呵护，使这批丛帖得以完好地保存下来。

本次影印出版，按线装本函套封装，开本为：纵37厘米，横25厘米；在工艺方法上，采用手工宣纸印刷，选墨考究；在内容编排上，依《丛帖目》种类顺序排序，以保存原貌为准则，完整保留版本信息，忠实反映原版面貌。本次整理出版的《容庚藏帖》，门类齐，种类多，是国内首次大规模结集出版丛帖，不仅可使读者一览容庚先生所藏丛帖真容，而且对帖学、书法艺术、版本学、文献学等等方面的研究，均有极为重要的参考作用。

二〇一五年七月十二日

（原载程存洁主编：《容庚藏帖（线装本）》，广东人民出版社，2016年3月第1版）

《发现广州》序言

广州，是国务院首批公布的国家历史文化名城，有着数千年的文明历史。在人类漫长的历史长河中，广州人民为人类的进步和社会的发展作出了不朽的贡献。广州又名羊城，自古以来就是中华民族历史发展长河中一颗璀璨明珠，并以历史悠久、文化灿烂、开放包容、敢为人先的特性享誉于世。

广州地处祖国的南大门，是一座历史古都，自秦始皇33年（前214年）设郡县迄今，已走过2200多年了。新中国成立后，随着文物考古事业的蓬勃发展，广州地下文物大量出土，地上遗迹被重新发现，一大批丰富多彩的历史文化遗产呈现在人们的眼前。

为了更好地保存祖先遗留下来的珍贵文物，民国初期，一批有识之士开历史之新纪元，积极筹建博物馆。经多方努力，广州市市立博物院于1929年建成并对外开放，广州终于有了一个收藏、研究和展示本土历史文明的场所。新中国成立后，市立博物院几经易名，后定名广州博物馆。在几代文博人的努力下，博物馆的馆藏文物达到了一定的规模，目前库存有几万件不同质地的珍贵文物、大量的原始文献资料，以及数十万张历史照片。这些文物是广州的瑰宝，成为解读广州历史文化不可或缺的重要资料。

2013年2月8日，广州市委、市政府立项筹建新广州博物馆，这为广州的文博事业带来了前所未有的发展机遇。为了秉承学术传统，深入发掘广州历史，一群生活在博物馆里的青年学子，带着求真务实的一股劲，通过一件件文物，形象生动地去解读广州历史的未知面。呈现在读者面前的这本册子虽然在学术上显得稚嫩，还存在许多不完美的地方，但这毕竟是一次学术之旅的开始。我深信，只要秉承学术精神，学术之花就一定能绽放。

（写于2015年2月11日广州博物馆建馆八十六周年纪念日）

（原载《发现广州》，岭南美术出版社，2015年9月第1版）

治世以文

　　庚子年夏，虎门陈梓英先生来电，嘱我为即将出版的《现存虎门碑刻》一书写序。我既感高兴，又觉惶恐，但还是很快答应了，原因有二：一是数年前，在我担任广州博物馆馆长期间，陈梓英先生曾将他新发现的清代"节马图"碑未被破坏前所拓的完整拓片拍成照片并毫无保留地提供给馆方参考使用，这使我们对广州博物馆所藏"节马图"残碑的碑文内容有了全新的认识，丰富了广东人民英勇抗击外来侵略者的历史资料；二是作为偏居岭南一隅的基层地方政府，虎门在发展地方经济的同时，不忘乡土历史，不遗余力地收集乡土文献，尽可能全面地收集散存于虎门乡间的石刻碑文，为了解虎门历史提供了十分珍贵的第一手资料，为保留地方历史文脉作出了积极贡献。这实属难能可贵，令人由衷敬佩！

　　历史上，虎门是广州一个十分重要的出海大门。屈大均在《广东新语》卷二"地语·虎头门"中写道：广州"海亦有三路，分三门，而以虎头为大门。……门在广州南，大小虎两山相束，一石峰当中，下有一长石为门限，潮汐之所出入，东西二洋之所往来，以此为咽喉焉。"近代以来，虎门又是英雄之地，林则徐虎门销烟、关天培誓死抗击外来侵略者等重大历史事件，均在虎门发生。虎门所占面积虽不大，其战略位置却十分重要，是冷兵器时代扼守珠江口、保卫国家海防的一个重要前沿地，诚如关天培在《创立虎门义学记》一文中所言："虎门为粤海要疆、省城屏翰，处全洋之冲要，当江海之咽喉，一水相联，万帆云聚。"

　　这部《现存虎门碑刻》集，由虎门镇人民政府组织实施完成。它首次将散落于虎门各地的历史碑刻进行了集中收录，并对收录的每块石刻碑文的出土位置、尺寸及其撰写时间等要素作了详细说明；对每块石刻碑文的内容就有无见于它书一事作了标注，还对每块碑文的内容进行了释读和标点，并附拓照。这样的编排，既显示了严谨的学术规范，也方便读者阅读，在同类著作中显得十分突出，难能可贵！

　　这部碑刻集共收录70余方石刻碑文，其中有近半数属新发现新刊布。此集无论是在著录数量和收存范围，还是标点释文的深度等方面，都实现了新突破，是虎门地区收录最完整、最全面的一部著作，可谓功德无量！这部碑刻集为我们今后深入研究虎门历史文化和民风民俗等提供了许多新的可能。

　　首先，提供了一批有关虎门地区民间信仰的鲜活资料。书中收录的乾隆二十五年（1760年）9月立《重修北帝宫碑记》、嘉庆五年（1800年）4月立《重修玉虚古庙碑记》、道光二十二年（1842年）《镇口重修北帝元君庙碑记》、道光三十年（1850年）立《重修上帝古庙碑记》和光绪六年（1880年）

12月立《重修玉虚古庙签题芳名碑记》，显示明清时期虎门百姓信奉尊崇北帝玄武。据《广东新语》卷六"神语·真武"条记载："吾粤多真武宫，以南海佛山镇之祠为大，称曰祖庙。……盖天官书所称。北宫黑帝，其精玄武者也。……或曰真武亦称上帝。昔汉武伐南越，告祷于太乙，为太乙鑱旗，太史奉以指所伐国。太乙即上帝也。汉武邀灵于上帝而南越平，故今越人多祀上帝。"可知上引碑文中记录的"上帝""真武"都是北帝的别称。

书中又收录了嘉庆四年（1799年）仲春立《重修火神大帝碑文》《重修火神古庙题名碑记》、道光十七年（1837年）冬月立《重修火神庙整容题名碑》、同治四年（1865年）11月立《重修火神庙三界庙旗杆题银石碑》《重修火神庙三界庙桅杆题签银石碑》和1921年立《重修火神三界古庙碑记》。按《广东新语》卷六"神语·南海之帝"条记载："南海之帝实祝融，祝融，火帝也。"表明明清至民国时期虎门百姓又信奉有南海之帝称谓的火神。

书中收录的乾隆六十年（1795年）3月立《两伏波将军庙序》、咸丰二年（1852年）12月立《重修将军古庙碑记》、光绪五年（1878年）6月立《重修鹅峰古庙记》和1944年11月立《重修鹅峰古庙记》，以及嘉庆三年（1798年）12月立《重修天后古庙碑记》、咸丰十一年（1861年）孟冬立《重修天后庙碑》、1932年夏季立《重修天后古庙》，同治五年（1866年）12月立《重修龙母元君宫碑记》，《重修六册大坑医灵古庙碑文志》，嘉庆二十二年（1817年）冬月立《校尉神庙碑记》，乾隆四十六年（1781年）仲冬立《重修九王古庙小引》、嘉庆十六年（1811年）4月立《朱清兰书献词记事碑》、嘉庆十六年（1811年）5月立《重修九王古庙碑记》、道光十九年（1839年）5月立《真人古庙重修碑记》等，可说明清至民国时期虎门百姓信奉的神祇有伏波将军、海神天后、龙母、医帝、校尉将军、九王和郭大仙都真人等。

这些神灵大都与大海和江河有关，是保佑当地百姓风调雨顺、国泰民安、海不扬波的保护神，深受虎门百姓尊崇。据《广东新语》卷六"神语"条介绍："粤人事海神甚谨，以郡邑多濒于海。……今粤人出入，率不泛祀海神，以海神渺茫不可知。凡渡海自番禺者，率祀祝融、天妃。自徐闻者，祀二伏波。祝融者，南海之君也。……而二伏波将军者，专主琼海，其祠在徐闻，为渡海之指南。""粤人祀赤帝，并祀黑帝，……祀赤帝者以其治水之委，祀黑帝者以其司水之源也。吾粤固水国也，民生于鹹潮，长于淡汐，所不与鼋鼍蛟蜃同变化，人知为赤帝之功，不知为黑帝之德，家尸而户祝之。"上引《朱清兰书献词记事碑》记载："南沙九王古庙，建自宋人，原王之所由来，南沙吾里人也。……舟楫往来者，仰王如海中砥柱，祀庙如栖所。"可见原先受粤西百姓信奉的神灵，至清代时也影响到了粤东地区；同时，地方出现的英雄人物也深受当地百姓爱戴和信奉。

其次，为了解虎门地区居民来源及迁徙情况提供了一些案例。如嘉庆五年（1800年）9月立《重建郑氏大宗祠记》《郑氏大宗祠重建碑》记载，住在虎门白沙的郑氏，是从外地迁徙而来，在九代迁居福建莆田，至宋朝咸淳年间，郑氏宾公始从福建莆田过广东潮阳白石堂，迁居东莞燕子窝，不久又迁至东莞白沙居住。清初，"康熙初年，移沿海居民以避寇，祠复颓废。"可见，虎门白沙居民受清初迁海令的影响，曾经内迁，迁海令废除后，再返回白沙居住。另据光绪十三年（1887年）10月立《新建瑜环公祖祠碑记》记载，虎门村头的卢姓家族，在其太始祖时居住在增城大墩乡，至宋季，始迁至东莞沙埔乡居住；元初，其三世祖从沙埔乡分居东莞大宁场之村头；至清初，又因迁海令被迫颠沛流离，

"重以国初，沿海民居，令严迁界，流离播越，转徙他方。"虎门村头居民也曾在内迁之列，迁海令结束后始返回村头居住。又据明代教育家黄佐于嘉靖三十六年（1557 年）撰《明中宪大夫莲峰陈公宜人赵氏钟氏墓》记载，东莞陈莲峰的先人"宋季自赣徙南雄，有朝奉郎讳常者，始家东莞之大宁，六传乃居北栅。"说明陈氏是从江西迁徙而来。根据上述个案，我们可知虎门地区的居民中，有些是在宋末从江西、福建等地或广东其他地方迁徙而来的。

第三，这部碑刻集提供了一份如何管理围坊沙田的难得资料。沙田围坊是珠江三角洲的一个显著特征。虎门地处珠江口，各地情况不一。叶觉迈修、陈伯陶纂 1921 年版《东莞县志》卷九《舆地略八·风俗》记载："南沙、武山、海南栅、宁洲之民，各孤立一岛，惟南沙有田可佃，有山可采，余皆取给鬻海或藉寨伍为生。"到清中晚期，虎门地区出现了许多以"围"命名的地名。如同治五年（1866 年）12 月立《重修龙母元君宫碑记》记载了"丰泰围、合丰围、积善围、培厚围、永茂围、五九屯田围、第八围、丰盛围、龙船洲围、拾捌亩围、同泰围"等数十个"围"名。如何管治"围"内外的居民，应该是广东地方史研究中需要了解的一个基层管理问题。这部碑刻集披露的《维宁围坊例式碑》，值得关注。它立于嘉庆十九年（1814 年）正月，将"维宁围坊"中"凡围间围踢有欲出卖者，祇许卖与本围庙丁目下食本坊社者，断断不许卖与目下不入本坊食社之人"等有关管制内容，特立碑三幅，使本围坊阖众严格遵守。

第四，提供了虎门地区赋纳丁盐等与盐政有关的资料。据叶觉迈修、陈伯陶纂 1921 年版《东莞县志》卷二十三《经政略八·盐法》记载："莞邑盐法至为纠纷。旧志所载不全，又多舛谬。"碑刻集中收录的《重修六册大坑医灵古庙碑文志》述及赋纳丁盐之事，值得关注。碑文记录："古无靖康社学，凡莲溪地方分为六册。若有关于众事者，必齐集斯庙咸议焉。考究六册名目来由，缘为赋纳丁盐设立，凡人成丁者递年各皆输纳。于乾隆年间，屡遇岁歉荒凶，册内之人不胜税敛之苦，所以阖册绅士王文冕等乃爰集斯庙，酌议联名禀官，求免丁盐之事，祈神呵护，若得事济，六册永戴鸿恩。祷毕，各绅士至县面谒史邑侯。史公见禀内著缺口属大坑医灵宫统属六册户丁若干，为求免丁盐，乞恩详消事节略，乃医帝倡首。史公不敢违背神意，于是准禀，亲自晋省代为划策，永远消征，卷存在案。"按"靖康"，为古盐场，"其土广漠，其水斥卤，其民惟业盐灶。"（叶觉迈修、陈伯陶纂 1921 年版《东莞县志》卷九《舆地略八·风俗》）关于"丁盐"，"邑人陈之遇曰：靖康为东莞出盐之利，其征正盐、丁盐，由来旧矣；正盐按亩输官，丁盐则以居；出盐之地，不食官盐，例每三丁征盐一引。"（叶觉迈修、陈伯陶纂 1921 年版《东莞县志》卷二十三《经政略三·盐法》）据碑文我们方知，原来虎门大坑曾产盐，赋纳丁盐，后丁盐得以免除。该碑文虽无纪年，但碑文中提到的"史邑侯"一事，又见于叶觉迈修、陈伯陶纂 1921 年版《东莞县志》卷二十三《经政略三·盐法》："乾隆五十四年奉行改埠为纲，归靖场亦奉裁撤，饬将盐田池漏拆毁净尽，养淡改作稻田，升科起征银两，以补场课，如有不敷，归于纲局，羡余缴足。经前县史会同新安县胡查勘，靖康场盐田无几，本系沙石之区，咸水泡浸已九，深入土膏，难以养淡改筑稻田。"可知碑文当写于乾隆 54 年之前。

总之，这部碑刻集包含的内容和透露的历史信息非常丰富，碑文的书写格式和使用的古字别字异体字等值得深入探究。本书不仅收录了由黄佐、陈琏、关天培、胡汉民、陈铭枢、戴戟、张其淦、陈融等历史名人撰写或书写的碑文，而且碑文内容留下了明代哲学家王阳明、民族英雄关天培、陈连升、蒋光鼐及香港东华三院总理卢礼屏等历史名人的足迹，还保留了虎门百姓如何修建祠堂、如何祭祖等议事细节及家族析产分单、资产分布和当地社会状况、工商业分布、地名官名等资料。这不仅填补了虎门历史文化研究之空白，也为学术界提供了一份内容丰富且富有浓郁地方乡土气息的第一手历史资料，极大地增强了人们的乡土文化自信心，意义非同凡响。

（《现存虎门碑刻》一书"序文"）

一部令人骄傲的好书——读《羊城文物珍藏选》

广州建城 2210 周年的一份纪念献礼——《羊城文物珍藏选》一书已于 1997 年 5 月由广州市文化局出版。这是一部高质量、高水平的图文并茂的文物图册。

一部优秀的文物图册，必须收录一批具有特别重要的历史科学艺术价值的文物和珍稀品，必须有合符学术规范的文物解说词，还必须具有合符文物摄影要求的清晰的精美的图片。而本书在这三方面做得十分成功。

首先，我们来看看本书收录的文物珍品。

众所周知，广州俗名羊城，历史上曾是一座举世闻名的港市，也是举世罕见的一座持续两千余年城址未曾变动的城市，是华南地区政治、经济和文化的中心，因而存留地上和地下的文物极为丰富。然而，68 年前的广州博物馆馆藏文物几乎一无所有，甚至在 1950 年广州博物馆重建之日，馆藏文物也几近于零。40 余年后的今天，广州的博物馆馆藏文物已增达十多万件。这不能不说是一件喜人而又值得自豪的事。如何从这十多万件文物中精选出一批既能反映广州两千余年辉煌灿烂的历史，又具有艺术鉴赏价值的文物珍品，并非易事。由于本书主编、著名考古学专家麦英豪 40 余年来一直奋力拼搏在广州文博考古事业上，对广州的考古与文物有着精深的研究，因而对这一问题的解决可谓驾轻就熟了。我们不妨先读一下本书《见证·启迪·借鉴（代序）》一文中所定的精选准则：珍稀品以及具有特别重要的历史科学艺术价值的文物。而本书正是遵循这一准则来精选文物的。本书共分铜铁器、玉石印玺、陶瓷器、工艺美术和书画等五大类，共收 262 件（组）珍品，每一类中精选出来的文物都具有代表性，有着特别重要的历史科学艺术价值。举一、二例来说：展品 8 号和 9 号同为秦戈，虽然其状一般，但它们是岭南地区考古发现唯一有秦纪年的两件青铜兵器，是秦始皇统一岭南时的遗物，具有极高的历史价值。1994 年广州黄埔区姬堂晋墓群有重大发现，其中出土的滑石谒牌（相当今之名片）和类似墓志作用的铭牌（展品 72 号）是现今有关晋代考古发掘品中不可多得的珍贵文物。类似的事例，读者自可详读本书《见证·启迪·借鉴（代序）》一文，这里毋须赘言。

其二，本书专门辟有"图版解说"一栏，是器物的解说词。这里的器物解说词符合学术规范。纵览本书的器物解说词，我们看到大体是按照器物名称、年代、尺寸、出土地点（或捐赠者姓名）、收藏地点、器物描述及珍藏价值等方面来撰写的。读者只要仔细地阅读本书器物解说词，即可获得有关器物的详细资料。

其三，本书中的图版清晰，富有质感，给人以美的享受，见之令人爱不释手。

其实，一部优秀的文物图册，还是一部优秀的无字历史教科书，它会让您形象地了解过去历史的点点滴滴。当我们翻阅本书时，我们可以真实地、亲切地感受到广州历史的方方面面：汉代的番禺城、南越国人的冶炼技术、晋代珠江三角洲一带早春开耕的农忙情景、唐代广州木雕工艺水平、唐宋时期广州城市政建设水平、广绣、广彩、广钟、广雕、石湾陶瓷、唐至清代的端砚、岭南画等等。

诚然，正如本书所言，由于人们认识文物所具价值不可能一次完成，因而只能随着社会历史的发展、科技的进步而不断地深化对它们的认识。我们深信，这部奠基之作的出版必将推动今后对广州地区的考古与文物的深化认识。

（原载《中国史研究动态》1998 年第 2 期第 28~29 页）

一部讨论汉代社会控制问题的力作

——评谢瑞东《张家山汉简法律文献与汉初社会控制》

2015 年 5 月，社会科学文献出版社出版了谢瑞东博士著《张家山汉简法律文献与汉初社会控制》一书。该书以新出土张家山汉简法律文献为中心，探讨了西汉初年的社会控制问题，重点论述了《二年律令》对汉代基层组织、军功爵制、家族内部关系、信息情报及人口物资流失等方面的控制功能，即以法律手段达到对社会的完整控制。该书考证缜密，条理清晰，共分六个部分，22.9 万字。我一口气读完全书，深感它在研究方法和资料利用方面有新突破。

首先是研究方法上的突破。

流传下来的汉代历史文献屈指可数，新出土的汉代文物和文字资料也十分有限，而前人有关汉代历史研究成果又十分丰厚。因此，研究汉代历史，不能仅靠传统历史文献和出土文物文字资料，还需在理论和方法上有新突破。

社会控制是指社会组织利用社会规范对其成员的社会行为实施约束的一个过程，其理论体系是属社会学方面的一个重要研究领域。社会控制问题是以往史学界较少论述的一个学术领域。谢瑞东博士能熟练地运用社会学的这一社会控制理论，在充分吸收前人优秀学术成果的基础上，以新出土的《二年律令》法律文书为中心，结合汉代有关法律文献资料，较为系统地研究了西汉初年的社会控制情况，得出有新颖的学术观点。这是本书借鉴社会学理论的一次新尝试。

西汉初年，百废待兴，社会亟需有一个安定的社会环境。如何做到，不仅是统治阶级需要思考的问题，也是社会大众的迫切愿望。本书作者为了阐述好这一历史问题，一方面注重总结学术史，注意运用传统的"二重考据法"和新兴的法学、社会学方法，另一方面采用宏观统揽、微观解决问题的研究方法，先对社会控制概念进行界定，然后从社会秩序的确立与维护，以及法律手段等方面，细化《二年律令》在汉初对稳定西汉王朝政治统治与社会安定的重要意义。这种研究方法的运用，充分展现了作者具有较清晰的逻辑思维与系统观念，使本书有别于一般性的重在连缀简文、诠释字句的研究方式，从而在客观上增强了本书的可读性。

其次是资料利用上的突破。

新材料、新问题始终是学术研究能否创新的一个重要前提，能否善于利用资料又是衡量研究者学术研究水平高低的一把重要尺子。本书作者在文献资料利用方面有新突破，主要表现在：一是力求全面收集可利用的资料，使出土资料与历史文献相互印证；二是力求准确解读资料，如作者通过追溯《二年律令》形成的历史根源，指出汉初法律与秦律二者既有继承关系，也有异同；同时指出《二年律令》是深受儒家重德轻刑伦理思想的影响。作者在对《二年律令》中所见邮驿机构及其功能、军功爵制、王杖制度、调控家族成员间相互关系等重要问题，均作了细致考察，从而丰富了汉代政治制度史的内容。作者还对《二年律令》中所见诸多名词作了细致的考证和解释，如"乡部"，作者认为"乡与亭分属两个不同的系统，前者属行政系统，后者归都尉管理，各自独立。乡部应该是指官职，不可能是指行政区划"；又如"公乘以下""士伍""公卒""隐官""司寇"等名词，作者认为"'公乘以下'是'司寇以下'之规定，包括公卒、士伍等无爵平民；'士伍'身份之人是曾有爵位，后因罪而遭夺爵之人；'公卒'是无爵位者，地位略高于士伍，但数量远远低于士伍；'隐官'理应为自由平民，却受限于肢体残缺，无法与庶人平起平坐者；'司寇'，秦汉刑徒之名，通常与'耐'刑搭配，可为户主、可受田宅、可居于民里，仍有某种程度之自由。"这些解释，不仅极大地帮助读者能更好地理解汉律条文，而且丰富了人们对汉代社会诸阶层的理解和统治者对社会控制的方式。

谢瑞东博士毕业于武汉大学历史系。在严谨学风的熏陶下，他治学态度认真，能自觉地继承和发扬前辈优秀学者的学术传统。《张家山汉简法律文献与汉初社会控制》一书就是一个很好的例证。

总之，谢瑞东博士《张家山汉简法律文献与汉初社会控制》一书，选题新颖，用力甚勤，具有相当广阔的学术视野，是一部学有根底、学风严谨的学术论著，是"目前所见较为全面系统地研究汉初社会控制问题的一部专著"。

积铢累寸篇

五、古石刻

新发现的后梁吴存锷墓志考释

　　笔者在广州博物馆整理馆藏文物时，发现五代后梁时期的一块重要墓志。此墓志青石质，高59、宽40、厚6厘米。出土时间及地点不详。志中内题1行，撰者结衔1行，志文21行，铭文1行。全志除个别字磨泐不清外，余均清晰可认，残存982字，正书。志文中凡提及人名前均空一至三格，唯"扶风马氏""郑尚书""唐尚书""陈相公""黄氏"及志主晚辈人名前均不空格。"锷"字缺末笔。今就志中反映的历史内容试作考释如下。

一、志主世系

　　志云："公讳存锷，字利枢。"查史书无专传。唯《旧五代史》卷九《梁书》九记有"（贞明三年夏四月）辛丑，以清海军元从都押牙，陇[1]州刺史吴锷为检校司空。"结合志文内容，是知吴锷与吴存锷为同一人，吴锷为吴存锷之单称。

　　志又云："本出于秦雍。"是知吴存锷先世本为秦雍地区人。"洎乎荐昌嗣胤，不绝簪裾，遂辞北京，适兹南海。……考讳太楚，皇岭南东道盐铁院都口覆官、并南道十州巡检务、试左武卫兵曹参军。"此处志文有一字残泐不清。据《唐故泗州司仓参军诸道盐铁转运等使巡覆官刘府君墓志》[2]及《大唐范阳卢公故夫人天水郡赵氏墓志铭并序》中的撰者结衔"前飞狐铸钱院巡覆官儒林郎试太常寺奉礼郎张钤撰"[3]，可知唐后期有巡覆官。据此，我们认为志中的缺字应为"巡"字。上引志文称，吴存锷之父吴太楚因官宦岭南，遂举家由北京（指长安）南迁南海。其家后或因唐末战乱而"不得还"，遂"客岭表"[4]。此乃唐末北方人士流落岭南的又一实例[5]。

　　又据志文，吴存锷之高祖讳敬，曾任唐左武卫长史，曾祖讳巨璘，曾任唐凤翔节度左押牙、右威卫将军，均为诸卫官。故志文中"世瞻于轩裳，或龙阙以升班，或凤翔而授职"一句即指此而言。

　　又据志文，吴存锷为吴太楚之长子，其母为扶风马氏。吴存锷于贞明三年（917年）四月二十六日卒，年69，则生年是唐宣宗大中二年（848年）。存锷妻为黄氏，生有二子一女，长子延鲁，次子虫子，女娘珠，嫁陆氏。长子延鲁妻霍氏，生二女，长胡娘，次小胡。现将志文中所记吴存锷之世系列如图一。

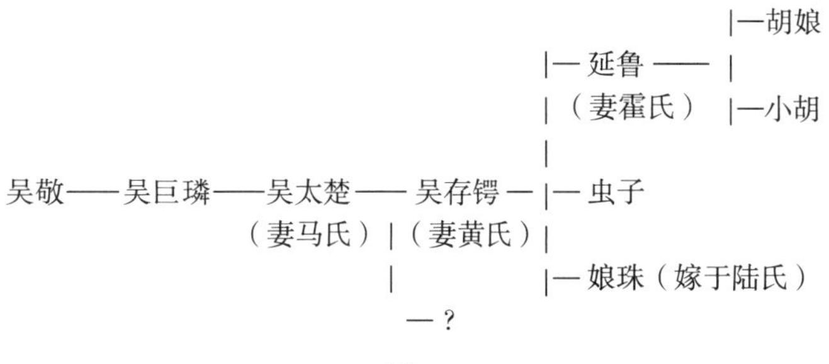

```
                                              |—胡娘
                                  |— 延鲁 ——|
                                  |（妻霍氏） |—小胡
                                  |
吴敬——吴巨璘——吴太楚——吴存锷—|— 虫子
          （妻马氏）|（妻黄氏）|
                                  |—娘珠（嫁于陆氏）
                   |
                   —？
```

图一

二、"邸务"

志云："制凡厥贡奉，皆仗于公，遂陟随使押衙，仍上都邸务，押诣絧雪进奉到阙……乾化五年，本府节度使南越王统军府，思公旧勋，乃署元从都押衙，委赍进奉并邸务。"碑中所记的"絧"字，据 1985 年文物出版社出版秦公辑《碑别字新编》"十四划·綱"引《隋卞鉴墓志》，可知即"纲"字。按唐代的"纲典制"早见于唐初 [6]，开元中又有发展，且屡见于中晚唐。如《新唐书·食货三》云刘晏在主持设计制造大型漕船时实行了"十船为纲，每纲三百人"的运纲编制。又《资治通鉴》卷二五九乾宁元年（894 年）条云。"义胜节度使董昌荷虐，于常赋之外，加敛数倍，以充贡献及中外馈遗，每旬发一纲。"又《唐会要》卷八七云："（贞元）五年十二月，度支、转运、盐铁奏：'比年自扬子运米，皆分配缘路观察使差长纲发遣，……今请当使诸院自差纲节级搬运。'"皆为例证。此处志中所记的"邸务"是指什么？为何在上都（指京师）设置？

《龙龛手镜》入声·邑部有记："邸、邱、耶三俗；耶，正，丁礼反，舍也。"[7] 又《隶辨》卷第一平声上页 25 上齐第十二云：互"城坝碑——羌攻□，[按]《干禄字书》：互通氏"，又同书同卷平声上页 11 下脂第六：衼"史晨后碑——肃屑偓 [按]《广韵》：祇，俗从互"[8] 由此可知，"耶"即"邸"字俗体，"耶务"即"邸务"。

那么，"邸务"是什么机构呢？据《旧唐书》卷一一一《代宗本纪》记载："（大历十二年五月）甲寅，诸道邸务在上都名曰留后，改为进奏院。"[9] 又《旧五代史》卷一〇三《汉书》五记载："（乾祐三年）九月辛巳，朗州节度使马希萼奏请于京师别置邸院，不允。……帝以湖南已有邸务，不可更置，由是不允。"《资治通鉴》卷二八九同一条中将"邸务"写作"进奏务"。由此可见，"邸务"即"进奏院。"

关于进奏院机构的设置、职能及性质等问题，前人论述已备，此处不再重复。志中所见的邸务机构在京师的设置，表明在晚唐及后梁初年方镇纷纷割据的政治格局中，岭南东道仍与中央朝廷保持着联系。

三、岭南东道节度使补考

岭南道自咸通三年（862 年）五月始分东西 [10]。据吴廷燮《唐方镇年表》[11] 卷七《岭南东道》的考证，岭南东道前五任节度使的历任情况已基本清楚，但是以后的历任情况或语焉不详，或证据不足。当时吴氏撰此表时，能见到的资料只能如此。这块新发现的志文恰好提供了一些可资补充的资料。

志云："其年（指中和三年），节度使郑尚书值圣驾幸于西蜀，因遣公入奏。"按唐僖宗"幸于西蜀"的时间是中和元年（881 年）正月，此时黄巢起义军已攻入长安 [12]，因此志文所记的节度使郑尚书不得不派遣吴存锷入蜀奏事。那么，这位节度使郑尚书是谁呢？据吴廷燮考证，郑续在 879~886 年担任第六任岭南东道节度使。吴氏所依凭的是《唐摭言》及《岭表录异》等书，此志志文记载证实了郑续确在 879~886 年间担任过岭南东道节度使。

根据吴廷燮考证，第七任节度使是裴璩（887~889年），其后为刘崇龟。据志文记载："逮龙纪之元载也，留后唐尚书统府事。"按龙纪元年即公元889年。因此，裴璩与刘崇龟之间有留后唐尚书统领府事。至于留后唐尚书到底是谁，目前尚不清楚。

由此可见，刘崇龟是继留后唐尚书之后接任的节度使。但是，吴廷燮关于刘崇龟任期的考证也有衍误。《旧唐书》卷二〇上称："（景福二年）三月庚子（《资治通鉴》卷二五九作"六月"），制以捧日都头陈珮为广州刺史、岭南东道节度使。"因《资治通鉴》卷二五九本条胡三省注中有"不闻至镇"一语，故吴氏认为陈珮未就任节度使一职。志文明载："于时景福三载，是节度使陈相公镇临是府。"按《资治通鉴》卷二五九云，景福三年正月乙丑日改元乾宁元年，故志中的"景福三载"实为乾宁元年。

四、志中所见"刘太师""南海王"与"南越王"封号辨析

志云："景福三载，是节度使陈相公镇临是府，贺江镇刘太师闻公强干，屡发笺简，请公属贺江。"志中所见的"刘太师"指谁？据《资治通鉴》卷二五九云，刘谦卒于乾宁元年（894年）十二月，其时正任封州刺史。且在此志刻写之前（917年11月9日），史书中未见刘谦有太师的追封，故志中所见的"刘太师"应非刘谦。但据《新五代史》卷六五记载，刘谦子刘隐曾于后梁开平三年（909年）加检校太师，又《文献通考》卷二七六称，刘隐于梁初进太师，因此，志中的"刘太师"应指刘隐。值得注意的是，志文此处所用太师称号并不表明刘隐此时已封太师，只是撰志者使用了刘隐的最高官衔。

事实上，撰志者在刘太师之前所加"贺江镇"三字才是刘隐当时的真实身份，据史书记载，此时刘隐正任贺江镇遏使[13]。

志又云："逮乾宁、光化、天复之际，公由贺江从节度使南海王就府秉节。"志中所见的"南海王"，据《宋史》卷四八一、《册府元龟》卷二一九僭伪部·姓系条、《新五代史》卷六五和《五代会要》卷十一记载，刘隐曾被封南海王[14]，那么志中所见的"南海王"无疑就指刘隐。不过，唐乾宁、光化和天复年间，刘隐尚未封南海王。志中之所以如此使用，其原因上文已述，是撰志者使用撰志时刘隐的最高头衔，此时刘隐的身份为岭南东道节度使[15]。刘隐正式封南海王的时间应如志文下面的一段途述："（开平元年）南海王重公有妙术，以雷州犷狎之俗……又委公临之。"可知刘隐正式封南海王的时间应是开平元年（907年），这与《宋史》卷四八一和《册府元龟》卷二一九所记载的时间相吻合。

志又云："乾化五年[16]，本府节度使南越王统军府。"志中所见的"南越王"所指为谁？《资治通鉴》卷二六八记载，刘隐卒于乾化元年（911年）三月，弟刘岩于同年五月始任岭南东道节度使[17]。又据同书卷二六九记载："是岁（指贞明元年），清海、建武节度使兼中书令刘岩，以吴越王镠为国王而已独为南平王，表求封南越王及加都统，帝不许。"由此可知，志中所见的"南越王"是指刘岩。而且我们从志文可以初步推断，尽管《资治通鉴》记载中央朝廷没有给予刘岩"南越王"封号，但是，刘岩在其统辖地区确实已经在自称"南越王"了。

五、碑主事迹考

以上我们就碑中所见的碑主世系、邸务问题、岭南东道节度使问题以及南汉国初主刘岩和其兄刘隐的封号问题作了粗略的考释，初步理清了唐末岭南东道及南汉国兴起之前某些问题。综合以上考释，我们将志主吴存锷的生平事迹列一简表如下：

时　间	年　龄	事　迹
848 年	出生	
883 年	35	始入职。后受岭南东道节度使郑续之命入蜀奏事于唐僖宗，因办事勤劳，连进数级，并授秩殿中侍御史。
889 年	41	岭南东道留后唐尚书统领府事，进碑主数资。加御史中丞。
894 年	46	陈珮任岭南东道节度使。碑主受贺江镇遏使刘隐之请，从广州入贺江镇，随从刘隐，主奏报一事。
894~904 年	46~56	随岭南东道节度使刘隐入广州，任随使押衙，负责贡奉，押诣纲进奉入京（长安），加御史大夫，守勤州司马。
907 年	59	后梁建立。加康州司马，守勤州刺史，又加兵部尚书，守泷州刺史。因治泷州有政绩，得南海王刘隐器重，改任雷州刺史，又获勋绩。
911 年	63	进奉入京（汴州），加金紫光禄大夫、尚书右仆射，守泷州刺史。
915 年	67	任岭南东道节度使南越王刘岩元从都衙，又进奉入京（汴州）。
917 年	69	四月辛丑日加检校司空。四月二十日遭疾，二十六日卒于京（汴州）。闰十月十五日灵榇自京归于广府故里。十一月九日葬于南海县大水岗。碑云，十一月一日始改元乾亨，则《资治通鉴》卷二七〇云八月癸巳日改元乾亨的说法为误。

后梁吴存锷志墓铭释文

　　梁故嶺南東道清海軍隨使元從都押衙金紫光祿大夫檢校司空前使持節瀧州諸軍事守瀧州刺史御史大夫上柱国吳公誌墓銘並序 / 鄉貢進士何松撰 /

　　夫道著三才，人居中氣，遂有稟岳瀆英靈之粹，叶熊羆卜夢之祥。而乃符契一千，間挺五百。負乎才器，匡正国邦。緬考 / 史書，世濟貞懿。今於　公而見之矣。　公諱存锷，字利樞，本出於秦雍，世膽於軒裳。或龍闕以昇班，或鳳翔而 / 授職。洎乎荐昌嗣胤，不絕簪裾。遂辞北京，適兹南海。　高祖諱敬，皇前守左武衛長史。　曾祖諱巨璘，/ 皇前鳳翔節度左押衙、右威衛將軍。　考諱太楚，皇嶺南東道盐鐵院都 巡 覆官、並南道十州巡檢務、試左武衛 / 兵曹參軍。寬雅洽衆，禮禳出群；紳蘊機籌，洞該玄奥；博覽典實，以矜時人。時有默識者曰：此乃非凡人，其後裔必能盛哉。遂 / 娶扶風馬氏。　公則參軍之長子也。幼服先訓，克習令德；惟忠惟孝，能武能文。年未弱冠，常言曰：我備閱家譜，屢詳祖先 / 俱列官資，予獨何脫？於是時也，乃唐朝中和之三載，遂入職。其年，節度使鄭尚書值　聖駕幸於西蜀，曰遣　公入奏，丞/遷 數 階。洎達行闕，却迴府庭。以　　公勤勞，復進數級，授秩殿中侍御史。逮龍紀之元載也，留後唐尚書統府事，亦進/數資，加御史中丞。景福、光啟、文德、大順之歲，公進奉相継，節効殊尤；一載之間，不啻四五階也。于時景福三載，是/節度使陳相公鎮臨是府。賀江

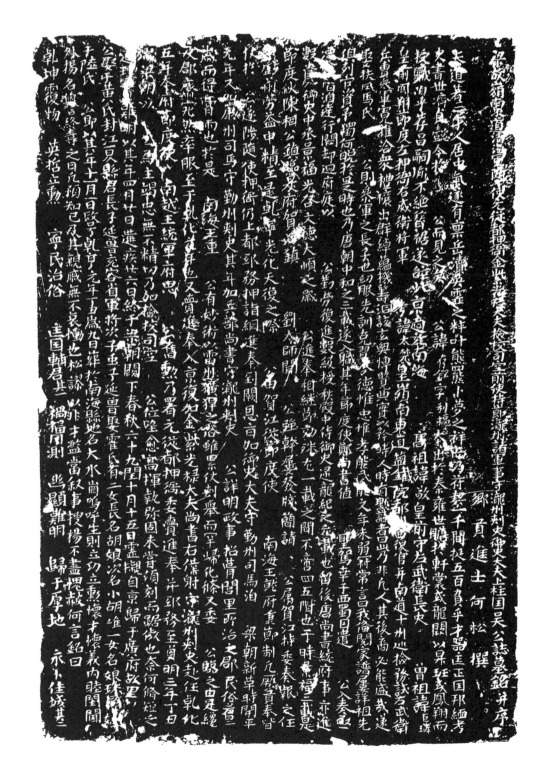

后梁吳存鍔墓志

镇　　劉太師聞　公強幹，屢發賤簡，請　公屬賀江，持委奏報之任。/ 不虧前勞，益申精至。逮乾寧、光化、天復之際，公由賀江從節度使　　南海王就府秉節。制凡厥貢奉，皆 / 仗於　公。遂陪隨使押衙，仍上都邸務，押詣綱進奉到闕，恩旨加御史大夫守勤州司馬。洎　梁朝新革，時開平 / 元年，又加康州司馬守勤州刺史。其年，加兵部尚書守瀧州刺史。公詳明政事，招菁閭里，所治之郡，民俗蓋 / 歲，而得膏雨也。於是　南海王重　公有妙術，以雷州獷悍之俗，雖累仗刺舉，而罕歸化，條又委　公臨之。由是纏 / 及郡齋，宛然率服。至于乾化元年也，又貴進奉入京，復加金紫光祿大夫尚書右僕射，守瀧州刺史赴任。乾化 / 五年，本府節度使　南越王統軍府，思　公舊勳，乃署元從都押衙，委貴進奉並邸務。至貞明三年丁丑 / 歲，梁朝以　公為主竭忠，無不精切，乃加檢校司空。　　公位望愈高，揮靮弥固，未嘗湏刻而踞傲也。奈何脩短之 / 道，理深而難明，以其年四月廿日遘疾，廿六日終于梁朝闕下，春秋六十九。閏十月十五日，靈櫬自京歸于廣府故里。/ 公娶于黃氏，封江夏縣君。長子延魯，充容省軍將。次子虫子。延魯娶霍氏，有二女：長名胡娘，次名小胡。唯一女名娘珠，早嫁 / 于陸氏。公即以其年十一月一日改号乾亨，元年丁丑歲九日葬於南海縣地名大水崗。嗚呼！生則立功立勳，懷才懷義；內睦閨閫，/ 外揚名譽。終壽之日，凡預知己及其親戚無不哀慟也。松謬以非才，濫當敘事；搜揚不盡，愧被何言。銘曰 / 乾坤覆物　英哲立勳　寧民治俗　匡国輔君其一　禍福罔測　幽顯難明　歸于厚地　永卜佳城其二 /

注释：

[1] 钦定四库全书本及中华书局标点本均作"陇"字。据志文记载，此字误，应为"泷"字。

[2][3] 周绍良主编《唐代墓志汇编》下册，大和〇三一条和文德〇〇一条，上海古籍出版社，1992年11月第一版。

[4]《新五代史》卷六五，中华书局，1974年12月第一版。

[5]1954年5月在广州市越秀山镇海楼后面发现《王涣墓志石》反映了唐末北方人士流落岭南者为数不少（参见岑仲勉先生《从王涣墓志解决了晚唐史一两个问题》一文，载《历史研究》1957年第9期）。此志石现存广州博物馆。

[6] 如《唐仪凤三年（678年）中书门下下支配诸州庸调及折造杂练色数处分事条启》：12行："庸调送纳杨府转[运]，□纲典部领，以"13行："□[船]□□[船]□还。"见《吐鲁番出土文书》第八册72TAM230：46/2（2），文物出版社，1987年2月第1版。

[7] 辽·释行均编，中华书局，1985年5月第1版。

[8] 清·顾蔼吉编撰，中华书局，1986年4月第1版。

[9] 又参阅《唐会要》卷七八诸使杂录上，上海古籍出版社，1991年1月第1版。

[10]《资治通鉴》卷二五。

[11] 吴廷燮《唐方镇年表》，中华书局，1980年8月第1版。

[12]《资治通鉴》卷二五四。

[13]《资治通鉴》卷二五九乾宁元年十二月条；冯惠民《资鉴严补辑要》，齐鲁书社，1983年8月第1版。

[14] 关于刘隐的封号问题，历来诸书记载不一。主要有以下几种说法：1.《宋史》卷四八一开平初封南海王，无

封大彭南平事。2.《东都事略》卷二三、《隆平集》卷一二和《文献通考》卷二七六并云开平初封南平王，无封大彭南海事。3.《资治通鉴》卷二六六、二六七开平元年五月封大彭王，三年四月封南平王，无封南海事。4.《册府元龟》卷二一九开平初封大彭王，梁祖郊禋，礼毕，进封南海王，无封南平事。5.《新五代史》卷六五云开平三年封南平王，乾化元年封南海王；《五代会要》卷一一开平三年四月封南平王，四年四月封南海王，俱无封大彭事。6.《九国志》卷九云开平元年封大彭王，三年改封南平王，四年进封南海王，三者俱载。《旧五代史》卷四《太祖纪》云开平三年四月甲寅封南平王于刘隐，《旧五代史》卷一三五梁开平初封大彭郡王，梁祖郊禋，礼毕，进封南海王，亦三者备载。

[15] 又参阅《资治通鉴》卷二六二天复元年十二月条和卷二六五天祐元年十二月条。

[16]《资治通鉴》卷二六九云，乾化五年十一月乙丑日改元贞明。

[17]《新五代史》卷六五认为刘岩乾化二年始任清海军（岭南东道）节度使。

（原刊《文物》1994 年第 8 期第 69~73 页）

广州出土南汉买地券考

现湖南省博物馆珍藏一份广州出土的南汉买地券碑文拓片（图），长、宽均为21厘米。券文不见载于现存各类史书。其史料价值甚高，不仅对于了解南汉国广州城（兴王府）近郊地理情况有重要帮助，而且透过券文，可以看到南汉国境内的崇道之风。

券文正书，11行，原文如下：

> 今有龙山壹所，坐向南北，凭中买
> 到在泥城之北厢荷子岗，东至三
> 元里，西至彩凤岭，南至大鹅山，北
> 近甘溪。四至所到，龙脉正中，飞鹅
> 彩凤，左右相逢，由白鹤仙师伲主，
> 点明吉穴山泉，云梦真人送塚
> 于金元帅家安葬。封罡日，天坒
> 合息，五星照明堂，凭此立□石□
> 富贵大吉昌，太上老君，急急如律
> 令。
> 㫈天元年三月甲子朔立券

（注：□为拓片中漫漶不清的字）

其中一行正读，另一行倒写倒读，由下而上，自备一格。简又文先生曾对广州境内出土的另一块南汉马氏廿四娘买地券中出现的同种现象作了解释，认为："或分阴阳两界，而作压胜凭也。"[1]券文中所见的"罡"字为"冈"[2]，"坒"字为"地"[3]，"伲"字为"作"[4]，"㫈"字为"光"。是知券文作于光天元年（942年）三月初一日。由此可证《资治通鉴》卷283中所记后晋天福七年（大有十五年）夏四月改元光天元年（又见《南汉书》卷三《殇帝本纪》）有误，且表明至迟大有十五年（942年）三月一日已改元光天元年。

在拓片右侧空白处有后人竖写的两行题记："南汉金元帅地券，精丁小唐碑之绝佳者，拓寄文翁道长审定。蔡守寒琼。"在券文第10行空白处又有后人竖写的两行题记："辛未年上巳广州三元里出土。蔡守。"拓片上还有阳刻篆体字朱印六方：蔡守寒琼（后二字为阴刻），道在瓦甓，蔡守审定，寒琼藏甓，金石仆，月色传古。按1932年黄花考古学院编辑《考古学杂志》创刊号载有蔡守寒琼撰《广东古代木刻文字录存》一文及蔡守寒琼、谈月色撰《发掘东山猫儿岗汉塚报告》一文。又按广州博物馆藏有《南华寺北宋木刻造像初拓本》一册，为1987年12月黄宝权先生捐献。《初拓本》上有"寒琼访得"四字，还有题记："原觉道兄将之宣南，把似聊供舟车清娱，并希持示都门金石知交。癸亥春　寒琼察识。"又有"蔡"字印章一方。是知"寒琼"为蔡守寒琼，"原觉"为罗原觉（189~1965年），

图

二人为同时期人。由此可知此件南汉买地券出土于1931年（辛未年）。

券文1~4行提到："凭中买到在泥城之北厢荷子岗，东至三元里，西至彩凤岭，南至大鹅山，北近甘溪。"按泥城即指兴王府广州城。由此可知，三元里、彩凤岭、大鹅山、甘溪等地均位于广州城西北郊，其中，三元里地处东面，彩凤岭地处西面，大鹅山地处南面，甘溪地处北面。"甘溪是地名……甘溪之名自汉及唐迄今沿用。"[5]新中国成立后的考古新发现已确证了"甘溪"的走向，大体上是从白云山经今白云宾馆南面建设大马路北段附近，向南流入珠江。[6]而券文提到的甘溪方位又进一步指明甘溪应流经今三元里北面附近。券文中所见的"厢"是否就是日本学者加藤繁氏在《宋代都市的发展》一文所指出的那种"厢"制？加藤繁氏说："宋代常把都城的内部，或者把内外总分为几个大区划，把它叫做'厢'。……起初，厢是设在城外的。"[7]如是，则显明南汉国已在广州城外实施"厢"制了。

券文5~10行又写到："由白鹤仙师作主，点明吉穴山泉，云梦真人送塚于金元帅家安葬，封岗日，天地合息，五星照明堂，凭此立□石□富贵大吉昌，太上老君，急急如律令。"按《太极真人敷灵宝斋戒威仪诸经要诀》云："夫先生者，道士也。于此学仙，道成曰真人。体道大法，谓之真人矣。"[8]真人即指学道得成者。又按"太上老君"为道教教主，"急急如律令"是道教咒文中的常用语。如所周知，白鹤仙师中的"白鹤"是一种鸟名，头小，颈和脚细长，嘴长而直，翼大善飞，羽毛白或灰色；云梦真人中的"云梦"为先秦时楚国境内的一个泽薮，白鹤仙师和云梦真人均为虚无缥缈的神人。由此反映出南

汉国境内民间颇流行道教，即盛行崇道风习，民间买地券的出现是与南汉国境内崇道风气息息相关的。

南汉国境内盛行崇道之风，如乾化四年（914年），郁林州宝圭洞及韬真观迎玉宸道君与葛真人二石像于南海，置石室中。[9]表明郁林州崇敬玉宸道君与葛真人。又如南汉后主刘𬬭年十六袭位，委政于宦者龚澄枢、陈延寿及才人卢琼仙等，陈延寿"引女巫樊胡子，自言玉皇降胡子身。𬬭于内殿设帐幄，陈宝贝。胡子冠远游冠，衣紫霞裾，坐帐中宣祸福，呼𬬭为太子皇帝，国事多决于胡子。卢琼仙、龚澄枢等争附之。胡子乃为𬬭言：'澄枢等皆上天使来辅太子，有罪不可问。'"[10]这个托言"玉皇"降身，"上天"遣使的女巫，利用道教巫术以迷惑刘𬬭，而刘𬬭竟以国事决之。此事表明南汉后主刘𬬭沉迷道教巫术。

南汉国境内学道者也很多，如黄励"隐罗浮山水帘洞左，务云华野人名，亦自号黄野人。尝独处，有羽客至，授以丹诀，遂得道。"[11]吴仁璧"学道罗浮"。[12]莫公"自号爽朗道人。幼好道，七岁辞母入石岩中，终年跏趺静坐，鲜与外间人接。"[13]甘陆"时受诏出征，每以术得捷，拜护国将军。……犹子佃，亦灵异，能前知。"[14]暨济物"讲求黄老术"。[15]乌利道人"至西樵山，耽嘅玉岩之胜，构屋栖焉。辟谷食，能用禁咒。……晚喜烧炼。……丹成，遂羽化。"[16]陈代仁"设肆市上，以卦决人休咎，无不中。"[17]黄步松"隐居獐脑山，喜谈炉火而未得其要。久之，遇道流指授，顿悟。烧丹既成，服之，白日翀举去。"[18]谭氏二女"嗜黄老术"。[19]这些人或学道，或好道，或嗜黄老术，或喜烧丹。他们促进了南汉国境内道教发展。

通过以上的考释，我们不仅了解到兴王府城西北郊的一些地理情况，而且可知南汉国时期是岭南地区道教发展的一个重要发展时期，值得加以重视。

注释：

（1）简又文：《南汉马廿四娘墓券考》，《大陆杂志》第十七卷第十二期。

（2）秦公辑：《碑别字新编》，文物出版社，1985年7月第1版，第58页。

（3）沿用武则天的造字，见《资治通鉴》卷204天授元年（690）条，中华书局，1956年6月第1版。

（4）《金石大字典》卷三"作"字条引汉建始砖萃古本，写作"伓"。中国书店。

（5）《广州汉墓》第六章，文物出版社，1981年12月第1版，第382页。

（6）黎金《建设新村唐姚潭墓》，见《广州市文物志》，岭南美术出版社，1990年2月第1版，第123页。

（7）（日）加藤繁著，吴杰译《中国经济史考证》第一卷，商务印书馆，1959年9月初版。

（8）引自陈国符著《道藏源流考》下册附录二《道藏札记》先生真人条，中华书局，1963年12月版。

（9）（清）梁廷楠著、林梓宗校点《南汉书》卷二，广东人民出版社，1981年5月第1版。

（10）《新五代史》卷65《南汉世家第五》。

（11）（12）（13）（14）（15）（16）（17）（18）（19）《南汉书》卷17。

（原载广东省博物馆编：《广东省博物馆集刊（1999）》，广东人民出版社，1999年第1版，第46~48页）

广州南汉康陵的发现与南汉国的哀册仪礼

1992 学年度，我们有幸聆听了唐长孺先生讲授"魏晋南北朝隋唐史三论"一课。石云涛同学、缅甸学者玛格列黄同学、何德章博士和我，每周有半个上午的时间去唐先生府上听课。事后听说，这是朱雷老师特地为我们几位同学申请的，因为当年唐先生已有 80 多岁高龄了，身体又不太好，视力很差，但是唐先生每次上课极为认真，记忆力极好，常常是历史材料背诵如流。听完课后，真让人惊叹！唐先生授课时阐明了一个重要理论：唐代发生的变化，最足以反映历史发展过程的方面是南朝化或南朝因素。[1] 这一理论时常提醒我们在研究隋唐历史时要关注南朝因素。

有幸的是，从明清之际起，众多学者一直在追寻的南汉康陵和高祖天皇大帝哀册文，被文物考古工作者发现。从 2003 年 6 月起，广州市文物考古研究所为配合大学城建设，对广州市番禺区新造镇小谷围岛内地上地下文物进行了地毯式的调查和抢救性的考古发掘，在进行北亭村考古发掘过程中发现了南汉康陵和高祖天皇大帝哀册文。考古简报报道，在大香山南麓发掘的康陵，其前室当门处发现保存完好的石哀册一通，高 110、宽 154、厚 20 厘米，志侧刻缠枝蔓草纹，志文楷书，首题"高祖天皇大帝哀册文"，38 行，1062 字；该件哀册文使用成熟的墓志铭文体，在叙述中夹入骈列的赞颂之辞，最后是四字体的骈文。[2] 这块南汉哀册文石碑的发现，为我们了解唐五代时期哀册仪礼的演变具有十分重要的价值。

一、明末清初南汉康陵及其哀册文的发现

根据历史文献记载，早在明末清初，南汉康陵已被人们发现。明清之际，许多学者对南汉康陵和哀册文的发现经过作了介绍。明末清初文人屈大均在《广东新语》卷十九"坟语·刘龑墓"中写道：

> 刘龑墓在番禺东二十里。其地有南亭、北亭，海潮围绕，中不过十余里。墓在北亭洲旁，疑即昌华苑地也。崇祯九年秋，洲间有雷出，奋而成穴。一田父见之，投以石，空空有声，乃内一雄鸡，夜尽闻鸡鸣。于是率子弟以入。堂宇豁然，珠帘半垂，左右金案玉几备列，有金人十二，举之重各十五六斤，中二金像冕而坐，若王与后，重各五六十斤；旁有学士十八，以白银为之。地皆金蚕珠贝所筑。旁有便房，当窗一宝镜，大径三尺，光烛如白日；宝砚一，砚池中有一玉鱼能游动；碧玉盘一，以水满注其中，有二金鱼影浮出；他珍异物甚众，不可指识。田父先持镜归，

光动邻舍，巫扑碎之，有一珠入夜辄作怪状，惧而弃之。于是邻人觉而争往，遂白邑令。令巫临其地视搜发。令得玉枕一、金人四以归。玉枕作卧虎形，长可尺许，大小珠见风悉化灰土，口含之而出，乃得完好。承棺有黄金砖四，棺既斧碎，有怀其发齿以出者。一碑当穴门中立，辞称"高祖天皇大帝哀册文"，翰林学士知制诰正议大夫尚书右丞相紫金袋臣卢应敕撰并书。其所为大帝者，崩于岁壬寅四月甲寅朔越廿四日丁丑，号为大有十五年，葬以光天元年，陵曰康陵，盖刘龑墓也。[3]

今日的南亭、北亭所在地与上文描述的位置基本吻合。从现在的考古发掘情况来看，康陵所在地应为南汉昌华苑地。上文详细地叙述了康陵被发现的经过以及陵墓中的文物摆设和陵墓中的便房设置等，还提到墓穴门中立有哀册文石碑一块。石碑位置与今日考古发掘所揭示的一致。清代瑞麟、戴肇辰等修，史澄等纂《广州府志》（光绪五年刊本）卷八十七"古迹略五"条据黄通志、惠栋精华录训纂参修所记情节与上述屈大均一文基本一致，只是在卷九十九"金石略三·五代"条引王士祯《皇华记闻》后写道这位"耕者梁某"，并就哀册文作了初步考证，文曰："中有碑，乃伪汉刘龑冢也。文曰：维大有十五年岁次壬寅四月甲寅朔廿四日丁丑高祖天皇大帝崩于正寝，越光天五年五月癸未朔十四日丙申迁神于康陵，礼也。文多阙，不尽载。翰林学士知制诰正议大夫尚书右丞赐紫金鱼袋臣卢应初撰并书。按光天乃龑子玢年号，立仅二年，为弟晟所杀，即改光天二年为应乾元年，无光天五年。又考《十国春秋》，伪汉诸臣列传止有卢膺仕龑为工部侍郎，晟时拜中书侍郎同平章事，无应初名也。"

图

到康熙三十一年即壬申年，1692 年朱彝尊重游岭表。次年正月，在光孝寺听南海陈元孝谈南汉康陵。朱彝尊在《曝书亭集》（四库本）卷四十六《续书光孝寺铁塔铭后》一文中详细地记录了这次谈话内容：

> 岁在壬申，重游岭表。改岁正月南海陈元孝饭予光孝寺，南汉之兴王寺也。寺僧导主客诣刘铢所铸铁塔所在，见二塔并立，一屋中，修短不齐，一作记，一题名，始悟曩时拓本合二为一，记之不详。元孝语予：南汉主刘龑葬番禺县治东二十里北亭，明崇祯丙子（即公元 1636 年）秋九月穴中有鸡鸣，土人发其墓，隧道崇五尺，深三尺，有金像十二，一冕而坐，一弁而坐，殆马后也，夹侍十人，疑是诸子，又学士十八，以白金镕铸，其他珍异物甚多。有碑一具，书翰林学士知制诰正议大夫尚书右丞上紫金袋臣卢应奉敕撰文曰：维大有十五年岁次壬寅四月甲寅朔念四日丁丑高祖天皇大帝崩于正寝，越光天元年五月癸未朔十四日丙申迁于康陵，礼也。予方注五代史，衰年健忘，遂牵连书于前册。亡友仁和吴志伊撰《十国春秋》：卢应更作膺，谓事龑为工部侍郎，大有中加太尉，中宗时拜中书侍郎同平章事，衔名不合，惜其已逝，未得此异闻也。（又见明光禄卿岭南郭笃周先生著，香山后学陈兰芝增辑《岭海名胜记》第一卷"仙城古迹"）

文中所述与屈大均所记大体相同，可补充的是，提到南汉康陵有一条崇五尺、深三尺的隧道。这条"隧道"正是现今考古发掘出来的墓道。

时过境迁，到乾隆三十六年，1771 年翁方纲在《粤东金石略》卷一中明确写道，此时已无人知晓康陵及哀册文碑。翁文云：

> 余甲申（即公元 1764 年）秋，将出都时，钱辛楣学士（大昕）首以此托为考订。比抵粤，访诸官吏，与土人问，其所谓北亭者，在番禺城东二十里许，而刘龑之冢与碑则竟无知者。盖二先生亦皆非得自亲睹，所以传写或有讹失，即如竹垞所系光天元年，而文简则疑光天无五年，而所据载者乃作五年（《广东新语》亦作元年），又卢应下，文简所记，是"初"字；《广东新语》所记是"敕"字，俱无"奉"字，而竹垞所记则多一"奉"字，安知"初"字非即"敕"字之误乎。竹垞称陈元孝语予云云，则是竹垞既得自口传，而元孝复出自记忆，无怪乎王、朱两先生之传闻异词矣。（第七页）

从此以后，南汉康陵及《哀册文》碑所在地就一直是个谜。由于明清学者既无缘亲临康陵，又无缘观摩《哀册文》碑，所以导致以讹传讹。据考古发掘简报报道，《哀册文》写道："高祖天皇大帝哀册文。翰林学士承旨银青光禄大夫行尚书左丞知制诰上柱国范阳县开国男食邑三百户臣卢应奉敕撰并书，维大有十五年岁次壬寅四月甲寅朔二十四日丁丑高祖天皇大帝崩于正寝，粤光天元年九月壬午朔二十一日壬寅迁神于康陵，礼也。"[4] 是知，南汉高祖崩于大有十五年四月二十四日，葬于光天元年九月二十一日，哀册文的作者是卢应。由此表明《资治通鉴》卷二八三"高祖死于天福七年（即大有

十五年）四月丁丑日，年五十四"的记载是正确的，而吴任臣《十国春秋》卷第五十八"高祖死于大
有十五年三月丁丑日"的记载是错误的。

二、唐五代时期的哀册仪礼

关于哀册的起源及其演变情况，赵翼《廿二史札记校证》卷十二"哀策文"条记载：

> 周制，饰终之典以谥诔为重。汉景帝始增哀策。《汉书》本纪，中二年，令诸侯王薨，大鸿
> 胪奏谥诔策。列侯薨，大行奏谥诔策。应劭注谓赐谥及诔文哀策也。沿及晋、宋，犹以谥诔为重。
> 《魏志·郭后传》裴松之注，后崩，有哀策文。《晋书·文明王皇后传》，武帝时后为皇太后，既
> 崩，帝手疏后德行，命史官为哀策文。及帝杨后崩，亦命史官作哀策。其文俱载本传。愍怀太子
> 为贾后所害，后追复皇太子，特为哀策文，又江统、陆机并作诔颂焉。李胤卒，皇太子命王赞诔
> 之，其文甚美。《王珣传》，孝武帝崩，哀策、谥议皆珣所草。宋文帝袁皇后薨，诏颜延之为哀策
> 文，甚丽，帝自增"抚存悼亡，感今怀昔"八字。孝武殷贵嫔薨，命谢庄为诔文，都下传写，纸
> 为之贵。至齐则专重哀策文，齐武裴后薨，群臣议立石志，王俭曰："石志不出礼经，今既有哀
> 策，不烦石志。"乃止。可见齐以后专以哀策为重也。今见于《齐、梁书》各列传者，梁武丁贵嫔
> 薨，张缵为哀策文；昭明太子薨，王筠为哀策文；简文为侯景所制，其后薨，萧子范为哀策文，
> 简文读之曰，"今葬礼虽缺，此文犹不减于旧"是也。唐代宗独孤后薨，命宰相常衮为哀策，犹沿
> 此制。[5]

这里提到的"哀策"，始于汉景帝时期，此后历朝都很重视，到南朝齐时专重哀策文，唐代犹沿此
制。哀册文的文风以"丽、美"见称，即南朝文学流行的骈骊文风。

有关哀册仪礼，从汉代至隋代未见记载，唯有唐代杜佑《通典》卷第八十六"礼四十六·凶礼八"
条记录了唐代哀册仪礼的部分细节：

> 大唐《元陵仪注》："初，梓宫降自羡道，奉礼郎设太尉进宝册赠玉币位于羡道东南，西向；
> 设礼仪使奉宝册玉币位于太尉之南；又设秘书监位于其南。礼官导通事舍人引太尉以下俱吉公服
> 各就位。又导持节者服节衣引太尉之前；礼部侍郎奉宝绶案、谥册案、哀册案，每案四人对举
> （用九品以上清资官昇），立于太尉之西南；少府监奉赠玉，置于匣，帅其属捧立于礼部侍郎之西；
> 太府卿奉币玄三纁二，置于篚，帅其属捧立少府监之西，俱北面，各立于宝册玉币之后。立定，
> 礼官导通事舍人，引礼部侍郎取宝绶于案，进授太尉。又礼生一人引秘书监取谥册、哀册，进授
> 礼仪使（其册如重，则判官助举）。又引少府监取玉于匣，并荐巾。又引太府卿取币进授礼仪使，
> 以币承巾玉。礼部侍郎以下并退。龙輴既出，礼仪官分赞太尉、礼仪使奉宝册玉币，并降自羡道。
> 至玄宫，太尉奉宝绶入，跪奠于宝帐内神座之西，俛伏，兴，退。礼仪使以谥册跪奠于宝绶之西，
> 又以哀册跪奠于谥册之西，又奉玉币跪奠于神座之东，并退出复位。礼生引将作监、少府监入陈
> 明器……，陈布讫，并内官以下，并出羡道就位。"[6]

这是唐代颜真卿记录的唐代葬仪中的一部分礼仪。这里提到，唐代的哀册要入玄宫，并有一定的仪式。徐乾学《读礼通考》（四库本）卷六八"丧仪节三十一·国恤三·唐大丧仪"条云："近侍扶皇帝少退于位，少府监设读哀册褥于奠东，礼官引册案进，举册官举册进，至褥东西面，以册东向，礼官赞太尉及群官止哭，中官承传诸王妃主皆止哭，礼官引中书令进跪读册讫，俛伏兴退复位，举册者以授秘书监，以授符宝郎。"这种仪式可追溯到汉代，如《后汉书》卷九六《礼仪志下·大丧》云："治礼引太尉入就位，大行车西少南，东面奉谥策，太史令奉哀策立后。太史奉哀策莗篋诣陵。司徒跪曰'大驾请舍'，太史令自车南，北面读哀策，掌故在后，已哀哭。司徒、太史令奉谥、哀策。"汉代为太史令奉哀策，此时哀册是否要入玄宫，不可知，但至少从陈朝起，哀册要入玄宫，《隋书》卷八《礼仪志三》有记载："国子博士、领步兵校尉、知仪礼沈文阿等谓：'应劭《风俗通》，前帝谥未定，臣子称大行，以别嗣主。近检《梁仪》，自梓宫将登辒辌，版奏皆称某谥皇帝登辒辌。伏寻今祖祭已奉策谥，哀策既在庭遣祭，不应犹称大行。且哀策篆书，藏于玄宫。'谓'依《梁仪》称谥，以传无穷'。诏可之。"徐乾学《读礼通考》（四库本）卷六二"丧仪节二十五·名号"条指该条为《陈书》云，又云"知礼沈文阿等谓""哀册既在庭遣祭"。由此可知，南汉康陵"哀册入玄宫"的做法应是沿袭南朝古法。

为了更深入地了解哀册文的形制，这里参考2005年10月文物出版社出版的广州文物考古集之四《铢积寸累——广州考古十年出土文物选萃》一书第212~213页及《文物》2006年第7期《广州南汉德陵、康陵发掘简报》刊登的拓片照片，在麦英豪老师和黎金老师的指导下，将"高祖天皇大帝哀册文"标点释文如下（每行末以／为标识）：

高祖天皇大帝哀册文／

翰林学士承　旨银青光禄大夫行尚书左丞知　制诰上柱国范阳县／开国男食邑三百户臣卢应奉　敕撰并书。／

维大有十五年岁次壬寅四月甲寅朔二十四日丁丑／高祖天皇大帝崩于　正寝，粤光天元年九月壬午朔二十一日壬寅迁／神于　康陵，礼也。符卯金而叶运，绍斩蛇之　开基。覆同乾建，载并坤维。法成周而／垂范，稽　世祖而作则，构大业而云终，偭巨室而不惑。／嗣主仁孝，俔俛祚阶，抑情　登位，感结疚怀，动遵　遗诏，讵骧俄顷，六府三事，肃然／修整。亿兆义谥，家国钟庆。痛深茹慕，启引神皋，衔恤颁　诏，命臣搞毫。伏惟／高祖天皇大帝，日月孕灵，星晨诞圣，爰本玄符，式隆景命。经天纬地，武库文房。搓尧拍舜，／迈禹超汤。君临万国，星躔三纪，四海镜清，九州风靡，开物成务，知机其神。光宅寓县，司／牧蒸民。惠施五车，葛洪万卷，听朝之余，披览罔倦。损益百氏，笙簧六经，东西飞阁，周孔图／形。命鸿儒以临莅，选硕生而雠校，鄙束皙之补亡，陋郑玄之成斁，奋藻分魏文收誉，挥毫／分齐武藏名。品量舛谬，别白重轻。禁暴戢兵，讴謌狱讼，龙韬虎韬，七擒七纵。扼腕北顾，中／原多事，吊伐在怀，未伸　睿志。炅炅　王业，巍巍　皇猷，三王可拟，五帝难俦，／天纵聪明，凝情释老，悉簉渊微，咸臻壶奥。谭玄则变化在手，演释乃水月浮天。神游阆菀，／智洞竺乹。若乃阴阳推步，星辰历数，仰观俯察，罔失常矩。此外留情药品，精究医书。或南／北臣庶，或羽卫勤劬，疾瘵所萦，御方救疗。

名医拱手，稽颡神妙，将圣多能，视民如伤，/朝野抃蹈，亿兆懽康。多才多艺，允文允武，戡难夷凶，栉风沐雨。呜呼哀哉！天机秀异，韫藉/风流。缮营菀囿，想象十洲。鹤立松巅，鸎穿花坞，水石幽奇，楼台迴互。万机之暇，翠华爰/处，花朝月夕，嬉游辇路。灾缠阳九，不裕中春，鍼石药饵，偹尽精臻，晨昏问竖，拱默而退。/有加无瘳，导扬遗制，爰命/嗣王：守位承祧，彝伦弗紊。祖述唐尧，远法成周，近遵 孝惠。懿范具存，丕训罔替。中/外庶务，悉禀谟猷。呜呼哀哉！玉音在耳，大渐弥留，亿兆号天，如丧考妣。/攀髯不及，摧殒而已。叶从龟筮，先远有期。/玄宫将闶，龙輴在兹。休列耿光，与天攸久。刻诸贞珉，万年不朽。其词曰：/

帝尧贵胄，豢龙受氏。丰沛建旗，南阳倔起。代不乏圣，轧亨绍位。泽被八埏，/镜清三纪。其一。开物成务，知机其神。龙飞绍汉，虎视窥秦。励兵秣马，睿志未伸。/梯山航海，慕义归仁。其二。严敬在躬，先敦柴燎。列圣立祠，礼同九庙。祖考来格，/灵鉴洞照。美矣孝思，光远有耀。其三。钻研百氏，蹂躏六经。对峙飞阁，周孔图形。/乙夜披览，循环罕停。群儒惕息，悚惧靡宁。其四。王业艰难，开基定霸。栉风沐雨，/早朝晏罢。经营四方，牢笼九野。事出机先，策无遗者。其五。损益三代，商较百王。/重轻黍累，剖拆毫芒。风驰雄辩，电疾雌黄。至鉴罔测，至智难量。其六。将圣多能，/博通术数。君臣药品，阴阳推步。太史胆摺，和缓色沮。宣召敷毉，拱默无语。其七。/圣文英武，帝业王猷。黄石三略，洪范九畴。志期席卷，收马休牛。睿志未就，/大渐弥留。其八。呜呼哀哉！逸致高情，风流韫藉，齐武藏名，魏文减价。不世英才，/挺生王霸。青史已编，浅辞曷写。其九。呜呼哀哉！龙輴启引，将闶玄宫。式扬文德，/爰纪武功。福流 嗣主，车书混同。刻石献颂，永播无穷。其十。/

值得注意的是，上引哀册文有避讳之处，第2行的"旨""制诰"前，第5行的"正寝"前，第6行的"开基"前，第8行的"遗诏"前，第9行的"家国"前，第10行的"高祖"前，第11行的"君"前，第15行的"王业"前，第18行的"御方""圣"前，第20行的"翠华"前，第21行的"不裕"前，第22行的"遗制"前，第23行的"祖述""孝惠"前，第24行的"玉音"前，均空一格；第9行的"启引""诏命"前，均空二格；第3行的"敕撰"前，第6行的"康陵"前，第7行的"世祖"前，第8行的"登位"前，第15行的"睿志""皇猷"前，第24行的"大渐"前，第38行的"嗣主"前，均空三格。全文文字华丽，讲求对仗、运典和音律。陈寅恪先生指出，隋唐制度渊源之一是梁、陈。[7] 而南汉的制度基本上沿袭唐朝制度。从现存唐代哀册文来看，这些哀册文都十分讲究文字的华丽，使用的是骈体文。这种文风和文体正是南朝一贯追求的。撰写唐代哀册文的这些作者大多数是进士科出身，或是最重文学的人。唐长孺先生指出："进士科最重文学，而重视文学正是南朝的风气。"[8]

如撰写《高祖神尧皇帝哀册文》和《文德皇后哀册文》的虞世南及撰写《太宗文皇帝哀册文》的褚遂良，均为江南人，十分注重文学。虞世南，越州余姚人，隋内史侍郎世基之弟，"少与兄世基受学于吴郡顾野王，……善属文，常祖述徐陵，陵亦言世南得己之意。"[9] 褚遂良，杭州钱塘人，出身在南朝注重文学世家，其父褚亮"幼聪敏，好学善属文，……年十八，诣陈仆射徐陵，陵与商榷文章，深异之。陈后主闻而召见，使赋诗，江总及诸辞人在坐，莫不推善。"[10] 在父亲的影响下，褚遂良亦"博涉文史，尤工隶书，……甚得王逸少体。"[11]

撰写《太穆皇后哀册文》的李百药是隋唐两朝参与《五礼》修定的人，文辞甚好，亦学徐陵文体。[12] "才行世显，为天下推重。"[13]

撰写《孝敬皇帝哀册文》的薛元超、撰写《中宗孝和皇帝哀册文》的徐彦伯、撰写《贞懿昭德皇后哀册文》的韩滉和撰写《承天皇后哀册文》的杨炎，虽然不是进士科出身，但是他们均讲究文辞。如薛元超，"及长，好学善属文，太宗甚重之。……元超既擅文辞，兼好引寒俊。"[14] 徐彦伯"少以文章擅名""以文辞雅美"，"景龙三年，中宗亲拜南郊，彦伯作《南郊赋》以献，辞甚典美。"[15] "武后撰《三教珠英》，取文辞士，皆天下选，而彦伯、李峤居首。"[16] 韩滉出生在重文辞之家，其父韩休工文辞[17]，"早有词学，初应制举，……又举贤良。"[18] 按《登科记考》卷五云，韩休为景云三年文可以经邦科、贤良方正科。[19] 韩滉"少贞介好学。"[20] 杨炎，"文藻雄丽，汧、陇之间，号为小杨山人。……尝为《李楷洛碑》，辞甚工，文士莫不成诵之。"[21] "文藻雄蔚。……德宗在东宫，雅知其名，又尝得炎所为《李楷洛碑》，寘于壁，日讽玩之。"[22] 以上列举的诸多哀册文作者使用的文风依然是南朝文风。

撰写《睿宗大圣真皇帝哀册文》和《和恩皇后哀册文》的苏颋、撰写《玄宗大明皇帝哀册文》和《奉天皇帝哀册文》的王缙、撰写《代宗睿文皇帝哀册文》的崔祐甫、撰写《顺宗至德大圣大安孝皇帝哀册文》的赵宗儒、撰写《僖宗皇帝哀册文》的乐朋龟、撰写《则天大圣皇后哀册文》的崔融、撰写《让皇帝哀册文》和《贞顺皇后哀册文》的徐安贞、撰写《恭皇后哀册文》的韦良嗣、撰写《承天皇帝哀册文》和《贞懿皇后哀册文》的常衮、撰写《贞懿昭德皇后哀册文》的韩滉、撰写《昭成皇太后哀册文》的刘子玄、撰写《元献皇太后哀册文》的萧昕、撰写《懿安皇太后哀册文》的封敖、撰写《懿德太子哀册文》的李峤、撰写《节愍太子哀册文》的李乂、撰写《惠庄太子哀册文》的张九龄、撰写《惠宣太子哀册文》的韩休、撰写《惠昭太子哀册》的郑余庆、撰写《庄恪太子哀册文》的王起、撰写《宪宗哀册文》的令狐楚、撰写《昭宗哀册文》的柳璨，等等，均为进士出身。

如苏颋为调露二年进士[23]，"少有俊才，一览千言""机事填委，文诰皆出颋手。"[24]

王缙"少好学，与兄维早以文翰著名。缙连应草泽及文辞清丽举，……撰《玄宗哀册文》，时称为工。"[25] 按《登科记考》卷六云，"清丽"当即"雅丽"之讹。[26]

崔祐甫举进士，"家以清俭礼法，为士流之则。"[27]

赵宗儒"举进士，初授弘文馆校书郎。满岁，又以书判入高等。补陆浑主簿。数月，征拜右拾遗，充翰林学士。""德宗崩，顺宗命为德宗哀册文，辞颇悽惋。"[28]

乐朋龟"第进士，中和元年官翰林学士承旨知制诰。"[29]

崔融，"应八科举擢第，累补宫门丞，兼直崇文馆学士。中宗在春宫，制融为侍读，兼侍属文，东朝表疏，多成其手。……融为文典丽，当时罕有其比，朝廷所须《洛出宝图颂》《则天哀册文》及诸大手笔，并手敕付融。撰哀册文，用思精苦，遂发病卒，时年五十四。"[30] "融为文华婉，当时未有辈者。……譔《武后哀册》最高丽。"[31]

徐安贞，"尤善五言诗。尝应制举，一岁三擢甲科，人士称之。开元中为中书舍人、集贤院学士。上每属文及作手诏，多命安贞视草，甚承恩顾。"[32]

常衮，"天宝末举进士，……衮文章俊拔，当时推重，与杨炎同为舍人，时称为常杨。……尤排摈非文辞登科第者。"[33]《新唐书》卷一五〇《常衮传》也云："文采赡蔚，长于应用，誉重一时。……非文词者皆摈不用。"[34]按《登科记考》卷九云，常衮为天宝十四载进士[35]。

刘子玄，"少与兄知柔俱以词学知名，弱冠举进士。"[36]按《登科记考》卷二云，刘子玄为开耀二年进士。[37]

萧昕，"少补崇文，进士。开元十九年，首举博学宏辞，……天宝初，复举宏辞。"[38]

封敖，"元和十年登进士第。……会昌初，以员外郎知制诰，召入翰林为学士。"[39]《新唐书》卷一七七《封敖传》也云："敖属辞赡敏，不为奇涩，语切而理胜。"[40]

李峤，"弱冠举进士，……则天深加接待，朝廷每有大手笔，皆特令峤为之。"[41]"有文辞，十五通《五经》。……二十擢进士第，……举制策甲科，……时畿尉名文章者，骆宾王、刘光业，峤最少，与等夷。……久乃召为凤阁舍人，文册大号令，多主为之。"[42]

李乂，"少与兄尚一、尚贞俱以文章见称，举进士。……乂知制诰凡数载。"[43]"年十二，工属文。……第进士、茂才异等。"[44]按《登科记考》卷二云，李乂为永隆二年进士，又引苏颋《李乂神道碑》："公十一从学，极奥研几。十二属词，含商咀徵"。[45]

张九龄，"幼聪敏，善属文。……登进士第，应举登乙第，拜校书郎。玄宗在东宫，举天下文藻之士，亲加策问，九龄对策高第。"[46]按《登科记考》卷四云，张九龄为长安二年进士。[47]

郑余庆，"少勤学，善属文。大历中举进士。……（贞元）八年，选为翰林学士。……余庆受诏撰《惠昭太子哀册》，其辞甚工。"[48]

王起，"贞元十四年擢进士第，……文宗好文，尤尚古学。郑覃长于经义，起长于博洽，俱引翰林，讲论经史。……庄恪太子薨，诏起为哀册文，辞情婉丽。"[49]《新唐书》卷一六七《王起传》也云："庄恪太子薨，诏为哀册，词情悽惋，当世称之。"[50]按《旧唐书》卷一七五《庄恪太子永传》云："（开成三年）薨，敕兵部尚书王起撰哀册文。"[51]

令狐楚，"（元和）十五年正月，宪宗崩，诏楚为山陵使，仍撰哀册文。……所撰《宪宗哀册文》，辞情典郁，为文士所重。"[52]

柳璨，《旧唐书》卷二十下《哀帝本纪》云："（天祐二年正月甲子乃敕）中书侍郎柳璨撰哀册。"[53]按指《昭宗哀册文》。《旧唐书》卷一七九《柳璨传》云："光化中，登进士第。……公卿朝野，托为牋奏，时誉日洽。以其博奥，目为'柳箧子'。昭宗好文，……召见，试以诗什，甚喜。无几，召为翰林学士。"[54]

而撰写《恭皇后哀册文》的韦良嗣的情况，我们不清楚，只在《全唐文》卷三五二中提到他是天宝时人。

承朱雷师教示，宋朝洪迈在其所著《容斋随笔》中《容斋三笔》卷八"四六名对"条写道："四六骈俪，于文章家为至浅，然上至朝廷命令、诏册，下而缙绅之间牋书、祝疏，无所不用。则属辞比事，固宜警策精切，使人读之激印，讽味不厌，乃为得体。"[55]岑仲勉先生在《隋唐史》一书中也谈到："抑当日散体改革，只行于一般文字，若朝廷授官之制敕，则终唐代以迄两宋，皆用骈俪行之。长庆初年，元稹、白居易同知制诰，曾一度提倡复古，卒不能变。盖当日制诰体裁，迁擢者须铺叙其资历、政绩，降谪者须指斥其罪过，散文难于措辞，骈体易得含糊而已。"[56] 虽然唐代进行了"散体改革"，但"只行于一般文字""上至朝廷命令、诏册，下而缙绅之间笺书、祝疏""朝廷授官之制敕"终唐代至两宋，都用骈俪。唐长孺先生更是明确指出："唐中期古文运动的兴起，但由于进士科举试律赋、律诗，至于唐末，南朝以来的文学形式仍旧是文学的主流。到了宋代，古文大兴，且进士科改试经义，讲求对仗、运典和音律的文学形式才逐渐失去其影响。"[57] 由此可见，从唐朝至五代十国时期，哀册文的撰写均是采用南朝的骈俪文体。这也显示了南朝文学的影响十分久远，乃至偏居岭南的南汉国朝廷依然行用南朝文风。

此外，据《隋书》卷八《礼仪志三》云："陈永定三年七月，武帝崩。新除尚书左丞庾持称：'晋、宋以来，皇帝大行仪注，未祖一日，告南郊太庙，奉策奉谥。梓宫将登辒辌，侍中版奏，已称某谥皇帝。遣奠，出于陛阶下，方以此时，乃读哀策。而前代策文，犹云大行皇帝，请明加详正。'"按徐乾学《读礼通考》（四库本）卷六八"丧仪节三十一·国恤三·魏晋六朝大丧仪"条指该条为《通典》云，又云"今遣奠，出于阶下"。本条明示，陈朝以前哀册文中犹称大行皇帝，从陈朝起已改称谥号，这种称法一直被后世接纳和延用。

通过以上简略的叙述，我们看到，隋唐时期的哀册仪礼承袭南朝古法，具体体现在两方面：一，唐代所见的哀册仪礼，如"哀册入玄宫"应是沿袭南朝古法，而偏居岭南的南汉国，由于其上层统治阶层以流寓岭南的中原人士为主，使其典章制度基本上承袭唐朝。"哀册文碑"入刘龑康陵墓，正是南朝古法的沿袭；二，虽然唐代有"散体改革"，但影响不大，"只行于一般文字"，像"哀册文"之类的朝廷诏册、制敕，缙绅间的笺书、祝疏，依然需要用华丽的骈体文来撰写。而这种骈俪文风正是南朝提倡的文风，这种文风成为隋唐五代时期文坛主流。由此可见，南朝因素的影响十分久远。

注释：

[1] 唐长孺《魏晋南北朝隋唐史三论》，武汉：武汉大学出版社，1992年12月。

[2] 见《广州大学城发掘南汉帝陵》，载《中国文物报》2004年4月23日。

[3] 屈大均《广东新语》卷十九，"坟语·刘龑墓"，北京：中华书局，1985年，第495~496页。

[4] 见《广州大学城发掘南汉帝陵》，载《中国文物报》2004年4月23日。

[5] 赵翼著，王树民校证《廿二史札记校证（订补本）》，北京：中华书局，2001年，第258页。

[6][唐]杜佑《通典》卷第八十六，"礼四十六·凶礼八"条，北京：中华书局，第2348~2349页。

[7] 陈寅恪《隋唐制度渊源略论稿（外二种）》，石家庄：河北教育出版社，2002年，第5页。

[8] 唐长孺《魏晋南北朝隋唐史三论》，武汉：武汉大学出版社，1992年，第490页。

[9]《旧唐书》卷七二《虞世南传》，第2565页。

[10]《旧唐书》卷七二《褚亮传》，第2578页。

[11]《旧唐书》卷八十《褚遂良传》，第2729页。

[12]《旧唐书》卷七二《李百药传》，第2571~2572页。

[13]《新唐书》卷一〇二《李百药传》，第3974页。

[14]《旧唐书》卷七三《薛元超传》，第2590页。

[15]《旧唐书》卷九四《徐彦伯传》，第 3004~3006 页。

[16]《新唐书》卷一一四《徐彦伯传》，第 4202 页。

[17]《新唐书》卷一二六《韩滉传》，第 4432 页。

[18]《旧唐书》卷九八《韩休传》，第 3077~3078 页。

[19][清] 徐松撰、赵守俨点校《登科记考》卷五，北京：中华书局，1984 年，第 158 页。

[20]《旧唐书》卷一二九《韩滉传》，第 3599 页。

[21]《旧唐书》卷一一八《杨炎传》，第 3419 页。

[22]《新唐书》卷一四五《杨炎传》，第 4722 页。

[23]《登科记考》卷二，第 68 页。

[24]《旧唐书》卷八八《苏颋传》，第 2880 页。

[25]《旧唐书》卷一八八《王绲传》，第 3416 页。

[26]《登科记考》卷六，第 202 页。

[27]《旧唐书》卷一一九《崔祐甫传》，第 3437 页。

[28]《旧唐书》卷一六七《赵宗儒传》，第 4361~4362 页。

[29]《全唐文》卷八一四《乐朋龟传》，第 3796 页。

[30]《旧唐书》卷九四《崔融传》，第 2996~3000 页。

[31]《新唐书》卷一四四《崔融传》，页 4196。

[32]《旧唐书》卷一九〇中《徐安贞传》，第 5036 页。

[33]《旧唐书》卷一一九《常衮传》，第 3445~3446 页。

[34]《新唐书》卷一五〇《常衮传》，第 4809~4810 页。

[35]《登科记考》卷九，第 337 页。

[36]《旧唐书》卷一〇二《刘知玄传》，第 3168 页。

[37]《登科记考》卷二，第 72 页。

[38]《旧唐书》卷一四六《萧昕传》，第 3961~3962 页。

[39]《旧唐书》卷一六八《封敖传》，第 4392 页。

[40]《新唐书》卷一七七《封敖传》，第 5287 页。

[41]《旧唐书》卷九四《李峤传》，第 2992~2993 页。

[42]《新唐书》卷一二三《李峤传》，第 4367 页。

[43]《旧唐书》卷一〇一《李乂传》，第 3135~3136 页。

[44]《新唐书》卷一一九《李乂传》，第 4296 页。

[45]《登科记考》卷二，第 70 页。

[46]《旧唐书》卷九十九《张九龄传》，第 3097 页。

[47]《登科记考》卷四，第 134。

[48]《旧唐书》卷一五八《郑余庆页》，第 4163~4165 页。

[49]《旧唐书》卷一六四《王起传》，第 4279~4280 页。

[50]《新唐书》卷一六七《王起传》，第5118页。

[51]《旧唐书》卷一七五《庄恪太子永传》，第4541页。

[52]《旧唐书》卷一七二《令狐楚传》，第4460~4465页。

[53]《旧唐书》卷二〇下《哀帝本纪》，第789页。

[54]《旧唐书》卷一七九《柳璨传》，第4669~4670页。

[55][宋]洪迈《容斋随笔·容斋三笔》卷八"四六名对"条，上海：上海古籍出版社，1978年，第505页。

[56]岑仲勉《隋唐史》，北京：中华书局，1982年，第185页。

[57]《论南朝文学的北传》，载唐长孺著，朱雷、唐刚卯选编：《唐长孺文存》，上海：上海古籍出版社，2006年，第319页。

（原载广州市文化局、广州市文物博物馆学会编：《广州文博（壹）》，文物出版社，2007年12月第57~71页）

广州博物馆藏三件元代铜权

图一

广州博物馆自20世纪70年代以来陆续收藏了一批元代铜权，为研究元代的度量衡制度及各地区的社会经济提供了珍贵的实物资料。现介绍其中的3件。

1. 70年代从广州轧延厂收购。铜权通高9.4厘米。束腰，带绿色铜锈。底座呈台阶状。上端为圆孔扁方形纽。权身上窄下宽，呈六面六棱，正面阴铸"衡州路造"铭文一行，背面阴铸"至□三年"铭文一行（图一，左）。

2. 1987年12月广州黄宝权捐献。铜权通高7.85、直径3.9厘米。束腰，圆底，多处生锈。底座呈台阶形，上端为圆孔方纽，权身断面呈圆形。正面阴铸蒙文；背面阴铸"大德八年"铭文；左侧阴铸"六一"二字（图一，中）。

3. 1987年12月广州黄宝权捐献。铜权通高8.7、直径4.6厘米。圆底，带绿色铜锈，束腰。底座呈台阶形，上端为圆孔方纽，权身断面呈圆形。正面阴铸"江西路"铭文，背面阴铸"大德九年"铭文（图一，右）。

（原载《考古》1995年第10期第867页）

记南明隆武政权时期的一件珍贵石碑

承广州博物馆麦英豪先生指教，广州黄埔南岗镇笔村玄帝庙内珍藏一批重要石碑，其中，有一件立于南明隆武元年（1645年）仲冬的《鼎建玄帝庙碑记》至为珍贵。碑宽59.5厘米，高1米。碑文分上下两部分，上半部分为正文，凡22行，300字。石碑顶部有一行从右向左书写的篆体字，共七字："鼎建玄帝庙碑记"。正文左下角刻有两枚篆体字戳印："钟鼎臣印"和"酉戌联捷"。正文如下：

鼎建玄帝庙碑记 /

番禺鹿步都有笔村焉。笔者，经纬天地，/ 错综群萩，成公绥讚，为伟器，厥村多 / 伟人，故名为笔。地接增江，衢通惠潮 / 闽越。南有佛迹岭，甚峻，巨树长萝，幽 / 岩古石，石作人足马蹄形，名曰仙掌。/ 大石上两石，鼓之响应，韵有雌雄。遐 / 瞩江山无际，允为大观。始建 / 玄帝庙，经数十载，堪舆家言：天柱高长寿 / 之征，离火炎文明之象。乡人欲利风水，/ 在崇祯癸未岁，迁之山下。前罗浮云霞 / 变现，群峰插天，迭谳笋秀，长溪环绕，右 / 岩泉澄流漱玉，泠泠不竭，味甘若醴，气 / 泠如水，真足称胜。玄武七宿，龟蛇蟠蚪 / 之形，天下图书之府，惟笔有之。/ 玄帝之神，历劫成道，荡扫妖魔，惟笔有之。/ 伊乡风俗淳厚，人物康泰，文运茂兴，门 / 徒朱生振奇，文得韩柳胎骨，字传钟王 / 衣钵，莫非地灵之应，董营告竣，栋宇咸 / 新。余遂为之记。/

赐进士第北直隶真定守钟鼎臣顿首拜撰 /

隆武元年仲冬吉旦镌石 /

（碑记每行末尾以 / 作为标识）

下半部分为助金题名，内容如下：

助金题名

庙地价叁两。

荔枝园坊伍两，中南坊肆两，西头坊叁两，朱仕宾壹两叁钱，朱大鹏壹两叁钱，朱光宸壹两贰钱，区鳌壹两壹钱，朱祖证捌钱肆分，朱服捌钱，区思镇捌钱，朱捷科柒钱陆分，区大谅、朱祖谓、朱仕燦、朱偕、朱大期各陆钱，朱大相、朱光斗、朱家睿、区贤各伍钱六分，朱可权、朱直臣各伍钱贰分，朱大鸢、朱家会、朱一鹑各伍钱，朱伦、朱擢科、梁学新各肆钱陆分，梁学高陆钱，管尚齐叁钱，朱守权、梁学礼、梁学超、岑奕忠各贰钱六分，朱光宙、区思祥、朱泰祐、朱振奇、朱挺奇、区日永各肆钱，朱俊昌、朱治政、朱光龙、朱永昌各叁钱陆分，朱任、朱可立、朱联、朱尚贵、朱良栋、朱大经、朱明相、区思问、朱日耀、朱祖荣、朱廷相、朱宗相、朱明通、朱圣华、朱光鼎、朱永熙、朱振科、朱子杰、朱家茂、朱挺俊各叁钱，黄绍智、梁继宗、管彦勤、梁有积各贰钱，朱思著、朱礼、朱大用、朱绘、朱组、区思许、朱尚志、朱应豸、朱国柱、朱治化、朱国祥、朱治廷、朱祖耀、陈起龙、朱大胜、朱圣嘉、朱大鹏、朱祖爵、朱隆运、朱大业、朱勋相、朱家弼、朱社成、朱运昌、朱国昌、朱家翰、朱家赞、区穗、朱子受、区铎、朱子俊各贰钱陆分，周志权、管彦朋、朱健成、姚瑞英各壹钱，区奇韬、朱一凤、朱挺桂各贰钱陆分，朱绅、朱于勉、朱劢勤、朱懋昇、朱尚华、朱大赞、区志经、区叔楚、朱梦龙、朱圣昌、朱承兴、朱朝端、朱梦桂、朱治明、区祥伯、朱朝伯、朱彻、朱直相、区斗天、朱履鸢、朱在裾、朱朝昇、朱朝宪、朱华相、朱腾龙、叶茂芳、朱家兆、朱霄各弍钱，黄绍聪、管尚信、梁应祖、梁正昌各壹钱，朱时谅、朱繇暹、朱观韬、朱一鳌、朱第昌、朱一麟、朱明弼、朱子奇、朱挺卒、朱蜓生、朱门钟氏、叶连茂各弍钱，区士龙贰钱，朱佉、朱可明、朱贵先、朱孔亮、区适兴、区思勤、区胜藩、朱圣用、区谔明、朱国兴、朱治平、区蜚卿、朱隆彰、朱承运、朱明耀、朱梦雷、区圣清、朱玉门各壹钱陆分，梁学清、梁日和、梁斗成、梁芝新各壹钱，叶进高、朱昌圣、朱箕、区一龙、区起畣、朱振华、朱启运、朱永耀、朱士奇、朱振猷、朱正奇、朱子聘各壹钱陆分，朱仕楚、朱公进、朱珩、朱用先、朱公惠、朱仕豪、朱日丙、区瑞灿、朱汝存、区旭明、朱国胤、朱沦圣、朱在良、朱瑞珍、朱圣智、朱必进、区业逵、朱梦麒、区叔发、朱圣真、李自得、梁惠、梁森各壹钱，朱裔之、朱光裔、朱锡、梁圣杰、朱凤翔、朱光禄、区圣祐、区柜、朱瑞、区一佐、区承诏、区起夏、朱子敬、朱子胤、朱子超、朱启遇、朱子胜、区可胜、朱子英、朱绶、区一进、朱家鸢、朱振廷、区可祥、朱洪科、区一贤、朱廷弼、朱端翰、朱子祯、朱挺豪、朱挺英、李茂华、管存高、徐日华、梁学誉、梁继祖各捌分，朱挺才、叶连芬、叶连登、陈守政、区俊、朱昌俊各壹钱，区志信、区瑞瞻、区瑞初、朱翁晟、朱国明、区志高、朱圣期、朱祖诏、朱仕勋、朱允贵、区秀宇、区明昭、朱可昭、朱文通、朱仕裘、区叔昭、朱胜、区思评、区思贵、朱洪礼、区叔溥、朱光胤、朱隆胤、朱壁各陆分，区诚明、朱彦相、朱耀兴、区创华、朱圣聪、朱志仁、朱帝明、区可大、陈起凤、朱家凤、朱永杰、叶进明、秦伯容、陈起鸢、朱擅科、朱应运、朱子安、朱隆裘、朱日灿、朱熙望、朱光畲、梁圣忠、朱家聘、朱明俊、叶向日、朱章、朱光连、朱子昌、林朝礼、岑彦昭、李茂杰、洪志刚、姚门严氏、姚彦贵、梁兆相、李耀明、黄德昭、麦茂达、姚顺泰、朱守俭、徐凡青、叶绍基、彭学圣、梁茂畲、梁茂畦、梁子华、梁有新、梁兆光、黄茂魁、梁应安、梁有勤、梁应华、岑奕信、黄龙腾各六分，秦从字、管尚明、梁正隆、李自锦。

按《明史》卷45《地理志六》云："番禺……东有鹿步，南有沙湾，北有慕德，东南有茭塘。"是知玄帝庙建于番禺之东鹿步都笔村。据碑文云，南明时期笔村鼎建玄帝庙，即崇拜北帝。承中山大学历史系刘志伟教授指教："在珠江三角洲地区，在民间信仰诸神中，北帝的地位尤为隆崇，北帝崇拜，是明清时期珠江三角洲地区最主要的民间信仰之一。不但供奉北帝的祠庙遍及各处乡村，村民的家庭之中也普遍供奉着北帝的神位。"[1]

碑中最难能可贵的则是碑末的年款。按《明季南略》记载，唐王于清顺治二年（1645 年）闰六月十五日乙未即位于福州，改元隆武[2]。隆武帝的领土自福建、两广、云贵而外，兼有湖南及安徽、江西、湖北的一部分。[3] 次年 8 月 28 日隆武帝死于福州。隆武政权自建立到隆武帝之死，前后历时仅年余。如此之短的隆武政权时期，至今却保存下一件如此完整的碑文实物，实在难得和珍贵。这是迄今发现的唯一一件隆武政权时期的碑文。

注释：

[1] 刘志伟《神明的正统性与地方化——关于珠江三角洲地区北帝崇拜的一个解释》，中山大学历史系编载《中山大学史学集刊》（第二辑），广州：广东人民出版社，1994 年 11 月第 1 版，第 108 页。

[2]（清）计六奇撰《明季南略》卷七"闽中立唐王"条，北京：中华书局，1984 年；《隆武遗事》，商务印书馆，1917 年版。

[3] 谢国桢著《南明史略》，上海：上海人民出版社，1957 年 12 月第 1 版。

（原刊《广东史志》1998 年第 4 期第 35~37 页）

一件反映清初广州府教育制度的重要文物

——读《重修广州府学碑记》

　　《重修广州府学碑记》现存广州博物馆。碑通高 157 厘米，横 103 厘米，厚 11~15 厘米，青石质。碑的正面左右两边线刻云彩纹饰，精美细致。碑顶成拱圆形，高 16 厘米，上有篆体额文"广府黎侯重修文庙碑记"等十个字，为曾道唯所篆。其人在（康熙）《南海县志》卷 12 和（光绪）《广州府志》卷 117 中有传，是明末清初一位颇有声誉的地方官员。碑底正中有一高 26 厘米，宽 40 厘米，厚 7~12 厘米见方的插榫。碑内题一行，撰文者、篆额者和书丹者各一行，正文 17 行，碑末为题名。正书。现存地方史书如（乾隆本和光绪本）《广州府志》、（康熙）《南海县志》及（同治）《番禺县志》等等均未录此碑文。这是一篇失载的碑记。碑末年款作"顺治十五年冬十一月"。此碑记对了解清初广州府学的命运、重修府学的目的、府学的教育机构及府学的平面布局等诸方面均有裨益，是研究广州地区清初教育史的珍贵资料，也是广州地区一件极重要的文物。

　　撰文者姓名，现碑记中已漫漶一字。据（宣统）《南海县志》卷 12《金石略》录弘光元年（1645）《皇明中宪大夫提督学政广西提刑按察司副使粤良关公传》中所提及的篆额者，可知缺字当是"斯"，则碑记撰文者为李觉斯无疑。其人在（乾隆）《广州府志》卷 33 有传。据传记，李觉斯字伯铎，东莞人，天启乙丑进士，明末历任庶吉士、给事中、应天府丞、南京大仆寺卿、顺天府尹、工部侍郎及刑部尚书，后遭革职，入清后未再入仕。碑记中所载的官职当是明朝时所任，故在撰文者一行之前加一"前"字。又据传载，李之著作有《谏垣疏草》《瑞明堂诗集》[1]《晚翠居诗集》[2] 等，惜今均已佚，唯（乾隆）《广州府志》卷 53《艺文五》录李觉斯《粤饷万难议增疏》一文。此碑记为李所作一佚文，它的发现为我们进一步探究李觉斯的思想有极重要的参考价值。

　　又碑记说书丹者为杨昌文。此人据冯仙湜《图绘宝鉴续纂》说，为广东人，善画兰花竹石。今广东省博物馆藏有他作于顺治十五年（1658 年）的一幅《兰竹图（卷）》[3]，透过此画，我们能更进一步地了解他的绘画艺术及风格。过去对于杨昌文的书法艺术了解不多，此碑记的发现为了解他的书法艺术增添了一则新材料。

　　碑记正文前半部分首先追溯了我国郡县学的起源及演变历史。碑记中"余尝读《诗》"之《诗》应指《毛诗》，故碑记下文引自《毛诗·大雅篇》"镐京辟雍……无思不服"一句。又碑记"古者，建国君民，教学为法"一句出自《礼记·学记》。又碑记"成均之法，自五帝三王，未之有改也"一句，汉郑玄注，唐贾公彦疏《周礼注疏》卷 22 注引郑玄语："董仲舒云：成均，五帝之学，成均之法者，其遗礼。"又碑记提及的汉朝蜀文翁，晋代范武子和唐代韩愈兴学校行教化之事迹分见于《汉书》卷 89、

《晋书》卷75和《新唐书》卷176。这些人均属"太守率其职以教驯其人，非有天子之命，庙祀先圣先师"（碑记语），而撰文者以为真正的郡县学应始于魏文天安年间[4]。由于岭南僻于南方一隅，故始置郡县学校则晚至宋代庆历年间[5]。

由上所见，碑记这部分主要是撰文者引经据典之文，无多少历史价值。碑记中真正有历史价值的部分还是后半部分及碑记末题名。它解决了清初广州府教育学史上如下一些问题。

第一，重现了清初一次规模盛大的重修广州府学之历史活动。

碑记云："大清受命粤地，反侧未安，军垒四郊，子衿佻达，俎豆之间，茂草鞠焉，材官曋张介马，而归载者室处其中。"我们由此看到，明末清初的广州府学已被废弃不用了，成为军队驻扎之地。

又陈衍虞在《重修广州府学碑记略》中云："独岭南以山海叵测，兵戈岁兴，致文治缺焉。未振若府庠之沦于棘莽久矣。堂庑几筵，颓落殆尽；骐骥之所，驱驰貔貅之所掩息，而樵人牧竖之趾相错也。"[6] 这段叙述同样揭示了明末清初广州府的命运。

随着清兵入广州平粤之后，清政府即着手利用汉民族传统的文庙之礼来兴学校行教化，以培养统治人才。据碑记记载，清政府曾在广州进行过一次盛大的重修府学活动。这次活动却为史书所漏载。碑记云：

> 天子以两贤王若诸镇将救宁岭峤，劳苦功高，命训董其世，……王大然之，率所部及节度藩臬郡邑当事诸贤劝义酿金。王曰：惟郡丞黎贤能，事事俾董其成，乃鸠工庀材，锯者、削者、圩者、镘者、为梁者、为桷者、为蕞、为廉者，大小具举，经始于乙未冬，以丁酉春落其成，惟王明并受其福也。嘻，盛哉！

按两贤王指平藩尚可喜和靖藩耿继茂，诸镇将指李率泰和李栖凤[7]。这次重修府学活动，得顺治帝之重视，地方高级官员之参与，历时两年（1655—1657年）。重修后的府学已是"完旧易新，丹漆焕然"了。

第二，透露了兴办府学的办学原则。

这次重修府学活动之所以受到重视，一方面是由于"学"本身在封建社会中所具有的重要性，即碑记中所说"国之大事，受成至学，以讯馘告"[8]；另一方面是与顺治帝欲兴文教、崇经术以开太平之思想密切相关[9]。与此相关，影响了兴办府学的办学原则。据碑记说：

> 迺按古方闻入告于王曰：古师氏以微诏王，以三德三行教国子。

所谓三德三行，即周礼所言"一曰至德，以为道本；二曰敏德，以为行本；三曰孝德，以知逆恶。一曰孝行，以亲父母；二曰友行，以尊贤良；三曰顺行，以事师长。"[10] 由此可见，碑记中正是借用周礼之言以阐明清初府学的办学原则。换言之，进入十七世纪中叶的清朝初年，那种建立在自给自足经济基础之上的封建官府文化仍然在行使传统的周礼所规定的办学原则。

第三，为我们恢复清初广州府学的平面布局提供了线索。

今日广州府学的遗址已不复存在。从碑记中我们看到，清初广州府学的平面布局是由廊、庑、前殿、后寝、燕居、棂星等组成，且在府学内修建了一些祭祀场所，有"启对宫""名宦祠""乡贤祠"等。这些对于我们今天恢复清初广州府学的面貌有极其重要的参考价值。

第四，有助于我们了解清初广州府学的教官、教职及生员情况。

据（乾隆）《广州府志》卷23记载："广州府教职及首领以下等官，据《藩司咨覆》：自康熙十七年以前案卷霉烂无查。"此碑碑末的题名正好有助于我们揭开顺治十五年前后广州府学的教职及首领以下等官的概貌。

碑末题名的情况是：广州府儒学教授1人，司训3人，乡官11人，举人12人，贡生10人，生员83人。由此我们可以看到，顺治十五年前后广州府学的教职由教授、司训、乡官组成，且分别为1人、3人和11人。[11]

《清史稿》卷106《选举志一》云：

> 府、州、县、卫儒学，明制具备，清因之。……名学教官，府设教授，州设学正，县设教谕，各一，皆设训导佐之，员额时有裁併。

又《清史稿》卷116《职官志三》云：

> 儒学学府教授，正七品；训导，从八品。……俱各一人。

据上述碑末题名，我们可以订正史书之误记或补史书之不足。一、上述《清史稿》所记"训导"也可以写作"司训"；"司训"员额非仅为一人，可以设三人。

又《清史稿》卷106《选举志一》记："生员额初视人文多寡，分大、中、小学。大学四十名，中学三十名，小学二十名。嗣政府视大学，大州、县视中学减半，小学四名或五名。"从碑末题名记录的生员人数，我们又看到各地府学生员的实际人数与清政府的规定有出入。碑记中还记录了一些地方名人，如陈子升、梁佩兰等。

综上所述，我们确实看到，清初广州府学是一个值得深入研究的课题，尚有许多问题需要作深入的探讨。此碑记的价值正在于为解决这些问题提供了新的一手资料。

附录：

重修广州府学碑记 /
前赐进士第、资政大夫、正治上卿、刑部尚书李觉斯撰文 /
前赐进士第、嘉议大夫、资治尹、户部右侍郎、湖广左布政使曾道唯篆额 /
前承德郎、礼部仪制清史司主事杨昌文书丹 /

余尝《诗》，至"镐京辟雍，无思不服"，辄掩卷留连。□学，诚治之始也。古者，建国君民，教学为先。成均之法，自五帝三王，未之有改也。故泮水采芹，从公于迈，鲁人颂焉。子产不毁乡校，孔子 / 贤之。是以郡邑大夫大治濯俗，咸以广厉学宫为孜孜。在汉称蜀文翁，在晋豫章范武子，在唐潮州韩退之，皆设膠序，立师长，使郡邑人士北面受书，讲议洽闻，以率德茂行，用斯吏治，/烝烝礼备乐和，彼诚知化民（注：《礼记·学记》曰："君子如欲化民成俗，其必由学乎。"知此缺字当是"民"字）成俗，厥有由哉。然此特太守率其职以教驯其人，非有天子之命。庙祀先圣先师，用王者事，巍然当座博士诸生以时习礼执经，鼓箧而逊业也。郡县学之/兴，盖始于魏文天安中。而百粤僻在海邦，声教未暨，广郡学，实基于有宋之庆历。自兹以来，历数百年，比加修葺，戟门、寝毁、有翼有严。/

大清受命粤地，反侧未安，军垒四郊，子衿佻达，俎豆之间，茂草鞠焉。材官廪张，介马而蹿，载者室处其中。属者，/天子以/两贤王若诸镇将敉宁岭峤，劳苦功高，命训董其世。庶无俾德，用克厥家，于是藩下士皆英英誉髦入郡庠，与博士诸生齿让。洒按古方闻入告于王曰：古师氏以媺诏王，以三德三行/教国子。国之大事，受成至学，以讯馘告学，盖王者所重哉。而栋楹挠折，阶阤圮坏，赤白黝垩，漫漶不鲜，非盛德之所明也。王大然之，率所部及节度藩臬郡邑当事诸贤劝义醵金。/王曰：惟郡丞黎贤能，事事俾董其成。乃鸠工庀材，锯者、削者、圬者、镘者、为梁者、为桷者，为甍、为廉者，大小具举，经始于乙未冬，以丁酉春落其成，则前殿、后寝、燕居、棂星、廊庑皆/美哉轮奂。诸生习礼执经鼓箧而逊业者金曰：惟郡丞黎公贤能，董其成，惟王明并受其福也。嘻，盛哉！居无何，惠政升闻。晋/公太守，益以阖郡文教为己任。既入学祭菜，念子虽齐圣，不先父食，则启圣宫以修。念有功德于民者，社而稷之，有其举之，莫敢废也，则名宦祠以修。念古者有国故，则祀以先师，方大琼/祠二献，至今称焉，则乡贤祠以修。因是十六县咸知太守之治。本虞庠上贤崇德，而中丞直指，暨诸监司师锡于帝，书勋御屏，谓督不忌矣。博士诸生刘生作新、萧生亮、吴生元侯、萧生震藻等相与谋曰："美而必章者，朝廷之典，盛而不传者，二三子之过也。今太守崇起教化，百废具兴，而德不布/闻，则后世何述？"方是时，属余蓬纍雯溪，与闻盛事，且欲传之野乘，备采轺轩，适天王子买舟鳄湖，过大奚而命记焉，余则何敢有辞？余惟郡太守古建侯之遗也，鲁侯庥止，颂之声诗，况/太守广厉学宫，作庙奕奕，彼其大治濯俗，礼备乐和，岂不与子产、文翁、武子、退之等争烈哉？我粤人文，讵敢忘德，用为永言，镌诸金石。异时户祝名宦绲次，初诗/太守之德，去永思深已，乃作诗曰："于皇庙学，黎侯作之。执事有恪，馨鼓乐之。乃峻其宇，乃丹其楹，洒安斯寝，乃濯厥灵。逎濯厥灵，以妥以侑。岂弟君子，遐不眉寿。眉寿维祺，髦士攸宜。诗书礼乐，肆哉维时。何以时之，春秋/冬夏。黎侯于迈，骎骎五马。五马有彭，正色金声。师尊训浃，人文化成。人文成止，海邦宁止。黎侯于迈，福履绳止。"

公讳民贵，字天锡，号汝良，江南安庆府怀宁县人。/

署广州府儒学教授刘一烨。司训邓绍禹、沈德琳、黄启瑞。/

乡官：赵龙、黄鹤仙、黄士贵、陈彩、杨邦翰、林逢春、吴以进、唐元楫、尹源进、吴龙祯、陈子升。/

举人：何燿、何龙春、邓梦诏、梁佩兰、颜养气、陈敏璿、关嘉荐、黎可逢、宋奕銮、林皋、王者友、黎方潞。/

贡生：岑士雅、徐士彦、梁文桂、梁有声、钟光斗、卫瑾、徐天祚、欧正式、黎大行、梁园雪。/

生员：潘兆祥、梁耀辉、林鹏、廖晋吉、吴元侯、刘作新、萧亮、萧震藻、杨瑞征、冯履祯、布文煜、黄家琛、钟标、钟兆兰、关龙登、吴震龙、王家泰、陈士瑶、陈甘铭、李嘉庆、黄兆鹤、区式金、梁时用、梁国迈、区昌庠、杨文忠、胡士英、潘龙汉、刘嗣升、梁珽、刘质炳、梁谦、陈鼎新、钟光烂、郭五云、余国辅、岑鼎、刘廷器、廖龙、罗璋、伍侯瑞、李来凤、魏淳、花长发、卫俗、杨文义、陈上国、吴元鼎、霍湛、高启烈、梁泮藻、曾天锡、陈维新、庞景炽、钟熙绩、彭铖、何沚、高德旻、陈风翔、徐杰、高英溥、刘开国、傅迈、吴继孔、黄瑞光、郑惠邦、卫炅、吴元玠、刘德润、郭炳如、黄基、刘怀忠、罗復、郑天与、刘贤、昊元电、徐俊、黎日暄、刘质芬、熊绍达、李壮球、梁淳、邓虹、池起蛟。/

顺治十五年冬十一月毂旦立。/

（碑记每行末尾以 / 作为标识，漫漶不清的字标以□）

注释：

[1]（光绪）《广州府志》卷93作"端"字。

[2]据（光绪）《广州府志》卷93补。

[3]《广东省博物馆藏画集》，文物出版社1986年版。

[4]唐代《通典》卷53即主此说："（后魏）献文帝天安初，立乡学。……郡县学始乎此矣。"

[5]《宋史》卷157《选举三》："庆历四年诏曰：'……其令州若县皆立学，本道使者选部属官为教授，员不足，取于乡里宿学有道业者'。由是州郡奉诏兴学。"

[6]（光绪）《广州府志》卷66。

[7]（光绪）《广州府志》卷66记载："国朝顺治十三年平藩尚可喜、靖藩耿继茂、总督李率泰、巡抚李棲凤、知府黎民贵等捐修。"

[8]《礼记·王制》说："天子将出征……受命于祖，受成于学。出征执有罪，反，释奠于学，以讯馘告。"

[9]《清史稿》卷106《选举志一》："（顺治帝）谕礼部王曰：'帝王敷治，文教为先。臣子致君，经术为本。自明末扰乱，日寻干戈，学问之道，阙焉未讲。今天下渐定，朕将兴文教，崇经术，以开太平。尔部传谕直省学臣，训督士子，凡理学、道德、经济、典故诸书，务研求淹贯。明体则为真儒，达用则为良吏。果有实学，腾必不次简拔，重加任用。'"

[10][汉]郑玄注，[唐]贾公彦疏《周礼注疏》，上海古籍出版社，1990年12月第1版。

[11]教授刘一烨和司训邓绍禹、沈德琳、黄启瑞的情况，因资料缺载，目前尚不清楚。

（原载《广东史志》1994年第1期第65~69页）

重修广州府学碑记

新发现的《中宪大夫署粮盐守巡道广州府知府黎公去思碑》考释

明清时期的碑志已成为研究明清历史一份十分重要的原始资料，其价值已日益为世人所重视。广州博物馆所藏立于康熙元年（1662年）的一件巨型碑文就具有重要的史料价值。碑通高2.07米，宽0.84米，厚0.14米，青石质。碑石底部正中有一长0.39米、高0.18米、厚0.14米的插榫。碑石顶部成拱圆形，拱高0.14米，上有篆体额文"中宪大夫署粮盐守巡道广州府知府黎公去思碑"等20字，从右向左分10行竖写，为陈彩所篆。"去思"者，"相于怀思，隐然不去乎心，森然不离乎目，愿所以昭明其德，光示于后，"[1]"人到于今而思之"。[2]碑内撰文者、篆额者和书丹者各一行，正文24行，正书。凡是在"钦差""敕""中丞""藩院""抚院""王师""新例"等字前均空一格。碑末年款作"康熙元年仲秋"。现存地方史书如乾隆本和光绪本的《广州府志》、（康熙）《南海县志》及（同治）《番禺县志》等均未载录。这是一篇佚载的碑文。此碑文对于了解清初广州府知府黎民贵的政绩、履历及广州地区政治、经济情况均有重大参考价值。

篆额者陈彩，阮元监修《广东通志》卷286《列传19》有传，传略云：

> 陈彩，字美公，南海人。顺治壬辰进士，选宏（弘）文院庶吉士，转秘书院编修，乙未分校礼闱……外转江右宪副，政声藉甚，寻补湖北盐道，迁苏松常三郡，参政廉介，自守百度，简肃署司，臬事公明，为江南冠，后以失察诖议罢归。著有《鸣笑轩集》。

撰文者尹源进，1957年10月广东省中山图书馆复制清释今释《元功垂范》（油印本）附录《东莞县志·尹源进传》略云：

> 尹源进，字振民，万家租人鍪子。……顺治八年与从兄治进同举于乡，十二年成进士，授兵部督捕主事，改吏部文选主事，十七年充陕西正考官，所拔多知名士，洊擢考功郎中，掌内外计察。……康熙二年以亲老乞养归，归后筑东湖兰陔别墅，以娱亲，一时名士至者如梁佩兰、屈大均、陈恭尹辈，皆有赋咏。……十七年起补验封，二十年秋，命与谵瀛台赍文绮，二十三年调考功，逾年，晋太常寺少卿。二十五年卒于官，年五十九。著有《易经衍文》《爱日楼集》。

据阮元监修《广东通志》卷45《职官表36》云，黎民贵顺治十二年任广州府同知，次年任广州府知府。据碑文所记，黎民贵任职期间的主要政绩有：

1. 大力重修广州府学

碑文云："广城庠序学校，皆碎瓦颓垣；泮宫之地，鞠为茂草。公奉藩院诸上台德音，殚精锐志，勤劳修复，至公帑之物力有限，不能旁及者，公则捐俸修助，如启圣宫、名宦、乡贤祠及燕居亭，一切台榭沼沚，皆公之精神物力兼到者。在府学，已身任其劳，而南番二学，又射率其事，公之有功于文庙者，固已不可磨灭也。"考清释今释撰《元功垂范》卷下顺治十四年丁酉春重修文庙成条云："乙未冬，王见而悯之，捐金倡率，遣郡丞黎民贵董其役，至是落成大成殿、明伦堂、棂星门、泮池、廊庑，焕然一新。"立于顺治十五年冬十一月《重修广州府学碑记》也云："王曰：惟郡丞黎贤能，事事俾董其成。乃鸠工庀材，锯者、削者、圬者、镘者，为梁者、为桷者、为薨、为廉者，大小具举，绝始于乙未，久以丁酉春落其成，则前殿、后寝、燕居、棂星、廊庑皆美战。"[3]

2. 罢蔗税，除杂税

广州种蔗之农和开糖房者甚多，广州地区是蔗糖生产的一个重要基地。清屈大均《广东新语》卷14糖条云："广中市肆卖者有蟠糖、窠丝糖也。……大抵广人饮馔多用糖，糖户家家晒糖，以漏滴去水，仓囤贮之，春以糖本分与种蔗之农，冬而收其糖利。旧糖未消，新糖复积，开糖房者多以是致富。"（中华书局1985年版）（光绪五年冬月）《广州府志》卷16《舆地略八·物产·果品》："粤人开糖房者，多以致富，盖番禺、东莞、增城糖房十之四，蔗田几与禾田等矣。"阮元监修《广东通志》卷95《舆地略十三·物产二》云："粤东产糖，以潮州为盛"。据杨国儒先生考订，"明后期及清前期广东种植甘蔗最多的地带要数珠江三角洲，但就县份而言，又以阳春、番禺、东莞及增城四县为最……甘蔗的种植在这些地方的农业经济中占有相当重要的地位。"[4]故蔗税很自然地成为明清广东地方政府一项重要税收来源，并在明末清初成为蔗农和开糖房者的一项沉重负担。黎民贵任职后即着手罢蔗税，且进一步免除杂税，从而为遭受明末清初战火袭击的广州地区经济的复苏创造了有利条件。

3. 修筑城堡，添设炮台，巩固添造战船，保证了广州地区的社会稳定

4. 采取与民休息的政策，修殿宇置守寺产以种福田，建会馆集绅士以采风谣

综上所述，可简略列出黎民贵的履历：

黎民贵，字天锡，别号汝良，安庆怀宁人。顺治九年任江西南康府同知。十二年任广州府同知，次年任广州府知府，任职期间，重修广州府学，顺治十四年竣工；罢蔗税，除杂税；修筑城堡，添设炮台，巩固添造战船；采取与民休息政策。每年得上考，召对便殿，赐金晋秩。顺治十八夏，因阴雨颓广州城垣，故致解组归里。

附录：

中宪大夫署粮盐守巡道广州府知府黎公去思碑

赐进士第出身、奉政大夫、修正庶尹、吏部考功清吏司郎中、前文选司员外郎、主事、钦差典试陕西正主考、兵部职方司督捕主事、郡人尹源进撰文 /

赐进士第出身、中宪大夫、资治尹、奉敕整饬常镇地方兵备道、前南赣等处分巡岭北道江西按察司副使、内翰林秘书院编修、乙未会试同考官、郡人陈彩篆额 /

赐进士第、承德郎、湖广长沙府推官、郡人胡景曾书丹/

昔刘中垒有言：贾大傅上"治安策"，言三代与秦治乱之故；其论甚美，通达国体，虽古之管晏，未能远过。又云：董江都"对策"，天人有王佐之才，虽古之伊吕，无以复加，管晏之属，又不足云也。然二君竟以伟才，/当汉盛之时，而位止于下国二千石，论者不深为二君惜，而深为汉朝之君惜也。我/朝世祖章皇帝开疆拓宇，奄有南方。皖城汝良黎公应时而出，奉/命特授江西南康府同知，历任三载，复改广州府同知。会郡守员缺，中丞李公谓军需旁午，首郡需才，以公通明练达，克胜斯任，特疏题请。惟/帝念兹海邦，赍予循良。公莅任，宣力效能，阖郡为之肃清，其间兴革捐益，善政不可殚述。公固南国名士，为诸生时，已具经国大猷，博古通今，洞察民生利病，所以一切开源节流、兴利除害诸事，或若取诸其怀/而出之也。吾粤顺治三年始入版图，而叵测不常。至于七年，王师入粤，始能底定而通文教。广城庠序学校，皆碎瓦颓垣；泮宫之地，鞠为茂草。公奉藩院诸上台德意，殚精锐志，勤劳修复，至公帑之物力/有限，不能旁及者，公则捐俸修助，如启圣宫、名宦、乡贤祠及燕居亭，一切台榭沼沚，皆公之精神物力兼到者。在府学，已身任其劳，而南番二学，又躬率其事，公之有功于/文庙者，固已不可磨灭也。因而培养士类，三次校士，皆矢公矢慎；藻鉴惟明，而泽及穷檐者；赋额十清，而□田可无病民也；蔗税既罢，而地亩可无重纳也；杂税既除，而小民无侵渔也；捕盗有法，而百姓可得/安堵，行旅不至重困也；戢奸既严，而元恶不至为害，良民可得安业也；修筑城堡，以安内也；添设炮台，以御外也；防守清英岭上之锁钥，巩固添造战船，海外之鲸鲵屏息。公之为国爱民者，固无所不周，而/谨身洁己，所以与民休息者，省刑别蠹，犹且不遗余力，至于正体统以率万民，禁营债以戢兵威，修殿宇置守寺产以种福田，建会馆集绅士以采风谣。百事具举，固非托诸空言。而六事陈言，尤欲见诸行/事，夫岂有遗议焉。积其劳心竭力，以惠我斯民者，即天神亦为之降监。所以淫雨不止，害于耕桑。公斋戒祈祷，不旋踵而兴云出日，尤德政之奇验者。若夫署□道，而厘剔陋规，自行收验，毋致奸胥停阁，或/有允买者，亦毋致奸胥抬价，凡内外远近州县，莫不称便。几于剖斗折衡，而民不争。署监道，而饷额恒足。署守巡二道，而疆土无虞。凡此，皆公之才。问宫宫应，问商商应，叩之以小，则小鸣，叩之以大，则大鸣，/兵刑钱谷，无往而不得其宜也。然而更有难为者，公顺治十三年应兹/宠命，于今七年，大兵大役，不可胜书，移镇添兵，皆无虚日，一切经久长费，缓急迟速，左支右吾，安上全下者，悉以资公。公则五官并用，而宰制于一心。后先迎先刃而解，如庖丁解牛，并无有棘手处。所辖十六州县，/虽土地之饶瘠不同，粮饷之完欠不一，公则善于御下，率属莫不调剂咸宜，亦无复有为公累者。所以公每岁得与上考。抚院各上台，以公之才，历光剡牍，久拟/召对便殿，赐金晋秩矣。但吾粤自王师入省，坐镇内城。凡道府公署，皆为新建。府治库狱，俱属草创。去夏阴雨颓垣，因归汤继，而新例初定，致公解组归里，闻/命之日，阖郡绅衿耆老，连章累牍，咸稽首曰：愿借我寇恂一日。而公则毅然欲往，且曰：得遂初衣之愿，七年于兹，劳神焦形，日夕不暇，女诸父老，尚欲难我乎。既而知公不果留，咸欲立诸石，以垂不朽。余则乌能/为文，惟直书公之善行耳。昔人谓贾董二君，位止于下国二千石，不深为二君惜，而深为汉朝之君惜，则今日吾阖郡之人，亦不必为公惜也。况贾生之才，不过洛阳年少，公则先成练达，董子下帷，仅阐天/人之奥，而公则无所不贯通。异日者/圣天子访求故老，询诸占梦，则或出或处，公知所以自审矣。今/国运方兴，治行自不乏人。然前人为其难，后人未必遂为其易；后人未

中宪大夫署粮盐守巡道广州府知府黎公去思碑

必遂为其易，益知前人实为其难。由前观后，由后观前，当不以予今日之言为私公之所好也。公讳民贵，字天锡，别号汝良，安庆之怀宁人。/

时 /

康熙元年岁次壬寅仲秋谷旦 /

广州府阖郡乡绅举贡监生员耆民里排保约商贾铺行仝立石 /

（碑记每行末尾以 / 作为标识，漫漶不清的字标以□号）

注释：

[1]《全唐文》卷 429 于邵《唐检校右散骑常侍容州刺史李公去思颂并序》。

[2]《全唐文》卷 350 李白《武昌宰韩君去思颂碑》。

[3] 见拙文《一件反映清初广州府教育制度的重要文物——读〈重修广州府学碑记〉》，载《广东史志》1994 年第 1 期。

[4] 杨国儒《浅述明朝、清前期广东的甘蔗种植业和制糖业》，见季羡林著《文化交流的轨迹——中华蔗糖史》，北京：经济日报出版社，1997 年 3 月第 1 版。

（原载《广东史志》1998 年第 3 期第 29~32 页）

最近发现的两方明清水利碑

我国是一个以农业为主的大国，历代王朝十分重视水利设施的建设。明清时期，广东境内普遍兴修了陂、塘、湖、堰、圩岸、堤、潭、沙坦、基围、水围、坑、沟水、圳、溪、池、井、坝等各种类型的水利设施。这些水利设施对促进当地的农业生产无疑起到了积极的作用。

但是，以自给自足为主的小农经济势必会导致小农之间田间用水的纷争。因此，如何规范小农之间田间用水问题的各种法规乡规则应运而生，这在一定程度上稳定了农村的社会治安，保障了农民的生产积极性和农民的自身利益。近日，笔者在广州博物馆麦英豪先生的指导下，对广州黄埔南岗镇笔村玄帝庙内新近发现的两块明清水利碑作了调研。这两块水利碑正是有关农民田间引水应遵守的乡规民约内容，是目前广州地区所见唯一两块有关"陂水"问题并附图的水利碑，至为珍贵。碑中附有"陂围各圳水道图"，这在全国恐怕并不多见。笔村玄帝庙内还保藏有其他一些珍贵碑文。[1]

第一块碑高1.4、宽0.745米，青石质，立于道光十二年（1832年）九月二十四日，碑名为"番禺县正堂讯断绘注蒲芦园陂围各圳水道图形"。（图一）"陂塘者，湖荡之类，蓄水以溉田者也"。[2]碑末一行为年款："道光十二年九月二十四日经官讯断，当堂绘图注说给笔村耆老：朱海鳌、朱应凤、朱进成、朱沛金、区锡禄、

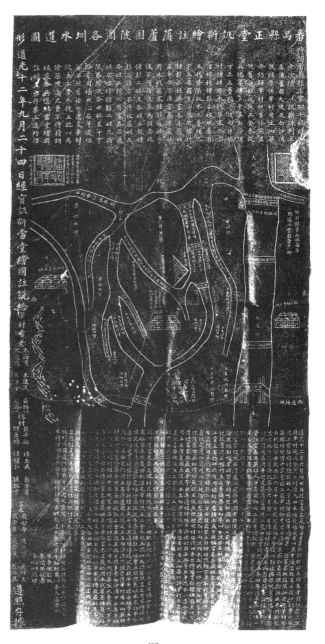

图一

355

区义成，榕村：彭华兴、钟亚榜、钟玉成、钟礼仁、彭金著、钟瑞意，富春：严启华、严宗萼、严桂芳、严辉茂、严辉大、严满盛，遵照存据。"碑文正文分上、中、下三个部分。

上半部分共 27 行，内容是番禺县正堂讯断朱判结果，记录了鹿步巡检司属笔村、榕村、富春庄引用蒲芦园陂水时应遵守的有关乡规民约。碑载：

特调番禺县正堂加十级纪／十次徐　讯断朱判：土／名蒲芦园大陂及白沙浦／陂头，原系笔村用工砌筑，／今仍归笔村照旧修筑，并／照旧每亩收取工食禾谷／五把，不得多索。其白沙浦／下土名凫头小陂，向系榕／村钟姓用木杙筑塞，今亦／准榕村钟彭二姓照旧用／木杙修筑取水，又凫头之／下，土名罗贝小陂，因榕村／钟彭二姓与富春庄严姓／互争，今亦准富春庄严姓／用木杙筑塞，钟彭严姓日／后不得藉收筑为词，妄收／钟彭二姓及各姓工谷，钟／彭二姓亦不得收严姓及／各姓工谷。所有富春庄严／姓及榕村钟彭二姓，凡藉／陂水灌溉各田亩至十字／路、宏冈桥、田心石等处，俱／每年照旧按亩送交笔村／陂主工食禾谷五把，以为／修筑陂道之费，不得藉词／短交。各具遵结，当堂绘图／注明，盖印存案，三造均释。／（注：每行末以／作为标识，下同。）

据同治十年（1871 年）冬月光霁堂刊，清李福泰修，史澄等纂《番禺县志》卷九云："徐应照，浙江平湖县人，进士，（道光）十年任番禺县知县。"十三年由李云栋接任。是知碑文中所见的"特调番禺县正堂加十级纪十次徐××"为徐应照。从碑文可知判结果有四要点：

1. 笔村照旧修筑蒲芦园大陂及白沙浦陂头，并照旧每亩收取工食禾谷 5 把。

2. 榕村钟彭二姓照旧用木杙修筑白沙浦下凫头小陂。

3. 准许富春庄严姓用木杙筑塞凫头小陂下的罗贝小陂。

4. 富春庄严姓和榕村钟彭二姓藉陂水灌田至十字路、宏冈桥、田心石等处，每年均照旧按亩交给笔村陂主工食禾谷 5 把。

碑文中间部分为蒲芦园陂围各圳水道图形。（图二）图的坐标方向与现代地图的一致，为右东左西，上北下南。该图详细地绘制了蒲芦园陂围各圳水的走向及经过的田地名称，并在图上标明了陂和圳水的宽度及修筑使用情况。地图显示，榕村位东，笔村位西，富春庄居中。在地图最东面有一条从北向南直流出海的大陂水，大陂水最北边向东开一小渠，注明"通灌河村田"，"何村钟黄各姓每年致送工食谷壹千勆"；次北有一个大陂，横阔约 10 余丈，注明是"嘉靖年间当官领税建筑大陂，笔村蒲芦园陂围用木杙筑此"。向南依次还有两个陂，分别注明"榕村钟姓陂头，用木杙筑"及"榕村彭姓陂头，用木杙筑"。最南绘有"杨五官桥"，东通增城，西过宏冈桥、石桥、通宏冈村。图北有一条从东往西流的圳水"达灌笔村田"，再从这条圳水向南又修筑了陂障和多条圳水；九头泡圳水居东，"达灌至凫头、十字路口等处"；在居中处，笔村用石筑有白沙浦陂障，横约 4 丈零，在此之南又筑有凫头小障和罗贝小障，前者由钟姓用木杙筑，横约 3 丈零，后者由严姓用木杙筑，横约 3 丈零，在居西的横丫口处又修筑了 3 条向南流的圳水，东边的为茭蔚圳水，"达灌罗贝·沙界等处田"，西边的圳水"灌至银则桥等处田"，居中的是横凫坭筑小障，此处又修筑了 3 条向南流的圳水，居东的"直达灌至

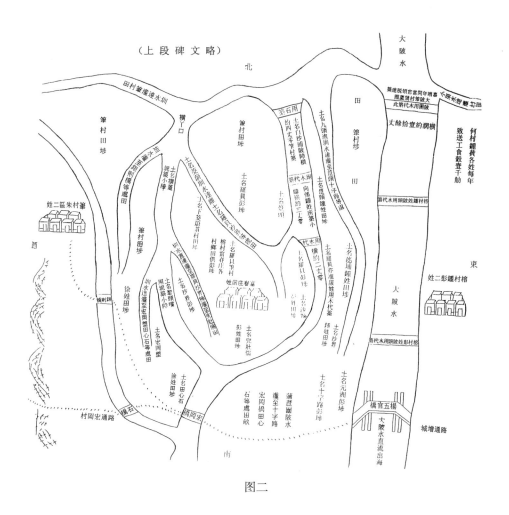

图二

罗贝、沙界、接灌至肚懦田"，居西的"达灌至宏冈塱、田心石等处田"，居中的是用坭筑的犁头嘴小障。地图还显示，北面均为笔村田，笔村在罗贝、茭蔚等地还有田，榕村钟姓在埔、沙界等地有田，榕村彭姓在沙界、肚懦等地有田，富春庄在罗贝彭有田地。地图的中间及左、右上角各有一枚"番禺县印"4字满汉文篆体印文，其中左上角的印文最为完整，并有"各印因原盖处印篆与字画交错难刊，故移刊各处以备查阅"，"此印原盖年月处"注文，右上角的印文旁也有"此印原盖蒲芦园陂围处"注文。整幅地图方位明确，脉络清晰，文字表述准确清楚，使人一目了然。

碑文下半部分记录了番禺县正堂讯断判的前因后果，共40行：

道光十二年六月初七日，据富春庄严启华等禀称，伊村田土均在笔村埗界之下，／藉笔村税陂，分流小圳，灌溉田禾，始获收成，是以岁中遇造，致送工谷以酬笔村筑／陂工食，讵榕村钟彭姓人等逞强霸占等情，赴禀　县宪。蒙批：该陂如果系笔村所／筑，榕村何得平空索占工谷，笔村衿耆亦不应任其霸勒，着同理论阻止，并将新竖／石代起除，毋致兴讼。六月十九日，旋据严启华等复以勒收拂欲统党强掠等事赴／控。蒙批：候饬差唤讯察夺。六月念八日，据榕村衿耆钟玉成、彭胜显等诉称，村邻笔／村于前明嘉靖年间建筑蒲芦园陂水灌田，当官领税，食水各田，年收禾把，以补工／费，讵富春庄严姓人等妄图勒收工谷等情，赴诉　县宪。蒙批：已经饬差唤讯，据诉／是否属实，候集讯察夺。八月念一日，本乡衿耆朱海鳌、区锡禄等据实陈明、联恳饬／拆，以杜讼端事联呈　县宪。蒙批：候集讯察夺，查据伊等呈称，笔村于前明嘉靖年／间，当官领税，在蒲芦园建筑陂围，并于陂道分筑小障，各圳水路分灌至凫头、罗贝、／沙界、银则桥、宏冈塱、犁头嘴、兜肚懦、田心石、宏冈桥、氹埔、元洲、十字路等处，其白沙／税陂达流至榕村土名凫头、罗贝，向来以食陂水各田年收禾谷为酬补笔村修筑／工费，立有约碑。六月内，榕村衿耆钟玉成等投称，富春庄严姓突背旧章，在凫头、罗／贝处擅用木杙竖筑，钟彭二姓亦在该处竖立彭钟埗陂头字样石杙等语禀。蒙批：／着理处遵。即邀同两造，亲诣踏看该处，劝令两造将木石杙一并起除，各照旧章，用／坭防塞，俾无相碍。殊严姓不从，反捏控榕村强掠田禾。只得据实粘缴碑图，呈核等／情。据富春庄严启华等出具遵结，缘蚁等与榕村彭华兴等互争陂水一案，今蒙讯／明：土名蒲芦园大陂及土名白沙浦陂头原系笔村用工砌筑，仍归笔村照旧修筑，／并照旧每亩收取工食禾谷五把，不得多索；白沙浦下土名凫头小陂，向系榕村钟／姓用木杙筑塞，亦准榕村钟彭二姓用木杙修筑取水；凫头之下土名罗贝小陂，因／榕村钟彭二姓与富春庄严姓互争，亦准富春庄严姓用木杙塞筑，钟彭严姓日后／不得藉修筑为词，妄取钟彭二姓及各姓工谷，钟彭二姓亦不得收严姓及各姓工／谷。所有富春庄及榕村凡藉陂水灌溉各田亩至兜肚懦、田心石、宏冈桥、十字路等／处，俱每年照旧按亩送交笔村陂主工食禾谷五把，以为修筑陂道之用，不得借词／短交。蚁等情愿遵断完结，绘图注说存案。至钟彭二姓实无强掠严姓禾束的事，合／具甘结是实。据榕村彭华兴、钟玉成等出具遵结，缘蚁被严启华等控告蚁等互争／陂水一案，今蒙讯明：土名蒲芦园大陂及土名白沙浦陂头，原系笔村用工砌筑，仍／归笔村照旧修筑，并照旧每亩收取工食禾谷五把，不得多索；白沙浦下土名凫头／小陂，向系榕村钟姓用木杙塞，亦准榕村钟彭二姓用木杙修筑取水；凫头之下土／名罗贝小陂，亦不得与富春庄严姓互争，亦准富春庄严姓用木杙筑塞，钟彭严姓／日后不得藉修筑为词，勒收钟彭二姓及各姓工谷，蚁姓等亦不得收严姓及各姓／工谷；所有富春庄及蚁村凡藉陂水灌溉各田亩至兜肚懦、田心石、宏冈桥、十字路／等处，俱每年照旧按亩送交笔村陂主工食禾谷五把，以为修筑陂道之用，不得藉／词短交。蚁等情愿遵断完结，绘图注说存案，至蚁姓等实无强掠严姓禾束的事，各／具遵结是实。本乡衿耆遵结，与榕村、富春庄遵结无异，不复重叙。谨将各禀词摘叙／批判陂图，遵结备载。并陂围之东开一小渠，与何村钟黄二姓每尺水议送水二寸，／不得深阔夺水，每年何村钟黄各姓致送工食谷壹千勑附载，以垂久远查核。／

　　朱卓猷膳叙／

　　朱靖邦敬书／

　　朱廷重、维祺经理／

　　上述碑文主要内容是：（1）6月7日，富春庄严启华等禀称，榕村钟彭姓人等逞强霸占索占工谷，19日又以勒收拂欲统党强掠等事赴控。（2）6月28日榕村钟玉成、彭胜显等诉称，富春庄严姓人等妄图勒收工谷。（3）8月21日，本乡朱海鳌、区锡禄等联恳饬拆，以杜讼端事联呈县宪。（4）关于富春庄严启华与榕村彭华兴等互争陂水一案，番禺县正堂砵断：笔村照旧修筑蒲芦园大陂及白沙浦陂头，并照旧每亩收取工食禾谷 5 把；准许榕村钟彭二姓用木杙修筑凿头陂取水，准富春庄严姓用木杙塞筑罗贝小陂取水，两村凡藉陂水灌溉各田亩至兜肚懦、田心石、宏冈桥、十字路等处，都要每年照旧按亩送交笔村陂主工食禾谷 5 把，不得短交。（5）陂围之东开一小渠，与何村钟黄二姓每尺水议送水 2 寸，不得深阔夺水，每年何村钟黄各姓致送工食谷壹千觔。

特别值得注意的是，关于两村互争陂水一案，道光十二年番禺县正堂是根据明嘉靖年间笔村所立"碑约"进行判断的。特别幸庆的是，这块立于明嘉靖年间的"笔村碑约"，如今依然完好地保存在笔村玄帝庙内。此碑青石质，高 73、宽 52 厘米，碑名为"蒲芦园陂围碑记"（图三），楷体，由右向左书写。正文竖写，凡 15 行：

图三

　　立合约人朱、区、梁、周等为建筑陂围，以绵灌溉事。窃见吾乡良田百顷，屡/逢旱魃，国课难输，且粒食无靠；咸见大陂土名蒲芦园处建筑陂围，可资/济活，遂集通乡衿耆，赴禀 县主台前，恩准蒙批。既能防水旱，堪为/善作。当官领税，陂围上渠口、圳左右两墅及大漳民税八亩零。凡各家子/弟，务宜同心戮力，每日齐到陂所挑筑，毋得躲避。倘有一名不到者，每工/补回银壹钱正归众。其附近将田拨圳者，永远收单，以抵国税，其余论水/远近派算，双单收取。双者，每斗收禾壹把四分；单者，收禾七分，永为定例，/日后毋得异言执拗。如有外乡耕入界内，食水之田，收禾加倍。赖藉榕村/彭公、何村钟黄各公鼎力，秉公赴讯，无可报答。自后彭宅耕管食水之田，/永不收禾。众见陂水颇有余剩，陂源之东，任依钟黄二宅开一小渠，每尺/水议送水式寸，不得深阔夺水，每年蒙许酬回稻子壹千觔，以助每年修/筑工费。今欲有凭，立此合约，永远收执存照。/

　　区鳌　钟宁　黄宾

集众公举　朱敬　区绍明　朱怀国　区宗等/

　　朱悦　彭演汇　区绍

　　嘉靖八年工筑，至十八年蒙各公鼎力，请贲乡所酬 神，本年正月十五日集众/立合约。朱、区、彭、钟、黄、梁、周各公人等同志立约，永垂于远久。/

从上引碑记可知，蒲芦园陂围始建于明嘉靖八年（1529），至十八年竣工，是在"屡逢旱魃，国课难输，且粒食无靠"的背景下，获番禺县主之恩准，"当官领税"兴修而成，此举"既能防水旱，堪为善作"。时番禺县知县为浙江鄞县人戴鲸，进士，在任九年（1524—1532 年）[3]。当时规定，各家子弟务宜同心戮力，每日至陂所挑筑，不得躲避，若不能至者，每工补回银壹钱归众；有将田拨圳者，永远收单以抵国税，其余按水远近收取双单，永为定例；外乡耕人界内，食水之田加倍收禾；彭宅食水田永不收禾；陂源之东任依钟黄二宅开一小渠，每尺水议送水式寸，不得深阔夺水，每年酬回稻子壹千勷，以助每年修筑工费。这种由明嘉靖年间制定下来的引水条约，竟然一直影响至 300 余年后的清朝道光年间，且使这一地区的农民 300 余年来一直未曾发生过争水事件。这种乡规民约所发挥的巨大作用值得沉思和研究。

明清时期，广东境内各地不仅盛行"陂"的修建[4]，而且各村间常常将引水条约刻在碑上，以示共同遵守。如番禺县黄婆洞陂塘，"凡二灌陈田、峻冈二村田。先是，萧冈与争水利，康熙四十五年（1706 年）经官勘定，水灌陈、峻二村田五十余顷，与萧冈无涉，饬令二村勒石番禺署前，永远遵守"。[5] 又如番禺县社塘陂，"夏（按：误，应为'下'）良、园下两村，障上三七尺寸分流。乾隆二十五年（1760 年）两村互讼，番禺县冯告示，略查看，得县民江升泰与林进楚等互争圳水一案。缘下良与园下两村相望，田亩稍连，向有圳水一道，阔一丈，分灌两村田禾，下良村田亩稍高，在圳左右，园下田亩微低，向在下良村外，社前设障堵水，分为三道，南分水一道，阔一尺，灌下良圳左田亩；北分水一道阔二尺，灌下良圳右田亩；中分水一道阔七尺，直流顺注园下田亩。此三七分流之案，前明天启年间有碑楔可考，迨康熙四十二年两村互讼，又经前县姚令照前断上下田亩分流灌溉，历久无异"。[6] 由此可见，"立碑约"是明清广东境内普遍流行的做法。然时至今日，这类碑约能见者恐怕只有笔村玄帝庙等个别地方了。

注释：

[1] 拙文：《记南明隆武政权时期的一件珍贵石碑》，载《广东史志》1998 年第 4 期第 35~37 页。

[2] 姚雨原纂，胡仰山增辑：《大清律例会通新纂》卷 37，台北：文海出版社有限公司，1987 年 3 月版。

[3] 同治十年冬月光霁堂刊：《番禺县志》卷八《职官表一》。

[4]《粤大记》卷二十九《政事类·水利》。

[5] 同注 [3] 卷十八《建置略五，陂塘附》。

[6] 同注 [3] 卷十八《建置略五，陂塘附》，又见清瑞麟、戴肇辰等修、史澄等纂，光绪五年刊本《广州府志》卷六十九《建置略六》。

（原载广州市博物馆主编：《镇海楼论稿》，广州：岭南美术出版社，1999 年 7 月第 1 版，第 116~119 页）

广州最近发现的两方清初水利碑

2000 年初，我们在麦英豪、黎金、黎显衡三位老师的指导下，对广州杨箕村玉虚宫内新发现的两块清初水利碑作了调研。这两块水利碑是关于广州府番禺县对大水圳村、冼村、簸箕村互争大沙河水一案的审判结果，其重要价值在于有助了解清初广州地区农村审案程序和清初法律实行情况，及农村农田水利使用状况。

立于清乾隆七年（1742 年）六月十九日的《详奉各宪断定三圳轮灌陂水日期碑记》（图一），青石质，长 128、宽 73 厘米，共 30 行。碑文记载，乾隆六年八月广州府番禺县鹿步巡检司属下大水圳、冼村和簸箕村三村[1]因农忙农田需水灌溉而引发了一场用水之争。在此前广州府番禺县对三村引用大沙河陂水[2]有明确规定，并立"碑约"以示共同遵守，后只因碑文中遗漏"与冼村同灌"字样，故引发了乾隆六年八月的这场农田引水之争。针对这场引水纷争，广州府番禺县正堂百禄[3]于乾隆七年四月初四日奉都察院左都御史管广东巡抚事王安国[4]批，同月初九日奉广东等处提刑按察使司按察使加一级纪录三次潘思榘[5]宪牌，同月二十日奉广州府正堂加五级

图一

纪录二次张士连[6]信牌，作了以下判决："三陂各轮二日"，并对各村具体灌溉日期作了详细规定，对有关肇事人也作了惩治："梁周蔼为首鸣锣，应照不应重律，杖八十，折责三十板；冼佐朝、卢鸣远、冼文灿、冼奕全虽各持木棍，但未闻殴，均照不应轻律，笞四十，折责十五板；姚美三架词上渎，应照越诉律，笞五十，折责二十板；姚光开、姚光臻因冼奕圣经过乡前，擅敢截扭，以致撒散钱米，亦照不应重律，杖八十，折责三十板，仍于该二犯名下追还钱五十文，米七升，给冼奕圣收领。"按四库本《大清律例》卷四《名例律上》云："笞刑五……四十（除零折一十五板），五十（折二十板）。杖刑五……八十（除零折三十板）。凡笞杖罪名折责。"又卷27《刑律·斗殴上》云："凡斗殴（与人相争），以手足殴人，不成伤者，笞二十（但殴即坐）；成伤及以他物殴人，不成伤者，笞三十（他物殴人）；成伤者，笞四十（所殴之皮肤）……若（殴人），血从耳目中出及内损（其脏腑而）吐血者，杖八十。""沿江滨海，有持枪执棍，混行斗殴，将两造为首，及鸣锣聚众之犯，杖百一，流三千里；伤人之犯，杖一百，徒三年；其附和未伤人者，各枷号一个月，责四十板。"又卷30《刑律·诉讼·越诉》："凡军民词讼，皆须自下而上陈告。若越本管官司，辄赴上司称诉者（即实，亦）笞五十（须本管官司不受理，或受理而亏枉者，方赴上司陈告。）"由此可知，清初广州地区的案件是按清律例进行解决的。

这场引水纷争案解决不久，乾隆八年（1743）三月该地区又引发了一场引水纷争案。立于乾隆十年二月九日的《奉宪均断三乡碑文》（图二）则详细地记载了事件始末。碑青石质，长139、宽81.5厘米。碑文共32行。碑文记载，乾隆八年三月上中二陂出现了是否"用车引灌"纷争；次年六月二十日广州府番禺县正堂加三级记录五次李绍膺[7]为鸣锣鼓众等事奉钦命广东等处将军兼管粤海关事署理广东巡抚印务纪录四次策楞[8]批，二十五日奉广东等处提刑按察司按察使纪录四次张嗣昌[9]宪牌，七月五日奉广州府正堂加一级纪录三次金允彝[10]信牌，呈详查看。广粮通判沈倅勘讯，上陂田多水少，改议"上陂多添水期一日"，而下陂姚美三又以"恳叩宪恩，乞照碑文详夺事"，于是广粮通判"覆勘

图二

绘图，查明上中下三陂田亩列册，酌议贴补，分为七日内"引灌，"七日循环，毋论月大月小，按日接算，周而复始，毋许越期混争。其决开堵圊，水期均以黎明为始。各陂之田，向有原用车灌者，应听其照旧举行，但不许上陂车中陂，中陂车下陂。"至此，这一地区的农田引水问题最终得以解决。

从上述两块碑文，可见广州番禺县鹿步巡检司属下大水圳等三村农田引水纷争案件是根据《大清律例》规定的程序来解决的，同时看到，以农业为主的清政府重视农田水利和农业生产建设。《大清律例》卷30《刑律·诉讼·越诉》云："每年自四月初一日至七月三十日，时正农忙。一切民词，除谋反、叛逆、盗贼、人命及贪赃坏法等重情，并奸牙、铺户、骗劫客货，查有确据者，俱照常受理外，其一应户婚田土等细事，一概不准受理。自八月初一日以后，方许听断。"每年4月1日至7月30日正是农忙季节，但若涉及农田水利妨碍农务的事，不论何时务须审断速结，"州县审理词讼……若查勘水利界址等事，现涉争讼，清理稍迟，必致有妨农务者，即令各州县亲赴该处，审断速结，总不得票拘至城，或致守候病故。其余一切呈诉，无妨农业之事，照常办理，不准停止，仍令该管巡道严加督察，查核申报。如州县将应行结审之事，藉称停讼稽延者，照例据实参处。经管道府如不实力查报，该督抚一并严参例处。"（《大清律例》卷30《刑律·诉讼·越诉》）这两方碑文正好反映了《大清律例》的这些法规在广州地区得以实行。

注释：

[1] 清李福泰修、史澄等纂《番禺县志》卷三《舆地略一》："鹿步巡检司属（都一、堡十二、图二十一、村一百一十六）。村：石牌、洗村、簸箕、大水圳、元村……笔村。"（同治十年刊本，成文出版社印行）

[2] 民国梁鼎芬等修、丁仁长等纂《番禺县续志》卷二《舆地志二·鹿步司属·石牌堡（西区）》："沙河（又名山河）、林和庄、郭村、沙尾、赤贝底（又名寺右）、大水圳、簸箕村（又名杨箕）、三洲里、洗村、猎德、新庆、甲子沥、石牌、东石牌、潭溪（又名潭村）、员村、东西程界、龙水步。……大沙河水自西北来注之，大沙河源出银坑岭，南流迳燕塘墟，东南流迳沙河市，又东南流迳大水圳，屈西南流迳簸箕村，入二沙北水。"（民国二十年刊本）

[3]《番禺县志》卷九《职官表二》："百禄，镶黄旗，监生，（乾隆）七年任（知县）。"

[4]《广东通志》卷四三《职官表三四》："王安国，江南高邮人，（乾隆）六年任（巡抚）。"同治三年二月重刊，商务印书馆影印。

[5] 同上卷四四《职官表三五》："潘思榘，江南阳湖人，进士，（乾隆）四年任按察使。"

[6] 清瑞麟、戴肇辰等修、史澄等纂《广州府志》卷二三《职官表七》："张士连，安邑人，进士，（乾隆）七年任（知府）。"光绪五年刊本。

[7]《番禺县志》卷九《职官表二》："李绍膺，江南江都人，监生，（乾隆）九年任（知县）。"

[8]《广东通志》卷五八《职官表四九》："策楞，满洲镶黄旗人，（乾隆）八年任（将军）。"

[9]《广东通志》卷四四《职官表三五》："张嗣昌，山西浮山人，岁贡，（乾隆）九年任（按察使）。"

[10]《广州府志》卷二三《职官表七》："金允彝，汉军，镶白旗人，监生，（乾隆）八年任（知府）。"

附录：

碑一：

详奉各宪断定三圳轮灌陂水日期碑记 /

广州府番禺县正堂百　为鸣锣鼓众等事，乾隆七年四月二十日奉 / 广州府正堂加五级纪录二次张　信牌，乾隆七年四月初九日奉 / 广东等处提刑按察使司按察使加一级纪录三次潘　宪牌，乾隆七年四月初四日奉 / 都察院左都御史管广东巡抚事王　批，本司呈详查看，得番禺县民李仕文等与姚美三等互争大沙河陂水灌田一案。先据该县府议，详大水圳村与冼村、簸箕村三庄田 / 亩均藉大沙河陂水灌溉。大水圳陂头居上，簸箕村陂头居下，冼村介在其中，并有田亩交错上下两庄之内，但大水圳额田虽少，尚有邻村田亩分灌；簸箕村额田虽多，半 / 有海潮荫注。议令按日平分。如遇亢旱，于大水圳口横筑陂基，先听李仕文等激水入圳灌注两日，次听姚美三等决开基口，亦放两日，均与冼村同资灌溉，周而复始。等由 / 业经据由，详奉批回，如详转饬，遵照在案。嗣因李仕文等禀请勒石，该前县发刊碑文遗漏与冼村同灌字样，经冼姓呈明查照，添入碑摹，在案。上年八月内，冼佐朝等因田 / 缺水，即将中陂堵截，水不下流；而簸箕村陂姚亚孟于初七日前往锄挖，被冼佐朝等捉获禀县。是晚，有冼奕圣在外傭工回家，经过簸箕村前，被姚光开等扭殴，致将所携钱 / 米撒散，经潘爵三劝释。冼村居民闻知姚姓又欲往挖陂基，而梁周蔼即于十一日鸣锣知会，冼佐朝等各持木棍防护陂口。姚美三等遂以鸣锣鼓众等事赴　宪，辕具控 / 批，仰广州府查报。兹据该县唤讯，将梁周蔼等分别拟以杖笞，并勘断三乡各分二日详府转奉批司覆核，妥拟详夺等因。本司覆查，姚美三等据审，所控梁周蔼等鸣锣持 / 械属实，而吹角担旗，毁苗封庄，均系子虚；应如该府所拟，梁周蔼为首鸣锣，应照不应重律，杖八十，折责三十板；冼佐朝、卢鸣远、冼文灿、冼奕全虽各持木棍，但未闻殴，均照不 / 应轻律，笞四十，折责十五板；姚美三架词上渎，应照越诉律，笞五十，折责二十板；姚光开、姚光臻因冼奕圣经过乡前，擅敢截扭，以致撒散钱米，亦照不应重律，杖八十，折责 / 三十板，仍于该二犯名下追还钱五十文，米七升，给冼奕圣收领。但查上年八月内雨泽愆期，各犯实因田禾起见，而目下正当农务孔亟，现奉 / 宪台批饬，疏释轻罪，人犯可否俯如该府所请，将梁周蔼等槩予□免，馀属无干，均无庸议。再查大水圳村与冼村、簸箕村递分上中下三圳。前因止系上下两圳互争，是以前 / 县断令大水圳截灌两日，次听簸箕村决开基口，亦放两日，周而复始。其居中冼村止称堵截决放，同资灌溉，并未按圳分日，既冼佐朝等亦止以碑摹漏列冼村有分为言 / ，并不呈请分日者，以上下两处俱有本村田亩在内，现又居中，水流必经，故为含糊，以坐收蟷蚌之利；迨因田中缺水，即于上年八月初七日将中陂径行截塞，遇有姚亚孟 / 前往锄挖，即往捉获送究，并恐姚姓复行开基，于十一、十二等日鸣锣执械，纠众防获，致奉 / 宪台访闻，饬县勘查。是冼佐朝等中陂田亩既不较日于定案之时，乃敢堵截圳口数日，致簸箕村应得之水不得下流，实属狡诈。今据署县勘明，三乡田亩原分上中下三截 / ，议请每乡各分二日，是簸箕村必待至四日之后方得开放两日，得水较迟。现上相安无辞，而李仕文等反以偏详翻案，赴司渎呈。其冼佐朝又欲专就下陂两日、伊中陂截 / 分一日，是上中两处显有通同，将原案四日之水分占三日，殊觉偏枯，应如县府所议，饬令三陂各轮二日，每月初一初二属李仕文等上陂截灌，初三初四属冼佐朝等中 / 陂截灌，初五初六属姚美三等下陂截灌，周而复始。每日水期仍照原议，均以黎明为始。并令毁去旧碑，另行勒石，以垂永久。如有再起争端，即严拿重究。是否允协，缘由奉 / 批，如详饬遵，另行勒石，取碑摹，送查缴，奉此拟合，就行备牌，行府仰县，照依事理，即便遵照。将梁周蔼等均从宽免议，并饬令三陂各轮二日，每月初一初二属李仕文等上 / 陂截灌，初三初四属冼佐朝等中陂截灌，初五初六属姚美三等下陂截灌，周而复始；每日水期仍照原议，均以黎明为始；并令毁去旧碑，另行勒石，以垂永久。如有再起争 / 端，即严拿重究。取具碑摹，一样三本，详缴赴府，以凭转缴查核等因，奉此合就，为发勒石，永远遵守，为此勒石，令李仕文、冼佐朝、姚美三等即便遵照。奉 / 宪详定成规，三陂各轮二日。大水圳李仕文等上陂每月初一初二截流二日，与圳内冼村、石牌、林和庄、簸箕村田亩同流灌润；冼村冼佐朝等中陂于每月初三初四截流二 / 日，与圳内大水圳簸箕村田亩同流灌润；簸箕村姚美三等下陂每月初五初六截流二日，与圳内冼村大水圳田亩同流灌润。上陂之水，同灌上陂之田；中陂之水，同灌中 / 陂之田；下陂之水，同灌下陂之田；不得越取别陂之水，复起争端。按陂次第轮流，周而复始。其水期均以黎明为始。如遇月小，各分二十个时辰。上陂李仕文等自二十五日 / 黎明辰时起灌，至二十六日亥时正；中陂冼佐朝等自二十六日夜子时起灌，至二十八日未时止；下陂姚美三等自二十八日申时起灌，至二十九夜卯时止。以免偏枯，亦 / 不得紊越。倘有混行抢夺，致启衅端者，许值日灌水之家指名据实，赴县首报，以凭按名，严拿重究。尔等务宜各怀和协，各尽公平，永为遵守，毋贻后悔，须至碑者。/

乾隆七年六月十九日立石。/（注：每行末以 / 为标识，下同。）

碑二：

奉宪均断三乡碑文

特授广州府番禺县正堂加三级纪录五次李　为鸣锣鼓众等事，乾隆九年七月初五日奉 / 广州府正堂加一级三次金　信牌，乾隆九年六月二十五日奉 / 广东等处提刑按察使司按察使纪录四次张　宪牌，乾隆九年六月二十日奉 / 钦命镇守广东等处将军兼管粤海关事署理广东巡抚印务纪录四次策　批，本司呈详查看，得番禺县民李国文等与冼奇德等互争大沙河陂水一案。缘大水圳村居上，冼村居中，簸箕村居下，三村之人互争陂水，讦讼已久。先经潘陞司据详，/ 三陂各分流二日。详奉 / 前宪批允饬遵，兹于乾隆七年六月内勒石在案。迨乾隆八年三月内，上陂之国文等以乞电下情、饬救粮命事，赴司呈恳，必得用车引灌；中陂之冼奇德等以奸蠹鼓党、酿祸无休等事，赴司呈请禁止车截，均经前司先后批行。广州府查报，嗣 / 番禺县百令查明前县李、冯二令屡勘明白，分期灌荫，详明勒石，应令照旧遵守。详覆到司，因查前项水利不应用车，亦应将用车，何以有碍缘由？剖切详定，以塞奸徒滋讼之口。该县未经履勘，情形又不声明，不应用车之故，批回移委附近厅 / 确议。另详，续据前署府保丞移委广粮通判沈倬勘讯，上陂田多水少，改议上陂多添水期一日，详请另行勒石，等由到司，未经批回。而下陂之姚美三等复以恳叩宪恩，乞照碑文详夺事。上陂李仕文等又以乞察始末详由、断给绝讼宁民事。/ 司复查此案。据该厅勘议，由前署府核转而纷纷攻讦者不一，其次与该厅所讯供情迥异。今该厅现署府篆其情形，又曾目击自足以折服不平之心，批饬再行确讯，秉公定义。另详核夺去后随据姚美三以翻背宪案、粮命攸关等事赴前宪。/案屡经地方官亲勘定议，由前司核转，批结日久；广粮通判之勘，系何时差委，因何已定之案，又须另办？未据详口仰司口口讦夺等因兹行。据广粮通判覆勘绘图，查明上中下三陂田亩列册，酌议贴补，分为七日内，将三日给与上陂引灌，中/二日并令中上二陂渗漏，以及陶墓坑水尽归下陂，毋许中陂堵截。等由牒府，该府核拟，具详前来。本司覆查陂图与开报田亩税册：下陂簸箕村共田二十一顷零五亩，附近大沙河兼有上中二陂渗漏，以及陶墓坑水分润；中陂冼村共田壹/贰亩，田亩较多，然有上陂渗漏，以及陶墓坑水侵注；惟上陂大水圳共田贰拾贰顷玖拾肆亩，势居高亢，止藉麒麟牛角岭诸山源泉，此外毫无余沥；且尚有田贰顷六拾亩坐落中陂圳头，地势最高，非车灌不可，从前卢敬斯往车中陂之水，酿/题议毋许车截。今此不为分晰三陂田亩之多寡、高下之各异、贴补灌救，照旧二日轮流引灌。上陂苦不足，下陂幸有余，车截酿祸，势必复有。应如该通判所议，定于每年二月为始，初一初二上陂村民筑塞木石水槽，决开陂口，照旧引灌。上陂之/筑塞良家圳、大塱圳与戴家坊、并新圳后冈小圳各口塔回木石水槽在于上陂，接流引灌，附在中陂。圳头之田，若有盈余，仍归上陂分荫，中下二陂，不得争取。初四初五两日则归中陂，毋许上陂堵截；初六初七两日则归下陂。上中二波渗漏，/水尽归下陂，上中二陂不得堵截。七日循环，毋论月大月小，接日接算，周而复始，毋许越期混争。其决开堵截，水期均以黎明为始。各陂之田，向有原用车灌者，应听其照旧举行，但不许上陂车中陂，中陂车下陂。仍饬该县另行勒石，公同竖立，/杜争端。姚美三等串同诬控俯念，因田赋起见，从宽免议。嗣后姚美三等与附近居民如再恃强争灌，逞习□讼，立拿重究。是否允协，缘由奉批。如详行，仍取碑摹，遵依送查缴图册存等因，奉此合行，遵照备牌，行府仰县，照依事理。即便饬令李、/姚美三等遵照，另行勒石，公同竖立，永远遵守。取具碑摹，各造遵依，呈送/抚宪、臬宪及本府查考，余照看议遵行。均毋有违等因，到县奉此，正在给示。勒石间，乾隆九年九月二十三日奉/本府信牌，乾隆九年九月十五日奉/按察使司张　批：本府申详查看，得番禺县民李仕文等与冼奇德等互争大沙河陂水一案。前奉　宪台，详奉/抚宪批，结业经卑府转行，该县遵照。去后，兹该县复以中陂冼奇德等恳请添□□渗漏以及陶墓坑水归与中陂字样，而下陂姚美三又以田多水少恳请照旧分流，据呈详请核示，前来卑府伏查本案，讦讼连年，甫奉批结，姚美三等本属/岂可复据其饰词，另议更张。至所有渗漏以及陶墓坑之水，现奉/宪详，上中二陂渗漏以及陶墓坑之水尽归下陂，上中二陂不得堵截，已极明□□□□似乃冼奇德等以/宪详内有冼村田亩较多，然有上陂渗漏以及陶墓坑水侵注之文，强行牵合，呈请注明渗漏，殊不知中陂田亩本少于上下二陂。今上陂坐落中陂内之高田已另添一日，不藉中陂之水灌溉，是二日之水尽足灌中陂之田。下陂从前原系六日/二日，今七日内轮流二日，得水较迟，将上中二陂渗漏以及陶墓坑之水尽归下陂，是乃/宪台酌盈济虚之道。冼奇德等混呈，本可毋庸置议。但既据该县详请核示，前来两造，素属多事之徒，仍恐拘文牵义，复启衅端相应，详请/宪台批示，以杜重起波澜，并饬该县另立新碑，将旧碑起除，以昭画一。是否允协理合，详请/宪台核夺批示。饬遵缘由，奉批如详。饬遵缴印发到府，奉此拟合。就行备牌仰县，照依事理。即将本案情节，遵照先后，奉/宪批行。看详分晰查明，妥发碑式，着令各造遵照，另勒新碑，竖立公所，永远遵守。原立旧碑，饬令起除。取具各造，遵依碑摹，径缴抚宪、臬宪及本府查考。毋违等因，各到县奉此合就给示。勒石遵照，为此示谕，李仕文、冼奇德、姚美三等知悉，即便遵照。先后奉／宪议断，将圳水次序轮流灌溉，毋得抗断挽夺。另行勒石，公同竖立，永远遵守，均毋有违。特示。／乾隆拾年贰月十九日示。／发仰。冼奇德、李仕文、姚美三遵照勒石，永远遵守。／

（原载广州市文化局、广州市文物博物馆学会编：《广州文博论丛》，广州出版社，2000年10月第1版，第204~209页）

从《林则徐致潘仕成函》谈林公的爱国爱民情怀

一

　　在广州越秀山原广州美术馆碑廊，镶嵌海山仙馆石刻一百余方，其中有一方青石碑，正面阴刻《林则徐致潘仕成函》全文内容（图）。对于这块青石碑上的文字内容，1999年9月花城出版社出版的广州市荔湾区文化局和广州美术馆编《海山仙馆名园拾萃》和2003年8月花城出版社出版的陈玉兰编著《尺素遗芬史考》均有著录释文，但个别标点及个别字的释读有失误。碑文内容还被收入《海山仙馆藏真三刻》卷一。2002年10月，福建海峡文艺出版社出版林则徐全集编辑委员会编《林则徐全集》第七册"信札"亦收录此信函内容（第275页）。为说明问题起见，现综合上述《海山仙馆名园拾萃》

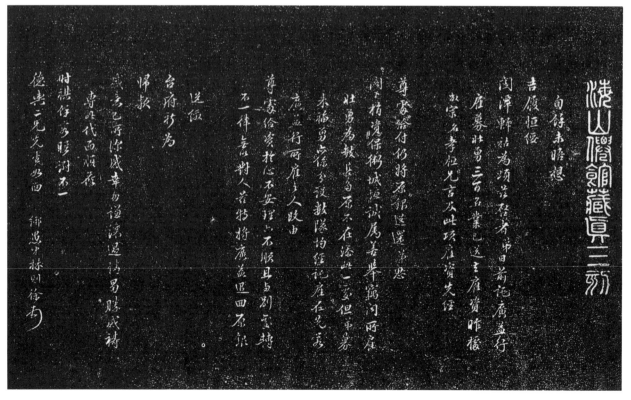

图

《尺素遗芬史考》《林则徐全集》等论著的释文，将20行碑文内容重新标点释文如下，每行结束，以 /
为标识：

> 海山仙馆藏真三刻 /
> 旬余未晤，想 / 吉履恒绥，/ 阖潭辑祐为颂。兹启者：弟日前讬（《海山仙馆名园拾萃》误释
> "记"）广益行 / 雇募壮勇三百名，业已送去雇资。昨据 / 敝宗名孝恒兄言及此项雇资，先经 / 尊
> 处给付，仍将原银送还。弟思 / 阁下捐资保卫城垣，诚属善举，窃闻所雇 / 壮勇为数甚多，原不
> 在添此一处，但弟募 / 来福勇，亦系分设数队，均经讬（《海山仙馆名园拾萃》误释"记"）雇在
> 先。若 / 广益行所雇之人，改由 / 尊处给资，于心不安，理亦不顺，且与别处转 / 不一律，无以
> 对人。兹特将广益退回原银 / 送缴 / 台府，祈为 / 归款。/ 盛意己（《海山仙馆名园拾萃》《尺素
> 遗芬史考》《林则徐全集》误释"巳"）所深感，幸勿谦让过情，曷胜感祷。/ 专此代面，顺候 /
> 时祺，余容晤谢不一。/ 德舆二兄先生如面。乡愚弟林则徐顿首 /

这是林则徐写给德舆的一封信函。"德舆"即"德畲"，二者均是潘仕成（1803—1873年）的字
号。海山仙馆亦名荔支园、潘园，是潘仕成的别业。据《棣坨集》卷三《朝议大夫贵州同知香亭任先
生墓志铭》记载："盐商潘仕诚，亏帑二百余万，潘故巨富，籍其家，犹不讐。"是知潘仕成属盐商。
按该文所提"潘仕诚"当为"潘仕成"之误写，因为在《海山仙馆藏真初刻》"道光二十七年丁未六月
海山仙馆主人仕成自叙"中所刻之印文均是"潘仕成"。另据2006年华南理工大学出版社出版潘刚儿、
黄启臣、陈国栋编著《广州十三行之一：潘同文（孚）行》一书介绍，潘仕成是福建漳州龙溪乡潘乡
的后人，潘仕成的祖籍是福建，与林则徐同属福建老乡。故林则徐在上述信函中谦称"乡愚弟"。

据《林则徐全集》第九册"日记·庚子日记·道光二十年九月二十一日戊申（公历10月16日）"
记录："是晚同乡广益栈中厦门人林孝恒开。送来福建乡试录，刘冰如中第九名，解元池剑波。闽县。"
（第426页）同年十月朔日丁巳（公历10月25日）又有记录："理行装，分为三路，一交广益号厦门
人林孝恒由海船带往福州。"（第427页）故可知《林则徐致潘仕成函》中所提"敝宗名孝恒兄"即指
福建厦门人林孝恒，是广益行的老板。

二

《林则徐致潘仕成函》未留有年款。《尺素遗芬史考》一书认为该函的写作时间"可能在1841年3
月上旬之间"（第13页），但未作出具体考证。《林则徐全集》第七册"信札"第275页认为该函的写
作时间是"道光二十一年二月（1841年）"，亦未作出考证。

该函涉及的主要问题是林则徐有关委托广益行雇募壮勇并支付雇资一事。因此，该事情成为判断
该函写作时间的关键。

那么，"委托广益行雇募壮勇"一事究竟发生在何时？

据《林则徐全集》第九册"日记·辛未日记·道光二十一年二月初九日甲子（公历1841年3月1
日）"记录："往南岸福潮会馆议募泉、漳乡勇，夜三鼓回。"（第440页）"十一日，丙寅（3月3日）。

晴。早赴总局，又往南岸福潮会馆雇募壮勇。"（第440页）"十二日，丁卯（3月4日）。晴。仍赴福潮会馆督催壮勇，共得五百六十人，即在永清门内之东西列队。"（第440页）"二十六日，辛巳（3月18日）。阴。……余点验福省壮勇分布各路，并赴各城上下看视，嘱其严防。"（第441页）"（三月）初八日，癸巳（3月30日）。晴。……下午赴广协箭道点验前雇之福勇五百余名，拟先遣散。"（第443页）由上述可推知，林则徐写给潘仕成的这封信函当写于道光二十一年二月至三月之间，即1841年3月。

三

1841年3月，林则徐给潘仕成写上述信函时，已遭革职，是在林则徐遭革职后所写。这封信函的内容充分反映了林则徐不计较个人得失，时刻以国家民族利益为重，自筹资金，招募壮勇，以保护广州省城百姓。

林则徐在广州禁烟和抗击外来侵略，前后长达两年多的时间。1838年12月31日（道光十八年十一月十五日），道光皇帝颁发林则徐钦差大臣关防，派他前往广东查办海口事件。1839年3月10日（道光十九年正月二十五日），林则徐到达广州，从天字马头上岸入城，在广州开展了轰轰烈烈的禁烟运动，打击了英国侵略者。1840年10月1日（道光二十年九月初六日），林则徐"回署后承准八月二十二日（9月17日）五百里廷寄一道，知嗼逆前赴天津递呈，经直督琦代为转奏，已准其赴粤叩关，并奉旨以琦为钦差大臣来粤查办事件。"（第425页）10月20日（道光二十年九月二十五日），"晡时接吏部文，知奉谕旨交部严加议处，来京听候部议，以直督琦署广督，其未到以前，以巡抚怡暂行护理等因。"（第427页）林则徐被革职。此后，林则徐留广州"听候查问"，奉旨"协理夷务"，直至1841年5月3日（道光二十一年闰三月十三日）离开广州。在被革职的6个多月的时间里，林则徐并没有停止脚步，依然是积极筹防，出谋划策，抗击英国侵略者。在林则徐的日记里，可以读到他每日忙于筹防的记录。以下谨以道光二十一年（1841年）二月为例：

初四日，己未（2月24日）。晴。早晨赴督署议事。午后约同爵相、将军、中丞、嵰翁登舟察看内河防堵要隘，夜泊猎德。

初五日，庚申（2月25日）。晴。丑刻解缆，辰刻抵乌涌，登岸观军垒，仍登舟，爵相先分路回省。酉刻抵白泥涌，又登山看炮墩，即登舟。夜长行。

初六日，辛酉（2月26日）。晴。辰刻抵大黄滘，察看水陆防堵路径，午刻回省，即赴督署，申刻回。夜闻虎门、横档炮台被嗼逆围攻，当与嵰翁同赴督署。子刻闻横档、永安、巩固三台失守，彻夜未寝。

初七日，壬戌（2月27日）。晴。闻虎门镇远、靖远、威远炮台失守，关提军、麦游击廷章均被难，嗼逆兵船已直闯内河之乌涌矣。又闻有旨令祁竹轩司寇颎来粤督办粮台。江西南赣镇长总戎春带兵二千名是日到省，来晤。

初八日，癸亥（2月28日）。晴。闻昨日嗼逆攻破乌涌，此处驻有湖南官兵，阵亡甚多，祥镇军福亦被难。其镇箅道标续到练勇一百名未赴乌涌，即在余寓中屯驻。是日眷属寄寓内城。午后爵相、中丞与㠛翁均来议事，夜留饭，三鼓散。

初九日，甲子（3月1日）。晴。眷属登舟，赴上游寄寓。余至二沙尾复看河道，午后回。往南岸福潮会馆议募泉、漳乡勇，夜三鼓回。知琦爵相因擅许逆夷要求，奉旨革去大学士，拔去花翎，仍交部严加议处。是晚邓㠛翁移至余寓中同住。

初十日，乙丑（3月2日）。晴。闻嘆逆兵船已闯入猎德炮台。早晨赴大佛寺总局议事，二鼓后回。

十一日，丙寅（3月3日）。晴。早赴总局，又往南岸福潮会馆雇募壮勇，未刻赴总局，二鼓回。

十二日，丁卯（3月4日）。晴。仍赴福潮会馆督催壮勇，共得五百六十人，即在永清门内之东西列队。

十三日，戊辰（3月5日）。晴。杨诚村参赞芳自湘南来省，往晤之。又赴督署，晡时回。连日居民纷纷迁避，至是日稍定。

十四日，己巳（3月6日）。阴。早晨湖南兵勇请余祭旗，行礼毕，即答拜杨参赞。午后制军、中丞均来晤。

十五日，庚午（3月7日）。晴。琦制军、杨参赞均来晤。

十六日，辛未（3月8日）。晴。杨参赞来。……琦制军约赴督署议事，饭后回。闻嘆逆炮攻猎德、二沙尾炮台，又分小兵船数只，在大黄滘游奕。

（林则徐全集编辑委员会编《林则徐全集》第九册"日记"，福建海峡文艺出版社，2002年10月第1版，第439-440页）

从上引"林则徐日记"中所记林则徐革职后的部分日程活动，可以看到他"在极端困难的情况下，仍丝毫没有灰心丧气"，每日都在实地调查、议事，甚至出资募勇，筹划良策。他"虽然处境突然逆转"，但"并没有放弃自己的主张"，"在民族矛盾进一步尖锐和民众要求抗战的呼声更为高昂中，他那恃民众坚持抗战到底的光辉思想，在广东后期继续得到发展；正是这样，他始终不渝地以国家民族的命运为重，""为广东防务积极贡献力量。而他在这一时期提出的加强海防的若干主张，诸如造船制炮、依靠人民等等，则表明他的先进的政治思想主张在逆境中更加鲜明和坚定。他的这些主张对后来也有着深远的影响。"（陈胜粦著《林则徐与鸦片战争论稿（增订本）》，中山大学出版社，1990年11月第1版，第160页）林则徐的这种爱国爱民情怀，永远值得我们学习！他的高尚情操，令人敬仰！

（原载《岭南文史》2020年第4期第65~68页）

粤海关海班职员遇难者碑

　　1998 年在广州沙面大街 69 号广东协和神学院内发现了两块英文碑，均刻在花岗岩石上。立于 1874 年的碑宽 91 厘米，通高 121.5 厘米，厚 6 厘米，碑顶及碑底左右两角各凿一小孔，碑文凡 20 行（见图一）。立于 1878 年的碑高 61 厘米，厚 6.4 厘米，通宽 111 厘米，左右两边各凿一小孔，碑文凡 12 行（见图二）。这是广州迄今所发现唯一两块记载粤海关事务的碑文，具有较高的文物和史料价值。

　　"飞龙"（FEI-LOONG）号、"蓝天"（NGNAN-TIEN）号、"前追"（CHIEN-JUI）号和"利志"（LI-CHI）号均为两块碑文记载的船只及遇难船只。

　　据 1879 年 3 月 3 日粤海关《1878 年广州口岸贸易报告》记载："在 1878 年 10 月 8 日的猛烈台风侵袭中，一艘叫'利志'号（LI-CHI）的税收帆船在香港南面的来马（Lema）群岛附近沉没，除了两名中国水手外，船上所有的人员、物品都葬身大海。事故发生时，'利志'号（LI-CHI）正在向东驶往香港途中。它是艘新船，由香港船坞公司制造，春季刚下水。……本年增加两艘缉私艇，风帆'利志'号，前已陈述，在 10 月 8 日的飓风中沉没，另一艘设计新颖吃水浅的小型划桨艇，拟用于追捕在浅水走私鸦片的小而快的船只。"（广州市地方志编纂委员会办公室、广州海关志编纂委员会编译《近代广州口岸经济社会概况——粤海关报告汇集》，暨南大学出版社，1995 年 12 月第 1 版第 228~231 页）

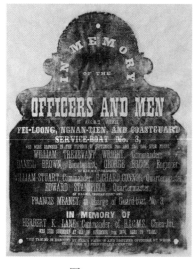

图一

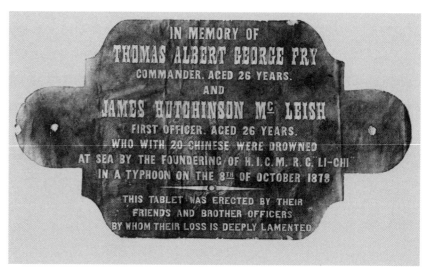

图二

由此可知，1878 年碑文所记载的遇难船只"利志"号就是在该年 10 月 8 日的一次台风中沉没于香港南面来马群岛附近的粤海关缉私艇。

"前追"（CHIEN-JUI）号见于 1877 年 3 月 26 日粤海关《1876 年广州口岸贸易报告》："海关巡艇'前追'（CHIEN-JUI）号曾在黄埔下游被一艘商船撞沉，但又重行起航并很快恢复正常工作。"（《近代广州口岸经济社会概况——粤海关报告汇集》第 173 页）表明 1874 年碑文所记载的"前追"（CHIEN-JUI）号也是粤海关缉私巡艇。

虽尚未找到"飞龙"（FEI-LOONG）号和"蓝天"（NGNAN-TIEN）号与粤海关有关系的证据，但引人注目的是，上述船号之前均有 H.I.C.M. 英文缩写符号。"前追"（CHIEN-JUI）号之前有 H.I.C.M.S. 英文缩写符号，"利志"（LI-CHI）号之前也有 H.I.C.M.R.C. 英文缩写符号。此外，史密斯（H.S.Smith）著《沙面大事记》[Diary of Events and Progress on Shameen（1859~1938）] 一书也有 H.I.C.M. 英文缩写的记载，第 58 页云："约瑟夫·特恩纳（33 岁）。H.I.C.M.'蓬洲海'（Pong Chao Hai）号炮手，1876 年 8 月 29 日。""蓬洲海"号为粤海关税收巡洋舰。由此可推断，凡是 H.I.C.M. 的船只均是粤海关的船只，它们或执行税收任务，或执行缉私任务。因此，碑文中所见的"飞龙"号和"蓝天"号也应是执行税收或缉私任务的粤海关轮船。

蒙澳门新口岸码头海事经理 Augusto Lizardo 先生赐教，H.I.C.M.S. 是 His lmperial China Merchant ship（中华帝国商船）的缩写，H.I.C.M.R.C. 是 His Imperial China Merchant Revenue Customs（中华帝国商人税收海关）的缩写。这一发现表明，虽然粤海关税务司由洋人担任，粤海关大权由洋人控制，但是粤海关的主权性质未变，执行海关缉私和税收工作的船只均需挂上 H.I.C.M. 或 H.I.C.M.S. 或 H.I.C.M.S.S. 或 H.I.C.M.R.C. 的招牌，以表明是为大清王朝服务的。

又据近人研究指出："从正式委聘英人为海关总税务司，综理海关业务始，至光绪二十七年总理衙门改为外务部，海关在基本组织与隶属方面无甚改变，只有编制的扩大，人员的增加。"（赵淑敏《中国海关史》中华文化复兴运动推行委员会、"中央"文物供应社，台北，1982 年版，第 16~17 页）海关设总税务司，下设税课司等五个部门，税课司又分内班、外班和海班，海班即缉巡科。由此表明，这两块碑文所记的遇难者均为粤海关海班职员。

粤海关海班职员为何会在澳门及香港附近遇难，这同粤海关与香港、澳门之间的关系有关。

19 世纪 70 年代，由香港和澳门进入广州的路线是当时两条重要的贸易路线，澳门成了"一个几大类商品的非法贸易中心，并影响皇家的海关税收和其他税收。"（《近代广州口岸经济社会概况——粤海关报告汇集》第 82 页）于是在港澳附近设卡缉私和收税。"在 1868 年至 1871 年间，粤海关偕同广东省厘金局跟港英当局取得协议，先后在香港汲水门、九龙城、长洲、佛头洲等处设立关卡和海陆查缉队。"（何炳材《粤海关概述》，载《广州文史》第 46 辑，广东人民出版社 1994 年版）据 1873 年 1 月 31 日粤海关《1871~1872 年广州口岸贸易报告》云："围绕澳门周围的海关警戒圈最近已组成，货物偷漏税已降到最低程度。"（《近代广州口岸经济社会概况——粤海关报告汇集》第 82 页）1875 年 1 月 31 日粤海关《1874 年广州口岸贸易报告》又云："有 6 个分卡（按指汲水门、长洲、佛堂门、九龙、淡水、马骝洲）分别设在香港和澳门周围以征收鸦片税。"（《近代广州口岸经济社会概况——粤海关报告汇集》第 115~116 页）1877 年 3 月 26 日粤海关《1876 年广州口岸贸易报告》云："自从海关在澳门外沿马骝洲设立分卡，民船出入已不如过去容易。澳门也可经香山地区走西江航线，但由香港直接供应鸦片给西江，在长洲或汲水门纳税，似乎更好。"（《近代广州口岸经济社会概况——粤海关报告汇集》第146页）1879年3月3日粤海关《1878年广州口岸贸易报告》指出："从事海关查私工作的缉私艇在本关指挥下常年驻在靠近香港的虎头门（Fo-tou-men）、汲水门（Cap-suy-men）、长洲岛（Dung-chaw）和靠近澳门西南的马骝洲（Malin-Chow）。"（《近代广州口岸经济社会概况——粤海关报告汇集》第231页）由此可见，19世纪70年代，粤海关已在港澳附近设立了分卡，进行征税和缉私工作。正因如此，碑文中所记载的船只或在香港附近，或在澳门附近遇难。

综上所述，可知新发现的两块英文碑文所记载的遇难者是粤海关海班职员，是在香港和澳门附近从事税收或缉私工作时遭遇台风遇难的。碑文中所记载的船只或遇难船只前均有H.I.C.M.或H.I.C.M.R.C.等英文缩写符号。这些符号表明清朝海关虽然丧失了关税自主权和海关管理权，但其主权性质未变。

碑文进一步显示，这两次遇难者中既有洋员，也有大量的中国职员，洋员控制着轮船上的重要职位，如管驾官、上尉、管轮、舵手、大副等等，这实际上表明粤海关是在执行洋员和华员享受不同待遇制。

（原载《中国文物报》2002年7月24日第6版"版本金石工艺品"）

附记：

1. 广东省档案馆藏号494之二至563《加哩斯布格（Carishrooke）轮船案卷（英文）》提到："Parkhill先生及随同人员在（1875年6月14日）凌晨1点30分离开了加哩斯布格轮船（Carishrooke），返回'蓬洲海'号（Pêng Chaohai），主管海关官员。……签名：Edwin Francis collins。税收巡洋舰'蓬洲海'号（R.C.Pêng Chaohai）大副……最后，税收巡洋舰'蓬洲海'号（the revenue cruiser Pêng Chaohai）向加哩斯布格轮船（Carishrooke）开火。"（第470~479页）

2. 释文：

（1）IN MEMORY/OF THE/OFFICERS AND MEN/OF H.I.C.M.S VESSELS/FEI-LOONG, NGNAN-TIEN, AND COASTGUARD/SERVICE-BOAT NO.3, /WHO WERE DROWNED IN THE TYPHOON OF SEPTEMBER 22ND AND 23RD/1874, NEAR MACAO./WILLIAM TREZEVANT WRIGHT, COMMANDER；/DANIEL BROWN, LIEUTENANT；GEORGE BRUCR, ENGINEER；/OF H.I.C.M.S. "FEI-LOONG"/WILLIAM STUART, COMMANDER；RICHARD CONNOR, QUARTERMASTER, /EDWARD STANSFIELD, QUARTERMASTER, /OF H.I.C.M.S. "NGNAN-TIEN," AND/FRANCIS MEANEY, IN CHARGE OF GUARD-BOAT NO.3./ALSO, /IN MEMORY OF/HERBERT K.LANE, COMMANDER OF H.I.C.M.S.CHIEN-JUI, /WHO DIED SUDDENLY AT SEA ON NOVEMBER 5TH. 1874, AGED 29 YEARS./THIS TABLET IS ERECTED BY THEIR FRIENDS AND BROTHER OFFICERS，BY WHOM/THEIR LOSS IS DESERVEDLY LAMENTED./

译文：

悼念大清帝国海关巡舰船队"飞龙"号、"蓝天"号和海岸警卫队第3号服务船上的官员们和船员。他们于1874年9月22日和23日，在澳门附近一次台风中遇难，有大清帝国海关巡舰轮船"飞龙"号上的威廉·特雷泽威特·赖特，管驾官；丹尼尔·布朗，海军上尉；乔治·布鲁斯，管轮；大清帝国海关巡舰轮船"蓝天"号上的威廉·斯图尔特，管驾官；理查德·康纳，舵手；爱德华·斯坦菲尔德，舵手和主管第3号警戒艇的弗朗西斯·梅里。

悼念大清帝国海关巡舰轮船"前追"号上的赫伯特·K·莱恩。管驾官，他于1874年11月5日在海中突然死去，年仅29岁。

这块碑是由他们的朋友和同事官员所立。对他们的去世表示哀悼。

（2）IN MEMORY OF/THOMAS ALBERT GEORGE FRY/COMMANDER，AGED 26 YEARS/AND/ JAMES HUTCHINSON Mc LEISH/FIRST OFFICER，AGED 26 YEARS，/WHO WITH 20 CHINESE WERE DROWNED/AT SEA BY THE FOUNDERING OF H.I.C.M.R.C. "LI-CHI" /IN A TYPHOON ON THE 8TH OF OCTORER 1878./THIS TABLET WAS ERECTED BY THEIR/FRIENDS AND BROTHER OFFICERS/BY WHOM THEIR LOSS IS DEEPLY/LAMENTED/

译文：

悼念托马斯·艾伯特·乔治·弗里，管驾官，26岁，和詹姆斯·贺斯森·麦克利什，大副，26岁。他们和20位中国人于1878年10月8日的一次台风中，因大清帝国海关税收巡洋舰"利志"号的沉没而葬身大海。

这块碑是由他们的朋友和同事官员所立。对他们的去世表示深深的哀悼。

晚清广州"潮州八邑会馆"碑文考释

现坐落在广州长堤真光中学内的潮州八邑会馆，创建于清光绪二年（1876年），其后座和前座分别在1954年和1964年被改建为校舍；会馆头门前的一对石狮，也被移置广州起义烈士陵园东门侧[1]。1912年5月上旬，潮州旅省同乡会举行的孙中山先生欢迎会就是在潮州八邑会馆举行。孙中山先生在欢迎会上发表了重要演说，提出："惟鄙人今日对于我潮州诸父老昆弟深有希望者，即能有责任心，而不可生倚赖性。人人对于国家社会，当视为我个人与组织而成。凡国家社会之事，即我分内事。有时凡有益于国家社会之事，即牺牲一己之利益，为之而不惜，然后国家社会乃能日臻于进步。"[2] 长期以来，有关广州潮州八邑会馆的创建时间、会馆的范围、建筑布局和构造等问题均含糊不清，本文对此试作探究。此外，有关清代广州会馆的发展情况，本文亦作粗略介绍。

一、碑文录文

2005年下半年，广州市文物管理委员会向广州博物馆调拨了一批石碑，其中，有两块是反映广州潮州八邑会馆创建历史的碑文，一块是反映潮州八邑会馆全景分布线刻图——"潮州八邑会馆天盘全图"青石碑，另一块是"创建潮州八邑会馆捐赀姓字芳名"青石碑。这两块碑文为人们了解广州潮州八邑会馆的范围、建筑布局和结构等提供了重要的历史依据，至为重要。

第一块碑文为"创建潮州八邑会馆捐赀姓字芳名"。碑高185厘米，宽77厘米。碑文内容如下（图一）：

奕世流芳

创建潮州□邑会馆捐赀姓字芳名 /

林音利号捐二川银壹百元　新荣源号捐二川银壹百元　陈义和行捐二川银壹百元　沈义合行捐二川银壹百元　萧成美行捐二川银壹百元 / 李远声捐二川银壹百元　锦源号捐二川银壹百元　郑育德堂捐二川银壹百元　陈利和行捐二川银壹百元　郑瑞兴号捐二川银壹百元 / 沈圣举捐二川银壹百元　怡盛丰捐二川银壹百元　郑光裕堂捐二川银壹百元　吴敬合行捐二川银壹百元　郑启记号捐二川银壹百元 / 陈文丑捐二川银壹百元　郑逊斋捐二川银壹百元　郑丰泰号捐二川银壹百元　沈义发行捐二川银壹百元　李年丰捐二川银壹百元 / 黄仪祥捐二川银壹百元　陈源

兴号捐二川银壹百元　郑耀合当捐二川银壹百元　李广顺行捐二川银壹百元　吴同丰行捐二川银壹百元／黄礼仁捐二川银壹百元　王和记行捐二川银壹百元　郑锦盛号捐二川银壹百元　黄成发行捐二川银壹百元　李兴盛利捐二川银壹百元／吴信美号捐二川银壹百元　陈开合号捐二川银壹百元　萧顺利号捐二川银壹百元　萃春行捐二川银壹百元　李顺胜行捐二川银壹百元／许锦昌号捐二川银壹百元　陈富珍号捐二川银壹百元　连泰丰号捐二川银壹百元　恒裕行捐二川银壹百元　陈两合行捐二川银壹百元／林琴利号捐二川银壹百元　陈道生堂捐二川银壹百元　朱都巡捐二川银壹百元　翁定合号捐二川银壹百元　陈学利号捐二川银壹百元／池长兴号捐二川银壹百元　永万成栈捐二川银壹百元　许顺源捐二川银壹百元　李朝金捐二川银壹百元　萧通泉行捐二川银壹百元／林敬余堂捐二川银壹百元　黄和合号捐二川银壹百元　林舜山捐二川银壹百元　黄昇合号捐二川银壹百元　林振兴顺捐二川银壹百元／李少溪捐二川银壹百元　许成茂号捐二川银壹百元　姚隆顺捐二川银壹百元　陈仁泰号捐二川银壹百元　李乾兴号捐二川银壹百元／陈书合捐二川银壹百元　蔡顺源号捐二川银壹百元　陈协成捐二川银壹百元　罗雍肃捐二川银壹百元　萧永德隆捐二川银壹百元／林英俊捐二

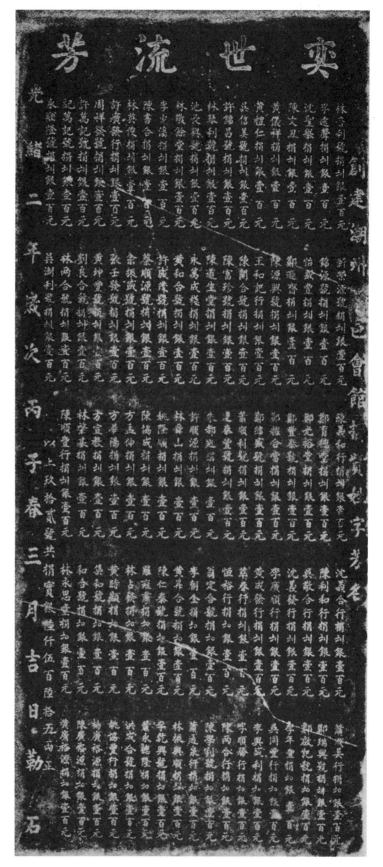

图一

川银壹百元　佘振盛号捐二川银壹百元　方孟伸捐二川银壹百元　林占发捐二川银壹百元　洪成合号捐二川银壹百元／许广发行捐二川银壹百元　张壬发号捐二川银壹百元　方华阳捐二川银壹百元　黄时显捐二川银壹百元　姚协丰行捐二川银壹百元／周祥发号捐二川银壹百元　黄坤丰号捐二川银壹百元　方宣教捐二川银壹百元　集和号捐二川银壹百元　杨广裕源捐二川银壹百元／许万记号捐二川银壹百元　刘良合号捐二川银壹百元　林肇基捐二川银壹百元　和合号捐二川银壹百元　陈广裕源捐二川银壹百元／纪万记号捐二川银壹百元　林两合号捐二川银壹百元　陈顺丰行捐二川银壹百元　林永思堂捐二川银壹百元　黄广裕源捐二川银壹百元／永顺隆号捐二川银壹百元　吴潮利号捐二川银壹百元　以上玖拾贰号共捐实银陆仟伍百陆拾五两正／

光绪二年岁次丙子春三月吉日勒石／

据碑文记载，广州潮州八邑会馆创建于光绪二年（1876年），在这次创建中，共有92家商行、堂号和个人捐实银6565两正。这里值得注意的是，92家商行、堂号和个人当中，每一位所捐银数均为二川银壹百元，表明大家的地位是平等的。承蒙香港中文大学历史系丁新豹博士厚爱，将他收集到的1948年11月12日印行《潮州八邑会馆聚和堂产业整理报告书》拍成照片惠赠予我。这份《报告书》共有19页，另有封面1页，内容包括六个部分：弁言、整理概述、处理委员会工作报告、整理结果、"潮州八邑会馆聚和堂管有：河南福潮庙前原有铺屋及空地被拆为鱼市场旧址略图"和省港双方协定原文。在詹朝阳撰写的《弁言》里记载道："有清末叶乡先达方军门照轩先生等于广州市倡建潮州八邑会馆，以为旅省乡人聚会之所，为维持久远增进福利计，购置尝业至多，所有铺屋田园详细管理章则，勒诸琐珉，树之馆内，迄今七十余年，遵守弗替，诉合无间。"在《整理概述》中又记载："广州市潮州八邑会馆为前清末叶乡先达丁中丞雨生、方军门照轩、卓军门杰士暨省港巨商所倡建者，经之营之，历时五载，始告完成，并置尝业，订立章程，以垂久远，迄今七十余年。"可知，广州潮州八邑会馆是由丁雨生、方照轩、卓杰士暨省港巨商等倡建的，修建目的是为旅省乡人聚会之所。从《弁言》《整理概述》记录的"迄今七十余年"推算，上述碑文所记广州潮州八邑会馆创建于光绪二年（1876年）是可信的。

第二块碑文为"潮州八邑会馆天盘全图"，碑高188厘米，宽83.5厘米，厚5厘米。碑文主体内容是为由端州（今肇庆）人马浚泉绘制线刻的潮州八邑会馆天盘图，绘刻的是潮州八邑会馆平面示意图，同时碑文的右上角刻有6行文字及标题1行，详细地介绍了会馆的方位（图二）。

潮州八邑会馆天盘全图

本会馆坐壬向丙，兼子午三分，缝针丁亥丁巳，坐危宿十一／度，中向张宿十三度，末后进天井放乙□，挨亢宿六七度，／直流出二进前檐过堂，然后会归于□位。二进天井放庚／水，挨毕宿七八度，由庚位再转过左旋，然后会归于巽位，／首进天堂放坤水，挨井宿五六度，由后檐水出到头门外，右／旋过堂，然后会归坤位，入海。端州马浚泉绘刻。／

虽然该块碑文没有写明绘刻的具体时间，但从第一块碑文刻写时间，我们可以推测应为同一时间即光绪二年（1876年）刻石。从上面的论述中我们可以判断传统说法"潮州八邑会馆始建于同治十三年（1874年）"[3]有误。

从前引《天盘全图》可以看出，会馆背靠清代广州城新城墙，面向珠江；珠江南岸为河南，沿江边建有房屋，以榕树相间。会馆东南角、珠江上为海珠岛，岛上种满榕树，建有海珠炮台及房屋，还绘刻有一艘汽艇正在炮台前经过。这些为我们了解当年海珠炮台的形制提供了生动形象的图像资料。

从《天盘全图》还可了解会馆的总体构造。会馆布局几为长方形，以中轴线上的建筑为主体建筑，进深三进。中轴线上的建筑，从南往北分别是：珠江北岸边三座四柱冲天式牌坊、头门、拜亭、天后殿、戏台及南珠殿（二帝殿）。头门前辟有宽阔的庭院，头门面宽三间，西间为库房，东间为账房，头门大门上刻有"潮州八邑会馆"横匾，左右两侧分别刻有一对门联："湄岛毓祥沧瀛锡福，金山敦谊珠海荐馨"。头门、天后殿为锅耳封火山墙，南珠堂为硬山顶封火山墙。从该图我们可以看出，现存广州真光中学内修复后的小礼堂（即天后殿）为硬山顶封火山墙的形制是不符合历史原貌的。

会馆东、西两边以厅、廊、房围合，每座单体建筑又以青云巷隔开。东边的建筑从南往北有：化（华）光庙、景橡祠、聚和堂（长生、禄位庵）、东闸、住居、房、东廊厅、东客厅及东廊，西边的建筑从南往北有：石头马头、住居、西闸、住居、房、西廊厅、小厨房、西客厅、小南厅、西廊、西办房、大厨房。会馆西边靠石公祠，即祀清康熙三十五年任广东总督石琳的祠堂。会馆里还有两口水井，位于会馆的西边和西北角，即小厨房和大厨房的北边。小厕所则设在会

图二

馆的东南角，显示当时人很懂得讲究卫生。

据历史记载，广州"每岁九月华光神诞"。[4] 华光是民间传说中的南帝，是掌管火之神。因此，忌火的戏行艺人均奉华光大帝为祖师并视作保护神，以祈福消灾。而会馆里的戏台为四角亭，坐北向南。这些为我们了解晚清广州戏台的构造及戏行艺人的祭祀活动提供了生动的图像资料。

我们在1934年2月广州市政府编辑、培英印务局印制的《广州指南》一书第五章"公共事业·会馆一览表"里看到广州长堤还有"潮州八钦（笔者按：应为当年印刷错误，应为'邑'字）会馆"，到1948年10月天南出版社出版的《广州大观》第六编"广州的社团·会馆一览"里，依然看到广州长堤有"朝（笔者按：应为当年印刷错误，是为'潮'字）州会馆"，表明广州潮州八邑会馆一直活动到20世纪40年代末。当我们今天重访此地时，依然能感受到当年会馆的一些历史气息：东边的华光庙道、西边的石公祠巷，均以街巷之名保存了当年的历史韵味，而石公祠巷东边的一栋栋古建筑的墙上，随处可见刻"潮州聚和堂尝业""潮州聚和堂墙界"等字的麻石。那么"潮州聚和堂尝业"又该如何解释？

二、"潮州聚和堂尝业"试释

在广州石公祠巷东边一栋栋古建筑的墙上，随处可见刻"潮州聚和堂尝业""潮州聚和堂墙界"等字的麻石。时过境迁，广州潮州八邑会馆"潮州聚和堂尝业"却不为人所知。所幸的是，在上述1948年11月12日印行的《潮州八邑会馆聚和堂产业整理报告书》中详细地记录了潮州八邑会馆聚和堂产业整理情况和潮州聚和堂尝业的分布及出租情况。该份报告书中《整理概述》一节有如下记载：

顾自抗战军兴以后，广州沦陷，管理失常。复员后，留省同乡金以潮州八邑会馆聚和堂产业有整理之必要，乃于民国卅五年十月间由八邑旅穗各界仕绅在会馆举行大会，推林光耀、萧锡三、罗培友、徐树屏、张竞生、黄锡雄、方棣棠为主席团，议决组织潮州八邑会馆聚和堂产业整理委员会，公选徐树屏、萧锡三、林光耀、陈玉潜、詹朝阳、方德明、张凌云、陈述经、黄荣、罗培友、柯式予、沈合群、孙家哲、方展程、黄精灵、张竞生、方剑秋、方棣棠、郑守仁、郑国智等廿一人为整理委员，并推举詹朝阳、陈述经、孙家哲、萧锡三、林光耀五同乡为常务委员，聘刘侯武、萧吉珊、方瑞麟、陈述、陈勉吾、陈绍贤、吴逸志、陈子昭、林子丰、陈庸斋、林厚德、马泽民、翁照垣、周志刚、李孔德、陈孝廉等为顾问，邝国智为律师，进行整理，而港方值理引用馆章，提出异议，停止进行。嗣经香港潮州商会会长马泽民先生等来省疏解，订立条约五项，并为加强整理起见，增加港方乾泰隆、荣丰隆、振南行、万裕发、丰昌顺、利丰亨、永丰祥、隆兴栈、振大兴、富珍斋等十一家为整理委员，连省城所推出者共三十二人，后常务委员等为迅赴事功计，乃将处理组改为处理委员会，推林光耀、罗培友为正副主任委员，黄步高、蔡义轫、黄友德为处理委员，负责进行处理。嗣林光耀先生辞职，推黄步高继之，仍积极进行。未及一月，港方值理复托邝律师于卅六年十一月十九日在广州市大光报登紧急通告，有所声明，于是省港纠纷复起，幸同乡贤达方书彪、方泽群、潘骏、郑守仁、萧锡三诸先生赴港调解，双方误会遂告冰释，于卅六年十二月十八日重新订定合作管理原则七项，双方签字后，由双方律师撤销控诉，并通知佃户依照整理委员会决定办法交租，自是以后省港双方融洽，港方并推派全权代表许观之来省共同进行。卅七年元月十八日召开整理委员会议，改组处理委员会，乃推黄步高、林任民、许观之三人为常务委员，罗培友、蔡义轫、郑守仁、许国荃、潘骏、张凌云为委员，协力进行，至本年六月底处理工作结束，并将整理结果统计列表报告整委会。在卷计自开始整理至于处理结束，费时十八阅月。

通过上述调查整理，1948 年广州潮州八邑会馆"聚和堂"有如下尝业并出租：

尝业：长堤 356 号，租户：昌华汽水公司；尝业：长堤 352 号，租户：宝华；

尝业：长堤 350 号，租户：七妙斋；尝业：长堤 350 号，租户：宝记；

尝业：长堤 346 号，租户：大芳；尝业：长堤 346 号，租户：三民学旅；

尝业：上横街 1 号，租户：黄芳谷；尝业：上横街 2 号，租户：陈良士；

尝业：石公祠直街 8 号，租户：叶春光；尝业：石公祠直街 17 号，租户：陈少棠；

尝业：义安里 1 号，租户：霍黄氏；尝业：义安里 2 号，租户：张高洁英；

尝业：义安里 3 号，租户：郑事源；尝业：义安里 4 号，租户：方国华；

尝业：义安里 5 号，租户：何苏；尝业：义安里 6 号，租户：汤南；

尝业：义安里 7 号，租户：周炳；尝业：义安里 8 号，租户：张华生；

尝业：义安里 9 号，租户：沈杨氏；尝业：义安里 10 号，租户：潘盛之；

尝业：义安里 11 号，租户：刘泽；尝业：义安里 12 号，租户：胡珠；

尝业：义安里 13 号，租户：陈柏林；尝业：义安里 14 号，租户：何德；

尝业：义安里 15 号，租户：欧阳略；尝业：义安里 16 号，租户：黄章；

尝业：义安祠道 1 号，租户：周修仁；尝业：义安祠道 2 号，租户：张嫣养；

尝业：义安祠道 3 号，租户：杨维汉；尝业：义安祠道 4 号，租户：赵昌；

尝业：义安祠道 6 号，租户：周永裕；尝业：义安祠道 8 号，租户：张昌福；

尝业：义安祠道 10 号，租户：刘六；尝业：盐亭西街 11 号，租户：朱寿屏；

尝业：盐亭西街 15 号，租户：永隆兴；尝业：盐亭西街 19 号，租户：益泰隆；

尝业：盐亭西街 22 号，租户：广济安；尝业：水月宫后街，租户：蔡锦记；

尝业：迎珠街 44 号，租户：伍海记；尝业：濠畔街 386 号，租户：孔金芳；

尝业：濠畔街 388 号，租户：温蔚；尝业：大德路 429 号，租户：伦启煜；

尝业：同号后进，租户：黄孔初；尝业：河南霖田庙二号，租户：赵金；

尝业：佛山庆宁路 5 号，租户：准绳公司；尝业：佛山庆宁路 7 号，租户：余礼平；

尝业：佛山庆宁路 9 号，租户：梁聪；

尝业：大东门外金鸡塘（计菜地 3.3 亩及鱼池一口约 9 分），租户：黄卿；

尝业：沙河清水塘八邑义山（全山面积 267 亩，耕地约 27 亩），租户：丁顺金；

尝业：河南南华东路鱼市场（原有房共廿五间及空地一片，现拆改建为鱼市场，正待交涉领回中）。

可以想像，当年广州潮州八邑会馆的规模比较大，其尝业比较多。

三、清代以来广州会馆发展情况

自明清以来，广州社会经济得到了长足的发展，尤其是1757年清政府规定广州为全国唯一通商口岸以来，广州的经济更是进入了封建时代的繁荣鼎盛时期，前来广州做生意和从事各种行业的外地人日益增多，与此同时，以地域和行业为主的各类会馆应运而生，会馆的数量不断增加。如1934年2月广州市政府编辑、培英印务局印制的《广州指南》一书第五章"公共事业·会馆一览表"记载，当年的广州共有18家会馆，如有：

全粤武溪书院董事会（惠福路）、钦廉会馆（南关二马路）、湄州会馆（下九甫）、云南会馆（大新街元锡巷）、肇庆会馆（南关大马路）、杭嘉湖会馆（德宣街粤秀街）、金陵会馆（濠畔街）、福属会馆（大塘街六七号）、樟州会馆（晏公街）、潮州八钦会馆（长堤）、惠州会馆（粤秀南路）、云浮会馆（七株路）、新安会馆（濠畔街）、四川会馆（清水濠）、西湖会馆（清水濠）、嘉属会馆（五仙门外）、宁波会馆（桨栏街）、增城会馆（景庆街三号）

到1948年10月，根据天南出版社出版的廖淑伦主编《广州大观》第六编"广州的社团·会馆一览"里记载，广州的会馆数上升到24家，她们是：

云南会馆（一德路）、四川会馆（清水濠）、湖南会馆（海珠南路）、广西会馆（大德西路）、四湖会馆（清水濠）、福建会馆（三府前）、江西会馆（卖麻街一〇〇号）、杭嘉湖会馆（粤秀街）、宁波会馆（桨栏路一一〇号）、金陵会馆（濠畔街）、上杭会馆（第八甫水脚）、潮州会馆（长堤爱群侧）、罗阳会馆（南堤七六号）、惠州会馆（越秀南路）、高州会馆（万福路一五四号）、樟州会馆（晏公街）、湄州会馆（下九路）、钦廉会馆（南堤二马路）、鹤山会馆（上九路）、云浮会馆（七株榕四号）、四会会馆（十六甫东街二号）、和平会馆（珠光路和平桥）、增城会馆（景庆街三号）、新安会馆（濠畔街）。

这些会馆主要是分布在广州城南靠近珠江边。由于清代以来广州的货物运输主要是走水路，交通工具主要是轮船，因而广州的会馆主要是设在商业繁荣的广州城南靠近珠江边一带。

从前引"潮州八邑会馆天盘全图"来看，会馆里的设施十分齐全，俨然一个大家庭，这里既备有日常生活所需的厨房、客房、卫生间等设施，又备有供娱乐祭祀等用的戏台、华光庙、景橡祠、聚和堂（长生、禄位庵）等场所。因资料匮乏，我们无法清楚广州"潮州八邑会馆"建立初期的运作情况及其功能，但我们从广州其它会馆的材料中可以推断出当年广州会馆的一些基本功能。首先，会馆是同行之间和身居他乡来自同一地域的人们为了联络感情的一处精神园地。比如广州的梨园会馆，据我馆所藏清乾隆五十六年（1791）立《重建梨园会馆碑记》记载：

自（乾隆）五十四年十月各班众等始议增建楼阁奉祀华光圣母、北斗星君，又建武帝正殿，使我等梨园同人入庙知义，羊城永聚手足之情；履殿思忠，珠海长盟腹心之谊。至五十五年四月杯卜兴工，增建楼台殿阁，画栋雕梁，神威愈肃，庙貌增辉。工料估值计费千金，非一木可能支也。公议缘首萧臣选、李云山、鲁国聘、程声远、黄联芳、程赞同持部沿签，各班众信随愿乐助，至五十六年三月告竣。

其次，会馆里有严格的管理制度，是同行同乡互助的场所，"一人有难，八方支援"。比如广州的财神会，据我馆所藏清道光三年（1823 年）七月财神会众等住持僧循圣仝立《财神会碑记》记载：

天下世间，无不藉神为主。神安则人乐，人以财为生也。本会馆原有福德财神，历年已久，凡在同行，无不沾恩护福，叨庇平安。今于道光四年，焕然新之。凡各项用费，会中诸友，踊跃签题，各解悭囊，多寡不吝，共成美举，亦曰神力默助，以免后咎。神人共庆，福有攸归。是以立碑，永垂不朽。是为序。

——议但有本行朋友来粤，若搭那班，限半月上会。见十扣问，班主实问。

——议但有本行红白喜事，送花银众公议。再者，本行有年老身衰，不能做班，□议。

——议以五年为上，或归家远近不一，本会再议以为路费。

——议本会之银，以四季头人管理，倘有失误，头人是问。

——议本会之银，以照典行息，倘有私图利息，查出重罚。

——议但有人借银会，齐□友，方可借出，若无到齐，不得私借。

——议本会不得借银，倘有私借，查出重罚。

——议银府交大师管理，锁匙头人管理。

又如长庚会，据我馆藏清道光十七年（1837 年）立《长庚会碑记》记载：

长庚会重整规条开列于左：

——议长庚会人接班以一年为期，如班主开发不用，其工银照一年算足。如自己未满辞班，其工银亦照一年倍还，方许搭别班，倘不遵班规，恣意妄为，邀至上公议。

——议新来场面做班者，上会底银二员，身工银一月交清，方许进班。

——议新来八音做班者，上会银四员，酒席银十元。

——议自此之后，新收徒弟上会底银二员，身工银一个月。

——议会内年老之人，实不能做班者，投会上议过确实，即帮盘费银四员。如再来做班，照新上会例。

——议倘有孤贫身故无靠者，会上帮银四员，所故之人，恐有遗下衣箱银钱杂物，无亲人可领，报知会内，众人点明登记号部，以待亲人到领。倘系孤人，即将此项交会馆主持收贮，以为挂扫香灯之费。

再次，会馆为了发展好，还积极进行筹款，或置办产业出租。如广州的福建会馆，据我馆所藏《福建会馆建置祀业碑记》记载：

一、道光十五年当官承买区姓入官铺屋一间，坐在省城油栏门外迎祥街，坐南向北，深五大进，头二三进阔十五桁，第四进阔十三桁，第五进阔十二桁，价银壹千捌／百两，给照存据，现批与昆兴号开张京菜海味店生理，每年租银壹百柒拾肆两正。／

一、道光十五年当官承买区姓入官铺屋一间，坐在省城油栏门外迎祥街，坐南向北，深二进，阔俱十一桁，价银肆百捌拾两，给照存据，现批与阜隆号开张海味店生／理，每年租银柒拾两正。／

一、道光十五年当官承买区姓入官铺屋一间，坐在省城油栏门外迎祥街，坐南向北，深一进半，阔俱十三桁，价银叁百陆拾两，给照存据，现批与恒和号开张银店生理，每年租银陆拾两正。／

一、道光二十四年买受潘昆山铺一间，坐在省城西门外第七甫中约，坐东向西，深五大进，阔一七桁，前后通街，左右以墙心为界，红白正契三纸，价银壹千贰百五十／五两，现批与二和堂开张药材店生理，每年租银壹百两正。／

一、道光二十四年买受朱赵氏铺一间，坐在省城太平门外第八甫，坐东向西，深三大进，阔十九桁，前至官街，后至墙心，左为忠兴店，右至贞昌店，俱以墙心为界，红白／正契共四纸，价银玖百两，现批与同顺号花轿店生理，每年租银柒拾两正。／

一、道光二十四年买受曾致用铺一间，坐落省城太平门外桨栏街中约，坐南向北，深二大进，阔廿一桁，前至官街，后至墙心，左至协和店，右至文和店，俱以墙心为界，／红白正契二纸，价银壹千叁百五拾两，现批与泰源号开张燕窝店生理，每年租银柒两正。／

一、道光二十五年买受吕肇基房屋一间，坐在新城内元锡巷丹桂坊尾，坐北向南，深二进半，阔十九桁，前至本会馆后门，左至罗宅墙心，右至本会馆，后至杨宅墙心／为界，红白正契三纸，价银肆百肆拾两正，此屋因侵入本会馆东北隅，故与承以俟起盖完正。／

一、道光二十年买受李启祥铺面地一段，坐在新城内广粮厅街，坐南向北，排钱尺深三尺，阔一丈二尺三寸，价银壹百贰拾两，此铺与本会馆轿厅对门，因街道狭窄，／未便舆马往来，是以向买将铺面撤入三尺，以宽街道。／

以上柒间并地壹段，共价银陆千柒百零五两正，岁收租银伍百肆拾肆两正，后有扩充，续载于左：／

道光三十年买受何贤翰铺一间，坐在太平门内状元坊，坐南向北，深五大进，头二进，阔俱十五桁，头进二进，带小楼二座，三四进，阔俱二十七桁，第四进阔十三桁，第五进阔十二桁，价银壹千捌／百两，给照存据，现批与昆兴号开张京菜海味店生理，每年租银壹百柒拾肆两正。／

从前引广州潮州八邑会馆"聚和堂"尝业出租情况，也可见广州潮州八邑会馆通过出租尝业来维持会馆的运转和发展。

通过对以上广州现存两方"潮州八邑会馆"碑文的考释，我们看到广州因经济发达，吸引了全国各地和各行业的人前来广州经商和从业，而会馆的兴建，正是他们寻找归宿、寻找帮助、人数增多的表现。会馆成为同乡同行之间互助互爱、增进友谊、化解矛盾、增强社会凝聚力的一处精神家园。

注释：

[1] 广州市文化局等编《广州文物志》，广州：广州出版社，2000 年 12 月第 1 版，第 127 页。

[2]《孙中山全集》第二卷（1912），北京：中华书局，1982 年 7 月第 1 版，第 361~362 页。

[3] 广州市文化局等编《广州文物志》，广州：广州出版社，2000 年 12 月第 1 版，第 127 页。

[4] 黄佛颐撰，钟文点校《广州城坊志》，广州：暨南大学出版社，1994 年 12 月第 1 版，第 113 页。

（原载《广州博物馆建馆八十周年文集》，文物出版社，2009 年 5 月第 1 版，第 85~93 页）

百年前广九铁路奠基石

　　1999 年，广州博物馆从广九铁路广州火车站大楼西南角征集到百年前广九铁路奠基石一方（图）。麻石质，高 107，宽 47.9，厚 64 厘米，正面竖刻楷书两行："大清宣统元年岁在己酉闰二月穀旦／钦命两广总督部堂张为广九铁路立"。侧面刻英文数行，但被水泥涂抹覆盖，难以释读，仅能辨识右下角的 "Purnell & Paget" 等字。按宣统元年为 1909 年，两广总督部堂张为张人骏；"Purnell" 是指澳大利亚建筑师 Arthur William Purnell（亚瑟·威廉·帕内），"Paget" 是指美国建筑师 Chales Paget（查尔斯·伯捷），二人于 1904 年在广州沙面开办治平洋行，承接各类建筑设计及工程施工。表明此时正是广九铁路兴筑之时，车站大楼为两位外国建筑师设计。

图

　　铁路为工业革命的产物。清同治季年，直隶总督李鸿章数陈铁路之利。光绪三年修筑唐山胥各庄铁路，此为我国自筑铁路之始。此后，外国列强为了加紧对我国的侵略，纷纷要求修筑铁路。光绪二十四年，英侵略者向清政府要求修筑五条铁路，其中一条就是广九铁路，次年中英双方就广九铁路签订了草约，但悬而未定（《清史稿》卷 149《交通志一》）。至光绪三十三年（1907 年）正月 23 日双方签押，3 月设办事公所，7 月由英总工程师格鲁扶开始测量，历时 8 个月而竣工。建筑工程分三段进行，深圳以南为英租界地，由英方修，中英两段中隔深圳河一道，时议定筑一铁桥渡河，北岸桥墩由清政府修，南岸桥墩及桥梁由英方修。全线历四年而成，宣统二年 11 月初 5 日广州至石龙镇段通车，次年 3 月 26 日石龙镇至深圳段通车，宣统三年 8 月 13 日深圳至九龙段通车。

　　广九铁路的修筑为近代广东地区走向近代化起了重要的作用。这块奠基石就是当时历史的重要见证。

（原载《中国文物报》2000 年 9 月 24 日第 4 版）

抗战前广州无线电总台发报台奠基石

1999 年，广州博物馆征集到一块立于 1935 年 11 月 1 日的广州无线电总台发报台奠基石，麻石，高 92，宽 61.5，厚 9~15 厘米，正面竖刻正书 5 行："中华民国二十四年 / 十一月一日 / 交通部广州无线电 / 总台发报台奠基 / 黎宝贤立石 /"。

据考，清同治十三年，两江总督沈葆桢疏言电报之利，不果行。光绪五年，直隶总督李鸿章始于大沽、北塘海口炮台设线达天津，试行之而利；次年始有安设南北洋电报之请（《清史稿》卷 151《交通三》）。光绪三十一年（1905 年）七月规定，未领执照者不准私立无线电台（《光绪朝东华录》）。1914 年，交通部在广州设电台一部，且以此成立广州海岸无线电局，专门收发船舶无线电报。1927 年后，无线电报由交通部与建设委员会分别办理，但时起纠纷。1929 年，国民政府建设委员会在广州西濠口太平南路嘉南路（今人民南路 13 号）楼下设广州无线电管理局，安装短波无线电台收发公众电报；交通部亦在广州电报局内安装短波无线电台。同年 8 月，建设

图一

委员会在各地安装的无线电台始移归交通部管理，广州电报局的无线电台与原无线电管理局的电台合并，成立直属交通部的无线电总台，台址仍设在嘉南堂。1930 年，总台迁往沙基（今六二三路）。由此可知交通部广州无线电总台成立于 1929 年 8 月，六年后增设发报台。

清末以来，随着铁路、银行、自来水、保险业、电力等一批近代工业企业落地广州，广州近代化的步伐获得快速发展，而电信业的兴起和发展对广州走向近代化无疑起着推波助澜的作用。这块"广州无线电总台发报台奠基石"成为这段历史的一件重要见证物。

六、古物

广州也有"清明上河图"

——从化发现的木雕"珠江江城图"，是最早描绘广州珠江北岸风情的图画

当广州番禺人将北宋张择端的名作《清明上河图》制成世界最大的浮雕瓷壁画（获世界吉尼斯纪录）安装在番禺宝墨园里时，广州从化人却在一处明清古村落中发现了一幅广州版的"清明上河图"。

它是去年在从化市太平镇钱岗村一座棚厅里征集到的一块清代封檐板，长8.6米、宽28厘米、厚3.5厘米，樟木，上有木刻"广州珠江江城图"（见图）。据文物专家称，此件价值极高，为广州市目前仅见的一块，也是最早的一块描绘广州珠江北岸风情的图画，其画法为我国散点透视法，与那些受西洋画法影响的外销画有别。

这块刻有"广州珠江江城图"的木雕封檐板具体作于何时，可以作为珠江北江风情考据的一份佐证，因此不少热心人开始了木刻图年代考证。据从化市太平镇这处明清古村落所藏的《重修围墙棚厅

广州珠江江城图

碑记》云，乡的围墙始设于大明天启乙丑岁（1625 年），至道光五年（1825 年）又进行了一次重修；与此同时，对棚厅也进行了重修，但如何重修，碑文未作详细交代。从碑文，我们仅知道，该村应建于明朝。我们所见的这块木雕封檐板原在该村的一座棚厅里，这就表明这块木雕封檐板制作的最晚时间应是清代道光五年。

当我们细细地观摩这块木雕封檐板中的画面内容，却发现，它的制作年代应该是更早些的清雍正至乾隆年间。

在这幅江城图中，我们从左至右可以看到西炮台、归德城门、花塔、光塔、五层楼、海珠炮台、天字码头、东炮台、琶洲塔等广州常见的一些景物，而商馆区却绘在海珠炮台与天字码头之间，这就显示这幅图应作于广州城西的"十三夷馆"（商馆区）修建之前。封檐板中的商馆区描绘了一些中西合璧的建筑，一些洋人在回廊上来回走动，建筑物前有 3 根笔直的旗杆。乾嘉之际的诗人乐钧在《岭南乐府·十三行》中写道："粤东十三家洋行，家家金珠论斗量。楼阑粉白旗竿长，楼窗悬镜望重洋。"所谓"楼阑粉白旗竿长"，即馆前各树一帜，标明国籍。根据我们掌握的资料来看，如果将这幅江城图的制作年代定在道光五年，那么有悖于历史事实，因为：第一，在一件制作于约 1733 年的汤盘上，沿边以墨彩绘了两帧相同的广州珠江下游景色，岸上可见早期的商行，其时仍未见有西式建筑出现。在另一件制作于约 1785 年的水果酒碗上，外壁饰以广州商馆近景，描绘细致，由左至右的旗帜分别为荷兰、法国（白色）、奥地利、瑞典、英国及丹麦，商馆外边设有围栏，在河畔置有关闸。还有一幅反映珠江沿岸的图，是收藏在美国皮博迪艾塞克斯博物馆的一幅象牙雕刻《广州城一览图》，约作于 1750 年至 1800 年，图上已有商馆区，设在广州城西。在一幅更早期的图画中（约 1669 年后），商馆区设在归德门以东，珠江北岸。这就表明这幅江城图的制作年代在雍正十一年以后至嘉庆五年间（1733 年—1800 年）。第二，据梁嘉彬《广东十三行考》一书云："外人抵步后，即须迳入居夷馆，盖乾隆以前，外人颇有自赁民房，或就已倒闭之洋行加以改造纳租居住者；其后定制愈严，除赁居行商所建夷馆外，不许私赁民房，而一切行动，遂完全受行商约束。"表明乾隆后已有固定的夷馆。乾隆 22 年（1757 年）下令广州为唯一对外通商口岸。由此可进一步确论，这幅江城图的制作年代应在清代雍乾年间。

从图中我们还看到，珠江上有各式船只 27 艘在珠江上来来往往，但无一只洋船，这反映作画的季节应在贸易淡季，即外国人已乘东北季风回国的时候，这个季节正是每年的 12 月至次年的 6、7 月。从图中我们还可看到，有些人穿着较厚的衣裳，还有一位戴着遮雨帽坐在江边钓鱼，而且许多船都是有篷盖的，这些情况显示是在广州雨季的清明前后。由此我们也可称这幅图是清代广州的"清明上河图"。

（原刊《羊城晚报》2001 年 12 月 8 日 B5 版"晚会"）

珠江江城风情历史画卷考

　　2000 年，广州市第三次文物普查工作人员在广州市区以北 70 余里的从化市太平镇，发现一座有名的明清古村落。她就是荣获 2003 年度联合国教科文组织亚太地区文化遗产保护杰出项目奖第一名的广裕祠的所在地——"钱岗古村"。著名考古学家、广州博物馆名誉馆长麦英豪先生又在该村落的西向更屋内发现了一块珍贵的木雕"珠江江城风情图"封檐板。这块封檐板是用长马钉钉在西向更屋的屋檐下，既能保护桷头不朽，又起到了装饰作用。由于这块封檐板有着特殊的历史和艺术价值，为了更好地保护这件"裸露野外"的古代珍贵木雕艺术品，广州市文物管理委员会、广州市文化局和从化市委、市人民政府几经磋商，并在时任从化市委书记陈建华同志的大力支持下，决定将其运到广州博物馆保藏，并按原样复制装回原处。同年底，广州博物馆在广州市文化局的指示下，并在当地村干部的帮助下，妥善安全地将这块清代广州木雕"珠江江城风情图"封檐板运回了广州，入广州博物馆永久收藏和研究。

　　这块封檐板，总长 8.6 米，宽 28 厘米，厚 3.5 厘米，由三段组成，樟木。雕刻手法主要是浮雕，兼有镂空雕。在岭南，木构建筑中"常有雕花封檐板""雕作有浮雕和通雕两种，内容是飞鸟花草之属。"[1] 而从化发现的这块封檐板详细描绘广州珠江江城风情的，极为难得。封檐板何时开始出现在岭南古木构建筑中，史无详载，但从现存遗存下来的古建筑的情况来看，至少从明朝开始已有使用封檐板了，比如始建于宋皇祐四年且历代有重修的广州仁威庙和佛山祖庙就有使用封檐板。从封檐板表面残存的朱漆可以看出当年的封檐板是在表面涂过油漆的，其目的是用来防止木料腐朽。这种方法是我国发现最早的一种木材防腐方法。

　　从化建县于明朝弘治二年，据清朝郭遇熙等纂《从化县志·新绘县总图说》（清康熙四十九年修、清宣统元年重刊、民国十九年铅印本）记载：

　　　　从化开县，始自前明弘治二年，割番禺上游一部而成县，初建城于杨五都横潭村（其地今属花县），旋以巨寇姚观福等，啸聚于十八山，当道以县城距贼巢远，难资控制，建议迁城于马场田，以便就近控驭。布政使刘大夏复按视其地，以为适宜，请徙之，议遂决。……查我邑地势，由南至北，形纵而长，由东至西，形横而狭，壤地虽褊少而山川灵秀，自古见称。[2]

　　是知从化县城初建在杨五都横潭村，后迁于马场田。

这块刻有"广州珠江江城风情图"的清代木雕封檐板作于何时？这是我们首先要弄清楚的问题。

据从化市太平镇钱岗村这处明清古村落东向更屋所藏一块立于清朝道光五年（公元1825年）四月吉日的《重修围墙棚厅碑记》记载：

> 粤通乡围墙之设，始自大明天启皇乙丑岁。建筑固所以防盗寇，亦用以作风水。迄至于今，向内围墙渐皆颓圮，但乐勿忘危。虽云两朝太平数百余年，而思患预防之念，何可一日不廑诸怀。然曩者圮墙阔厚，余地狭窄，众议闸楼至棚厅之围墙，用砖砌，复广其余地，以壮一向之观瞻。由是众皆踊跃乐捐。夫卜吉始自甲申上元，而工竣成甲申仲夏。此岂非土神之默助者乎？

按大明天启皇乙丑岁即公元1625年。从碑文所记可知，粤通乡的围墙从公元1625年开始设置，设置时为泥墙，修筑的目的是为了防盗寇，也是风水的需要，到清朝道光五年即公元1825年，由于围墙已颓圮，又进行了一次重修，改用砖墙；与此同时，此次对棚厅进行了重修，但对闸楼、棚厅以及封檐板的情况，碑文均未作详细交代，因此，道光五年的闸楼、棚厅应为原来的建筑，未作修改。

当我们步入钱岗古村落时，依然可以看到钱岗村残存的围墙遗迹。明末清初之际，围墙之设在从化一带很普及。清郭遇熙等纂《从化县志·疆域马村堡志》有载：

> 马村堡：其堡一十有四。其在东南者，离城四十五里曰榕树坺，五里，辖于颜村。离城五十里曰颜村、曰钱冈，而村一大围，辟三门焉；自钱冈而析之曰影田，上下二围相连。离城五十五里曰马村、曰凤岐堡、曰乌石岽，亦五里，辖于颜村，其村二围又相连。至离城六十里曰大坑岽，亦辖于颜村，其村二围又相连也。其在南方而离城六十里曰塑边，又一大围，辟三门焉，曰谢冈，曰乌泥塘，曰龙腾里，亦一大围，辟三门焉。至离城七十里曰秋风岽，其村东西二围又相连也。噫嘻！马村堡乃东南之一隅耳。村围较他处颇阔，或有一村而独为一围者，或有两围而相连一村者，大约倚泥沙为长城，借山石作干橹也，虽然倚围之居民有从中而辑睦邻里、遵循教化者，不特险而特德，岂非从邑中之一大保障也哉！[3]

从这段记载我们可以得知清朝康熙年间从化县马村堡一带（包括钱岗）的围墙基本情况。这一带的"村围较他处颇阔，或有一村而独为一围者，或有两围而相连一村者，大约倚泥沙为长城，借山石作干橹也"，并成为"邑中之一大保障"。这是当地的一大特点。

围墙之设与明末清初从化县境内有很多流民这一社会问题有关。从清郭遇熙等纂《从化县志·列女传》（清康熙四十九年修、清宣统元年重刊、民国十九年铅印本）中抄录一些记载可知当年从化社会治安的情况："黎氏，水西欧阳勔妻，韶岽黎宽之女。少柔慧，有志操。嘉靖癸亥，流贼李亚元劫掠，氏挈□岁子仓皇出走，至祠下被执。"（第176页）"萧氏，水西欧阳腾妻，萧凤鸣之姑，适腾生三子，值李亚元贼猝至，不克走，为贼所获。"（第176页）"李氏，水东民曾昇妻，生员李汝玠女。顺治三年，花山贼杨亚三剽劫，氏挈子女出走，贼追之，急呼子女潜遁，自以身阻贼。"（第177页）"李氏，邑人，诰赠中大夫张朝玉妻，木绵乡李非匏女也，年十九于归，二十六夫姑继没，家故贫，……时丁戊子增城山寇逼掠乡堡，宗族逃散，氏挈二孤走依外族，……康熙三十四年公举奉旨建坊旌表。"（第177页）可以说，流民的大量出现是从化一带大量修建围墙最直接的原因。

从前引《重修围墙棚厅碑记》，我们还可知道，钱岗立村始于明朝。我们从钱岗村现今遗留下来的遗迹也可确证钱岗立村的时间。如在该村落最大的祠堂广裕祠内，有一块《重修广裕祠碑记》，其立碑年代就是大明崇祯十二年（1639年）季夏吉日。还有广裕祠内有三条横梁均刻有年款，第一进内的横梁上刻有"时大清嘉庆十二年岁次丁卯季冬榖旦重建"等字样，即公元1807年重建，第二进内的横梁上另刻"时大明嘉靖叁拾贰年岁次癸丑仲冬吉旦重建"等字，即公元1553年重建，第三进内的横梁上也刻"时大清康熙陆年岁次丁未季夏庚子吉旦众孙捐金重建"等字，即公元1667年重建，由此可表明该村至迟在明朝嘉靖年间已存在。以上的描述明确显示，该村立村于明朝。但从钱岗陆氏族谱和陆氏大宗祠中碑记记载，钱岗早在宋代就已有人居住。我们所见的这块清代木雕封檐板原来是挂在该村的西向更屋，这就表明这块木雕封檐板制作的最晚时间应该是前引《重修围墙棚厅碑记》的立碑年代道光五年即公元1825年。

然而，我们若细细地观摩这块木雕封檐板中的画面内容，不难发现，它的制作年代不会在道光五年前后，而更早些，应在清朝雍正至乾隆年间（1723—1795年）。

在这幅"珠江江城风情图"木雕作品中，我们从左至右可以看到西炮台、广州城门、花塔、光塔、五层楼、海珠炮台、天字码头、东炮台、琶洲塔等广州习见的一些景物。这块封檐板中的商馆区描绘了一些中西合璧的建筑，一些洋人在回廊上来回走动，建筑物前还有三根笔直的旗杆。乾嘉之际的诗人乐钧（1766—1814年）在《岭南乐府·十三行》中写道：

> 粤东十三家洋行，家家金珠论斗量。楼阁粉白旗竿长，楼窗悬镜望重洋。荷兰吕宋英吉利，其人深目而高鼻。织皮卉服竞珍异，海上每岁占风至。天子神圣海内足，不贵远物远人服。万国剃航奉职贡，八荒舞蹈称臣仆。此非外藩非内附，互市常来澳门住。鱼目换将南海珠，木蠹苗蝗复谁悟。昔时勾致由贪民，大舶满载波斯银。岂知番人更狡诈，洋货日贵洋行贫。圈鹿阑牛岂足载，海市蜃楼多变态。南山白物见无时，荡尽私囊欠官债。[4]

诗人描绘的场景与封檐板中画出的极为相似，"深目高鼻"的"荷兰吕宋英吉利"人正在商馆区内"论斗量"，进行互市。所谓"楼阁粉白旗竿长"，即馆前各树一帜，标明国籍。[5]乾隆二十四年（1759年）的举人叶道泰在《广州杂咏》一诗中也提到商馆区是树旗帜的："十三行外水西头，粉壁犀帘鬼子楼。风荡彩旗飘五色，辨他日本与琉球。"[6]封檐板中所绘的商馆区也见有"旗竿"和"深目而高鼻"的外国人，表明这一处就是广州的商馆区。但是，封檐板中的商馆区却刻在海珠炮台与天字码头之间，这就显示这块刻有"广州珠江江城风情图"的清代木雕封檐板应作于我们习见的设在广州城西的"十三夷馆"（商馆区）修建之前。

在清朝政府只准广州为唯一对外通商口岸（1757年）之前，广州的商馆一直没有固定的场所。据美国人马士著《东印度公司对华贸易编年史（1635—1834年）》（第一、二卷）（中国海关史研究中心组译，区宗华译，林树惠校）记载：

所谓建立商馆，只不过在贸易地建筑或租入房屋作为堆栈或居留之用。[7]

又记载：

1682 年 10 月，"卡罗莱娜号"从英伦出发，训令要试行在广州设立一座商馆。[8]

还提到：

董事部永未忘怀广州，在给开出商船的训令上多有包括前往广州建立商馆的指示，但各船最终还是到了别的口岸，正如 1689 年（1690 年）2 月马德拉斯所写的，"我们的共同意见认为，如果公司能够到达比厦门政府又大又好，中国货物种类又多的那个口岸，对公司是非常有利的。"[9]

在公元 1699—1700 年间：

他们在广州期间住在洪顺官的寓所；在他的寓所里和一些商人会谈，又和其他商人在法国代理人寓所商谈。[10]

到公元 1730—1731 年间：

他们租入两间行馆做商馆，每间每季度租金为 400 两。雇用十三名搬运夫，每月每人银 1.50 两——每天 4 便士；由商馆供应伙食。[11]

公元 1755 年：

几年来连续颁布了几项法令，虽然包含对欧洲商业有利的几项，但只准和行商交易，不准小商人及店主参加。……禁止船上人员用鸟枪打猎，凡船长及职员到广州时，要直接到商馆。[12]

另据中国第一历史档案馆、广州市荔湾区人民政府合编《清宫广州十三行档案精选》辑录"雍正帝令两广总督孔毓珣安插西洋人应一切从宽的谕旨，雍正二年（1724 年）《国朝柔远记》"条记载：

冬十月安置西洋人于广州。……经臣议，将各省送到之西洋人暂令在广州省城天主堂居住，不许出外行教，亦不许百姓入教，遇有各本国洋船到粤，陆续搭回。……再外来洋船，向俱泊于近省黄埔地方，来回输纳关税。臣思外洋远来贸易，宜使其怀德畏威。臣饬令洋船到日，止许正商数人与行客公平交易，其余水手人等俱在船上等候，不得登岸行走，拨兵防卫看守，定于十一、十二两月内乘风信便利将银货交清，遣令回国。[13]

"两广总督孔毓珣报告洋船来广州贸易的奏折，雍正三年九月初九日（1725 年 10 月 14 日）'宫中朱批奏折'"条又提道：

> 以上陆柒月两月共到外国洋船拾只，俱湾泊黄埔地方，委官弹压稽查，不许内地闲杂人等擅入彝船生事，并严饬牙行通事人等贸易货物，公平交易，务在岁内乘风信尽令开发归国。[14]

表明雍正年间洋人来粤，只准住在省城的天主堂内和停泊在黄埔湾，此时还没有固定的行馆。到乾隆年间，洋商开始租屋存放洋货，如《清宫广州十三行档案精选》辑录"两广总督策楞关于洋船到广州贸易和十三行火灾烧毁洋货的奏折，乾隆八年十一月十一日（1743 年 12 月 26 日）'军机处录副奏折'"条云："又广州府太平门外于十月二十二日夜民房失火……缘是夜风势正大，延烧居民行铺共一百三十家，幸未伤人，惟失火之地，俱系洋行商货被烧尤多。"[15] 尤其是到公元 1757 年广州为唯一对外通商口岸之后，广州的商馆有了固定的场所。据美国人马士著《东印度公司对华贸易编年史（1635—1834 年）》（第一、二卷）（中国海关史研究中心组译，区宗华译，林树惠校）云："（1779 年）现在公司的商馆已固定租用，每年租金 2150 两。"[16] 这处固定的场所就是我们习见的设在广州城西的"十三夷馆"区（商馆区）。

由此可表明，这块刻有"广州珠江江城风情图"的清代木雕封檐板的制作年代最晚应在广州为唯一对外通商口岸（公元 1757 年）之前。

此外，根据我们掌握的资料来看，如果将这块刻有"广州珠江江城风情图"的清代木雕封檐板的制作年代定在道光五年，那么有悖于历史事实，因为：

第一，一件制作于约公元 1733 年的汤盘沿边以墨彩绘了两帧相同的广州珠江下游景色，岸上可见早期的商行，其时仍未见有西式建筑出现。[17] 另一件制作于约公元 1785 年的水果酒碗外壁饰以广州商馆近景，描绘细致，由左至右的旗帜分别为荷兰、法国（白色）、奥地利、瑞典、英国及丹麦，商馆外边设有围栏，在河畔置有关闸。[18] 还有一幅反映珠江沿岸的图是收藏在美国皮博迪艾塞克斯博物馆的一幅象牙雕刻《广州城一览图》，约作于公元 1750~1800 年，图上已有很古朴的商馆区。设在广州城西。该图造型古朴。[19] 在一幅更早期的图画中（约 1669 年后），商馆区设在归德门以东，珠江北岸。[20] 这就表明这幅江城图的制作年代应在公元 1733 年至公元 1800 年之间。

第二，据梁嘉彬著《广东十三行考》一书云："外人抵步后，即须迳入居夷馆，盖乾隆以前，外人颇有自赁民房，或就已倒闭之洋行加以改造纳租居住者；其后定制愈严，除赁居行商所建夷馆外，不许私赁民房，而一切行动，遂完全受行商约束。"表明乾隆年间后，广州已有固定的夷馆。乾隆二十二年（1757 年）朝廷定下广州为唯一对外通商口岸。

从封檐板上所雕刻的图像中，我们还看到，珠江上有各式船只 27 艘正在珠江上来来往往地奔驰，但无一只洋船，这反映作画的季节应在贸易淡季，即外国人已乘东北季风回国的时候，这个季节正是每年的 12 月至次年的 6、7 月。《清宫广州十三行档案精选》辑录"两广总督李侍尧关于查明佛郎济亚国人邓类斯准其在省城洋行居住的奏折，乾隆三十二年十一月初三日（1767 年 12 月 23 日）'宫中朱批奏折'"条云："但洋船在广，至腊月底尽数开船南去，各国所留看守余货等物之人，因前任督抚大人俱不许其在广过冬，自洋船开往后，所有在广洋人俱令其在澳门居住，候来年夏令时洋船归来到广，令澳门之洋人回广入行居住。"[21]从图中我们还可看到，有些人穿着较厚的衣裳，还有一位戴着遮雨帽坐在江边钓鱼。这些情况显示画中反映的是在雨季清明前后的广州风情。由此我们可称这块刻有"广州珠江江城风情图"的清代木雕作品是清代广州的"清明上河图"。

由此可进一步确论，这块刻有"广州珠江江城风情图"的清代木雕封檐板的制作应在公元1733年至公元1757年间的某一年的清明节前后。当我们细细地端详"广州珠江江城图"封檐板这件艺术珍品时，无不为其磅礴的气势、合理的布景、精巧的雕工所叹服；当我们置身于由泥砖瓦房和河卵石小巷构成的古朴村落——钱岗古村时，心中总会浮现这样的疑问：这里的人们为什么能如此钟爱写实性的艺术珍品？在现今仍是穷乡僻壤的从化县太平镇钱岗村为何在清朝初年就能创造出内容如此丰富、气势如此磅礴的木雕艺术珍品？法国史学家兼批评家丹纳（1828—1893年）在《艺术哲学》一书中写道："地域是某些作物与草木存在的条件，地域的存在与否，决定某些植物的出现与否。而所谓地域不过是某种温度，湿度，某些主要形势，相当于我们在另一方面所说的时代精神与风俗概况。自然界有它的气候，气候的变化决定这种那种植物的出现；精神方面也有它的气候，它的变化决定这种那种艺术的出现。我们研究自然界的气候，以便了解某种植物的出现，了解玉蜀黍或燕麦，芦荟或松树；同样我们应当研究精神上的气候，以便了解某种艺术的出现。"[22]因此，我们应当去深入了解明末清初古钱岗村人的"精神气候"。

据清朝瑞麟、戴肇辰等修，史澄等纂《广州府志》（光绪五年刊本）卷十五"舆地略七·风俗"条记载：

> 从化人质朴，士不豪华，民勤耕凿，无他伎艺。士知气节，虽贫约不欲贬损。迩则诵习成风，骎骎乎家为邹鲁，科甲多出水东、西、马村三堡，而水东尤著。居官多励操守，有历官终身，而生产不加益者。[23]

这段记载高度概括了从化人的"质朴、不豪华""知气节""诵习成风"的特点，也提到马村堡与水东、水西二堡一样多出"科甲"，而钱岗村地处马村堡，这种"诵习成风，骎骎乎家为邹鲁""科甲多出水东、西、马村三堡"的社会风尚是"广州珠江江城图"封檐板这件艺术珍品得以产生于从化县钱岗村并为当地人所接受的社会基础。"从化"一名"取远氓归化之义"。[24]明末清初，从化县钱岗村人材辈出，金都李义壮（番禺人）《修戟门记》一文载："从化为吾广人文之地，髦士汇兴，先后相望，其材艺之超迈，科甲之烜著，乃其所素，余有不俟言者。"[25]提到从化是广州地区人文髦士汇兴之地，如陆振祖就是钱岗村一位"通经略"的人才，清朝人郭遇熙等纂《从化县志》（清康熙四十九年修、清宣统元年重刊、民国十九年铅印本）"耆寿志中"条记载："陆振祖，字裕衷，号冬栢，马村堡鐡（误，应为'錢'字——笔者按）冈人也，年八十余岁。少而颖悟，长通经略，遭明季之乱，隐居不仕。时流贼盈万，如影出乡，乌坭塘坋，定山诸邺，皆被佔散，公即夜下省请救，大兵倏至勤灭，四境赖以贴安。迨戊子年，强贼充斥劫掳，如许公于邺外延衮，筑垣周围，巩固如城，日夜督守，使强寇不敢过□，保全钱冈数千命脉，厥后肃贼聚粮，冲迳建树妖旗，公统众殪彼渠魁，以散党援邻，隣咸乐太平，至高□乔松，逼后将倾，必不便于庙，用缆系松下锯，松斜挨庙，而缆俱尽，时公在庙虔祷，金曰：可以行矣。公曰：□死何惜？可惜神无依据，敢祈南风亟救。未几，南风肆列，松辄北倾，至诚感格之速，有以也。文如邑侯，田□甫下车，闻其贤，即征为幕友，及半载，凡兴利革弊，俱出其手。思曰：吾从人也，既而为从侯之相，吾其还也，即拂袖而归，清风晏如，时人服其介也，他若境内事无大小，咸质断焉，其排纷解难，至今口碑犹载，道□而曾孙天锡创兴文阁社亭，亦绳祖武之意也。"[26] 据这段记载可知，陆振祖为钱冈村人，对保卫钱冈村的安全作出了积极贡献，对提高当地人的文化素质也起了积极作用，如创建"文阁社亭"。又清朝人郭遇熙等纂《从化县志》"公署志下"条记载："文阁在钱岗、隔溪，为本乡宣谕课文之所，康熙五十六年建（1717年）。社亭在钱岗，社前与文阁夹溪而峙……雍正五年建。"[27] 此外，明朝嘉靖元年（1522年）又在钱岗设乡社学，为提学副使魏校委官建。[28] 这也表明，钱岗村人的文化素质较高。这一点决定了当地人完全有能力制作和欣赏这块内容丰富、历史艺术价值高的封檐板。

此外，据《恒祯房宗谱》记载，钱岗陆氏九世祖文清讳陆贵娶大新街黎氏孟杰之女，十世陆公广州府儒学廪膳生员陆志娶大新街颜有常之女。按大新街在广州。表明古时候钱岗村与广州即有很密切的关系。

从这幅气势磅礴、布局合理的"广州珠江江城风情图"封檐板木雕画的布局、构思、写实情况及创作年代来看，清朝初期的广州已有画家开始在创作写实性的并以珠江和广州为题材的风景风情画。从历史记载看，清朝初期，广州已拥有一群画家，如1786年美国首任驻穗领事山召茂（Samuel Shaw）到广州时，见到广州有许多画家。[29] 正由于广州有如此好的绘画基础和氛围，以致于后来当外国人大量需求广州外销画时，广州的画家很快就能满足市场的需求。从这一点来看，这幅"广州珠江江城风情图"封檐板木雕画的意义就更大，是广州大量生产外销画之前的一幅早期佳作，也是广州写实性外销画的鼻祖，为我国境内目前所见唯一一块，也是最早的一块描绘广州珠江北岸风情的图画。

注释：

[1] 见邓其生、程良生《岭南古建概论》一文，载广东省房地产科技情报网、广州市房地产管理局《岭南古建筑》，第5页。

[2] 载《中国方志丛书》华南地方·第194号，成文出版社有限公司印行，1974年12月版，第21页。

[3] 载《中国方志丛书》华南地方·第194号，成文出版社有限公司印行，1974年12月版，第63~64页。

[4] 引自陈永正编注《中国古代海上丝绸之路诗选》，广东旅游出版社，2001年11月第1版，第348页。

[5] 转引蔡鸿生主编《广州与海洋文明》，中山大学出版社，1997年11月第1版，第340页。

[6] 引自陈永正编注《中国古代海上丝绸之路诗选》，广东旅游出版社，2001年11月第1版，第312页。

[7] 马士著《东印度公司对华贸易编年史》，中山大学出版社，广州，1991年12月，第8页。

[8] 马士著《东印度公司对华贸易编年史》，中山大学出版社，广州，1991年12月，第50页。

[9] 马士著《东印度公司对华贸易编年史》，中山大学出版社，广州，1991年12月，第77页。

[10] 马士著《东印度公司对华贸易编年史》，中山大学出版社，广州，1991年12月，第88页。

[11] 马士著《东印度公司对华贸易编年史》，中山大学出版社，广州，1991 年 12 月，第 198 页。

[12] 马士著《东印度公司对华贸易编年史》，中山大学出版社，广州，1991 年 12 月，第 299 页。

[13]《清宫广州十三行档案精选》，广东经济出版社，2002 年 8 月，第 63 页。

[14]《清宫广州十三行档案精选》，广东经济出版社，2002 年 8 月，第 65 页。

[15]《清宫广州十三行档案精选》，广东经济出版社，2002 年 8 月，第 96 页。

[16] 马士著《东印度公司对华贸易编年史》，中山大学出版社，广州，1991 年 12 月，第 361 页。

[17]《珠江风貌——澳门、广州及香港》香港，第 146 页。

[18]《珠江风貌——澳门、广州及香港》香港，第 152 页。

[19]《珠江风貌——澳门、广州及香港》香港，第 167 页。

[20]《珠江风貌——澳门、广州及香港》香港，第 144 页。

[21]《清宫广州十三行档案精选》，广东经济出版社，2002 年 8 月，第 123 页。

[22]（法）丹纳:《艺术哲学》，傅雷译，北京：人民文学出版社，1963 年 1 月版，第 9 页。

[23] 载《中国方志丛书》第 1 号，成文出版社，第 283~284 页。

[24]（清）郭遇熙等纂《从化县志》（清康熙四十九年修、清宣统元年重刊、民国十九年铅印本）"艺文志引" 条载进士毛际可（遂安人)《建东山刘公祠碑》，第 227 页。

[25]（清）郭遇熙等纂《从化县志》"艺文志引" 条，第 218 页。

[26] 载《中国方志丛书》华南地方·第 194 号，成文出版社有限公司印行，1974 年 12 月版，第 203 页。

[27]（清）郭遇熙等纂《从化县志》，第 107 页。

[28]（清）郭遇熙等纂《从化县志》"学校志下"，第 82 页。

[29]The Journals of Major Samuel Shaw, The First American Consul at Canton. With a life of the author, by Josiah Quincy. Boston : WM. Crosby and H. P. Nichols, 111 Washinton Street. 1847. p.198.

（原载叶显恩、谢鹏飞、林有能主编:《"泛珠三角" 与南海贸易》，香港出版社，2009 年 5 月第 1 版，第 293~302 页）

将牛痘接种术引进中国的呲哈哎医生

2020 年初暴发的新冠肺炎疫情，不仅打乱了人们的正常生活，而且极大地威胁到了人类的身心健康，也促使我们重新思考人类抗击传染病的历史。天花是迄今为止唯一被人类彻底征服的传染性疾病。人类之所以能战胜这一疾病，主要归功于人痘接种术与牛痘接种术，尤其是后者。

众所周知，牛痘接种术是英国乡村医生真纳（Edward Jenner，1749 年 5 月 17 日~1823 年 1 月 26 日）发明的。他于 1796 年 5 月 14 日首次用牛痘浆种于婴儿臂上，这一天从此被定为初种人工牛痘之纪元日。而牛痘接种术传入我国，是在此纪元日之后的第九年——公元 1805 年，即嘉庆十年。

清道光十二年（1832 年）刊香山黄芝撰《粤小记》卷三记载：

> 西洋夷医呲哈哎善种痘，百无一失。其法：用极薄小刀向儿左右臂微刲之，以他人痘浆点入两臂，不过两三点。越七八日，痘疮即向点处发出。比时行之，痘大两倍，而儿并无所苦，嬉戏如常。自尔不复出，即间有出者，断不至毙。诚善法也。夷言本国虽牛马亦出，恒有号者，因思此患由内毒感外疫所致，故以他痘浆引之，亦彼此相感之意。其始以牛之痘浆施之他牛，由牛而施之人，无不验，故携其痘浆至粤。粤人初未敢信，久之果验，于是种痘日盛，然又必须此痘浆方得，他痘不能，故互相传染，使痘浆不绝，名之曰牛痘。嘉庆丙寅，种痘者稀少，痘浆不继，复命夷医回国携痘浆至粤。夷乃携小夷数十，沿途种之，比至粤，即以小夷痘浆施之华人，且传其法。众善士复捐资为痘医之费，由此学其术者日众，种痘者益盛。然最精斯术者莫如南海邱氏熺，邱著有《引痘略》行世，其嘉惠后学深矣。今粤中小儿因痘而毙者甚少，而痘医与湖广种痘之法几置无庸矣。

这段叙述亦被同治十年（1871 年）刊《番禺县志》所采纳，见载于卷 54《杂记二》。它详细介绍了牛痘接种术及其入传广东的早期历史。那么，文中提及的这位善种痘的西洋夷医"呲哈哎"是谁呢？

我们在香港英华书院印制《遐迩贯珍》1855 年 7 月 2 日第七号刊登的《泰西种痘奇法》一文里读到如下一段记述：

> 此法自嘉庆十年六月，英吉利世袭男爵、管理公班衙事务斯当东与英吉利公班衙命来粤医学跛臣互相订刊。彼二君者，皆见中国天花之症流害生灵，故不忍自秘其方，以公诸中土，诚中土

士民之厚幸也。

此处之"公班衙"即指东印度公司，斯当东是管理英国东印度公司事务的负责人，跛臣是英国东印度公司派来广东的医生。他们于嘉庆十年（1805 年）六月对牛痘接种法"互相订刊"，出版刊行此种痘之法。马士在其《东印度公司对华贸易编年史（1635—1834 年）》第三卷里有更为详细的描述："跛臣草拟一份说明书，由斯当东爵士翻译成汉文，并由一位学习医务的中国人帮助，而这本书是由侣官署名的。""侣官"指广州行商郑崇谦。对这份"说明书"，中山大学章文钦教授有清晰的注释，认为这是"郑崇谦所译刊的《种痘奇书》"，也就是《英吉利国新出种痘奇书》。章教授介绍，该书"扉页署名：英吉利国公班衙命来广统摄大班贸易事务多林文敬辑、英吉利国公班衙命来广医学跛臣敬订、英吉利国世袭男爵前乾隆五十八年随本国使臣入京朝觐现理公班衙事务斯当东翻译与外洋会隆行商人郑崇谦敬书。"可见斯当东与跛臣"互相订刊"的正是《英吉利国新出种痘奇书》一书，该书由多林文编辑，跛臣校订，斯当东翻译，郑崇谦出资。"多林文"一名在广州地方文献中又见写成"哆啉哎"，是一名英国商人，负责英国东印度公司贸易事务。其实，上述《英吉利国新出种痘奇书》书名及其扉页中所见"英吉利""多林文""跛臣""斯当东"等名词中每个字的左边均加有一"口"字偏旁。

《泰西种痘奇法》一文继续介绍："嘉庆十年四月内，由卑道路滑船自小吕宋装载婴儿，传此痘种到澳，英国医生协同澳门医生，照法栽种，华番童稚，不下百数，俱亦保全无恙。"这里虽未指出英国医生的具体姓名，但从前文介绍跛臣是东印度公司医生，且参与编辑《英吉利国新出种痘奇书》，可推知文中所提的"英国医生"当指"跛臣"。书中涉及的英吉利、多林文、跛臣、斯当东等字前均多一"口"字偏旁。

陈垣在《牛痘入中国考略》一文转引《中西闻见录》第 13、14 期刊载同治年任京师同文馆生理教授英人德贞著《牛痘考》一文之观点："时将牛痘法记录为小册者，乃英医毕尔顺"。陈先生还认为毕尔顺就是跛臣，是同一人。后来区宗华在翻译马士《东印度公司对华贸易编年史（1635—1834 年）》时也秉持这一观点，将英文 Alexander Pearson 译成"跛臣"，该书第三卷记载："1805 年上季曾经试行传入牛痘失败；但在 1805 年 5 月，英国商馆医生跛臣（Pearson）从一艘由马尼拉往澳门的葡萄牙船'希望号'

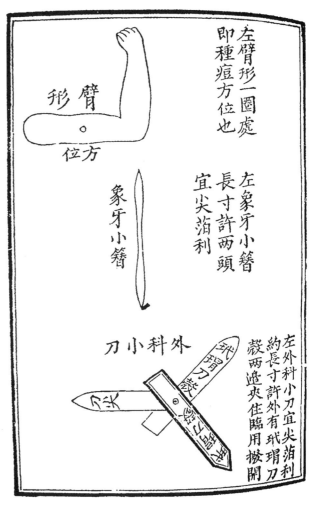

图一

（Esperanza）得到。"

　　至此我们可略作小结：最早将牛痘接种术成功传入我国的外国医生是常住广州商馆和澳门的英国东印度公司商馆医生跛臣，即 Alexander Pearson，毕尔顺，那位善种痘的西洋医生"哾哈哎"，"哾哈哎"应是嘉庆道光年间广州人对英文 Pearson 的音译。如今学者们多将 Pearson 翻译成"皮尔逊"或"皮尔斯"。

　　这位英国商馆医生长期在广州、澳门行医，1821 年 6 月曾在澳门积极施救病危中的马礼逊前妻玛丽（马礼逊夫人编、顾长声译《马礼逊回忆录》）。王吉民在《在华新医先进象传》一文中对他有简要介绍：皮尔逊（Alexander Pearson，1780—1874 年），东印度公司的医官，1805 年来华，1805 至 1860 年间在澳门、广州行医，并首先在中国人身上试种牛痘（《中华医学杂志》1941 年第 1、2 期）。

　　我们永远不会忘记那些为抗击传染病而努力战斗的白衣天使和国际友人！在新冠肺炎疫情严重挑战全球公共卫生安全之际，国际社会理当加强合作，共同有效应对疫情，维护全球公共卫生安全。

　　（以《原来是这位外国医生把牛痘接种术引入中国》为题见于"文物之声"2020 年 4 月 22 日，后以《将牛痘接种术引进中国的哾哈哎医生》为题刊载《中国文物报》2020 年 7 月 21 日第 4 版"综合"）

广东第一张毕业文凭

　　广州博物馆收藏一张辛亥革命爆发前夕的大学毕业文凭，是广东官立法政学堂监督夏同龢于清代宣统三年（1911年）八月初一日颁发给广东南海县籍学生陈焕章的。毕业文凭纸本，横54.3厘米，纵71.6厘米，是国内目前所见规格最大的一张毕业文凭，也是广东目前所见最早的一张毕业文凭，更是东西文化交流的历史见证。今年时逢中山大学法政学院"百年法政"庆典活动，它的发现具有特别重要的意义。

　　这张毕业文凭造型独特，内容丰富。"毕业文凭"四字分别写在证书的四角。证书的四边各有一对龙注目而视。证书上有三方红色印文。在证书的顶端及结尾处分别写有"法字第柒百伍拾贰号"等字。证书内的字体为楷书，从右往左竖写，共30行，由两大部分组成：前半部分为光绪三十三年（1907年）十一月二十一日皇帝有关创设学堂的谕令。从有关资料分析，这份谕令，官学各衙门暨大小各学堂不仅要恭录，还要悬挂堂上，各学堂毕业生文凭上也要刊录于前。后半部分即为广东官立法政学堂学生学习期间所学学科的科目、教员和考试分数，以及毕业考试总平均分数、实得毕业分数、历期历年考试总平均分数，最后是毕业生的年龄、籍贯及曾祖、祖、父四代姓名。毕业生陈焕章历年所学学科有人伦道德、刑法、裁判所构成

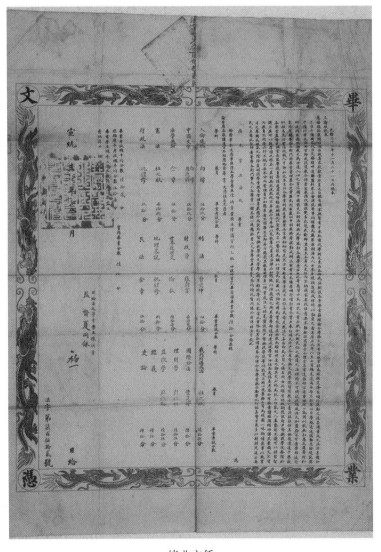

毕业文凭

法、中国文学、财政学、国际公法、法学通论、世界近世史、理财学、宪法、地理略说、监狱学、行政法、民法、经义和史论等，表明学科的设置已受西方文化的影响。

广东官立法政学堂成立于光绪三十一年（1905 年）十一月，时两广总督岑春煊和广东提学使于式枚联合奏请将广东课吏馆改为广东官立法政学堂。同年十二月，岑春煊奏留翰林院修撰夏同龢为监督（即学堂负责人）开办。广东法政学堂是全国建立最早的法政教育机构之一。广东官立法政学堂采用了大学专科的办学体制，学制为一年半、二年及三年不等，进而办成二年预科加三年专科的五年制正科，并开办了学制为四年的大学本科。1912 年，胡汉民改名为广东公立法政学校，广东法政从而由专科进而招收本科生，本科与专科同时兼办，并改监督为校长，任命陈融为首任校长。1923 年秋，广东省长廖仲恺改广东公立法政学校为广东公立法科大学，任命原广东公立法政学校代理校长黎庆恩为大学代理校长。1924 年 2 月 4 日，孙中山发布训令，着令将国立高等师范、广东法科大学、广东农业专门学校合并，改为国立广东大学。

附录：毕业文凭录文

法字第柒百伍拾贰号

光绪三十三年十一月二十一日内阁奉 /

上谕：朕钦奉 / 慈禧端佑康颐昭豫庄诚寿恭钦献崇熙皇太后懿旨：国家兴贤育才，采取前代学制及东西各国成法，创设各等学堂，节经谕令学务大臣等详拟章程，奏经核定，降旨颁行。奖励之途甚优，董戒之法亦甚备。如 /

不准干预国家政治及离经畔道，联盟纠众，立会演说等事，均经悬为厉禁。原期海内人士束身规矩，造就成材，所以勖望之者甚厚。乃比年以来，士习颇见浇漓，每每不能专心力学，勉造通儒，动思逾越范围，/

干预外事，或侮辱官师，或抗违教令，悖弃圣教，擅改课程，变易衣冠，武断乡里，甚至本省大吏，拒而不纳，国家要政，任意要求，动辄捏写学堂全体空名，电达枢部，不考事理，肆口诋諆，以致无知愚民，随身附和，/

奸徒游匪，藉端煽惑，大为世道人心之害，不独中国前史本朝法制无此学风，即各国学堂亦无此等恶习。士为四民之首，士风如此，则民俗之敝，随之治理，将不可问。欲挽颓风，非大加整饬不可，著学部通行 /

京外有关学务，各衙门将学堂管理禁令定章广为刊布，严切申明，并将考核劝戒办法、前章有未备者补行增订，责令实力奉行；顺天府尹、各省督抚及提学使，皆有教士之责，乃往往任其偭越，违道干誉，貌 /

似姑息见好，实系戕贼人才。即如近来京外各学堂纠众生事，发电妄言者纷纷皆是，然亦有数省学堂从不出位妄为者，是教法之善否。即为士习之优劣，所由判确有明征，嗣后该府尹、督抚、提学使务须于 /

各学堂监督提调堂长，监学教员等慎选器使，督饬妥办。总之，以圣教为宗，以艺能为辅，以理

法为范围，以明伦爱国为实效，若其始敢为离经畔道之论，其究必终为犯上作乱之人。盖艺能不优，可以补习；智/

识不广，可以观摩；惟此根本一差，则无从挽救。故不率教，必予屏除，以免败群之累。违法律，必加惩儆，以防履霜之渐。并著学部随时选派视学官，分往各处认真考察，如有废弃读经，讲经功课荒弃，国文不习，/

而教员不问者，品行不端，不安本分，而管理员不加惩革者，不惟学生立即屏斥惩罚，其教员管理员一并重处，决不姑宽。傥该府尹、督抚、提学使等，仍敢漫不经心，视学务士，习为缓图，一味徇情畏事，以致育/

才之举转为酿乱之阶。除查明该学堂教员管理员严惩外，恐该府尹、督抚、提学使及管学之将军、都统等，均不能当此重咎也。其各懔遵奉行，俾令各学堂敦品励学，化行俗美，贤才众多，以副朝廷造士安/民之至意。此旨即著管学各衙门暨大小各学堂一体恭录，一通悬挂堂上。凡各学堂毕业生文凭均将此旨刊录于前，俾昭法守。钦此。/

广东官立法政学堂为/

给发毕业文凭事，照得本学堂学生陈焕章业将法律讲习科乙班功课肄习完毕，计得毕业分数陆拾分。除恭录/

谕旨，应各敬谨遵守外，相应给发毕业文凭须至文凭者。/

学科	教员	毕业考试分数	学科	教员	毕业考试分数	学科	教员	毕业考试分数
人伦道德	向楀	伍拾玖分	刑法	曹受坤	伍拾分	裁判所构成法	杜之杕	陆拾捌分
中国文学	向楀	伍拾玖分	财政学	张澍棠	柒拾贰分	国际公法	叶夏声	陆拾分
	罗德源							
法学通论	金章	伍拾分	世界近世史	伦叙	陆拾柒分	理财学	彭祖植	陆拾伍分
宪法	杜之杕	柒拾捌分	地理略说	姚礼修	捌拾分	监狱学	廖维勋	陆拾伍分
行政法	姚礼修	玖拾分	民法	金章	伍拾分	经义		肆拾分
史论		肆拾分						

毕业考试总平均分数 陆拾贰分 实得毕业分数 陆拾分/

历期历年考试总平均分数伍拾柒分/

毕业学生现年二十三岁，系南海县监生。/

曾祖爵士 祖凤祥 父序珍/

右给法政学堂学生陈焕章/

监督夏同龢/

宣统三年八月初一日给/

法字第柒百伍拾贰号/

（原载《中国文物报》2006 年 1 月 6 日第 4 版"副刊"）

清末番禺籍驻美旧金山总领事周汝钧之匾额的发现

　　近日，我们在广州白云区江高镇南岗村周汝钧曾孙周绍煊先生家中发现了光绪十八年（1892年）赐周汝钧进士匾额、钦点主事籤分刑部匾额和光绪二十年（1894年）赐周汝钧诰命匾额各一方。这批匾额的发现为我们认识清末光绪年间进士、钦点主事籤分刑部和诰命匾额的规格和造型提供了极为珍贵的历史文物。现将各方匾额的详细情况介绍如下：

一、"进士"匾额

　　长190厘米，宽62厘米，杉木，漆朱红色，文字阳刻楷书，涂金黄色，从右往左竖写（图一）：

	内阁学士兼礼部侍郎衔霍	
大总裁	太子少保头品顶戴户部尚书翁	为 进 士
	工部尚书兼管顺天府府尹祁	
	内阁学士兼礼部侍郎衔李	
	光绪十八年壬辰科会试中式第一百五十四名贡士周汝钧立	

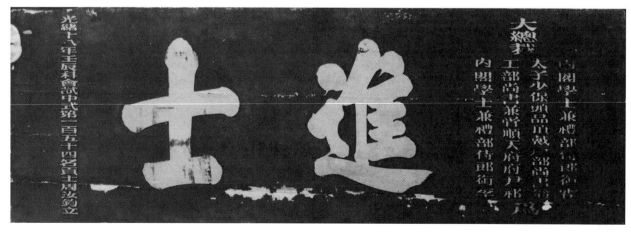

图一

据朱保炯、谢沛霖著《明清进士题名碑録索引》下（上海古籍出版社1980年2月第1版）云，周汝钧为光绪十八年壬辰科，与大教育家蔡元培为同科同甲，均为第二甲进士。按进士为科举制度中经考试取得的最高科名，凡举人均可参加会试，中者为贡士，再参加殿试，合格者分三甲分别赐予进士及第、进士出身或同进士出身，通称进士。进士是科举的终点，也是仕途的起点，一甲进士榜下授官，二、三甲经朝考或入庶常馆为庶吉士或授以内阁中书、六部主事等小京官和外放知县、教职等。以下介绍的"钦点主事籤分刑部"匾额即为周汝钧步入仕途的起点官匾。

二、"钦点主事籤分刑部"匾额

该匾总高108厘米、宽61厘米；内面高80厘米，宽39.5厘米，四周刻雕龙纹。杉木，漆朱红色，文字阳刻楷书，涂金黄色，从右往左竖写（图二）：

图二

> 钦点　光绪十八年壬辰科
> 　　　主事籤分刑部
> 　　　二甲进士臣周汝钧恭承

三、"诰命"匾额

该匾长173厘米，宽58厘米。樟木。漆朱红色。右下角残破。文字阳刻楷书，涂金黄色，从右往左竖写（图三）：

奉 /

天承运 /

皇帝制曰：沛酬庸之庆典，茂对□□；□锡类 / 之殊荣，曲成臣孝。尔周述濂迺刑部主

事 / 加四级周汝钧之祖父，箕裘绍绪，诗礼垂 / 声。诒厥孙谋，树芳规于珂里；绳其祖武，

奏 / 懋绩于彤庭。兹以覃恩貤赠尔为中宪大 / 夫，锡之诰命。于戏，开堂构以培基，德钟家 / 庆；

沛丝纶而锡命，泽渥泉堂。/

制曰：德门衍庆，渊源早裕夫孙谋；盛世推恩，/ 纶绰载扬夫母范。尔凌、李氏迺刑部主事

405

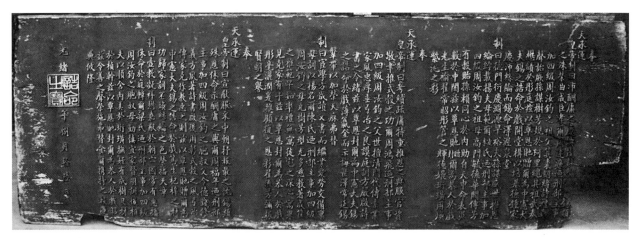

图三

加／四级周汝钧之祖母，高门毓德，华阀传芳。／有榖贻孙，赖同心于内助；自天申命，表异／数于中闺。兹以覃恩貤赠、封尔为恭人。于戏，／光生褕翟，常昭彤管之辉；德媲珩璜，用焕／紫泥之彩。／

奉／

天承运／

皇帝制曰：考绩疏庸，特重推恩之典；服官资／敬，聿推式榖之功。尔周鸿飞迺刑部主事／加四级周汝钧之父。世擅清门，代传素业。／家风忠厚，垂弓冶之良谟；庭训方严，启诗／书之令绪。兹以覃恩封尔为中宪大夫，锡／之诰命。于戏，薄籝金而示诲，世泽常延；锡／鞶带以加荣，天麻弗替。／

制曰：宦学方成，读父书而继业；爰劳交备，禀／母训以扬名。尔陈氏迺刑部主事加四级／周汝钧之母，克树芳型，尤多慈教。著成筐／之雅范，早知率礼无；寓徙宅之深心，寓果／见克家。有子。兹以覃恩封尔为恭人。于戏，／彤毫洒润，爰推顾复之恩，彩翟流芳，弥振／贤明之誉。／

奉／

天承运／

皇帝制曰：宣猷服采，中朝抒报最之忱；锡类／殊恩，休命示酬庸之典。尔周福年迺刑部／主事加四级周汝钧之胞叔父，令德践修，／义方凤著。诗书启后，用彰式榖之风；弓冶／传家，克作教忠之则。兹以覃恩貤赠尔为／中宪大夫，锡之诰命。于戏，笃生杞梓之材，／功归家训；丕焕丝纶之色，荣播天章。／

制曰：壸教凝祥，懋嘉猷于朝宁；国常有惠，播／休命于庭帏。尔梁氏迺刑部主事加四级／周汝钧之胞叔母，勤慎宜家，贤明训后。相／夫以顺，含内美于珩璜；抚姪有成，树良材／于桢幹。兹以覃恩貤封尔为恭人。于戏，昭／兹令善之声，荣施弗替；食尔携持之报，庆／典攸隆。／

光绪贰拾年捌月拾陆日。／

在年款处阳刻一方篆体印章，印文为"诰命之宝"四字。按皇帝赐爵或授官的诏令称诰命。明清制度，一至五品以诰命授予。又指有封号的贵妇人（安作璋主编《简明中国历代官制词典》齐鲁书社1990年4月第1版）。

有关周汝钧其人其事，民国梁鼎芬等修、丁仁长等纂《番禺县续志》卷二十三（民国二十年刊本，成文出版社印行）有详细记载：

周汝钧，字节生，南冈乡人，日新之曾孙也。天姿颖悟，读书过目成诵，少有文誉，人咸以大器期之。年二十进庠，旋举学海堂专课生。中光绪八年举人，光绪十八年成进士，官刑部主事。时国家多故，外侮频仍，锐意讲求西法。在都与诸名流同结健社，延聘洋人教习外国语言文字。旋丁母忧，回籍。光绪戊戌主讲香山榄山书院兼学海堂学长。时城北高唐乡盗贼滋炽，十八社诸乡议办团局，推为局长。筹款募勇，勤操捕盗，地方赖安。光绪辛丑壬寅间，南番顺旅美金山侨商聘为会馆董事，三邑侨民与恩开四邑侨民恒相龃龉。汝钧劝谕，极力和解，遇事持平办理。商民感服。伍廷芳任美国公使，派充金山领事署随员，随委署理金山总领事。从前任领事者，凡商民有事请办，皆先关说，然后具呈。汝钧令商民随时进见白事，止用书函，毋拘禀牍，暇时辄至商家谘访利弊，力为保护，尤得华侨之心。期满，驻美公使梁诚奏请赏加四品衔。光绪二十九年回粤东莞，邑绅聘为师范学堂监督，兼总教习，训迪后学，整饬校规。莞邑人士咸乐称道之。光绪三十二年，邑绅开办中学，公举为监督。时疽发于背，寓省就医。凡遴聘教员，订立规则，犹力疾为之。未开校而病卒。汝钧性廉介，慎交游而笃于故旧。友人梁农部莘殁于京邸，尝躬理其丧事，并代筹归，榇人皆颂其风谊云。

（原刊《广东史志》2001年第3期第43~45页）

民国广东农民读本《音注眼前杂字》述评

图一

笔者曾在广州市工具书店买到一本编于民国年间的大字铅印本《音注眼前杂字》（横 12.9 厘米，纵 19 厘米，厚 0.2 厘米），是由兴宁黄史卿汇编，兴宁书店隆记印行。根据书中内容，可知主要是供农民使用，是农民手中的参考书，对促进广东农民的文化教育起着重要的作用。全书内容共分三大部分。

第一部分收集了道光丁未蒲月编集的《七言杂记》，据其序言记载："杂字一书，本前人所作，惜其绘成大篇，欲寻一字而不可得，余不揣腐陋，编作二十门，摘其言，各从其类，复为增添，得五千壹百余言，付之梨枣，以公于世，俾家置一本，略有所助云尔。"这十二门分别是天地节序门、人物人事门、称呼门（官衔附）、文房杂用门、买卖门、家物器用门、身体门（疾病附）、金银首饰门、衣服门、蔬菜门、饮食门、吉礼丧事门、鳞鱼乾货门、讼狱门、菓品门、花木门、鸟兽门（虫附）、田器门、做屋物件门、音乐门，几乎涵盖了农民日常生活中的所有方面；还编成七言一句，便于记忆，不误农事。兹转引"田器门"一例如下：

犁鈀碌碡牛藤轭，脚锄铁锸禾镰钩。

斛箩庰斗稈扫把，簑衣箬笠伞头蓬。

稻禾麻荳菽麦粟，畲米薯芋瓞瓜薑。

早冬二季有粘糯，迟早荒旱冇有精。

拈种落秧禾苗稈，田园栽种插莳耘。

鰕糠荳鞴牛鼻牶，挑秥揽稈脱秧苗。

划埆帮埫拈稗子，糙米舂臼筛粉糠。

竹棍谷笆禾压子，鐵锹犁鐴竹阶梯。

竹藤篾缆籉笓筶，缕箕罾網扁鬚筍。

风调雨顺禾苗熟，年年人唱太平歌。

第二部分的内容为《建厅拟定之广东农歌》。其内容是将节气农时编成七言一句，便于农民记忆，不误农时。

> 改用阳历真方便，节气年年定不偏。
> 每月两节日期定，不看历书也了然。
> 六号廿一上半载，八号廿三下半年。
> 依照月令行农事，五谷丰登乐尧天。
> 一月小寒与大寒，农家此刻稍偏安。
> 利用闲时制农品，打算年中事百般。
> 二月立春雨水连，整地栽桑最为先。
> 树木移植闲时做，预备犁锄好种田。
> 三月惊蛰又春分，甘蔗花生种要勤。
> 早稻及时应播种，芋头包粟种纷纷。
> 四月清明谷雨藏，整好禾田好种秧。
> 小麦黄熟收要早，家家忙个事蚕桑。
> 五月立夏小满逢，早稻中耕莫从容。
> 菓树冗枝宜剪去，荔枝月底枝头红。
> 六月芒种夏至天，晚稻宜播夏至前。
> 甘蔗此时宜培土，早稻须防受旱煎
> 七月小暑大暑从，早稻收获莫放松。
> 蚕房畜舍须乾净，暑假期间第一宗。
> 八月立秋处暑俦，农家忙个不停留。
> 整好禾田插晚稻，最好秋前第一周。
> 九月白露秋分令，收了芋头又花生。
> 荳角丝瓜此时好，晚稻施肥要中耕。
> 十月寒露霜降来，禾场仓廪预先裁。
> 霜降过后禾盛熟，收了禾时把麦栽。
> 十一立冬小雪时，冬耕作物最相宜。
> 薯麦蚕荳赶紧种，荳作绿肥麦充饥。
> 十二大雪冬至联，收蔗制糖可赚钱。
> 桑树此时宜根刈，橘熟橙黄快过年。

据报道，这首农歌是由当年广东建设厅长邓彦华在位时奉令编制的："建设厅长邓彦华前奉中央农矿部令，饬按本省节气农时编制农歌一章，以利农事。邓厅长奉令后，经着该厅编辑处及农林试验区编制完竣。"

第三部分的内容就是农民使用的各类书仪，有"婚书字式""典田字式""加补字式"和"杜卖田字式"等四种内容的书仪。这些书仪就是当年农民在实际运用过程中常常参考的样板。兹将上述四种不同形式的书仪抄录如下：

1. 婚书字式

立主婚字人△△情因△男先年凭媒娶得△家之女为妻，年已　岁，未曾生育，兹因男不幸染病身故，△氏自思家贫，无奈不能孀守，情愿再醮请托媒人△送与△（或△男）配合为妻，就日凭媒言定财礼，灯烛插花，房户书写花押，实共得银△两正，就口两交明白，其银系△亲手接收，并无短少等情，两家心愿，两无逼勒，其△氏出门之日，并无挟带家赀财物等项，日后任△选吉娶归，△不得异说生端。今欲有凭，立主婚字，付执为据。

房户△签押

在场△签押

媒人△签押

书领△签押

民国△年△月△日立主婚字人△签押

2. 典田字式

立典田契字人△△△情因家中无银使用，△△、△△商议，愿将先日承祖父遗下（或买受）分，实自己单内有土名　堡　村田种　斗　升　合正，实载粮米　升　合　勺正，系　取水灌荫，今不能自耕，情愿出典，请中送与亲房人等，俱无承接，转请中人△△△送与△△△，出首承领，就日亲引到田踏看，号塅分明，回家立契，凭中众议，时值足色价银　正，是日银契两交，明白其银系　亲手收足，并无短少，债货准折等情，其田并不曾先行典当他人，及包卖情弊，委系二家心愿，自典以后，任△△过手耕种管业，其粮米亦任推割过户完纳，△△不得异说，其田期限△年外，收赎之日，价到田还，△△不得阻抗，恐口无凭，立典契字，付执为据。

见价△签押

中人△签押

在场△签押

代笔△签押

民国　年　月　日　立典田契字人某某签押

3. 加补字式

立加补字人△△△情因家中贫乏，愿将先日典出，有田坐落土名△△堡△△村，田

种　斗　升　合正，粮米田价，俱一原契载明，今请托中人△△向到典主△△手内加出足色银△△正，其银系某某亲手收足，并无短少，债货准折等情，自加以后，期限△年外，收赎之日，银到字还，恐口无凭，立加补字，付执为据。

见加　签押

中人　签押

在场　签押

代笔　签押

民国　年　月　日立加补字人△△押

4. 杜卖田字式

立杜卖田契字人△△情因家中无银使用，△△、△△商议，愿将先日承祖父遗下（或买受）分实自己单内有土名△△堡某某村，田种　斗　升　合正，寔载粮米　正，系某处取水灌荫，自思无力耕种，情愿出卖，请中送与亲房人等，俱无承接，转请中人某送与某出首承买，就日亲引到田踏看，号墩分明，回家立契，凭中众议，时值价银　两正，就日银字两交，明白其银系某某亲手接收，并无短少，债货准折等情，其田并不曾先行典当他人，及包卖情弊，委系二愿，两无逼勒，自卖以后，任某某过手耕管，葛藤断根，永远为业，某某永不得向加，亦不得向赎，恐口无凭，立杜卖田契字，付执为据。

见加　签押

中人　签押

在场　签押

代笔　签押

民国　年　月　日立杜卖田契字人△签押

广州博物馆收藏有6张民国番禺萧冈乡断卖田亩契，二者相比，不同之处在于这6张民国番禺萧冈乡断卖田亩契不像"杜卖田字式"规定的那样有见加、中人、在场、代笔签押，四者俱全，或许是地区差异所致，或许是在实际使用过程中灵活所致。

［广东农史研究会第六届年会暨英德农业历史学术讨论会论文集（2002年5月18~19日，英德市召开）后收录周肇基、江惠生、倪根金、陈瑞平主编：《古今农业论丛》，广东经济出版社，2003年11月第1版，第521~525页］

乾隆初年广州府增城县田地买卖契约的演变

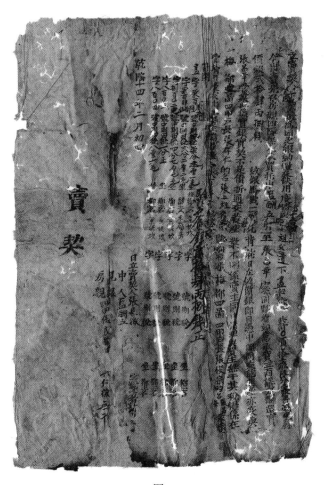

图一

土地买卖契约是我国旧时民间社会土地交易与物权转移的主要凭证，分"白契"（或曰"草契"）和"红契"（或曰"官契"）两种。这两种契约在我国传统社会都具有法律保障意义。现存大量土地买卖契约文书，不仅客观真实地反映了我国不同历史时期民间社会土地交易情况，而且从一个侧面反映了历朝政府对土地及赋税的高度重视。

我国历史悠久，地域差异大，反映在土地买卖契约文书方面，各地亦存在差异。地处南方的广东，降雨量多，天气潮湿，易使各类契约文书霉烂，能保存至今的契约文书实属不易。通过契约文书的解读，可丰富地方历史。下面笔者将介绍和解读两份乾隆初年广州府增城县田地买卖契约文书，可利于我们认识清代广州府地方社会田地流转的一些过程。

契约一、《清代乾隆十四年张良征卖田契》（图一）。

该契约横 37 厘米，纵 57 厘米，草纸，木刻印制，共 17 行，仅在相关空白处用毛笔填写。内容如下（以 / 作为一行结束时的标识，以 ＿＿＿ 表示毛笔填写的内容，下同）：

立卖契人张良征为因乏银纳粮及缺用度，情愿将祖父遗下尽字号税 共计 0 顷 0 拾壹亩陆分壹厘 0 毫 0 丝 / 今出卖。先召房亲四邻，无人承买；托中蓝酬五引至张昌华处，公同踏看。如意承买，三面议定，酬还实 / 价银贰拾肆两捌钱纹银马戥。二家允肯，就日立契，价银即日凭中眼同交讫，其产亦交与 / 张昌华管业。此系实银实契，不是债折通交。若产业不明，系卖主同中清

理，与买主无干。其税粮系在 / 梅都壹图四甲户长张存仁的名张上柱名下，□除□到□投过梅都

四图四甲户长张俊宗的名张昌华永远 / 管输，日后据此不得生端留推，次有□□□□□□ /

计开　验契价银贰拾肆两捌钱正 /

尽字柒百叁拾陆号中则田税柒分叁厘一毛坐梅都土名黄坭坎　字　号　则　税　坐　都土名 /

字柒百肆拾伍号中则田税贰分二厘二毛坐　都土名禾岭头　字　号　则　税　坐　都土名 /

字捌百〇二　号中则田税四分七厘七毛坐　都土名黄坭坎　字　号　则　税　坐　都土名 /

字八百〇三　号中则田税一分正　坐　都土名黄坭坎　字　号　则　税　坐　都土名 /

字八百〇四　号中则田税八厘六毛　坐　都土名黄坭坎　字　号　则　税　坐　都土名 /

乾隆十四年二月初四日　立卖契人张良征　字号多者计开 /

中人蓝酬五 /

见银房亲　此田系良征所有，与仁征无干 /

卖契 /

　　按乾隆十四年即 1749 年。这份契约写于清代乾隆十四年改进税契制度及"契尾"形制之际。据学者考证，"清代自顺治时期开始，即已推行房地契约缀加'契尾'之制，根据交易的数额，其税率为'每两输银三分'，即 3%。康熙、雍正时期继续施用'契尾'制度，而在手续上进一步复杂化了，如康熙后期规定'司颁契尾'，即由布政司一级来颁行契尾。而乾隆年间可以称得上是清代税契制度及'契尾'形制完善、定形及成熟时期，从乾隆元年开始，经过乾隆十二年与十四年的两度重要改进之后，契尾形制之严密与完整，应该说近乎达到了无懈可击的程度。"（安介生、李钟《清代乾隆晋中田契"契尾"释例》，载《清史研究》2010 年第 1 期，第 102~103 页。）

　　在这份契约文书中，有几点值得注意：

　　1. 该契约有两处盖有县级政府满汉文官印，一处盖在"祖父遗下尽字号税共计"下用毛笔填写的田地面积所在位置，另一处盖在"酬还实价银"后用毛笔填写纹银马戥处；还有两处盖有印文，一处是在"尽字柒百叁拾陆号"的位置，另一处是在毛笔填写的"贰拾肆两"的位置。盖在这几个地方，既表明县级官府已确认此次买卖关系合法合规，有法律保障意义，又是为了防止日后有人擅自改动数字。这些行为显示地方政府监管有序。

　　2. 虽然清朝政府规定征收的买卖税率是 3%，但是该契约却没有写明应收税钱是多少。这表明该份契约还应附有一份"契尾"，可惜遗失了。

　　3. 契约中写明了每块田地应纳田税的数量，如：

尽字 736 号，田税 7 分 3 厘 1 毛；

745 号，田税 2 分 2 厘 2 毛；

802 号，田税 4 分 7 厘 7 毛；

803 号，田税 1 分；

804 号，田税 8 厘 6 毛。

　　4. 张良征所卖之田均在增城县政府掌握的田亩册里有编号，而且百姓也清楚自己所卖田地的编号。

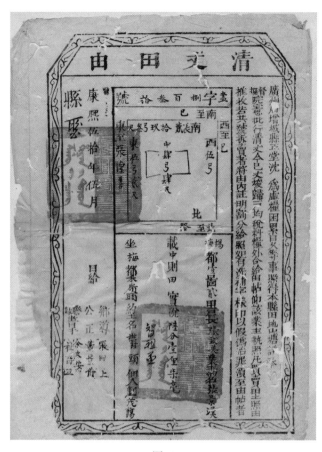

图二

这一点应与笔者所见康熙五十年（1711年）广州府增城县进行的《清丈田由》有关（图二）。

据该份《清丈田由》显示，横20.6厘米，纵29.8厘米，为木刻印制本，印在白色草纸上，康熙五十年五月广州府增城县已完成本地田地清丈工作。《清丈田由》介绍：

广州府增城县正堂沈 为虚粮困累日久等事，照得本县田地山塘详奉/督、抚院宪批行清丈，今已丈竣，归户均税科粮外，合给田帖，仰该业主执照。凡买卖田土，照田/推收，若共号拆卖者，将由内注明割分给照，如有洗补字样，即以假伪治罪，须至由帖者。/

康熙伍拾年伍月　日给　乡导：张田上

公正：董景伦

誊书手：余文安

录书手：杜昌旦

县●

在该份《清丈田由》的正中间画有上下连体的两个正方形。下方正方形竖刻三行字："杨、梅都壹图贰甲户长张武英业主的名张景汉/载中则田实税陆分壹厘柒毫/坐梅都禾岭头约土名爵头佃人刘茂蔼/"，上方正方形为该块田地的面积及四至方位。值得注意的是，此时描绘的方位与我们现代描绘的方位正好相反，即上南下北、左东右西：南至巳，北至路，东至张怀善，西至巳。该块田的编号为"尽字捌百叁拾号"，面积为："东伍弓贰尺，西伍弓，南长贰拾玖弓叁尺，北"，虽然"北"面未填写尺寸，但显然"北"面的尺寸与"南"面的尺寸是一样的，可省略书写。（有关康熙五十年广州府增城县清丈田地一事，将另文阐述）

张良征所卖田地均为"中则田"，编号均为"尽字"，分别是"柒百叁拾陆号，坐梅都土名黄圯坎；柒百肆拾伍号，坐梅都土名禾岭头；八百○二号，坐梅都土名黄圯坎；八百○三号，坐梅都土名黄圯坎；八百０四号，坐梅都土名黄圯坎。"

5. 张良征"尽字"编号田转卖后，其税粮也从卖主"梅都壹图四甲户长张存仁的名张上柱名下"转至买主"梅都四图四甲户长张俊宗的名张昌华永远管输"。由此可推测，清朝康乾时期，一甲之内的人员，其田地税粮均系在该甲户长名下，如田地转卖至另一甲的人员所有，则其税粮应随之转至该甲户长名下。这样做的目的，是为了保证官府税粮不会遗漏。

契约二、《清代乾隆二十四年苏毓茂卖田契》（图三）。

该契约横 38 厘米，纵 50 厘米，草纸，木刻印制，共 17 行，仅在相关处用毛笔填写。内容如下：

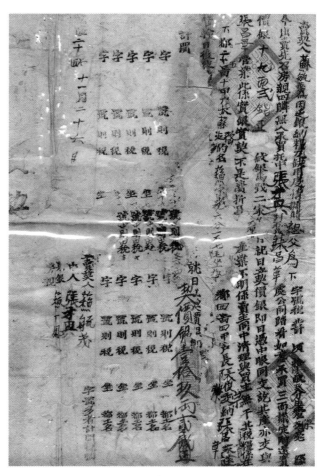

图三

　　卖契人苏毓茂为因乏银纳粮及缺用度，情愿将祖父为下字号税　共计　顷　拾壹亩玖分　厘柒毫　丝／今出卖。先召房亲四邻，无人承买，托中张才兴引至张昌华处公同踏看，如意承买，三面议定，酬还实／价银十九两贰钱正纹银马戥。二家允肯，就日立契，价银即日凭中眼同交讫，其产亦交与／张昌华管业。此系实银实契，不是债折逼交，若产业不明，系卖主同中清理，与买主无干，其税粮系在／下都二十五图十甲户长苏务兆的名苏宗　名，税六分一毫七毛，坐梅都四图四甲户长张俊宗交纳张昌华永远／管输，日后□□□□□□／

　　计开　　验契价银壹拾玖两贰钱正／

字	号	则	税	坐	都	土					
名 字	号	则	税	坐	都	土名／					
字	号	则	税	坐	都	土名	字	号	则	税	坐 都 土名／
字	号	则	税	坐	都	土名	字	号	则	税	坐 都 土名／
字	号	则	税	坐	都	土名	字	号	则	税	坐 都 土名／
字	号	则	税	坐	都	土名	字	号	则	税	坐 都 土名／

乾隆二十四年十一月二十六日　　立卖契人苏毓茂　字号多者计开□□／

　　　　　　　　　　　　中人张才兴／

　　　　　　　　　　见银房亲　苏丁凤／

　　　　　　　　　　　卖契／

按乾隆二十四年即 1759 年。在这份契约文书中，仍有几点需注意：

1. 该契约同"契约一"一样，也盖有官府印文，其中有两处盖有"增城县印"印文，一处盖在"祖父为下字号税共计"下用毛笔填写的田地面积所在位置，另一处盖在"酬还实价银"后用毛笔填写纹银马戥处；还有两处亦盖有印文，一处是盖在用毛笔书写"验契价银壹拾玖"的位置，另一处是盖在用毛笔书写的"验契价银壹拾玖两贰钱正"的"钱正"二字的位置。盖在这几个地方，如同前文所述，既表明县级官府已确认此次买卖关系合法合规，有法律保障意义，又是为了防止日后有人擅自改动数字。这些行为同样显示地方政府监管有序。

2.该契约同"契约一"一样没有写明田地买卖应交纳的税钱。这表明该份契约同样应附有一份"契尾"。

3.苏毓茂转卖田地后，该块田地所纳税粮"6分1毫7毛"从卖主"下都二十五图十甲户长苏务兆的名苏宗名"下转至"坐梅都四图四甲户长张俊宗交纳张昌华永远管输"。

4.该契约只填写了所卖田地的面积及"酬还实价银"，但没有填写田地的编号及其所在位置。

以上所述两份契约虽属"白契"，但实际上已是非标准的"红契"，因为契约本身已是格式化的木刻印本，且钤有官印。

从乾隆十四年到乾隆二十四年，虽然时间仅相差十年，但是人们在对待契约的严肃性上却悄然发生了变化。经过康熙五十年五月完成的田地清丈工作后，官府与百姓基本摸清本地区所有田地面积、方位及田税。在日后一段相对长的时间内，不论是地方官府，还是民间百姓，在转移田地所有权时，都会详细地填写田地的相关信息。可是，到了乾隆二十四年，我们看到了另一种局面，人们在转移田地所有权时，不再填写田地的详细信息，只须填写田地面积及田税两项内容，官府也不再要求。这种现象的出现，表明社会在执行田地所有权转移过程中不再要求严谨细致和面面俱到，其严肃性已然发生了变化。

（2016年6月26日华南农业大学召开中国农业历史学会2016年年会暨广东农史研究第10次学术讨论会参会论文）

从清末到民国时期广东卖田契的演变

在我国，土地买卖较早，到明清时期更为频繁。为了确定地权，减少土地所有权转移过程中发生纠纷，开始有了土地买卖的契约文书。民间有私人间的土地买卖，私下交易，未经政府认可，这是私契，也叫白契。另一种契约是要由政府介入，在契约上加盖政府钤印，具有法律效应，谓之官契，或曰赤契。我馆新近入藏了两件卖田契约文书，属官契，一件写于光绪三十年（1904年），另一件写于民国二十九年（1940年）。二者略有异同，从中可窥见从清末到民国广东土地买卖契约文书的演变情况。

第一件卖田契写于光绪三十年，宽55厘米，长66厘米，宣纸，在契券左右骑缝处有竖刻"岁字第　壹拾柒号产价银式佰陆拾两零壹钱伍"一行，还有"广东等处承宣布政使司之印"中文满文印文一方，另有三方完整"广东新宁县印……"除标题"断卖契纸"四字从右往左横书外，正文均由右往左竖刻。正文共26行：

广东等处承宣布政使司　为颁发断卖契纸事案，奉 /

院宪札行，准 /

军机大臣字寄。光绪贰拾玖年拾壹月初陆日奉 /

上谕：自光绪叁拾年始将田房契税切实整顿，等因钦此遵 / 旨，寄信前来等因，到院行司奉此，当经本司详请，自光绪叁拾年起停发司颁契尾，改用三联契纸，颁发各州县，卖给买业按业之人，饬令将买主卖主典主中证姓名 /

及所买所按田房亩数、间数、四至丈尺、坐落土名、价银数目，逐一填写，仍俟投税时再行加盖县印，并骑缝处填明契价银数，以免大头小尾等弊。现经酌定，断 /

卖契价每两征库平洋银陆分；典按契价，每两征库平洋银叁分。凡典按之业，均令买纸填写，完过税银。收赎之日，由赎主补回。如系先典后卖，准其于换用买契投税时粘连典契，扣抵半税，典契缴销，除光绪贰拾玖年以前投税各买契免议外，其自叁拾年起从前未税之买契典契，限陆个月内购换三联契纸，照样誊写 /，

粘连旧契，一律遵章税割。如不依限买纸填写印税者，不能作为执业凭据，一经查出，并卖主按主中证首告得实，除勤令买纸印税外，仍照例以契价一半入官，/

充赏查报首告之人。等由奉 / 院宪批行，遵照在案，除另刊典按契纸外，合行编号刊发。嗣

后凡有买业之户，即便遵照。买用此项契纸，每张收库平银柒钱贰分；照章投税，每产价壹两，完纳／

库平洋银陆分，按式填注，仍将后开余纸。查照民间向来通行卖契字句自行书写，不得遗漏，将契纸截给收执契根，缴司存留查核，如有不买契纸投税者，照例／

究罚，须至契纸者。／

计开／

业户而来堂买受　都　图　甲户丁余硕章地　段　坐落土名八斗牍等处，该税〇项〇拾式亩〇分玖厘／

捌毫　田　坵　〇丝〇忽〇微〇金〇沙〇尘〇埃价银〇万〇千式百陆

房　间

拾〇两壹钱伍分式厘〇毫，该税契银〇千／

百壹拾伍两陆钱〇分玖厘叁毫。／

布颁岁　字　壹拾柒号，业户而来堂准此／

光绪叁拾壹年　月　日给。／

立永断卖田契人余硕章，今因宜银急用，无处计备，是以合家酌议，愿将自己增置之坐落／

土名新莲村角、东边大路边处捌斗牍高田，该中税式亩零玖正捌毛正出卖与人，每亩取要／

时价银壹佰式拾肆两正，共伸银式佰陆拾两零壹钱伍分式厘正。先从房亲人等均不愿取，／

次凭中人余中进引至而来堂承买，酌还价银，依契三面言定，二家允肯，就日眼仝丈／

明立契交易，其银一足，当中交与余硕章亲手接归应用，其田亦即推与而来堂永／

远管业，其税原在日益户任从买主割过，长忠户办纳粮务一赏千秋，不得收赎，恐／

口无凭，立永断卖契为据，／

计开四至明白。／

作中人中进

见签兄郁章

见签男孚中　魁中　光绪贰年十式月初五　日永断卖田契人余硕章的笔／

另一件写于民国二十九年，在契券左右骑缝处竖刻"台山县处深字第叁拾号产价银叁拾玖元玖角"一行，宣纸，长51.8厘米，宽34.5厘米。除标题"断卖契纸"四字从右往左横书外，正文均由右往左竖刻，正文共21行。在契券的尾部又刻有小字号字体3行。全文如下：

广东省政府财政厅为　发给断卖契纸事，照得广东现行契税章程规定，採用三联契纸，编号盖印，发给置业之户，将卖主买主及中证姓名暨所／

卖田地房屋亩数、间数、坐落土名及现编门牌号数四至丈尺、价银数目，逐一填写清楚，申请印契，历经照办此项契税，现在定章，无论新旧白契断卖，照产价每亩佰征税六元，典按照典价每佰／

征税四元，及契纸费每张收国币三角五分。其先典后卖者，准其于换用卖契投税时，连同典契呈验，准将以前纳过典按契税金额如数扣还，但以民国年间所税之典按契为限。凡置业之户，/

限于置业后六个月内投税。倘逾限不税，或将原价以多报少，朦混短税，被人告发，一经查实，照章分别处罚；逾期自行投税，仍照章分别征收。逾期罚款，至投承官市产屯田山垯坦地盐　等/

业，一切执照，均限六个月内照断卖投税，其不动产，赠与遗赠继承分析等，订立书据与断卖契同一律购用，此项契纸，按式填注，并将所立契约书据或执照字句于契纸正幅书写明白，不得/

遗漏，如该产业上手契载有地税，或粮额者，应由买卖业主于契内注明，并赴当地县政府将年纳粮额地税，推收过割，以免遗税，无着于税契时，应将上手红契或本身契照，连同缴验，由征税/

机关分别用戳盖明，以资识别，一俟税印完毕，即将契纸截给该业主收执，契根存根，分别缴留备查，须至契纸者，/

计开　雷家球/

业主雷法炘凭中证人雷维源受　县　区　乡　里　甲　户丁　地段　土名狮山脚处地方，/

　　　　　　　　　　　　　　　　　　　　　　　屋间

　　　　　　　　　　　　　　　　　　　　　　　田垯

　　　　　　　　　　　　　　　　　　　　　　　铺间

　　　　　　　　　　　　　　　　　　　　　　　塘口

共税○顷○拾○亩　肆分玖厘柒毫○丝○忽○微　纤　沙　尘　埃，共长　丈　尺　寸，共阔　丈　尺　寸，/

该产价银叁拾玖元玖角，该契税银完。/

厅颁　深　字　卅号断卖契纸，业主雷法炘　准此。/

立永卖断田契人黄茅田复盛村雷家球，今因宜银急用，是以合家酌议，愿将祖父遗落之田一垯，坐落邑属第一区/

白石乡第廿段第□号土名狮山脚处，该税肆分玖厘柒毛正，后开四至明白，出卖与人，其取要时价国币叁拾玖元捌/

毛捌拾文。先招房亲人等，各不愿取，次凭中中人雷维源引至黄茅田新盛村雷法炘，依价承买，三面言定，二家允肯，/

就日眼同丈明，立契交易，其银如数，当中交与雷家球亲手接收应用，厘毛不欠，其田亦即推与雷法炘永远/

管业，日后田有阔窄，价有升降，均系买主所得，不干卖主之事，一卖千秋，不得生端反悔，此系明买明卖，不是/

债利准折，亦非婪卖别人之田，如有来历不明，卖主全中理明，不干买主之事，恐口无凭，立永卖断田契，交执为据。/

作中人雷维源、见契男雷振瑞、妻刘氏指摹。/

中华民国廿八年四月九日　立。永卖断田契人雷家球。/

中华民国廿九年五月七日给。/

（不动产注册列第　册第　页）此契纸由财政厅编列字号，于字号骑缝及年月加盖厅印，俟业主投税时填写明白，然后由征税机关于年月及产/

价粘连白契，或执照骑缝加盖印信，将契纸截开三幅，将正幅给领，其契根存根，分别缴留，其买卖或投承官市产屯/

田，及赠与遗赠继承分析人名均于业主一栏分别填入，投税各项，契据分类填明，并加盖戳记，以资识别。/

此外，还粘有一张附加纸，长56厘米，宽49厘米，共21行：

立永卖断田契人黄茅田复盛村雷家球，今因宜银急用，无处计备，是以/

夫妻合家酌议，愿将祖父遗落经分名下之田一垃，坐落台山县第一区/

白石/

乡新编第柒拾陆段第拾叁号土名狮山脚处，该种地税肆分玖厘柒毫正，后开/

四至明，无坡塘，圳水灌溉足用，今将出卖与人，每亩取要时价国币肆拾圆正，/

先问房亲人等，各不愿取，次凭作中人雷维源引至黄茅田新盛村雷法炘处，依/

价承买，三面言定，二家允肯，/

就日到田，眼同清丈，分明界址，立契交易，其银共计/

叁拾玖圆捌毫捌拾文正，如数当众交与雷家球亲手接归应用，厘毫不欠，其田亦/

　　　　　收文

即日随契推与雷法炘永远/

管业，任由批耕过户纳税，该田日后如有阔窄，价有升降，/

均系买主所得，不干卖主之事，一卖千秋，不得生端反悔收赎，此系明卖明买，实/

银实契，并非债利准折，亦无重典叠按等情，其田亦确系先祖遗落，经分名下之田，不是/

尝田，亦非娄卖别人之田，如有来历不明，系卖主同中理明，不干买主之事，恐口无凭，特立/

此永断卖田契一纸，交与雷法炘收执为据。/

计开/

坐落台山县第一区白石乡新编第七十六段第十三号土名狮山脚处一垃，该种地税肆分玖厘/

柒毫正，四至明，无一。/

作中人雷维元/

见契人妻刘氏指摹　深圳　　　已过户

男雷振瑞　　　　　　　　　卅年二月二日

中华民国式拾玖年国历四月九日　　立。永断卖田契人雷家球／

仝日领到契内价银，一足领完，厘毫不欠，所令是实。／

从上录两件契券券文，我们可以看到民国时期广东的卖田契是在继承光绪三十年卖田契的基础上加以改进而成。继承的内容有：

1. 有关卖田契契文是由主管政府财政方面的部门来制定和执行的，光绪年间是由广东等处承宣布政使司主掌，民国年间是由广东省政府财政厅主掌。

2. 从光绪三十年起停发司颁契尾，改用三联契纸，并一直延用到民国年间。

3. 二者均规定要逐一填写土地买卖契约文书应具的基本内容：

买卖人双方的姓名、卖方签押，这是表示双方产权转移、交接的认定，并表示责任人的身份。

中见人姓名。中见人是中介人，并具有公正的见证人身份，须签押，表示责任的确定。

田房亩数、间数、四至丈尺、坐落土名、价银数目，并于骑缝处填明契价银数，以免出现大头小尾等弊。

卖价及交付日期。

防止和注意事项。

不许反悔。

立契时间年月日——写明。

有些特殊田契需附加说明，如卖田原因等等。

凡经政府查验、缴税、加盖查验、验讫等字形的印。填写经办人（官员）姓名，盖上税课局印，亦有加盖县印，此即成为赤契（官契）。

租税额和起割入册。二者均规定要征税。光绪三十年规定：断卖契价每两征库平洋银陆分，典按契价，每两征库平洋银叁分，买纸填写，每张收库平银柒钱贰分；民国年间规定：照产价每亩佰征税六元，典按照典价每佰征税四元，契纸费每张收国币三角五分。管业的归属，即立契之后转给谁管业。

4. 二者对先典后卖者均有明确规定。

5. 对逾期不税者，二者都有明确规定。

同时，我们也看到，民国时期的卖田契比清末年间的卖田契更为完善，要求更为严格，比如已明确在契纸中写明田产为不动产，对于断卖田契的有关手续规定更为严密。

（2003 年 11 月华南农业大学谊苑召开中国生物学史暨农学史学术讨论会参会论文，后收录倪根金主编：《生物史与农史新探》（中国生物学史暨农学史学术讨论会论文集），万人出版社有限公司，2005 年 10 月初版，第 608~616 页）

"广州市公和乡第九保合作社图记"考

图一

1997年5月13日下午，承蒙广州市公安局档案室康正坚先生的好意，笔者得以目睹该室保藏的一枚图记。据康先生介绍，这枚图记是在一种十分偶然的情况下得以保存下来的。康先生是一位懂得珍惜文化遗产的人。当他目睹了这枚图记时，知道有历史价值，故细心加以保藏。

图记木制，面4.4厘米×6.4厘米，图记文为阳刻篆体字，分三行竖写，共14字："广州市公和/乡第九保/合作社图记/"。(见图一)

据民国二十八年（1939年）9月19日广东国民政府公布《县各级组织纲要》第46条云：

在人口稠密地方，如一村或一街为自然单位，不可分离时，得就二保或三保联合设立国民学校、合作社及仓储等机关，推举保长一人为首席保长，以总其成，但壮丁队仍须分保编队训练。

《纲要》又附有《县各级组织关系图》(图二)，其中有：[1]

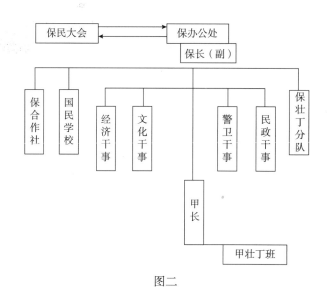

图二

又据广州市档案馆藏档号 150/20　3867 民国三十六年（1947 年）10 月 20 日广州市政府《内政部请电知本市开始实施保甲制度日期及变动情形·代电》文中提到：

> 本市保甲于卅五年二月四日编查完竣，计（24）区（359）保（5647）甲。旋于同年十一月，因人口增加，由同年十月一日起至十二月底止举行总复查，并同时整编保甲。同年十一月十一日接管南海、番禺两县归制之十乡，其中车陂乡因番禺未允移交，计接管归制，祇有彬社、公和、敦和、沥滘、崇文、龙洞、石牌、洗猎扬、恩洲等九乡。至现在止，计（24）区（9）乡（548）保（8326）甲。

由上可知，保合作社成立于 1939 年 9 月 19 日后，公和乡于 1946 年 11 月 11 日始为广州市接管。因此，这枚图记应是广州市公和乡二保或三保联合设立的第九保合作社的图记，其制作及使用时间应为 1946 年 11 月 11 日之后至 1949 年之前。

另据民国 19 年（1930 年）5 月广东国民政府公布《市组织法》记载：

> 第 101 条：坊公所图记，由市政府颁给之。
>
> 第 119 条：坊监察委员会图记，由市政府颁给之。
>
> 第 138 条：间邻图记，由坊公所颁给之。
>
> 第 143 条：区民大会区公所，及区民代表会之钤记，坊民大会坊公所坊、监察委员会，及间邻之图记，其文质形式大小，均由内政部定之[2]。

比照上引 1930 年公布的《市组织法》条文，这枚第九保合作社图记的文质形式大小亦应由当时国民政府统一规定。因此，这枚图记给我们展现了二十世纪四十年代末期广州市基层组织的组织形式、运转机能以及基层组织图记的文质形式大小等面貌。这枚图记仅仅使用了二、三年，就彻底地退出了历史舞台，为新中国成立后的人民政府基层组织的公章所取代。因此，它是新旧政权交替时基层组织变动的一件历史物证，不愧为一件珍贵文物。

（本文写作过程中，曾得到黄务华先生的帮助，谨致谢意！）

注释：

[1] 广东省档案馆编《民国广东政府机构沿革和组织法规选编（1911 年至 1949 年）》，1996 年 2 月，第 329 页及附图。

[2] 同上，第 367~383 页。

（原载广州市文化局、广州市文物博物馆学会合编《广州文博》（1996~1997 合刊））

容庚先生商周青铜器藏品的流传及学术价值

一、引言

容庚原名容肇庚，字希白，号颂斋，广东东莞人。生于 1894 年 9 月 5 日，1983 年 3 月 6 日辞世，享年 90 岁。容先生少年即醉心于金石之学，壮而弥笃，由文字而及器物，进而及于史迹，毕生著书 20 余种，论文及其他述作近百篇，是我国著名的古文字学家、考古学家、书法篆刻家和收藏家。[1]

广州博物馆珍藏容庚先生早年捐献的古铜器一批。这批古铜器是我国文博界为数不多的比较完整的旧藏铜器，在广东乃至全国的商周青铜器藏品中尚不多见，具有极高的学术意义，特别是该批铜器上的金文，学术价值更高。

关于容庚藏古铜器的捐献情况，长期以来，学界有不同的说法。如容肇祖先生在《容庚传》中写道："容庚热爱新中国。解放初，他把用生命鲜血换来的最珍贵的国家仅有的错金铜器'栾书缶'和 150 多件青铜器珍品捐献给国家。粉碎'四人帮'后，他心情很是激动和兴奋，于 1977 年以后，分三批将珍藏青铜器以及字画、法帖陆续捐献给广州博物馆。"[2]马国全先生在《容庚先生的生平和学术成就》一文里记录："1956 年，将节食缩衣购藏的 200 多件商周战国青铜彝器，包括举世惟一的错金《栾书缶》，以及《剌鼎》等名品献给国家。"[3]张维持先生在《著名考古学家容庚》一文也提到："1956 年，他看到文物管理事业的发展，毅然把自己珍藏的古铜器 150 多件捐献给广州市博物馆。"[4]曾宪通先生在《容庚先生和他的颂斋藏器》一文里介绍："新中国成立后，先生将自己珍藏的 200 多种商周彝器、1000 多件历代书画和数万册古今图书陆续捐献给国家。除……'栾书缶'已由广州博物馆上调归中国历史博物馆，'十年陈侯午敦'归华南师范学院之外，先生收藏的绝大多数彝器，由当年的朱光市长推介，捐赠与广州博物馆，仅 1956 年捐出的一批，即达 88 件（套）之多，其中属于一级藏品者 8 件，二级藏品者 34 件。"[5]

本文依据保存至今的捐献清册原始档案，对容庚先生古铜器藏品的流传及捐献情况进行了细致梳理，并对该批古铜器藏品的学术意义和学术价值作出初步分析，以期引起学术界和文博界的高度重视。

二、容庚捐献古铜器藏品的流转情况

容庚先生向广州博物馆捐献了多少件古铜器藏品？这批捐赠品的流传情况又是如何？

在广州博物馆藏文物资料档案里，我找到了当年容庚先生与博物馆双方签署确认的两份容庚捐献青铜器清册。据这两份清册的纪录，可知容先生 1956 年是分两次向广州博物馆捐献古铜器藏品的，共计 95 件。

第一份清册造于 1956 年 4 月 25 日，共 4 页。第一页为清册的封面（图一），上面存有用毛笔横排书写"广州博物馆／古铜器接收清册／（容庚教授旧藏）／接收机关：／负责人：／经手人：／移交点交人：／1956 年 4 月 25 日／"等 8 行字，并在"接收机关"右侧盖有"广州博物馆"正书印文一方，在"负责人"右侧盖有"缪箐"篆体印一方，在"经手人"右侧盖有"廖衍猷"篆体印一方，在"移交点交人"右侧盖有"容庚"篆体印一方。按缪箐，1956 年 3 月 31 日至 1958 年任职广州博物馆副馆长，廖衍猷为工作人员。第二页、第三页、第四页则为"广州博物馆接收清册"（图二、三、四），每页清册上方均盖有"广州博物馆"正书印文一方，以表格形式，按类别、编号、物品名称、数量、单位、物品情况、备考等栏目登记，并在清册下方印有经点人（盖"容庚"篆体印一方）、接收人（盖"廖衍猷"篆体印一方）、制表（盖"廖衍猷"篆体印一方）等栏目。该份清册共登记 75 件青铜器。

第二份清册造于 1956 年 6 月 30 日，共两页。第一页为清册封面（图五），存有用毛笔横排书写"容庚教授捐献文物清册／广州博物馆：／负责人：／经手人：／"等 4 行字，并在"广州博物馆"右侧盖有"广州博物馆"正书印文一方，在"负责人"右侧盖有"缪箐"篆体印一方，在"经手人"右侧盖有"雷冰宣"篆体印一方。第二页为"广州博物馆文物捐献清册"（图六），按类别、编号、物品名称、数量、单位、物品情况、备考等栏目登记，并在清册下方印有经点人、接收人（盖"雷冰宣"篆体印一方）、制表（盖"雷冰宣"篆体印一方）等栏目。该份清册共登记 20 件青铜器。

根据这两份清册的提示，我们按图索骥，可进一步了解容庚先生捐献的这批古铜器的流传情况。以下将按《清册》登录次序及提示，逐一介绍每件古铜器的年代、流传信息及文物等级。

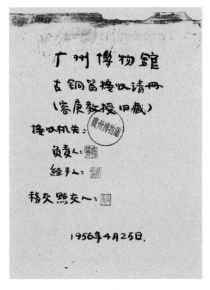

图一

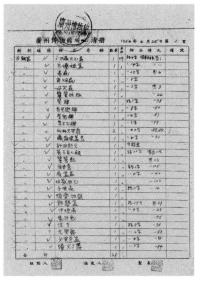

图二

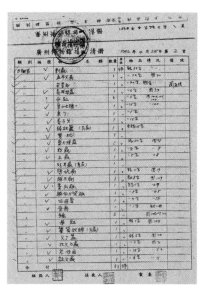

图三

图四　　　　　　　　　　　图五　　　　　　　　　　　图六

1. ▨▨父乙鼎。清册记录："铭4字，颂斋吉录图1。"按"颂斋吉录图1"是指容庚著《颂斋吉金续录》图一。据该书"颂斋吉金续录考释（以下简称'考释'）图一"条介绍："商器。《西清古鉴》三·五箸录。天府藏器，时出人间。十七年四月，余得'易兒鼎'于尊古斋，是为藏器之始。今复得此与'姜林母簋'二器，匆匆已十年矣。"（见中华书局2012年版第387页，下同）按"十七年"即1928年。通耳高27厘米，口径22.3厘米，腹径22厘米。一般文物。

2. 齐媵姬簋。清册记录："铭14字"。椭圆形，象形双耳，兽形三足，腹部饰凤雷纹，肩部饰云纹，斗笠形盖，盖饰云纹，喇叭口。通高23厘米，口径18厘米，腹径24.5厘米，圈足径21厘米。周器。容庚鉴定：二级文物。

3. 易鼎。清册记录："铭25字，图6。"按"图6"是指《颂斋吉金续录》图六。该书"考释·图六"条介绍："出于山西，洪洞刘镜古旧藏。……《善斋礼器录》一·七三著录。……此与'曾太保盆'皆襄公以前器也。"（见第388页）周器。通耳高23.5厘米，口径21厘米，腹径22.7厘米。一级文物。

4. 酉父辛鼎。清册记录："铭3字"。竖耳，平口，垂腹，圜底。口沿下铸饕餮纹。腹内壁有铭文。通耳高24厘米，口径19厘米，腹径19.5厘米。周器。二级文物。

5. ▨▨▨鼎。清册记录："铭2字，图3。"按"图3"是指《颂斋吉金续录》图三。该书"考释·图三"条介绍："商器，出于河南。鼎铭常在腹旁，而在内底者极罕，故舍彼而取此以著其异。"（见第387页）通耳高19.5厘米，口径16厘米，腹径15.5厘米。二级文物。

6. 饕餮纹觚。清册记录："图66"。按"图66"是指《颂斋吉金续录》图六六。该书"考释·图六六"条介绍："商器，出于安阳。"（见第406页）高25厘米，口径14.5厘米，底径8.5厘米。二级文物。

7. ▨▨觯。清册记录："铭1字，图78。"按"图78"是指《颂斋吉金续录》图七八。该书"考释·图七八"条介绍："商器，出于安阳。《善斋礼器录》四·六十箸录。"（见第409页）高10.3厘米，口径 8.1 厘米 ×6.7 厘米，腹径 8 厘米 ×6.5 厘米，底径 7.4 厘米 ×5.3 厘米。一般文物。

8. ▨▨（齐史）▨觯。清册记录："铭 8 字，图 80。"按"图 80"是指《颂斋吉金续录》图八十。该书"考释·图八十"条介绍："周器，出于洛阳。《善斋礼器录》四·九二箸录。"（见第 409 页）高 11 厘米，口径 8 厘米 ×6.5 厘米，腹径 8.5 厘米 ×7 厘米，圈足径 7.5 厘米 ×6.5 厘米。二级文物。

9. 诸兒觯。清册记录："铭 6 字，图 81。"按"图 81"是指《颂斋吉金续录》图八一。该书"考释·图八一"条介绍："周器，出于洛阳。《善斋礼器录》四·九一箸录。善斋藏器富，其于花纹铭文多未暇洗剔。比归余斋，浴以清泉，敷以山樝，绿绣去而铭文显。若此器者，焕若神明，非复旧观矣。"（见第 410 页）《善斋彝器图录》图一四一"诸兒觯"："著录：《善》五·九一、《小》五·九四。案铭文六字，在腹内。"（见《容庚学术著作全集》第一三册，中华书局，第 481 页，下同）高 12 厘米，口径 12 厘米 ×8 厘米，腹径 11 厘米 ×8 厘米，圈足径 9 厘米 ×7 厘米。二级文物。

10. 字父己觯。清册记录："铭 3 字，图 77。"按"图 77"是指《颂斋吉金续录》图七七。该书"考释·图七七"条介绍："商器，出于安阳。《善斋礼器录》四·七三箸录。"（见第 408 页）高 12 厘米，口径 8.5 厘米 ×7.5 厘米，腹径 9 厘米 ×7.5 厘米，底径 8 厘米 ×6.5 厘米。一般文物。

11. 四册父癸爵。2 件。清册记录："铭 4 字，图 88、89。"按"图 88"是指《颂斋吉金续录》图八八。该书"考释·图八八"条介绍："商器，出于洛阳。《善斋礼器录》六·四九箸录。"（见第 412 页）通高 21 厘米，通长 16.5 厘米，腹径 6 厘米，腹深 9 厘米。二级文物。

12. 嬴▨德簋盖。清册记录："铭 6 字，图 41。"按"图 41"是指《颂斋吉金续录》图四一。该书

图七   图八

"考释·图四一"条介绍："周器，出于洛阳。《善斋礼器录》七·五七箸录。"（见第 398 页）《善斋彝器图录》图八五有著录（见第 448—449 页）。高 7.5 厘米。二级文物。

13. 许伯彪戈。清册记录："字错金"。狭援而尖，内成长方形，胡上有三穿，穿作长条状，内有一穿，铭在胡上。援长 12.5 厘米，胡长 7 厘米，内长 7.5 厘米。春秋后期器。容庚鉴定：一级文物。

14. 邕子良人瓶。清册记录："铭 22 字，仅存一片，图 25。"按"图 25"是指《颂斋吉金续录》图二五。该书"考释·图二五"条介绍："铭存六行二十三字，反书。乃周器。海丰吴氏双虞壶斋旧藏。"（见第 393 页）按海丰吴氏即吴子芬。纵 12 厘米，横 11 厘米。容庚鉴定：二级文物。

15. 饕餮纹钲。清册记录："图 113"。按"图 113"是指《颂斋吉金续录》图一一三。该书"考释·图一一三"条介绍："腹前后作饕餮纹。出于安阳。"（见第 419 页）高 16.5 厘米，柄长 6.5 厘米，口径 12 厘米 ×9.5 厘米。商周器。一般文物。

16. 侯车銮。清册记录："铭 1 字，图 125。"按"图 125"是指《颂斋吉金续录》图一二五侯车銮二。据该书"考释·图一二四·侯车銮一"条介绍："乃周器，出于濬县西七十里淇水北岸辛村。……并此二器而六，皆近年所出也。"（见第 421—422 页）可知图一二五之器与图一二四之器同为周器。高 17.5 厘米。一般文物。

17. 𣪘盖。清册记录："铭 6 字，图 40。"按"图 40"是指《颂斋吉金续录》图四〇。据该书"考释·图四〇"条介绍："周器，出于河北顺义县牛狼山。于氏双剑誃旧藏，《双剑誃吉金图录》上一三箸录。"（见第 398 页）按于氏即于省吾。高 6.5 厘米。容庚鉴定：二级文物。

18. 双兽纹匕。清册记录："图 102。"按"图 102"是指《颂斋吉金续录》图一〇二。据该书"考释·图一〇二"条介绍："周器，出于河北怀安"。（见第 415 页）高 26 厘米，柄长 21.5 厘米，口径 5.5 厘米。容庚鉴定：二级文物。

19. 子陕□之孙鼎。清册记录："铭 11 字，图 16。"按"图 16"是指《颂斋吉金续录》图一六。据该书"考释·图一六"条介绍："晚周器。《善斋礼器录》一·六八箸录。"（见第 391 页）通耳高 36 厘米，口径 23 厘米，腹径 31 厘米。二级文物。

20. 蟠夔纹瓿。通耳高 21.5 厘米，口径 23 厘米，腹径 24 厘米，圈足径 11.5 厘米。周器。一般文物。

21. 卲霝簋。清册记录："铭 25 字，图 38。"按"图 38"是指《颂斋吉金续录》图三八。据该书"考释·图三八"条介绍："周器。光绪间陕西鄠县出土。《愙斋集古录》十二·二十、《陶斋吉金录》二·二、《善斋礼器录》七·七五箸录。……此器十年前曾见于尊古斋，索价二百六十元，余欲得之。后肆人查购价实过此数，恐为肆主责，意颇犹豫。余不欲强取而罢。岂意十年之后，展转复归于余乎。"（见第 397 页）《善斋彝器图录》图八二："陕西鄠县出土，同时出七鼎六簋一盘两壶铭文皆同，凡二十五字。"（见第 447 页）高 15 厘米，口径 16.5 厘米，腹径 21.5 厘米，圈足径 17 厘米。容庚鉴定：二级文物。

22. 仲姬鬲。清册记录："铭 4 字，图 23。"按"图 23"是指《颂斋吉金续录》图二三。据该书"考释·图二三"条介绍："周器，出于陕西。《愙斋集古录》十七·十八、《善斋礼器录》二·十五箸录。"（见第 393 页）高 9.5 厘米，口径 14 厘米，腹径 12.5 厘米。容庚鉴定：二级文物。

23. 象纹厄。清册记录："图 95"。按"图 95"是指《颂斋吉金续录》图九五。据该书"考释·图九五"条介绍："周器"。（见第 413 页）高 11 厘米，足径 13.5 厘米 ×9.5 厘米，腹径 16.5 厘米 ×12 厘米，底径 9 厘米 ×6.5 厘米。一般文物。

24. ▣勺。清册记录："铭 7 字，图 98。"按"图 98"是指《颂斋吉金续录》图九八。据该书"考释·图九八侃勺"条介绍："乃楚幽王时器，寿州朱家集出土。《善斋度量衡录》页二箸录二器，均归于余，其一为友人易去。"（见第 414 页）《商周彝器通考》页 13："庐江刘体智所藏'曾姬无卹壶'二，'▣勺'二，见于《善斋吉金录》。今二壶归于中央博物馆，一勺归于余。"通长 25.8 厘米。容庚鉴定：二级文物。

25. 兄癸爵。清册记录："铭 2 字，图 87。"按"图 87"是指《颂斋吉金续录》图八七。据该书"考释·图八七"条介绍："商器，出于洛阳。《善斋礼器录》五·四三箸录。"（见第 411 页）通高 20.5 厘米，通长 16.5 厘米，腹径 6 厘米，腹深 9.5 厘米。一般文物。

26. 父癸▣簋。清册记录："铭 4 字，图 33。"按"图 33"是指《颂斋吉金续录》图三三。据该书"考释·图三三作父癸簋"条介绍："铭两行四字，在腹内。《善斋礼器录》七·廿六箸录。与臣辰诸器同出于洛阳，乃周初器也。"（见第 395 页）《善斋彝器图录》图五五"作父癸簋"："铭文四字，在腹内。与臣辰诸器同出洛阳。"（见第 435 页）高 11.5 厘米，口径 16 厘米，腹径 16 厘米，圈足径 14 厘米。一般文物。

27. ▣父丁爵。清册记录："铭 3 字，图 84。"按"图 84"是指《颂斋吉金续录》图八四。据该书"考释·图八四"条介绍："商器，出于西安。《善斋礼器录》六·卅八箸录。"（见第 410 页）通高 23 厘米，通长 18 厘米，腹径 6 厘米，腹深 9.5 厘米。容庚鉴定：三级文物。

28. 剌鼎。清册记录："铭 51 字"。按《商周彝器通考》页 294："六行五十二字。颂斋藏器。"约西周前期器。通耳高 19 厘米，口径 17.5 厘米，腹径 18 厘米。一级文物。（图七、八）

29. 孟辛父鬲。清册记录："铭 20 字，图 20。"按"图 20"是指《颂斋吉金续录》图二〇。据该书"考释·图二〇"条介绍："光绪二十五年，出于陕西岐山，藏于武氏。《陕西金石志》三·十七又补遗上三、《善斋礼器录》二·廿七箸录。……文字之多，色泽之雅，花纹之美，形制之浑厚，周鬲中上品也。"（见第 392 页）《善斋彝器图录》图四七："铭文二十字，在口内。"（见第 432 页）高 13 厘米，口径 17.5 厘米，腹径 15 厘米。周代。容庚鉴定：二级文物。

30. 栾书缶。清册记录："铭 40 字，错金。"按容庚著《殷周青铜器通论》页 96："四季之称见于铭文的，只有这一器。……栾书一称栾武子，一称栾伯……执政凡十四年。这是他所铸的器。据区昭文从历法考证说铸于鲁成公十二年（前五七九年）。"一级文物。1959 年上调中国历史博物馆藏。

31. 姜林母簋。清册记录："铭 6 字，图 39。"按"图 39"是指《颂斋吉金续录》图三九。据该书"考释·图三九"条介绍："铭两行六字，乃周器。此簋形状如豆，故《西清续鉴》十三·九箸录，称为'周林豆'"。（见第 397 页）高 13 厘米，口径 18 厘米，腹径 18.5 厘米，圈足径 13 厘米。容庚鉴定：二级文物。

32. ▣钲。3 件。清册记录："铭 3 字，图 104，105，106。"按"图 104，105，106"分别是指《颂斋吉金续录》图一〇四、图一〇五、图一〇六。该书"考释·图一〇六"条介绍："以上三钲为一组，出于安阳。此类钲皆商代物，每组凡大中小三器。余所得完具者三组。"（见第 416 页）第一件钲，高 20.5 厘米，柄长 6.5 厘米，口径 16 厘米 ×12 厘米。第二件钲高 17.5 厘米，柄长 5.5 厘米，口径 14 厘米 ×16.5 厘米。第三件钲高 15.5 厘米，柄长 5 厘米，口径 11 厘米 ×9 厘米。二级文物。

33. 曾壬女钟。清册记录："铭 25 字，图 120。"按 "图 120" 是指《颂斋吉金续录》图一二〇。据该书 "考释·图一二〇" 条介绍："铭二十五字，凿而非铸。母下缺一字，疑是为字，乃周器。《善斋乐（笔者按：误，应为'礼'）器录》页十一箸录。"（见第 420 页）通高 16 厘米，纽高 4.5 厘米，栾高 11.5 厘米，两舞相距 9 厘米，两铣相距 9.5 厘米。容庚鉴定：二级文物。

34. 车勺。清册记录："铭 1 字"。勺圆形，直口，深腹，圜底，半圆形，空心柄，无纹饰，柄中部有一小孔，施钉用。勺深 5.5 厘米，口径 7.5 厘米，柄长 6 厘米。商器。二级文物。

35. 秦子戈。清册记录："铭 15 字"。圭援式戈，援前锋尖，削似玉器圭头，上刃斜直，下刃在援末和胡相接处作斜缓的弧线，内长方，穿作长条状孔。微缺。局部有锈。援长 12.5 厘米，胡长 7 厘米，内长 6.5 厘米。春秋时期器。一级文物。

36. 铸叔簠（有盖）。清册记录："各铭 15 字"。高 8.5 厘米，口径 27 厘米 ×23.5 厘米，圈足径 17 厘米 ×14.5 厘米。周器。一般文物。

37. 弩机。箭槽长 10.5 厘米，望山高 4 厘米。汉代器物。一般文物。

38. 曾大保盆。清册记录："铭 22 字，图 48。"按 "图 48" 是指《颂斋吉金续录》图四八。据该书 "考释·图四八" 条介绍："铭三行二十二字，反书，在腹旁，乃周器。《善斋礼器录》八·五箸录。器之以盆名者仅此。"（见第 401 页）《善斋彝器图录》图一〇〇："铭文廿二字，反书，在腹内，盆之有铭者，仅此一器。"（见第 458 页）高 12 厘米，口径 27 厘米，底径 15 厘米。容庚鉴定：一级文物。

39. 叔鼎。清册记录："铭 4 字，图 7。"按 "图 7" 是指《颂斋吉金续录》图七。据该书 "考释·图七" 条介绍："铭四字，在腹旁，乃周器，出于洛阳。《善斋礼器录》一·四四箸录。"（见第 389 页）通耳高 20 厘米，口径 17.5 厘米，腹径 18 厘米。一般文物。

40. 立鼎。清册记录："铭 5 字，图 8。"按 "图 8" 是指《颂斋吉金续录》图八。据该书 "考释·图八" 条介绍："铭五字，在腹旁，乃周器，出于洛阳。《善斋礼器录》一·四七箸录。"（见第 389 页）通耳高 21 厘米，口径 17 厘米，腹径 9.5 厘米。一般文物。

41. 环耳鼎（有盖）。通盖高 24 厘米，口径 17.5 厘米，腹径 22.5 厘米。汉代器物。一般文物。

42. 🔲🔲鬲。清册记录："铭 11 字，图 19。"按 "图 19" 是指《颂斋吉金续录》图一九。据该书 "考释·图一九" 条介绍："铭十一字，在口内缘，乃周器，出于陕西。《恒轩吉金录》下九七、《奇觚室吉金文述》八·二箸录。李勤伯太守旧藏。鬲之附耳者，所见仅此及上虞罗氏之'仲韧父鬲'二器。然罗氏所藏，不若此之精美也。"（见第 392 页）通耳高 18.5 厘米，口径 19.5 厘米，腹径 19 厘米。容庚鉴定：一级文物。

43. 越王剑。清册记录："鸟书 8 字，图 129。"按 "图 129" 是指《颂斋吉金续录》图一二九。据该书 "考释·图一二九" 条介绍："铭在剑格上，左右各作'王戉'二字，两面共八字，鸟书。出于陕西。二十年秋，得于式古斋。"（见第 423 页）通长 55 厘米，茎长 9 厘米，腊广 4.7 厘米，剑格广 5 厘米。容庚鉴定：一级文物。

44.　弘瓿。清册记录："铭5字，图67。"按"图67"是指《颂斋吉金续录》图六七。据该书"考释·图六七"条介绍："铭两行五字，在足旁，乃周初器，出于陕西。"（见第406页）高22.5厘米，口径14厘米，腹径5.5厘米，圈足径7.5厘米。二级文物。

45.　作日癸瓿。清册记录："铭8字，图65。"按"图65"是指《颂斋吉金续录》图六五。据该书"考释·图六五"条介绍："铭八字，在足旁，乃商器，出于洛阳。《善斋礼器录》四·四五箸录。"（见第406页）通高22.5厘米，口径12.5厘米，底径7厘米。一般文物。

46. 作母尊。清册记录："铭4字，图58。"按"图58"是指《颂斋吉金续录》图五八。据该书"考释·图五八"条介绍："铭四字，在腹内，乃周器，出于洛阳。《善斋礼器录》三·七三箸录。"（见第404页）高15厘米，口径15.5厘米，腹径16厘米，圈足径13.5厘米。一般文物。

47.　爵。清册记录："铭1字，缺一柱。"原有双柱（现缺一柱）。圜底，三角刀形足外撇，腹作兽面纹，兽首錾，錾内有铭文。通高22.6厘米，通长19.5厘米，腹径7.5厘米，腹深11厘米。商器。容庚鉴定：二级文物。

48. 铙。3件。清册记录："图108、109、110。"按"图108、109、110"分别指《颂斋吉金续录》图一〇八、一〇九、一一〇。该书"考释"记载，图一〇八是饕餮纹钲一，图一〇九是饕餮纹钲二，图一一〇是饕餮纹钲三。"考释·图一一〇"条介绍："以上三钲为一组，出于安阳。"（见第418页）商器。第一件高10.5厘米，柄长2.5厘米，口径10厘米×7.5厘米。第二件高9.5厘米，柄长3厘米，口径7.5厘米×6厘米。第三件高8厘米，柄长2.5厘米，口径7厘米×5.5厘米。一般文物。

49. 毕钲。清册记录："铭1字，图107。"按"图107"是指《颂斋吉金续录》图一〇七。据该书"考释·图一〇七"条介绍："商器，出于安阳。《善斋乐（笔者按：误，应为"礼"字）器录》页卅八箸录。"（见第418页）《善斋彝器图录》图一九："铭文：毕。箸录：《善》一·卅八，《贞》一·廿三，《小》九·九二，《续殷》上二。案铭文一字，阳识，在口内侧。"（见第420页）高17.5厘米，柄长9.5厘米，口径10厘米×7.5厘米。二级文物。

50. 饕餮纹觯（有盖）。垂鼓腹，圈足外撇，腹、足、盖作饕餮纹三道，各凸棱二道。上腹部上下各饰一道圆圈纹。龟壳形盖，撇口，盖纽为半环形龙身。通盖高17.2厘米，口径8.5厘米×7.2厘米，腹径9.5厘米×8厘米，底径8.5厘米×7厘米。商器。容庚鉴定：二级文物。

51. 父丁簋。清册记录："铭3字，图26。"按"图26"是指《颂斋吉金续录》图二六。据该书"考释·图二六"条介绍："铭三字，在腹内，乃商器。《善斋礼器录》七·十九箸录。"（见第394页）高15.3厘米，口径19厘米，腹径18厘米，圈足径14.5厘米。二级文物。

52. 枚父乙鼎。清册记录："铭3字，图2。"按"图2"是指《颂斋吉金续录》图二。据该书"考释·图二枚父乙鼎"条介绍："铭三字，在腹旁，乃商器，出于洛阳。《善斋礼器录》一·十八箸录。"（见第387页）通耳高23厘米，口径18.5厘米，腹径18厘米。一般文物。

53.　伯卣。清册记录："铭17字，图52。"按"图52"是指《颂斋吉金续录》图五二。据该书"考释·图五二"条介绍："铭三行十七字，乃周器。《善斋礼器录》三·卅三箸录。"（见第402页）通梁高25厘米，口径13.5厘米×10.5厘米，腹径19.5厘米×15厘米，圈足径16.5厘米×12.5厘米。三级文物。

54.　父鼎。清册记录："铭8字，图11。"按"图11"是指《颂斋吉金续录》图一一。据该书"考释·图一一"条介绍："铭两行八字，在腹旁，乃周器，出于洛阳。《善斋礼器录》一·五五箸录。"（见第390页）通耳高22厘米，口径20厘米，腹径21厘米。二级文物。

55. 钟伯侵鼎。清册记录："铭25字，图15。"按"图15"是指《颂斋吉金续录》图一五。据该书"考释·图一五钟伯侵鼎"条介绍："铭五行二十五字，在腹旁，乃周器，出于陕西。《善斋礼器录》一·七二箸录。"（见第391页）通耳高32厘米，口径25.5厘米，腹径25.5厘米，重量6.25公斤。容庚鉴定：二级文物。

56. 小臣簋。侈口，束颈，鼓腹，下腹向外倾垂，圜底圈足，羊首双耳，下有小勾珥。颈和足圈饰蟠螭纹。底有铭文。通耳高14厘米，口径20.5厘米，腹径20厘米，圈足径17厘米。周器。容庚鉴定：二级文物。

57. 仲偁父簋。清册记录："盖器各21字，西清古鉴28.8。"按《西清古鉴》40卷，清梁诗正等奉敕编，乾隆20年内府刻本。弇口鼓腹，兽耳垂珥，圈足下置三小足，腹、盖、足各有垂环带纹一道。通盖高24.5厘米，口径19.3厘米，腹径25厘米，圈足径21.4厘米。周器。一级文物。

58. 季宫父簋。清册记录："铭20字"。长方体，口沿平，器壁斜坦，兽首耳，方圈足，足的各底边为长方形缺口，腹部有窃曲纹两道，外底有窃曲纹。高10.5厘米，口径30.5×24厘米，圈足径19.5×15厘米。周器。容庚鉴定：二级文物。

59. 鸟形罐。清册记录："图49"。按"图49"是指《颂斋吉金续录》图四九。据该书"考释·图四九"条介绍："铭一字，錾而非铸，在盖内。……《善斋礼器录》三·卅九箸录。"（见第401页）通盖高25厘米，口径14厘米。周器。一般文物。

60. 蟠夔纹鼎。双耳，带盖。盖有三环纽。字母口，三兽蹄足，连裆。蟠螭夔龙纹。腹有凸旋纹一道。通盖高22.5厘米，口径21厘米，腹径24厘米。春秋器物。容庚鉴定：二级文物。

61. 蟠夔纹鼎。双耳，带盖。盖有三环纽。字母口，三兽蹄足，连裆。蟠螭夔龙纹。腹有凸旋纹一道。通盖高15厘米，口径13厘米，腹径16厘米。春秋器物。容庚鉴定：二级文物。

62. 黄十钟。清册记录："铭2字，图121。"按"图121"是指《颂斋吉金续录》图一二一。据该书"考释·图一二一"条介绍："铭二字，在纽侧，乃汉器"。（见第420页）通高19.5厘米，纽高5厘米，栾高14.5厘米，两舞相距10厘米，两铣相距11.5厘米。一般文物。

63. 方铲。清册记录："图103"。按"图103"是指《颂斋吉金续录》图一〇三。据该书"考释·图一〇三"条介绍："汉以前物"。（见第415页）口径13厘米，通柄长15厘米，柄长5.5厘米。一般文物。

64. 平底爵。蘑菇形双柱，龙首形鋬，平底扁圆腹，长颈，三棱尖足外撇，流深而直，尾宽而短，腹、颈的纹饰线条突出，腹为内卷角形兽面纹，颈为卷曲纹。通柱高20.5厘米，由尾至流广17厘米，腹广6厘米，腹深10.5厘米。商器。容庚鉴定：二级文物。

65. 龚勺。清册记录："铭1字，图96。"按"图96"是指《颂斋吉金续录》图九六。据该书"考释·图九六"条介绍："商器，出于安阳。"（见第414页）勺深6.5厘米，口径5厘米，柄长6.5厘米。容庚鉴定：二级文物。

66. 戈。2件。清册记录："铭1字，图126、127。"按"图126、127"是指《颂斋吉金续录》

图一二六、一二七。据该书"考释·图一二六"条介绍："铭一字，两面文同，乃商器，出于安阳。"（见第 422 页）第一件长 21.7 厘米，援长 15.8 厘米，内长 5.9 厘米。第二件长 21.5 厘米，援长 15.8 厘米。一般文物。

67. 戈。通长 21.7 厘米，援长 15.8 厘米，内长 5.9 厘米。商器。一般文物。

68. 侯车銮。清册记录："铭 1 字，图 124。"按"图 124"是指《颂斋吉金续录》图一二四。据该书"考释·图一二四"条介绍："铭一字，在柄上，乃周器，出于濬县西七十里淇水北岸辛村。"（见第 421 页）高 17 厘米。一般文物。

69. 车銮。清册记录："图 123"。按"图 123"是指《颂斋吉金续录》图一二三。据该书"考释·图一二三"条介绍："商器，出于安阳。"（见第 421 页）高 11.5 厘米，底径 7.9 厘米。一般文物。

70. 㝬鼎。清册记录："见有两厘米裂纹 3 条，2 厘米斜裂一条。崩落 9 厘米 ×3 厘米一块。有铭。"按见于《颂斋吉金续录》图九。据该书"考释·图九"条介绍："铭两行五字，在腹旁，乃周器，出于洛阳。延鸿阁旧藏，《善斋礼器录》一·四六箸录。"（见第 398 页）通耳高 21 厘米，口径 17.5 厘米，腹广 19.5 厘米。一般文物。

71. 任氏簋。清册记录："5 字"。按见于《颂斋吉金续录》图三七。据该书"考释·图三七"条介绍："铭五字，在腹旁，乃周器，出于洛阳。《善斋礼器录》七·卅三箸录。"（见第 397 页）《善斋彝器图录》图六三："案铭文五字，在腹内。"（见第 437 页）高 13 厘米，口径 19 厘米，腹广 17.5 厘米，圈足径 15 厘米。一般文物。

72. 母簋。清册记录："腹缺 3 厘米 ×2 厘米。有□形裂纹 8 厘米 ×3 厘米。有铭 5 字。"按见于《颂斋吉金续录》图三一。据该书"考释·图三一"条介绍："铭两行四字，在腹内，足内作方格纹，乃周器，出于洛阳。《善斋礼器录》七·廿七箸录。"（见第 395 页）高 12.5 厘米，口径 18 厘米，腹广 18 厘米，圈足径 15 厘米。一般文物。

73. 伐父癸簋。清册记录："4 字"。按见于《颂斋吉金续录》图三四。据该书"考释·图三四"条介绍："铭四字，在腹旁，乃商器。《善斋礼器录》七·廿五箸录。"（见第 396 页）《商周彝器通考》第 333 页记载"出于洛阳"。高 10.5 厘米，口径 16 厘米，腹广 15.5 厘米，圈足径 12 厘米。一般文物。

74. 至大簋。清册记录："10 字"。按见于《颂斋吉金续录》图四四。据该书"考释·图四四"条介绍："铭两行十字，楷书，横列腹内。……此器铸于湖南沅州路学，正在加号先圣曰大成至圣文宣王之后一年。"（见第 399~400 页）高 10.5 厘米，口径 27.6 厘米 ×21.7 厘米，足径 16.5 厘米 ×11.5 厘米。元代器物。一般文物。

75. 天夨父丁爵。清册记录："4 字"。按见于《颂斋吉金续录》图八六。据该书"考释·图八六"条介绍："铭二字在扳内，二字在柱侧，乃商器，出于洛阳。《善斋礼器录》六·四十箸录。"（见第 411 页）通高 22.5 厘米，由尾至流广 18.5 厘米，腹径 6 厘米，腹深 10 厘米。一般文物。

76. 子系爵。清册记录："2 字"。按见于《颂斋吉金续录》图八三。据该书"考释·图八三"条介绍："铭二字，在扳内。……乃商器，出于安阳。"（见第 410 页）通柱高 29.5 厘米，由尾至流广 16 厘米，腹径 6 厘米，腹深 9.5 厘米。二级文物。

77. 弦纹钲。5 件。清册记录："内一个柄缺 1 厘米，三个顶穿一小孔，一个边略缺。"按见于《颂斋吉金续录》图一一五至一一九。据该书"考释·图一一六"条介绍："以上三钲（按指图一一四、一一五、一一六）为一组，出于安阳。"（见第 419 页）图一一五器物尺寸：通柱高 10.5 厘米，柄长 2.5 厘米，口径 10 厘米 ×7.5 厘米。图一一六器物尺寸：通柄高 9.5 厘米，柄长 3 厘米，口径 7.5 厘米 ×6 厘米。据"考释·图一一八"条介绍："以上二钲（按指图一一七、一一八）为一组……出于安阳。"（见第 419 页）图一一七器物尺寸：通柱高 8 厘米，柄长 2.5 厘米，口径 7 厘米 ×5.5 厘米。图一一八器物尺寸：通柱高 16.5 厘米，柄长 4.5 厘米，口径 14 厘米 ×10.3 厘米。图一一九器物尺寸：通柱高 13 厘米，柄长 5 厘米，口径 9.8 厘米 ×7.2 厘米。商周器。一般文物。

78. 雷纹勺。清册记录："柄断"。按见于《颂斋吉金续录》图九九。据该书"考释·图九九"条介绍："周器，出于安阳。"（见第 415 页）高 29 厘米，柄长 25 厘米，柄端口径 3 厘米。一般文物。

79. 市北勺。清册记录："2 字，图 100"。按图 100 即指《颂斋吉金续录》图一〇〇。据该书"考释·图一〇〇"条介绍："勺背铭二字，……乃汉器，出于河南。"（见第 415 页）勺口椭圆，径 9 厘米 ×7 厘米，柄长 23 厘米。一般文物。

80. 象首纹匕。清册记录："图 101"。按图 101 即指《颂斋吉金续录》图一〇一。据该书"考释·图一〇一"条介绍："周器，出于洛阳。"（见第 415 页）匕通长 13.8 厘米，体椭圆。一般文物。

81. 半跪俑。清册记录："图 132"。按图 132 即指《颂斋吉金续录》图一三二。据该书"考释·图一三二"条介绍："时代及出土地均未详。"（见第 425 页）高 9.5 厘米。一般文物。

82. 鸟纹矢镞。清册记录："图 131"。按图 131 即指《颂斋吉金续录》图一三一。据该书"考释·图一三一"条介绍："周物，出于西安。"（见第 425 页）长 8 厘米，宽 2 厘米。一般文物。

83. 鸟纹小器。按见于《颂斋吉金续录》图一三〇。据该书"考释·图一三〇"条介绍："商或周初器，出于安阳。"（见第 425 页）高 2.5 厘米，宽 4.5 厘米。一般文物。

84. 作姬簋。清册记录："腹有 2×1 小孔一个、2.5 厘米裂纹一条。5 字。"按见于《颂斋吉金续录》图三五。据该书"考释·图三五"条介绍："铭两行五字，在腹内，乃周器。《善斋礼器录》七·卅四箸录。"（见第 396 页）高 12 厘米，口径 18 厘米，腹广 18 厘米，圈足径 13.5 厘米。一般文物。

85. 宋观世音像。按见于《颂斋吉金续录》图一三三。据该书"考释·图一三三"条介绍："宋代物。"（见第 425 页）高 21 厘米，底座宽 12 厘米。一般文物。

三、容庚捐献古铜器藏品的学术价值

在容庚先生捐献的 95 件古铜器当中，除元代器物 1 件（见上列序号 74，以下只写号码）、宋代器物 1 件（85）、汉代器物 5 件（37、41、62、63、79）、未详年代器物 1 件（81）外，其余 87 件均为商周至春秋时期的器物。在这 87 件器物中，楚幽王时器物 1 件（24）、春秋后期器物 6 件（13、30、35、43、60、61）、商周时期器物 7 件（15、77、83）、商器 31 件（1、5、6、7、10、11、25、27、32、34、45、47、48、49、50、51、52、64、65、66、67、69、73、75、76）、周器 42 件（2、3、4、8、9、12、14、16、17、18、19、20、21、22、23、26、28、29、31、33、36、38、39、40、42、44、46、53、54、55、56、57、58、59、68、70、71、72、78、84、80、82）。可知容庚先生捐献的这批青铜器主要是商周时期的器物。

根据原有文物鉴定情况，现将容庚先生捐献这批青铜器的文物级别情况统计如下：一级文物9件（3、13、28、30、35、38、42、43、57），二级文物37件（2、4、5、6、8、9、11、12、14、17、18、19、21、22、24、29、31、32、33、34、44、47、49、50、51、54、55、56、58、60、61、64、65、76），三级文物2件（27、53），一般文物47件（1、7、10、15、16、20、23、25、26、36、37、39、40、41、45、46、48、52、59、62、63、66、67、68、69、70、71、72、75、77、78、79、80、81、82、83、84、85）。可知这批青铜器的文物价值相当高，实属罕见。

目前，在我国近代以来的古铜器私人收藏中，迄今为止仍能保存完好的恐怕为数极少。晚清民国以来，由于社会处于大变革时期，私人古铜器的收藏，流转易主，变化极为频繁。晚清主要官宦和世家收藏的古铜器藏品在民国时期悉数拆散，其中大部分藏品已流出国门，成为欧美国家有关中国青铜器艺术收藏品的主体。民国时期，私人收藏的古铜器数量虽然增多，但在经历社会大变革之后，已重新组合，至今仍能有系统地完整保存下来的古铜器藏品则极为少见，因此就个人收藏品的完整性及学术性而言，很少有私人藏家有如容庚先生的藏品那样没有散失，完整保存。

这批古铜器藏品，流传有序。通过上述梳理，我们得知容庚先生的古铜器藏品主要来自陈介祺、刘体智、于省吾、北京式古斋、尊古斋等的藏品，容庚先生在《商周彝器通考》第168~169页也写道：

> 余所藏《颂斋吉金图录》及《续录》中之器，得于民国十七年至二十七年。（注释4：其《颂斋吉金续录》中彝器，得于刘氏善斋者七十五器。）

从上述捐献品的有关介绍中，可知序号7、8、9、10、11、12、19、22、24、25、26、27、33、38、39、40、45、46、49、51、52、53、54、55、59、70、71、72、73、75、84等32件青铜器来自刘体智，序号1来自天府藏品，序号14来自海丰吴子芬，序号17来自于省吾，序号29来自武氏，序号42来自李勤伯太守，序号43来自式古斋。

容先生的藏品不仅是经过诸多大藏家和学者的研究、鉴定和挑选，而且他本人又是青铜器研究大家。容庚先生在《商周彝器通考》第225页写道：

> 余于彝器，初仅治其文字。十四年冬，为故宫博物院提取彝器陈列，十六年春，为古物陈列所鉴定委员，始得摩挲，几及三千器，于形制、文字、花纹三者求之，真伪渐辨。然所见尽熟坑，磨蜡光泽，于生坑茫然也。乃以首薝之余资，试购一二。

按"十四年"即民国十四年，公元1925年；"十六年"即民国十六年，公元1927年。他在彝器研究方面早有深入研究。由于容庚先生是从治学金文开始着手古铜器的收藏，他在收藏古铜器时又特别注重金文价值，关注器物的花纹及其学术价值，且这批古铜器多收录于容庚著《颂斋吉金续录》《善斋吉金录》《商周彝器通考》等书中，因此，容先生捐献的这批古铜器不仅对商周青铜器的研究具有重要参照意义，而且对金文研究同样具有十分重要的学术价值。

容庚先生的这批古铜器捐献品虽然形成于当年"市场化"的环境，没有保留任何科学考古发掘信息，是属社会流散文物，但是由于它们是形成于二十世纪上半叶，且那时特定的政治和文化环境使地下出土古器物层出不穷，加上容庚先生个人的学术眼光和经济能力，使一大批古铜器精品汇聚在容庚手中。这批古铜器分别出自河南的安阳、洛阳、濬县，陕西的西安、岐山、鄂县，河北的怀安、顺义，安徽的寿州和山西、湖南等地，地域分布广泛，颇具全国性，因而在反映我国商周青铜文化方面至今仍然具有典型性，对认识我国商周时期的青铜器颇具标本价值。

注释：

[1] 曾宪通：《容庚先生和他的颂斋藏器》，载广州博物馆主编《镇海楼论稿》，广州：岭南美术出版社1999年版，第107页。

[2] 见东莞市政协编：《容庚容肇祖学记》，广州：广东人民出版社2004年版，第17页。

[3] 见东莞市政协编：《容庚容肇祖学记》，广州：广东人民出版社2004年版，第24页。

[4] 见东莞市政协编：《容庚容肇祖学记》，广州：广东人民出版社2004年版，第49页。

[5] 曾宪通：《容庚先生和他的颂斋藏器》，载广州博物馆主编《镇海楼论稿》，广州：岭南美术出版社1999年版，第109页。

（原载《湖南省博物馆馆刊》第14辑，长沙：岳麓书社，2018年11月）

从《容庚北平日记》谈容庚收藏古铜器的学术智慧

一、引言

容庚（1894—1983年）原名容肇庚，字希白，号颂斋，广东东莞人，著名古文字学家、考古学家、书法篆刻家和鉴藏家，中山大学教授。2020年10月31日中国美术馆在北京举办"有容乃大——容庚捐赠展"，展出容先生及其子女捐献包括"栾书缶"在内的青铜器、书画、信札、著作手稿等珍贵文物近300件，引起社会广泛关注。然而，在谈及容先生向国家捐献古铜器的数量时，虽然2018年拙稿《容庚先生商周青铜器藏品的流传及学术价值》据广州博物馆藏容庚教授捐献文物清册，厘清了这一问题 [1]，但是至今仍有一些媒体的报道不够准确，或失实，如《南方周末》2020年10月5日刊登谭步云《容希白先生和他的栾书缶》一文写道："直到1956年先生始将'栾书缶'在内的150多件青铜器送给了广州市博物馆。"《广州日报》2021年2月26日刊登《广州艺术博物院获捐容庚〈颂斋藏印〉原钤本印谱》一文报道："容庚先生将毕生收藏的近200件青铜器悉数都捐赠给了国家。"因此，有关容先生收藏和捐献古铜器的历史，仍有继续探讨的必要。本文将依据《容庚北平日记》，对容先生收藏转让古铜器的情况作一梳理，并就容先生收藏古铜器的学术智慧这一问题展开讨论。

二、容庚何时开始收藏古铜器

1940年12月25日，容先生在日记里谈道："目光锐利，能见其大，吾不如郭沫若。非非玄想，左右逢源，吾不如唐兰。咬文嚼字，细针密缕，吾不如于省吾。甲骨篆籀，无体不工，吾不如商承祚。操笔疾书，文不加点，吾不如吴其昌。若锲而不舍，所得独多，则彼五人似皆不如我也。" [2] 既是对自己在古铜器领域所作贡献的一次总结，也是表明自己在收藏古铜器方面"锲而不舍，所得独多"。那么，容先生是从什么时候开始涉足古铜器的收藏？

容先生在1933年10月出版《颂斋吉金图录》自序文里写道：

十一年五月，与弟肇祖同游京师，读书于北京大学研究所国学门。……十四年春，《金文编》成。秋，中山大学聘主讲席，会校中有风潮，逗留不竟去。十五年七月，就燕京大学之聘，喜购金石书籍，约六七百种，录其序跋，为《金石书录》。十六年，兼任古物陈列所鉴定委员，始得摩

图　1956年中山大学著名学者容庚教授先后两次捐献青铜器共95件。这是1979年容庚先生（右二）及夫人麦凌霄（右一）曾宪通（右三）和广州博物馆工作人员（左起武宇红、黄兆强、黄流沙）在广州美术馆三楼库房捐献青铜器前合影。
（张光裕拍摄）

挈铜器，辨其真赝，成《宝蕴楼彝器图录》。然足未尝一履古玩肆之门也。十七年四月，美人某将返国，属余伴游古玩肆，得《西清古鉴》著录之易兒鼎，是为收藏之始。私意商周彝器，非寒士所敢望。然环顾宇内，干戈扰攘，所出日多，政府莫能禁，有博物馆出而购求者乎？无有也。此种种者，不流海外，将安所归？抱残守缺，亦余之责也。嗣是厂肆，时有游踪，力所能购，间取一二。金有不足，或舍旧而谋新，即易兒鼎亦不复能久存。[3]

按文中所提"十一年""十四年""十五年""十六年""十七年"均指民国纪年，分别是1922年、1925年、1926年、1927年、1928年。文中提到1928年4月"是为收藏之始"。容先生首次涉足琉璃厂，竟意外地购买到《西清古鉴》里著录的"易兒鼎"。容先生在序文里还发出感慨："私意商周彝器，非寒士所敢望。然环顾宇内，干戈扰攘，所出日多，政府莫能禁，有博物馆出而购求者乎？无有也。此种种者，不流海外，将安所归？抱残守缺，亦余之责。嗣是厂肆，时有游踪，力所能购，间取一二。金有不足，或舍旧而谋新，即易兒鼎亦不复能久存。"

对于首次涉足琉璃厂购买古铜器，《容庚北平日记》1928年4月28日星期六有详细记录：

余向不入古玩铺之门，以囊中羞涩，爱而不能得，徒系人思也。今辰会计主任范天祥约往古玩铺买古钱，先到琉璃厂访古斋，为购二汉镜及古刀布十数枚，价二十元，因事他去，余与明义士到尊古斋，购得一易兒鼎，价五十元。又一三羊镜、一得志小玺，价八元。……易兒鼎，《西清古鉴》著录，余第一次购古器，乃廉价得此，殊自幸也。鼎盖后配，尚合式，《古鉴》无之。三羊镜铭："三羊作竟大毋伤兮。"文字、花纹、色泽均佳。[4]

日记中所记内容与上述序文所记略有不同，日记里明确提到"与明义士"一起到琉璃厂尊古斋购得易兒鼎的。明义士（James Mellon Menzies，1885—1957），加拿大人，1910 年来我国河南省北部传教，后来转往彰德（安阳），1917 年从所收藏 5 万片甲骨中选出 2369 片出版《殷墟卜辞》。[5] 这次买来的易兒鼎，容先生于 1929 年 2 月 11 日以 160 元的价格卖给了商承祚。[6] 我们从广东省立中山图书馆 2020 年 8 月 25 日至 9 月 30 日"吉金墨韵：容庚先生旧藏铜器拓片展"展品"易兒鼎拓本"题记，可知易兒鼎应收藏在中山大学：

此鼎《西清古鉴》七著录，后归延煦堂。十七年四月得于厂肆。余之藏器自此始。今归广东中山大学，庶几能永其传乎。容庚。

十八年春，予为广州中山大学语言历史研所考古学组来平购置古器物及六朝以来石刻凡数十品，独阙晚周彝器，闻希白兄新得易兒鼎，为《西清古鉴》物，乃商让之。鼎虽失盖，而文字甚精美，明字上复有一"兼"字，细如豪毛，可见而不可拓矣。《西清古鉴》遗樆其它且错误，此墨本之可贵也。自予去职中大后，闻存物人多不甚爱惜。希白谓：庶几能永其传。而信然邪。兹睹此拓，不禁怃然也。二十一年五月商承祚记。

容先生从 1928 年 4 月 28 日首次涉足北平琉璃厂，至 1946 年 2 月底离开北平，在这近 20 年里，他在北平教书期间，利用周六、日闲暇时间，逛琉璃厂，与藏家交友，通过购买、交换，将散落在古玩铺、藏家和友人手中的古铜器，按照自己的学术标准，去伪存真，精心挑选了一批古铜器，成为颂斋藏器。

三、容庚藏古铜器的第一次大转卖

容庚生前收藏的古铜器，主要见于《颂斋吉金图录》和《颂斋吉金续录》两部论著中。其中，前者收录藏器 39 件，后者收录藏器 134 件，二者相加共 173 件。据《容庚北平日记》记录，1936 年 7 至 8 月间，容先生将颂斋藏器中的 32 件卖给了中央博物院（即今南京博物院）。关于这次买卖，《容庚北平日记》1936 年有详细记录：

七月二十七日星期一：八时进城。……至史语所。晤裘子元，商定颂斋吉金价四千元。[7]

八月二十日星期四：将所藏颂斋铜器三十二件售与中央博物馆，共乂千元，先收一千一百三十六元三△四分。

八月二十二日星期六：八时携颂斋藏器三十二件至雅文斋，嘱代寄南京博物馆。[8]

按"雅文斋"是北平琉璃厂的一家古玩铺。这批藏器的售款，直到 1937 年，容先生才收齐。日记里有记录：

（1936 年）十一月四日星期三：裘子元汇颂斋古物款八百六十三元六△六分来，合前共收二千元。尚欠二千元。[9]

（1937 年）一月二十日星期三：中央博物院汇洋壹千元来。[10]

那么，容先生卖掉的这 32 件古铜器是颂斋藏器中的哪些器物？

《颂斋吉金图录》出版于 1933 年 10 月，《颂斋吉金续录》出版于 1938 年 7 月，而容先生出售这批古铜器的时间是在 1936 年 7、8 月间，根据容先生收藏古铜器的主要目的是为了解决学术问题，据此可推断，容先生不可能会提前卖掉尚未著录出版的古铜器，即 1938 年出版的《颂斋吉金续录》里收录的那批古铜器，容先生卖掉的这 32 件古铜器当属《颂斋吉金图录》里收录的这批古铜器。

可见《颂斋吉金图录》收录的古铜器已基本转卖给了中央博物院，而新中国成立后广州博物馆接收容先生捐献的这 95 件古铜器当是容先生 1933 年 10 月之后收集的藏品，包括《颂斋吉金续录》收录的及 1938 年 7 月后征集的器物。1946 年 2 月底容先生离开北平南下，失去了收藏古铜器的平台，到新中国成立时，容先生手中保存的古铜器数量当不会超过 150 件。

四、广州博物馆藏容先生捐献古铜器流传情况之补充说明

考古出土物与流散文物的最大区别，在于能否完整保存器物的原真性和科学性。前者可以最大程度地保存文物的科学、历史与艺术价值，后者因追逐经济利益会散失许多科学和历史价值。通过考古科学发掘的出土物，能更加清晰地展示人类的物质文明和精神文明，可以更加完整地保存人类活动的历史痕迹。遗憾的是，二十世纪上半叶，尽管近代考古科学已在我国兴起，但受历史局限，经考古科学发掘的出土物十分有限，盗掘挖宝之风盛行，一大批珍贵文物的科学价值和历史价值被丢失，给人类文明留下了永远的伤痛。

为了更好地利用容先生捐献的这批古铜器，本文将在拙稿《容庚先生商周青铜器藏品的流传及学术价值》的基础上，利用《容庚北平日记》，对容先生收藏转让古铜器的情况再作进一步探讨。

（一）容先生向广州博物馆捐献古铜器藏品概述

1956 年容先生分两次向广州博物馆捐献古铜器，共计 95 件，其中"栾书缶"于 1959 年被征调至中国历史博物馆即今国家博物馆收藏。容先生在完成第 2 次古铜器捐献手续后，中华人民共和国文化

部曾于1956年8月3日向他颁发了由时任部长沈雁冰签名的《褒奖状》。经统计，广州博物馆藏这批古铜器共有28种器物：鼎15件、簋13件、钲10件、爵8件、戈5件、勺5件、觯5件、瓿3件、鬲3件、簠3件、铙3件、盉3件、锺2件、匕2件、甗1件、卣1件、卮1件、缶1件、罐1件、铲1件、盆1件、镞1件、弩机1件、小器1件、俑1件、像1件、剑1件、瓶1件、尊1件。通过查对，在这95件古铜器中，有34件购自庐江刘体智善斋藏器，在《颂斋吉金续录》一书著录的铜器就达75件。

（二）从《容庚北平日记》补充说明广州博物馆藏容先生捐献古铜器藏品的流传情况

《容庚北平日记》较完整地记录了容先生在北平期间的生活和工作情况，其中有关容先生买卖交换转让古铜器的活动记录亦有不少。下面结合日记记录，对广州博物馆藏容先生捐献古铜器中相关器物买卖交换转让的情况梳理如下：

1. 郘䣄簋。周器。《容庚北平日记》1928年4月28日星期六记录："余与明义士到尊古斋。……又一宗妇毁，腹已穿，乃吴大澂旧藏，减至二百八十元，欲购之，后其徒云有误，彼购进之价为三百数十元，余遂不强买。"[11] 日记所记"宗妇毁"，可能就是《颂斋吉金续录》图三八"郘䣄簋"，因为该书"颂斋吉金续录考释（以下简称'考释'）图三八"郘䣄簋"条记载："此器十年前曾见于尊古斋，索价二百六十元，余欲得之。后肆人查购价实过此数，恐为肆主责，意颇犹豫。余不欲强取而罢。岂意十年之后，展转复归于余乎。"按《颂斋吉金续录》出版于1938年7月，往前追溯十年即1928年，故二者所述当指同一件器物。

2. 越王剑。《颂斋吉金续录》"考释图一二九越王剑"条记载："铭在剑格上，左右各作'王戉'二字，两面共八字，鸟书。出于陕西。二十年秋，得于式古斋。"按"二十年"即1931年。《容庚北平日记》1933年1月25日星期三记录："八时进城，访黄节、唐兰、于思泊。以王戉剑与于，易《迦音阁赘诗图卷》、马芳指头画册，及洋六百元。"[12] 按"王戉剑"即越王剑，"于"即于思泊（于省吾）。此时越王剑已卖给了于省吾。

《容庚北平日记》1933年2月20日星期一又有记录："德人鲍尔铿来，以古剑拓本见示，与王文敏所藏相同。余深悔余所藏之售去也。"[13] 这里是指卖给于省吾先生的那把越王剑。可知容先生在卖掉越王剑后不足一个月，就开始后悔卖掉了越王剑。后来，容先生还在不同场合多次提起越王剑，并在"越王剑拓本""迦音阁赘诗图卷本"上作题记。

如1934年容庚在"越王剑拓本"上题记：

　　壬申除夕，此剑售归海城于氏，价六百金，并《迦音阁赘诗卷图》一、马芳指画山水册一。顷读《史记·秦始皇本纪》琅邪公刻石，有卿王戉次于李斯之下。殆此人邪同出一剑，今归德国，文与王氏所藏同，当释"自作用金"。前释永误。廿三年三月十日容庚记。

　　剑文当读王戉，其意为越王，戉王矛可证。十月四日庚记。[14]

按"壬申除夕"即1933年1月25日。1935年12月16日，容庚又在"迦音阁赘诗图"卷本上题记：

> 壬申除夕，见此于友人海城于省吾，许爱以越王剑易之，为吾粤艺林留一佳话。征求题咏，俾续卷中，亦癭公志也。[15]

按"癭公"即罗惇曧（1872—1924年），顺德人，能诗善画，精戏曲。直到1937年1月20日星期三，"越王剑"回到了容庚手中。这一天的日记里有记录："与于思泊以师斾小鼎易八百元及戉王剑、林纾《独秀斋图》、骨条十二根、小铜锈、小玉圈、一刀契、刀癸埙。"[16]

3. 黄十钟。汉器。《容庚北平日记》1933年9月24日星期日记录："黄伯川欲以黄十钟与余仲竞簠相易。"[17]1933年10月2日星期一记录："尊中竞簠与尊古斋易黄十钟、且乙爵。"[18] 按黄伯川（1880—1952年），名濬，湖北云梦人。琉璃厂尊古斋主人，文物鉴藏家，号称"黄百万"。[19]

4. ▣勺。楚幽王时器。寿州朱家集出土。容庚《商周彝器通考》写道："庐江刘体智所藏'曾姬无卹壶'（附图下七四四）二，'▣勺'二，见于《善斋吉金录》。今二壶归于中央博物馆，一勺归于余。"[20]《容庚北平日记》1934年5月8日星期二记录："一时于思泊、商锡永来。以包慎伯字屏二条、《二百兰亭斋金石记》、《十钟山房印举》、《帛币汇考》及凤君嗣子壶铭二，与于易▣勺，乃寿州出土者也。"[21] 可见该件铜器是容庚与于省吾交换而来。

5. 宋观世音像。《容庚北平日记》1934年10月19日星期五记录："至延古斋购观音象，价廿元。"[22]

6. 姜林母簋。周器。《容庚北平日记》1935年4月14日星期日记录："八时进城。游琉璃厂。……购姜林母敦（《西清续鉴》著录），价四十二元。"[23] 按《商周彝器通考》"食器·簋"："古器中有敦者，宋以来名之为敦，复以敦之侈口无盖而圈足者为彝。……敦，《考古图》入之簋属。……殷之为簋，敦簋为一字。"[24]

7. 侯车銮。周器。《容庚北平日记》1935年7月8日星期一记录："早往琉璃厂取铜器。在焦振青处购侯字铃二、牙尺一，价｜三百元。"[25]1935年7月17日星期三记录："一时进城，往焦振青处，取回车銮二、牙尺一。"[26] 可知该器是从琉璃厂焦振青处购得。

8. 曾大保盆。周器。《容庚北平日记》1936年10月18日星期日记录："刘晦之信来，即复。购曾大保盆、叔爽父彝、侃勺二，共四器。"[27]1936年11月6日星期五记录："刘晦之寄曾大保盆、侃勺二、叔爽父尊四器来。叔爽父尊后仿，退还。"[28]1936年11月7日星期六记录："汇刘晦之铜器价二百元。"[29] 可知该件器物是从刘体智处购买。

9. 至大簠。元代器物。1936年11月18日星期三记录："一时与葛维汉进城，逛琉璃厂。购元至正簠一，价十五元。"[30] 可知该件器物是在琉璃厂购买。

10. ▣父鼎。周器。《容庚北平日记》1937年6月29日星期二记录："在式古斋购得▣父鼎，价二百二十元。"[31] 可知该件器物是从琉璃厂式古斋购买。

11. 孟辛父鬲、▣伯卣。周器。《容庚北平日记》1937年12月12日星期日记录："八时进城。至于思泊家，以伯宗盂及七爵、《书契渊源》四集易其孟辛父鬲，又以斗父己觯易其▣伯卣、员鼎。"[32] 可知这两件器物是与于省吾先生交换得来。

12. ▨弘瓿。周初器。《容庚北平日记》1937 年 12 月 24 日星期五记录："八时进城。付蒋南沙、张雪鸿画二张价五十元，购▨弘瓿，四十元。"[33]1938 年 3 月 5 日星期六记录："至琉璃厂。……付铜器修理费二十五元；▨弘瓿四十元。"[34]1944 年 5 月 26 日星期五记录："下午至罗惇曼家，购回……父戊盉、▨弘瓿、杀人鼎四器，价二千七百元，盖于去年以千七百元售去者。"[35]这是容先生从琉璃厂买来，1943 年卖掉，1944 年再买回来的一件器物。

13. ▨▨鬲。周器。《容庚北平日记》1938 年 1 月 21 日星期五记录："八时进城。与曹敬盘、韦尔逊逛琉璃厂，得▨▨鬲于雅文斋，价百五十元。"[36]1938 年 1 月 27 日星期四记录："八时进城。……以郊姛鬲交雅文代售，以备抵▨▨鬲百五十元之价。郊姛鬲乃去年九月在雅文以百五十元购得者。"[37]可知该器物是在琉璃厂雅文斋购得。

14. ▨▨父乙鼎。商器。《颂斋吉金续录》"考释图一"条介绍："《西清古鉴》三·五箸录。天府藏器，时出人间。十七年四月，余得'易儿鼎'于尊古斋，是为藏器之始。今复得此与'姜林母簋'二器，匆匆已十年矣。"《容庚北平日记》1938 年 3 月 15 日星期二记录："萧寿田来，购其▨父乙鼎，价二百元。售与遽册瓿，价二十元，即交与款百八十元，两了。"[38]按萧寿田，琉璃厂古光阁拓工，周希丁弟子。[39]可知该器物是从琉璃厂古光阁萧寿田处购得。

15. 邕子良人瓿。周器。《容庚北平日记》1938 年 4 月 2 日星期六记录："一时进城，至琉璃厂。……在通古斋取回邕子瓿破片，价五十元。"[40]可知该器物是从琉璃厂通古斋购得。

16. 刺鼎。约西周前期器。《商周彝器通考》记载：刺鼎"六行五十二字。颂斋藏器。"[41]《容庚北平日记》1938 年 8 月 21 日星期日记录："六时起即游琉璃厂。在萧寿田处取刺鼎，口有鸟纹一道，通耳高五寸七分，腹高四寸六分，深二寸九分，口径五寸二分，花纹略泐，索价六百元。因此器可为穆王时之标准器，故欲得之，还价三百五十元。"[42]1938 年 8 月 28 日星期日记录："七时至琉璃厂。访萧寿田，刺鼎让价至五百五十元。十一时回家。"[43]1938 年 9 月 23 日星期五记录："萧寿田来取刺鼎去。终不能舍割，电其再送来，以五百金购之。"[44]1938 年 11 月 2 日星期三记录："李毓文来，取铜器五件去。付刺鼎价五百元，售戈尊价抵补四百元。"[45]1939 年 10 月 24 日星期二记录："致复庵信，请题刺鼎。"[46]可知刺鼎是容先生花费 500 金从琉璃厂古光阁萧寿田处购得。

17. 平底爵。商器。《容庚北平日记》1939 年 7 月 21 日星期五记录："进城访朱鼎荣。至韫玉斋，购爵一，平底，仅见其一于《泉屋清赏》，以六十元得之。"[47]是知该器物是从琉璃厂韫玉斋购得。

18. 许伯彪戈。春秋后期器。《容庚北平日记》1941 年 1 月 30 日星期四记录："八时进城。至于思泊家，以明义士、马叔平所赠甲骨拓本一千二三百纸、方若《山水》轴，易得许伯彪错金字戈及畾父盘。十二时携以回家。"[48]1941 年 2 月 1 日星期六记录："八时进城。至于思泊家，以拓本与之。"[49]这是容先生用甲骨拓本等与于省吾先生交换得来。

19. 栾书缶。楚式器物。铸于鲁成公十二年（前 579 年），为流落至楚国的栾氏子孙祭祀祖先而作的器物。1959 年上调中国历史博物馆。《容庚北平日记》1944 年 5 月 3 日星期三记录："访倪玉书。"[50]1944年5月7日星期日记录："早访倪玉书，拟购栾书金字缶，索价一万五千元，还以一万元，未成议。"[51]1944年5月11日星期四、5月18日星期四均记录"访倪玉书"。[52]1944年6月1日星期四记录："下午至北大授课。访倪玉书，购得金字缶，价万五千元，在余可谓豪举，然此缶错金字四十，古今所未有，一旦得之，亦足傲一切矣。"[53]次日，"陶北溟为书'晋缶庐'额。"[54]广东省立中山图书馆藏陶北溟书"晋缶庐"书法作品，题"自晋郘盦毁于洪杨之劫，世无晋器。此缶晚出而错金至四十字，辗转为希伯先生取得，可为得所归矣。甲申夏陶北溟。"高度评价栾书缶的价值。1944年6月19日星期一记录："还金字缶价，除退彝价四千元外，再付一万一千元。"[55]按倪玉书（1903—1967年），名宝麟，河北武清人。1918年赴京，在同益恒古玩铺当学徒，1939年与师弟陈鉴堂合伙开鉴宝古玩店。[56]至此，容先生完成买卖全部手续，从琉璃厂倪玉书古玩店购得栾书缶。

因栾书缶铭文为错金而成，其笔画与器物表面齐平，故无法拓印。《容庚北平日记》1944年6月6日星期二记录："临书巳缶铭，寄梅原末治。"[57]1944年7月8日星期六记录："送书巳缶至金禹民家，令摹其文于砚上。"[58]1944年11月10日星期五："下午至金禹民家，取回栾书之孙缶。"[59]可知广东省立中山图书馆藏"栾书缶铭文"拓本是容先生请篆刻家金禹民（1906—1982年）"摹其文于砚上"，然后拓印而成，拓本上还有"甲申禹民刻"字样。"甲申"即1944年。

20.季宫父簠。周器。《容庚北平日记》1944年5月10日星期三记录："购季宫父簠，价一千四百元。"[60]

21.酉父辛鼎。周器。《容庚北平日记》1944年6月23日星期五记录："下午游琉璃厂，购入酉父辛鼎，价一千四百元。"[61]该器物从琉璃厂购得。

22.铸叔簠（有盖）。周器。《容庚北平日记》1944年7月10日星期一记录："琉璃厂，购式古斋铸子簠盖、器，价四千柒百元，先付三千元。"[62]

五、容先生收藏古铜器的学术智慧

前文依据《容庚北平日记》，对广州博物馆藏容先生捐献古铜器的部分藏品的买卖交换转让等情况进行了初步梳理，我们从中感受到容先生在鉴藏古铜器方面具有非常独特的学术智慧。

容先生之所以能够收藏到大批珍贵古铜器，除有特定的历史环境因素外，主要得益于容先生对古铜器有独特的鉴赏力和精深的研究水平，得益于其收藏目的主要是为了解决学术问题，得益于他具有优秀的理财能力。

首先，容先生一生都在致力金文和青铜器的研究，他酷爱金文，独爱古铜器。容先生曾在《商周彝器通考》一书里回忆：

余于彝器，初仅治其文字。十四年冬，为故宫博物院提取彝器陈列，十六年春，为古物陈列所鉴定委员，始得摩挲，几及三千器，于形制、文字、花纹三者求之，真伪渐辨。然所见尽熟坑，磨蜡光泽，于生坑茫然也。乃以首蓿之余资，试购一二。[63]

容先生特别看重青铜器的形制、文字和花纹，以此评判铜器的价值。他观察细致入微，对器物作反复研究。他积极吸收最新科学去锈方法，通过除锈，发现若干个前人未能发现的铭文。为了考证"簋"的用途，他仔细观察和辨析，在新入藏的"簋"器里发现两三千年前的"饭粒之形"状物，从而确认"簋"是一种食器。1932年海宁吴其昌在容先生藏"文作宝障彝"拓本上留下的一段题记，真实地记录了容先生的这一重要发现：

> 东莞容氏藏簋一，文曰"文作宝障彝"。文字壮茂，尚类周初週器，生翠欲滴。最令吾人注意者，器内满腹饭粒之形，斑斓道杂，历二三千年，已化为铜质。令吾人摩挲观玩，如亲入宗周社会，目睹吾祖宗生活状况，不独可为古器玩赏已也。按簠簋之用，金文自己明言。彊仲簋云：用盛术稻糕粱。曾伯霖簋云：用盛稻粱。又叔家父簠及史兗簠并云：用盛稻粱。其在经典《周礼·掌客·簋》郑君注云：簋，黍稷器也。许叔重亦云：簋，黍稷方器也。经典与彝器已可互相证实。今得此器，又得实物上之证明，使宗周史实，事事如此。金文、经典、实物，这互参证，则古史前途，庶更有望矣。颂斋吾兄当不河汉吾言也。壬申春暮夜与立庵兄宿颂斋家中，草草书此。弟海宁吴其昌记。[64]

容先生收藏的每一件古铜器，都是经过他的精心研究，因而具有重要的学术价值。容先生捐献的这批古铜器不仅对金文的深入研究有重要意义，而且对商周青铜器的研究亦有十分重要的参考价值。

其次，容先生收藏古铜器的目的主要不是为了经济问题，而是为了解决学术问题。前文提及的越王剑、栾书缶，都是因为容先生发现其重大学术价值后而下定决心去征集的。容先生认定有学术价值的器物，是不愿意卖掉的，哪怕有人出高价收购。《容庚北平日记》1945年7月18日星期三曾有记录："于省吾来，言有人欲购予所藏，言书画之书可出价数百万。予以需用却之。是亦不爱江海之珠而宝己之钩者，此之谓也。"[65]

第三，容先生具备独特的理财能力。容先生既不是富商大贾，也不是官宦世家，他之所以有能力收集到一批珍贵古铜器，主要是靠眼力和独特的理财能力。他曾在"父己鬲"拓本题记中写道："余之藏器，皆节衣缩食，仅乃得之，或售甲而取乙，复售乙而取丙，故所藏去者半，而存者半。后之揽者，将谓之何？"[66]在征集古铜器的过程中，容先生曾向友人借过钱，如"师旅鼎"，就是向友人于省吾先生借钱购买的。《容庚北平日记》1936年10月2日星期五有记录："于思泊借四百元，为购刘氏师旅鼎（注：师旅鼎，刘晦之藏器，后改称师旅鼎）用。"[67]1936年10月21日星期三记录："下午刘晦之寄师旅鼎来，佳甚。"[68]而在此期间，容先生卖掉了颂斋藏器32件，收回了一部分资金，使他得以于1936年11月7日星期六"汇刘晦之铜器价二百元，还于思泊四百玖拾元"[69]欠款。这件师旅鼎，后来被容先生用来与于省吾先生交换越王剑。

1937年容庚和于省吾共商购买上海大藏家庐江刘体智（即刘晦之）善斋青铜器。这次商购行动充分展现了容先生的眼力和理财能力。《容庚北平日记》1937年详细记录了这次商购过程：

二月二十六日星期五：刘晦之寄为甫人盨及方形铜器来。

二月二十七日星期六：汇刘晦之铜器价洋二百元。

三月三日星期三：下午于思泊来，谈商购善斋彝器事。于取方形铜器去，价一百五十元。

三月八日星期一：下午一时进城，与于商善斋器事。

三月三十日星期二：于思泊来商购刘氏铜器事。

四月一日星期四：九时进城，访于思泊，定明日往沪商刘氏铜器事。

四月四日星期日：八时至沪，住新亚饭店。往访刘晦之，知齐树平已先到，购铜器事无结果。

四月七日星期三：早访刘晦之，观所藏画影片。

五月十日星期一：下午于思泊来，商购刘晦之铜器事。寄刘信。

五月十一日日星期二：汇刘氏铜器款一万元，于出九千元，余出一千元。

六月十二日星期六：八时进城，访于思泊。余所得刘家二十件铜器以五千元让与他，取其所藏吴渔山《湖山春晓》图。

六月十六日星期三：于思泊来。余所得刘家铜器以五千元售之。

六月二十四日星期四：九时汇通公司通知刘晦之铜器七箱已运到。进城提取。与于思泊分铜器，我分得九十二件。住思泊家。

六月三十日星期三：至前门取铜器。至于思泊家，购于思泊铜器一千五百元。[70]

我们由此亦看到，容先生古铜器藏品主要来自刘体智、于省吾、陈介祺和北京琉璃厂的式古斋、尊古斋等。容先生在《商周彝器通考》也谈道：

余所藏《颂斋吉金图录》及《续录》中之器，得于民国十七年至二十七年。（注释4：其《颂斋吉金续录》中彝器，得于刘氏善斋者七十五器。）[71]

从1943年起，北平物价开始上涨，通货膨胀日益严重。从《容庚北平日记》，我们可看到容先生有过人的理财能力。

1943年的物价：

五月五日星期三：下午至中南海任宅，购米百斤，价二百九十元，真可云米珠矣。[72]

十月廿九日星期五：购小米二百斤，价五百二十四元。[73]

1944年的物价：

三月八日星期三：下午至三阳金店，以八妹存款一千三百八十元，购金戒指三只，重五钱七分五厘。

四月三日星期一：购金二两，价四千九百元。

五月五日星期五：购平丰金二两，价五千五百六十元；购三阳金五两，价一万四千二百元。

六月十九日星期一：售金三两，每两三千八百五十元。

八月廿二日星期二：换金一两，得钞九千五百元，付杨晋题王翚《山水》卷三千四百元。

十月十七日星期二：换金一两，计钞一万〇九百元，……购张灵《兰花》卷，三千四百元；戴进《山水》轴，一千二百五十元。

十一月十二日星期日：换戒指三，重五钱五分，洋五千五百元。[74]

1945年的物价：

一月廿四日星期三：下午往三阳换金五钱，合钞八千七百元。付恽画（笔者按：绢本恽寿平《芙蓉白头》轴）五千元与高名凯。

一月廿七日星期六：购小米百斤，价一千九百元。

三月十一日星期日：下午至琉璃厂，换金戒指，重一钱六分三厘，每钱四千四百计算，得钞七千一百七十二元。

四月十一日星期三：换金二钱，每钱价八千八百元。

五月一日星期二：购文征明绢本《山水》轴，价一万九千元。时金价每钱一万一千元，仅合金一钱七分强。

六月四日星期一：售金二钱，价二万二千六百元。

十一月二日星期五：下午换金戒指，重二钱，合钞四万九千元。[75]

可见，容先生能在通货膨胀的夹缝里生存，他通过买金换金，通过自己的学术智慧收购了一些珍品。

新中国成立后，容先生除向广州博物馆捐献了95件古铜器，还向华南师范大学捐献了古铜器，用于教学，但具体数目尚未调查清楚。由于学界目前只出版了容先生在北平时期的日记内容，而容先生离开北平即1946年3月之后的日记内容尚未见出版，因此，有关广州博物馆藏容先生捐献古铜器中某些藏品的来源，以及容先生向国家捐献古铜器的准确数量问题，目前仍然无法解答。假如未来能够整理出版容先生尚未出版的日记内容，以及披露于省吾、刘体智等更多相关资料，我们相信，对广州博物馆藏容先生捐赠古铜器藏品的历史信息定会有更多新认识。

注释：

[1] 载湖南省博物馆编：《湖南省博物馆馆刊》第十四辑，岳麓书社，2018年，第87~99页。

[2] 容庚著，夏和顺整理：《容庚北平日记》，中华书局，2019年，第638页。

[3] 容庚著：《颂斋吉金图录》，见莞城图书馆编《容庚学术著作全集》，中华书局，第16~17页。

[4]《容庚北平日记》第151~152页。

[5]《容庚北平日记》第31页。

[6]《容庚北平日记》第 170 页。

[7]《容庚北平日记》第 467 页。

[8]《容庚北平日记》第 470 页。

[9]《容庚北平日记》第 479 页。

[10]《容庚北平日记》第 488 页。

[11]《容庚北平日记》第 151~152 页。

[12]《容庚北平日记》第 298 页。

[13]《容庚北平日记》第 302 页。

[14] 见广东省立中山图书馆 2020 年 8 月 25 日至 9 月 30 日举办"吉金墨韵：容庚先生旧藏铜器拓片展"。

[15] 广州艺术博物院编著：《容庚捐赠书画特集·绘画卷》，文物出版社，2018 年，第 218 页。

[16]《容庚北平日记》第 488 页。

[17]《容庚北平日记》第 329 页。

[18]《容庚北平日记》第 330 页。

[19]《容庚北平日记》第 300 页。

[20] 容庚著：《商周彝器通考》，见莞城图书馆编《容庚学术著作全集》第七册，中华书局，第 13 页。

[21]《容庚北平日记》第 370 页。

[22]《容庚北平日记》第 386 页。

[23]《容庚北平日记》第 412 页。

[24]《商周彝器通考》第 320~324 页。

[25]《容庚北平日记》第 422 页。

[26]《容庚北平日记》第 423 页。

[27]《容庚北平日记》第 477 页。

[28]《容庚北平日记》第 479 页。

[29]《容庚北平日记》第 479 页。

[30]《容庚北平日记》第 480 页。

[31]《容庚北平日记》第 505 页。

[32]《容庚北平日记》第 514 页。

[33]《容庚北平日记》第 515 页。

[34]《容庚北平日记》第 525 页。

[35]《容庚北平日记》第 730 页。

[36]《容庚北平日记》第 520 页。

[37]《容庚北平日记》第 520 页。

[38]《容庚北平日记》第 527 页。

[39]《容庚北平日记》第 527 页。

[40]《容庚北平日记》第 528 页。

[41]《商周彝器通考》第 294 页。

[42]《容庚北平日记》第 545 页。

[43]《容庚北平日记》第 546 页。

[44]《容庚北平日记》第 549 页。

[45]《容庚北平日记》第 554 页。

[46]《容庚北平日记》第 591 页。

[47]《容庚北平日记》第 581 页。

[48]《容庚北平日记》第 642 页。

[49]《容庚北平日记》第 642 页。

[50]《容庚北平日记》第 728 页。

[51]《容庚北平日记》第 728 页。

[52]《容庚北平日记》第 728~729 页

[53]《容庚北平日记》第 730 页。

[54]《容庚北平日记》第 731 页。

[55]《容庚北平日记》第 732 页。

[56]《容庚北平日记》第 681 页。

[57]《容庚北平日记》第 731 页。

[58]《容庚北平日记》第 734 页。

[59]《容庚北平日记》第 746 页。

[60]《容庚北平日记》第 728 页。

[61]《容庚北平日记》第 732 页。

[62]《容庚北平日记》第 734 页。

[63]《商周彝器通考》第 225 页。

[64] 见广东省立中山图书馆 2020 年 8 月 25 日至 9 月 30 日举办"吉金墨韵：容庚先生旧藏铜器拓片展"展出拓本。

[65]《容庚北平日记》第 771 页。

[66] 见广东省立中山图书馆 2020 年 8 月 25 日至 9 月 30 日举办"吉金墨韵：容庚先生旧藏铜器拓片展"展出拓本。

[67]《容庚北平日记》第 475 页。

[68]《容庚北平日记》第 477 页。

[69]《容庚北平日记》第 479 页。

[70]《容庚北平日记》第 492~506 页。

[71]《商周彝器通考》第 168~169 页。

[72]《容庚北平日记》第 687 页。

[73]《容庚北平日记》第 706 页。

[74]《容庚北平日记》第 721~746 页。

[75]《容庚北平日记》第 754~781 页。

（原载《湖南省博物馆馆刊》第 17 辑，长沙：岳麓书社，2021 年 11 月）

从两封普通信件看 20 世纪 80 年代广彩瓷的用途及瓷胎产地

最近，广州博物馆收藏了两封普通信件，写于 20 世纪 80 年代初，是他人写给在广州大冲口广州彩瓷厂供职的工作人员李桂堃的信件。据广东民间工艺博物馆编辑《赵国垣广彩论稿》一书刊登的《1966 年广彩厂劳动组织初步安排意见》中记录，当年广彩厂设有生产组（共有六组）、制印组、炉房租、普工组、师组（共有十组）、大楼和行政，其中，李桂堃被安排在"师十组"，该组共有 27 人（见广东民间工艺博物馆编《赵国垣广彩论稿》，广州：岭南美术出版社 2008 年 11 月第一版第 160 页）。这两封信的内容虽然很普通，讲日常琐事，但是人们从中可了解 20 世纪 80 年代初广彩瓷在民众中的用途及广彩瓷的瓷胎产地问题。

第一封信是一位名叫李曼斯的人写给李桂堃的，内容如下：

> 堃兄：您好！

> 两次前来广彩找您，都未能与你商谈。今早又去，又不见你面，特将钱交你夫人邱珠转交给您，麻烦替我买个 120 件的花瓶。

> 另，今天下午收到您寄来的购瓷器券，深感谢，并已将一些给了您以前的师弟与朋友。如方便的话，希能给几张来，不敢用。

> 另，是否有六折的瓷器？如有的话，麻烦买 2 个花盆或花瓶。

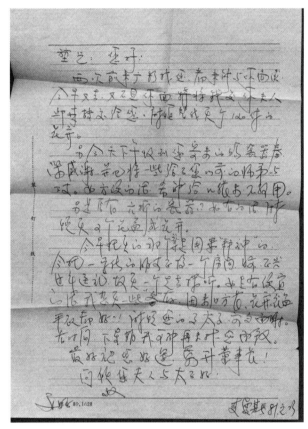

图一　信 1

今早托买的那个瓶是用来"拜神"的。今托一单位的朋友正搞一个房间。目前，正兴过年送礼，故买一个先去探听。如果有便宜的话，我想买一些"备"存，因来日方长，花瓶、花盆平放都好！麻烦您的事太多，容当面谢。有时间，下星期我可能再来找您面叙。

最后祝您好运，荣升董事长！

问候您夫人与太子好！

　　　　致

安好！

　　　　　　李曼斯　81.元.23.（图一）

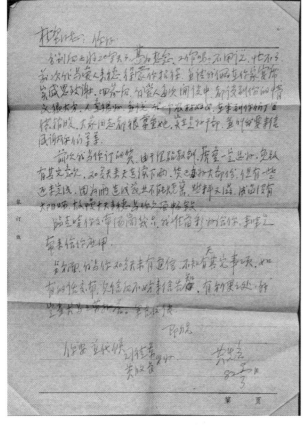

图二　信2

这封信写于1981年元月23日。从信封上所贴邮票的邮资4分钱，可知这是一封寄自广州本地的信，因为那时只有市内来往信件的邮资是4分钱，而寄往省内省外的邮资是8分钱。

新中国成立后，广彩瓷是广州市出口的一项重要民用工艺品。从该信信件内容，我们可以知道，20世纪改革开放初期，广彩瓷器不仅大量出口，而且深受广州市民喜爱。广州市民凭"购瓷器券"买回广彩瓷器，一方面作为过年礼物，馈赠亲朋好友，另一方面用来拜神、摆设。

第二封信是由一位名叫黄先立的人写给李桂堃的，内容如下：

桂堃同志：你好！

分别后正好20余天了，甚为想念。工作吗？不用说，忙不了。前次我与爱人来穗，得蒙你招待，并请我俩在你家宴席，实感恩致谢。回家后，我爱人每次闲谈中，都谈到你的情义很大方，人意很好，并说，我一个农村妇女，在来到你们厂里供销股，大家同志都很尊重她，实在是好干部，并叫我要来信感谢你们等等。

前次我为你订的货，由于经验教训，质量一定选好，免致有其它意见。20多天来天连续下雨，货已办好大部分，但有一些还未完成，因为雨造成瓷业不能烧窑，燃料又湿，成品没有太阳晒，故慢十天来穗与你见面畅叙。

临走时你交带（代）汤筒几只，我准备彩（采）好给你，来时定带来给你应用。

另方面，我与你20多天未有通信，不知有无其它事项。如有的话交带（代），见信后不防来信告知。有方便之处，我定当犬马之劳报答。余当后叙。

即祝

你安并代候司徒军、黄股长安好。

黄先立　1982年3月9日（图二）

根据该信信封显示，这封信是从广东省大埔光德富岭瓷厂寄往广州大冲口织金彩瓷工艺厂的。写信人黄先立是广东省大埔光德富岭瓷厂的工作人员。根据该信内容介绍，黄先立在为广州织金彩瓷工艺厂订购瓷胎，因春天雨水多，影响了瓷器生产，"瓷业不能烧窑，燃料又湿，成品没有太阳晒"，导致原定时间内无法交货。这表明20世纪80年代初广彩瓷中的一部分瓷胎来自广东大埔。

历史上，广彩瓷胎主要来自江西景德镇。新中国成立后，广彩瓷胎的来源大大拓宽，据赵国垣先生介绍，主要是来自江西的景德镇、湖南的醴陵和长沙、广东的清远和电白等地，也有部分是来自河北唐山（广东民间工艺博物馆编《赵国垣广彩论稿》，广州：岭南美术出版社，2008年11月第一版第79~80页）。而来自广东省大埔光德富岭瓷厂的信件则明确显示，二十世纪八十年代初广东大埔也是广彩瓷胎的一个重要来源地。

（原载《发现广州》岭南美术出版社，2015年9月第1版，第50~52页）

中国同盟会时期的珍贵文物

孙中山先生毕生为中国奋斗。他自己说过："余之从事革命……集毕生之精力以赴之，百折而不挠。"（见 1923 年 1 月 29 日《中国之革命》）而中国同盟会的创建，是孙中山先生及其革命党人为推翻满清，建立共和中国一个十分重要的阶段。

孙中山先生先后策划的 1895 年广州起义及 1900 年惠州起义虽告失败，但支援革命者日增。这两次起义的失败，使孙中山先生意识到，要使革命运动迈向更高层次，必须先致力团结革命的力量。他积极联络各团体，主张成立统一的革命组织。1905 年 7 月 30 日，兴中会、华兴会、光复会等革命组织成员，连同当地华侨及留学生 70 多人在东京集会，会上确定新成立的组织名为中国同盟会，并以"驱除鞑虏、恢复中华、创立民国、平均地权"为誓词。8 月 20 日，中国同盟会正式成立，会上推举孙中山为总理。孙中山先生说："中国同盟会遂为中国革命之中枢"，自此"迄于辛亥，无形之心力且勿论，会员为主义而流之血，殆遍霑洒于神州矣！"（见 1923 年 1 月 29 日《中国之革命》）使革命浪潮更为澎湃。直到 1912 年 8 月 25 日，中国同盟会在活动 7 年后被宋教仁改组为国民党。

中国同盟会成立后，"分设支部于国外各处，尤以美洲及南洋为盛；而国内各省亦由会员分往，秘密组织机关部。于是同盟会之会员，凡学界、工界、商界、军人、政客、会党无不有同趋于一主义之下，以各致其力。"（见 1923 年 1 月 29 日《中国之革命》）

广州博物馆藏有一件"中国同盟会会员证"，为目前所知保存至今唯一一件。此证绢本，横 9 厘米，纵 13.7 厘米，1909 年由中国同盟会颁予会员李湛。证件的上半部有一太阳发光的图案，并墨书"中国同盟会"等字，太阳中心写有"中国同盟会"等彩色字，证的下半部盖有"同盟会□□部□□□"钤记。1981 年由李湛后人李燊元捐赠。（图一）

同盟会成立后，对革命宣传更为注重。1905 年 11 月，同盟会在东京创办《民报》。孙中山命胡汉民、汪精卫、陈天华、章太炎等撰述《民报》。《民报》成为同盟会的喉舌，除宣扬革命思想外，亦成为革命派与君主立宪派进行激烈论战的平台。后来同盟会亦曾以新加坡的《中兴日报》及上海的《民立报》作为宣传中心。

广州博物馆藏有《民报》第八期，横 14.9 厘米，纵 22.2 厘米，1906 年在日本东京民报编辑部发行，编辑人兼发行人为章炳麟，内刊有章太炎、胡汉民等人的文章。（图二）

同盟会的活动经费主要依赖对外的募捐。为了便于在北美筹款，孙中山于 1911 年 6 月加入致公堂，将同盟会与致公堂合并，建立"美洲中华革命军筹饷局"，随即发行中华民国金币券，筹集革命经费。广州博物馆即藏有一枚，横19.8厘米，纵9厘米，是孙中山1911年7月在美国旧金山发行的，印有中华革命党本部总理孙文及中华革命军筹饷局会计李公侠二人的签名。李是男，号公侠，是美西同盟会负责人之一。其以"中华民国"的名义，印制募捐凭证"中华民国金币"券，承诺"中华民国成立之日，此票作为国宝通用，交纳税课，并随时如数向国库交换实银"。（图三）此券由孙中山先生设计，面值分10元、100元、1000元三种，是海外华侨支持辛亥革命的物证。

武昌起义前，孙中山及其同盟会员策动了数次武装起义，如1907年潮州黄冈起义、惠州七女湖起义、钦州防城起义、镇南关起义、1908年钦廉上思起义、云南河口起义、1910年广州新军起义、1911年广州"三·二九"起义。这些起义或因事前风声泄露、支持不足、枪械短缺、弹药匮乏、寡不敌众等种种原因而失败，虽然牺牲了不少革命志士的宝贵生命，却为1911年10月10日武昌起义的成功奠下了基础。

这些起义的一些历史物证至今仍珍藏在广州博物馆。如1911年为纪念广州新军起义而特别制作的广东陆军庚戌起义纪念铜章，直径2.6厘米（图四）。1910年2月12日，同盟会会员倪映典率新军近3千人在广州燕塘起义，后因起义准备不周及寡不敌众而失败。1911年广州"三·二九"起义，是革命党人发

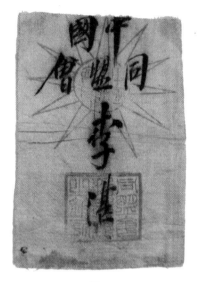

图一

图二

图三

图四

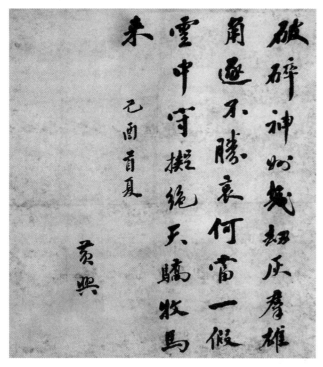

图五

动的最为悲壮的一次起义，孙中山《建国方略》评价："是役也，集各省革命党之精英，与彼虏为最后之一搏。事虽不成，而黄花冈七十二烈士轰轰烈烈之概已震动全球，而国内革命之时势实以之造成矣。"广州博物馆珍藏《1912年黄兴书绢面诗一首》，横54.4厘米，纵57厘米，为方贤旭先生捐赠。1911年4月方声洞在日本告别家人后，只身赴广州参与"三·二九"起义，在是役中壮烈牺牲。民国成立后，方妻王颖携子方贤旭迁居上海。1912年王颖前往探望黄兴时，黄兴追忆广州"三·二九"起义的悲壮场面，即席将其于1909年写成的一首七言诗书写在绢帛上，赠予王颖。（图五）

辛亥武昌起义成功后，1911年12月25日，孙中山抵上海，结束长达16年的流亡生涯。次年1月1日，孙中山在南京就任临时大总统，其间发表临时大总统就职宣言，并印发《中华民国大总统孙文宣言书》（横101厘米，纵74.8厘米，广州博物馆藏）。宣言书中，孙中山指出中华民国临时政府的任务，是要以民主共和替代君主专制，并

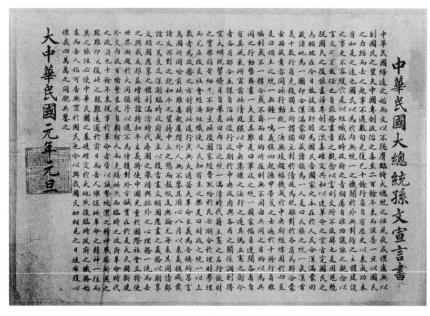

图六

促成"民族之统一""领土之统一""军政之统一""内治之统一"及"财政之统一"（图六）。表明孙中山先生致力于祖国的统一。

孙中山先生领导的中国同盟会时期，是孙中山先生革命生涯中一个十分重要的阶段。在纪念辛亥革命一百周年之际，回顾中国同盟会的发展历程，具有十分重要的意义。

（原载《中国文物报》2011年5月4日第3版"综合"）

李湛 "中国同盟会会员凭据" 考

1989 年，广州博物馆接收了一件特别珍贵的国家一级文物，是由中国同盟会会员李湛的儿子李燊元无偿捐献的。这件文物，横 9 厘米，纵 13.7 厘米，是一件长方形绸缎条幅，条幅中从上到下墨书行书 "中国同盟会李湛" 七字。条幅上方正中印有一朱色青天白日徽，经仔细辨认和推测，在白日圈内从右往左竖写三行朱色 "中国 / 同盟 / 会 /" 篆体字；下方盖有篆体字方形朱印一个，经与同事陈鸿钧先生反复辨认和推敲，方印内的文字，从右往左竖写三行 "同盟会 / 执行部 / 之钤印 /" 共有九字。长期以来，人们一直称其为 "李湛中国同盟会会员证"。

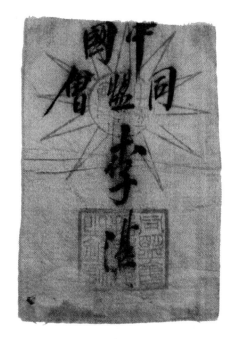

有关这件文物的发现经过，广州博物馆副馆长白琰女士有详细的介绍："由于当时中国同盟会处于秘密活动中，因此李湛加入同盟会后，就把这同盟会会员证收藏在家中连他的家人也不知道的地方。抗日战争胜利后，李湛的儿子李燊元在家清理杂物时准备将堆放在阁楼上的残旧的福州漆皮枕扔掉，当他把漆皮枕从阁楼上扔到厅中地下时，枕头裂开，露出了这件会员证，李燊元便将它镶在镜框内，一直挂在祭祀父亲的神位上。1989 年 2 月，天河区沙河镇文化站进行民间传说普查时，在天河村李燊元家中发现了这件同盟会会员证。广州博物馆的工作人员知道后，立刻寻找到李燊元老人，他高兴地将这件珍贵的辛亥革命文物无偿地捐献给博物馆。"（白琰《五层楼的镇馆之宝》，载《羊城日报》2009 年 6 月 14 日）

然而，根据考辨，特别是通过识读印文，我认为这件文物不是 "李湛中国同盟会会员证"，而应是 "李湛中国同盟会会员凭据"。理由如下：

中国同盟会成立于 1905 年 8 月 20 日。据 1906 年 5 月 6 日改订的《中国同盟会总章》第三条规定："凡愿入本会者，须遵守本会定章，立盟书，缴入会捐一元，发给会员凭据。" 第七条规定："凡会员皆得选举、被选举为总理及议员及各地分会长，被指任为执行部职员及支部部长。" 第十条规定："执行部设庶务、内务、外务、书记、会计、调查六科。" 可知，加入同盟会，会员可获有 "会员凭据"；而同盟会执行部是中国同盟会的具体行事机构。

从广州博物馆珍藏的这件革命文物来看，它应该是由中国同盟会执行部书写并盖印发给李湛的一个凭据。李湛，字竹贤，广东番禺人。朱执信在《李湛神道碑》一文中写道：李湛"既得交今少将李福林，辄倾倒自以为弗及，因兄事之。时胡毅生君方以革命事游说内地，君因福林得识胡君，闻民族之义，因想共和之盛，立起自任，剪除暴逆。岁庚戌正月倪君映典倡义番禺，明年三月黄君兴以选士攻广东总督署，并事几成而败。君时受命部署乡民，将为之应，既不得举愤懑。"可知，李湛是在认识胡毅生先生后始知共和之思想。虽然朱执信没有提到李湛是否有加入同盟会，也没有提到他加入同盟会的具体时间，但我们从上述记载仍可隐约推断李湛有可能是在结识胡毅生后才加入同盟会组织的。我们再结合上述《中国同盟会总章》的有关规定，并从印文反映的组织机构，可以断定这是李湛加入中国同盟会的入会会员凭据。

（原刊《发现广州》，岭南美术出版社，2015年9月第1版，第189~190页）

《民报》创刊号初版的发现

　　《民报》是中国同盟会的机关报。1905年8月20日，中国同盟会成立大会在日本东京赤阪区灵南日人版本金弥宅举行，到会者约百人。大会通过章程草案三十条；公推孙文为总理；由总理指定黄兴为执行部庶务，实居协理职；以《二十世纪之支那》为机关报。9月3日，宋教仁将《二十世纪之支那》杂志社之财产、印信等，移交给同盟会接收代表黄兴，孙文在旁监收。后因该杂志被禁止发行，遂改名为《民报》。

　　《民报》创刊号，即第壹号，1905年11月在东京正式出版发行。它的创刊发行，是中国革命史上的一件大事。它在宣传孙中山的民主革命思想和为推翻清政府统治等方面起了重要作用。

　　三月的广州，木棉花盛开。我们意外地征集一本《民报》创刊号之初版。该版横15厘米，纵21.9厘米，厚0.6厘米，封面和封底均为红纸黑字印刷。据了解，《民报》创刊号共再版发行七次。初版本与后来再版本不同之处仅在封面。初版本封面右上角仅竖印"日本明治卅八年十一月廿五日第三种邮便物认可，日本明治三十八年十一月廿六日发行"字样，而再版本除印有上次版出版发行时间外，还要加上本次出版发行的时间，比如第六版的封面右上角就竖印有"日本明治卅八年十一月廿五日第三种邮便物认可，日本明治三十八年十一月廿六日发行，日本明治三十八年十二月八日再版发行，日本明治三十九年四月十日三版发行，日本明治三十九年五月廿六日肆版发行，日本明治三十九年八月三十日伍版发行，日本明治三十九年十月十四日陆版发行"等字样。此外，初版本与后来再版本的不同之处还有：初版本封面的"第壹号"三字是竖排，其他五次版本的这三个字则是从右往左横排。初版的封底广告栏目也印有"日本明治卅八年十一月廿六日发行，每月一回，五日发行"和"日本明治卅八年十一月廿五日第三种邮便物认可"等字样，又在封底的版权页印有"中国开国纪元四千六百零三年，西历一千九百零五年，日本明治三十八年，清光绪三十一年，阳历十月二十日印刷，阳历十一月初五日发行（五日发行，每月一回）"等字样。由此可知，《民报》创刊号初版发行时间是1905年11月26日。

　　《民报》创刊号写明：编辑人兼发行人是张继，印刷人是末永节，编辑所设在日本东京市牛込区新小川町二丁目八番地，发行所设在日本东京丰多摩郡内藤新宿字番集町三十四番地，印刷所设在日本东京市神田区中猿乐町四番地秀光社，代派所有日本东京中国留学生会馆、香港中国日报馆、新嘉坡南洋总汇报馆、美国旧金山大同日报馆和上海新智社。在创刊号《本社简章》一目里还有介绍："本杂志置总编纂一人，撰述员无定额，庶务干事一人，会计一人，校对二人，收稿一人。"另据1919年12月28日《星期评论》30号刊登朱执信撰写《我所见的孙少侯忏悔》一文介绍："我认识少侯先生，是在十四年前东京同盟会本部里头。当时他是内务部长，代理庶务部长（黄克强那个时候已经离开了东京），我是本部评议员，

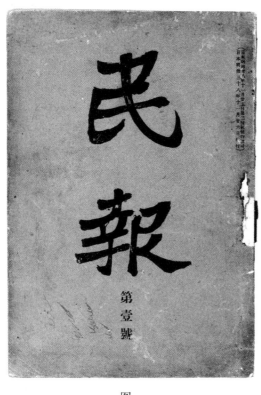

图一

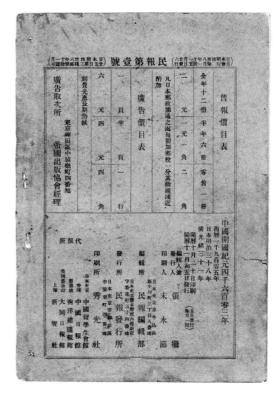

图二

编辑《民报》，所以有见几次面的机会。"（广东省哲学社会科学研究所历史研究室编《朱执信集》，北京：中华书局，1979 年 1 月第 1 版，页 646~647。）可知，朱执信也是《民报》创刊号的编辑人之一。

创刊号的发刊词由孙文撰写，占一页半篇幅，由红纸黑体字印刷。孙文在此首揭"民族""民权""民生"三大主义，且特别强调"是三大主义，皆基本于民"，亦寓此"三大主义"为其革命宗旨。创刊号收录了四幅图画：世界第一之民族主义大伟人黄帝（中国民族开国之始祖）、世界第一平等博爱主义大家墨翟、世界第一共和国建设者华盛顿、世界第一民权主义大家卢梭。又刊登了汪兆铭撰写的《民族的国民》、蛰伸（即朱执信）撰写的《论满政府虽欲立宪而不能》、思黄（即陈天华）撰写的《论中国宜改创民主政体》和《中国革命史论》、马君武撰写的《世界第一爱国者法兰西共和国建造者甘必大传》、过庭（即陈天华）撰写的《记东京留学生欢迎孙君逸仙事》、记者撰写的《记戊戌庚子死事诸人纪念会中广东某君之演说》，以及五篇时评：胡汉民撰写的《关于最近日清之谈判》、思黄撰写的《怪哉上海各报馆之慰问出洋五大臣》和《今日岂分省界之日耶》、胡汉民撰写的《清政府与华工禁约问题》、过庭撰写的《丑哉金邦平》。还刊登了屠富译《进步与贫乏》及三篇来稿：旧金山《致公堂重订新章要义》、上海《周浩然传》和湖南《周君辛铄事略》。

《本社简章》还提出：本杂志的主义是"颠覆现今之恶劣政府，建设共和政体，维持世界真正之平和，土地国有，主张中国日本两国之国民的连合，要求世界列国赞成中国之革新事业。"这就是《民报》的宗旨和奋斗目标。

（原载《发现广州》，岭南美术出版社，2015 年 9 月第 1 版，第 162~164 页）

辛亥"三·二九"起义稀见文献《革党潮》及起义史实考辨

今年是辛亥"三·二九"起义百年纪念。百年前的辛亥年，广州爆发了著名的"三·二九"起义，打响了辛亥革命的第一枪，拉开了辛亥革命的序幕。对这次起义，孙中山给予了高度评价，认为"斯役之价值，直可惊天地泣鬼神，与武昌革命之役并寿"[1]；"是役也，集各省革命党之精英，与彼虏为最后之一搏。事虽不成，而黄花冈七十二烈士轰轰烈烈之概已震动全球，而国内革命之时势实以之造成矣。"[2] 有关这次起义，无论是当年，还是今日，人们都给予了极大的关注，研究的论著十分丰富。然事隔百年，有关是次起义的诸多史实，不仅模糊不清，有待考辨，而且能够完整保留至今的历史文献亦十分罕见，其中《广东最新绘图近事——革党潮》一书，即是反映广州辛亥"三·二九"起义历史的一部稀见历史文献。

一、稀见历史文献《广东最新绘图近事——革党潮》一书概况

《广东最新绘图近事——革党潮》出版于辛亥年五月，即"三·二九"起义发生后不足两个月的时间内。该书为一笑生辑录。"一笑生"显然是辑录者使用的笔名。该书"自序"里介绍了辑录此书的资料来源及目的：

> 此次乱党之起事，乃出于猝然，虽政界早有耳目所闻，而先事防范，……鄙人以事出非常，每日观阅各报，所载新闻，如恒河沙数，无日无之。一般社会，对于此事，尤为注意。惜乎报界庄谐文字，各有所发挥者，言论不一而足。虽议论纷纷，报纸有所登录，远而外洋州府，近而粤省乡村，多未得窥其始末，辄以为憾。余因此而将各报每日所载之的确见闻，及报界之时评著作精美者，撮合成书，以备中外同胞，得悉乱事之颠末情形；并描写当日现象图画，凡十一幅，使人人各手一卷，知其结果。……各报所登载革命党起事全案内之始末详情新闻约四百余段。

简而言之，这篇自序表明了这本书辑录的资料均来源于起义发生后各报纸每天刊登的真实可信的见闻，以及优美的时评，共计四百余段，其目的，欲让世人了解"三·二九"之役的结果。辑者在该书"例言"中进一步补充道："此书择录各报原载关于乱事确闻之始末情形，并无更改一字，凡四百余段十万余言。查此次乱事关系社会影响甚大，辑者恐人未尽知此事之全豹，故撮而成书，以备诸君雅阅而亦使人知此事之如何结果。"

461

该书分十类编排，计 256 页。封面主图为两人站立在悬挂着的警世钟两旁，钟面上书写"广东近事革党潮始末全案新书"等字；封底书写"辛亥五月版，每本定价五毫，版权所有翻刻必究。"另附有插图 11 幅，俱为"各家画师描写当时情形"。还有一页为"女革党徐李氏小照和已故革党赵声小照及二人的小传"。该书"例言"介绍："书中资料俱选从各报之精美文字，分为十类：（一）序文；（二）新闻；（三）舆论；（四）时评；（五）谐文；（六）剧本；（七）龙舟；（八）南音；（九）板眼；（十）粤讴。""三·二九"起义发生后，虽然各报竞相报道，但是，不仅当时的人们不易阅读到各报的报道内容，而且能够流传至今的报纸亦十分稀少，因此，该书为我们深入了解"三·二九"起义的历史事实及当时的广州社会面貌，无疑提供了极为珍贵的一手资料。读者细心阅读，必会有极大收获。由于该书编辑时仓促，书中有文字颠倒缺漏、编排次序不一的现象，需要读者留意。现将该书"目录"与"正文"二者有不相符和缺漏的地方排列如下，熟对熟误，已无从考究：

目录：革党起事赋（季缉）　　　正文：革党起事赋（缉公）

目录：黄花岗赋（棱讽）　　　　正文：黄花岗赋（棱）

目录：革党起事后之最动人者　　正文：革党起事后之最动人耳目者

目录：居民走难（铁公）　　　　正文：居民走难（铁声）

目录：良教沙良民骂防勇　　　　正文：良滘沙良民骂防勇

目录：连日事（季缉）　　　　　正文：连日事（一笑生）

目录缺、正文有："闻得话地震（宋四郎）"

目录缺、正文有："时评"类；

阅读此书时，需要注意的是，该书的作者是站在维护清朝统治的立场出发的。作者不仅在"自序"里提到"未始非寓惩劝世人勿为悖逆之心"，而且在"例言"里也明确写到编辑此书"含有讽劝世人不可举行悖逆之意"。虽然该书有这样或那样的局限，但是不可否认，由于该书的资料主要来源于清朝官府和官兵，以及记者的实地走访见闻，因而保留了大量一手珍贵资料。这些有助于进一步考辨"三·二九"起义的一些历史事实。

本书以广州博物馆藏本为底本，缺页部分则以广东革命历史博物馆藏本予以补充。在整理过程中，得到广东革命历史博物馆欧阳旦霓副馆长的大力支持，我馆苏育权同志帮忙扫描，谨致深切的谢意！

二、《广东最新绘图近事——革党潮》的史料价值

《广东最新绘图近事——革党潮》作为一种集中辑录某一重大历史事件发生发展及其对社会影响的新闻集子，不仅开辟如何报道宣传重大历史事件之先河，而且在中国近代新闻史和出版史上自有其重要的地位，值得关注和重视。现就"三·二九"起义中若干历史事实略作考辨，可见该书的史料价值。

（一）起义时间考辨

"三·二九"起义悲壮惨烈。起义的具体时间有以下几种说法。（一）下午 5 时之说。冯国强《黄花岗烈士殉难记》记载："决于三月二十九日下午五时在省城先行发难。"[3]（二）下午 5：25 分之说。冯自由《革命逸史》（初集）中收录《黄克强在民元南京黄花冈先烈追悼会演说辞》提到："（三月

二十九日）至下午五时二十五分始率队由小东营出发。"[4] 何伯言《黄花岗》亦主此说。[5]（三）下午5：30分之说。邹鲁1924年3月29日撰书并刻石于黄花岗七十二烈士陵园的《广州辛亥三月二十九日革命记》记载："约定是日下午五时半齐发。……四时，黄兴集众，激昂陈词，众益鼓舞。"[6] 这几种说法均为民国建立后人们的追忆或调查结果，其中第二种说法来自黄兴，应最准确，因为他是"三·二九"起义的总指挥，直接率队从小东营出发，沿司后街，向西攻打督署。而《革党潮》辑录的新闻可以更加确定黄兴的回忆比较准确：

> 连日遍传革党起事，政界先经戒严，早已防范一切。昨早督院即严出紧急号令，先行搜拿。午后三点钟已拿得革党首一人。时该党人已欲解散，因防范过严，欲散不得，遂于六点余钟，纠率数十人，手持短枪火药，各继配白带为号，由司后街冲出，直扑督辕放火，与督辕卫队短枪相接，巷战许久，互有伤亡。[7]

这条新闻应写于起义次日，消息应来源于清朝官府和官员，因此，《革党潮》一书记载的"六点余钟"应指革命党人攻打督署的时间。由于起义出发地小东营与两广督署相距450余米，因此，我们推断黄兴率领革命党人于农历3月29日下午5：25分从小东营出发，沿司后街向西攻打，6时余抵达两广督署。

（二）"黄花岗"一名是否为潘达微所改

长期以来，人们坚信：黄花岗七十二烈士陵墓所在地原名"红花岗"，后经潘达微改称而名"黄花岗"。这一说法，在辛亥革命胜利后，潘达微本人在《黄花岗七十二烈士殡葬之情形》一文中也详细写到："是夕（指四月五日）乃将此事颠末宣布，其标题曰：'咨议局前新鬼录，黄花岗上党人碑'。盖余略嫌'红花'二字软弱，不如'黄花'之雄浑。各报因沿用黄花二字，迄今遂成定名矣。"[8] 我们在阅读相关文献时，觉得这一说法值得商榷。事实上，今黄花岗七十二烈士陵墓所在地原名即为"黄花岗"。

1. "黄花岗"一名早已存在。潘达微《咨议局前新鬼录，黄花岗上党人碑》一文发表于辛亥年农历四月五日，即"三·二九"之役发生后的第六天，而《革党潮》择录的一段新闻则写于农历四月四日：

> 初四日，广仁、爱育、方便、广济各善堂奉政界函知，收埋当场轰毙各乱党尸骸，计七十三具。两县初拟统葬东门外臭岗（即平日戮犯丛葬所）。善董徐树棠等，以善堂收葬各骸，向另有地，正未解决。有河南潘达微往江绅处陈请，愿帮同各善董料理检埋各事。当由江绅电商善堂，许其同往。各骸发胀，有棺小不能容者，均另易棺，统葬于大东门外之黄花岗。[9]

"江绅"即江孔殷。另有一段新闻补充写道：

> 此次善界检尸，.葬在黄花岗者，凡七十三具。内一具系督辕巡捕跟丁，另葬一处。余七十二

具，分两列埋葬。当未葬时，有某教士欲送地一穴。善界恐涉嫌疑，故却之，即以黄花岗为埋骨之所云。[10]

从以上两则新闻，可知"三·二九"之役发生后不久，清朝政府已下令南海番禺两县，由各善堂收殓散落街头的革命党人遗骸。为此，南海县池县令因工作不力而丢官，"系去月廿六日到任，至交卸时，不及半月。闻池令此次去任，系因乱后，大吏饬令赶将街上死尸拾埋，以免发变。该令回署后，嘱派仵工前往，讵该帐房吝惜小费，与仵工争论数点钟之久，至四打钟。是日祇执得制台前附近，已因夜不能执。惟番禺地面，早已执清。"[11] 这些革命党人遗骸集中放在咨议局前，南海番禺两县初拟葬大东门外之臭岗，即平时埋葬犯人的地方。而善董徐树棠等认为，既然由善堂收葬，按善堂规矩，就应另择地埋葬。当时有"某教士欲送地一穴，善界恐涉嫌疑，故却之。"[12] 潘达微在江孔殷的允许下，参加殓埋工作。"初五日江绅入晤张督，备陈潘达微等拾尸事。张督曰：此等人皆非为私仇而来，彼既不扰商民，吾虽处于执行法律地位，亦不主多杀戮……善堂诸公仁人君子之用心，与鄙意甚相合，可转谢各善堂云云。"[13] 另据邹鲁《广州三月二十九日革命记》记载："党人潘达微奔走谋地营葬，得善堂赠地一片，曰黄花岗。"[14]

2. "三·二九"之役后，清朝势力还很顽固，革命进入低谷，革命党人或走香港、或避南洋。当时，潘达微仅以记者的身份和善堂一起殓埋了革命党人遗骸。即便"黄花岗"一名是由潘所改称，在当时的情况下，一名记者的改名何以能在短短的几天内迅速被清朝官员和那些反对革命党的人所接受呢？这实在有悖于常理。《革党潮》择录的一篇谐文《黄花冢记》就是一位反对革命党的人士在"三·二九"之役后不久写成的，全文如下：

> 大东门外，去城计数里许，荒冢累累，野草青青，有黄花岗焉。岗之傍，为丛葬所；岗之右，为息鞭亭。去岗约里许，故垒荒凉，火痕斑驳，则为去年新军剧战之地。然非有林泉清幽、岩石奇趣，则是岗又胡足以纪者。月之初四日，吾粤善长仁人，悯党人骸骨之遗暴于路，而瘗之于是岗。新冢危危，即其处所。好事者爱即岗之名以名之，此黄花冢之所由始也。夫党人之死，越今尚未浃旬，而明日黄花，已烟消云灭。然此数日之中，军界政界，藉以升官发财者何限，则谓此冢为若辈之富贵纪念碑可也。然吾因有感焉。越城东北，名胜之地，不可胜数。越王台，索馨斜，金娇墓，英雄儿女，今古钦慕。彼党人之大逆不道，死何足惜，而乃得留迹是间。一薰一莸，益足令人感慨。黄种式微，黄魂安在，吾不暇为彼党人哀，吾更何必为彼党人惜哉，使党人能竭其聪明才力，为国家效力，否则保其首领，老死牖下，以尽其天年，则虽不足以传，亦不失为庸夫俗子之泯灭以终也。噫，吾于黄花冢其又何言。[15]

这篇《黄花冢记》是由一位笔名"帝民"的人所写，他写到：广州"大东门外，去城计数里许，荒冢累累，野草青青，有黄花岗焉。"已直呼"黄花岗"一名。还提到："岗之傍，为丛葬所；岗之右，为息鞭亭。"并指出："好事者爱即岗之名以名之，此黄花冢之所由始也。"由此可知，"黄花岗"一名似早已存在。

（三）徐树棠的历史功绩不应忽视

在殓葬黄花岗七十二烈士的过程中，曾有一位名叫徐树棠的人出地出力，积极殓葬烈士，他就是两粤广仁善堂的善董。然而长期以来，人们很少提起他。这也许是因为徐树棠不是同盟会会员，仅是一名善堂的善董。事实上，早在"三·二九"之役发生期间，当时的新闻就已披露善董徐树棠等殓葬烈士的事情，如前引《革党潮》农历四月四日的一段新闻写道："广仁、爱育、方便、广济各善堂奉政界函知，收埋当场轰毙各乱党尸骸，计七十三具。两县初拟统葬东门外臭岗（即平日戮犯丛葬所）。善董徐树棠等，以善堂收葬各骸，向另有地。"[16] 这一天，徐树棠等慷慨拿出黄花岗一地，并督促仵工殓葬七十二烈士。事隔15年后，即1926年7月，当徐树棠以两粤广仁善堂代表的身份参加广州市教育局传话并被无辜羁留时，当时的国民党中央执行委员会秘书处发函中央执行委员会暨广东省执行委员会，令行广州市政厅教育局"即将敝会组织委员徐树棠遣回，免碍党部之进行。"在这份公函中，提到："细思徐树棠于前清七十二烈士被难时，曾在广仁善堂倡率员伇前往执殓遗骸，让地安葬，不避艰险。此次筹办安葬张民达事宜，再复由广仁善堂送出吉穴。"由于此时徐树棠为中国国民党南海县第七区第八区分部执行委员，故在中央执行委员会秘书处的过问下，得以"省释出外候讯"。[17] 由此可见，国民党党部承认徐树棠在殓葬七十二烈士时有过重要贡献。

（四）黄花岗七十二烈士补遗订误

黄花岗，因埋葬了"三·二九"之役牺牲的革命党人遗骸72具，而有"黄花岗七十二烈士墓"之名。这72位烈士的姓名虽经1919年的第一次审查和1922年的第二次审查，全部查得，但到1932年又查得了14位烈士的姓名。事实上，"三·二九"之役中遇难的烈士远远不止这86位。当年的四月一日，清朝地方政府向外披露："（四月）初一日，南海县署函达广济善堂，称狗头山地段有暂行肉葬匪尸二十九具，着令会合九善堂院协同前往将尸检出，扛赴东较场摄影编号埋葬等语，即由广济医院廖小帆、何允生，方便医院胡善波、何友泉，爱育堂张子谦等带同棺木仵工前往该处地方如数将尸起出，计狗头山检出尸身二十九具，其余未殓贮在东较场者四十五具，初三早再行棺殓埋葬。"[18] 即已提到有74具革命党人遗骸。之后不久再次披露："党人尸首由政界备棺收殓者约一百三十余具，尚余四十具左右由城西方便医院施棺殓葬。"[19] 遇难烈士多达170余人。时过境迁，大量烈士已无从查考。但是，"黄花岗七十二烈士墓"中到底埋葬的是哪72位烈士，前人的访查是否有遗漏和失误，这依然需要做进一步的探究。

黄花岗埋葬的革命党人遗骸共计72具。经过考察，我们发现仍有一些烈士被遗漏了，应埋葬在黄花岗。

补遗一：梁纬。去年9月，我馆与香港孙中山纪念馆合办"革命·再革命——从兴中会到广州政权"展览。其中有一张照片，为安德鲁先生提供，是关于"三·二九"之役中被捕就义的6位革命党人。[20] 这幅照片虽早见于1923年刊印邹鲁撰写的《黄花岗起义七十二烈士事略》一书中，但模糊不清。而安德鲁今日提供的这幅照片清晰度极高，经仔细辨认，可以看出这6位革命党人是站在一堵墙前拍摄的，还可认出他们左胸悬挂布条上所写的姓名。从照片的右边读起，依次为陈才、韦云卿、徐满凌、梁纬、宋玉琳、徐日培。从照片显示的画面推测，他们可能是四月二日中午在广东师范学堂校门前被番禺颜县令处决的6位革命党人。[21] 这6位革命党人中，徐满凌、宋玉琳、徐日培已名列1919年第一次审查名录中，陈才、韦云卿名列1932年革命纪念会审查名录中，而梁纬却因证据不足而始终没有被列进名录，被遗漏了。邹鲁在《广州三月二十九革命史》一书里说到他是南海县人。[22] 由此可以说，邹鲁《广州三月二十九革命史》一书记载徐日培"攻督署后转战至高阳里源盛米店拒敌阵亡"[23] 和陈才"攻督署后转战至司后街阵亡"[24] 均有误。此外，《辛亥粤乱汇编》记载："被拿之革党颇怨黄兴轻于举事，盖有某问官讯，据宋玉琳供称，原拟分六队举事。"[25] 这6位革命党人都应埋葬在黄花岗。

补遗二：李海。据《革党潮》记载：陈少若，20岁，福建人；李海；他们均随黄兴攻入督署，后逃出，在长堤二马路被水师公所兵逮捕，四月初一日早在长堤水师公所前大马头英勇就义。[26] 陈少若，即陈可钧，已被邹鲁《广州三月二十九革命史》一书确认无误，名列1919年第一次审查名录中。李海的情况不详，是否就是邹鲁《广州三月二十九革命史》一书中所提到的"湖南宜章县人李海书"，李海书也因证据不足而始终没有被列进名录中。我们从《革党潮》的记载可以判断，既然陈少若已被确认无误，那么与他一同被捕就义的李海也应无误。因此，李海应埋葬在黄花岗。

补遗三：李某。《革党潮》记载："二十九日革党起事，督练公所即下令陆军警察守护，立派科员前往各处严密搜查，由科员沈某，在莲塘街十四号门牌，拿获党首李某，广东人，并炸药枪炮等件，当即拿往正法。"[27] 李某是广东人，但具体是指谁，还需作进一步的考证，但是可以肯定，李某应埋葬在黄花岗。

补遗四：陈文友、严确廷。《革党潮》记载："前大鹏营于都司，禀解拿获私运军火党人陈文友一名，供开其同伙严德明之弟严确廷，亦经陆提饬弁拿获，移解来省，惟供词牵涉多人，大吏拟俟将供开各人拿获质讯，一并究办。讵廿九晚，乱事起时，陈文友在监内大呼同胞可怜数声，后为官长闻知，恐事出意外，即将陈严二人登时处决。"[28] 在1919年第一次审查稿中，将陈与申、刘枕玉、陈志、王明（一名王珊）、陈文友、严确廷、罗联、罗裕光、梁纬、韦云卿、李海书、陈汝环等12人列为存疑。[29] 到1932年革命纪念会审查时，对上述严确廷、罗联、韦云卿等人予以确认。[30] 因此，与严确廷一同就义的陈文友应埋葬在黄花岗。邹鲁《广州三月二十九革命史》说陈文友为兴宁人（似未闻）。[31]

补遗五：陈与申、刘枕玉、陈志。《辛亥粤乱汇编》记载："旗界捕获直认革党之陈兴申、刘枕玉、陈志等三名，于三十日午刻由旗民府会同南海县丁委员押解，拟在公衙门正法。后因该处地狭，改往将军照壁后斩决。闻此三人在刑场，面不改色，并嘱将伊姓名写清，以备留名后世，临刑不肯下跪。"[32] 陈兴申应为陈与申之笔误，因为繁体字的"与"和"兴"字很容易搞混淆。前文提到，在1919年第一次审查稿中，将他们3人列为存疑，以后一直未见确认，但我们相信《辛亥粤乱汇编》收录的这条新闻应来自官方，是可信的。这3名革命党人是在起义的次日被斩决，因此他们3人也应埋葬在黄花岗。

补遗六：韦云兴。《辛亥粤乱汇编》记载："初三日由某所拿获剪辫一人，解回警署，年约二十左右之美少年也。供称韦云兴，福建人，直认革党不讳。一讯，后带往督署前斩首。韦毫无惧色。"[33] 邹鲁《广州三月二十九革命史》说韦云兴为福建人；[34] 后经审查，认为不实。[35] 但《辛亥粤乱汇编》

收录的这条新闻来自官方，应可信。

"三·二九"之役遇难烈士可考者还有：

1. 赵宗贤、黄森、黄顺基、廖六、李祺谭、陈顺、陈启贤。据《革党潮》记载："在师范学堂前圹地，处决之党人，乃系赵宗贤、黄森、黄顺基、廖六、李祺谭、陈顺、陈启贤等云。"[36] 虽然不清楚这 7 位革命党人被处决的具体时间，但如在 4 月 3 日前被处决，则他们亦可能埋在黄花岗。无论他们是否埋在黄花岗，但可肯定的是，他们都是"三·二九"之役遇难烈士。

2. 罗裕光即罗遇坤。《革党潮》记载："番禺颜令，奉大吏密饬，于昨初八日下午五句钟，提出乱党粮台饶辅廷（剪辫）、罗联、罗裕光（均有辫）共三名，会同兵警员弁，押赴码头法场处决。"[37] 罗裕光是与饶辅廷、罗联一起被捕就义的。经审查，罗裕光即罗遇坤，广东南海良登乡人。《五日风声》记载，他们三位均为广东人。[38] 从他们就义的时间来看，他们都是"三·二九"之役遇难烈士，均未埋葬在黄花岗。

3. 张简廷。四川人。在广州市国家档案馆馆藏档案里，有一卷"1934 年广州市政府关于张烈士简廷择地迁葬"案宗，披露了张简廷是一位"三·二九"之役遇难烈士。

这份案宗起于胡汉民写于 1933 年的一封信函：

> 迳启者：川籍张简廷先烈于三月二十九日之役，为党殉难，/ 其遗骸暂厝广东。前经南京中央党部决议，举行公葬，由 / 当地政府负责办理。近其遗孤张志敏（漱苏）同志来粤，觅得 / 张先烈遗骸，并决定于广东择地安葬，以慰英魂，请就黄花 / 岗附近拨给公地一段并协调四川省政府给予葬费等情。/ 查张先烈早岁参加同盟会，效力革命，凤著劳绩，三月二十九日之役，竟以身殉。追怀先烈，良用景悼，所请拨给公地并 / 酌于葬费一层，既经中央党部决议有案，自当照办。为特函 / 达，即希 / 查照办理为荷。此致。/ 西南执行部 / 胡汉民上　十二月十九日。/

广东省政府主席林云陔于 1934 年 1 月 15 日签署党字第 4 号广东省政府训令广州市市长"择地迁葬"。1 月 18 日广州市出训令第 178 号，令工务局局长文树声"遵照办理"。2 月 19 日广州市工务局局长文树声答复已派人办理，并"择定吉地一段，系坐西北向东南，前便及右便均系树林，左便为七十二烈士碑亭，后便西北隅比邻大亭一座，长度及阔度均划定为一百英尺，全段面积合华井六十六井四十二方尺二十五方寸。该地颇合建筑坟墓之用。张志敏亦经认为满意。"同时提出，因"所择地点，系在七十二烈士坟园内，应否征求坟场管理委员会同意之处，并候钧裁。"2 月 27 日以公函第 562 号发给黄花岗管理委员会征求意见。3 月 14 日邓泽如、林直勉、黄隆生、陈耀垣联名回复，以有民国十三年大元帅明令"嗣后，无论何项有功之人，其遗骨概不得附葬七十二烈士坟园界内"为由，予以回绝。3 月 16 日广州市政府以训令第 865 号，令广州市工务局局长文树声"另行觅地"。

从这份案宗，我们可以了解到，虽然张简廷的遗骸最终未能迁葬黄花岗七十二烈士陵园内，但不可否认的是，他是一位早期同盟会员，在"三·二九"之役中遇难。

总之，《广东最新绘图近事——革党潮》辑录的文章，反映的内容十分丰富。比如广州的民风民俗、生活点滴变化、商业贸易、西医善堂、手术接肢、公伤抚恤等，以及政府、军界、商界、报社、民众如何面对突发事件等均有十分生动的描述，留下大量的宝贵资料。

注释：

[1]《孙总理黄花岗烈士事略序》，载邹鲁：《广州三月二十九革命史》，商务印书馆，1939 年 5 月第二版，第 1 页。

[2] 孙文：《建国方略》，载黄彦编：《孙文选集》，广东人民出版社，2006 年 11 第 1 版，第 100 页。

[3] 冯国强：《黄花岗烈士殉难记》，中国宣传讲习所 1917 年 7 月出版，第 7 页。

[4] 冯自由：《革命逸史》（初集），上海商务印书馆 1946 年 5 月再版，第 221 页。

[5] 何伯言：《黄花岗》，青年出版社 1946 年 8 月再版，第 25 页。

[6] 见黄花岗七十二烈士陵园所立邹鲁《广州辛亥三月二十九日革命记》碑文。

[7] 一笑生辑：《广东最新绘图近事——革党潮》，辛亥年五月（1911 年）广州出版，第 8 页。

[8] 参见广东省政协文史委员会、广东美术馆编：《魂系黄花——纪念潘达微诞辰一百二十周年》，广东人民出版社 2001 年 10 月第 1 版，第 194~195 页。

[9] 一笑生辑：《广东最新绘图近事——革党潮》，辛亥年五月（1911 年）广州出版，第 79 页。又见岭南半翁编辑：《辛亥粤乱汇编》，上海宣统三年六月初一日出版，第 128 页。

[10] 一笑生辑：《广东最新绘图近事——革党潮》，辛亥年五月（1911 年）广州出版，第 88~89 页。

[11] 一笑生辑：《广东最新绘图近事——革党潮》，辛亥年五月（1911 年）广州出版，第 97~98 页。

[12] 一笑生辑：《广东最新绘图近事——革党潮》，辛亥年五月（1911 年）广州出版，第 89 页。

[13] 一笑生辑：《广东最新绘图近事——革党潮》，辛亥年五月（1911 年）广州出版，第 76 页。

[14] 见黄花岗七十二烈士陵园所立邹鲁《广州辛亥三月二十九日革命记》碑文。

[15] 一笑生辑：《广东最新绘图近事——革党潮》，辛亥年五月（1911 年）广州出版，第 192~193 页。

[16] 一笑生辑：《广东最新绘图近事——革党潮》，辛亥年五月（1911 年）广州出版，第 79 页。

[17] 广州市国家档案馆：全宗号 4-01，目录号 9，案卷号 574。

[18] 岭南半翁编辑：《辛亥粤乱汇编》，上海宣统三年六月初一日出版，第 128 页。

[19] 岭南半翁编辑：《辛亥粤乱汇编》，上海宣统三年六月初一日出版，第 64 页。

[20] 程存洁主编：《革命·再革命——从兴中会到广州政权》，北京文物出版社，2011 年 3 月版，第 35 页。

[21] 一笑生辑：《广东最新绘图近事——革党潮》，辛亥年五月（1911 年）广州出版，第 96 页。

[22] 邹鲁：《广州三月二十九革命史》，商务印书馆 1939 年 5 月第二版，第 105 页。

[23] 邹鲁：《广州三月二十九革命史》，商务印书馆 1939 年 5 月第二版，第 90 页。

[24] 邹鲁：《广州三月二十九革命史》，商务印书馆 1939 年 5 月第二版，第 94 页。

[25] 岭南半翁编辑：《辛亥粤乱汇编》，上海宣统三年六月初一日出版，第 102 页。

[26] 一笑生辑：《广东最新绘图近事——革党潮》，辛亥年五月（1911 年）广州出版，第 58 页。

[27] 一笑生辑：《广东最新绘图近事——革党潮》，辛亥年五月（1911 年）广州出版，第 62 页。

[28] 一笑生辑：《广东最新绘图近事——革党潮》，辛亥年五月（1911 年）广州出版，第 69~70 页。

[29] 邹鲁：《广州三月二十九革命史》，商务印书馆 1939 年 5 月第二版，第 105 页。

[30] 邹鲁：《广州三月二十九革命史》，商务印书馆 1939 年 5 月第二版，第 93 页。

[31] 邹鲁：《广州三月二十九革命史》，商务印书馆 1939 年 5 月第二版，第 105 页。

[32] 岭南半翁编辑：《辛亥粤乱汇编》，上海宣统三年六月初一日出版，第 78 页。

[33] 岭南半翁编辑：《辛亥粤乱汇编》，上海宣统三年六月初一日出版，第 78 页。

[34] 邹鲁：《广州三月二十九革命史》，商务印书馆 1939 年 5 月第二版，第 106 页。世次郎著：《五日风声》（近世小说）说他为广西人。

[35] 邹鲁：《广州三月二十九革命史》，商务印书馆 1939 年 5 月第二版，第 111 页。

[36] 一笑生辑：《广东最新绘图近事——革党潮》，辛亥年五月（1911 年）广州出版，第 65~66 页。

[37] 一笑生辑：《广东最新绘图近事——革党潮》，辛亥年五月（1911 年）广州出版，第 101 页。

[38] 世次郎著：《五日风声》（近世小说），连载辛亥年南越报（广州博物馆藏油印本）。

（原载程存洁整理《广东最新绘图近事——革党潮》，香港出版社，2011 年 9 月第 1 版）

从朱执信家族迁徙轨迹看广府文化

朱执信是孙中山的忠实信徒和得力助手，也是中国近代著名的民主革命家，1920年9月21日在虎门为保护孙中山大元帅而遭暗杀，英勇牺牲。

朱执信，汉族，1885年10月12日在番禺（今广州市）豪贤路出生。他的父亲名朱启连（1853—1899年），工诗古文，善草隶书，能琴，著有《棣垞集》四集、《棣垞外集》三卷等。朱执信的祖父一辈是在浙江长大的。朱执信的祖籍是浙江萧山，其爷爷因到广州做官未归，落籍番禺（今广州市）。据《棣垞集》卷首"番禺陶邵学《朱君家传》"记载：

> 君讳启连，字跂惠，萧山朱氏，汉钱塘侯隽六十四世孙，谱牒具可考。自君父某仕粤不归，故君终始于粤。

是知广州朱执信一支来自浙江萧山，萧山朱氏为汉代钱塘侯隽之后裔。又据《棣垞集》卷三《与乔茂萱书》记载：

> 弟之先考以理问衔试用府经历奉檄委办军需局务，咸丰七年四月弃世。是时先兄年十二，弟裁五龄，浙中群盗方棘，不能归，迁延广州，值英夷之变，狼狈奔避。

朱执信的爷爷官宦广州未归的原因是鸦片战争的爆发，导致浙中盗匪群起，无法回乡。《棣垞外集》卷二《先府君遗诗跋》进一步记载：

> 此先君子荔衫府君之遗诗也。启连不肖，不能读父之书，摩挲手泽而扬其清芬。自府君殁后，于今十有八年，所遗诗文稿，散佚殆尽，抚心自维，负疚滋大。府君少时，矢志通显，因习帖括之学，无昼夜以攻苦之，虑不取甲第，不止其于诗，不暇为也，既而以饥驱之，故侨寓粤东，落魄一官所，如不偶穷愁抑郁之气，无所宣泄，于是乃始作诗，自道光己亥迄咸丰丁巳，积十余年，著有《松雪书室诗稿》，未及手订而殁。殁甫半岁，而英夷变作，全稿毁焉。

是知朱启连的父亲即朱执信的爷爷名朱荔衫，仕粤，后因战争无法返回浙江萧山，最后落籍番禺。

朱启连的母亲即朱执信的奶奶不是土生土长的广州人，而是河南颍川人，后在道光年间寄住珠江边。《棣垞集》卷一《廉州遇章吉甫（端）山阴人》记载：

> 吾母系颍川姊妹，若而人，长适君，同姓同县同里邻；次三适吾宗吾家兼族姻；次二匹君父；次四乃吾亲。道光丁中叶，共寄珠江滨，往还有岁月，言笑无冬春，通家各意厚。

朱启连的岳父汪瑔也是从浙江山阴落籍番禺的。《棣垞集》卷三《诰授奉政大夫驰封文林郎山阴汪先生行状》记载：

> 本贯浙江省绍兴府山阴县城清风里。曾祖伦秩，乾隆十二年丁卯科举人广东长宁县知县，封文林郎，妣冯氏、张氏、董氏，皆封孺人。……先生讳瑔，字玉泉，号芙生，晚号越人，所居名毂庵，学者称毂庵先生。姓汪氏，唐越国公华之裔。元末自新安迁山阴。明正德中，有讳应轸者……，其十一世祖也。曾祖伦秩，字攸五，文章得陈句山之传。祖炘，字明之，著《史臆》二卷。父鼎，字禹九，著《雨韭庵笔记》四卷。明之公、禹九公皆不仕。禹九公生二子，长天，先生居次，幼聪惠，七岁能为诗，长有文名，随侍客游于粤。粤中诗文之会，辄冠其曹。……久之，禹九公老矣，贫不能归。谋所以养。……咸丰三年游曲江，主五公五福，始为幕客。……其年（咸丰四年）禹九公殁，七年客阳山，继客东莞、番禺二县。……同治八年再客潮州。……同十一年主藩使俊公俊达，自是常居番禺。

朱启连的岳母张氏同样是从浙江山阴落籍番禺的。《棣垞集》卷三《汪母张宜人墓志铭》记载：

> 宜人山阴张氏，父培，母史，客广州。以道光六年三月二日生，年二十四归同县汪玉泉先生，逮事尊章四十三年而先生卒后六年，宜人卒，实光绪二十三年十二月初一日，寿七十有二。子兆铨，举人，官教谕。女适朱启连。先生墓在番禺县三宝墟蚬冈，明年正月十二日合窆。

在朱启连的亲戚和朋友当中，也有从浙江落籍广州的，如朱启连妻子的从姑夫陶承之一家，据《棣垞集》卷三《陶君承之墓志铭》记载：

> 会稽陶氏，自其始祖讳嶽者，世居陶家堰，遂为望族，材达儒宦，辈出不衰，其流裔四方者，多闻人畸士。……余赘于山阴汪氏，余妻从姑有适陶者承之先生之配也，其孤尔钰、尔锟有俊才，为幕客，仕宦称之汪陶，皆居广州，以姻娅故，与余少长相习，知其家世详。君讳增统，字承之，于族系为十八传，父元勋，始家番禺。

朋友任香亭先生一家，《棣垞集》卷三《朝议大夫贵州同知香亭任先生墓志铭》记载：

先生讳寿昌，字君炽，号香亭，初名寿枏，其先浙江会稽人。高祖鹏，乾隆初获鹿县典史，坐逸囚夺官，来粤占番禺籍。

在《棣垞集》里，还记载了其他落籍广州的例子，如卷三《陶孝子传》记载：

陶文鼎字卿田，其先会稽人，流寓番禺，久之，遂占籍。

卷三《汉石刘君墓志铭》记载：

君讳玉衡，字丙文，一字汉石，刘氏世为福建宁化人。祖荣海，客广州；父华果，寄籍番禺。

在广州，明清以来，因有大量浙江人前来广州，或官宦，或经商，从而在广州立有乡祠和义庄，以资随葬。《棣垞集》卷四《浙绍乡祠征信录序》记载：

吾乡人客于粤者众多。明天启五年始立乡祠，继是有义庄，以寄旅殡；义山以资随葬。其归葬者，有官运之费，取诸运库事，皆隶于乡祠，而皆有成法。

朱执信的妻子杨道仪，是广州番禺人。杨道仪在 1936 年 11 月 3 日写给广州市市政府市长曾养甫的《呈请明令收用民地以便建筑执信先烈坟场由》（广州市国家档案馆全宗号：4-01，目录号：7，案卷号：343，页数：2~4）里明确记录自己是番禺人：

具呈人：杨道仪，年五十岁，广东省番禺县人，职业：学界，住址：东沙路执信学校，担保人。

呈为呈请收用民地建筑先烈坟场事，窃先夫执信于民国九年虎门殉难，当由各同志勷助，权葬东沙马路土名驷马岗。嗣以该处土地潮湿，难图久远，乃于本年五月迁葬于执信学校内，俾安窀穸而慰英魂。惟念先烈坟场，时有公祭，所需面积不能不广。现查该校内坟场祇有岗顶一部分，面积过狭，不敷尚多，而附近各地概属民田。现拟收用数亩，以资建筑。敬恳钧府体念追崇先烈之意，准予明令收用坟前民地，俾利进行，实为德便。谨呈广州市市政府市长曾。

中华民国二十五年十一月叁日具状人：杨道仪，签押："杨道仪印"（笔者按：篆体印文）。

这份文书的主要内容是请求广州市政府收用执信校园内执信坟场附近部分民地。文书提到，杨道仪为番禺县人，时年 50 岁。由此推知，她生于 1886 年。

朱执信夫妇共育有子女四人：长女朱始，次女朱媺，三女朱娱，幼子朱百新。其中，在 1939 年 3 月 20 日深夜发生的"河内刺汪事件"，次女朱媺即在案发现场。据广州博物馆藏一张"广东省立第一女子师范学校"名片（横 5.5 厘米，纵 9.1 厘米），推知朱媺在留学法国前可能曾在此学校读书，因为"广东省立第一女子师范学校"这一名称是从 1928 年开始称呼的。此外，广州博物馆还藏有一个信封，横 9.3 厘米，纵 14.9 厘米，封面上写有"朱娓"二字。从书写字迹判断，应是朱嬡寄给妹妹朱娓的信封。更为有趣的是，据中华民国驻巴黎总领事馆发给朱嬡的法文版登记册副本（横 21.2 厘米，纵 27.2 厘米，第 286 号）记录：

姓：朱，名：嬡。国籍：中国。出生地：广东省新会。出生日期：1914 年 4 月 15 日。职业：教育。朱执信先生和杨道仪女士的女儿。现住址：巴黎 Assomption34 号。

1930 年 4 月 12 日，致大使馆和阿弗尔自治港当局。

朱嬡是 1914 年 4 月 15 日在广东新会出生，16 岁到巴黎求学。这里有一个疑问：朱执信是广州人，为什么他的次女会在新会出生？这可能是与当时的广东政治环境有关。1913 年 8 月 11 日，龙济光进占广州，在其统治粤地长达三年的时间里，他大肆镇压革命党人。朱秩如《先兄执信行状》云："民国二年，龙济光入粤，欲灭吾家。"（1930 年 9 月 21 日广州日报印行《朱执信先生殉国十周年纪念特刊》）。与此同时，朱执信一直在香港、南洋等地筹款。可能是出于安全考虑，朱执信将妻子安排到乡下居住，远离广州。另据朱嬡《大学注册本》（横 12.2 厘米，纵 19.3 厘米，厚 0.5 厘米，有硬纸壳封面和封底，内有 48 页）记录："朱嬡 1932~1934 年入读法国南锡大学自然科学系"。此时，朱嬡已是 18—20 岁的姑娘。

据曾仲鸣著 1920 年 10 月初版于法国都尔（Tours）中华印字局的《初级法文文法》一书序言所说："西欧各国，以法兰西之教育，为较宜于吾辈，以其无贵贱之分，贫富之别，而又无宗教之障碍也。故留学于法国者，又日以渐多。"朱嬡留学法国，或许也是这方面的原因。

以上我们简略追述了朱执信家族的迁徙轨迹，从中可知，虽然朱执信本人是在广州出生成长，但是他的祖父一辈却是从外省迁移来广州的，后因种种因素落籍当地，成为地道的广州府人。无独有偶，伟大的中国近代民主主义革命的先行者孙中山先生，其祖先迁徙轨迹亦如朱执信家族，是由外省迁至珠玑巷，再由此迁往东莞上沙，最后定居香山翠亨。朱执信曾撰文称孙中山是广府人。孙中山祖先迁徙轨迹，后经 1934 年国民党中央党史史料编纂委员会广州办事处主任邓慕韩和副主任陈俊明的调查，已经明晰。《中国国民党中央执行委员会西南执行部党务月刊》1934 年第廿六期刊登了《函中央党史史料编纂委员会为据该会广州办事处函知查得总理世系确由东莞上沙乡迁来各缘由特函转查照办理由》，详细地记载了调查经过：

前经敝处会同总理侄孙孙满函约上沙、员头山两乡孙族携同族谱到处查明，嗣以两族谱所载未得详确，但其要点全在总理家谱所载，自五世祖礼赞公迁往香山后，长子乐千一支，居左步头，次子乐南一支先居涌口，后迁翠亨一节，虽总理家谱五世祖以前未有记载，然左步头，族谱有可考查便能证实。当经决定亲往左步头孙族详查，孙满愿任其事，后满因事未暇，复又抱病休养庐山未痊，故迁延，久未实行。至廿三年元月廿三，慕韩亲赴石岐，会同总理侄孙孙乾，直抵左步头孙氏宗祠，晤其家人，告以来意，旋将族谱神位详为查阅，谱中各序有为虫蚀，文已不备，然世系图完全无关所祀神位。自来粤始祖常德至五世祖玄，及左步头开村始祖乐千，与上沙族谱、总理家谱大致相符。兹将查得各地叙列如下：（一）上沙、员头山、左步头各谱均载始祖为常德公，则常德公为孙姓来粤开族始祖，确无疑义。（一）总理家谱所载五世祖礼赞公由东莞迁居香山涌口，长子乐千居左步头，次子乐南居涌口，后迁逡仔蓢，再迁翠亨。查核与左步头族谱及神位，实同一本源。（一）总理家谱谓原居东莞长沙乡，而左步头族谱则有东莞县沙头始祖图、东莞上沙始祖图，与上沙所称翠亨孙族由该乡迁出并非附会，即员头山谱序亦载贵华祖后迁沙头乡，则沙头为上沙无疑义。再查左步头送与上沙祠堂之木联所称派衍东莞，尤为确凿可据，更非员头山所称四世华祖居大良，有子孙分支香山，如此空泛者可比。（一）上沙与员头山、左步头三族谱所载，相差最甚者，厥为第二世，上沙谱载常德公生四子，长贵荣，次贵华，三贵绍，四贵武；员头山谱所载常德公生二子，长贵荣，次贵华；左步头谱所载一图常德公生五子，长贤，次敬，三伦，四厚，五坚，又一图常德公生四子，长鹤湖，次子敬，三子厚，四子伦。观此名字，既有不同人数，又复相差长次，亦相互异，究竟何者孰是，此则不敢妄断也（据员头山谱家乘汇编稿序孙族世系考均称常德公来粤父子三人而已）。大抵族谱不符，或因传闻误载，或因虫蚀及脱漏，无所根据，事后追忆，以致互异，此为族谱常有之事，即为孙族始祖常德公由珠玑巷来东莞，开族各谱签同，而员头山谱八世孙大儒所撰本家世系序则云：华祖由珠玑巷来，始择莞邑而家此，则来粤者非自常德，乃始自其子贵华，与各说独异。此其例也。至中山县呈，复谓员头山乡孙族系由礼赞公分枝，当不能认为总理始迁祖。查员头山孙姓确于孙族来粤时已有，谓为不能认为总理始迁祖，则可谓为由礼赞公分枝，则未免失实。又总理世系图载达成公所生三子，次子十八世祖考德佑下十九传嗣孙威夷。查达成公次子名典，六岁而没，德佑后来追字也。威夷固非德佑所出，又非孙氏血统，系德彰公在檀时抚养为子，数十年来并未返国，不能附入系统所有。查得总理世系，确由东莞上沙迁来，并非上沙孙族冒认。

因此，从孙中山和朱执信两位伟人的祖先迁徙历程，我们可以获得启示，今日谈广府人和广府文化时，一定要了解广府只是一个地域概念，广府人是指由来自祖国各地聚居广州府并与当地人逐渐融合而形成的一个地域群体，广府文化就是指聚居在广州府内的这群群体经融合而形成的一种地域文化，她具有包容性、开放性和创新性等特点。

（原载广东省广府人珠玑巷后裔海外联谊会主办：《首届世界广府人恳亲大会：广府人》（广府文化论坛专刊），2013 年 11 月）

朱执信的家属事迹点滴

朱执信是孙中山的忠实信徒和得力助手，也是中国革命民主派的重要领导人之一。学术界对朱执信的研究和关注较多，而对他家属的关注和研究较少。本文试图从新发现的一些文献资料，对朱执信的妻子和女儿的一些活动事迹略作考究，以供学界研究。

一、朱执信的妻子杨道仪

朱执信的妻子是杨道仪，1927 年出任广州"私立执信学校"校长。据广州市国家档案馆藏杨道仪关于收用民地以便建筑执信先烈坟场一案相关文书记录，可推知杨道仪的个人生平和某些活动迹象。

杨道仪在 1936 年 11 月 3 日写给广州市市政府市长曾养甫的《呈请明令收用民地以便建筑执信先烈坟场由》记录：

> 具呈人：杨道仪，年五十岁，广东省番禺县人，职业：学界，住址：东沙路执信学校，担保人。
> 呈为呈请收用民地建筑先烈坟场事，窃先夫执信于民国九年虎门殉难，当由各同志勷助，权葬东沙马路土名驷马岗。嗣以该处土地潮湿，难图久远，乃于本年五月迁葬于执信学校内，俾安宅兆而慰英魂。惟念先烈坟场，时有公祭，所需面积不能不广。现查该校内坟场祇有岗顶一部分，面积过狭，不敷尚多，而附近各地概属民田。现拟收用数亩，以资建筑。敬恳钧府体念追崇先烈之意，准予明令收用坟前民地，俾利进行，实为德便。谨呈广州市市政府市长曾。
> 中华民国二十五年十一月叁日具状人：杨道仪，签押："杨道仪印"四字篆体印文。[1]

这份文书的主要内容是请求广州市政府收用执信校园内执信坟场附近部分民地。文书提到，杨道仪为番禺县人，时年 50 岁。由此推知，她生于 1886 年。

1937 年 2 月 19 日，杨道仪继续给广州市市政府市长曾养甫呈文：

> 案奉钧府文字第二零二号批饬将详细计划书并附征收土地图说以凭核办等因，奉此，兹将详细计划书、征收土地图说呈复察核，敬恳迅赐明令，公布收用，实为德便。谨呈广州市政府曾。
> 附呈详细计划书及土地图说。杨道仪谨呈（"杨道仪印"四字篆体印文）。

建筑先烈执信坟场收用民地详细计划说明书

先烈朱执信先生于民国九年虎门护帅，身遭暗杀，为国尽忠，薄海同悲，当时权葬于东沙马路土名驷马岗。去年，蒋委员长莅粤，亲临致祭，睹该坟场日久荒圮，遂拨款迁葬。现卜葬于东沙路执信学校内竹丝岗顶，以安窀穸，而该岗顶面积有限，不敷尚多，拟请钧府明令公布，准予收用坟前民地，共壹拾玖亩余，以资建设，而慰先灵。查执信生平为各界人士素所景仰，今后坟场设置，为市容计，不得不稍事堂皇，以壮观瞻而崇先烈。且每年公祭人数逾万，自非地方狭隘所能容纳，故拟设备祭堂、二祭堂、墓道、停车场、韩门亭、墓表亭、月塘、憩息亭、墓园、墓宅等建筑物，约需用地段壹拾玖亩余，谨将详细计划说明于后。

执信坟场现在执信学校内竹丝岗顶，坟场设计需用面积合共贰拾余亩，除执信学校拨地数亩以资安葬外，尚应请将坟前民田土名伏塘坑地段壹拾玖亩余公布收用，以资建筑。

一、坟前设有墓道，用三合土筑成，长五百尺，阔二十尺，由黄埔公路接驳墓道，蜿蜒直达坟前，两旁广植花木，共需地段壹百井。

一、墓道口设置朱执信墓道石牌坊一所，共需用地段十井。

一、墓道中设置停车场一所，地面铺砌三合土，共需地段六十井。

一、墓道中设置韩门亭一所，回廊曲折，以免来往人士跻踊，旁……[2]

该文送到市政府后，签注收文第 01672 号，并有科员及市长的批语："查来呈声明附缴详细计划书，及土地图说。但收发处祇收到计划书，未见有土地图说。经收发员迭次电催，仍未补送到府，应否由科函催具呈人补送，以凭核办之处？请示。三月三日四时。科员伍有恒谨签。廿六.三.三。"市长批语："批复饬补呈回。三.四。（'曾养甫印'印文）。"到七月廿六日，杨道仪再次呈文：

呈请现准番禺县函：本校建筑先烈坟场收用地段，业经移归钧府管辖，请赓续明令公布，准争取用由。

为呈请事，现准番禺县政府函开，略以贵校建筑先烈坟场，备价收用民地一案，惟查本案所收用之民地，系在本县旧管市区范围内，现因广州市政府接管本县旧管市区行政事务，业经将案移交广州市政府接收，继续办理，相应函达查照等由，准此查敝校建筑先烈执信坟场，备价收用民地一节，现经移归钧府办理，敬恳赓续、明令公布，准予备价收用，实为德便。谨呈广州市政府曾。

执信学校校长杨道仪（"杨道仪印"四字篆体印文）。[3]

可知，直到 1937 年 7 月，杨道仪仍在担任"私立执信学校"校长。

二、朱执信的次女朱媺

朱执信共育有子女四人：长女朱始，次女朱媺，三女朱娱，幼子朱百新。其中，在 1939 年 3 月

20日深夜发生的"河内刺汪事件"，次女朱媺即在案发现场。本文根据新发现的一些文献资料对朱媺的个人情况略作描述和研究。

据中华民国驻巴黎总领事馆发给朱媺的法文版登记册副本（横21.2厘米，纵27.2厘米，第286号）（图一）记录：

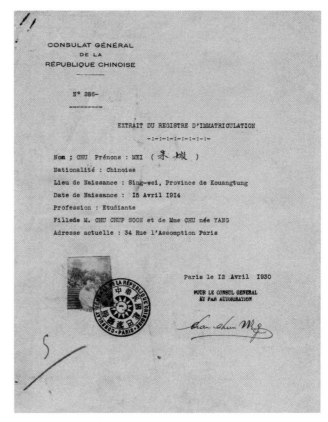

姓：朱，名：媺。国籍：中国。出生地：广东省新会。出生日期：1914年4月15日。职业：教育。朱执信先生和杨道仪女士的女儿。现住址：巴黎Assomption34号。

1930年4月12日，致大使馆和阿弗尔自治港当局。

图一　中华民国驻巴黎总领事馆发给朱媺的法文版登记册副本

可知，朱媺是1914年4月15日在广东新会出生的，16岁到巴黎求学。另据朱媺《大学注册本》（横12.2厘米，纵19.3厘米，厚0.5厘米，有硬纸壳封面和封底，内有48页）（图二）记录："朱媺1932~1934年入读法国南锡大学自然科学系"。此时，朱媺18~20岁。

这里有一个疑问：朱执信是广州人，为什么他的次女是在新会出生？这可能是与当时的广东政治

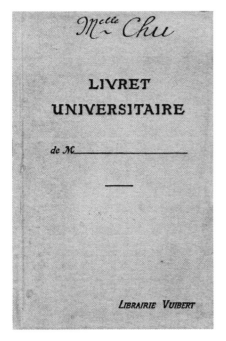

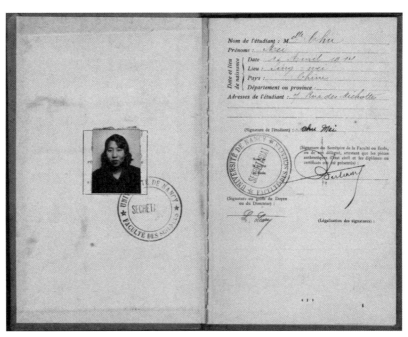

图二　朱媺《大学注册本》

环境有关。1913 年 8 月 11 日，龙济光进占广州，在其统治粤地长达三年的时间里，他大肆镇压革命党人。朱秩如在《先兄执信行状》里谈到："民国二年，龙济光入粤，欲灭吾家。"[4] 此时，朱执信又一直在香港、南洋等地筹款。可能是出于安全考虑，朱执信将妻子安排到乡下新会居住，远离广州。

此外，还有两张黑白照片（横 13.9 厘米，纵 9 厘米），是朱嬟及其中国女同伴共九人在法国海边玩嬉的情景（图三）。据曾仲鸣著 1920 年 10 月初版于法国都尔（Tours）中华印字局的《初级法文文

图三　朱嬟及其中国女同伴共九人在法国海边玩嬉的情景

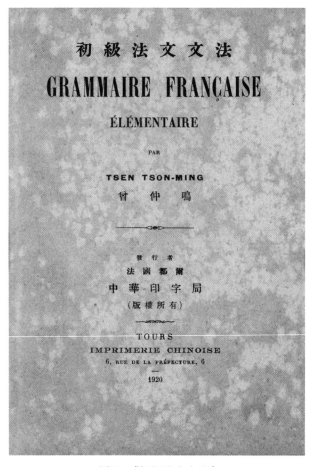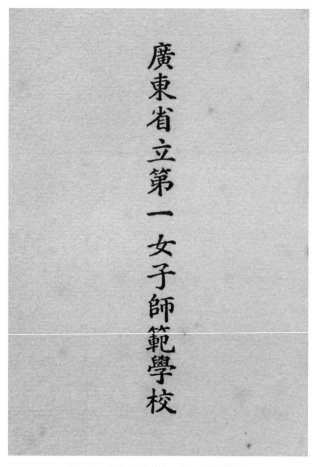

图四　《初级法文文法》　　　　　　图五　广东省立第一女子师范学校

法》（图四）一书序言所说："西欧各国，以法兰西之教育，为较宜于吾辈，以其无贵贱之分，贫富之别，而又无宗教之障碍也。故留学于法国者，又日以渐多。"朱嫩留学法国，或许也是此原因。

另据广州博物馆藏一张"广东省立第一女子师范学校"名片（横 5.5 厘米，纵 9.1 厘米）（图五），推知朱嫩在留学法国前可能曾在此学校读书，因为"广东省立第一女子师范学校"这一名称是从 1928 年开始称呼的。此外，广州博物馆还藏有一个信封，横 9.3 厘米，纵 14.9 厘米，封面上写有"朱娱女士收"字样（图六）。从书写字迹判断，估计这是朱嫩寄给妹妹朱娱的信封。

朱执信杨道仪结婚系 1906 年冬。据朱执信 1917 年写给四弟朱秩如的信函写道："兄娶妇十年，三育皆女，纵葆此生，何可必其有后乎。"[5] 可知，此时朱执信已育有三女。另据 1919 年 12 月 11 日朱执信《致朱秩如函》写道："三嫂大约下月分娩"。[6] 按朱秩如《先兄执信行状》记载，朱执信留学日本期间，两姊相继去世，1915 年，末妹病疫。[7] 可知执信在家排行老三，"三嫂"即指朱执信的妻子杨道仪，子朱百新应出生在 1920 年 1 月。

图六 朱嫩寄给妹妹朱娱的信封

注释：

[1][2][3] 广州市国家档案馆全宗号：4–01，目录号：7，案卷号：343，页数：2~4，17~20，22~23。

[4][7]1930 年 9 月 21 日广州日报印行《朱执信先生殉国十周年纪念特刊》。

[5] 广东省哲学社会科学研究所历史研究室编《朱执信集》上册，北京：中华书局，1979 年 1 月第 1 版，第 318 页。

[6] 广东省哲学社会科学研究所历史研究室编《朱执信集》上册，北京：中华书局，1979 年 1 月第 1 版，第 630 页。

（原刊《发现广州》岭南美术出版社，2015 年 9 月第 1 版，第 193~197 页）

朱执信写给妻子的一张珍贵明信片

在广州博物馆藏品中，有一张朱执信写给妻子的明信片，十分珍贵。它不仅反映了朱执信夫妻俩的深厚感情，而且揭示了朱执信探讨革命真理的一段经历。

明信片为长方形，横 14.2 厘米，纵 9.2 厘米，上印有日文"郵俀はかき"。朱执信在这张明信片上写有邮寄地址：

　　支那广东省城
　　河南同福大街
　　二巷十八号
　　信丰公司
　　杨道仪殿

还写下一句话：

　　三月一日来游岚
　　山拈寄

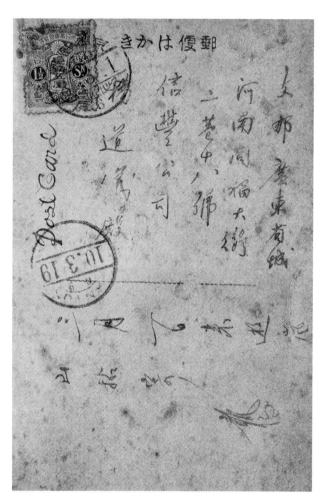

图一

并留下签名"执信"二字。"杨道仪"为朱执信的妻子。"广东省城"指广州，"河南"指珠江南岸即今海珠区，"岚山"是指日本京都著名风景区，有京都第一名胜之称。另据《朱执信致古应芬函（1919 年 8 月 21 日）》所录信封可知，"信丰公司"的全名是："信丰磷矿公司，广州河南同福二巷十八号，SHUN FUNG MINING CO.，18.Tong Fook 2nd，Street，HONAN，CANTON。"[1] 表明这是朱执信在日本考察时从日本京都岚山寄回广州写给妻子杨道仪的一张明信片。

那么，这张明信片写于哪一年？这一年，朱执信去日本的目的是什么？

在这张明信片的左上角，贴有一枚日本邮票，邮票上印有"大日本帝国邮票"和"壹钱五厘"字样，还盖有邮戳，邮戳上隐约可见"京都"二字和"8.3.1."，这应是寄出地的地名和寄出时间。"8.3.1."指日本大正8年3月1日，即1919年3月1日。在明信片中间偏左部位盖有一枚邮戳，上面隐约可见大写英文字母"CANTON"及"10.3.19"，这是寄达地的地名和时间。"10.3.19"指1919年3月10日。表明该张明信片于1919年3月1日从日本京都寄出，3月10日寄达广州。

对朱执信1919年3月前后赴日本一事，学术界未有详细介绍。这张明信片清楚地说明朱执信在1919年3月前后到访过日本。但是，他何时到达日本，又何时离开日本，至今依然不清楚。我们在1979年1月中华书局出版的《朱执信集》下册读到《登阿苏火山绝顶》一文，是朱执信1919年3月5日撰写的，写他3月3日登阿苏火山所见。这一天，朱执信正在日本考察阿苏火山。文中写道："山在日本熊本市东南百余里，高二千许尺，顶有新旧两喷火口。旧口溢为硫黄泉池，微烟潆医之。新口则浓烟喷涌，声若万雷俱发。又有瀑布大小数十，最大者为数鹿流瀑布。山麓十余里皆原野，民田其中，其外绕以土阜，与余地隔绝。说者谓太古地震洼陷，独留外围，故名之曰外轮山。西乡隆盛以明治初起革命，兵败于熊本，切腹死。"阿苏火山为世界上少有的活火山，也是熊本"火之国"美称的由来。据已有的研究成果，我们知道，此时孙中山正在撰写著名的《建国方略》一书。而朱执信赴日本考察，目的很可能是为协助孙中山收集资料，因为1918年孙中山被桂系军阀排斥后，朱执信随同孙中山离粤赴沪[2]，并继续协助处于困境的孙中山，进行广泛的理论活动，承担《民国日报》《建设》杂志的编撰任务。

注释：

[1] 李穗梅主编《古应芬家藏未刊函电文稿辑释》，广州：广州出版社，2010年11月，第207页。

[2]《朱执信致古应芬函（1918年5月13日）》："湘兄鉴：二日到上海，八日趁春日丸，十一日到东京。"（见《古应芬家藏未刊函电文稿辑释》第204页）

（原刊《发现广州》，岭南美术出版社，2015年9月第1版，第191~192页）

民国学子笔下的一场欢迎仪式

民国初建后，军阀连年混战，国内政局不稳。从1916年起，桂系军阀又因利乘便，盘据广东。1920年8月，陈炯明率军回粤，打败盘踞广东的桂系军阀，旋即担任广东省省长兼粤军总司令。1921年6月14、15日，桂系军阀陆荣廷等进犯广东灵山、廉江、连山等县。当月，陈炯明担任援桂军总司令，进军广西；经数月奋战，取得大捷，还桂人自治。1921年11月7日，广州军民在广州举行了盛大的仪式，欢迎陈炯明凯旋。这一幕，被广州一位名不见经传的学子以习作的形式完整地记录了下来。

这名学生名陈应铨，他在民国时期印制的格子本（横13厘米，纵23.8厘米）上写了一篇《欢迎陈总司令凯旋记》，字体行书，从右往左竖写，共29行：

前数月某日，陈总司令出师援桂之时，余既欢送之矣。斯时我粤人士，车几十辆，马几十匹，于天字码头上，深望他日必有凯旋之举者。观今果然矣。十一月七日，意为陈总司令凯旋之日矣。是日也，天气晴朗，各界之欢迎者，先后毕至，而余亦往欢迎焉。见夫永汉马路直达天字码头之闸，高搭牌楼，凡四十有余座，牌楼之上，国旗飘飘，甚可观也。马路两旁，右为军队排列，军容肃整；左为学生站立，气象欢腾；中则各要人纷纷乘摩托车往码头以待之。其秩序其井然也。迨三时许，陈总司令乘舰抵码头时，空中更有飞机盘翔以助庆。俄而见陈公端坐摩托车中，举其右手以为礼，各军长官乘车随其行者络亦（绎）不绝。当时军队则举枪以致敬，学生则扬旗欢迎，而各界之欢呼声、爆竹声、军乐声洋洋盈耳，实千载一时之庆闹也。直四时许，摩托车尽过后，各界始依序散队焉。晚间更有提灯会，马路牌楼上电灯照耀俨如白昼，至十一时乃已。可知各界欢迎之心较诸往日欢迎会为信切也。虽然各界欢迎之心何以若是其恳切哉，诚以陈总司令以桂久苦于陆酋苛酷政治之天下，而无可如何，因受桂人之愿请，遂出师援桂，迨桂贼荡平，陆酋远窜，而往亦不以为功，还诸桂省之能者，以遂其纯正自治之目的。其仁义之心，与大撙守之坚定，安得不会我粤人士骈肩累迹，瞻仰咨嗟，而踊跃以欢迎之也哉。今者援桂之事既毕，北伐之声浪又起。异日，孙大总统平定南北奏凯之时，吾不知吾粤欢迎之盛为何如也。姑拭目而待之可也。（图一、二、三）

这篇习作生动有趣、条理清晰。文章后面还有一句老师的评语："起以欢送一层作引端，末以北伐一层作结束，谋篇布局最为妥适，不徒以叙事见长。"目前我们虽然无法考证出这名学生的生平，以及修改这篇习作的老师的姓名，但文中提到的这场空前盛大的欢迎场景却是真实存在的。这篇习作虽然

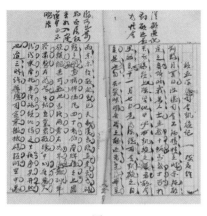
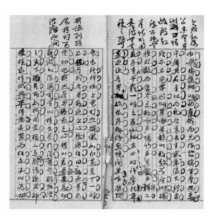
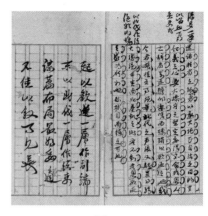

图一　　　　　　　　　　　图二　　　　　　　　　　　图三

没有写下具体年份，只提及 11 月 7 日，但我们从其他材料可以推断这场欢迎仪式就是发生在 1921 年 11 月 7 日。

　　据中共早期成员之一的高语罕回忆，1921 年 11 月 7 日，他见到刚从广西前线回到广州的陈炯明："晚间古政务厅长（指古应芬）、邓参谋长（即邓铿）、孙市长（指孙科）请在财务厅公宴。因为今天陈竞存先生凯旋，在座者有中上层军官全体，政界、学界、绅界、工界以及各省教育会代表，共计二百余人。饮酒高歌，人人皆有一种愉快的样子。而陈竞存先生一言未发，大有'凯歌高唱几人回'的痛定思痛的心思！"（转引自 2007 年 11 月 25 日《羊城晚报》B3 版"晚会·羊城沧桑"刊登吴德娴《功过是非陈炯明》一文）北京美国公使馆商务参赞亚诺（Jalean Amold）也称 1921 年 11 月 7 日广州为陈炯明举行了盛大的欢迎游行会（段云章、倪俊明编《陈炯明集（增订本）》页 704，中山大学出版社）。

　　因此，这篇习作虽然只是出自一名普通学生之手，但其史料价值高，披露了欢迎仪式的具体细节。它记录了 1921 年 11 月 7 日这一天，广州不仅天气晴朗，而且从永汉马路即今北京路直达天字码头数里之地，搭建的牌楼多达四十余座。牌楼上，挂满了国旗。马路两旁，排列着整齐的军队和学生。下午三时许，陈炯明总司令乘军舰抵达天字码头时，空中还有飞机盘翔以助庆。陈炯明端坐在摩托车内，举右手示礼。当陈炯明经过时，军队举枪致敬，学生扬旗欢迎。现场欢呼声、爆竹声、军乐声不绝于耳，热闹非凡。至四时许，欢迎的人群才陆续散去。到晚上又有提灯会，牌楼上的电灯通火辉煌，照耀得如同白昼，活动一直持续到晚十一时才结束。如此盛大的欢迎仪式，充分反映了此时的陈炯明在广州的威望如日中天。

（原载《中国文物报》2013 年 8 月 14 日第 8 版"大观"）

"孙中山的牙齿"寻访记

2012年10月，国务院决定开展全国第一次可移动文物普查。萦绕在我心头许久的一件珍贵文物再次触动了我，使我暗下决心一定要找到它的下落。这件珍贵文物就是"孙中山的牙齿"（图一）。

1929年2月11日，广州市市立博物院正式建成开放。它的建立实"藉以保存我国固有之文化，促进我国今后之文化，实启我国文化之曙光，而市民亦足以欣幸也"，且"破我国之新纪元。"（时任广州市市长林云陔语）博物院的成立，是民国史上的一件文化盛事。随后，博物院不断得到社会各界的大力支持，市民或捐赠资金，或捐赠藏品，其中"孙中山的牙齿"这件珍贵文物就是在博物院开馆后不久由市民捐赠的。

我们在《广州民国日报》1929年2月19日（星期二）第五版读到一则通讯，题为《市博物院市民纷纷捐送珍品（总理遗牙及文具、刘思复之假手、林文李文甫之遗墨、罗节军诗稿及手札、老少良千余年之庇鲁古水罂等等之珍品）》，该条通讯写道：

> 博物院自开幕后，市民见该院正初成立时，已有相当之成绩，咸为赞赏不已，故连日市民均纷纷捐送品物，兹将捐送珍品者，择录于下：
>
> 牙科医博士刘体志捐送总理生时在刘子威医牙馆所脱下之遗牙一只，谢心准捐送总理在生时日用之铜笔架、压纸玻璃条、钢笔及总理之遗字。谢英伯捐送刘思复烈士当日谋炸李准失慎断手后所用之假手。朱夫人捐送朱执信烈士之眼镜。林直勉捐送林文李文甫二烈士之遗墨及映本。又罗烈士亲属捐送罗节军遗下诗稿及手札等。又有老少良捐送千余年之古水罂一个。

这条通讯明确提到"孙中山的牙齿"这件文物是孙中山先生生前在刘子威医牙馆所遗下、由牙科医博士刘体志捐送的。这件文物后来一直陈列在广州五层楼第五层《革命纪念物》展览中。抗战爆发后，特别是广州沦陷后，广州市立博物院的藏品损失很大，许多藏品不知去向，"孙中山的牙齿"这件珍贵文物从此也不见了踪影。

2015年11月4日，在广州市人民政府台湾事务办公室的组织下，我有幸拜访了台北孙中山纪念馆和中国国民党党史馆。我带着问题，请求台北孙中山纪念馆的同行帮我寻找"孙中山的牙齿"这件珍贵文物，并代为询问台北中国国民党党史馆是否藏有这件文物。11月13日，我在广州很快收到台北孙中山纪念馆谢政达先生的回复，"孙中山的牙齿"这件珍贵文物确实收藏在台北中国国民党党史馆。这着实让我兴奋异常！

据台北中国国民党党史馆介绍："孙中山的遗牙，被国民党党工称为'国民党的舍利子'，于 1923 年 8 月上旬脱落。孙中山因牙痛，请侍卫邀广州名牙医刘体志到大元帅府治牙，当年孙中山牙齿状况不佳，上下都有镶牙，错动之下掉落所留下的，原由牙医师自己保留，后来捐给了党史馆。虽说是遗牙，但其实是一片牙齿，而不是整颗。"很显然，这里的记载与实际情况有出入，事实是刘体志先捐赠给广州市市立博物院，后才转入党史馆。

与"孙中山的牙齿"一样是由社会捐赠入藏广州市市立博物院的，还有"温生才烈士脚镣"（图二）。据 1935 年 11 月 12 日《广州市政公报》第 561 期记载，"温生才烈士脚镣"是由番禺县政府赠送给市立博物院的。目前，"温生才烈士脚镣"这件珍贵文物也珍藏在台北中国国民党党史馆。由此我们推测，原藏广州市市立博物院的"孙中山的牙齿"和"温生才烈士脚镣"等一批革命文物是在民国某年从博物院转出入藏党史馆的。

今年是孙中山先生诞辰 150 周年，撰此小文以纪念这位伟大的革命先行者。

（原刊《中国文物报》2016 年 1 月 5 日"文缘"）

图一 孙中山牙齿

图二 温生才烈士脚镣

杨衢云未能迁葬广州之原因

孙中山先生说过，余"甲午以后赴檀岛美洲，纠合华侨创立兴中会，此为以革命主义立党之始。"[1]1895年，孙中山在香港组织兴中会，杨衢云被推举为首任会长，旋部署发动乙未广州起义。1900年惠州三洲田起义，杨负责饷械接济工作。1901年1月10日，杨衢云在香港被清廷派遣的刺客杀害，葬于香港（图）。民国建立后，这样一位杰出的早期民主革命家，在迁葬广州的问题上却未能如愿，成为民国一大历史悬案。

2011年笔者喜读香港中文大学历史系客席教授及名誉高级研究员丁新豹博士赠送新著《香江有幸埋忠骨》，了解到造成这一历史悬案的原因。书中写道："1926年，四大寇之一的杨鹤龄及杨氏好友谢缵泰均先后致函国民政府，提出把杨氏遗骸迁葬广州之要求，但国民党邓慕韩指称杨氏在乙未广州之役及庚子起义中均犯下严重错误，不宜迁葬广州，此事乃作罢。"[2]那么，杨氏到底犯下了什么"严重错误"？

我们在国民党内部秘密刊物《中国国民党中央执行委员会西南执行部党务月刊》1934年5月31日第29期找到了答案。

1931年3月4日，谢缵泰致函南京国民政府主席，信中写道：

> 南京国民政府主席钧鉴：敬启者：驹光似箭，而仆亦将年老矣。现仆之所言者，是杨烈士衢云之事也。先是杨君于一九〇一年正月十日在港遇害后，革命事业遂丧失一得力之要人，殊可惜也！尤有甚者，则是杨君之遗骸至今尚葬于英国坟场之无字碑下。全国人民皆未有知之者。盖其碑绝无纪念碑文，祇刻其号六三四八号也。先烈衢云一八九〇年与仆设立辅仁文社光复会。六年后，先烈与仆及孙中山等于一八九五年又设立兴中会于香港。及后，孙中山先生得接杨君遇害之电音于日本，孙君则极为惋惜，遂立于一九〇一年二月十三日由横滨致书于仆。函内之悲痛情形，请细付上之影函，自可明了一切矣。虽然杨君遇害后，葬于无字之碑已有三十余年，惟仆亟深望政府关心此事，及设法起运杨烈士之遗骸，葬之于中国一合宜之地，并选适当之碑文，刻之石上，以留不朽。主席能如此行之，则仆心足矣！此上，并颂大安。谢缵泰上。廿·三·四·[3]

谢缵泰与杨衢云是好友，1890年他们在香港组织了辅仁文社，1895年又将其合并于兴中会。谢信中提到的1901年2月13日孙中山从日本横滨写给谢的信函已收录在广东省社会科学院历史研究室等合编《孙中山全集》（见第一卷第205~206页，中华书局1981年8月版），全文如下：

康如仁兄足下：

启者，先友杨君在港遇害之事，弟得接电音，即向同志周知，弟与各同志皆深为惋惜，哀悼之情有非笔墨所能尽者矣！是以中历本月初七（引者按：指公历1月26日）夕，邀众聚集，特为杨君举哀。同志尤君起而演说，将杨君生平、出处、志气大略表明众听，且为之设论纪念，俾同志永远不忘。众皆伤悼，现于颜色。弟乘此机即出捐柬，言明为杨君善后之用，众皆踊跃捐助，共题得银数约一千有余元。尤君又复当众代杨宅道谢同志厚情、存殁均感之话，然后散众。此则弟在横滨埠为杨君略尽手足之义之情形也。至于捐款，不日便可收清，当即汇港中国报馆，交与足下诸君为之安置。闻说港中亦为其善后，

图　香港跑马场天主教圣弥额尔坟场杨衢云无字碑

未审捐款可得若干？念甚念甚。弟今出名为杨君具一讣音，自日本以东各处之同志或戚友，经已由弟寄去。但杨君交游甚广，足下亦知之最深，哀恸之情，彼此自不言而喻。兹将讣音付上贰百份，所有杨君之友，自香港南北以及西方各路，请足下作主代寄为望。书难尽言，伏维惠照不宣。

弟孙文谨启　西二月十三日

星侪兄处，已由弟付伊讣音一百份，驾往言之更妥。

从孙中山该信内容，可知孙得知杨遇害后十分悲痛。与谢信中所提"函内之悲痛情形，请细付上之影函，自可明了一切矣"相吻合。谢在信中提出，"亟深望政府关心此事，及设法起运杨烈士之遗骸，葬之于中国一合宜之地，并选适当之碑文，刻之石上，以留不朽。"该信后被转至中国国民党中央执行委员会西南执行部，时任委员会主席的林云陔于1932年2月22日批复如下：

迳启者：现奉行政院训令开，"案准国民政府文官处第四七九号公函开：迳启者：准中央执行委员会秘书处第五四一〇号公函开，'案准第二二八七号公函略开，奉国民政府发下谢缵泰函，为杨烈士衢云于一九〇一年在港遇害，遗骸尚葬英国坟场之无字碑下，请改葬于中国合宜之地，选立碑文，以垂不朽一案。'奉批'送中央党部'等因，'抄检原件，函请查照，转陈'等由过处。经送中央抚恤委员会审议，以杨烈士为革命先觉，允宜改葬立碑，以示尊崇；经决议，'交广东省

政府照办'，'并经中央核准'照办在案。'准函前由，相应函覆查照，转陈饬遵'等由，准此。经即转陈，奉主席谕：'交行政院饬遵'等由。"查此案，前据谢缵泰函陈到府，经奉饬……查前项训令，系上年六月十九日所发，遵照国民政府上年七月二日第七三号训令，原属无效。惟案关烈士改葬立碑，应否照办，相应抄同附件，随函送达，即请查照核明见复，俾便办理为荷！[4]

2月27日，西南执行部第八次常务会议决议："秘书处签呈准广东省政府函称：……仍照六月十九日国府令办理。"[5]3月3日，西南执行部秘书处复函广东省政府："迳覆者：案准贵府党字第二〇二号函开：……当经提出本部第八次常务会议决议，'仍照六月十九日国府令办理'在案，相应录案函达，即希查照为荷！"[6]3月28日，西南执行部第十三次常务会议：

> 秘书处签呈为前奉本部第八次常务会决议，仍照六月十九日国府令，准杨衢云烈士改葬立碑一案。当经转行广东省政府查照在案。现准复称，准革命纪念会函复：杨衢云中经变节欲降，在十七年间，经陈请中央，对于为其建坟一事，加以否决。有案似此。既据该会检举，自未便遽行率办等由。应如何办理，请核示案决议，照革命纪念会决议转呈中央。[7]

而"十七年间一议"，是指1928年12月26日革命纪念会致中央党部之信函。该函是由革命纪念会常务邓慕韩、余和鸿书写的，全文如下：

> 迳启者：现准邓慕韩同志函开："报载中央政治会议，关于杨鹤龄呈请为杨衢云建坟立像、以资景仰一案议决，'交中央常务会议讨论'。慕韩阅之，实深诧异！查杨衢云系革命首义之人，迨庚子惠州之役，杨变节欲降，并驰书总理相劝。慕韩昔随总理于西贡、星洲、日本等处，时时闻其道及，深为杨氏惜。洎民国成立，总理解大总统职返粤时，有人欲为杨氏立像。慕韩以功罪正邪，不容混淆，拟将杨变节始末，登之报章，以发其覆。因请示总理，奉谕：'俟事果实行，然后宣之于报。'其后终无成议，故不发表。查杨氏于乙未之役，争夺总统，违令遣队运械上省，贻误大局，致陷陆程朱邱于难。此事陈少白同志知之尤确。似此行为，尚为之立像建坟，不持革命先烈饮恨无穷，即中华革命信史亦因而失色。且杨鹤龄虽曾提倡革命，然乙未发难时，并未参加。去年，鹤龄在广州南堤小憩，亲为慕韩所道。准此以观，杨鹤龄对于杨衢云行事，不能尽知。现呈各节，自不能信。谨将近日搜著《杨衢云别录》一篇送上，请转函中央党部，将杨衢云建坟立像一案否决，免滋后人之聚讼，吾党幸甚！计送《杨衢云别录》一篇到会，准此。经提出敝会第五十次会议讨论，佥称，杨衢云于庚子惠州之役，曾变节欲降，经陈少白同志证明，事当可信，经决议。"[8]

概言之，邓慕韩指出，杨衢云所犯严重错误有二，一是"庚子惠州之役，杨变节欲降"，二是"杨氏于乙未之役，争夺总统，违令遣队运械上省，贻误大局，致陷陆程朱邱于难。"正是这两条错误，致使杨衢云无法迁葬广州。两年后，广州市政府又提出了一个折中办法，即广州市政府秘书长刘纪文

1934年5月3日致函广州市政府云："查关于杨衢云先生改葬立碑一案，前经本部常会决议转呈中央有案，迄今日久，尚未奉复，当经本处签呈。本部第一一六次常会决议'交广州市政府'等议在案。相应录案并抄同各件函送贵府，希为查照是荷！"[9] 秘书长刘纪文5月23日再次致函广州市政府云："复准贵府编字第一二二八号公函：'为准函知关于杨衢云先生改葬立碑，经第一一六次常会决议交市政府一案，以此案须择地墓地，方能办理。现闻邓荫南坟场有准附葬兴中会同志之议，杨先生亦系兴中会同志，应否附葬该处？抑如何办理？请核复'等由；准此。当经本处签呈报本部第一一九次常会决议：'并案由秘书处着邓荫南家属将当时准兴中会同志附葬坟场手续详报，再办'等议在案。"[10] 这种方案亦无下文。杨衢云始终没能迁葬广州。

注释

[1]1923年1月29日《中国之革命——为上海〈申报〉五十周年纪念而作》，载黄彦编《孙文选集》下册，广州：广东人民出版社，第219页。

[2] 丁新豹《香江有幸埋忠骨》，香港：三联书店（香港）有限公司，2011年7月第一版，第87页。

[3]《中国国民党中央执行委员会西南执行部党务月刊》1934年5月31日第29期，第35~36页。

[4]《中国国民党中央执行委员会西南执行部党务月刊》1934年5月31日第29期，第34~35页。

[5]《中国国民党中央执行委员会西南执行部党务月刊》1934年5月31日第29期，第33页。

[6]《中国国民党中央执行委员会西南执行部党务月刊》1934年5月31日第29期，第34页。

[7]《中国国民党中央执行委员会西南执行部党务月刊》1934年5月31日第29期，第33~34页。

[8]《中国国民党中央执行委员会西南执行部党务月刊》1934年5月31日第29期，第37~38页。

[9]《中国国民党中央执行委员会西南执行部党务月刊》1934年5月31日第29期，第33页。

[10]《中国国民党中央执行委员会西南执行部党务月刊》1934年5月31日第29期，第38~39页。

（原刊《发现广州》，岭南美术出版社，2015年9月第1版，第184~188页）

梁漱溟与广州仲元图书馆

　　仲元图书馆筹建于 1927 年，完工于 1930 年，现为广州市文物保护单位，1957 年起为广州美术馆馆舍，2003 年起为广州博物馆的美术馆展区。从广州市国家档案馆馆藏资料中，我们获悉，梁漱溟曾为筹办仲元图书馆委员之一。在 1928 年 4 月 10 日仲元图书馆筹备处总务股主任张肇崧致广州市政厅长林云陔的信函中写到：

　　迳启者：案查本处四月十日第五次筹备会议议案议决，函请市政厅查照政治会议广州分会第七十次会议议决，派张肇崧、梁漱溟、伍观淇、李顺春为筹办仲元图书馆委员，并派市工务局会同筹备及令市政厅拨三万元分六个月分拨。原案提交本处总务股会计转交建筑股林主任照收，为督同工务局筹备兴工建筑之用等因在案，相应函请贵厅查照拨用为荷。此致。
　　广州市政厅长林　　总务股主任张肇崧
　　中华民国十七年四月十日。[1]

　　政治会议，乃中央政治会议分会之简称，当时全国设有四个分会，广州政治分会即其一。在这封信函里，总务股主任张肇崧提到梁漱溟、伍观淇、李顺春和他本人均为筹办仲元图书馆委员。其中，李顺春为邓仲元的夫人，此时任仲元图书馆筹备处常务董事。她生于 1895 年 5 月 7 日，终于 1959 年 10 月 9 日，安葬在黄花岗七十二烈士墓园内邓仲元墓西侧。

　　梁漱溟，1893 年生于北京，1917 年至 1924 年，在北京大学哲学系任课，后来，为何能在广州任筹办仲元图书馆委员。这不得不要从梁漱溟南下广州这件事说起。

　　1925 年为北伐前夕，南方革命空气高涨。李济深、陈铭枢、张难先三位致信梁漱溟，以革命大义相责勉，促速南下。李济深是梁漱溟的朋友，又曾是孙中山的部下，此时正主政广东。梁漱溟欲借此机会在广东实践他的乡村自治运动。在《追忆广州往事》一文里，梁漱溟回忆："愚以民国十六年（一九二七年）五月到广州，十八年（一九二九年）二月离去，首尾约近两年。……从十七年（一九二八年）春间，李济深（任潮）、陈铭枢（真如）勘定广东，愚稍参预广东政局。……十七年（一九二八年）之广东，李陈为政；两公既属知交，即一机缘。……愚故留粤稍参预其事，冀为乡治运动之推行。"[2] 梁到广州后，奉聘广东省立第一中学校长，校址即清朝广雅书院。据广州博物馆藏《一中校刊》第十五期"本校十九周年纪念特刊"（图一、二）记载，梁漱溟是在 1928 年夏奉聘广东省立第一中学

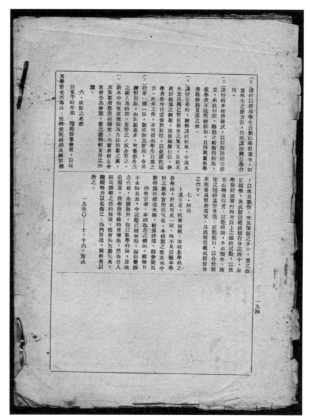

图一　广州一中校刊封面　　　　　　　　　　　图二　广州一中校刊封底

校长的。这份《一中校刊》，横 19.8 厘米，纵 27.3 厘米，由梁漱溟题签，于 1930 年 10 月 21 日由广东省立第一中学印行。"特刊"刊登的《发刊辞》介绍：

> 本校的教育方针，请大家参阅梁前校长所作的《苦痛——抱歉——一件有兴味的事》及《今后一中改造的方向》两文便能了然。我不再说。惟我等志愿，简单一语，就是："我们从事教育，是想以教育的事业来锻炼自己；同时，指导后进少年注意自己整个人的生活，求得一合理的人生，做成一个'人'"。……本校奉到教育厅令改为试验中学，在民国十八年元月三十一日，则这篇叙述，原本可以由十八年元月开始，但这次改革实经过半年的酝酿与筹备，故推溯改革的前期，则梁校长漱溟先生于十七年十一月廿四日在校演讲《苦痛——抱歉——一件有兴趣的事》实开始作改革运动的第一幕，至十二月廿四日又宣布《今后一中改造的方向》乃渐入于实行时期，至十八年元月奉令改为试验中学，三月改革方案草创完成。
>
> 梁校长在讲演《改造一中的方向》时说："我根本的主张是要学生拿出他们的心思耳目手足的力量来做他们自己的生活，不一定是他们个人的，就是团体的，也要由他们自己去管理，去亲身经历，总要他们用他们自己的心思才力，去求他们自己需要的知识学问。"

梁漱溟奉聘一中校长后，致力于推行他的自治理念。在此期间，广州政治分会下又设立了建设委员会。在《读〈李济深先生略历〉书后》一文里，梁漱溟回忆："我是一九二七年旧历五月偕同王平叔、黄艮庸到广州，而在一九二九年旧历正月离去广州的。初到粤时，我居住新造细墟黄艮庸家之时为多。……一九二九年春在两广政治分会下设立建设委员会，我代表任公主持其事。"[3] 故他担任仲元图书馆筹办委员，实为自然之事。仲元图书馆的筹办是在革命军北伐统一全国后。从保存下来的文书可以看出，当时的筹办过程实属不易。

广州仲元图书馆筹建于 1927 年冬，由以陈伯南、李顺春、张肇崧等为首的董事会发起，经政治会议广州分会批准，取名仲元图书馆，是为纪念邓铿先生。邓铿，字仲元。1928 年《广东省政府省政公报》刊登了广东省政府训令："邓故上将仲元先生，随先总理努力革命，功劳卓著，薄海同钦。不幸于民国十一年三月间，在广九车站被凶狙击致命，深堪痛惜。……奉前政治会议广州分会派委筹建图书馆，用资纪念。" 1930 年《市政公报》第三五〇号刊载《邓仲元图书馆建筑近迅》记载："日前当局为纪念故上将邓仲元起见，特在粤秀山博物院之左边山坡，建筑邓仲元图书馆，并在越秀路旧油业工会会址，设立筹备处，办理该馆建筑事宜。查该馆之设，使成为一伟大之图书馆，市民有所研究书籍，而资纪念邓上将对于党国之功绩。兴工建筑已久，查为洋楼式阔大非常，工程大致均已落成，昨已用绿瓦铺盖该馆瓦面，其他细小工程，亦已从速建设。"[4]

仲元图书馆的建设资金，主要来自几方面：一是广东省、广州市政厅的拨款。据前所述张肇崧致广州市政厅长林云陔的信函中写到，广州市政厅在 4 月 10 日第 5 次筹备会议中议决拨款数额为 3 万元，分 6 个月划拨。后因"市库奇绌，应呈复政治分会，本厅祇能免力担任一万元，其余请向各县及市分担。"[5]

二是邓仲元部属和李任潮的捐款。据 1929 年《市政公报》第三四九号刊载市长林云陔《关于筹拨仲元图书馆建筑费案：函仲元图书馆筹备处关于捐款事勉筹五千元由（十八年十二月五日）》记载："云陔对于仲元图书馆建筑一事，日前到京时，曾与李任潮先生谈及。据云，建筑仲元图书馆应由仲元先生部属捐款建成，以表示纪念勋劳之美意，不应由省市政府担负，本人已有十六万元交由舍弟转交，以为完成该图书馆之用，并已有信交伍庸伯先生询取等语。此款自可函催领回，足支付该馆建筑费也。"[6] 建设工程到 1930 年 10 月 1 日前完工。

从 1930 年 10 月 1 日起，仲元图书馆筹备处结束，正式设立董事会，张肇崧任馆长兼常务董事，叶季俊为副馆长，移交省教育厅管理，每月有省财政厅拨付管理经费 300 元。[7] 仲元图书馆建成后不久，经费严重不足，不仅正常的护养工作无法维持，就是开幕资金、铸造邓仲元纪念雕塑，甚至购置图书的资金亦无法筹集。于是，筹备会呈请"国府省府总部各拨助现款一万元"，并到军中、政府官员中积极劝捐，"另将前印捐册，函送各军师旅，及各机关长官，请代募捐"。期限定于 1930 年 11 月底止，汇交中央银行。这样初步解决了部分经费。

仲元图书馆预期开馆时间，议定于 1932 年元旦，后因资金、图书馆相应设备及图书资料的匮乏，到时依然无法开馆。元旦过后，1932 年 1 月 19 日陈济棠签发令谕，向政府会议提议："本会前经议决，二十一年元旦开馆，现因设备未完，各处捐册及订购图书尚未到齐，如何办理？请公决案。"后来，议决选定 3 月 23 日邓仲元遇难周年纪念日开放。这一天，仲元图书馆正式开馆（图三）。

仲元图书馆与方公幼璿纪念碑

注释：

[1] 广州市国家档案馆藏全宗号 4-01，目录号：1，案卷号：111。

[2] 梁漱溟著《忆往谈旧录》，西安：陕西师范大学出版社，2009 年 4 月第 1 版，页 125。

[3] 梁漱溟著《忆往谈旧录》，西安：陕西师范大学出版社，2009 年 4 月第 1 版，页 136~137。

[4] 广州市国家档案馆藏全宗号：资，目录号：政，案卷号：585，期号：350，页 14。

[5] 见广州市国家档案馆藏全宗号：4-01，案卷号：111，编新字第十号民国十七年五月一日"市行政会议奉政治分会令市政府拨款三万元为筹办邓仲元图书馆案"，在 4 月 18 日第 143 次市行政会议第十三条"委员长提议奉政治分会令广州市政府拨款三万元为筹办邓仲元图书馆案"。此处所指委员长是指"市政委员长林云陔"。

[6] 广州市国家档案馆藏全宗号：资，目录号：政，案卷号：585，期号：349，页 75。

[7] 广州市国家档案馆藏 1930 年《广东省政府省政公报》第一三一期《仲元图书馆筹备处结束》，页 62~64。

（原载《发现广州》，岭南美术出版社，2015 年 9 月第 1 版，第 261~265 页）

略论梁漱溟在广州实行的教育理念

梁漱溟（1893—1988 年），原名焕鼎，字寿铭，又字漱冥；以漱溟行世。他是中国现代史上著名学者、思想家、教育家和社会活动家，1893 年生于北京，1917 年至 1924 年，在北京大学哲学系任课。1925 年北伐前夕，南方革命空气高涨。李济深、陈铭枢、张难先三位致信梁漱溟，以革命大义相责勉，促速南下。李济深是梁漱溟的朋友，又曾是孙中山的部下，此时正主政广东。梁漱溟欲借此机会在广东推行他的乡村自治运动。在《追忆广州往事》一文中，梁漱溟回忆到，1927 年 5 月到广州，1929 年 2 月离去，首尾约近两年："从十七年（一九二八年）春间，李济深（任潮）、陈铭枢（真如）勘定广东，愚稍参预广东政局。……十七年（一九二八年）之广东，李陈为政；两公既属知交，即一机缘。……愚故留粤稍参预其事，冀为乡治运动之推行。"[1] 梁到广州后，1928 年夏奉聘广东省立第一中学校长，校址即清朝广雅书院所在地。在此期间，他提出并推行了一些新的教育理念。这些教育理念至今仍值得借鉴和学习。

一

1928 年夏，梁漱溟奉聘广东省立第一中学校长，半年后的 1929 年 2 月离去。在这短暂的时间里，梁漱溟提出了一些新的教育理念。这些新教育理念，是他深入了解广东省立第一中学和当时中国学校普遍存在的种种缺撼之后而提出来的。梁漱溟认为，这种缺憾是由从欧美流入中国社会的学校制度造成的，主要是不合于教育的道理和人生的道理。梁漱溟的头脑是清醒的，没有盲从欧美的学校制度。他在广州实行的新教育理念，主要体现在 1928 年 11 月 6 日他在广东省立第一中学教职员工大会上所做的讲演《抱歉——苦痛——一件有兴味的事》和 12 月 24 日在该校所做的《今后一中改造的方向》讲演中。他的新教育理念主要有：

一、提出了"教育是长养人发达人的智力体力各种能力的"[2] 新见解。根据这一见解，他深刻地指出了当时中国学校制度不合于教育道理的一些地方："就体育一科说吧，对于人们的体力，不见其长养，却见其戕害，其中许多简直是有碍我们健康的了。至于说到知识方面的教育，可说为现行学校制度最着重的所在；然而我们尤见其窒塞人们的智慧罢了。痛切言之，现在学校教育，是使聪明的人变成愚钝，使有能力的人变为无能力的废物，所以，不能不说它不合于教育的道理。"[3]

二、提出了"在事实上不离开现社会，在精神上要领导现社会"[4] 的教育根本原则，并作了深入解释："此谓教育，在许多事实上，愈接近愈符顺现社会愈好；而精神上则宜有超离现社会者。缺前一条件，其教育必且为社会病；缺后一条件，其教育必无进益于社会：皆不足以言教育。"[5] 同时，他指出了当时学校教育存在的种种问题："就是在事实上，它离开了现社会，不合实际而与实际乖牾；在精神上，它又随现社会走，全无理想，以领导社会。"[6]"现社会间不合理之事而办教育者予以承认，此影响于学生心理者实大。如此还要说'革命化的教育'，将谁欺乎？"[7]

三、提出"教育平等"，使人人享有教育的机会。梁漱溟指出："现社会中人因有贫富之不同，所以在一切消费享受的机会上便不平等；这其间的不平等，我觉得问题都还小，唯有一桩问题的确重大，就是在受教育的机会上不平等。一则不得受教育是人生的悲惨远过于其他的啬遇；一则不得受教育更断了他以后增进经济地位的机会：所以这种的不平等是太残酷了。然而现在的学校完全随着现社会而商业化了，学生不缴费，就不得入学读书，如同商业交易一般，绝无人情可讲。本来现社会的'商业化的人生'就不合理，而用之于教育尤其不当。又以现在社会中生计之艰窘与求学费用之特高，让我们时常遇到这悲惨遭遇的青年，时时感着内心的苦痛。我以为教育家而不能于其自己事业的范围内想法努力免除或减少此类事情，他很可以不必办教育。"[8]他还提出具体的解决办法："第一，如果那个学生的成绩，到了某种优良程度，而他不能缴费时，学校应该免除他的缴纳；不过要先由学校方面，定个章程，要合于我们所规定的学生，才能享受这种权利。第二，有些学生虽说很用功，却因为天资不高，能力有限，或者因疾病，缺课太多，使他的成绩不能到我们所定的程度，而的确他是个好学生，如果他不能缴费，我们就要大家帮他的忙，替他代缴学费。"[9]

为了改造好"一中"，梁漱溟参观考察了南京晓庄学校，仔细地分析了该校的教育理念，从中吸取了一些有益的办校经验。梁很务实，即肯定了晓庄学校有合于教育和人生道理、注重农村问题等好的一面，又不盲目照搬该校的办校理念，一切从实际出发。梁很欣赏晓庄学校"教学做合一"的教育方针，在此基础上，提出了"一中"的教育方针："是要学生拿出他们的心思、耳、目、手、足的力量，来实做他们自己的生活。不一定是他们个人的，就是团体的，也要由他们自己去管理，去亲身经历。总要用他们自己的心思才力，去求他们所需要的知识学问。……教育的本意，是要把人们养成有本领有能力；如果要使一个人有本领有能力，就非发展他的耳、目、心思、手、足不可。"[10]为达此教育目的，梁提出了十点改造办法：

第一，要废除或者竭力减少校内的杂役，其目的是要使学生来做他们自己的事情，养成手足勤快的习惯。

第二，要废除或者减少校内的职员，将许多公共事情交给学生去照料。

第三，废除吃零饭和包饭的厨房制度，改良膳食办法，由学生自己来做饭或解决问题。

第四，废除贸易部、西餐部和洗衣部，组织消费合作社，由学生自己经营。

第五，废除把学生看做被治者而教职员是治者的办法，使学生在老师的领导下，能够自己造成一种秩序，并且能够维持自己制定的这种秩序。

第六，废除或减少，至少也要改良现在讲授课本的教授法，让学生处于主动学习的地步。

第七，以一班做个小范围，由各小范围做他们自己的事。

第八，注重班主任制，由班主任去领导学生自己去做生活上的事情。

第九，注重写日记，让每个学生每天都要写日记，交给班主任，使班主任可以知道学生日常生活和学业上的程度。

第十，注重保护自己的身体。安排校医住在学校里，担任生理卫生功课。

通过上述十点改造方法，使学生养成自治的能力，发展了学生的耳、目、心思、手、足，达到了教育的目的。

二

梁漱溟虽然在广东省立第一中学任校长一职的时间不长，但是由于他提出的教育理念符合教育的目的，改造的方向是对的，所以该校又得到广东省教育厅的指令，改为试验中学，成为民国时期广东教育界改革之先锋，梁漱溟提出的教育理念在该校得到了很好的贯彻执行。

据广州博物馆藏1930年10月21日印行《一中校刊》第十五期"本校十九周年纪念特刊"刊登的黄艮庸撰写的《发刊辞》记载：

> 本校的教育方针，请大家参阅梁前校长所作的《苦痛——抱歉——一件有兴味的事》及《今后一中改造的方向》两文便能了然。我不再说。惟我等志愿，简单一语，就是："我们从事教育，是想以教育的事业来锻炼自己；同时，指导后进少年注意自己整个人的生活，求得一合理的人生，做成一个'人'"。……本校奉到教育厅令改为试验中学，在民国十八年元月三十一日，则这篇叙述，原本可以由十八年元月开始，但这次改革实经过半年的酝酿与筹备，故推溯改革的前期，则梁校长漱溟先生于十七年十一月廿四日在校演讲《抱歉——痛苦——一件有兴趣的事》实开始作改革运动的第一幕，至十二月廿四日又宣布《今后一中改造的方向》乃渐入于实行时期，至十八年元月奉令改为试验中学，三月改革方案草创完成。"[11]

这里明确提到，"一中"所执行的正是梁漱溟所倡导的教育方针。按照这一教育方针，"一中"进行了教育改革。

首先是改革学校的行政系统。设立由五位专任导师组织的教务委员会，作为全校办事的中枢机关。全校一切兴革大计等校务均集中于校务会议，教务委员会是执行校务会议的常务，下设事务部，办理一切事务。全校又分高中、初中两部，各设部务会议，分掌两部教学及训育上的设计，上属教务委员会。设图书馆、自然科学馆、艺术馆、体育馆、史地研究室、农作场、工作场、合作社、医院、西村小学等十种机关，充实学生在校的生活，以帮助新教学法的运用。由各学科的教员共同组织学科会议，以讨论解决各学科的课程及教学上的一切问题。另设全校教职员会议，作为全校最高指导机关，每学期召开两次会议，开学初议定本学期训育的大方针，学期末检阅学生的总成绩并讨论改进之方针。改革后的行政系统，能使学校校务上下贯通统一、合议分工、全校教员都能参与处理校务。

第二，合理安排学生的公共生活时间，注意照管学生的全生活，使学生的身心各方面都能得到练习和均衡发展。每日按24小时来分配，8小时的学习功课，8小时的饮食作事运动和8小时的睡眠，以使在教学做合一方面，能将实习、讲授、自修联为一气，使学生对于功课和事务等都能得到实际的学习，而不会出现只重书本和功课堆积之弊。

第三，改进训育方法，设科班主任，指导学生生活，目的是使教师能以身作则，到学生中去做工作。科班主任是与学生同起居共饮食的导师，一科一班学生与他的主任，好似家庭间父兄子弟一般生活。科班主任制是本校训育的重心。科班主任每天常是先学生起床，开朝会时必定出席指导，早操时亦与同学生们一起参加，晚餐后批阅学生日记。"一中的科班主任是不怕学生反对的，只要学生有道理，我们亦可以接纳他的意思，因为教育与治军完全不同，治军动辄可以军法从事，教育必要使学生明明白白心悦诚服，才可使他的生活有趣味。"[12] 还设有各科班的自治会和全校学生自治会。

第四，改进课程教学，增加农作时间和自然科学的学习时间，将体育排在学习时间之外，目的是使学生均衡发展，并且强调，"生活为中心的教育，是本校试验进行中唯一的目标。"[13]

虽然"一中"实行新教育方针的时间不长，但是成效明显，"学生对科班主任，都是非常之好，有如从前书院制师生关系之密切，大家均有相依为命之情。"[14] 相反，当时"中国的学校，数目渐渐增多。然而有些学校，只是以办学校为赚钱的事业，只是以办学校为卖知识的机关，只是以办学校为养成规矩的人物，对于学生整个生活情形，完全不管，弄得一般可爱的青年，一个个变得不似人样而不知道人士的趣味，真是痛心得很。"[15]

三

教育乃百年大计，关乎民族和国家的前途和未来。回顾和发掘先人们倡导的好的教育理念，昭示今天，服务未来，实有重大的现实意义。八十余年前，梁漱溟在广州提倡的教育理念，如"教育是长养人发达人的智力体力各种能力的""在事实上不离开现社会，在精神上要领导现社会""教育平等""学生自治""指导后进少年注意自己整个人的生活"等等，在今天依然有着借鉴和指导意义，值得学习和发扬光大。

注释：

[1] 梁漱溟著：《忆往谈旧录》，西安：陕西师范大学出版社，2009年4月第1版，第125页。

[2][3][4] 中国文化书院学术委员会编：《梁漱溟全集》第四卷，济南：山东人民出版社，2005年5月第2版，第842页。

[5]《梁漱溟全集》第四卷，第842~843页。

[6]《梁漱溟全集》第四卷，第843页。

[7][8]《梁漱溟全集》第四卷，第844页。

[9]《梁漱溟全集》第四卷，第873页。

[10]《梁漱溟全集》第四卷，第868页。

[11] 黄艮庸：《发刊辞》，载梁漱溟题签《一中校刊》第十五期"本校十九周年纪念特刊"（横19.8厘米，纵27.3厘米，1930年10月21日广东省立第一中学印行），第154页。

[12] 潘从理：《一中的训育》，载《一中校刊》第十五期"本校十九周年纪念特刊"，第161页。

[13] 黄艮庸：《发刊辞》，载《一中校刊》第十五期"本校十九周年纪念特刊"，第157页。

[14][15] 潘从理：《一中的训育》，载《一中校刊》第十五期"本校十九周年纪念特刊"，第162页。

（原载《广州社会主义学院学报》2013年第1期第86~88页）

同仇敌忾　戮力同心

——沙基惨案中的爱国传单和招贴画

　　97 年前的 1925 年，为抗议帝国主义在上海制造惨无人道的"五卅惨案"，广东人民于 6 月 23 日集会东较场，召开援助沪案示威运动大会。"赴会者为省港澳各界团体，省内国立市立公私立等大小男女学校，商界各团体，农民团体，及黄埔学生军、粤军、湘军、警卫军等，人数十万余众。各均手持'打倒帝国主义''收回领事裁判权''取消一切不平等条约''援助上海五卅惨杀案'等标语小旗。至午十二时开会。东较场内，中间为工农团体会场，左为学商界会场、右为军界会场。赴会各界人士均按照地点站立，肩摩踵接，悲壮异常。工农界会场由谭平山主席，宣布开会理由。……至下午二时四十分，各界巡行前队已转入内街，后队巡至沙基西桥口之际，在西桥之英兵，竟开枪向我巡行队群众轰击……当场击伤毙我巡行之工界学界商界农民军人共数百人，尸骸遍地，血流成渠，惨状目不忍睹。"（钱义璋编《沙基痛史》，广东人民出版社 1995 年版，第 11—13 页）这就是震惊中外的沙基惨案。

　　惨案发生后，全国人民义愤填膺。广东人民更是以各种方式控诉帝国主义犯下的滔天罪行。其中，印制传单、招贴画被爱国人士广泛使用。这些爱国传单和招贴画既是研究沙基惨案的珍贵史料，更是进行爱国主义教育的生动教材。

　　孙中山大元帅府纪念馆藏有抗议帝国主义大屠杀的爱国传单两张、招贴画一张。其中，传单是由广州私立培英中学印制，夹在广州花地培英中学青年会刊《培英青年》1925 年 6 月第九第十期中发行，该中学创办于 1882 年；招贴画为广州国民政府军事委员会政治训练部印制。

　　传单一（图一），横 11.7 厘米，纵 17.3 厘米，由校学生会发出：

为上海青岛汉口广州惨杀事泣告国人书

万急：全国同胞均鉴：我上海同胞横被英日惨杀，闻者发指眦裂，故各地咸起应援，罢工巡行，冀促英日之悔悟。不图彼等豺狼成性，恶胆愈张，竟因此接二连三惨杀我青岛汉口之居民。昨六月二十三日，我广州市民巡行，又被英兵密枪击杀，死者百数十名，伤者无算，似此凶狼殆欲尽歼吾国四万万同胞而后已。呜呼！此而可忍，熟不可忍！夫兔死狐悲，物伤其类，矧吾亲爱之同胞无辜被残，而可以坐视而不救耶。国人乎，同胞乎，此非一时一地之事，实全国将来生死存亡一大关键也。吾人若不急起自救，则瓜分豆剖之祸立见，茫茫神州将为彼强邻所割裂，数千年一脉相传之华胄亦将靡有孑遗矣。吾人将何以对祖宗于九原乎，即不为祖宗计，独不为子孙计耶；纵不为子孙计，独不为己身计耶。吾四万万之同胞乎，人非木石，安忍袖手旁观乎。语云：

国家兴亡，匹夫有责。同人皆属中华之国民，誓与帝国主义奋斗，为正义人道牺牲，宁为玉碎，不为瓦全，勉力同心，誓达向下列的目标而进取。

（一）不与英日通商（尤其是英国）。

（二）不用英日货币。

（三）先争回租借地、关税权、领事裁判权及其他一切不平等条约。

（四）打倒英日及其他帝国主义。

广州培英中学校学生会泣告

传单二（图二），横15.1厘米，纵22厘米，由培英青年会发出：

与会员书

敬启者：五卅上海英兵枪杀同胞血案发生，闻者莫不愤激。昨廿三号广州市民大巡行，在沙基地方，又被沙面英兵乱枪轰击，死伤共约百五六十人。惨状较上海汉口等处尤甚。（查此次惨杀，我校旧同学徐宝斌君殒命，其他同学幸赖无恙）兹者，广州民情悲愤激昂；学生界连日出发宣传，领导民众一致进行，免生枝节而滋纷扰。

诸君假期旋乡，幸尽宣传之责，使国民知此事之真相，及对付之善法，而宣传之时，有数点须加注意：

一、宗旨——唤醒国民，为正义人道力争，反对英日帝国主义。

二、态度——坚持镇静，取不合作及经济绝交等和平手段，绝不主张暴动报复。

三、目的——取消国际上一切不平等条约；对于正义人道之破坏者，与以相当之惩戒。吾人企望此事能以和平解决，惟在目的未达之前，应以基督勇敢精神，坚持奋斗。

此事对于中国及世界，关系重大。阁下对此问题有所意见，及贵处情形如何，可随时通信。弟等假期仍留校。

图一

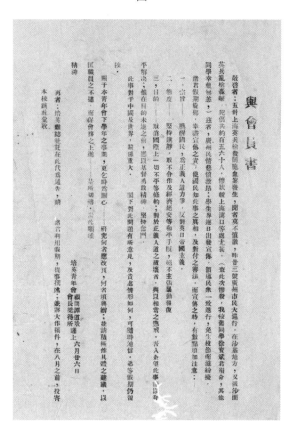

图二

这两份传单均是沙基惨案发生后爱国师生自发印制的，不仅文体形式灵活，或半文言文，或文风质朴的白话文，而且内容凝练，主题鲜明。

招贴画（图三），横76厘米，纵51厘米，国民政府军事委员会政治训练部印制，其内容有梁鼎铭作《沙基血迹》画照及文字介绍："'六·二三'惨案：地点在广州之沙基，原因为各界民众，为着正义人道，而援助'五卅'惨案，举行巡游，致遭帝国主义之兽兵，恃着不平等条约的惯蛮性，隔河用机关枪毒弹扫射，把我民众血肉横飞而死者百余人。"

图三

梁鼎铭（1898—1959年），本名协荣，别署战画室主，广东顺德人，生于上海，"14岁入南洋公学。17岁入南洋测绘学校。18岁在厦门以绘像为生。19岁任职于英美烟草公司广告部。1925年辞职南下在广州举行个人画展。翌年……任黄埔《革命画报》主编，是年秋，绘成《沙基血迹图》悬诸军校礼堂。1927年任国民革命军总司令部政治部中校艺术股股长，后改任第八路军政治部组织科科长；8月转任北路总指挥部政治部宣传科科长。"（《民国人物大辞典》第880页）

《沙基血迹》油画完成于1926年秋，画幅长18尺，高8尺，存于黄埔中央军事政治学校俱乐部。这幅画作展现一大批爱国志士血洒沙基西桥口的悲惨壮烈场面。

"六·二三"大游行，中国共产党的许多领导人包括周恩来同志都参加了（郭瘦真《"六·二三"反帝示威与〈工人之路〉特刊的创刊》，载《广东文史资料存稿选编》第三卷，广东人民出版社，2005年版第537页）1925年9月周恩来发表了《沙基惨案与廖党代表之惨死》一文。他在文中高度颂扬"血迹斑斑沙基死难者""冲开了八十年来平英团后第二次抗帝国主义的血路"，呼吁"为反帝国主义而死，方是沙基死难者的真同志……我们每一人每一滴的鲜血都要立志泼在帝国主义的欢乐宴中，积成我们最后胜利的红酒，备我们后继的战士痛饮黄龙。"（见《沙基屠杀中党立军校死难者》）

《彭湃文集》补遗一则

彭湃（1896—1929年），广东海丰人，中国共产党创建时期的重要领导人，杰出的农民运动领袖。1981年由中共广东省委宣传部主持编辑的《彭湃文集》由人民出版社出版后，在全国各地引起强烈的反响，受到了广大读者的欢迎和好评。文集后经补充，又于2013年再版。

2021年是中国共产党成立100周年。开展党史学习教育，是当前一项重大政治任务。发掘馆藏红色文物，是文物工作者"学党史悟思想办实事开新局"的一项基础工作。在整理馆藏文物时，我们意外地发现孙中山大元帅府纪念馆珍藏一张民国报纸，横54.5厘米，纵39.3厘米，共有四版，是1927年3月14日中华全国总工会省港罢工委员会出版《工人之路》第595期（图）。该期第二版刊登了一篇题为《省农会扩大会议全体代表偕市部农民纪念总理：农民参加二千余人》新闻稿。这篇新闻稿详细

图

报道了1927年3月12日孙中山逝世二周年纪念日广东省农民协会第二次扩大会议全体代表偕市部农民二千余人在广州"省农民协会礼堂"举行孙总理逝世二周年纪念大会的盛况。文章提道，这次纪念大会共有七项议程，其中第三项是彭湃主席向大会报告总理事略及纪念意义。彭湃主席报告内容的大意被记录了下来：

我们扩大会议全体与二千余市部的农友在此开会来纪念总理逝世二周年，算是代表全广东的农友来纪念的。今天很多人纪念总理都非常热烈的，但还有一部人形式上虽然纪念，他们在行动上却是违背总理的主义和政策，还来压迫农工的。我们的纪念是站在革命的立场上面，和这些人不同。总理一生的事业，很多值得我们崇拜，而他最值得我们崇拜及时时要记着的有三件事。第

一总理认清中国国民革命须要农工来参加才有力量，故定出农工政策，一方面用以增进农工的利益，他方面使革命有好基础。第二总理看清中国国民革命是世界革命的一份部，故极力主张中国与世界革命的总参谋部的苏俄联络，并要国民党与农的政党共产党联络。第三总理改组国民党使国我党成为一个有纪律的党，把党内的革命的右派份子排除。以上这三点都是一生最大的事业，我们纪念总理，就要依照总理伟大事业遵守总理遗教去奋斗以早日完成中国国民革命，然后才不失我们今日纪念的意义。

这次报告的内容虽然简短，但内涵十分丰富。彭湃以通俗易懂的语言，简明扼要地向与会代表和农民介绍了孙中山一生的事业及其最值得人们崇拜和时时记住的"联俄、联共、扶助农工"三大政策和改组国民党、实行国共合作等三件事。这是彭湃对"三大政策"最通俗易懂的解释，充分说明他秉持"初次与农民谈话，可用白话告以历史""不要深奥，用俗语，且要耐烦"（彭湃《在第六届农民运动讲习所的讲演》，载《彭湃文集》第207页）的工作方法。他在报告中指出，"我们纪念总理，就要依照总理伟大事业遵守总理遗教去奋斗以早日完成中国国民革命"，同时指出"有一部人形式上虽然纪念，他们在行动上却是违背总理的主义和政策，还来压迫农工的。"彭湃呼吁，只有农工"团结起来"，通过"大家努力"，才能"得到幸福的日子"。（彭湃《在海丰农工界追悼孙中山先生大会上的演说》，载《彭湃文集》第93页）

《工人之路》第595期刊载的彭湃这次报告内容，十分难得，可补《彭湃文集》之缺。

一批土地革命战争时期的珍贵史料

1986 年寒假，我曾专程参观江西"革命纪念馆"。这是一座纪念方志敏烈士及在土地革命战争时期英勇牺牲的烈士们的纪念馆。纪念馆占地面积虽然不大，却很庄严肃静，坐落在古朴幽静的江南水乡暖水村村头，2001 年被中宣部命名为全国爱国主义教育示范基地。纪念馆所在地区正是方志敏烈士生前从事革命斗争的地方，也是他不幸被捕的地方。纪念馆里陈列许多珍贵的革命文书。当年参观纪念馆时，在该馆负责人祝先炎先生的大力支持和帮助下，我做了详细的笔记，将展览中展出的一批革命文书进行了笔录，还请我的姐姐程水容女士一起帮忙抄写。时过境迁，20 年后，当我再次前往该馆参观时，纪念馆内只展出了极少数革命文书，且已霉烂，其余的，工作人员也不知去向。这批革命文书涵盖面十分广泛，对于了解中国革命早期发展史、如何建设新中国和我党我军的建制历史，有重要价值。由于没有原物和照片参校，当年抄录时也未记下这批革命文书的尺寸，故今日整理时，文中一定会有失误，敬请读者批评指正。

经初步分类，这批革命文书分为证书、债券、简报、宣传资料、通知和总结报告油印本等几大类。

一、各类证书和债券

这批革命文书中，证书共有 4 张，即"赣东北特区革命互济搃会入会证""省贮粮合作社社证""闽浙赣省反帝拥苏入会证""赣东北省苏人民土地委员会土地使用证"各 1 张；债券"闽浙赣省苏政府粉碎敌人五次围剿公债券" 1 张。

1. 赣东北特区革命互济搃会入会证

入会证

德兴县四区西圹村查其水同志加入本会为会员此证。

赣东北特区革命互济搃会

公历一九三一年七月十二日

2. 省贮粮合作社社证

贮粮合作社社证

兹有德兴县四区罗家乡樟树岭村查其水同志自愿加入贮粮合作社——股计谷 0 石五斗。特给此为证。

省贮粮合作总社

正主任　洪修椿

付主任　方远辉

公元一九三三年十一月二十六日　发

第一万贰佰○七号

3. 闽浙赣省反帝拥苏入会证

闽浙赣省反帝拥苏入会证

姓名：

那里人：

什么成份：

何人介绍：

闽浙赣省反帝拥苏总同盟组织部代

入会期间：一九□□年＿＿月＿＿日发

第　千○八十九號

4. 赣东北省苏人民土地委员会土地使用证

赣东北省苏人民土地委员会土地使用证

户主罗会起	人均将分得土地登计合系德兴县四区罗家本成分贫农全家合五	土名	梨树坵	飞毛岭	毛家部	猪肚坵	自圲	德兴县四区地字第弍十五号	公历一九三三年弍月十七日
		田别	中田	下田	下田	下田	下田		
		亩	式	一	式	一			
		分	四	六	四		八		
		厘							
如因家中生长或死亡关係须转移土地可登记于空□栏内		土名						德兴县四区罗家乡本村土地委员	
		田别							
		亩							
		分							
		厘							
		土名							
		种别	山油	□茶	图地	山油	池塘		
		亩							
		分							
		厘							

签名

盖章

5.闽浙赣省苏政府粉碎敌人五次围剿公债券

闽浙赣省苏政府粉碎敌人五次围剿公债券

壹圆

省苏财政部长　张其德

二、简报

"简报"类共有两份，一份是关于"两支游击队向玉城挺进捉获土豪八只"的报道，另一份是《红色东北》刊登的6则简讯。

1.关于"两支游击队向玉城挺进捉获土豪八只"的报道

两支游击队向玉城挺进

捉获土豪八只

怀玉讯：三月三十号，我樟树区和童家坊区两个游击队向二十七都林康一带出击。查此地离玉山城只有十五六里路。当捉获土豪八只，缴来土豪大小耕牛八条，鸟枪八条，其余布足食盐现洋等东西甚多。这一胜利震动了玉山城，更兴奋了凤林区、东仓区、童坊、花大门等新苏区群众斗争勇气与决心云。

兴旺

2.《红色东北》刊登的6则简讯：

《红色东北》一九三四年五月

上饶苦力运输工人代表大会胜利成功

省工联讯：在省苦力运输工会筹委员及上饶县领导之下，上饶苦力运输工人代表大会于"三一八"纪念日胜利的开幕。大会虽然正当敌人新的进攻前面开幕，而各地代表及来宾踊跃的出席和热烈赠送大会礼物，都充分的表示出无产阶级的战斗精神。大会代表白区占三分之二。大会第一天议程：上午开幕典礼，政治报告；下午及第二天上午讨论了扩红工作、粉碎敌人经济封锁工作、经济斗争、组织问题和工会基金等……每个代表都热烈的发言，特别是对于扩红和经济建设，全场都自动承认扩红、打土豪、筹款等计划订立了竞赛条约。后选举新的执委，正式二十一名，候补二人。接着开省工代表大会，成立青工决议。大会经过两天均获得胜利成功云。

十天动员成绩

明才

万年讯：县委直属二、三两支部在十天内动员成绩：第二支部慰劳红军大洋六元，开展消费合作十股；第三支部慰劳红军大洋七元六角，开展消费合作社十一股。

全省工农药店主任联会
将三月份津贴费捐助战费

省总药店讯：三月五日召集全省工农药店主任联会。在讨论各项工作后，祝克荣同志提出经济动员。在到会同志异口同声之下，一致通过将三月份津贴费全部五百七十元八角二分八厘，帮助红军战费，同时流通医务队节省大洋三十元〇二角四厘帮助战费。

《红色东北》号召全省节有一份伙食帮助战费

英勇的工农红军在前线上，正在胜利的粉碎敌人五次围剿。为要红军更顺利的争取决战的全部胜利，实现苏维埃新中国，对于充裕红军给养和充足战费，对于争取战争胜利，是密切不可分离的。我们特号召全省后方各机关各团体及全省工农群众应以"一切付予战争""一切为着国内战争前线上的胜利，自动的热烈而踊跃的向省苏请求于明年一月起一律减少□伙食一分"，同志们起来吧！响应我们这一号召啊！

省政卫分局首先请求减少伙食一分

省苏政府讯：顷接省政卫分局报告：在目前革命风暴般的开展中，在阶级决战的紧急关头，充裕红军给养和充足战争经费是取得战争胜利的先决条件。我们除坚决执行省苏指示，保卫局系统之下经费自给而外，全体工作人员以及事务员都积极兴奋着革命的热情，在不妨碍本身工作条件之下，自愿积极参加生产，实现不□□□口号，并请求省苏自明年一月起每日减□食洋一分，同时在各县分局长联会提＿＿＿在一九三四年一月份预算。

闽浙赣军区独立第一团成立了

上饶讯：上饶独立营在不断的残酷战斗中捍卫并开展了上饶苏区而且缴获敌人大批枪械，武装了自己，遂日益强壮起来。最近接到军区司令部的命立，成立独立团，这无疑的是增加了我们的力量，更顺利的粉碎敌人五次"围剿"。在伟大的庆暴纪念日，闽浙赣军区独立团宣布正式成立。这天虽大雨淋漓，然而到会的红色战士们英气勃勃的精神毫不因雨而稍减，反而更提高了他们的战斗精神。同时，上饶赤模连六连战士及成群结队的群众亦冒雨到会，均含着极兴奋而愉快的微笑。在大会开幕围绕由军区代表讽沽着重指出①目前政治形势②独立第一团成立的伟大意义③独立第一团的光荣任务，发扬过去英勇的战绩，赤化全上饶，赤化临江湖，创造铁的独立团，粉碎敌人五次围剿，实现苏维埃新中国。接着中共上饶县委县苏少共县委工联妇女政委等代表都做了演说（词长未录）后举……

三、各类宣传资料、通知和总结报告油印本

这类油印本的内容主要有"福建事变宣传大纲""苏维埃组织简述""苏维埃工作教授纲目""各县苏维埃十二月份工作总结""乡妇女代表会议上的报告大纲""党内教育问题""对群众宣传与教育问题""中央局关于健全赤少队与今年举行野营演习的决议""中共闽浙赣省委通知""中共闽浙赣省委妇

女部印加紧训练干部工作""支部团员守则"等。

1.中央局关于健全赤少队与今年举行野营演习的决议

一九三三·一·七·出版
"中央局关于健全赤少队与今年举行野营演习的决议"
中共闽浙赣省委翻印

一、赤少队是中国苏维埃运动中所产的特殊的工农劳苦群众武装斗争的组织，在国内战争中，表示了他的伟大的作用与力量，同时又是红军有力的补充队。当前粉碎敌人新的五次"围剿"中对于巩固苏区、镇压内部反动之活动，防止敌人身探与蒋介石蓝衫社便衣队之骚扰，发展边区游击战争，箝制和分散敌人的力量，建立强有力的后方工作，更便利红军集中力量随时转移方向各个击破敌人，继续有组织的扩大与充实红军的力量，赤少队是担负这些任务的主要力量，成为争取五次战争胜利的必要条件之一。因此，党必须以极大力量去加强对赤少队的领导，巩固和扩大赤少队的组织，加强政治军事训练，以与帝国主义国民党作战，彻底粉碎敌人五次围剿，争取苏维埃新中国的胜利，同时以达到赤少队成为红军的现成后备队，实际的准备由自愿军役制转变到义务军役制。

二、赤少队在过去工作中还存留着许多弱点和缺点、组织的涣散、动员的迟缓，没有将全部壮年青年吸收到赤少队，许多县特别是边县的赤少队，大多数只是形式的没有实际的担任卫戍和赤色戒严的责任，不能适时的充分的来担任后方勤务。异己份子仍有不少的混入在赤少队的组织中，政治委员与党代表的制度没有实际建立，不断发现非党员充当政治委员和指导员的现象。军事和政治教育没有经常的进行，在配合红军作战中，时常发生违反苏维埃的政策和阶级路线的严重错误，因为有了这些弱点和缺点，赤少队的全部，特别是边区赤少队还不能成为巩固和发展苏区有力的地方部队，以配合红军和独立师团作战，不能普遍的继续的开展有组织的扩大红军运动，减弱了赤少队应有的伟大作用。

三、各级党部过去对于赤少队的领导和注意是非常微弱，没有将这一工作列为自己的主要工作之一，甚至将这一工作，认为专属于军事机关而放弃了自己的领导责任，更少选派最好的党员再去担任赤少队各级的政治委员和党代表。很多地方的党员和团员加入赤少队的还只是少数。这些绝不容许存在的现象要立即改正过来。

四、为了扩大与健全赤少队，加强党对赤少队的领导，各级党部必须立即执行以下之决定：

（1）依据中革军委之新的政编计划来领导各级军事部和赤卫军迅速完成新的编制，首先恢复与扩大赤卫模范营的组织。动员党团员积极加入赤卫军，特别是模范营，应在群众中起领导作用。在"粉碎五次围剿""扩大并保卫苏区""开展民族革命战争驱逐帝国主义""争取苏维埃新中国"等口号下，并联系当地实际斗争和群众本身利益的具体口号（如查田查阶级斗争，冲破敌人封锁线，购买贱价盐，保障土地革命利益等等），运用群众各种组织与会议以宣传鼓动方式并从解释加入武装是工农阶级的权利进行扩大赤卫军的运动，这样来动员凡是十八岁至四十岁的公民自愿的积极加入赤卫军来扩大赤卫军的组织，但必须严格防止不去艰苦的进行群众的政治动员，而用抄名字的以及各种强迫的办法。

（2）赤卫军是带地方部队性质的群众武装组织。少先队是带军事性的青年群众组织。他还有其他斗争的任务和作用（如参加苏维埃各种斗争，青年的文化的体育的等运动），因此少先队的扩大应以青年群众为对象。在口号上除了政治以外，还要着重在青年本身利益与青年积极性上来发动青年群众加入少先队，应该运用少先队本身实际生活以及文化体育娱乐各方面更有力的来吸引青年群众热烈的自愿的加入少队，凡是已经加入少先队的十八岁到廿三岁的劳动青年男女，可以不必加入赤卫军，而加入赤卫军之青年也不应该强迫退出加入少队。但少队负有应经常的输送最有积极的分子到赤卫军的责任。必须纠正过去将赤少队的区别仅仅是在年龄上的规定（认为少队是青年的武装组织，赤卫军是老年的组织）。甚至仅在年龄上互相争夺队员的现象，党要打击将少队变为赤卫军第二和附属组织的企图，同样的要反对将少队与赤卫军对立起来的倾向。这都是没有认识赤少队的各个性质与作用。目前的任务是动员与争取还未加入赤少队的壮年青年全部自愿的来分别的加入赤卫军和少先队。

（3）为了严密和健全赤少队的组织，各级党部应领导各级军事部少队部进行队员和干部的检举，驱逐异己分子，改换赤卫军不积极和开小差的领导干部，提拔新的积极分子来充任各级的干部，特别是提拔工人雇农以加强无产阶级在赤少队中的领导作用。

（4）为了加强党对于赤少队的领导，应由地方支部选派党员中最好的分子去担任赤卫军营连两级的政治委员指导员和少队的党代表，县区两级应有一个常委专任同级赤卫军的政治委员并兼同级少队部党代表，实际建立政治委员党代表的制度以及赤少队中的经常政治工作。

（5）为了加强党员和支部在赤卫模范营的领导作用，党的支部可将参加赤模范营之党员依地区和连编在一个或几个小组内，能经常讨论赤卫模范营之工作，遇该连出发时，则将每连之各地方支部小组，来成立单独支部。

（6）党对于赤少队的领导，一方面经过政治委员与党代表直接去实现和执行党的决议，同时运用党的支部和党员在赤卫军中起核心作用，经过各级团的组织去领导少先队。各级党部应该经常讨论和检查赤少队的工作，赤少队之政委党代表要经常向党作工作报告。连指导员可兼负党支部的军事干事，县区政委兼县区委的军事部工作。

（7）少先队有独立的组织与工作，只有属于军事范围（作战卫戍和后方勤务、军事教育等），在前线则属于红军相关的军事首长之指挥，在后方则属于同级的军事机关（军区县军事部和赤卫军指挥部）之指挥党责成各级军事机关立即派出军事代表为少队参谋长，以保持军事行动的指挥和实施军事教育，并以队长（团代表）、党代表、参谋长三人组织各级少队部领导机关。但在工作中如队长、参谋长有不同意见，则最后取决于党代表。

（8）中央局责成军委军区协同边区党部、特别加强边区赤少队的领导，健全其组织，使他成为有力的卫戍部队和边区游击队来担任巩固和发展苏区的任务。目前党应以最大力量来领导今年赤少队的野营演习，各地党部可以军委拟订计划来依照各当地情形，有一次专门的讨论定出具体实施计划，以及在野营中党的工作。为了使这一野营演习顺利地进行，首先要在群众中进行最充分的宣传鼓动，来正确的解释野营演习的意义和义务军役的宣传，纠正过去在动员赤少队加入红军中，曲解为就是实现义务军役的错误，以免妨碍野营演习，只有从阶级的觉悟与政治任务上以发动群众积极学习军事的热情，踊跃参加野营演习。在赤少队队员大会上、干部会议上以及各种群众团体会议上，普遍的去进行这一宣传鼓动工作，使每个参加野营演习的赤少队热烈的自愿的来参加，而且均能按照规定，自己携带米盐柴油，发动各团体拥护野营演习并捐助柴菜等物，只有在广大群众热烈拥护与积极参加之下，才能更顺利的获得今年野营演习的完满成功。

（9）加入赤卫军模范营的党员须积极参加野营演习，并积极的领导作用。进行演习之各地支部，立即召集赤少队模范营中的党员开会讨论并计划野营的动员和准备工作，县区委依据各地野营演习地区与时间之规定，首先选派县区委中的常委任政委和党代表去建立县区赤卫军的各级政治处来负野营政治领导责任，并将每期参加野营的赤少队与模范营的党员以连为单位成立临时支部，联合同一时期参加演习之各连成立临时□支委，直属该县区、委管理这一临时支部，应成为野营演习中党的领导核心，积极为完成野营计划而斗争。

（10）各级党部应在今年野营演习中充分搜集对赤少队模范营的工作材料，以帮助今后党对地方部队的领导。同时每期野营完毕即须做出总结，如关于教育训练党的工作，领导方式等以作改正和补充下一期演习的计划和工作方式，中央局责成军委及各省委收集今年各地野营演习的材料和工作经验，以便明年更大规模在各地普遍实施野营训练。

（11）今年野营演习不是普遍实施，先从工作转好的县区开始，并分期分批进行。没有实施的县区同样的利用这一农闲的时期来进行经营的军事政治训练，并劳动广大群众特别是赤少队选举代表到实施野营的县区参观，以提高和传播广大工农群众积极的军事的广大运动。

2. 福建事变宣传大纲

1934-1-2　翻印

福建事变宣传大纲
中共闽浙赣省委宣传部

一、福建事变是地主资产阶级反动营垒之中的一派用新的欺骗以民族改良主义的武断宣传来愚弄群众，缓和群众的革命情绪，阻止革命群众走向苏维埃的道路，以此来夺取反动统治中的领导权，去挽救地主资产阶级剥削制度的最后崩溃，也就是挽救帝国主义在中国的统治，而便利他们瓜分中国的殖民地化的道路。

二、福建事变表现中国地主资产阶级统治的更加削弱和崩溃：（一）国民党的旗帜和招牌已经破产到这种地步，甚至于李济深、陈铭枢、蔡廷锴等类的军阀，都也不能够不公开的声明退出，为的要用新的旗帜和招牌（"生产党""人民代表大会"等）来实行地主资产阶级的武断欺骗的企图。（二）国民党军阀和地主资产阶级的各种集团之间——反映各帝国主义的冲突——所生长着的深刻的矛盾，又爆发了一次公开的破裂，福建的十九路军军阀企图打出新的旗号，用新的进攻革命群众的方法去讨好帝国主义，代替那些蒋介石等的军阀的头等奴才的地位。

三、但是，要知道中国地主资产阶级的削弱和崩溃的加深，主要的原因是由于无产阶级领导之下的劳动民众的革命斗争的强大的开展。革命斗争的开展和尖锐化，一方面使得一切反动势力团结起来进攻苏维埃革命运动，而别方面也在打击这些反动势力，使得他们中间不能不更加迅速的暴露裂痕，不能不争先恐后的抢夺"新鲜的剿共方法"。蒋介石的法西斯蒂蓝衣党、胡汉民的"新国民党"、冯玉祥的"抗日政权"以及这次福建的"人民政府"都是国民党统治迅速瓦解之中，地主资产阶级及各派军阀集团的层出不穷的新的武断宣传和欺骗方法。

四、苏维埃红军正在冲破五次"围剿"的伟大的胜利，苏维埃领土的日益扩大——帝国主义进一步的瓜分中国，帝国主义间的分赃斗争更加剧烈了，而反映帝国主义利益的各派军阀间因争夺日益缩小的地盘的冲突，也更加尖锐了。红军和苏维埃运动的胜利，在闽北给了十九路军严重的打击。福建劳动民众和兵士群众对于苏维埃红军的同情和赞助猛烈的发展——这些情形使得福建不能够不暂时对红军"休战"企图挽救自己的反动统治，缓和民众的反抗和革命情绪，以便准备新的力量，制造新的旗号，来继续进攻苏维埃红军。

五、国民党军阀——十九路军的也在内——最近半年来的卖国政策，对于日本帝国主义的投降出卖满洲华北，对于英法美国联帝国主义的瓜分政策的适应，断送西藏、西康、云南等引起了广大民众的热烈的坚决反帝国主义斗争。上海战争（一·二八）热河事变（华北中日协定）棉麦借款、国联技术合作……等不断的暴露着国民党地主资产阶级的凶恶残暴卑劣无耻的真相。他们的政策是，不惜用任何代价去投降帝国主义……企图得到帝国主义的更大的帮助，来镇压一切反帝革命斗争，首先是进攻唯一的反帝武装——工农红军和苏维埃。这种真相的赤裸裸的暴露，不断的打击着他们的武断的宣传，民族解决的反帝革命运动和战争，迅速的引导着广大民众和兵士走上苏维埃的道路。这使得蔡廷锴等类的"民族英雄"在他们军阀自相冲突的纷争之中更加"警心的"估计到一致进攻革命势力的任务。他们就企图用"退出国民党""号召反帝革命势力组织人民革命政府"的新的武断欺骗，来阻止群众革命化的过程。阻止苏维埃运动的发展，用新式的"反帝"的假招牌，来掩蔽他们的维持帝国主义统治的老政策。

六、广大的罢工潮流，农民贫民兵士的革命斗争，到处不断的发生扩大——苏维埃政权的土地革命和劳动解放的事实，成了全国最大多数群众的革命行动的极巨大的推动力，现在不但因为世界的和中国的经济恐慌，失业、饥荒战祸，而爆发着不断的劳动群众的反抗和斗争，而且这些反抗和斗争都向着觉悟的阶级的最后决战——为着工农民主专政的苏维埃政权而斗争前进。全国劳动群众的一致拥护红军，反对五次"围剿"……这一切使得地主资产阶级的剥削制度更加接近根本灭亡的道路。因此，所谓"人民政府"，就企图用"耕者有其田""保护劳动""保障人民自由""实行普遍选举"等等的改良政纲，来同苏维埃的革命政纲对立，企图在群众之中造成一些幻想，缓和苏维埃革命进展的速度，以便利反动势力的更残酷的进攻。这样他们在企图着挽救地主资产阶级的阶级统治和剥削制度。

七、"人民政府"的民族改良主义的政纲，完全是一种新式的欺骗：（一）他们对红军历次宣告的抗日作战协定，始终没有诚意接受。（二）他们对于帝国主义，尤其是对于日本美国，正在做着暗中的买卖。（三）他们的一切农工政策和民主主义都绝不会真正实行。福建的军阀政客第三党AB团等等——不说他们内部还有许多派别来斗争——都只想用这种政纲，来开始极大的新式的武断宣传，企图获得群众的信仰提高其反对蒋介石。广东福建内敌对军阀的地位，增加他们现在或将来与南京妥协的政治资本。这也就是为着增高自己出卖给帝国主义的身价。为了这个理由，他们认为对红军采取暂时的防守政策以及对群众给予各种口头上的允诺对他们是有利的。但是，他们不能够也不愿意实行这些允诺，在形势一经变化，红军稍有不利的形势，或获得更大的胜利、阶级斗争更加尖锐化以及十九路军兵士更加革命化等，都要使福建统治者立刻露出他们的原形，抛弃他们一切的允诺，实行更残酷的屠杀群众和进攻红军苏区，这是因为福建"人民政府"的阶级基础，同其他国民党地方政府的阶级基础是一样的，他根本上也是豪绅地主资产阶级的政权。

八、一切帝国主义的走狗——一切豪绅地主资产阶级的集团——在反对民众革命，反对根本推翻帝国主义在中国的统治，反对根本推翻地主资产阶级的阶级统治和剥削制度问题上，也就是在反对苏维埃政权这个基本问题上——都是一致的。福建"人民政府"不过是企图用新的欺骗来实行进攻革命罢了。他的政纲和行动完全证实着这一点。不用说他在政纲对于群众的"允诺"不会实行。就算实行起来，也不过是地主资产阶级专政的另一形式。对于帝国主义——他除开"否认不平等条约，首先实行关税自主"之类的谎骗的话以外，丝毫也没有什么别的；国民党也用这类的口号欺骗了人民好几年，而正是在这几年之中他做了一切帝国主义走狗所能够做的卑劣无耻的行动；福建"人民政府"对于民众自动武装起来进行民族革命战争的行动，事实上都在多方面阻碍，像他们这班军阀在上海战争之中出卖了兵士和民众一样。对于土地革命，他们说什么"计□授日"，然而他们对于农民群众自己的没收地主土地的革命行动，还是在压迫，而且他们在口头上、纸面上都不敢提起没收地主土地的问题，对于保护劳动的问题——他们只说着一句空话，而接着就"开展民族资本""奖励工业建设"这意思很明显的表示着保护资本家而反对工人阶级。对于言论出版结社集会罢工的自由，对于所谓"生产人民代表大会"的宪法问题——他们事实上不会实行释放政治犯等等或是旧的政治犯刚才释放，新的政治犯又要逮捕，而且他们的所谓"生产人民"显然包含着资本家地主在内，这种所谓"生产人民"的政府毫无疑问的也是地主资产阶级的专政，也像欧洲的一切"最民权主义的"政府也必然是资本专政一样，这一切很明显的表示着。福建的"人民政府"是企图用民族改良主义的空话、用新的"反帝""民权""解决土地问题""保护劳动"等等欺骗的武装来敌对工农民主专政——苏维埃革命！

九、中国的劳动民众必须了解他们这种新的欺骗，必须抛弃一切对于他们的幻想，中国的脱离帝国主义统治，中国最大多数劳动民众的脱离封建残余的土地制度，中国工人阶级的推翻中外资本家的剥削统治——只有一条道路，就是苏维埃政权的建立和苏维埃革命在全国的胜利——冲破和粉碎五次"围剿"，发展劳动群众自己的扩大斗争，没收地主的土地，没收帝国主义的银行和工业，剥夺一切地主资本家的参政权，建立工农劳动民众的自己的政权和国家，而福建"人民政府"不过是中国地主资产阶级，帝国主义走狗，帮助着帝国主义实行殖民地化中国的政策的一种新的企图，也就是巩固地主资产阶级的阶级统治和剥削制度的新的企图。中国的两条道路——殖民地化的道路和苏维埃革命的道路——的斗争，中国的两个政权对立——地主资产阶级专政和工农民主专政——的对立，在福建事变之中格外明显的表现出来，更加尖锐的开展出来。中国苏维埃政府是唯一的真正反帝国主义的抗日的，反对瓜分的政府，中国的苏维埃革命要联合世界无产阶级和被压迫的一切殖民地民众，要拥护苏联——社会主义国家，反对着一切帝国主义和中国地主资产阶级的压迫和进攻，而达到真正的解放。而福建"人民政府"同国民党的各派一样，不过用了新的欺骗和方式，在反对工农民主专政——苏维埃的革命，在适应帝国主义的瓜分共管政策，适应帝国主义进攻中国革命，而取得中国的"战场"作为一致进攻苏联、压迫世界革命发展的根据地的政策。

十、我们必须暴露福建"人民政府"的这种实质，我们尤其必须动员一切群众的力量反对国民党南京政府和其他各派借口福建事变而更加残酷的施行白色恐怖，我们要更广泛的更努力的在一切群众之中宣传苏维埃的革命政策。我们要同群众日常斗争联系着，提出一切民主权利的要求，发动广大的群众斗争反对全国一切帝国主义、军阀、地主、豪绅、资本家的一切种种压迫，不要放过任何不最小的剥削压迫的事实，要使得群众明了，只有群众自己的组织和斗争，能够改良自己的生活，能够达到自己的解放，我们要这样动员一切群众的力量来反对五次"围剿"，粉碎五次"围剿"——没有群众的猛烈反抗和伟大的革命斗争，五次"围剿"决不会因为福建事变而放松，我们要广大的宣传只要苏维埃政府是真正反帝抗日的。我们要广大的宣传苏维埃政府对于全国兵士群众所提出的"抗日作战协定"的政治意义，我们要发动全国民众来赞助这种政策，要求一切武装部队都立刻停止进攻苏区，立刻解除苏区的封锁，立刻开始抗日战争，立刻武装民众，立刻停止对民众反帝抗日言论集会罢工武装等自由的压迫和干涉。我们要广泛的暴露国民党的一切卖国步骤，最近的中日直接交涉、请求英国宪兵帮助维持长江秩序——蒋介石的欢迎英国特使，利用美国棉麦借款等等加紧屠杀民众和进攻苏区……我们要广泛的暴露福建"人民政府"勾结帝国主义的每一件事实，每一次的言论行动（例如福建政府人员对路透社记者说"抗日等于自杀"等等）。我们要反抗国民党的戒严，及一切新的压迫事实，我们也要暴露福建"人民政府"的每一次压迫民众的行动，如一面允许各种自由，一面立刻宣布临时戒严条例，禁止一切集合结社言论出版罢工之自由。我们要坚决的反抗这些地主资本家的一切新的欺骗，我们要揭穿一切反动派造谣惑众的企图，明显的指出福建事变的真正意义和中国共产党、中国苏维埃临时中央政府的立场和政策。

中共宣传部

1933-12-10

省委宣传部翻印

3."加紧训练干部工作"通知

一九三四·一·二·出版

通　知

中共闽浙赣省委妇女部印

加紧训练干部工作

目前革命战争剧烈环境当中，革命运动是潮水般的猛烈向前发展。红军又是节节伟大的胜利，又扩大了很多新的苏区，我们为要加强新苏区和白区劳动妇女领导，更加必须要造就克苦耐劳大批干部出来做工作，望各级妇女部应注意下列几点：

Ⅰ：根据过去对培养干部经验教训告诉我们还有不少的缺点与错误：（一）我们所看到过去对艰苦细心去面向下层提拔干部工作是非常做得不够，而各级妇女部没有计划的训练、培养，如贵溪妇女部长说提拔干部是困难，德兴县曾经有几个区两三个月都没有妇女部长，万、余两县屡次写信向我们要求干部□□□□上面错误来源，主要的是忽视从实际工作中去培养和提拔。（二）对提拔干部的时候，还有些地方发现非常错误的，如葛源区枫坞乡密坑村蒋方兰同志调到德兴县八区做青妇部长。他就哭了两三天，并哭得要命，如葛源区不但是他一个人，连调妇女部长都调不出来，还有妇女发生不正确的观念，右倾观念、家庭观念、地方观念，说分在本县就去，如调别县他即时发生过跑回家而不要组织介绍信，对提拔干部没有启发他的思想斗争。（三）还有个别的如调到区一级去工作，他就觉得把工作调小了，就发生哭不愿意去做，这是非常错误的观念，共产党员应该要服从党来分配工作，决不能发生不正确的观念。（四）从各方面得到的材料，多半说妇女还是表现落后的现象，如各种会议发言的很少又不充分，特别是下层支部里面妇女发言更加是不够的很，主要的是我们妇女没有时刻研究一切的理论，看来都是一种事务主义，确实是妨碍我们妇女的进步，望各级妇女要坚决打破事务主义，加紧研究马克思列宁主义的理论，更求得很大的进步。

Ⅱ：今后要造就和培养出大批的干部起见，首先必须要有计划的自上而下来培养和训练：（一）在乡一级开支部流动训练班，必须要每个妇女党员去参加，在训练班上要启发每个妇女来冲锋发言。绝对要打破不发言的坏现象，以便造就出大批的干部，同时要加紧妇女代表会议，要经常讨论政治问题与我处发下的乡妇女代表会议上的报告大纲。（二）在区一级以区为单位每月要召集一次妇女训练班，时间要开三天或五天，同时要注意提选成分好的与工作积极的文化程度较好的来受训练，不可敷衍只图开一次训练就算了，在召集训练班时必须要请党团苏维埃派代表来讲演课目。对课目上应着重：①政治问题，②党团的工作，③苏维埃的工作，④我处发下的妇女工作讲演大纲，日期与人数由各县妇女部去讨论。（三）各区开了训练班后，县委妇女部应立即将区内训练了的妇女，提好的调到县委去开会一天，检阅与测验（测验表由我处发给）他的程度，提选最好的就分配到各区各乡村去突击工作，使更能造出坚强而有力的妇女干部来出席工作，另方面将最强的就介绍来我处受高级训练。

Ⅲ：我处已决定开办一期妇女高级训练班，对这一训练班，是为要使自个都能分配工作，必须要遵照我处规定的。（一）成份要工人、雇农、贫农，要社会关系好的，工作程度坚强而有造就的，年龄要二十八岁内的（要党员及兼党的团员）；（二）人数共九十八名：党员六十八名，团员三十名（这三十名团员由省青妇部去调）。今将各县党员人数列表如下：

各县来受训练人数表	
横峰	7

续表

德兴	8
上饶	7
怀玉	6
化婺德	6
弋阳	9
乐平	7
贵溪	9
玉山	4
万年	3
余江	2
总数	68

（三）我们表上指定人数是要各县每区去提一个最好的党员，如果每区都提了还有，就要你们负责拣最好的由你指定去调，万不能只顾数量而不顾质量的调来。（四）训练日期是二月五日开课，训练时间两星期，各县来受训练的同志，限定二月四日赶来省委集中。（五）望各县来受训练的同志定要带筷碗、被袄、包裹等前来，以免吃饭和睡觉发生困难。

望各县妇女部接着这一通知立即召会，讨论具体办法去执行。

省委妇女部

1934.1.4.

4. 乡妇女代表会议上的报告大纲

一九三四·一·四·出版

乡妇女代表会议上的报告大纲

中共闽浙赣省委妇女部印

乡妇女代表会议上的报告大纲

Ⅰ. 开展反保守主义斗争与加紧扩红运动

（一）中央来信，指出闽浙赣犯了一种严重的政治倾向，就是保守主义。这一保守主义主要表现是对于红军出击不够与扩大苏区的工作不够等。这一保守主义的错误是对工作很有妨碍的，是必须立即纠正过来。

（二）自中央来信后，我们执行中央指示信，坚决反对保守主义，只有一个月间在_____两县扩大三个新苏区、临江湖一带成立了玉山县，这是反保守主义很明显的成绩，我们更要开展反保守主义的斗争，用实际的更大的工作成绩来宣布保守主义的破产。

（三）妇女群众更要一致来反对保守主义，如过去有少数妇女者见自己老公儿子去担红军或去远方工作，就有不满意的和舍不得的一种可耻的保守，应给他们的无情打击，坚决来反对保守主义。

（四）在目前国内战争剧烈的时候，在粉碎敌人五次"围剿"斗争，红军获得很大的胜利的当中，扩大红军的任务，是更加加重了，我们应加紧扩红宣传鼓动工作，应在群众面前明白的指出今后扩大红军是当前头一等任务。

（五）加紧布尔什维克的动员，激发群众拥红的热忱，立即广泛的进行募捐慰劳品，庆祝红军胜利的匾额，开庆红军胜利大会，并推选代表去热烈慰劳红军，同时我们必须积极热烈的进行在明年一月一日少团、工人团集中时慰劳和欢送的工作。

（六）加紧政治上的宣传鼓动与组织上的动员，利用一切有效的方式，动员广大群众到红军中去的热潮，每个劳动妇女必须首先鼓动自己的丈夫儿子伯叔兄弟做群众的先锋模范，领导着群众潮水般的涌进红军去。

（七）加紧红军家属教育，每月应召集一次红军家属联会，以便提高红军家属参加生产积极性。

Ⅱ．加强妇女政治教育

①我们为要加强广大劳动妇女政治教育，在目前苏区一天一天猛烈向前开展时期，坚决实现我们在战争上的任务，应该造就政治强健的劳动妇女干部送到苏维埃及一切革命团体机关负责担任工作，必须加紧妇女群众训练教育，以便提高她们学习政治的热情，使每个妇女都积极来研究政治，来提高各级妇女政治水平线。

②我们从各方面看来，一班的妇女对政治了解还是非常不够，如这次卢森堡团集中举行测验，她都是比较好的干部，但对政治了解还是很低落，事实有三分之一对测验都不能及格。这当然是各级妇女部没有加紧她的日常政治教育工作。

③在今后要提高妇女政治水平，并要有计划的经常进行政治教育工作，使劳动妇女都有政治头脑来研究马克斯列宁主义，在各种会议上要讨论政治问题，各级妇女部应该要做政治报告给以详细的了解，我们为要了解下层劳动妇女了解政治程度起见，特规定一月必须召集妇女代表会来举行测验一次，在测验和讨论后，要实际的去检查她的成绩，这样做来，才能提高妇女的政治水平。

Ⅲ．开展识字运动

妇女识字运动的工作特别在今年（1933年）秋以后，是被我们忽视了，有些妇女加入工农补习夜校，识字班的人经常旷课，有些地方的工农夜校与识字班还没有恢复起来，并有些妇女认为妇女在家里不识字不要紧，做革命工作不定要识得字，有秘书以及重男轻女，或只顾眼前小小利益，留儿子在家做些杂事，不允许自己的女儿到列小去读书，这些不正统的观念，都障碍着妇女识字运动的开展，我们为要迅速的提高妇女政治文化水平，在目前猛烈的开展扫除文盲运动，进行妇女识字工作是非常重要了：

①每个妇女每天至少要认识和写熟三个生字，三个月后要认熟二百七十个生字，越识得多越好。每乡妇女要分组进行认字比赛，各组乡妇女代表并须负成绩好坏的责任，因此各乡妇女代表

更要加紧学习识字，做妇女群众的模范，去争取坐飞机的光荣。

②迅速恢复识字班工农补习夜学，每个妇女都要加入识字班去，工农补习夜学去，同时还要鼓动几团到列小去读书，无情的反对与打击不积极学习识字的懒惰妇女，广泛的开展反对妇女不送儿女到列小读书的斗争。

③不识字的妇女应经常积极热烈的找识字的人教授，没有纸和笔，除发动妇女自备外，还可利用粉笔在黑漆板上或沙地上用小树杆学习写字识字，我们必须将一切有效的办法告诉妇女群众，激发她们对识字读书的热情。

④加紧鼓动妇女群众摘木子打油，充足读书习字的灯油。

⑤要十天举行一次检查，测验每个妇女识字多少。对积极努力读书识字成绩好的妇女，应奖给纸笔墨并要在会议上壁报上加以鼓励，对识字不努力懒惰的妇女应在各方面和壁报上同她斗争，鼓励她前进，克服她的惰性，提高她的学习精神。

Ⅳ.组织生产冲锋队

我们为要提高广大妇女的劳动热情，积极参加生产，猛烈开展苏区经济建设，充裕苏区经济建设，充足战争经费，积极的组织妇女生产冲锋队是目前的主要中心工作，它是妇女参加生产积极分子的组合，它是妇女在生产战线上的先锋与模范，是负担了完成省苏三次关于经济建设的光荣任务。现将生产冲锋队的组织和工作任务指出如下：

①生产冲锋队每村组织一队，大的村坊可组织小组，每组人数七人至九人，由队员中推选一个对生产最积极的妇女担任队长，青妇成妇必须共同组织，都要积极参加冲锋队的工作。

②每个生产冲锋队必须建立一个肥料屋，贮藏肥灰和猪狗屎。每个队员要努力扫树叶，锄草烧灰，每月每人应做到贮肥灰和猪狗屎各两担，这一工作每个冲锋队员应该做群众的模范，同时我们应抓紧鼓动红军家属和广大劳动妇女群众贮藏肥料，充分准备明年春耕的肥料。

③积极动员妇女群众种棉花，明年每家至少要种五分地的棉花，每个生产冲锋队员不独自己要种，而且要比群众种得多，同时应鼓励与督促广大妇女种。如果是缺乏棉花种子，应帮助他们设法购办。

④动员每个妇女种家麻火麻，要告诉她们开垦荒地或在菜园边、耕田埂上去种，必须做到每个妇女明年收三斤家麻，特别是生产冲锋队员更应多种。

⑤在今年冬季应发动广大妇女群众努力开垦荒地，每村妇女（在十五个以上的）最少应共同开垦荒地一□，多则更好，用来种菜慰劳红军，我们的生产冲锋队先进行艰苦的宣传鼓动工作，广泛的向群众解释，实际的去领导群众执行，在群众前面打冲锋做模范。

⑥生产冲锋队应积极的领导群众努力锄耘油菜麦子，多下肥料，丰裕明年油菜麦子的收成，同时应努力冬耕，准备明年种棉种蔗的田地，购买与保存棉花子、蔗种，以便明年春天一到，好进行种蔗种棉，增加糖和布的生产。

⑦对于培植森林的工作，每个妇女必须多方寻找花果树苗准备明春种植，每人应种三株，并应随时注意培植，以增加树木的生产和经济的收入。

Ⅴ. 从生产中节省经济帮助战费

正当着国内战争剧烈的开展、红军猛烈扩大和发展的时候，充裕战争经费，争取战争全部胜利，开展经济战线上的动员工作，是比任何时候更加重要了。过去我们对于经济动员工作没有广泛而深入的动员，我们仅仅从节省经济方面来动员，很少提出从积极生产来帮助战费的各种有力的动员办法，所以在妇女三次苏代表大会承认银行招股数目字到现在还没有完成，这是主要原因之一，现在我们对于经济动员的工作，应特别抓紧，除执行过去的决议外，还应努力领导妇女群众实现下列的任何一个工作。

①每个妇女代表须到本组妇女——十人共出钱买猪豚一只轮流喂养（每人每月轮流喂养三天），计野菜尽量节省谷米，每个妇女代表对本组养猪事业要负领导和督计的——猪吃的食料，轮到那个喂养，就由那个供给多些，完全责任，喂猪出栏，以六个月为一期，每年分两期肥猪出栏，卖出钱来送到省苏苏财政部去帮助战费，这样一来，每年全省妇女至少可帮助战费十余万元，而我们妇女在经济上劳力上并不大费什么？

②每村由妇女建立二、三个养鸡场，在今年冬季即孵一批小鸡，由全村妇女轮流管理，乡妇女代表负责监视，养鸡要注意节省谷米，应尽量利用粗糠（在养鸡坊地下掘一个窟埋些糠下去，糠一生虫，就可喂鸡）提虫，讨野菜的办法以及放鸡早出晚归自寻食料，还可在割禾时，捡禾穗饲养，等鸡一养大能生蛋时，即将蛋卖出钱来，帮助战费。

③每十个妇女共同开五分荒田、开垦五分荒田或荒地，开出后，即按照各农事季节不央时的培养生芽，将每年种出的农产品卖出钱来帮助战费。

上述的三个经济动员工作，每村妇女随便执行哪一个就够了，但这一工作的执行必须深入广泛的政治动员，使每个妇女都了解积极生产帮助战费，对于争取战争胜利的重要意义并使每个妇女了解战争胜利对于本身前途利益的关系，使每个都为着争取战争胜利与本身利益，而热烈的响应与参加经济动员。只有这样，才能使这一经济动员动作，获得非常完满的成绩，如果不这样做，而企图用强迫命令摊派的方式，来代替艰苦的政治动员，那不仅要模糊妇女对这一经济动员政治意义，得出不好的影响，而且一定是做不通的。每个妇女代表同志，都要特别注意这一点呵！

省委妇女部

5. 各县苏维埃十二月份工作总结

一九三四年一月九日出版

各县苏维埃十二月份工作总结

闽浙赣省苏政府印

各县苏维埃十二月份工作总结

——第二次各县县苏主席联会通过——

听了各县县苏主席报告以后，认为各县苏维埃十二月份的工作一般的说来是有着大的进步，而且这一个月中进步的速度是比较快。有些工作成绩如发展苏区差不多等于一九三三年的一年。这完全是各县苏维埃在党的领导下坚决执行三次省苏大会决议，开展了反保守主义的斗争所获得的光荣成绩。非常明显的，三次省苏大会以后，苏维埃工作的转变与阶段，是与以前截然不同的划出了一个新的时期。这主要的表现在：

一、各县对战争的领导一般的是加强了，各县县苏维埃都能经常派主席团负责同志去领导独立营、团的工作，并能实际的从开展反保守主义斗争中，积极领导独立营、团，游击队经常向外出击——出击的次数都比以前增加（最多的，如上饶超过四十余次）取得了战争中的光荣胜利。（如乐平在十二月一个月中缴枪四十余枝）。而且还实行过长途远征，在白区能进行较长时间的游击，相当的转变了怕到敌人后方行动与晚出早归的现象。在扩大红军战线上，各县都能运用突击的精神，提前的完成了动员二千五百人到红军中去计划，创造了红军四个团，各县对于扩大红军的数字，都全部的完成，而且有些县份还超过了原来的计划。尤其令我们满意的是在这次扩红的动员当中，政治动员都较为充分（特别是少共国际更好），纠正了那些欺骗、强迫、利诱的方式。因为这一动员方式的改善和进步，使这次动员来的新战士质量一般的都还优良，而且在这次动员中，各县都部分的完成了省苏所规定建立的赤模连的数字，个别县份（如横峰）并已大部分的完成，建立了下期扩大红军的强大基础。

二、关于巩固发展苏区方面，在十二月份中各县都能采取坚决进攻的路线，一般的都能在向外发展的精神之下来巩固与扩大苏区，各县边区，都较前大大的巩固，在扩大苏区方面，更获得了光荣的成绩，上饶、怀玉各扩大三个区的苏区，争取了七十多个村坊与三、四万有组织的群众，在苏维埃旗帜之下。此外，化婺德、乐平、德兴、贵溪都扩大或恢复了一些苏区。在这些新区，都能很快的分配土地，进行肃反工作，建立地方武装与群众组织，使这些新区更能巩固的继续向前发展。在这里，上饶县苏创造了一个光荣的例子：它在开辟玉山苏区以后，还动员了上饶全县群众的力量帮助玉山苏区（如组织工作团，帮助玉山群众进行分配土地，输送大批地雷到玉山苏区去打击敌人）。这一宝贵的经验，当然是更值得各县县苏学习的！

三、在经济建设方面，各县一般的都能在省苏国民经济部整个计划之下动员起来，逐步的按照执行，在十二月份中也获得了一些不可否认的成绩，最主要的如对外贸易战线上的活跃，河道上又开始活动起来，给了敌人经济封锁以有力的回答。煎盐事业的普遍发展，相当的解决了苏区群众的食盐问题。贮社招股与收谷工作的继续发动进行，都表现了对经济动员的积极，对于生产工作，如冬耕铲山等，都有相当的成绩。

这些都是各县苏维埃工作最主要的成绩，其它各种工作成绩虽然没有这样的鲜明，甚至如对教育部劳动部工作没有着重抓紧，内务部工作还表现着不少的缺点。然而就是在这些工作中，也呈现出它的新的活跃的不同气象，可以说，都在开始转变的过程中，而且正孕育着将来许多成绩的种子。

我们在十二月份的工作中，虽然获得了上述的成绩，但是严格的检阅，在各项工作中的缺点还是很多，事实上即上述工作最有成绩的部门，也还表现着有些不够的地方，如：

Ⅰ.各县县苏主席对于独立营团，虽然都能经常亲往领导，表现着对战争领导的抓紧与加强，但是领导还仅仅限止于行动的布置，没有极大的注意加强战斗力，没有在日常工作中，每一个问题中给他们以应有的具体的领导，更没有随时随地的设法帮助他们加强对军事的了解与战略战术的运用，以及军事技术的提高，军风纪律的建立，也没有在部队中极大的注意红色战士生活的改善（特别是化婺德对这一点还是忽视的）；在每次战役后，很好的总结战争中的经验，以致各县独立营团的战斗力还没有达到应有限度的加强。在扩大红军方面，各县对于扩红计划都达到了数目字的完成，但是，成绩也就是止于这里。没有更进一步的努力在群众中掀起大批涌入红军的普遍潮流，创造像"中央苏区东固区四千精壮群众入红军"一样的特殊例子。各县在动员中不仅没有这种决心而且从来也没有这样想过，这很明显的是对战争动员寻常化的表现完全没有了解，在革命战争迅速开展的面前，运用极高度的突击精神，创造战争动员中更多的光荣例子来加速动员的过程，是战争动员的特点。其次各县对建立赤模连的组织，除横峰已完成了三分之二以外，其余各县都还差大部分没有完成，表现着对下期扩红工作准备的不够。此外，对于扩大红军机会主义的观点存留在个别的县苏领导机关（如化婺德县苏认为化婺德群众少，扩大红军成立独立团难，要求德兴予以帮助，其实化婺德有群众一万余人，动员几千人加入红军是极容易的事，这证明化婺德县苏对扩大红军，还是机会主义的了解）。

Ⅱ.扩大苏区，虽然获得了很大的成绩，但是苏区的发展，还表现着极不平衡，最有成绩的，只是上饶、怀玉二县；余江、万年、化婺德几县还是落后得多，各县苏区没有同时取得配合的飞速的向前发展，这主要的是由于这几县的白区工作还不健全，但在发展苏区最有成绩的上饶、怀玉二县中，也发现出工作上的缺点，最显著的是常常表现忙不开交、应付不暇的现象，甚至白区群众前来要求开会建立政权，一时都派不出人来。这样缺乏进行工作突击的精神与无计划的手工业的工作方式，自然不可避免的要妨碍着苏区更猛烈的向前发展。

Ⅲ.关于经济建设工作，各县执行都很迟缓，而且对于有时间性的工作（如棉蔗种的准备）都没有及时的讨论，甚至像化婺德县苏对于购买棉种，还发生了不允许的等待现象。在经济动员方面，贮社、银行招股计划，至今还没有达到全部完成，节省经济的成绩反而比前差了。

Ⅳ.十二月份各县捕捉的土豪都很多，但依然忽视在当地筹现款的工作与缺乏找中间人的技术，所筹得的款子还是不多，除上饶以外都没有完成十二月份的筹款的计划。

Ⅴ.对劳动部工作，各县都没有抓紧，甚至有些县份都不大熟悉本县执行劳动法的情形（在各县县苏今天工作中的报告中可以看出），而且各县劳动部工作太一般化、平常化。目前我们一切工作是要服从战争，然而对于动员失业工人参加红军，抓紧在新苏区宣传劳动法令、组织工人，却没有引起各县劳动部的注意，反而将劳动部工作的中心，集中在中心苏区日常执行劳动法的工作上面，放松了新区工作与战争动员，无疑的，这是错误的。

Ⅵ.当我们检阅到各县文化教育工作的时候，必须指出：目前教育部工作是苏维埃各部工作中最弱的一环。这主要的是由于各县还存在着严重的忽视文化教育工作的错误观点，没有了解"文化教育工作的发展是争取战争的胜利与苏维埃工作发展的必要条件之一"。在这里，要严格批评到怀玉县苏主席兼教育部长而不过问教育部的工作，简直是取消文化教育工作的倾向。一切忽视与取消文化教育工作倾向，都是在目前革命战争开展与各种工作转变当中绝对不能容许的！

最后，对于苏维埃领导方式，各县都开始有了初步的具体分工和集体讨论，建立了报告制度，乡苏代表会议的雏型（个别县份还是差），一般的说来是比以前有相当的进步。但是各县会议的方式，还没有多大的转变，在每一次会议中，什么问题都谈到，什么问题都决定得不具体，特别是决议都写得非常笼统、空洞，缺乏实际工作的具体布置，甚至全部的或大部分的照抄上级决议的原文（这样的恶劣方式，现在德兴、横蜂尤其盛行，上饶较好），而且各县事务主义的工作方式还是浓厚的存在着，县苏主席团负责同志不去思索问题、计划工作，而专是忙于事务方面的事情。余江县苏主席便是这一事务主义最好的标本，在他今天充满悲观失望与琐碎事件的报告当中，可以看出余江各种工作落后，决不是出于偶然，余江县苏的领导，实占有极大的决定意义。

然而，关于十二月份各县苏维埃的工作，我们始终是相当满意的，我们应该采用这一时期工作的优点，纠正这一时期工作的缺点，发扬这一时期工作的经验来争取一九三四年更光荣的工作成绩与伟大的战争胜利。

闽浙赣省苏政府

主席　方志敏

副主席　汪金祥　余金德

一九三四年一月五日

6.通知

中共闽浙赣省委　通　知

为接受中央局关于健全赤少队与今年举行野营演习的决议的工作布置：

（1）省委讨论了中央局关于健全赤少队与今年举行野营演习的决议，认为完全正确，并须坚决全部执行。（望参看中央决议）同时指出省委和军区以及各级党部，在过去对于赤卫军少队在国内战争中的重要性，在粉碎敌人五次围剿中，赤卫军少队的存在是我们取得胜利条件之一的意义了解是不够的，因此对于赤少队的领导，一般是忽视了，虽然有些县委兼任赤卫队政治委员，但并仅仅是挂个虚名而没有实际的负起责任。所以赤卫军少队虽然英勇的参加作战，获得了不少光荣成绩，而缺点和错误仍然很多。组织的散漫、动员的迟缓，差不多是一般的现象（少队因为团的注意工作比较要好些，但党对少队的领导仍是不够的）。由于政治工作的没有建立，由于政治教育的不够以致在出击时还常发生违反阶级路线，违反党与苏维埃政策的行动，及赤卫军直属于军区管理后，工作是有了转变，但就成绩来说是微弱得很，毫无疑义的我们现在要求赤卫军少队工作的彻底转变，首先就应粉碎对于赤卫军少队工作的忽视观念。

（2）现在应立即健全赤卫军少队的组织，各县应普遍的立即依照军区前发下的新编制，把组织健全的建立起来，并决定要各县在每营赤卫军少队中成立赤模连、少模连各一个，每个连内成立赤模排、少模排各一排，每个团建立模范赤队三连、少模三连，这些模范连的建立，主要只是在赤卫军中少队中，起工作上的模范作用，同样是不脱离生产的。

（3）在猛烈的扩大赤少队的组织，要加紧的动员全省的壮年青年一律的自愿的分别加入赤卫军少队的组织，省委决定在一月内全省扩大一万赤卫军，扩大一万二千少队，具体数目的分配由军区召集县区军事部联席会分配。此外，在新苏区怀玉应立即扩大二千赤卫军，玉山应扩大三千赤卫军。

（4）为要加紧实际的军事训练，特决定每一大区准备一个赤卫军模范连，每个小区准备一个赤卫军模范排，预备一切必须的用具，于春初举行演习。这一演习，省委责成军区政治部负责计划。

（5）省委以前决定各县组织的廿四个脱离生产的赤卫军模范连在一月份必须全部完成，各县应加紧他们的政治军事训练，加紧扩红和义务兵役制的宣传，在三一八以前一定要全部投入到红军中去。

（6）各县原有之红军政治处，由军区政治部通令取消，立即成立县赤卫军政治部和区赤卫军政治处，县政治部主任即兼赤卫军政治委员，同时又兼少队党代表，区政治处主任即兼赤卫军团政治委员，同时又兼少队党代表，营设政治委员，连设指导员。这一工作应特别注意提选一个强的干部专门担任直属军区政治部系统，不得随意调动，并不要由县区书记兼任，以免只挂虚名。为要加强赤卫军政治工作，省委责成军区政治部迅速筹备办一政治工作人员训练班，调集区以上的政治主任政委及指导员予以短期训练。

以上各点望各级党部立即讨论执行。

省　委

一九三四年一月六日

7. 党内教育问题

中共闽浙赣省委宣传部

通　知

一九三四·一·八·出版

通　知　宣字第一号

——党内教育问题——

加紧党内教育是我们重要工作，过去对党内教育不能说没有成绩，每个政治问题曾发出讨论问答、小册子等，在省委整个领导下有党报、共产主义学校高级训练班等，但严格的检阅，这一党内教育工作仍是不够的，主要表现对党内教育缺乏具体计划，支部内扫除文盲提高党员政治文化，党员对共产主义的理论的学习是异常不紧张，所以党员对党内基本理论了解就非常薄弱，实际工作与理论很少有联系，我们要把实际工作与理论打成一片，使每个党员成为有实际与理论的布尔什维克的党员，提高党内教育是重要的很，要求各级党部用布尔什维克的精神来领导与学习共产主义，求得深切了解，有以下具体执行办法：

（1）为要提高党内教育就要有计划的领导支部同志有系统讨论党的文件，定出每个月支部讨论大纲，交到支部小组中去进行热烈讨论。

（2）提高党员学习马克斯列宁主义的精神，党内要做一个广泛的运动周，在运动周内开展党员中原对不学习理论的错误倾向，如党员有不愿学习理论倾向发现要严格与之斗争，这工作进行每个支部小组应热烈来个讨论、在周内并指定支部小组有与讨论省委"突击"第四期，县宣传部到乡宣传干事要切实负责检查支部小组是否讨论妥了，我们马上要根据"突击报"第四期定出测验题目发下交区委去测验，以唤起同志对理论学习的注意与提高。

（3）运动周日期自本月十五日起至二十一日为第一次运动，以后并要经常进行，尤其是每期党报须要经常讨论与测验。

（4）马克斯列宁主义研究分会开展是党员与群众学习了解革命理论的学校，省委早就号召各县建立与动员群众加入，在宣传方面应切实负教育的责任，使马列研究会成为有实际工作的进行，负宣传工作同志与每个党员应为马克斯列宁主义研究会中基本骨干。

（5）支部流动训练班要成为经常流动开，每一次只限于省委一种决议，或中央指示信的传达，一般的训练大纲中央组织局已规定了题目与钟点，县区宣传部要很好分工去讲课，与在讲的课程中提出讨论大纲讨论，尤其组织上要登记这次那一支部是那些同志受训练，下一期是那些同志受课，每个党员平均都受过四次训练，那提拔干部就可提拔了。

（6）党内扫除文盲，支部党员不识字的组织一个识字班，要有经常性，同时不识字党员定要一律加入一般的群众的识字班，在识字班中起领导作用，切实学习识字读报写信等工作。

（7）支部流动训练班教员要培养，纠正过去为开训练班而开的现象，讲课的同志首先要对讲的课程有深切了解，讲时使受训练党员易懂。

（8）马列研究会内工作进行，应采用革命竞赛方法提高会员学习精神，如讲演识字看报等等，必须热烈积极的求进步。反对任何藉口自甘落后的现象。

这一通知立即讨论执行，并将执行情形，随时报告我们。

中共闽浙赣省委宣传部

1934.1.7.

8.苏维埃工作教授纲目

中共闽浙赣省委印

苏维埃工作教授纲目

一九三四·二·二·出版

苏维埃工作教授纲目

一.苏维埃政权的性质：

Ⅰ.政权的起源与作用：

Ⅱ．苏维埃的历史解释：

①胚胎于巴黎公社。②完成于苏联。

Ⅲ．苏维埃政权的基本特质：

①．苏维埃是劳动者的真正德谟克拉西，是最彻底的最完满的民主政治组织。

②．苏维埃是含有国际性的组织。

③．苏维埃是引导全体劳苦群众到社会主义道路的唯一工具。

④．资产阶级性的民主革命中的苏维埃政权性质——工农民主专政（如现阶段的中国苏维埃）。

⑤．社会主义革命中的苏维埃政权性质——无产阶级专政（如现苏联的苏维埃）。

二．苏维埃的组织

Ⅰ．苏维埃建立的过程：

①临时政权机关——革命委员会。

②自下而上的开选民大会及工农兵代表大会成立苏维埃。

Ⅱ．各级工农兵代表大会为各级最高政权机关。

Ⅲ．苏维埃的组织基础——市苏乡苏。

Ⅳ．乡苏代表会议制度与各种委员组织。

Ⅴ．区县省苏维埃执委会组织系统——执委会——主席团——各部。

Ⅵ．市苏组织系统——市苏代表会议——主席团——各科。

Ⅶ．苏维埃组织原则——民主集中制。

三．苏维埃的基本政策

Ⅰ．目前苏维埃一切政策的出发点。

Ⅱ．武装民众与建设红军。

Ⅲ．苏维埃的民主制度。

Ⅳ．苏维埃对于地主资产阶级的态度。

Ⅴ．苏维埃的劳动政策。

Ⅵ．苏维埃的土地政策。

Ⅶ．苏维埃的财政政策。

Ⅷ．苏维埃的经济政策。

Ⅸ．苏维埃的文化教育。

Ⅹ．苏维埃的婚姻制度。

Ⅺ．苏维埃的民族政策。

四．苏维埃各部工作

Ⅰ．军事部工作。

Ⅱ．内务部工作。

Ⅲ．土地部工作。

Ⅳ.劳动部工作。

Ⅴ.财政部工作。

Ⅵ.教育部工作。

Ⅶ.国民经济部工作。

Ⅷ.工农检查部工作。

Ⅸ.裁判部工作。

Ⅹ.粮食部工作。

Ⅺ.地雷部工作。

五.苏维埃的领导方

Ⅰ.集体领导。

Ⅱ.具体分工。

Ⅲ.具体领导。

Ⅳ.执行检查。

Ⅴ.抓紧中心的一环。

Ⅵ.反对以下恶劣的领导方式：

①官僚主义。

②事务主义。

③一般的空洞的领导。

④平均主义。

Ⅶ.苏维埃对群众的领导：

①.苏维埃的领导者在每一具体工作中必须表示出他是群众的导师与先锋队。

②.加强对群众的说服和教育。

③.反对强迫命令。

④.发展工农的德谟克拉西。

六.革命战争与群众生活联系起来的问题

Ⅰ.苏维埃目前最中心的任务与目的是发展革命战争与改善群众生活。

Ⅱ.苏维埃是革命战争的领导者组织者，苏维埃是群众生活的领导组织者。

Ⅲ.改善群众生活与开展战争动员的重要关系。

七.乡苏工作

Ⅰ.乡苏的性质与组织任务：

①乡苏是苏维埃最下层的组织。

②乡苏是直接接近群众的机关。

③乡苏是苏维埃法令深入群众的传达与执行的机关。

④乡苏是群众斗争与群众生活改善的直接领导者。

Ⅱ.健全乡苏工作必要的条件：

①建立会议生活。

a.经常的按期的召集乡苏代表会议与各种委员会议。

b.开会前乡苏主席必要的准备：

（甲）准备议事日程——即准备讨论的问题。

（乙）指定某一代表准备作某一问题的报告。

c.开会时应有很好的报告发言和结论。

②加强对贫农团的领导。

d.督促贫农团按时开会。

e.加强对贫农团员的政治教育。

f.苏维埃每一法令和号召都须经过贫农团讨论和领导群众执行。

③正确的传达苏维埃法令到群众中去。

④组织与领导广大群众执行苏维埃法令和号召。

⑤按期向群众做工作报告，倾听群众的意见，发展工农的民主。

⑥注意改善群众生活，随时解决群众问题。

⑦注意武装的整顿与加强对苏少队的领导。

⑧很好的管理全乡土地税谷、红军公田、公益田、谷子及其他各种国家的公共的产业，乡苏经费向群众公开。

⑨乡苏工作人员加紧自己对政治军事文化工作的学习。

9.对群众宣传与教育问题

通　知　宣字第二号
——对群众宣传与教育问题——

为要完成当前的战斗任务，必须实际加强对群众的宣传与教育，深入每个政治动员，提高群众的政治文化水平。

检阅过去我们对群众宣传与教育，虽然是有些注意，收到相当成绩，乡村中建立了俱乐部、工农剧团、宣传队、宣传鼓动团、读报组、扫除文盲运动等，但是在这中间还表现出异常不够，如演戏成了歌舞团，识字读报时有时无，俱乐部形成了响日场，在每个纪念节就有工作，节期一过，就表现忽视缺乏经常对群众宣传教育工作，党员多不积极的到俱乐部里面起领导作用，支部同志把着一种旁观的现象，这是不容许的现象，为要切实纠正以前的缺点，特决定以下具体工作：

①县区宣传部负责同志与宣传干事，要实际到俱乐部内去负领导责任，党内每个政治运动，要经过俱乐部各种会议深入群众中去，县区乡宣传工作要与俱乐部发生密切关系，县区宣传会议要各本级俱乐部主任参加，俱乐部开会宣传部要派人去参加给以实际工作指导，县召开各区宣传

部长联会有时要各区俱乐部主任来参加，区同样要有计划召集宣传干事与乡俱乐部主任联会，开时俱乐部里面读报识字晚会等要切实建立起来。

②县区乡要立即建立工农剧社，省教育部已另有决议，宣传部应帮助发动使工农剧社成为农村中有力的化装宣传深入每个政治运动。

③宣传鼓动团工作要切实建立起来，各县委要召集全县宣传鼓动员训练班一次，时间三天。（1）人数根据各县区宣传部组织成的宣传鼓动人数（每区至少五人）召集不脱离生产的鼓动员均受训练。（2）宣传材料：a.半天解释组织宣传鼓动员意义与任务。b.这次发下从四次围剿到五次围剿的小册子一天。c.列李卢纪念历史和意义半天。d.福建事变半天。e.赤卫军工作与扩红运动半天。（3）这个训练班限本月十五前完毕，训练后宣传鼓动员未脱离生产的是哪个支部的同志应担任该支部中的教员，负责训练同志与到乡村群众会上与群众团体会议上去作报告。（4）列李卢纪念廿一号每个鼓动员应到各本区每个群众纪念会上去做详细报告。（5）训练班伙食由县委造具预算报告省委拨发。

④《红色东北报》现各地群众阅读不热烈，每个支部小组应确定有个读报员。同时，各县教育部应恢复以前读报指导员（省苏教育部另有通知），各县宣传部要把全县订阅《红色东北报》的定户统计一次有几多，限本月二十日前做好总结报告我们并领导乡村通讯员与报乡官直接建立实际通讯工作。

⑤县区应各组织一队经常宣传队，每个支部同样要有经常宣传队，人数按实情自定，每队要一、二个能写大字标语的，该宣传队由鼓动团领导想出各种深入办法进行宣传，今后群众团体各种宣传品除送一份给宣传部审查外，一切宣传品应统交宣传队去散发到群众中去，宣传队要装本簿子登记收到那几种宣传品，散到什么地方，鼓动团要负责督促与检阅纠正过去宣传品送存在区乡苏机关的现象。

⑥扫除文盲工作的推动，区乡宣传部与乡教育委员会发生密切关系，开会互相派人参加。宣传部宣传干事要领导教育部与教育委员会建立起实际工作来，并领导乡村群众团体进行学习文化竞赛。

⑦发动白区群众年关斗争，各县各边区宣传部，在年关斗争中应提出适当口号，多多散发宣传品，并望将口号及宣传工作报告前来。这一通知，各县宣传部接到立即具体讨论执行。

中共闽浙赣省委宣传部——完——

一九三四年二月四日

10.苏维埃组织简述

苏维埃组织简述

乡和城市苏维埃是苏维埃政权的基本组织，是由乡和城市的选民选举出来的。乡苏维埃只设主席一人，城市苏维埃设主席团，再由主席团选出正付主席各一人。

区县省各级执委会是由各该级苏维埃代表大会选举出来的，再由各该级的执委会选举主席团，区、县执委会设正付主席各一人，只省执委会设主席一人，付主席二人。

区、县、省执委会之下得设立土地、财政、劳动、军事、文化、卫生、工农检查、粮食、内务等部。

废止秘书制，设立总务处，以管理一般的杂务。

土地部是进行土地分配、改良水利、灌溉垦荒、发展农业生产的。

财政部是管理财政、金融、税收的。

劳动部是办理劳动法检查、失业劳动介绍的。

军事部是办理军事方面的事情的。

文化部是创办苏维埃教育的。

卫生部是办理卫生事宜的。

工农检查部是检查与改善各种工作，接受工作控告的。

粮食部是计划粮食需要和出售的。

内务部是办理市政、民警、刑事侦探和登记人事户口的。

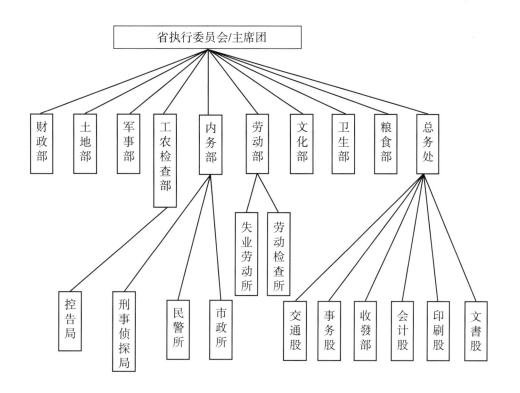

11. 支部团员守则

支部团员要执行"三反""四不""五要"：

A. 三反：

（1）反对右倾，（2）反对官僚，（3）反对浪漫；

B. 四不:

（1）不打哄，（2）不空谈，（3）不怕困难；

C. 五要:

（1）要按时到会，（2）要做工作，（3）要有自我批评，（4）要发表意见，（5）要看一切文件。

少共省委第四次执委扩大会。十月十八。

（原载广州市文化广电新闻出版局、广州市文物博物馆学会编：《广州文博（肆）》，文物出版社，2011 年 4 月第 1 版，第 253~285 页）

几件反映 1938 年广州沦陷前后民众生活状况的藏品

1938 年秋，日本侵略军在华南登陆。在广州的国民党党军政官员未作任何抵抗，望风而逃。日本侵略军不及旬日进迫广州，10 月 21 日广州沦陷。沦陷前后，广州的经济萧条，民不聊生，大量市民惊慌失措，纷纷外逃，难民人数急剧上升，广州民众处在朝不保夕的悲惨状态中。

下列几件物品，真实地再现了沦陷前后广州民众的生活状况。

一位普通民众的自述

广州沦陷前，随着国民党党、军、政官员出逃广州，出现难民潮，一部分民众逃往港澳投奔亲朋好友避难；一部分民众随政府机构、文化单位迁往韶关等后方，而更多的民众则是拖儿带女徒步避难乡下，或入白鹤洞等地的难民收容所。

一位普通民众写于 20 世纪 50 年代初的自述（图一、二），真实记录了广州沦陷前后的社会生活状况。自述共 15 页，每页横 19、纵 29.5 厘米，毛笔书写。现将与广州沦陷前后社会生活状况有关的内容抄录如下：

一九二五年，我在一个带有封建色彩的家庭出生了，以剥削形式为经济主要来源的培养下我被长大起来。在家庭中，我是父亲的第三个儿子。整个家庭内，除了父母亲外，是有着以九个兄弟姐妹组成的。

当我在一九三三年（八岁）的时候，已经被送进市立第二十三小学校念书了，因为进入学校比较早一点，所以在八岁时

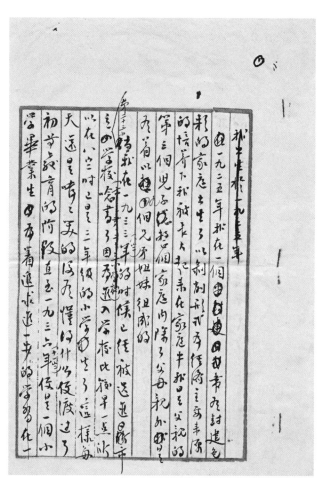

图一

已是三年级的小学生了，这样每天还是当当美的没有懂得什么便渡过了初等教育的阶段，直至一九三六年（十一岁）便是一个小学毕业生。在这时间，考进了市立第一中学校。在市一中，日本帝国主义发动了卢沟桥的侵略战争。在这个时候，广州的学校开始停课内迁，我的家迁往河南区的沥滘乡（因为自己的乡村是没有房屋居住，这个地方是我的姊丈亲戚），而我则随着外祖父到香港去了。

由于个性顽皮，主观比较强，居住在外祖父家中，经常与其他小孩打架，于是被亲戚们厌恶了，在一九四○年夏天又回到敌伪统治下的广州市。回广州后，又在第一小学念书（因当时无中学开设）。还没有念完，又考进了市立第一中（即现今的市十一中校址）。刚念了一年，又转到了伪省立广东大学附中初中贰年级，至一九四二年（十七岁）毕叶（业）。在这个阶段内，曾经在校受着童子军的训练。在学科方面，除了一般课程之外，还增加了一科日语。在这个时候，亦没有什么其他的组织。

在初中毕叶（业）后，毫不间断的升上（日校）高中部，直至一九四五年（廿岁）高中毕叶（业）。在这一段时间，曾于一九四三年被选为广东青年代表，参加伪国府的还都纪念（当时被选原因是由于军训课中的野战训练成绩较好为原则），一九四四年被选为学生会自治会主席，一九四五年高三期间曾领导鼓励同学拒上日语课（因当时日语教师宣传日本帝国主义思想，遭到同学反对后欲加压制而发生的），一九四四年春参加伪中央青年干部学校广州分校集训（当时全市中学高中学生绝大部分停课，参加是硬性规定的）。为着学习与生活问题，我在一九四五年便考进了广州大学法学院夜班，准备日间便准备找寻工作。

在考进广大不久，由我的表兄沈柏生之同学林梓铭介绍，于一九四五年十一月在广州市修路委员会充临时办事员（林梓铭为总务组长），做那缮校工作。这样每天都是刻板式的在缮校室内抄写公文，除此无其他。

无独有偶，另一名广州市民刘成基在《广州沦陷时的白鹤洞难民收容所》一文里回忆：

作者当时仅系十余龄之童子，随父母渡珠江南逃至白鹤洞学校区，见培英、真光、协和（均系教会中学）三校门前，难民群聚，时铁门仅开一线，逐一审查，只准妇女及十六岁以下之男童进入。当时我父是个工人，囊无余资，且前路茫茫，因命母亲携我及弟妹随众人入培英，他自己则往附近乡村暂避。于是我遂开始难民收容所中的两年生活。（《广州文史资料》第十九辑，1980年6月，页247）

1940年，汪精卫汉奸集团上演了所谓"国府还都"丑剧，沦陷区民众有受其蒙骗者，难民所中也有人陆续返回广州。上述两位市民也正是在此背景下返回广州的。

两张日文收费单

日本侵略者侵占广州后，一方面大肆掠夺当地资料，运走有用机械设备，另一方面控制当地经济，掌控水厂等关系民生的重要产业，同时还让日本公司大量涌进广州，榨取广州人民的钱物。这里展示的两张日文收费单，充分反映了日本侵略者渗透广州经济的事实。

第一张单据为"接管手数料领收证"，横14.2厘米，纵10.7厘米，编号：562，是由广州市自来水厂于日本昭和17年（即1942年）2月21日开给广州市西禅区光复业路门牌29号1楼朱励强的单据。（图三）

另一张单据为"保证金领收证"，横14.2厘米，纵10.7厘米，编号：550，是同一家水厂同一天开给朱励强的保证金领取单据。（图四）

据考，朱励强是广州鸣崧纪念学校的理化教师。鸣崧纪念学校成立于1941年，由汪伪政府成立。

这两张单据有力地证明了广州市自来水厂在广州沦陷期间已被日本侵略者窃取。

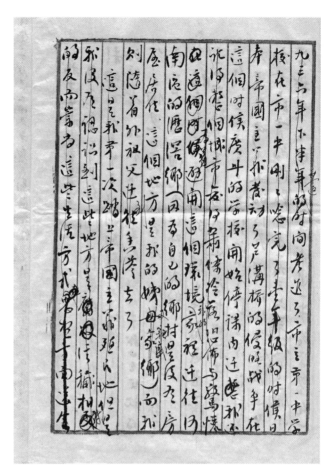

图二

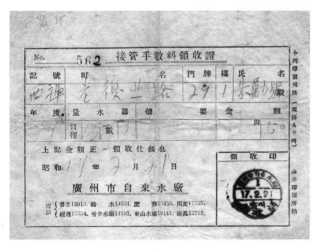

图三

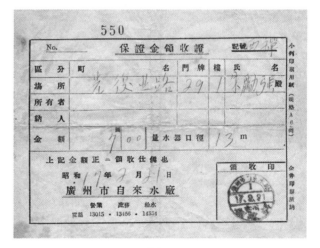

图四

（原载《文物天地》2015年第8期）

民国时期广州辟疫臭水商标画

图一

图二

2020 年初暴发的新冠肺炎疫情，引发了人们对人类抗击瘟疫的思考。历史上，人类在与传染病作斗争的过程中积累了大量行之有效的治疗方法和防御经验。19 世纪以来，伴随现代微生物学的发展、医学技术的进步以及公共卫生体系的逐步完善，人类的防疫能力越来越强，技术水平越来越高，一大批日用防瘟辟疫产品应运而生。这些产品是人类防疫史上的产物，也是人类医学进步的表现。

在孙中山大元帅府纪念馆藏品库，我们看到三张民国商标画，均是民国时期广州生产的防疫工业产品"辟疫臭水"的宣传画。这些商标画形象生动地再现了民国时期广州为预防和抗击传染病所作出的积极努力。

第一张商标画，横 6 厘米，纵 8.3 厘米，是广州艳容粧饰厂出品的"Yim Yung"牌辟疫臭水的宣传画（图一）。"Yim Yung"是"艳容"二字的广州话注音。该画构图饱满，色彩艳丽，主要由牡丹、菊花组图及红、黄、绿三种颜色搭配，雍容华丽的画面令人爱不释手。

第二张商标画，横 6.8 厘米，纵 8.2 厘米，是百家利家用化学制品厂出品的"百家利"牌辟疫臭水的宣传画（图二）。该画色彩柔和温馨，突出实用效果。画上一名身穿白大褂的白衣天使正在喷洒臭水，实施消毒，旁边配有"防疫辟秽，适合卫生，忌食入口"等文字解说，形象生动。该厂设在广州市扬巷路三十二号。

第三张商标画，横 9 厘米，纵 8.3 厘米，是广州香港南华较剪唛化粧药品厂出品的"较剪"牌辟疫臭水的宣传画（图三）。"较剪"是"剪刀"二字的粤语发音，"唛""嚜"是英文"Mark"的粤语音译。该画以浅黄色为主色调，柔和温雅，画面正中上方有一把剪刀，作为该产品的商标，代表该产品能像剪刀一样将瘟

疫一刀剪断，斩草除根。画面左右两边还配上"广州香港南华
较剪唛化粧药品厂谨启"的商品使用说明书：

图三

近日天时不正，各症丛生，每日早晚将此臭水一份
开清水约一百份和匀，遍洒屋内各处，能驱绝各种微生物
并虫蚁污秽之气，可免生病；若施之于有疫症时，此臭水
尤臭，灭绝跳蚤之力，可免传染，倘以此臭水一份调水约
一千份，时时沐浴全身，则爽快异常，及疮癣疥癞与一切
皮肤等病，频洗患处，其效更捷。

详尽的商品使用说明，让消费者能放心购买。这张商标画确有很好的宣传效果。

历史上，广州也是遭受瘟疫危害较多的地方。晚清时期，尤其是光绪、宣统年间，是广州瘟疫史
上的一个高发期，其中 1894 年爆发的鼠疫是最为严重的一次。到民国时期，防疫已成为公共卫生最重
要的功能之一，1928 年广东省政府依据国民政府内政部颁布《传染病预防条例》所规定的霍乱、赤痢、
斑疹、伤寒、鼠疫等九种法定传染病，制定了施行细则、清洁方法及消毒方法，并规定了不同的传染
病有不同的隔离日期，如白喉三日、赤痢四日、霍乱五日、鼠疫七日、流行性脑脊髓膜炎猩红热十二
日、斑疹伤寒天花十四日、伤寒或类伤寒十五日。这些都是劳动人民在社会生产实践中逐渐总结出来
的宝贵经验，对今天抗击疫情仍有借鉴意义。

（原载《中国文物报》2020 年 4 月 28 日第 3 版"综合"，又以《民国时期防疫产品海报长这
样…》为题刊登在"学习强国"2020 年 3 月 18 日）

2020 年 4 月 29 日补记：著名历史学家陈垣著《陈垣全集》第一册收录《医事批评·警道示预
防时疫》一文写道："屋内宜勤加扫除，并宜常用几阿连水即臭水洒地，墙壁旧者用石灰水刷洒，床
脚、沟渠、厕所等处，均宜洒以石灰粉。"（陈智超主编，北京师范大学出版集团、安徽大学出版社，
2009 年 12 月第 1 版，第 224 页）是知"臭水"即"几阿连水"，是英文"chlorine water"的粤语音译，
即"氯水"。承蒙澳门谭世宝教授指教："'唛'是英文 Mark 的粤语音译"，指招牌的意思。因此，"臭
水""唛"应是中西文明交流的产物。)

扬至大至刚之正气

——十九路军淞沪抗日殉国烈士碑文读后

初春，羊城一直阴雨连绵。1月29日，正值"淞沪血战"84周年纪念之际，陈小涟伉俪从美国风仆尘尘地赶来广州，将其先祖父陈铭枢将军的13件遗物，亲手捐赠给孙中山大元帅府纪念馆保藏。这一天，也许是陈小涟伉俪的义举感动了上苍，天公竟露出了久违的笑容，撒下了温暖的阳光。在捐赠仪式上，陈小涟女士动情地说，这批物品不应属于她个人所有，而应该属于整个中华民族。

在这批捐赠品中，有国民革命军军官团开学纪念合影照、何香凝签名赠朱光珍绘画相片、陈铭枢全身像及致妻子朱光珍的信函、五言诗、"兰花"绘画作品等，其中有两份拓本尤为感人，一份是《十九路军淞沪殉国并历年死难将士公墓纪念碑文》，楷书45行，李济深书，横144厘米，纵73.1厘米；另一份是《十九路军淞沪抗日阵亡将士纪念碑》文，隶书35行，刘纪文书，横137.7厘米，纵71.8厘米。这两份碑文的内容均为陈铭枢将军于1933年1月28日"淞沪血战"周年纪念日撰写，它们不见于现广州十九路军淞沪抗日阵亡将士陵园和历史文献，因此弥足珍贵。我每每诵读，皆不禁怆然泪下。

碑文属佚文，故整理全文如下，供国人阅读，使国人牢记历史，莫忘国耻，弘扬我中华民族至大至刚之正气：

十九路军淞沪殉国并历年死难将士公墓纪念碑文 /

呜呼！此我十九路军淞沪殉国及历年死难将士之公墓，亦我中华民族 / 斗争史上之纪念碑，人类解放史上之一纪念碑也。百年以来，国际帝国 / 主义者沦中国于半殖民地之奴隶地位，尤以日本帝国主义之蹂躏为 / 最惨酷，九一八占领东北，后复于一二八进寇淞沪。我十九路军频年为 / 民族之独立统一，作反军阀之斗争，出死入生者屡矣，至是以守土之责 / 为国家领土之完整，奋起抗战，孤军瘵器御强敌之重炮飞机，血肉相搏，/ 前仆后继，志坚金石，气壮山河。虽敌我之形势悬殊，然将士一心杀敌，致 / 果从容效命，视死如归，方之雷阿尼达之勇，睢阳常山之烈，殆犹过之。呜 / 呼！惊天地泣鬼神矣。此固将士忠肝义胆怀之平日，亦民族精神之所激 / 发，而为民族生存之斗争，故能历万死而无悔。血战月余，数摧强敌。贼胆 / 沮落，三易其帅。全国民气为之一振，国际视听为之一新。虽以不抵抗主 / 义者误国求和，我军援绝力尽，不能不忍痛回师。然此一战也卒挫日本 / 占领淞沪之阴谋，且涤历年畏葸之耻辱，奋民族革命之精神，使帝国主 / 义者知中国之非无人，而举国亦知惟抵抗始能求存焉。中国之革命系 / 反帝国主义的革命，而淞沪战争实中国民众武力直接武装反帝战争 / 之第一幕。我将士之赤血白骨在中国革命史上、人类斗争史上所留光 / 荣壮烈之意义与价值，盖永劫而不磨也，虽然淞沪之战不过我军反帝／战争之第一章而已。今暴日併吞华北之阴谋日厉，而为虎作伥者方媚／日以自雄，瓜分共管之祸亦随世界风云之紧张而愈急。处此危急存亡／之秋，除彻底的全民族作反帝之战争以外，自无复丝毫之生路。然中国／乃帝国主义所压迫半殖民地之一，中国革命，亦世界革命中之一部分，／中国民族斗争势必与全世界之反帝斗争合流共赴，始能完成其历史／的使命。长眠于此碑下者，已为国家之独立统一，流其最后之血，已为民／族之生存尽其最神圣之天职，已以其鲜血写成人类解放史光辉壮烈／之一页。而继续完成中国民族解放之斗争，完成世界反帝国主义之斗／争，创造中国及世界历史之新纪元，乃吾人后死者义无旁贷之责任。而／未来斗争之猛烈将千百倍于过去，民族之独立与世界之光明，尚须付／千百倍赤血之代价。然则吾人责任之重大深钜，亦将千百倍于先烈矣。／今长蛇封豕正逞其磨牙吮血之谋，社鼠城狐愈肆其祸国残民之技。月／黑天高，先烈有知，必将感愤于地下。呜呼！死者已尽其对于时代之任务，／后死者应知如何不负先烈之牺牲，而亦唯有以血与铁纪念殉国兄弟／之英魂，以铁与血完成反帝主义之革命，使中国革命与世界革命之血／汇合，冲决旧世界之黑暗，奠新世界之根基，始不负十九路军光荣之史／迹，不负十九路军对于时代所负之伟大使命也。憬然（笔者按：蒋光鼐）、贤初（笔者按：蔡廷锴）、孝悃（笔者按：戴戟）诸同志／为纪念本军此役及历年死难将士之牺牲，筑公墓于黄花岗之阳，所以／志悼死励生，思往追来之意。铭枢不敏，与本军同志始终共患难，念多年／袍泽，物归黄土，悲怆中来，而怵目危亡，又感愤不能自已。定庵诗曰：落红／不是无情物，化作春泥更护花。吾知我军同志必有以继死者之血迹而／前进，慰死者之英灵于九原者矣，爰为之铭曰：／惟我将士之碧血兮民魂之结晶，维我将士之白骨兮革命之菁英，昭壮／烈于万古兮参天而炳日星，维我亲爱之同胞兮相期无负乎斯莹。／

合浦陈铭枢谨撰／苍梧李济深敬书／中华民国二十二年一月二十八日／（图一）

图一

十九路军淞沪抗日阵亡将士纪念碑／

中华民国二十年九月十八日，日本以一夜占据我沈阳，乘势／掠取吉林、黑龙江、辽东三省，不二月而相继沦陷。二十一年一／月二十八日午夜复出兵突击淞沪，我十九路军总指挥蒋光鼐、军长蔡廷锴、警备司令戴戟率师禦之。寇大创，塊甚易帅者／三，济师者六，陆海空军纷若蝟集，焚毁屋庐无数。我军以二万／余人与之搏击，亘三十三昼夜。寇初谓唾手可得，至是屡败大／骇。我国上下奔走相告，语辄以所闻之胜负为喜怒，海外侨民／出资馈饷，日百数十，至士气之王，人心之激发，自海通以来，未／尝或觌也。呜呼，壮矣！当战事之起也，铭枢方备位首都卫戍，日／与蒋、蔡、戴三君协商戎机，中夜仿徨，辄自饮泣，盖吾与十九路／军之共生死也。自粤军弟一师之弟四团而弟一旅弟十师弟／十一军，实始终其事。迨铭枢解兵柄闻政事，由十一军而成之／十九路军，其相视犹家人父子也。夫以无援之众，抗倾国之师，／其不能久胜，宁待龟蓍。铭枢不能随诸君子后杀敌致果，徒目／击吾患难昆季以伤以死以功败于垂成，其悲愤为何如耶。呜／呼！吾国之受制于列强也久矣，而东邻尤暴。威势所劫，兴兵者／以强弱悬殊，而兵器良楛又相差霄壤，至嗤抵抗者为妄，独不／悟比利时以弹丸之地犹足以一战，阻德意志长驱直入之师。／苟其发扬踔厉，万众一心，胜固足以转弱为强，败亦足以杀敌／之势而自励。十九路军不计死生利害得失，亦不责于人，惟以／其忠勇之诚，断脰决腹，一伸其报国之志，使天下之人知吾国／之不可遽侮，因而稍戢其侵凌之气。而吾则期以剥复之机，整／军经武，励精图治，而求所以立国于天地之道。则吾十九路军／虽片甲不还，而正气长存，必有奋发继起者，此其为志盖弥可／哀也。是役也，我军伤者七千余人，死者一千九百五十一人，敌／亦称是。蒋蔡戴三君命参议翁桂清等筹设教养院以安残疲，／复卜地于广州黄花岗之阳，为死者妥其毅魄，并以本军

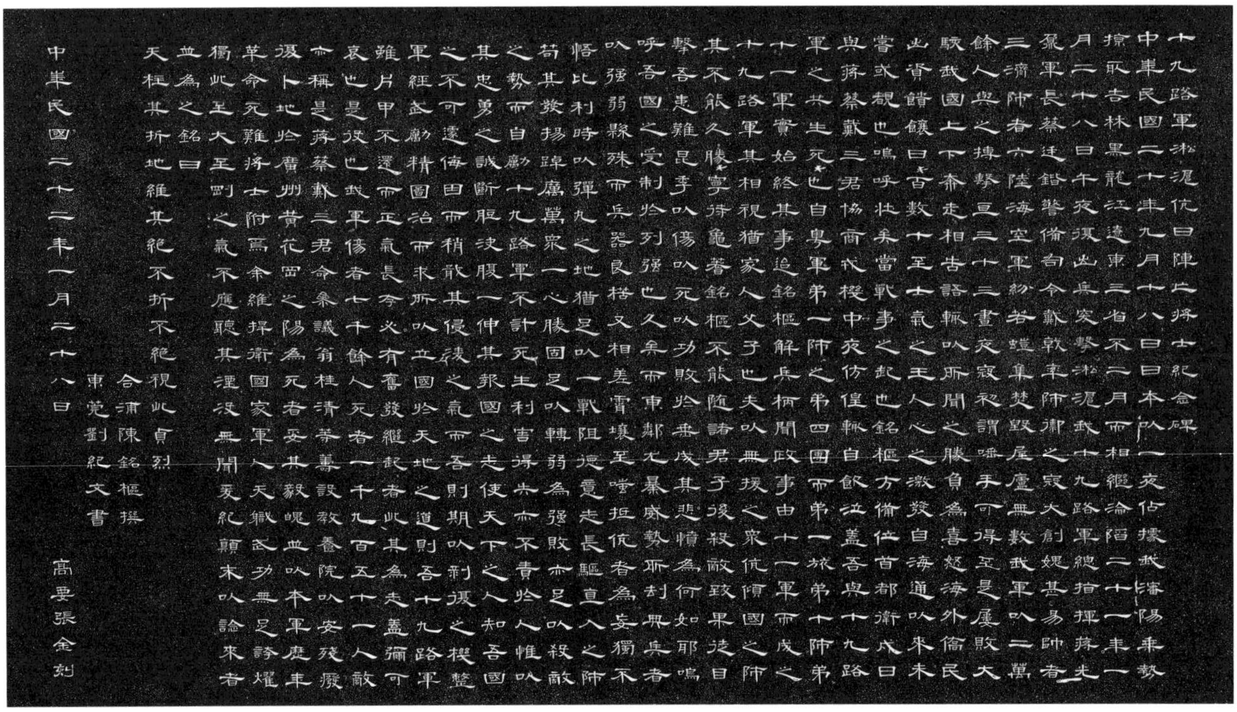

图二

历年／革命死难将士附焉。余维捍卫国家，军人天职，武功无足夸耀，／独此至大至刚之气，不应听其湮没无闻，爰记颠末，以谂来者，／并为之铭曰：／天柱其折，地维其绝，不折不绝，视此贞烈。／

合浦陈铭枢撰／东莞刘纪文书／中华民国二十二年一月二十八日　高要张金刻／（图二）

"淞沪血战"之史事，国人知之甚多，勿须赘言；其历史意义与深远影响，读此碑文，亦一目了然。"我将士之赤血白骨在中国革命史上、人类斗争史上所留光荣壮烈之意义与价值，盖永劫而不磨"，"其鲜血写成人类解放史光辉壮烈之一页"，"为民族生存之斗争，故能历万死而无悔"。碑文昭示，吾今人实现祖国之统一和民族之复兴，责任重大深钜，亦将千百倍于先烈。

（原刊《中国文物报》2016 年 2 月 23 日第 4 版"文缘"）

后记：衣带渐宽终不悔——我与广州文博

  1990 年 7 月，我从中山大学历史学系硕士毕业，分配到广州博物馆工作，从此与广州文博结缘，至今已有 32 个年头。三十多年来，广州市的文博事业有了长足的发展，我也从一个文博新人逐渐成长为一个基层博物馆的领导和专家学者。一路走来，我见证了广州文博发展史上的许多重要时刻，同时也把我自己的青春和激情奉献给了文博事业。

  我家在江西革命老区的农村。我小时候很少能接触到文物、艺术之类的高雅事物，再加上 20 世纪八九十年代的博物馆，都是要花钱买票才能进去参观的，所以，在南昌和广州读书期间，就很少去参观博物馆、美术馆。唯一的一次，是 1989 年 12 月，我作为陪客，陪同湖南省博物馆副馆长傅举有老师参观了西汉南越王墓博物馆。当时，湖南省博物馆刚在香港举办完马王堆汉墓出土文物展，傅老师从香港回长沙，途经广州。傅老师曾参加过马王堆二、三号汉墓的发掘，对西汉南越王墓出土的文物极为关注。

  毕业的时候，我很想找一份教书的工作，后被分配到了广州博物馆，心里不免有些忐忑和迷茫。20 世纪 90 年代，文博单位属于冷门行业，吸引不了激情澎湃的年轻学子。我去报到的时候，得知自己是馆里唯一的一个研究生。

  馆领导很重视知识和人才，把我分到了博物馆的核心技术部门陈列部。按照惯例，馆里新入职的员工都要去展场锻炼一年，做讲解员或者看守展场。因为我的学历较高，馆领导特批我免了基层锻炼看展场这一环节，直接进陈列部工作。

  开始工作后，我查阅了不少资料，发现广州博物馆有不少"威水史"。"博物馆"这一概念在我国最早出现于 90 世纪三四十年代的广州。1928 年，广州市政府以"广州为孙中山故乡"之名，正式启动博物馆的筹建工作。1929 年 1 月 11 日，广州市市立博物院正式对外开放，馆址就在现广州博物馆所在地镇海楼。这是我国最早期的一批博物馆之一，也是广东第一座具有现代教育理念和功能的博物馆。

  新中国成立后，广州在博物馆理念和建设方面也一直走在全国前列。1951 年 2 月 27 日，广州市文物管理委员会成立，市长兼任委员会负责人。几天之后的 3 月 1 日，新成立的广州人民博物馆全面建成开放，后改名为广州博物馆。到我参加工作，进入广州文博系统的时候，广州已建成广州博物馆、广州美术馆、广东民间工艺馆、广东革命历史博物馆、毛泽东同志主办农民运动讲习所旧址纪念馆、中华全国总工会旧址纪念馆、南越王墓博物馆等十多个文博单位。广州的地上文物得到了有效的保护和合理利用，地下文物也得到了科学发掘，一大批市民、港澳同胞、海外侨胞都向博物馆捐献文物珍藏。

得知自己在一个处于全国先进的行业系统里工作，我之前的迷茫和担心立即一扫而光了，奋斗的激情重新燃起。我决定撸起袖子好好干，全身心地投入到工作中去。

工作三十多年来，我亲身经历和参与了不少广州文博的重大事件，如今回想起来，仍然记忆犹新。

1997年，香港回归祖国之际，广州也迎来了建城2210周年的喜庆之时，广州市的各行各业都在积极筹备庆祝活动，文博单位决定举办"羊城文物珍藏"大展作为献礼。市文化局从各文博单位抽调业务骨干，组建展览筹备组，我有幸忝陪末座，成为其中的一名陈列工作人员。

展览设在西汉南越王墓博物馆临展厅，从市属文博单位馆藏中精选"珍稀品"及"具有特别重要的历史科学艺术价值的文物"，共计262件（套），按铜铁器、玉石印玺、陶瓷器、工艺美术和书画等五大类展出。因展览经费不足，当年没能重新设计制作新展柜，也没有进行过多的装饰，我们只是充分利用原有展柜，在文物本体上下足功夫。

展览推出后，深受观众喜爱，社会反响很大，后来还荣获了首届"全国博物馆十大陈列展览精品"奖。"全国博物馆十大陈列展览精品推介活动"，是国家文物局指导开展的一项陈列展览活动，自1997年开展以来，以其专业性、权威性被业内誉为中国博物馆界的"奥斯卡奖"，是我国博物馆展览领域内的最高级别奖项。

"羊城文物珍藏展"之所以能获得全国同行认可，我认为主要是因为主题好、内容精彩。它不仅是广州历史上首次大规模集体亮相馆藏珍贵文物，也是第一次"物"化广州历史：展品"秦戈"，虽外表普普通通，却是岭南地区考古发现唯一有秦纪年的青铜兵器，是秦始皇统一岭南时的遗物，具有极高的历史价值；展品"滑石谒牌"，相当于今天的名片。此外，关于汉代番禺城、南越国冶炼技术、晋代珠江三角洲早春开耕、唐代广州木雕工艺水平、唐宋广州城市政建设水平、广绣、广彩、广钟、广雕、石湾陶瓷、端砚、岭南画等，都有文物珍品反映相关内容。

完成"羊城文物珍藏展"之后，1997年的下半年，我又被抽调去参加南越国宫署遗址的考古发掘。在广州的历史长河中，南越国时期是十分重要的一个发展阶段，广州建城即始于秦始皇平定岭南时期。

南越国宫署遗址位于广州市越秀区北京路东侧、中山四路以北原儿童公园及广州市文化局办公区地带。早在1975年，考古工作者就在这里发现了秦代造船遗址及叠压其上的南越国砖石走道遗迹，1995年又在该片区东北角，原长话大楼处发现了南越国宫苑石构水池"蕃池遗址"。当年，为了原址保护蕃池遗址，考古人员与工地施工人员还曾发生过激烈争执。后来在国务委员李铁映同志的关心过问下，蕃池遗址才最终得以妥善保护。而如何处理经济建设和文物保护二者之间的关系，随后也迅速成为当时的社会热点话题。

1997年，广州市计划在市文化局办公区一带开发建设"信德文化广场"。鉴于此地块曾有过两次重大考古发现，按国家规定，必须在开展基建之前进行考古发掘。为此，广州市文化局专门成立秦汉造船遗址办公室，并从市属文博单位抽调业务骨干，组成一支考古发掘队，进行抢救性发掘。

这次的考古发掘项目被命名为"97广州秦造船遗址发掘Ⅱ"。

考古发掘工作原定在7月13日开始，后因负责工地的施工方要按民俗行规进行开工前的祭祀活动，改为7月14日开工。这次考古发掘的面积有4000多平方米，探方46个。为确保考古现场不塌方、不渗水，施工队在工地四周先行打下了近十米深的支护桩。神奇的是，这一圈支护桩后经证实，没有破坏到任何重要文物遗迹。考古队员们开玩笑说，这估计是发掘队长烧香拜神求来的。

7月的广州，天气十分炎热。可是考古工地上没有搭建大棚，考古人员顶着酷暑，在烈日下工作。工地上每天都有上百人在挖土、运土，挥汗如雨。我的双臂也因长时间在烈日下暴晒，之后数年都还会常常发痒。发掘工作持续了半年多时间，到1998年3月才结束。

此次发掘出土了一大批珍贵文物，其中最为重要的发现，是一条百余米长的曲流石渠。这条石渠建于南越国时期，气势雄伟，砌法独特，建筑用材也很特别，在中国园林史和中外文化交流史上具有非常重要的价值。正是这条曲流石渠的发现，广州市政府下决心取消了"信德文化广场"的兴建计划。

每次看到保存完好的石渠时，我都会很欣慰，因为这条百余米长的曲流石渠，我也亲手发掘了一段。此外，我还发掘出了我国园林史上最早的踏步石实物实景。

鉴于这次考古发现的意义重大，秦汉造船遗址办公室及时起草了《秦造船遗址与西汉南越国宫署遗址保护初步设想》讨论稿，首次划定南越国宫署遗址重点保护区及4.8万平方米的遗址保护区，从而为南越国宫署遗址的保护奠定了基础。

1995年和1997年的南越国宫署遗址的两次考古发掘，均被评为当年"全国十大考古新发现"。一处遗址两次获选，这在全国考古界中也较为少见。

如今，在国家文物局和省市有关部门的大力支持下，南越国宫署遗址得到了合理保护和有效利用，2005年被国家发展改革委员会和国家文物局列入"'十一五'期间国家重大遗址保护专项"，2006年与南越国木构水闸遗址、南越王墓，组成"南越国遗迹"，被列入"中国世界文化遗产预备名单"，2012年再次被列入中国海上丝绸之路申报世界遗产遗存点。南越国宫署遗址被誉为"广州历史文化名城精华之所在"。

自进入广州博物馆工作以来，馆领导一直都很重视我，重点培养我，放手让我参加一些重大项目。1992~1995年，馆里又送我去武汉大学攻读博士学位。完成学业之后，我又回到了广州博物馆继续效力。当时，我不仅是馆里唯一的博士，还是整个市文博系统唯一的博士。

1998年，因工作出色，我被提拔为广州博物馆副馆长。1999年，我入选中共广州市委组织部和广州市人事局组织的"广州市政府培养面向21世纪领导人"项目，被送去美国进修学习一年，在那里我学到了很多先进的博物馆管理理念。2003年又开始担任广州博物馆馆长。从1990年进入广博，至2015年轮岗至孙中山大元帅府纪念馆，我在广州博物馆工作了25年。20多年来，我一直以馆为家，以馆为荣，兢兢业业地工作，勤勤恳恳地做事。

在担任广博馆领导期间，我先后主持或参与过一些重要工作，如将五仙观下放给越秀区，整合广州博物馆与原广州美术馆馆舍，举办广州博物馆80周年馆庆等。

位于越秀区惠福西路的五仙观，历史上是一座祭祀五仙的谷神庙，为全国重点文物保护单位，归属广州博物馆管理。因历史原因，五仙观南门外完全被居民楼包围，严重影响了五仙观的历史风貌和活化利用，而且存在安全隐患。广州博物馆完全没有能力推进征地工作，因而长期以来，五仙观周边环境得不到改善。

到20世纪90年代末，随着社会经济的发展，人们的文物保护理念发生了变化，加上各区都在积极建设区级博物馆。为充分发挥各区县级政府优势，1999年上级决定正式将五仙观移交越秀区管理，同时下放一名业务人员协助办理接管工作，使该项工作顺利完成。

越秀区委区政府接管后，一方面挂牌设立越秀区博物馆，安排专人对五仙观进行管理，另一方面积极启动五仙观周边环境整治工作，经过2000年和2004年的一、二期工程的修复扩建，五仙观的历史旧貌得到了恢复。2007年，市、区两级政府又决定在五仙观西侧地块建设南粤先贤馆，将南粤先贤精神与岭南文化精髓一同融入五仙观。

如今，以五仙观为馆舍的越秀区博物馆，内外环境优雅静谧，已成为越秀区的一处重要文化中心，门前广场更是成为周边市民的活动场所。五仙观的下放、保护利用工作，为全市文物保护和活化利用树立了榜样。

广州博物馆的主体馆舍是广州的标志性建筑"镇海楼"。此楼始建于明代，为羊城八景之一，被誉为"岭南第一胜概"。镇海楼虽闻名遐迩，但展示空间狭小，不利于文物的陈列展览。多年来，这一直是制约广州博物馆进一步发展的瓶颈。从上世纪九十年代起，广州市政府就计划在珠江新城筹建广州博物馆新馆，后因财政紧张，只能将筹建新馆的地块给了省里建设广东省博物馆新馆。广州博物馆新馆建设一事又陷入了遥遥无期的境地。值得庆幸的是，不久之后，广州美术馆新馆在麓湖落成开放，毗邻广州博物馆的原美术馆馆舍被交给广州博物馆统一管理，广博的展示陈列空间终于有了扩大。

2006年，我们开始对两处馆舍进行整合，后经过反复论证，决定依凭越秀公园的优美环境，将两处馆舍连通，打造成花园型博物馆。

整合馆舍的工程量虽然不大，但十分琐碎。按照规划方案，我们第一步先改善原广州美术馆馆舍：一方面对主体建筑仲元图书馆进行全面修缮，连接打通海山仙馆和尺素遗芬碑廊，另一方面利用仲元图书馆空间高的优势，将馆藏外销艺术品移置楼内展示；同时还购买了一批自然化石标本，利用馆内附属建筑，推出"地球历史与生命演化"展，完成了"自然科学馆"的展示。第二步，重新调整镇海楼展区功能布局，一方面迁出镇海楼展区所有办公场所，将其改造为临展区，扩大展示面积；另一方面对镇海楼进行较大规模的修缮，使其更加雄伟壮观。

整合后的广州博物馆，功能分区更为合理，展示空间拓展了，馆藏文物得到了充分利用，广州博物馆集历史、自然、艺术于一体的大型综合性博物馆的定位得以初步实现。

2009年，广州博物馆迎来了八十周年华诞。为了做好这一庆典，我们提前许久就开始了筹备工作。2008年，我受邀赴梅州参加广东（中国）客家博物馆开馆仪式。在庆典晚宴上，我向时任广州市市长张广宁汇报了广州博物馆2009年将迎来建馆80周年大庆的事宜。张市长当场表示支持我们举办活动。回到广州后，我又向名誉馆长麦英豪先生及局领导作了口头汇报。不久，麦老专门给时任广州市市委书记朱小丹写信，邀请他于百忙中参加庆典。2009年4月，我因拙著《十九世纪中国外销通草水彩画研究》荣获 2008 年度全国文博考古十佳图书奖前往郑州，参加由国家文物局、中国文物报社主办的"2008 年度全国文博考古十佳图书颁奖典礼暨文化遗产事业与文博考古图书出版论坛"，恰逢时任故宫博物院院长郑欣淼先生也与会领奖，亦向他发出了参加庆典活动的盛情邀请。

2009 年 5 月 16 日，我们在镇海楼广场举行了盛大的庆典活动。当日天气晴朗，宾客盈门，庆典活动盛况空前。故宫博物院院长郑欣淼、广州市委书记朱小丹专程到博物馆庆贺；台北故宫博物院副院长冯明珠女士寄来了她亲自书写的贺联："羊城无尽藏，镇海多奇珍。"

此次庆典还有一个意外的收获。在活动的休息空隙，我向郑欣淼院长展示了一本我馆前不久在旧货市场收到的 1937 年版《故宫日历》。郑院长非常兴奋，仔细翻阅了这本日历。回到故宫后，他马上安排工作人员查找馆藏，发现图书室还存有多款历年的版本，于是决定继续出版《故宫日历》。从 2010 年起，故宫每年都出版一款《故宫日历》，至今已有 12 本。如今，《故宫日历》已成为故宫博物院最受观众关注和喜爱的文创产品，取得了社会效益和经济效益的双丰收。

在广州文博系统工作的这三十多年里，除了上述这些令人难忘的"大事"，我也做了一些非常有意义的事：主持修缮了位于小东营的黄花岗起义指挥部旧址纪念馆和三元里人民抗英斗争纪念馆主体建筑"三元古庙"；与港澳地区的文博同行合作办展；系统征集了数千件广州的外销瓷和外销画等地方特色文物。而我唯一的遗憾，是经过数十年努力并获立项的广州博物馆新馆如今依然是纸上蓝图，没有落地建成。

文博是我一生唯一的事业，我愿意为之坚持不懈，努力奋斗，"衣带渐宽终不悔，为伊消得人憔悴"。广州文博这些年来取得了有目共睹的巨大成绩，全体广博人，也包括我自己，为此付出了无数辛勤汗水。为了一直走在全国前列的广州文博能更上一层楼，我们需要更加努力。